鼎城年鉴

DINGCHENG YEARBOOK 2021

常德市鼎城区人民政府
常德市鼎城区地方志编纂室
编

2021

〈〈〈总第14期

图书在版编目(CIP)数据

鼎城年鉴. 2021 / 常德市鼎城区人民政府,常德市鼎城区地方志编纂室编. -- 北京:方志出版社,2021.10

ISBN 978-7-5144-4912-9

Ⅰ. ①鼎… Ⅱ. ①常… ②常… Ⅲ. ①区(城市)—常德—2021—年鉴 Ⅳ. ①Z526.44

中国版本图书馆CIP数据核字(2021)第261167号

鼎城年鉴(2021)

编　　者:常德市鼎城区人民政府　常德市鼎城区地方志编纂室
责任编辑:李志瑜

出 版 者:方志出版社
地址　北京市朝阳区潘家园东里9号(国家方志馆4层)
邮编　100021
网址　http://www.zgfzcb.cn
发　　行:方志出版社图书经销中心
电话(010)67110500
经　　销:各地新华书店
印　　刷:长沙市雅捷印务有限公司

开　　本:889×1194　1/16
印　　张:28.5
字　　数:714千字
版　　次:2021年10月第1版　2021年10月第1次印刷
印　　数:0001~1500册

ISBN 978-7-5144-4912-9　**定价**:298.00元

鼎城区地方志编纂委员会

鼎城年鉴编辑部

江南城区新貌

（摄影：宋才华）

鼎城区行政区划图

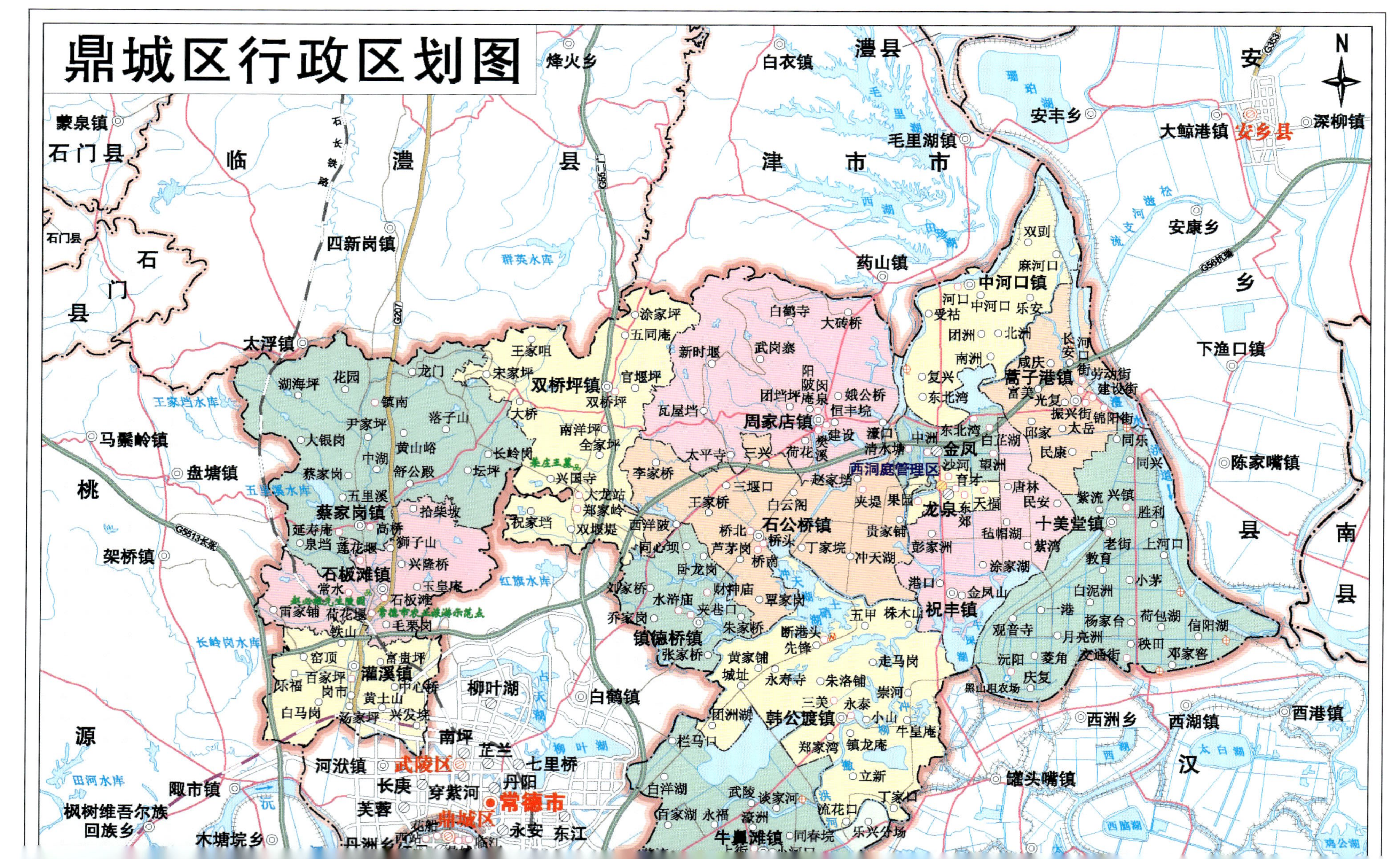

鼎城区行政区划图
N
蒙泉镇
石门县
临
澧
县
津
市
市
澧县
白衣镇
毛里湖镇
药山镇
安丰乡
大鲸港镇
安乡县
深柳镇
安康乡
乡
下渔口镇
陈家嘴镇
南
县
烽火乡
四新岗镇
石
门
县
太浮镇
马鬃岭镇
盘塘镇
桃
架桥镇
源
田河水库
枫树维吾尔族回族乡
木塘垸乡
陬市镇
河洑镇
武陵区
常德市
鼎城区
柳叶湖
白鹤镇
西洲乡
西湖镇
西港镇
汉
蒋家嘴镇
中河口镇
蒿子港镇
周家店镇
双桥坪镇
金凤
西洞庭管理区
龙泉
十美堂镇
石公桥镇
祝丰镇
镇德桥镇
韩公渡镇
牛鼻滩镇
蔡家岗镇
石板滩镇
灌溪镇
群英水库
红旗水库
长岭岗水库
五里溪水库
王家垱水库
石长铁路
G207
G55
G56
G5513
G353

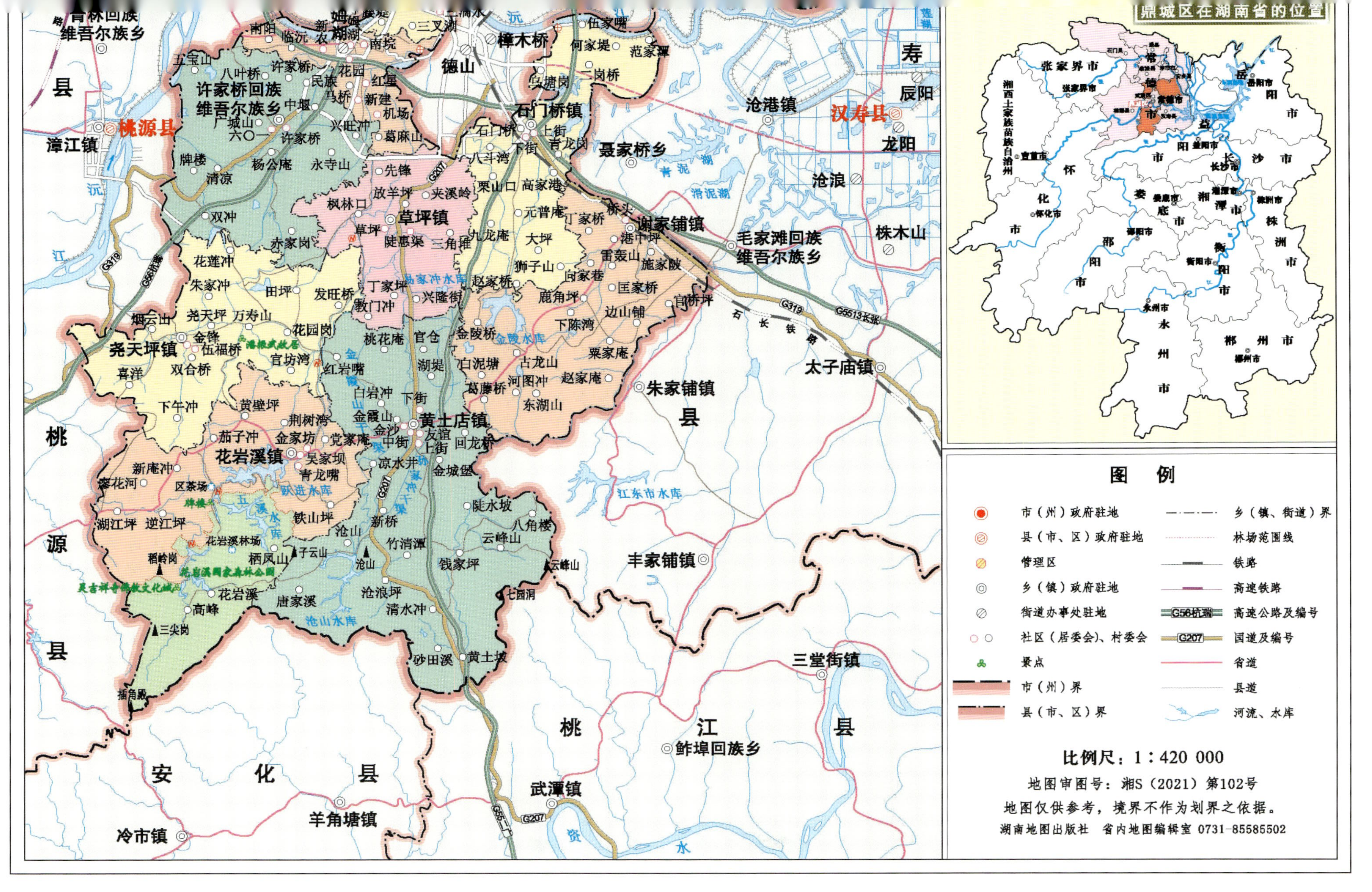
鼎城区在湖南省的位置
图例
市（州）政府驻地
县（市、区）政府驻地
管理区
乡（镇）政府驻地
街道办事处驻地
社区（居委会）、村委会
景点
市（州）界
县（市、区）界
乡（镇、街道）界
林场范围线
铁路
高速铁路
高速公路及编号
国道及编号
省道
县道
河流、水库
比例尺：1：420 000
地图审图号：湘S（2021）第102号
地图仅供参考，境界不作为划界之依据。
湖南地图出版社　省内地图编辑室　0731-85585502
石门桥镇
谢家铺镇
草坪镇
黄土店镇
花岩溪镇
尧天坪镇
许家桥回族维吾尔族乡
毛家滩回族维吾尔族乡
聂家桥乡
德山
樟木桥
汉寿县
桃源县
漳江镇
沧港镇
沧浪
龙阳
辰阳
株木山
太子庙镇
朱家铺镇
丰家铺镇
三堂街镇
鲊埠回族乡
武潭镇
羊角塘镇
冷市镇
安化县
桃江县
桃源县
金陵水库
江东市水库
沧山水库
跃进水库
五溪水库
花岩溪国家森林公园
花岩溪林场
灵官禅寺佛教文化城
滑泥湖
青泥湖
G319
G207
G5513长张
G56杭瑞
G55二广
石长铁路

弘扬扛鼎精神　打造现代江南　建设幸福鼎城

2020 年 7 月 24 日，湖南省委副书记、省人民政府省长许达哲（中）在常德高新区调研产业项目建设推进工作　（提供：常德高新区）

2020 年 3 月 11 日，鼎城区 2020 年一季度重点建设项目集中开工仪式　（提供：区融媒体中心）

2020 年 3 月 30 日，常德市金融“暖春行动”园区行·高新区政银企对接会签约仪式
（提供：区融媒体中心）

2020 年 5 月 7 日，城投·十里外滩首批入驻商家签约仪式　　（提供：刘家敏）

2020 年 5 月 20 日，中交一公局常德高新区“两路一河”建设项目签约仪式　　（提供：常德高新区）

2020 年 5 月 31 日，鼎城区首届农村青年直播带货创业培训班开班　　（提供：区融媒体中心）

2020 年 7 月 2 日，第四届“中国创翼”创业创新大赛鼎城选拔赛暨鼎城区 2020 年度创业大赛决赛现场 （提供：区就业服务中心）

2020 年，塘桥科技消防救援车交付使用 （提供：区工信局）

2020 年 9 月 14 日，鼎城区 2020 年第三季度重点建设项目集中开工仪式　　（提供：区融媒体中心）

2020 年 9 月 16 日，常德高新区人民医院（市第二中医医院）建设项目开工仪式

（提供：区融媒体中心）

2020 年 9 月 23 日，中国农民丰收节鼎城分会场　　　　（提供：区融媒体中心）

2020 年 10 月 18 日，鼎城区 2020 年扶贫日主题活动启动　　　　（提供：区融媒体中心）

2020 年，常德高新区与湖南应用技术学院产学研合作协议签约仪式　（提供：区融媒体中心）

2020 年，响箭重工 73 米混凝土泵车量产　（提供：区工信局）

编辑说明

一、《鼎城年鉴(2021)》坚持以马克思列宁主义、毛泽东思想、邓小平理论、“三个代表”重要思想、科学发展观、习近平新时代中国特色社会主义思想为指导,坚持辩证唯物主义和历史唯物主义的立场、观点和方法,围绕“三城四区五中心”建设,全面、系统地记载2020年鼎城区自然、政治、经济、文化、社会和生态建设等方面概貌和发展情况,为广大读者了解鼎城区提供基本信息资料。

二、《鼎城年鉴(2021)》记述时限为2020年1月1日—12月31日,采用分类编辑法,设类目、分目、条目3个层次,条目为记述基本层次。全书设类目29个、分目185个、条目334个,配有表格4个。

三、本卷年鉴框架结构略有调整:增设类目“纪委监委”;把类目“中国共产党鼎城区委员会”下的分目“纪检监察工作”“巡查工作”内容放入类目“纪委监委”,把分目“对台工作”更名为“港澳台工作”,将分目“老干部工作”内容归入分目“组织工作”;把类目“鼎城区人民政府”下的分目“民族宗教事务工作”内容归入类目“中国共产党鼎城区委员会”下的分目“统战工作”;改类目“民主党派·社会团体”为“民主党派·群众团体”;把类目“法治”下的分目“公安消防”更名为“消防救援”,原分目“法治政府建设”内容归入分目“司法行政”;把类目“军事”下的分目“人民防空”内容放入类目“城市建设与管理”下的分目“住房和城乡建设”;类目“工业”增设分目“工业企业选介”;把“常德高新技术产业开发区”类目下的分目“监察审计”“常德市国土资源局高新区分局工作”“常德市公安局高新区分局筹备组工作”分别更名为“纪工委监工委工作”“常德市自然资源和规划局高新区分局”“公安工作”,增设分目“综合行政执法”“工会联合会工作”;改类目“商务”为“商贸服务业”,原分目“商务工作”更名为“商贸服务工作”;改类目“文化·体育·卫生·旅游”为“文化·体育·旅游”;增设类目“医疗卫生”,把类目“文化·体育·卫生·旅游”下的分目“卫生健康”“计划生育协会 ”“疾病预防控制”“妇幼保健”“常德市第四人民医院 ”“常德市第二中医医院 ”归入类目“医疗卫生”;改类目“社会保障”为“社会生活”,把分目“人力资源和社会保障”下的条目“就业服务”“社会保险”“工伤保险”改为分目;把类目“城市建设与管理”下的分目“房地产业”内容放入类目“社会生活”;删除类目“乡镇·街道·场”下的分目“特种养殖总场 ”;增设类目“人物”。

四、《鼎城年鉴(2020)》收录范围为区属乡镇、街道、农林场,区直副科级以上行政企事业单位及中央、省、市驻区单位。年鉴所载资料由各单位安排专人撰写,经单位领导审核签字盖章,交由鼎城年鉴编辑部编辑。统计资料由区统计局提供,文稿中有些部门性数据,由于统计口径不同等原因,与统计局公布的可能不完全一致,请读者在查阅和引用时注意。

总　录

目　录

鼎城区人民代表大会

鼎城区人民政府

中国人民政治协商会议鼎城区委员会

军　事

经济监督管理

财政·税务

金　融

农业·林业·水利

工　业

常德高新技术产业开发区

商贸服务业

城市建设与管理

交通·邮政·通信

教育·科技

文化·体育·旅游

医疗卫生

社会生活

乡镇·街道·场

人　物

重要文件

附　录

索　引

特载

Special Load

2021年1月21日，区委经济工作会议会场 （提供：区融媒体中心）

在区委经济工作会议上的讲话

常德市鼎城区人民代表大会常务委员会工作报告

鼎城区人民政府工作报告

中国人民政治协商会议常德市鼎城区第九届委员会常务委员会工作报告

在区委经济工作会议上的讲话

中共常德市鼎城区委书记　朱金平

（2021 年 1 月 21 日）

回顾过去，我们踏平坎坷成大道

2020 年，是极不平凡的一年。我们在以习近平为核心的党中央和省委省政府、市委市政府坚强领导下，直面困难、科学应战，成功应对新冠疫情大考，决战决胜全面小康和脱贫攻坚，实现了“十三五”圆满收官。

这一年，我们知难而进，推动了经济社会高质量发展。以结构优化为导向，发展质量进一步提升。预计完成地区生产总值 395.2 亿元、增长 5%，一般公共预算收入 27.67 亿元、增长 8.91%（地方一般公共预算收入 16.42 亿元），总量连续 2 年全市第一，主要经济指标稳居全市第一方阵，三次产业结构比调整为 19.1：32.0：48.9，高新技术产业增加值达到 88 亿元、全市第一，农产品加工业与农业总产值比达到 2.34：1，税收占地方一般公共预算收入比重超过 70%，城乡居民人均可支配收入分别达到 38465 元、18674 元。以产业发展为重点，发展活力进一步激发。继续保持全国粮油大县、生猪调出大县和全省粮食生产标兵县称号，成功创建国家现代农业产业园。常德高新区主战场作用充分发挥，中联建起完成销售收入 155 亿元、增长 58.5%，带动装备制造业总产值逆势增长 30%。全区完成工业总产值 402 亿元、税收 10.3 亿元，分别增长 12%、33.9%，新增规模以上工业企业 29 家、全市第一。完成社会消费品零售总额 194 亿元，增速全市第一。以项目建设为抓手，发展后劲进一步增强。新引进亿元产业项目 35 个、新开工亿元产业项目 29 个，投资 16 亿元的中联建起二期等项目开工建设。新投产亿元产业项目 25 个，投资 11.8 亿元的中联恒通军民融合产业园一期等项目建成投产。以城乡融合为目标，发展空间进一步拓展。城市品质持续提升，5 条主次干道建成通车，阳明湖西岸景观初显形象，丰彩·九里长安项目加速推进，投资 60 亿元的吾悦广场项目开工建设，常德画墙上墙壁画 65 幅，棚户区和老旧小区改造扎实推进，城市管理水平再上台阶。乡村振兴推进有力，村庄规划编制实现全覆盖，“房地一体”确权登记颁证全面完成，增减挂钩暨“空心房”整治项目新增耕地 5246 亩，完成高标准农田建设 9.2 万亩，农村人居环境整治形成了“镇村主导、党建引领、群众参与、乡贤赞助、协会管理”的“草坪模式”。以民生改善为根本，发展基础进一步夯实。教育振兴成效显著，4 名学子考取清华、北大，全省文科第一名花落鼎城一中，草坪芙蓉学校建成投入使用。所有行政村完成卫生室标准化建设。省级公共文化服务体系建设获全省先进，现代常德花鼓戏《七里坳》获常德首届艺术节新创大戏奖。新增城镇就业 6000 人，农村劳动力转移就业 5477 人。城乡居民养老保险覆盖率 100%，困难群众救助水平稳步提高，退役军人服务保障体系不断完善，民生支出占财政支出比重超过 76%。

这一年,我们迎难而上,取得了一系列重大斗争的决定性胜利。坚持生命至上,群防群治,打赢了疫情防控阻击战。及早部署、科学组织,3800名医护人员白衣执甲,6000名干部夜以继日,4万名党员冲锋在前,83万鼎城人民众志成城,取得全区确诊仅3例,江南城区、一线医护人员、一线工作人员、非输入性人员"零感染"的全面胜利。在抗击新冠疫情工作中,区工商联、区疾控中心等单位获得多项国家级、省级表彰。坚持慎终如始,用心用情,打赢了脱贫攻坚收官战。认真开展脱贫质量"回头看","两不愁三保障"突出问题全面解决,产业扶贫、行业扶贫等各项政策全面落实,40个贫困村全部退出,14055户、43029名贫困人口全部脱贫。坚持问题导向,精准精细,打赢了污染防治攻坚战。石板滩关闭石煤矿区生态修复治理主体工程基本完成,环保督察交办问题整改扎实有效,退养珍珠20499亩,禁捕退捕任务全部完成,非法挖砂取土乱象得到有效遏制,省级生态文明示范区建设有力推进。坚持底线思维,化早化小,打赢了风险管控防御战。牢牢守住不发生系统性金融风险的底线,杜绝较大及以上安全生产事故,保持了社会大局和谐稳定。扫黑除恶专项斗争三年综合指标位居全市先进行列,区检察院获评全省检察机关扫黑除恶先进集体,区公安分局被推荐为全省十佳公安局、全国扫黑除恶先进集体。综治民调排名稳居全省第一方阵,连续四年获评全省"平安建设"先进县市区,连续七年保持全省"平安县市区"称号。坚持未雨绸缪,稳扎稳打,打赢了防汛抗灾持久战。面对二十多年来持续时间最长的沅澧两水同时超警戒的严峻防汛形势,科学应对、严防死守,取得了不溃一垸一堤、不垮一库一坝、没有发生灾情的重大胜利,区水利局获评全省防汛救灾先进集体。坚持全员参与,再接再厉,打赢了文明创建荣誉战。圆满通过"全国文明城市"保牌复查测评,草坪镇兴隆街村、花岩溪镇湖江坪村获评"全国文明村"。

这一年,我们克难奋进,凝聚了敢打敢拼力争上游的扛鼎精神。党的领导更加有力,激发了越难越向前的昂扬斗志。深入学习贯彻习近平新时代中国特色社会主义思想,牢牢把握意识形态工作主动权,切实增强"四个意识"、坚定"四个自信"、做到"两个维护"。区人大主动作为、主动对接、主动服务,区政协围绕中心、服务大局,区人武部积极助力地方发展,宣传工作唱响时代主旋律,统战工作画好最大"同心圆",各群团组织积极当好桥梁纽带,凝聚起攻坚克难的强大力量,有效推动了党中央和省委、市委各项决策部署在鼎城落地生根。基层组织更加巩固,筑牢了越战越坚强的战斗堡垒。软弱涣散党组织全部摘帽,党支部"五化"建设全面达标,镇、村干部待遇稳步提高,村(社)运转经费保障到位,基层公共服务(一门式)全覆盖落地见效,村(社)党组织换届圆满完成,村(居)民委员会换届规范有序推进,基层党组织在疫情防控、防汛抗灾、污染防治、脱贫攻坚、扫黑除恶、乡村振兴等大战大考中锤炼了筋骨、增强了战斗力。从严治党更加深入,强化越管越严明的良好导向。开展两轮常规巡察和国有集体资产管理专项巡察,一批突出问题得到整治。大幅压减"三公"经费,着力推进"基层减负",严厉纠治"四风"问题,反腐败斗争压倒性胜利不断巩固和发展。干部作风更加扎实,形成了越干越出彩的生动局面。广大干部积极创先争优,人民调解宣传工作连续十年获评全国先进,区审计局组织实施的项目荣获县级全国审计机关优秀审计项目二等奖,工业高质量发展获省政府真抓实干表扬激励,常德高新区获科技部"百城百园"行动实施资格,科技投入产出和集约节约用地获省政府真抓实干表扬激励,在全省制造强省建设工作会议上作为园区唯一代表介绍经验,水利建设、第四次全国经济普查等工作获评全省先进,区人武部获评"全省先进人武部",区工商联获评全省"五好"县级工商联,区住建局、区农业农村局获市政府真抓实干督查激励,交通运输工作连续 9 年获全市一等奖，公路养护和治超工作全市第一。

一年来的工作给我们深刻启示：千难万难，攻坚克难就不难。疫情防控难不难？污染防治难不难？风险防控难不难？难！我们还遇到了很多预料之中和意料之外的困难，但我们坚信办法总比困难多，克服一个又一个困难，赢得一个又一个胜利。千辛万苦，舍得吃苦就不苦。过去一年，大家都很辛苦，特别是广大基层干部，熬了多少夜、吃了多少亏、受了多少委屈，但没有人叫苦叫累、讨价还价。因为我们心中有信仰，脚下就有力量，为了全区人民的幸福安康，我们辛苦，值得！千条万条，担当实干第一条。社会主义是干出来的，幸福是奋斗出来的。项目是我们一次次跑出来的，收入是我们一笔笔攒起来的，荣誉是我们一点点争回来的，我们取得的每一点成绩，都是实干得来的，追梦圆梦，唯有实干。

肯定成绩的同时，我们也要客观看待工作中存在的问题和不足：一是资金、土地、环境等制约发展的瓶颈问题还有待进一步破解。二是干事创业的劲头还有待进一步激发，少数党员干部还存在“看客心理”“打工心态”“帮忙思想”。三是支撑高质量发展的营商环境还有待进一步优化。我们必须认真加以改进。

展望未来，我们与时俱进开新篇

2021 年，是中国共产党建党 100 周年，是“十四五”开局之年，是全面开启建设社会主义现代化新征程的第一年，做好经济工作意义重大。

新征程有新挑战。一方面，世界处于百年未有之大变局，世界经济陷入第二次世界大战以来最严重的衰退，全球疫情仍在蔓延，经济发展的外部环境依然严峻复杂，经济秩序全面恢复的基础还不牢固。另一方面，我区发展的要素约束越来越紧，经济增长的新动能尚未完全激发，人民对美好生活的需要更加丰富，推动高质量发展、增进民生福祉需要更大的智慧、更强的担当、更新的举措。特别是近期国内疫情多点散发，经济复苏的不稳定、不确定性增大。我们必须认清形势，充分认识前进道路上可能遇到的各种艰难险阻，以“越是艰险越向前”的勇气，披荆斩棘、破浪前行。

新征程有新机遇。要实现“十四五”发展预期目标，必须在起步的时候有足够的加速度。中央经济工作会议明确，“宏观政策要保持连续性、稳定性、可持续性，保持对经济恢复的必要支持力度”，在产业发展、新型城镇化、乡村振兴、新基建、促进消费等方面，必将释放更多的政策红利。在构建新发展格局中，我们有“一带一部”的区位优势，在产业梯度转移和国家推动中西部地区发展的政策中将获得更多支持。特别是习近平总书记考察湖南时提出“三高四新”的要求，为全省经济社会发展注入强劲动力，我们的装备制造业基础雄厚，科技创新前景广阔，这是“看得见、摸得着”的巨大利好。我们必须坚定信心，牢牢把握前进道路上的各种机遇，以“松风一起知虎来”的敏锐，在危机中育新机、于变局中开新局。

新征程有新要求。党的十九届五中全会和中央经济工作会议要求“立足新发展阶段，贯彻新发展理念，构建新发展格局”，省委要求大力实施“三高四新”战略，市委要求打造“一个中心、两个枢纽、三个基地”、持续推进开放强市产业立市战略，为经济社会发展指明了方向。当前，我区的发展正处于爬坡过坎、滚石上山的关键时期，区委十二届八次全会提出了“弘扬扛鼎精神、打造现代江南、建设幸福鼎城”的目标要求，这是紧密结合鼎城发展实际，落细落实中央、省委、市委发展要求的任务书、路线图。我们必须鼓足干劲，紧紧围绕区委谋划的美好蓝图，以“万众一心扛大鼎”的气势，开拓进取、担当作为。

做好今年的经济工作，总体要求是：以习近平新时代中国特色社会主义思想为指导，全面贯彻党的十九大和十九届二中、三中、四中、五中全会精神，坚决落实习近平总书记关于湖南工作系列重要讲话指示精神和中央、省委、市委经济工作会议精神，坚持稳中求进工作总基调，立足新发展阶段，贯彻新发展理念，构建新发展格局，以推动高质量发展为主题，以深化供给侧结构性改革为主线，以改革创新为根本动力，以满足人民日益增长的美好生活需要为根本目的，认真贯彻“三高四新”“开放强市产业立市”战略，大力弘扬扛鼎精神、打造现代江南、建设幸福鼎城，坚持系统观念和底线思维，更好统筹发展和安全，扎实做好“六稳”工作、全面落实“六保”任务，推动经济平稳健康运行和社会和谐稳定，确保“十四五”开好局，以优异成绩庆祝建党100周年。

今年，我区经济社会发展的主要预期目标是：地区生产总值增长8%以上，一般公共预算收入增长8%以上（地方一般公共预算收入增长6%以上），固定资产投资增长10%以上，城乡居民人均可支配收入增长10%以上。全面完成上级下达的节能减排降耗等约束性指标任务，确保粮食播种面积和产量稳定。

做好新一年的工作，要遵循三条原则：

一要坚持量力而行、尽力而为。量力而行、尽力而为是辩证统一的：量力而行，就是要坚持实事求是，立足自身实际、尊重客观规律，不好高骛远、不急功近利，脚踏实地谋划思路、推动工作。尽力而为，就是要充分发挥人的主观能动性，充分调动广大党员干部的积极性、主动性、创造性，“跳起来摘桃子”，用最大的努力争取最好的效果。

二要坚持稳中求进、进中求新。稳中求进是总基调，进中求新是总要求。稳，就是要确保大局稳定、政权稳固，保持战略定力，做好“六稳”工作，落实“六保”任务，推动经济社会发展行稳致远。进，就是要积极开拓进取、争先进位，下好“先手棋”、打好“主动仗”，不断提升发展质量和效益。新，就是要不断革故鼎新、推陈出新，全面深化改革、积极鼓励创新，用新理念新思路新举措破除发展瓶颈，努力推动高质量发展取得新突破、迈上新台阶。

三要坚持团结共事、团结成事。团结出战斗力，团结出生产力，团结出干部。个人的力量是有限的，集体的力量是无穷的。鼎城的发展需要全区上下心往一处想、劲往一处使，聚沙成塔、握指成拳，我们的队伍才有力量，我们的事业才有保障。大家一定要以鼎城的大局为重，相互尊重、相互理解、相互支持，做到“有事多提醒、遇事多商量、难事多担当”，实现“共同搭台、相互补台、好戏连台”。

昂首奋进，我们重整行装再出发

奋进新征程的大幕已经开启、号角已经吹响，关键在于凝聚力量、突出重点、狠抓落实。

1. 要做好主人翁、奋力扛大鼎，大力弘扬扛鼎精神

鼎城有83万人，再小的努力，乘以83万，都会变成巨大飞跃；再大的困难，除以83万，都会变得微不足道。鼎城是我们大家的鼎城，我们要持之以恒地做好自己的事，做好当下的事。今年是换届之年，要坚定不移坚持和加强党的全面领导，充分发挥全区干部群众的智慧，凝聚起推动鼎城高质量发展的磅礴力量。

要筑牢扛鼎之基。基层党组织是党全部工作和战斗力的基础。要突出抓好政治建设，深学笃用习近平新时代中国特色社会主义思想，持续提高政治判断力、政治领悟力、政治执行力，不断增强“四个意识”、坚定“四个自信”、做到“两个维护”，在推进落实党中央和省委、市委、区委决策部署中干在实处、走在前列。要不断夯实基层基础，坚持大抓基层的鲜明导向，深入贯彻省委“1+5”文件精神，认真抓好支部“五化”示范点建设，持续加强基层领导班子建设，进一步发展壮大村级集体经济，切实把基层党组织建设强、把基层政权巩固好。要扎实做好群众工作，巩固提升基层公共服务（一门式）全覆盖工作实效，持续提高组织群众、宣传群众、凝聚群众、服务群众的能力和水平。基层工作

千头万绪、纷繁复杂，基层干部非常辛苦，区委将进一步强化关心关爱，村（社）综合服务平台的网络费用全部由区财政承担，加大对少数民族聚居区和偏远乡镇的支持力度，加大从事业站所负责人、村（社）主职中选拔乡镇领导班子成员的力度，继续从事业站所人员、村（社）干部中招录公务员，让基层干部条件有改善、收入有增加，工作有劲头、事业有奔头。

要锤炼扛鼎之士。政治路线确定之后，干部就是决定的因素。要锤炼克难奋进的斗士，注重在城市建设、产业发展、乡村振兴、生态治理、安全维稳等一线识别、培养、使用干部，既要让“有为者有位、出色者出彩”，也要让“不为者让位、搅局者出局”。要锤炼冲锋陷阵的战士，加强党员干部教育培训和监督管理，严格落实“三个区分开来”，进一步规范完善容错纠错机制，旗帜鲜明为担当者担当、对负责者负责，激励广大干部在重大斗争中磨炼意志、提升本领、施展才华。要锤炼廉洁奉公的卫士，坚定不移推动全面从严治党向纵深发展，锲而不舍贯彻落实中央八项规定精神，驰而不息纠治“四风”，深化运用“四种形态”，不断巩固发展反腐败斗争压倒性胜利，营造风清气正的良好政治生态。广大党员干部要聚气凝神、勇挑重担、一身正气，具有铁一般信仰、铁一般信念、铁一般纪律、铁一般担当，成为力能扛鼎、敢打硬仗、能打胜仗的勇士。

要凝聚扛鼎之气。革命理想高于天，扛鼎就是气之所聚、力之所至、业之所成。“扛鼎精神”是鼎城在各个阶段取得重大历史成就的深厚底蕴所在，是鼎城人民多年积累形成的宝贵精神财富，更是未来不断创造新辉煌的强大内生动力。要把扛鼎变成广泛共识，增进全区人民群众的思想认同和情感认同，激励大家用奋斗创造美好生活。要把扛鼎变成普遍追求，隆重开展庆祝建党 100 周年系列活动，认真做好新时代人大、政协工作，牢牢掌握意识形态工作领导权，坚持和完善大统战工作格局，不断提高党管武装工作水平，持续加强群团组织建设，让扛鼎精神成为鼎城的响亮主旋律、强大正能量。要把扛鼎变成一致行动，建立长效机制，推崇“扛鼎之举”、赞赏“扛鼎之人”，形成人人都崇拜“扛鼎英雄”、弘扬“扛鼎精神”的良好氛围，共同把“鼎”高高举起。

要成就扛鼎之作。空谈误国、实干兴邦，弘扬扛鼎精神，重在真抓实干、务求实效。要一马当先地干，把鼎城的事业当作自己的事，敢于第一个站出来，立说立行、说干就干，在推动鼎城发展中彰显个人价值；要一抓到底地干，接受任务不讲价钱、执行任务不摆困难、完成任务不打折扣，确保区委、区政府部署的各项工作件件有回应、事事有着落；要一丝不苟地干，发扬吃苦精神、工匠精神、奉献精神，以万全准备应对万一可能，以万全之策确保万无一失；要一路领先地干，雷厉风行、你追我赶，保持“起步即冲刺、开局即决战”的奋斗姿态，坚持“出手必出彩、完成必完美”的一流标准，力争各项工作全市争先进、全省有位置、全国有影响，打造一批世人瞩目的“扛鼎之作”。

2. 要兴现代产业、聚江南人气，全力打造现代江南

准确把握江南城区战略定位、空间格局、要素配置，统筹抓好城市规划、建设、管理和经营，打造宜居、宜业、宜游的现代江南，让江南人更爱江南，让他人更羡慕江南。

要从高处着眼，谋现代气象。打造现代江南是全局之谋、长久之业，必须用战略思维、宏观视野和现代理念精心谋划。现代江南就要有优质的城市经济，布局更加合理、产业更加高级，辐射力和带动力显著增强。现代江南就要有完善的基础设施，水、电、气、路、网通畅通达，住宅、教育、医疗、文体设施配套齐全，污水、垃圾等废弃物处理科学高效。现代江南就要有宜居的生活环境，风景园林更加优美、城市生态良性循环、建筑风格协调统一，与城市文化充分相融。现代江南就要有精细的

城市管理，体制机制更加健全，管理方式更加专业，信息化、智能化应用更加广泛。现代江南就要有更高水平的精神文明，社会主义核心价值观深入人心，善德文化、阳明文化等地方特色文化魅力彰显，市民素质和人才竞争力明显提高，不断汇聚江南人气。

要从细处着手，展现代气派。打造现代江南是系统工程，必须用清晰的思路和精细的举措统筹推进。要承载、发展现代产业、新兴业态，就必须拓展城市空间，积极把向外拓展空间和向内整合空间结合起来，完成国土空间规划编制，努力将城市规划区扩大至40平方公里。要优化板块布局，按照“五块一轴”空间布局差异化发展：临江板块重点发展现代金融保险、电子商务、高端商居，阳明湖板块重点发展文创会展、总部经济、楼宇经济，西城政务板块重点发展便民服务、高端商居、城市康养，东部老城板块重点推进传统商贸业提质升级，临港新区重点发展临空产业和现代物流、建设中小微企业集聚区，大力推进阳明大道城市中轴线提质升级。要提升治理水平，抓好城乡接合部环境卫生整治，发挥“数字城管”“智慧城管”作用，着力解决好“城市病”等突出问题。

要从实处着力，显现代气质。打造现代江南既是美好愿景，更是当务之急，重点是实施十大行动：①实施重点项目推进行动，抓好吾悦广场、城投·十里外滩、丰彩·九里长安、阳明湖道路建设和水系综合治理等重点项目建设。②实施现代产业培育行动，推进十里外滩金融街、现代医药物流产业园、红星惠源冷链物流、蔚蓝航空湖南总部等产业项目建设。③实施传统商贸区升级行动，推进桥南工业园、商贸城、原副食轻纺城等片区开发建设。④实施城市交通优化行动，完善城市路网，拉通鼎城西路等一批“断头路”“边界路”；优化城市交通管理，继续整治电动车交通违法乱象，推进非机动车停车泊位建设，规范共享单车管理。⑤实施水电保供提升行动，推进鼎城供水提质改造，完成220千伏、110千伏变电站建设，进一步保障江南城区水、电安全可靠供应。⑥实施城市园林美化行动，完成阳明大道城市中轴线美化绿化亮化工程，打造一批“街头小景”，擦亮一批院落“门脸”，推进国家生态园林城市创建。⑦实施环卫升级改造行动，推行城乡环卫一体化，推进垃圾分类试点，建成城区垃圾分拣中心，新建5座压缩式垃圾中转站。⑧实施精致小区建设行动，推进棚户区改造、老旧小区改造和精致小区建设，优化完善物业管理。⑨实施公共服务提质行动，推进四医院二期、红云小学、常沅小学、工人文化宫、综合档案馆等项目建设，以常德画墙、沅江风光带为基础打造常德文化公园，实现重点公共场所WiFi全覆盖，不断完善公共服务功能。⑩实施城市管理增效行动，持续抓好控违拆违，常态推进文明创建，完善城市管理数据库，创建智慧型城市。

3. 要坚持人民立场、矢志为民服务，努力建设幸福鼎城

坚持把人民对美好生活的向往作为我们的奋斗目标，把增进人民福祉作为一切工作的出发点和落脚点，让人民群众的获得感、安全感、幸福感更加充实、更有保障、更可持续。

要加速园区发展，为幸福鼎城增成色。常德高新区要始终扛起产业发展大旗，争当全市排头兵。坚持和完善“市区共管、以区为主”的管理体制，紧盯“奋力拼搏又三年、力争挤进省十强”、加快建成“千亿园区、工业新城”的目标，举全区之力推动常德高新区高质量发展。要不断强化硬支撑，积极对接国、省发展战略，用好用足市委、市政府对园区发展的支持政策，加快推进主干道路、高新医院、科创大楼、110千伏变电站、老渐河水系治理等项目建设，推动基础和配套设施再提质、上台阶。要不断优化软环境，秉承“项目为王、企业为大、服务为本”的理念，深入推进“放管服”改革，落实落细减税降费政策，不断提高行政效能和服务水平，积极推进常德保税物流中心(B型)申报工作，竭诚帮

助企业破解融资、用地、用工等瓶颈问题。要不断升级产业链，一手抓招大引强，瞄准“三个500强”企业，招引一批顶天立地的“镇园之宝”，增强园区发展后劲；一手抓转型升级，积极支持现有企业开展技(扩)改，提升自主创新能力，增强园区发展活力。力争引进亿元产业项目25个以上、“500强”项目2个，大力实施新兴产业倍增计划，新增规模工业企业20家以上、高新技术企业20家以上，不断提高产业链、供应链现代化水平。加快推进现代装备制造配套产业园建设，着力打造“国家重要先进制造业基地”。

要推进乡村振兴，为幸福鼎城添景色。坚持农业农村优先发展，促进农业高质高效、乡村宜居宜业、农民富裕富足。要实现巩固拓展脱贫攻坚成果同乡村振兴有效衔接，严格落实“四个不摘”要求，做好困难群众兜底保障，有序推动工作机制、工作力量、工作重心平稳过渡和有效接续。要更好发挥农业“压舱石”作用，坚决扛稳粮食安全政治责任，不断深化农村改革，以国家现代农业产业园为引领，进一步做大做强做优水稻、油茶、特色水产和有机蔬菜等产业，确保主要农产品有效供给，推动农村一、二、三产业融合发展，打造更多“叫好又叫座”的鼎城农业品牌。要大力推进乡村建设，持续完善农田水利和交通运输等基础设施，建设高标准农田10万亩，提质改造农村公路120公里、建设安保工程21公里，改造危桥5座，规范管理农村建房，兴建“幸福屋场”，全面推广农村人居环境整治“五句话”(镇村主导、党建引领、群众参与、乡贤赞助、协会管理)的经验模式，让广大农村到处一片干干净净、整整齐齐、清清爽爽。

要抓好生态环保，为幸福鼎城长姿色。坚持以习近平生态文明思想为指导，坚决落实长江经济带“共抓大保护，不搞大开发”战略要求，让美好生态更好造福鼎城人民。要扎实整改环保问题，全力打好污染防治攻坚战，统筹抓好城市和乡村生态修复，确保上级督察交办和群众反映强烈的突出环境问题得到彻底整改、形成常态长效。要持续改善环境质量，大力推进蓝天碧水净土保卫战，全面落实河(湖)长制、林长制，强化工业废气污染防治，继续抓好秸秆禁烧，加强对砂石等自然资源的开发利用和管理，巩固禁捕退捕工作成果，提升石板滩石煤矿区生态修复工作成效，推动生态文明示范区建设取得更大实效。要全面推动绿色发展，严格落实国家碳排放达峰行动要求，压紧压实企业环保主体责任，不断提高群众环保意识，着力发展“绿色经济”“美丽经济”，让绿水青山成为我们的金山银山。

要办好民生实事，为幸福鼎城固本色。围绕群众所思所想所盼，精准发力、持续用力，不断满足人民群众的美好生活需要。要多措并举稳定就业，统筹做好就业帮扶和就业服务工作。当前，要高度重视、妥善做好农民工工资的支付保障工作，让广大农民工欢欢喜喜过大年。要千方百计发展社会事业，扎实推进教育振兴，不断深化教育改革，实现“学有优教”、再创佳绩；加快建设健康鼎城，巩固提升基层卫生服务能力和水平，提升突发公共卫生事件应急处置能力，落实分级诊疗、双向转诊，让老百姓“看得起病、看得好病”；繁荣发展文化旅游，进一步传承弘扬红色文化、民间文化，加强文化遗产保护与开发利用，大力发展全域旅游，支持花岩溪创建省级旅游度假区。要全力以赴守牢基本民生底线，继续实施全民参保计划，推进一村一互助幸福屋建设，强化兜底保障，加强对退役军人和优抚对象的服务管理，让改革发展成果更好更公平惠及全区人民。

要确保安全稳定，为幸福鼎城亮底色。安全是幸福的最后屏障，要坚定不移统筹发展和安全，坚决守住安全稳定的底线。要妥善防范化解重大风险，加强政府性投资项目监管，支持平台公司转型发展，确保债务风险等级不进入更高预警区间。要全面强化各类安全监管，切实抓好防汛抗旱和地质灾害防控，杜绝较大及以上安全生产事故发生。

要扎实推进“平安鼎城”建设,加强矛盾化解,常态化开展扫黑除恶,做好基层社会治理现代化试点工作,营造清朗网络空间,确保政治安全、社会安定、人民安宁、网络安靖。当前,要毫不松懈抓好常态化疫情防控,克服麻痹思想、厌战情绪,全面落实属地责任、行业主管责任、单位主体责任、个人自我防护责任,坚决夺取春节前后疫情防控的全面胜利。

征途漫漫,唯有奋斗。历史只会眷顾坚定者、奋进者、搏击者,不会等待犹豫者、懈怠者、畏难者,也会唾弃旁观者、评论者、作俑者。

弘扬扛鼎精神,我们要争当“坚定者”,坚定立场、坚定信念、坚定意志,以舍我其谁的担当汇聚扛鼎精神的“千钧之力”。

打造现代江南,我们要争当“奋进者”,奋进有我、奋进看我、奋进忘我,以创新创业的干劲造就现代江南的“崛起之势”。

建设幸福鼎城,我们要争当“搏击者”,与困难搏击、与守旧搏击、与懈怠搏击,以矢志不渝的初心实现幸福鼎城的“时代之梦”。

常德市鼎城区人民代表大会常务委员会工作报告

——在鼎城区第十七届人民代表大会第八次会议上

（2020 年 12 月 28 日）

常德市鼎城区人民代表大会常务委员会主任　王少贤

2020 年工作回顾

2020 年，区人大常委会坚持以习近平新时代中国特色社会主义思想为指导，深入学习党的十九届五中全会和习近平总书记来湖南考察调研重要讲话精神，始终坚持党的领导，认真履行法定职责，充分发挥代表作用，着力加强自身建设，人大工作迈出了主动作为、主动对接、主动服务的坚实步伐。一年来，共召开人大常委会会议 11 次，主任会议 11 次，听取审议专项工作报告 26 个，作出决议、决定 15 个，开展集中视察 3 次，交办审议意见、视察意见 13 件，全面完成了区十七届人大六次会议确定的各项工作任务。

一年来，我们始终坚持旗帜鲜明讲政治

坚持党的全面领导。牢牢把握人大及其常委会是党领导下的重要政治机关的定位，充分发挥党组作用，带头维护区委权威，全区人大工作始终在党的领导下进行。凡是区人大常委会的重大事项、重要工作，都由党组会议先行讨论研究、民主决策，全年召开党组会议 12 次。严格执行重大事项请示报告制度，向区委常委会议专题报告工作 6 次。全年选举任免国家机关工作人员 33 人次，实现党管干部和人大依法任免的有机统一。

强化思想政治建设。深入学习党的十九届五中全会精神、习近平总书记来湖南考察调研重要讲话精神，以及省委、市委、区委全会精神，不断巩固和深化“不忘初心、牢记使命”主题教育成果，严格落实“三会一课”、主题党日等制度。结合党的最新理论，扎实开展人大制度理论研讨，7 篇论文在全市获奖。认真开展“书香人大、悦读人生”读书分享会、党员志愿者下基层、进社区等活动。坚决执行中央八项规定，常态开展“两同时”谈心谈话、警示教育，制定《关于落实过“紧日子”的制度规定》，组织机关干职到区人民法院旁听职务犯罪案件庭审。

坚决落实区委部署。坚持区委有部署，人大有行动。围绕“三大攻坚战”，组织各级人大代表广泛参与脱贫攻坚，开展少数民族乡、村脱贫攻坚专题调研。听取审议环境状况和环境保护目标完成情况，扎实开展石板滩关闭石煤矿区生态修复治理工作视察、环保世纪行活动、政府性债务防范化解专题调研；围绕园区发展，依法对灌溪镇撤镇设街道作出决定；围绕项目建设，积极参与“十四五”规划编制，收集意见建议 131 条，区人民政府采纳 120 条纳入规划“笼子”；围绕江南新城建设，开展城建工作视察；围绕乡村振兴，开展农产品质量安全工作视察及农产品质量安全行活动，督促我区启动建设高标准农产品质量检验检测中心。听取审议养殖业发展、农村安全饮水情况，督促建成非洲猪瘟检测实验室，督促完成祝家垱等4个水厂的提质改造;围绕营商环境优化,在全市率先完成优化经济发展环境评议三年行动,实现对政府工作部门评议全覆盖,推动解决问题144个。

一年来,我们始终把人民利益放在最高位置

聚焦高质量发展。听取审议预算执行、预算调整、财政专项资金绩效管理等情况报告,审查批准区级财政决算、区级预算调整方案。开展财政专项资金绩效目标审查,对11个专项资金以及6个乡镇整体支出进行绩效评价监督,发现并督促整改问题113个,收回财政资金44.38万元。对157个百万元以上专项资金进行重点绩效跟踪监督,收回财政资金30.14万元。区人大预算联网监督系统上线运行,实现对政府全口径预算执行实时在线监督。听取审议全区国有和集体资产清理整顿工作情况,督促开展涉砂问题专项清理整顿。强化"同级审"查出问题整改,今年审计监督查出问题44个,督促整改到位38个,6个未整改到位的问题,正全程督促整改。

聚焦依法治区。认真开展司法公正常德行活动,对33名法官、11名检察官进行履职评议,实现届内"两官"履职评议全覆盖。首次开展食品安全领域刑事附带民事公益诉讼案件评析以及行政类典型案件质量评查。听取公益诉讼、适用认罪认罚从宽制度工作情况,在全市率先出台《加强综合治理从源头切实解决执行难问题的决议》,市人大常委会转交的2起信访件全部办结。听取2019年度规范性文件备案审查工作情况,对50份区人大常委会文件进行合法性审查,接受备案的规范性文件10件,督促发文单位撤销1件,向市人大常委会报送规范性文件3件。配合开展《常德市农村村民住房建设管理条例(草案)》等立法调研。配合市人大常委会开展《野生动物保护法》执法检查,督促区人民政府落实了野生动物退养政策。

聚焦民生事业。首次开展食品安全专题询问,历时5个月,成立8个调查组,对食品安全工作进行深入调查。在专题询问会上,以专题片的形式,曝光一批食品安全领域问题,人大代表现场发言提问、追问,区人民政府分管副区长以及10家应询单位负责人现场作答,承诺问题整改时限,区人大常委会全程跟踪问题整改,有力捍卫了人民群众"舌尖上的安全"。高度关注学前教育,督促全区新增普惠性幼儿园3所、大班额全部化解。听取全区计生特困家庭综合保障、安全生产、医保基金监管、外事、港澳、对台等工作情况,深入开展农民健康行、民族团结进步行动。

一年来,我们始终注重发挥人大代表的主体作用

提升代表能力。开展《民法典》专题培训和区人大代表履职培训,邀请履职优秀的国、省、市人大代表为区乡人大代表介绍履职经验,12名市人大代表和113名区人大代表接受述职评议。在每个乡镇、街道选取一件重点建议,由主任会议成员领衔督办,推动解决了阳明湖片区排水系统不完善、草坪镇境内052县道安全隐患突出等一批问题。特别是市、区人大代表提出的《关于加速江南中学提质改造、促进城区初中均衡发展的建议》,得到市人大常委会的高度重视,市财政专门拨付680万元资金解决这一问题。组建专班采写35名人大代表优秀事迹,在省、市媒体报道。赵金秋、李元香代表的优秀事迹登上全市"讲代表故事,展履职风采"舞台,《跑出普法"加速度"》一文,荣获第30届"湖南人大新闻奖二等奖",是今年全市获得的最高奖项。

打造履职平台。在全市率先启动《湖南省乡镇人民代表大会工作条例》的学习贯彻,在全省率先编印《贯彻落实条例实施细则》和《条例应知应会50条》。黄土店镇党委书记徐杰、红云街道党工委书记汪其明带领乡镇人大主席、街道人大工委主任率先进行工作试点，建成功能设施齐全、职责制度完善、履职氛围浓厚的“两代表一委员”工作室，为全市代表联系群众工作平台建设树立了标杆，得到全市乡镇人大工作和建设推进会的充分肯定和现场推介。在区乡两级同步推行民生实事项目人大代表票决制工作，创新推行“四原则”“六步法”的乡镇民生事项票决制，蒿子港镇、十美堂镇、周家店镇在全区率先试点，真正实现“民生大事、人民做主”。

发挥代表作用。完善和充实人大代表联系群众制度，草坪镇党委书记杨国军带领人大主席在枫林口村创新设置人大代表新时代文明实践站，杜美霜、王焕然、赵金秋、彭长秀、王国顺代表发挥自身优势，对接乡村振兴、开展联点帮建、服务人民群众，从壮大集体经济、开展环境整治、建设幸福屋场中探索出一条人大代表引领新时代、践行新文明的新路子。在突如其来的疫情防控斗争中，我区五级人大代表积极投身抗疫一线，涌现出一大批优秀人大代表先进事迹。全国人大代表杜美霜创作《战疫情、渡难关》丝弦小调；省人大代表吕舒编撰约73万字的《防控新冠肺炎普法读本》；市人大代表李元香连续19天战斗在全区护理调度第一线；区人大代表刘秋甫获评全市新冠肺炎疫情防控工作先进个人；镇人大代表李建国、陈春华带病投身疫情防控。这样的优秀人大代表还有很多，据不完全统计，在疫情期间，全区有261名各级人大代表捐款捐物千万多元。

成绩属于过去，未来尚需我们开拓。对照新时代提出的新要求，我们应清醒地认识到，区人大常委会的工作还有一定差距，主要是：监督工作刚性不够、跟踪问效不及时，群众反映的一些问题，未得到有效解决；乡镇、街道人大工作还不规范、职权职责弱化；代表履职监督不够严格，有的代表重大活动频繁请假，有的代表参加会议既没有发过言，也没有提出过议案建议，始终默默无闻，有的代表履职能力较差等。对于这些问题，我们将采取坚决有力的措施，切实加以解决。

2021年工作安排

2021年是中国共产党建党100周年，是“十四五”规划开局之年，也是区乡人大换届选举之年。做好2021年工作，责任重大、意义深远。2021年，区人大常委会工作的指导思想是：以习近平新时代中国特色社会主义思想为指导，全面贯彻党的十九大和十九届二中、三中、四中、五中全会精神及习近平总书记来湖南考察调研重要讲话精神，始终坚持党的领导、人民当家做主、依法治国有机统一，在区委的坚强领导下，紧紧围绕“开放强市、产业立市”发展战略，瞄准“弘扬扛鼎精神、打造现代江南、建设幸福鼎城”的目标要求，依法履行职责，勇于担当作为，以优异成绩向建党100周年献礼。

一、主动作为，确保人大工作的政治忠诚

坚决做到对党忠诚。充分展现人大工作的政治属性，不断增强“四个意识”、坚定“四个自信”、做到“两个维护”。紧紧围绕习近平总书记关于打造“三个高地”、担当“四新”使命、落实五项重点任务的指示精神，一项一项贯彻领会、一条一条抓好落实。全面打造一支对党忠诚的人大代表队伍。全体代表要把对党绝对忠诚的信念融入血脉、铸入灵魂，落实到服务大局、攻坚克难的实际行动中。全体人大工作者，要坚决摒弃人大是“二线”岗位的思维，深刻认识到人大是国家治理活动的“第一线”，是保证宪法法律有效实施的“第一线”，是贯彻落实党委决策部署的“第一线”，是密切联系人民群众的“第一线”。

坚决捍卫宪法法律。深入学习宣传贯彻习近平法治思想和《法治社会建设实施纲要（2020—2025年）》，带头弘扬宪法精神，推动宪法法律全面实施。综合运用听取审议专项工作报告、备案

审查、专题调研、执法检查、案件评查、专题询问等方式,让法律制度的“牙齿”有力“咬合”。积极引导广大代表和人大工作者带头讲好“党言党语、法言法语”,争当尊法、学法、用法、守法的表率。2021年,我们将全面落实人大常委会会前学法制度,举办法律知识讲座,对开展第八个五年法治宣传教育作出决议。

坚决维护区委权威。进一步增强人大工作服务党的中心工作的自觉性和坚定性,坚决做到区委重大决策部署指向哪里,人大工作就跟进落实到哪里,人大代表就积极奋战在哪里,用实际行动和工作成效体现人大担当、做出人大贡献。坚持重大事项、重要活动、重点工作,事前主动向区委请示,事后及时向区委报告,使区委的主张通过法定程序转化为全区人民的共同意志和自觉行动。

二、主动对接,确保人大工作的监督实效

对接重大任务。按照党中央巩固拓展脱贫攻坚成果的精神开展专题调研。紧贴环保整治任务,听取审议环境状况和环境保护目标完成情况,继续开展好环保世纪行活动。按照区委整治砂石目标,组织专门力量,全年跟踪监督,开展涉砂专项视察,支持区人民政府坚决整治涉砂涉矿问题。围绕乡村振兴,组织人大代表建设村级文明实践站,让代表在乡村建设中施展才能。听取审议财政“同级审”及查出问题整改、国有集体资产管理、财政预算绩效管理及结果运用监督、开放型经济发展等情况汇报,开展全区重点产业项目视察和政府性债务专题调研。

对接民本民生。坚持民有所呼、我有所应,积极推动解决人民群众“急难愁盼”问题。依法监督公共卫生服务体系建设、劳动就业、农村面源污染治理、农村集体产权制度改革、民族宗教等工作情况,视察乡村振兴工作。对食品安全专题询问交办的33个问题的整改情况进行验收,凡是在规定期限内没有整改到位的,一律启动质询、特定问题调查、罢免等刚性监督手段,涉嫌违法违纪的,及时向区监察委交办。继续开展好农产品质量安全行、农民健康行、民族团结进步行动,推动一批民生问题有效解决。

对接法律法规。努力让人民群众在每一个司法案件中感受到公平正义。继续开展好司法公正常德行活动,听取审议司法公正常德行活动、规范性文件备案审查、检察院内设机构改革、公安派出所、交警大队执法规范化建设工作情况。深入调研我区一审行政诉讼案件行政机关负责人出庭率较低以及案件败诉情况,促进依法行政、维护国家利益。适时启动修订规范性文件备案审查工作办法。稳妥推进对监察机关的监督,听取区监察委专项工作情况报告。

三、主动服务,确保人大代表作用充分发挥

选优培强代表。在区委的统一领导下,依法依规组织好区乡两级人大换届选举,全面加强对乡镇人大换届选举的指导,严格把好代表候选人的政治关、素质关、结构关,充分保证代表的广泛性、代表性和先进性。开展人大代表练脑功、耳功、口功、腿功活动,提升代表履职能力。举办人大代表业务知识竞赛,完成全区各级人大代表述职评议工作,适时启动新一届区人大代表初任培训。进一步扩大人大代表对区人大常委会工作的参与面,常态邀请人大代表列席区人大常委会会议及参加各类重大活动。

夯实基层基础。全面贯彻落实《湖南省乡镇人民代表大会工作条例》,以“阵地建设标准化、人大工作制度化、代表活动经常化”为主题,形成大抓基层基础的鲜明导向。1月,召开全区乡镇人大工作和建设推进会,迅速推动《条例》在各个乡镇落地见效。3月前,按照试点标准,所有乡镇、街道建成“两代表一委员”工作室,统一制定运行机制,常态组织代表开展活动。全面推进区乡民生实事项目人大代表票决制工作,实现民生票决区乡全覆盖、常态化,适时组织五级人大代表视察票决项目落实情况。结合人大各专委的职责特点和代表的专业结构,组建7个专业代表小组,充实专委工作力量,充分发挥代表作用。认真开展"人大代表进村居"活动,在村居公布人大代表信息,方便群众联系,接受群众监督。

保障履职成效。表彰一批优秀人大代表及优秀人大代表建议,增强为民代言的使命感和自豪感。坚决办细、办实人大代表建议,继续实行代表重点建议主任会议成员领衔督办制度,其他代表建议,由人大各专委按照所联系单位对口督办,年中召开人大代表建议办理评议会,决不允许任何一条代表建议"打白条"。全面升级代表建议办理系统,实现议案建议办理全程公开透明、推动问题解决,让代表真心满意、群众真正受益。在区人大常委会机关开通人大代表热线电话,广泛受理人大代表业务咨询、问题反馈、意见建议。

鼎城区人民政府工作报告

——在鼎城区第十七届人民代表大会第八次会议上

(2020 年 12 月 27 日)

常德市鼎城区人民政府区长　陈　远

“十三五”时期及 2020 年工作回顾

五年来，我们坚持以习近平新时代中国特色社会主义思想为指导，深入学习贯彻习近平总书记对湖南工作的重要指示精神，坚持稳中求进工作总基调,围绕“开放强市、产业立市”战略,全力“抢抓新机遇、建设新江南”，持续推动高质量发展,全区经济社会发展成效显著。“十三五”规划目标较好实现，全面建成小康社会各项任务基本完成,脱贫攻坚圆满收官。人民日报、新华社、中央电视台等中央主流媒体宣传推介鼎城经验 200 余次,省委、省政府主要领导多次到鼎城考察,高度肯定鼎城工作。

主要表现在以下六个方面:

1. 综合实力显著攀升。地区生产总值达 395.2 亿元(预计数,下同),年均增长 7.9%;一般公共预算收入达 27.29 亿元（地方一般公共预算收入达 16.5 亿元),年均增长 13.07%;社会消费品零售总额达 194 亿元,年均增长 9.0%;工业总产值突破 400 亿元,规模工业总产值达 350 亿元,同比增长 12.5%,增速全市第一,规模工业入库税金突破 8.5 亿元,新增规模工业企业 73 家。成功创建国家级高新技术产业开发区，中联建起成为全市第二家百亿企业。

2. 经济结构显著优化。三次产业结构比调整为 19.1∶32.0∶48.9,高新技术企业达 60 家,高新技术产值占工业总产值比重达 80%。税收占地方一般公共预算收入的 70%以上,服务业对经济增长贡献率超过 50%，外贸进出口年均增长 200%以上。现代金融、总部经济、电子商务、休闲旅游等新业态不断涌现。

3. 改革活力显著增强。中央、省、市重点改革任务顺利推进,政府机构改革全面完成。融媒体改革全省领先,司法体制改革、农村集体产权制度改革顺利完成,“医共体”综合改革成效显著。“放管服”改革深入推进,减税降费 4.5 亿元,普惠面达 92%以上。新增市场主体 25383 个。知识产权保护力度不断加强,获评湖南省知识产权建设强县。

4. 攻坚质效显著提升。40 个贫困村全部退出,14055 户、43029 名建档立卡贫困户全部脱贫。各级交办的环保重点整治任务全面完成或达到序时进度。江南城区空气质量优良率由 75.3%提升至 91.1%,河(湖)长制从全面建立向全面见效转变,土壤污染管控和修复扎实推进。全区债务风险整体可控,金融运行总体平稳,国有资产管理规范有序。

5. 城乡面貌显著改善。临江板块、阳明湖板块、西城政务板块加快建设,常德画墙 63 幅大型精美壁画上墙，沅江风光带成为城市旅游休闲新中心。沅江隧道、沅水四桥、沅澧快速干线 1 号大道如期通车。建成干线公路 115 公里、自然村通水泥路 1160 公里，城乡交通更加便捷。完成全区 296 个村(社区)综合服务平台建设。新建 17 座乡镇污水处理厂，农村人居环境整治三年行动计划顺利完成。

6. *群众生活显著提高*。城乡居民人均可支配收入预计分别增加到 38465 元、18674 元。基本医疗保险参保率从 85%上升至 96%，区内住院报销比例增长 10%。市四医院晋升三级综合医院。教育事业稳步发展，获全省教育强区称号。创建首批省级现代公共文化服务体系建设示范区，常德丝弦赴联合国巡演，草坪镇、周家店镇获评全国民间文化艺术之乡。人民调解宣传工作连续十年全国先进，保持全省平安区县(市)称号。谢家铺“农村互助养老”模式全国推介。

2020 年是极其特殊的一年。面对突如其来的新冠肺炎疫情，我们招之即来、战之必胜，全市率先完成高速设卡检测，以“四级责任体系”构筑起护佑生命的坚固防线；我们白衣执甲、逆行出征，3800 名医护人员、6000 名干部、9000 名志愿者、4 万名党员奋战在抗疫一线，竭尽全力守护 83 万鼎城人民；我们夜以继日、重启引擎，通过分级管控全力推动复工复产，主要经济指标率先实现正增长；我们众志成城、不负重托，实现江南城区居民、一线医护人员、一线工作人员、非输入性人员“零感染”，取得了疫情防控阶段性胜利。在此，我代表区人民政府，向广大医护人员、公安干警、基层干部、社区工作者等战斗在疫情防控一线的英雄，向积极参与疫情防控的全区人民，向关心支持鼎城疫情防控的各界朋友，致以最崇高的敬意!

今年以来，我们团结带领全区人民，全力克服新冠肺炎疫情不利影响，扎实做好“六稳”工作，全面落实“六保”任务，深入推进“三城四区五中心”建设，各项工作稳居全市前列。

这一年，我们坚持迎难而上打硬仗，三大攻坚扎实有力。

脱贫攻坚圆满收官。扎实开展脱贫质量“回头看”，完成危房改造 840 户，发放助学金 755 万元，各项政策全面落实。产业扶贫带动 6729 户，工作经验获市政府表彰通报，贫困人口人均收入达 12774 元。污染防治力度加大。深入开展蓝天碧水净土保卫战。环境空气质量持续好转。永兴河、杨家港河等城市黑臭水体治理顺利完成。全力推进长江流域重点水域禁捕退捕，349 户、949 名退捕渔民实现转产安置。克服疫情、天气等诸多不利影响，基本完成石板滩石煤矿区生态修复主体工程，取缔非法采砂取土场 19 个。重大风险管控有效。加强国有企业监管，开展国有和集体资产清理整治专项巡察，管理效益不断增强。严格政府投资项目审批监管，严控政府投资规模，政府性债务风险整体可控。

这一年，我们坚持项目为王强引擎，园区发展突飞猛进。

项目建设取得新成果。累计引进项目 36 个、合同引资额 142.4 亿元，其中亿元以上项目 30 个、10 亿元以上项目 5 个。新开工中联建起二期等亿元以上项目 19 个、总投资 41.65 亿元，新投产中联恒通等亿元项目 16 个、总投资 32.88 亿元。规上工业企业达 127 家。创新创业实现新突破。指导 75 家企业入库备案全国科技型中小企业、新申报高新技术企业 24 家。常德高新区 50%以上规模以上企业与清华大学、湖南大学等高校开展产学研合作。引进高端科技人才 23 人，科技创新集聚效应更加明显。功能配套迈上新台阶。新建标准化厂房 19 万平方米，建成生活配套园 22 万平方米、公寓 1372 套，岗中东路等 4 条市政道路建成通车，科创大楼如期封顶，高新人民医院启动建设，园区配套不断完善。

这一年，我们坚持宜居宜业聚人气，城市品质持续提升。

城市基础更加完善。江南大道、滨江大道等 5 条主干道路加速推进，阳明大道完成提质改造。阳明湖水系综合治理一期、永安碚城市排渍口治理进展顺利。改造老旧小区13个,完成棚户区改造12633户。实现5G网络重点区域布局。城市管理更加精细。启动城乡环卫一体化,园林绿化养护水平持续提升。城区餐饮业油烟在线监测实现全覆盖。控违拆违三大行动圆满完成,城市管理考核保持全市领先。城市活力更加强劲。工商银行等14家银行签约城投·十里外滩金融街,新城控股·吾悦广场落户鼎城。新增商贸流通限上企业10家,鼎级商城、精为天、亲零嘴等电商平台快速发展,商贸流通业持续繁荣。丰彩·九里长安启动建设,希尔顿花园酒店盛大开业。房地产市场健康有序。

这一年,我们坚持因地制宜出实招,乡村振兴稳步推进。

美丽乡村全域推进。大力推广"草坪经验",深入开展"三面五清"村庄清洁行动,积极推行农村垃圾分类减量,建成幸福屋场23个。155个村获评省级森林乡村。推行"首厕过关制"标准,全年改厕20073座。农业产业快速发展。成功创建国家现代农业产业园,继续保持全国粮油大县和生猪调出大县称号。粮食生产面积达154.93万亩,完成油茶新造低改4.4万亩、绿色蔬菜3万亩。新增省级农业龙头企业3家、市级农业龙头企业5家。十美堂镇同兴村入选全国"一村一品"示范村镇。农村建管持续提质。实现村庄规划编制全覆盖。完成自然村通水泥路建设80公里、安防工程37公里,改造农村危桥7座,建成双蔡公路、蒿子港千吨级码头。小水电治理有效,水利建设获评全省十佳区县。交通顽瘴痼疾整治成效明显,治超、公路养护工作位列全市第一。拆除"空心房"2883栋,新增耕地面积5245亩。大力培育文明乡风,草坪镇兴隆街村、花岩溪镇湖江坪村获评全国文明村镇,镇德桥镇刘茂云家庭获评全国文明家庭。

这一年,我们坚持为民服务解难题,民生福祉明显改善。

社会事业蓬勃发展。新增普惠性幼儿园3所,芙蓉学校主体教学楼投入使用,大班额全部化解。2020年高考,清华、北大录取4人,省文科第一名花落鼎城,教育综合竞争力跻身全市第一方阵。完成213个行政村卫生室标准化建设。提质改造区体育馆、图书馆。荣获全国少年线上体育嘉年华最佳赛区。开发省级乡村旅游精品路线3条,成功举办中国·湖南第五届花岩溪帐篷节,红烨山庄获评湖南省文明风景旅游区,十美堂镇获评中华诗词之乡。第四次全国经济普查获全省先进,第七次全国人口普查扎实推进。社会保障不断加强。城乡低保月人均标准分别达560元、380元,城乡居民养老保险覆盖率100%,儿童之家实现全覆盖。区社会福利中心、神仙窝公园投入使用。发放退役军人优抚资金1.4亿元。安全形势持续向好。深入推进"平安鼎城"创建,连续三年获评全省平安区县。破获省督"5·30"非法采矿(砂)案、"9·06"特大贩毒案,扫黑除恶工作荣获多项省级表彰。全国"两会"特护期实现零进京上访。区人武部接受军委国防动员部民兵应急拉动检验获全国第一。完成"三小"食品专项整治任务。全年未发生较大以上安全生产事故,韩公渡镇获评省级安全发展示范乡镇。

这一年,我们坚持履职尽责勇担当,行政效能稳步提高。

政治建设深入推进。坚持重大事项向区委请示汇报,政府党组集中学习常态化,坚决执行区人大及其常委会决定决议,主动接受区人大及其常委会法律监督、工作监督和区政协民主监督。今年共办理人大代表建议185件、政协委员提案82件,满意率和基本满意率达100%。政府职能加速转换。全力推进服务型政府建设,完成乡镇事业站所改革。深化行政审批制度改革,推进政务服务"一件事一次办",实现"一门式"服务全覆盖,首批下放66项行政审批事项。省、市为民办实事项目全面完成,办理网上政务事项35375件,办结率达100%。作风建设不断加强。坚决执行中央八项规定及其实施细则精神,全年压减三公经费15%以上。扎实推进形式主义、官僚主义问题集中整治,严肃查处作风漂浮、工作不实等突出问题，压减会议、文件达20%。坚持过“紧日子”，全力抓收入、大力压支出、倾力保运转，政风作风持续向好。

此外，国防动员、双拥、文联、工商联、民宗、红十字会、外侨、计生协、史志、档案、工会、青年、妇女、科协及残疾人等事业均有新进步。

区人民政府在十七届人大六次会议上承诺的事项，除部分工作受政策因素影响未完成外，绝大部分工作圆满完成或达到序时进度，完成率达93.8%。

过去五年，我们在省、市、区委的坚强领导下，全区上下一心一意谋发展、全力以赴抓攻坚、尽心尽力惠民生，综合实力实现大跃升、产业发展形成新格局、基础设施实现大跨越、民生福祉得到大改善。可以说，“十三五”时期，是鼎城发展速度最快、发展质量最高、面貌变化最大、干部精神最佳、社会评价最好的时期之一。这五年，我们大力弘扬干事创业“鼎城担当”。在抗击疫情和防汛救灾的危急关头，在项目建设的火热现场，在生态环保的攻坚一线，在隧道征拆的关键时刻，广大党员干部勤勉作为、担当尽责、攻坚克难，一仗接着一仗打，一关接着一关闯，我们迎来一个又一个收获的喜悦。这五年，我们全力推动高质量发展“鼎城实践”。江南城区逐步成为常德城市新中心、常德高新区已经成为产业发展主阵地、“一江两岸”协调发展正稳步推进。江南市场群、新副食城持续繁荣，商贸业、服务业、旅游业蓬勃发展。现在的鼎城，比历史上任何时期都更具活力、更具颜值、更有信心。这五年，我们竭力创造乡村振兴“鼎城模式”。鼎城茶油、常德香米、河洲甲鱼声名远播，农业特色产业格局不断巩固，国家级现代农业产业园成功创建。“镇村主导、党建引领、群众主体、乡贤赞助、协会管理”工作经验广泛推介。这五年，我们奋力书写一心为民“鼎城情怀”。把改进民生福祉、提升幸福指数作为第一追求，克服种种困难，全力改善民生。脱贫攻坚如期收官、人居环境持续改善、道路交通更加通畅、空气质量明显好转、保障水平连年提升……人民群众的幸福指数不断提高。

在看到成绩的同时，我们也清醒地认识到，当今世界正经历百年未有之大变局，外部环境出现更多不稳定性不确定性，面对经济下行等压力，鼎城的发展任重道远。我们在前进中还存在产业结构有待优化、财政压力较大、城乡区域发展不平衡、生态环境治理复杂艰巨等问题。对此，我们将高度重视，采取有力措施，认真加以解决。

“十四五”时期工作思路及2021年工作安排

“十四五”时期是全面建成小康社会、实现第一个百年奋斗目标之后，乘势而上开启全面建设社会主义现代化国家新征程、向第二个百年奋斗目标进军的第一个五年，对于我国经济社会发展至关重要。我们要在习近平新时代中国特色社会主义思想的指引下，全面贯彻落实省委“三高四新”战略、市委“开放强市、产业立市”战略，围绕“弘扬扛鼎精神、打造现代江南、建设幸福鼎城”的目标要求，坚持量力而行、尽力而为，真抓实干、履职担当，全力谱写鼎城经济社会高质量发展新篇章。

主要预期目标是：地区生产总值保持年均7%以上的增长速度，力争2025年达到600亿元。一般公共预算收入按年均8%的增长速度，力争2025年达到40亿元以上。一般公共预算支出按年均7%的增长速度，力争2025年达到95亿元以上。全社会固定资产投资按10%的年均增长速度发展；三次产业结构比调整为15.7∶30.9∶53.4。围绕目标任务，重点做好以下工作：

——打造产业发展新高地。紧盯“奋力拼搏又三年、力争挤进省十强”的奋斗目标，全力将常德高新区打造为“千亿园区、工业新城”，加快构建以先进装备制造为核心的现代化产业体系，力争常德高新区综合实力挤进全省省级以上园区十强，工业总产值突破千亿大关，努力建成吸引制造业发展要素、创造制造业发展经验、具有制造业发展竞争力的优势园区，为湖南省打造国家重要先进制造业高地贡献力量。以国家现代农业产业园为依托，壮大农业特色产业，提高农业产业化水平，打造一批全国“叫得响”的农业品牌。增强现代服务业核心竞争力，打造一、二、三产业相互协调融合的产业发展新高地。

——塑造江南城区新形象。推进实施城市更新行动，助力建设现代化区域中心城市，着力打造具有现代气象、现代气派、现代气质的江南城区。持续扩大城区和人口规模，城市规划区扩大至40平方公里，常住人口突破40万人。城市化进程进一步加快，城镇化率达到60%。加速构建“五大板块一中轴”城市空间格局，统筹推进临江板块、阳明湖板块、西城政务板块、东部老城板块和临港新区板块开发建设，大力提升阳明大道城市中轴线的整体形象。坚持建管并重，提升城市管理水平，打造智慧城市、海绵城市、森林城市、生态园林城市。培育壮大金融、保险、电商和现代商贸物流业，持续繁荣城市经济。

——开拓乡村振兴新局面。探索推广乡村振兴“鼎城模式”，乡村面貌干干净净、整整齐齐、清清爽爽。大力发展高效生态农业产业，培育壮大新型农业经营主体，带动农民增收致富。加大农村基础设施建设投入，推进垃圾分类减量和污水无害化处理，持续改善农村人居环境。全力保障镇村运转，加强村（社区）综合服务平台建设。深化农村土地制度和集体产权制度改革。传承发展民间艺术和红色文化，深入开展移风易俗，树立文明新风。选优配强村（社区）“两委”班子，充分发挥新乡贤模范引领作用，加快推进基层治理体系和治理能力现代化。

——书写生态文明新篇章。坚定不移贯彻落实习近平生态文明思想，坚决守住自然生态安全边界。全面推进绿色发展，推动能源清洁低碳安全高效利用。编制《鼎城区自然保护地发展规划》，创建花岩溪国家级旅游度假区、AAAAA级景区和乌儿洲国家重要湿地公园。大力开展污染防治行动，持续改善城乡生态环境。按照“保护优先、科学规划、规范许可、有效监管、确保安全”的原则，加强对河沙、山砂、矿石等自然资源的开发利用和管理。完成饮用水源地保护区标准化建设。深化生态文明体制改革，加快建成国家生态文明示范区。

——共筑幸福和谐新家园。坚持把人民利益作为一切工作的出发点和落脚点，把人民群众对美好生活的向往作为奋斗目标。完善国省县道主干公路网，建设“四好农村公路”，实现城乡客运一体化。完成电网建设投资10亿元，不断满足用电需求。强化就业优先政策，稳定和扩大就业，提高居民收入水平。持续推进教育振兴行动，不断提高教育教学质量。推进公共卫生应急能力建设，全面提升医疗卫生水平。加快完善公共服务体系和社会保障体系，不断增强人民群众获得感、幸福感、安全感。

习近平总书记在湖南考察调研时提出的“三个高地”战略定位和“四新”使命任务，为湖南未来五年发展指明了新的方向。同时，深化供给侧结构性改革，加快推进乡村振兴战略，实施大规模减税降费等政策带来了新的发展机遇。从现在开始，我们要用一以贯之的定力、奋勇争先的干劲、舍我其谁的担当，牢牢抓住发展机遇，沉着应对困难挑战，乘势而上、奋力赶超，共同推进鼎城更高质量发展。

2021年是中国共产党建党100周年，也是“十四五”的开局之年，我们将以习近平新时代中国特色社会主义思想为指导，全面贯彻党的十九大和十九届二中、三中、四中、五中全会精神，坚决落实习近平总书记关于湖南工作系列重要讲话指示精神和中央、省委、市委、区委经济工作会议精神，坚持稳中求进工作总基调，立足新发展阶段，贯彻新发展理念，构建新发展格局，以推动高质量发展为主题，以深化供给侧结构性改革为主线，以改革创新为根本动力，以满足人民日益增长的美好生活需要为根本目的，围绕“弘扬扛鼎精神、打造现代江南、建设幸福鼎城”目标要求，扎实做好“六稳”工作，全面落实“六保”任务，巩固拓展疫情防控和经济社会发展成果，推动经济平稳健康运行、社会和谐稳定，确保“十四五”开好局，以优异成绩庆祝建党100周年。

主要预期目标是：力争地区生产总值增长8%以上，一般公共预算收入增长8%以上（地方一般公共预算收入增长6%以上），固定资产投资增长10%以上，城乡居民人均可支配收入均增长10%以上。全面完成上级下达的节能减排降耗等约束性工作任务。

为实现上述目标，我们将重点抓好以下五个方面的工作：

1. 以项目建设为支撑，增强区域经济竞争力。全力以赴招大引强。做实项目策划包装，紧盯三个“500强”，大力推进产业链招商，力争全年引进亿元以上产业项目30个，引进内外资总额120亿元。严格落实争资争项考核办法，争取上级投入30亿元。加快推进项目建设。严格落实项目建设“四级调度机制”，力争新开工亿元以上项目20个，新投产15个。积极向上对接，申报省市重点项目22个，市重大前期项目8个。加快推进丰彩·九里长安、新城控股·吾悦广场、阳明湖水系治理二期、国家现代农业产业园等项目。完成斗姆湖高速出口改造，机场南延线、沅水四桥匝道建设。持续优化营商环境。深化“放管服”改革，落实政务服务“一件事一次办”，实现基层“一门式”服务全覆盖。大力支持民营企业高质量发展，支持精为天、响箭重工、九申燃气、浩宇建设等企业上市。完善政银企沟通协调机制，构建亲清政商关系。坚持依法治税，全面落实减税降费政策，加快中小微企业集聚地建设。加大企业自主知识产权保护力度，争创国家级知识产权强区和知识产权示范园区。

2. 以高新园区为主导，助推产业发展集群化。完善产业链条。力争新增规模企业20家，税收过1000万元企业5家、过500万元企业10家以上。继续实施装备制造业建链强链延链工程，加快推进现代装备制造配套产业园建设，进一步壮大装备制造业总体规模。大力实施新兴产业倍增计划，不断提升新材料、生命健康等特色产业发展质效。争创省级以上特色园区和产业化示范基地。加快转型升级。依托国家级科技资源支撑型双创载体，建设全省科技创新资源集聚示范中心。支持中联建起、中联恒通等重点企业智能化、数字化改造。新建一批科技成果转移转化及产教融合服务平台，争创A类国家级科技企业孵化器。大力发展院校经济，鼓励企业与高校、科研院所深入开展产学研用合作，新转化一批产学研成果，新创一批“国字号”品牌。强化功能配套。启动太阳大道、金丹路建设和老渐河提质改造，加快推进高新人民医院、星级商务酒店等配套建设，逐步布局新兴服务业态。加快水、电、气等基础设施全面融城。加快推进常德跨境电商产业园和公用型保税仓库项目，启动常德保税物流中心（B型）建设。实施镇区旧城改造升级，加快提升园区美化度和影响力。

3. 以“现代江南”为目标，打造城市发展升级版。加强城市基础建设。加快5G建设步伐，推进江南城区数字化、智能化进程。加快老旧小区、棚户区改造和精致小区试点。推进桥南工业园、商贸城、原副食轻纺城开发建设。完成江南城区110千伏、220千伏变电站建设。建成滨江西路、善池路、花园路，实施金霞西路提质工程。第二工人文化宫建成使用，稳步推进常德画墙及沅江风光带配套设施建设。发展现代城市产业。以江南市场群为依托，促进传统商贸与电子商务融合发展。支持国药控股做大做强，建设现代医药物流产业园。加快城投·十里外滩金融街建设。大力发展冷链物流、城市康养、文化创意等新兴业态，启动红星惠源冷链物流、蔚蓝航空湖南总部等项目建设。规范房地产市场秩序，促进房地产市场平稳健康发展。推行城市精细管理。继续开展城区社区“十佳十差”评选。

全面推行垃圾分类试点，建成城区大型分拣中心，稳步提高餐厨垃圾无害化处置率。推行城乡环卫一体化，加快固体建筑垃圾资源化利用项目建设，建成5座压缩式垃圾中转站。巩固文明城市创建成果，全面实现控违拆违、交通秩序、市容市貌等城市管理的新常态。积极开展国家生态园林城市创建。

4. 以协调发展为方向，迈出乡村振兴新步伐。实施乡村建设行动。加大农田水利基础设施建设投入，建设高标准农田10万亩。建成农村公路120公里，改造危桥6座。稳步提升农村饮水安全，积极配合“三区饮水工程”。加快新一轮农村电网改造升级，加强乡村通信基站和光缆线路建设。严守耕地红线，引导农村建房规范化发展。巩固提升“三清一改”成果，实现农村生活垃圾无害化处理全覆盖。发展现代高效农业。推广高档优质稻65万亩，保持年出栏生猪80万头以上。继续推进油茶新造低改，扩大“鼎城茶油”品牌影响，争创全省油茶大县。加快培育新型农业经营主体，新增省、市级农业产业化龙头企业各3家，实现农产品加工业产值300亿元。推广测土配方施肥、水肥一体化、生态健康养殖、绿色防控等减量增效技术，推进农产品质量智能监管与追溯体系建设。巩固拓展脱贫成果。推动巩固脱贫攻坚成果同乡村振兴有效衔接，加快建立解决相对贫困长效机制，推动减贫工作平稳转型。保持现有帮扶政策、资金支持、帮扶力量总体稳定。重点关注不稳定脱贫户和边缘户生产生活，健全防止返贫监测帮扶机制。发展壮大农村集体经济，健全利益联结机制，加强扶贫项目资金资产管理和监督，推动扶贫产业可持续发展，切实提高农民收入水平，促进共同富裕。

5. 以惠民利民为宗旨，提升广大群众幸福感。发展社会事业。持续推进教育振兴，稳步实施农村学校建设三年行动计划，大力发展公办学前教育，完成红云小学新建、常沅小学提质改造。完成市四医院二期建设，完善公共卫生服务体系建设，持续抓好新冠肺炎疫情常态化防控。大力发展全域旅游，创建花岩溪省级旅游度假区，继续办好花岩溪国际帐篷节、湖南省油菜花节、区全运会和职工健康跑活动，推进索县汉代城址保护开发。加强就业服务监测平台建设，新增城镇就业6000人、转移农村劳动力1.2万人。健全退役军人保障体系，提升社会保障救助水平。促进各民族团结进步，加大对少数民族聚居区和偏远乡镇的支持力度。加强污染防控。持续打好蓝天碧水净土保卫战，完成中央、省、市环保督查交办问题整改销号，稳步提升环境空气质量。全面落实河(湖)长制，以保护“一湖两水”为重点，坚决贯彻实施长江“十年禁渔”，扎实做好阳明湖水系修复治理、冲天湖—马家吉河片区水环境生态综合整治等工作，推进枉水、澧水流域砂石资源开发。加强土壤污染综合治理，开展农业面源污染综合防治，继续巩固石板滩石煤矿区生态修复成果。维护安全稳定。持续推进安全生产专项整治三年行动，坚决遏制较大以上安全生产事故发生。完成交通综合执法改革，持续开展交通问题顽瘴痼疾整治。提升公共应急管理能力，开展自然灾害综合风险普查，切实抓好防汛抗旱、森林防火、地质灾害防控等工作，做好松材线虫病防治。建立健全社会治安防控体系，严厉打击“黄、赌、毒、黑”等各类违法犯罪活动。有效化解信访积案，持续深化基层社会治理。

切实加强政府自身建设

坚持以人民为中心的发展理念，深入推进政府治理体系和治理能力现代化，全面落实工作责任，加快建设人民满意政府。

1. 始终坚持忠诚执政。坚定不移维护核心。学懂弄通做实习近平新时代中国特色社会主义思想，严守政治纪律和政治规矩，树牢“四个意识”，坚定“四个自信”，坚决做到“两个维护”，不折不扣执行中央、省委、市委和区委的决策部署，确保政令畅通、令行禁止。大力弘扬社会正气。坚定不移做好新时代意识形态工作，牢牢掌握意识形态工作主动权。发扬斗争精神，增强斗争本领，在大是大非面前旗帜鲜明，在风浪考验面前无所畏惧，在各种诱惑面前永葆本色。牢固树立民本情怀。不断强化为民、惠民、便民意识，着力解决好群众操心事、烦心事、揪心事，扎实办好省市重点民生实事和区人大及其常委会决定的民生事项，用干部的辛苦指数赢取群众的满意指数。

2. 始终坚持依法行政。强化法治观念。坚定法治信仰，牢固树立“尊法、学法、守法、护法、用法”的法治思维，强化法治意识。严格执行行政执法“四项制度”，强化法治保障，促进社会稳定。提升法治水平。继续坚持政府法律顾问、人大代表和政协委员列席政府常务会议机制，强化重大行政决策、规范性文件、重大行政执法决定合法性审查，不断提升行政决策科学化、民主化、法治化水平。自觉接受监督。定期向区委汇报工作，向区人大及其常委会报告工作，与区政协协商工作，主动接受区人大及其常委会法律监督、工作监督和区政协民主监督。加强政府信息公开，回应社会关切，认真办理人大代表建议、政协委员提案，虚心听取社会各界人士的意见，自觉接受社会舆论和群众监督。

3. 始终坚持高效为政。强化监管约束。完善政府议事决策工作机制，全面实施“双随机、一公开”监管，不断提高政务服务效率。着力防范政府性债务风险，加强审计监督，杜绝违规融资举债。推进区属国有企业市场化转型发展，提升国有资产管理效益。坚持担当作为。坚持把真抓实干、履职尽责作为不懈追求，做到直面困难不回避、重大攻坚不退缩、责任问题不推诿。杜绝“新官不理旧事”和“遇到难事不闻不问”等现象，对造成工作失误的要严厉追责问责。大力开展创先争优活动，强化招商引资、争资争项、项目建设等重点工作考核评比和结果运用。切实减负降压。聚焦干部反映强烈的突出问题对症下药、精准发力，继续压减政府文件和会议数量，破除“过度留痕”等形式主义，防止执行政策“一刀切”等机械做法。完善考核评价机制，严格坚持“三个区分开来”，让有为者有位、吃苦者吃香、实干者实惠。

4. 始终坚持廉洁从政。压紧压实廉政责任。把全面从严治党贯穿政府工作始终，认真落实党风廉政建设主体责任和“一岗双责”，深化廉政风险防控，筑牢拒腐防变思想底线。不断深化作风建设。持之以恒推动中央八项规定及其实施细则精神落实落细，持续正风肃纪，坚决防止“四风”反弹。坚决纠正表态多调门高、行动少落实差等行为，杜绝懒政怠政、推诿扯皮等现象，努力实现干部清正、政府清廉、政治清明。持续坚持过“紧日子”。全面推行过“紧日子”十条措施，严控“三公”经费，坚决压减一般性支出10%以上。强化预算绩效管理，规范财政资金使用，严控预算追加。严控政府投资项目建设规模，对2000万元以上政府投资项目实行全程跟踪审计。关心关爱基层干部，适度提高基层干部待遇。

名词解释

“六稳”工作：稳就业、稳金融、稳外贸、稳外资、稳投资、稳预期工作。

“六保”任务：保居民就业、保基本民生、保市场主体、保粮食能源安全、保产业链供应链稳定、保基层运转。

三个高地：着力打造国家重要先进制造业、具有核心竞争力的科技创新、内陆地区改革开放的高地。

“四新”使命：在推动高质量发展上闯出新路子，在构建新发展格局中展现新作为，在推动中部地区崛起和长江经济带发展中彰显新担当，奋力谱写新时代坚持和发展中国特色社会主义的湖南新篇章。

三主两特：常德高新区构建以智能装备制造、光电信息为主导，以新材料、生命健康为特色的产业格局。

四级责任体系：以区委书记、区长为一级责任人，联点区级领导为二级责任人，部门和乡镇（街道）主要负责人为三级责任人、村（社区）“两委”干部为四级责任人的四级防控责任体系。

首厕过关制：按照农村改厕统一的质量目标要求，科学确定改厕模式、工程施工总承包方式、工程监理及运维方式，建立全过程的质量控制体系，形成一整套规范的农村改厕模式并实践于第一个厕所，经过验证后推广的工作机制。

“三小”食品专项整治：食品小作坊、小餐饮和小摊点综合整治。

三区饮水工程：常德市西湖、西洞庭管理区及鼎城区部分乡镇农村饮水安全工程。

行政执法“四项制度”：行政执法公示制度、执法全过程记录制度、重大执法决定法制审核制度、执法决定说明理由制度。

四级调度机制：区级领导不定期就重点工程进行会议或现场调度；区城建工作领导小组定期研究调度全区各项重点工程进度情况；项目指挥部定期调度工程进度；项目业主单位定期召开现场调度会，解决项目实施过程中的具体问题。

“一门式”服务：以社区事务受理中心为基础，将多个部门、多个流程审批事项简化为在一个中心或窗口办事。

三清一改：清理农村生活垃圾、村内塘沟、畜禽养殖粪污等农业生产废弃物，改变影响农村人居环境的不良习惯。

三个区分开来：把干部在推进改革中因缺乏经验、先行先试出现的失误和错误，同明知故犯的违纪违法行为区分开来；把上级尚无明确限制的探索性试验中的失误和错误，同上级明令禁止后依然我行我素的违纪违法行为区分开来；把为推动发展的无意过失，同为谋取私利的违纪违法行为区分开来。

中国人民政治协商会议
常德市鼎城区第九届委员会常务委员会工作报告

——在政协常德市鼎城区第九届委员会第七次会议上

（2020年12月26日）

中国人民政治协商会议常德市鼎城区委员会主席　韩才渊

2020年工作回顾

2020年是全面建成小康社会和“十三五”规划收官之年，也是极不平凡的一年，突如其来的新冠肺炎疫情给经济社会发展带来严重影响。在这非常时期，在中共鼎城区委的坚强领导下，区政协深入贯彻落实习近平总书记重要讲话精神，牢牢把握专门协商机构性质定位，围绕统筹推进疫情防控和经济社会发展这个大局，注重建言资政和凝聚共识双向发力，以新作为展现了新时代人民政协的新担当。

一年来，我们以学习贯彻中央政协工作会议和十九届四中、五中全会精神为引领，制度建设实现了新突破。严格落实要求、坚持守正创新，努力在健全和完善基层政协工作制度上下功夫，探索建立权责清晰、程序规范、关系顺畅、运行有效的制度体系，确保各项工作有制可依、有规可守、有序可循。

完善党对政协工作全面领导制度。严守政治规矩，严格执行重大问题请示报告制度，就贯彻落实中央政协工作会议精神、年度履职重点安排等向区委作了5次专题汇报。提请召开区委政协工作会议，区委制定印发《关于新时代加强和改进人民政协工作的实施意见》，为贯彻落实中央精神推进新时代全区政协事业发展提供了根本遵循、注入了强大动力。区委不断加强对政协工作的领导，进一步健全和完善了党政领导重视、支持政协工作的制度，把人民政协理论纳入区委理论中心组（扩大）学习的内容。一年来，党政领导批示政协重要履职成果、领衔办理重点提案16件，调研政协工作、参加重要履职活动30余人次。

探索创新基层政协协商民主制度。落实区委会同区政府、区政协制定年度协商与监督工作计划制度，建立了政协工作联席会议制度，着力规范协商议题提出机制。科学制定年度协商与监督工作计划，围绕“强化兜底保障工作，全面决胜脱贫攻坚战”“加强国有资产监督与管理”等课题，以全体会议为龙头，议政性常委会议和专题协商会为重点，不断拓展协商广度深度，协商质量和水平得到有力提升。落实协商于决策之前和决策实施之中的机制，相关部门就全区财政预算及预算调整、年度城建工作计划、“十四五”规划纲要等工作主动到区政协开展协商，协商氛围更加浓厚。

建立健全政协系统党的建设制度。对标对表新时代党的建设总要求，强力推进政协系统党的建设责任落实、制度落实、工作落实。发挥区政协党组把方向、管大局、保落实作用，完善党组成员、骨干党员联系委员制度，加强与党员委员所在党组织的联系，引导其立足本职做贡献，充分发挥先锋引领作用。健全政协机关党建工作制度，加强机关支部“五化”建设，全面提升“主题党日”“党员进社区”等党建活动成效。探索“互联网＋党建”模式，以“政协云”平台为依托，加强政协网站、微信公众号等建设,拓展党的理论学习阵地。

一年来,我们以助力统筹推进疫情防控和经济社会发展为主线,服务大局干出了新样子。充分发挥专门协商机构作用,找准政协工作与全区中心工作的衔接点,在围绕中心、服务大局中履行政协职能、展示政协作为。

*在疫情防控斗争中彰显政协力量。*及时响应疫情防控号令,以战斗的姿态扛起政治责任,第一时间向全体委员及社会各界人士发出《倡议书》,全力投身和支援疫情防控工作,在"疫情大考"中交出了合格答卷。区政协党组成员、主席会议成员靠前指挥,机关干部、广大委员积极参战,助力筑牢疫情防控"安全防线";医卫界委员主动请缨、冲锋在前,涌现出胡波、邓劲松、王全、余方义等一批"最美逆行者";发动广大委员和各界人士鼎力支持、慷慨解囊,捐资捐物折款500多万元,彰显"和衷共济"的强大力量。4月,以"助力化解疫情影响,展现委员责任担当"为主题开展集中走访活动,为推动企业复工复产和农业春耕生产想办法、解难题、增信心。在这场没有硝烟的战争中,全区广大政协委员和政协工作者用实际行动践行使命担当,谱写了一个个生动的抗疫故事,展现了鼎城政协人的别样精彩!

*在决胜脱贫攻坚中展现政协担当。*聚焦打好打赢脱贫攻坚战,深入开展政协人助力巩固脱贫成果万户帮扶行动,组建102个帮扶小组,帮助结对帮扶贫困户发展生产、增加收入,解决了一批就业、就医等实际问题,姚高峰、刘明星、李军、王昌宏、周刚等一批委员助力扶贫成效显著。围绕"强化兜底保障工作,全面决胜脱贫攻坚战"课题开展主席会议协商,提出"精准识别对象、切实落实政策、健全长效机制"等9条具体建议。严格落实结对帮扶、驻村帮扶责任,机关干部结对帮扶的28户贫困家庭都已实现长期稳定脱贫,累计为扶贫点村支持帮扶资金300多万元。

*在助力经济发展中贡献政协智慧。*融调研、协商、监督于一体,围绕"深化放管服改革,进一步优化营商环境"课题,开展专题协商和监督评议,提出了"加快推动简政放权、提升政务服务水平、加强事中事后监管、增强基层承接能力、创新优化服务举措"等五个方面15条具体建议,助力充分激发市场主体活力。区委书记朱金平率相关部门主要负责人到会听取意见并作出批示,给予充分肯定。组织委员就常德高新区建设与发展、江南城区房地产业发展等开展调研视察、提出建议,为助推全区产业发展和项目建设出谋划策。区政协主席会议就加强国有资产监督管理工作开展充分协商,区委副书记、区人民政府代区长陈远到会听取意见并安排相关部门研究具体落实措施,有力推动了全区优质资源合理配置和国有资产的规范管理。

*在促进民生改善中发出政协声音。*把做好"六稳"工作、落实"六保"任务作为履职的着力点,积极为助力民生福祉改善鼓与呼。持续关注、跟踪调研全区教育事业发展,围绕"加强师资队伍建设,办好人民满意教育"开展对口协商,提出了改革招考方式、优化队伍结构、强化待遇保障、加强队伍管理等建议,对提升全区师资队伍建设水平和教育教学质量发挥了积极作用。针对群众反映强烈的非法挖砂取土导致生态破坏问题,组织开展视察监督,在深入调研的基础上提出了"强化工作责任、加大打击力度、抓好工作统筹"等建议,得到了区委、区政府的高度重视。组织委员就美丽乡村建设、化解社会突出矛盾等民生热点问题开展调研协商,服务民生的履职实践不断丰富。

一年来,我们以推动政协工作高质量发展为目标,履职创新迈出了新步伐。深刻把握新时代人民政协工作高质量发展的内在要求,以改革思维、创新理念、务实举措推动政协工作创新发展。

*打造线上线下协商平台。*把用好用活政协云作为提升政协工作实效的重要抓手,积极开展网络协商议政。9月份,通过政协云、鼎级传媒全程视频直播区政协议政性常委会议协商,社会各界人士利用移动履职平台参与互动交流达两万多人

次，收到有价值的意见建议300余条。精心组织委员线上值班活动，发挥委员专业优势，积极回应社会关切，拓宽了群众表达诉求的通道，得到了市政协领导充分肯定。进一步完善政协云微建议协同联办工作机制，畅通办理落实渠道，拓展委员履职空间，经审查受理的69条微建议已全部办理完毕，其中《严禁违规贩酒树立文明新风》《加大秸秆禁烧宣传解释力度》等建议得到相关部门高度重视、及时落实。

*实施提案提质增效行动。*严格提案审查，合理确定提案立、转、并、撤及承办单位和星级，经审查立案的90件提案均已办复。不断优化提案结构，在数量上做减法、在质量上做加法，联名提案和集体提案比重由本届初的31.2 %提高到67.6 %。把沟通协商贯穿于提案工作全过程，严格落实提案星级管理办法，探索建立了重点提案办理预协商机制，从源头把控提案办理成效，一大批提案得到有效落实。如《关于我区农村电网改造的提案》经相关单位办理，当年争取项目资金2.8亿元，并将农网改造纳入了“十四五”规划重大建设项目，有力促进了制约我区经济社会发展供电瓶颈问题的解决。

*着力延伸政协履职触角。*注重发挥联络处（组）在推动政协协商与基层协商、社会治理有效衔接中的作用，各联络处（组）全年组织委员开展视察调研、民主评议、协商座谈等活动30余次。完善委员工作室运行机制和工作内容，已建立高标准委员工作室12个，斗姆湖街道委员工作室获“湖南省示范性政协委员工作室”称号。充分发挥社情民意信息“直通车”优势，全年收集上报社情民意信息37篇，其中省政协刊用2篇，市政协刊用6篇，《把疫情防控宣传教育纳入我市中小学复课“第一课”》《住宅小区供电“专”改“公”问题亟须引起高度重视》的社情民意得到市政府主要领导签批，一批有价值的建议得到党委政府重视采纳。

*拓展凝聚共识有效渠道。*区政协党组成员、主席会议成员及各专委会分工联系各党派团体，年内集中走访80余人次，强化政治引领、开展坦诚交流，不断筑牢共同思想政治基础。把凝聚共识融入履职活动中，邀请党派团体成员参与专题调研、提案办理协商、民主监督等活动40余人次。注重以文化人、存史资政，编辑出版《鼎城文史》第24辑，《鼎城文史概览》丛书获评省政协组织的“走过60年·我们的文史资料”特等奖。在《湘声报》等媒体以及政协云、微信公众号等平台发布新闻稿件165篇，面向社会广泛传播共识。

一年来，我们以提升政协委员和政协干部队伍履职能力为重点，自身建设焕发了新活力。把握新方位新使命，贯彻落实“懂政协、会协商、善议政，守纪律、讲规矩、重品行”要求，推动内强素质、外树形象，全面提升自身建设水平。

*强化理论武装。*把学习贯彻中央政协工作会议精神和习近平总书记关于加强和改进人民政协工作的重要思想作为重要任务，不断推动学习贯彻新思想往深里走、往实里走、往心里走。坚持有计划、分层次、抓重点，全年开展党组理论中心组（扩大）学习12次，围绕“新时代基层政协工作怎么干”“十九届五中全会精神”等专题开展集中研讨4次。落实届内委员学习培训全覆盖要求，集中两天时间举办了一期高规格的委员培训班，邀请部分省市领导和南京大学、湖南师范大学等知名高校教授授课，着力提升委员履职能力。

*加强规范管理。*教育引导委员旗帜鲜明讲政治，把做到“两个维护”作为强化责任担当的首要任务。加强专委会建设，建立和完善专委会履职工作规则，规范考察调研、协商议政、座谈交流等履职活动，推动政协工作提质增效。落实委员管理办法，完善委员履职档案，健全考核激励机制，促进广大委员进一步明责任、加压力、增动力，在各项工作中主动担当作为，写好“委员作业”，交出了一份份靓丽的“成绩单”。姚高峰、张惟鹏、段淑娟、姚伟胜、李纲文、周刚、裴泽敏、李军、徐联菊、黄国权等10人获评本届“十佳委员”，周应学等37人获评本届“优秀委员”。

培实工作作风。制定工作方案、明确具体措施,全力抓好形式主义、官僚主义突出问题整改。坚持问题导向,采取“四不两直”方式,持续改进视察调研作风,坚决克服重形式、走过场等现象。严格落实党风廉政建设责任制,坚持每季度召开1次党风廉政建设专题会议,党组成员每月开展1次以上谈心谈话。完善区政协机关绩效管理办法,推进工作创先争优,开展市级文明标兵单位创建,推动机关工作规范化、标准化、高效化。

建设书香政协。贯彻落实汪洋主席提出的“开展读书活动、建设书香政协”指示精神,深入开展委员读书活动。成立机关中青年干部读书会和6个委员读书群,开展每月精读一本书、撰写读书心得以及“荐书、读书、品书、评书”等活动,分享读书心得、交流读书收获。积极利用政协云开展线上学习,以专委会为依托组织开展了6次线下读书交流,引导委员广泛参与,共同推动“书香政协”建设。

在肯定成绩的同时也要清醒地看到,与新时代人民政协的新任务、新要求和人民群众对政协工作的新期待相比,我们的工作中还存在一些问题和不足,主要是:发挥专门协商机构作用的有效方式还需进一步探索;推动建言资政和凝聚共识双向发力的制度机制还需进一步完善;界别活动组织不够经常,界别履职成效还需进一步提升;政协委员责任担当还需进一步强化等。对这些问题,我们将在今后的工作中认真研究、切实改进。

2021年工作安排

2021年,是“十四五”开局之年,也是开启全面建设社会主义现代化国家新征程、向第二个百年奋斗目标进军的第一年。区政协工作的指导思想是:坚持以习近平新时代中国特色社会主义思想为指导,深入贯彻落实党的十九届五中全会、中央政协工作会议和习近平总书记考察湖南工作重要讲话精神以及中央、省、市、区委经济工作会议精神,在中共鼎城区委的坚强领导下,紧紧围绕“十四五”规划确定的目标任务,聚焦重点难点,注重双向发力,全面提质增效,更好发挥专门协商机构作用,为助推开创鼎城高质量发展新局面贡献政协智慧和力量。

新的一年,我们要重点做好六个方面工作:

1. 坚持党的领导,强化政协组织政治责任。始终坚持党的领导不动摇,准确把握人民政协性质定位,确保政协工作沿着正确方向前行。不断强化思想政治引领。以学习贯彻党的十九届五中全会和中央政协工作会议精神为重点,通过全体会议、常委会议、主席会议集体学习以及委员培训、界别座谈等形式,实现委员学习全覆盖。围绕“发挥人民政协专门协商机构作用”主题,组织开展一次专题研讨,将学习热潮持续引向深入。加强政协系统党的建设。完善全区政协系统党的组织设置,提请设立区政协机关党组,以专委会为依托设立功能型党支部,搭建党员委员发挥作用的平台,切实落实政协党建“两个全覆盖”工作要求。建立健全政协系统党建工作责任制,召开一次全区政协系统党建工作座谈会,总结交流工作经验,明确新时代全区政协系统党建工作任务。坚决落实党委决策部署。发挥政协党组把方向、管大局、保落实作用,切实将党中央和各级党委决策部署落实到履职全过程、工作各方面、活动各环节,更加自觉地坚持区委统一领导,做到党委有部署、政协坚决贯彻,党委交任务、政协担当尽责。

2. 聚焦主责主业,发挥专门协商机构作用。坚持围绕中心、服务大局,聚焦主责主业抓协商,推动把政协协商民主制度优势转化为治理效能。健全协商规则。坚持调研于协商之前,把互动交流作为开展协商的必要环节。结合上级精神研究制定《鼎城区政协协商工作规则》,规范协商内容、参加范围、讨论原则、基本程序,逐步建立健全协商议政质量评价体系和工作方法。突出协商重点。紧扣推动“十四五”规划实施的重点任务,科学制订年度协商工作计划,围绕实施“推进乡村振兴协商建言”“完善公共卫生服务体系,提高应对重大突发卫生事件能力”课题,组织开展2次议政性常委会议和主席会议协商。提升协商成效。开展届内重要履职成果“回头看”活动,对本届以来形成的建议案、协商意见、重点提案等办理落实情况进行再调研、再协商、再监督,提升履职成果转化实效。在提案撰写、审查、服务质量上下功夫,做到数量适度、质量为重,遴选部分重点提案开展协商督办,进一步提升提案工作实效。

3. *突出改革创新,推动政协工作提质增效。*坚持以改革创新精神深化制度创新、工作创新,推动人民政协工作高质量发展。发挥专委会基础性作用。加强专委会与政协联络处(组)、界别活动组及相关党政部门对口联系,建立沟通交流机制,在调查研究、提案督办、协商发言等方面共同发力。落实专委会向常委会报告年度工作制度,以专委会为依托,围绕“发挥商协会作用,积极助推经济发展”“视察创建省级食品安全示范区工作”等主题开展7次对口协商、专题视察活动,充分发挥专委会专业优势。发挥政协联络处作用。加强乡镇(街道)政协联络处规范化建设,研究出台规范性文件,明确乡镇(街道)政协联络处职责职能,推动政协工作向基层延伸。发挥界别作用。科学设置和划分委员界别,完善界别工作制度,对界别工作、活动方式予以规范。搭建界别协商、界别视察、界别调研等有效平台,丰富活动形式,增强工作活力,发挥政协界别作为扩大社会各界有序政治参与的重要渠道作用。

4. *广泛凝心聚力,激发团结奋斗强大动力。*充分发挥政协位置超脱、人才荟萃、智力密集的优势,切实履行凝聚共识职能,着力为全区经济社会高质量发展汇聚力量。深化合作共事。完善情况通报、座谈交流、联合调研等制度机制,为各党派团体在政协履职创造条件。定期联系走访各党派团体,听取意见建议,帮助加强参政议政能力建设。加大对党派团体工作的宣传力度,扩大其政治影响力。加强联谊交流。集中走访一次非公有制经济、新社会阶层代表人士,密切与鼎城商协会和鼎城异地商会交流,动员其积极助力鼎城经济社会发展。采取举办书画展、理论研讨和主题考察等方式,组织开展庆祝中国共产党成立100周年和纪念辛亥革命110周年系列活动。凝聚发展共识。组织开展政协讲坛、委员宣讲等活动,引导委员利用自身影响力主动发声,促进形成重要领域改革发展共识。建立委员联系界别群众制度,引导各族各界人士学习新思想、领会新精神、紧跟新时代。

5. *精心谋划部署,扎实做好政协换届工作。*在区委的统一领导下,统一思想、明确要求,统筹谋划、稳步推进区政协换届工作。做好工作总结。引导委员正确对待政协换届和有关人事调整,以更饱满的热情投入工作,确保善始善终、圆满收官。系统总结本届政协亮点工作、履职成效、成功经验,为新一届政协工作打牢基础。严格人选条件。认真做好本届政协委员履职情况考核评价,作为推荐留任下届委员的重要参考依据。加强与组织、统战部门的沟通协商,扎实做好新一届委员推荐、审查、考察等工作,努力把各界优秀代表人士吸纳到政协组织中来。严肃纪律要求。加强对政协换届工作的领导和组织,严格落实党中央以及省、市、区委有关严肃换届纪律的精神和要求,坚决杜绝各种不正之风,确保换届工作风清气正。

6. *加强自身建设,着力破解两个薄弱难题。*按照新时代人民政协发展要求,努力在破解基层政协基础工作薄弱、人员力量薄弱问题上下功夫,不断提升自身建设水平。强化委员责任担当。完善委员履职评价工作制度,建立委员提交年度履职报告机制,激励委员落实“责任委员”要求,用心用情写好“委员作业”。引导委员主动联系服务界别群众,加强委员工作室建设,打通委员联系服务群众“最后一公里”。努力搭建平台,引导委员积极参与“书香政协”建设,不断丰富委员履职形式、激发履职热情、提升履职成效。完善履职工作机制。建立健全服务管理委员工作机制,以“关注民生、反映民意、为民办事”为主题,组织开展“走基层、访民情”委员大走访活动。推动政协履职与互联网深度融合,以政协云为依托建立完善微建议、微提案、微监督等工作机制，切实走好线上线下群众路线。加强政协干部队伍和政协机关建设。积极争取区委重视和支持，加强政协干部的培养、选拔、任用和交流，进一步激发政协干部队伍活力。持续推进“学习型、服务型、创新型、和谐型”机关建设，提高机关工作效能。坚持从严要求、从严教育、从严管理，不断提高干部业务能力，努力把政协机关建设成为强有力的政治机关、服务机关。

专题

Special

2020年10月20日，石板滩关闭石煤矿区生态修复治理工作现场　　（提供：区融媒体中心）

新型冠状病毒感染的肺炎疫情防控
常德画墙
石板滩关闭石煤矿区生态环境修复
临江棚改
精准扶贫
产业立区

鼎城年鉴（2021）

新型冠状病毒感染的肺炎疫情防控

——扛鼎之力战时“疫”

2020年年初，疫情突袭，大国战“疫”，艰苦卓绝！

鼎城区83万人民坚定信心、同舟共济、科学防治、精准施策，锻造鼎城疫情防控的“硬核精神”，为常德市城区和常德市筑起一道坚不可摧的城墙。

面对新型冠状病毒感染的肺炎疫情（简称新冠肺炎疫情），鼎城区贯彻落实中共中央总书记、国家主席习近平一系列重要讲话和重要批示指示精神，落实中央、省、市决策部署，把人民群众生命安全和身体健康摆在首位，把疫情防控作为头等大事，各方面工作不停摆、不迟滞、不耽误，实现疫情防控与经济社会发展统筹推进，向党和人民交上一份满意答卷。

一、即令即行，吹响集结号

加快反应速度，巧用时间差抢占先机。1月21日，鼎城区举行防控新型冠状病毒感染的肺炎疫情工作调度会，成立以区疾控中心、区卫生监督局等单位组成的突发公共卫生事件应急处置组、以常德市第四人民医院为定点救治医院的医疗救治组等防控体系。鼎城区委副书记、区人民政府区长朱金平强调，全区上下要高度重视、落实责任、科学应对、严密防控，按照“乙类传染，甲类管理”等级落实新型冠状病毒感染的肺炎疫情防控工作，确保全区人民生命安全和社会大局稳定。1月22日始，区委、区人民政府主要领导带头到乡镇、农村、社区、医院、车站等重点区域重点场所，靠前指挥，实地检查督导疫情防控工作。区委书记、常德高新区党工委书记、区疫情防控指挥部政委杨易和区委副书记、区人民政府区长、区防控指挥部指挥长朱金平致信全区人民，请居民做好个人防护，减少外出活动，不信谣、不传谣。1月24日，接到常德市新型冠状病毒感染的肺炎疫情防控指挥部设立高速卡点指令，区委副书记、区人民政府区长朱金平立即调度安排，仅半小时人员调配到位开始工作，比规定时间提前1小时。1月25日零时起，鼎城区启动重大突发公共卫生事件一级响应，要求各部门加强联动，迅速开展工作。1月26日零时起，严格管控公共场所活动，非必要商贸场所一律暂停营业。禁止各类赈酒和公众聚餐、聚会活动，所有餐饮场所暂停营业；暂停开放娱乐场所，暂停一切文化、旅游、体育聚集性活动；禁止活禽、野味交易；区内所有客运班车一律暂时停运；全区中小学、幼儿园推迟开学，校外培训、托管机构一律暂停。降低春节期间因人员流动、聚集造成的疫情防控风险，开展群防群控。

2020年1月24日，鼎城区委副书记、区人民政府区长朱金平（右二）到常德市第四人民医院（南区）督导新型冠状病毒感染的肺炎疫情防控工作

（提供：区新冠肺炎疫情防控指挥部）

树立战时思维，构建超常规指挥体系。为强化组织保障，掌握战“疫”制胜权，1月22日，区委、区人民政府决定成立常德市鼎城区新型冠状病毒感染的肺炎疫情防控领导小组，区委书记、常德高新区党工委书记杨易任第一组长，区委副书记、区人民政府区长朱金平任组长，下设鼎城区新型冠状病毒感染的肺炎疫情防控领指挥部（区新冠肺炎疫情防控指挥部）和综合组、疫情防控组、医疗救治组、市场管理和供应保障组、爱国卫生组、宣传组、物资保障组、交通运输组、社会稳定组，区委、区人民政府各分管领导担任组长。1月26日8时

始,全区乡镇(场)、街道、村(社区)干部一律取消休假,开展防控工作。1月28日,常德市鼎城区新型冠状病毒感染的肺炎疫情防控领导小组升格为常德市鼎城区委新型冠状病毒感染的肺炎疫情防控领导小组。指挥部按照“依法依规、属地管理、完善机制、合力应对,公开透明、回应关切,依靠科学、有效防治”原则,打破部门、层级壁垒,集中办公、集成工作、统一指挥,每日听取防控工作进展情况,按战时要求集中研判疫情态势,研究解决防控工作中的困难和问题,推动防控工作措施落细落实,保证防控工作解决事项即知即办、事不过夜。指挥部编发防控要情49期、防控专报4期,发布通知18则、指令13件。

2020年2月9日,鼎城区新型冠状病毒感染的肺炎疫情防控指挥部调度会会场

(提供:区新冠肺炎疫情防控指挥部)

创新工作方法,信息智能化辅助战“疫”。鼎城区依托智慧党建平台,运用大数据云计算凝聚力量投入疫情防控工作,构建疫情防控阻击战新高地。区委组织部把智慧党建系统接入指挥部,打通区委、区人民政府、区直各单位、各医院及基层乡镇疫情防控一线人员视频沟通渠道,实现疫情防控期间全员协同通信、实时视频指挥。通过视频会议进行疫情防控工作精神传达、工作部署、物资调度、情况通报等,第一时间传达各级各部门有关工作要求,杜绝因人员集会引发疫情传播,节省因开会来回奔波所消耗的时间与精力,减轻基层工作负担。1月31日始,区新冠肺炎疫情防控指挥部要求区级领导坐镇指挥、乡镇联村(社)干部坐镇值守。通过智慧党建中“慧眼望乡”平台,不定时查看乡镇(街道)、村(社)疫情防控情况,实时监督村(社)干部到岗到位情况,防止干部失职不担当情况发生。在新冠肺炎防控战“疫”中,智慧党建系统连接区指挥部和乡镇(街道)分指挥部22个、村(社)300余个,保障全区性疫情防控会议3次,覆盖15000余人次,实时联通、会商工作3500余次。

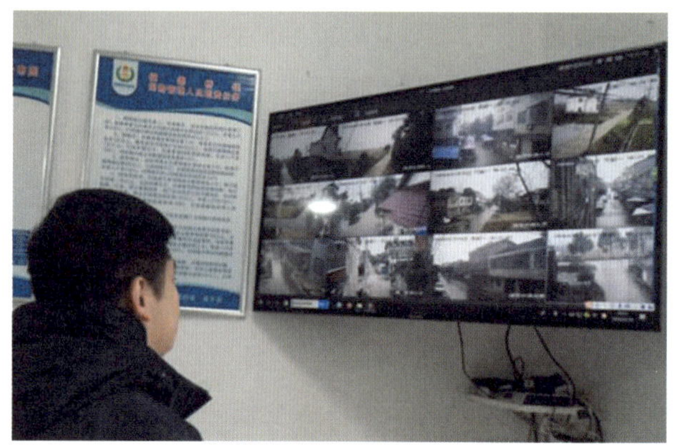

2020年,镇德桥镇综治办工作人员通过“雪亮工程”网上巡逻 (提供:区新冠肺炎疫情防控指挥部)

二、尽职尽责,坚守主战场

严守生命防线。1月26日,常德市第四人民医院临床一线工作人员递交请战书,“白衣战士”响应号召、奋勇出征,不计生死、不计得失,捍卫人民群众生命安全和身体健康。医院ICU(重症监护室)二病区副主任、主治医师黄鑫,ICU护士陈波、郑小青自愿到前线,援助常德市第二人民医院,共同抗击疫情。以常德市第四人民医院为主力组建高水平医疗专家团队,数次组织开展医疗救治业务培训,妥善处置疑似人员、隔离人员。常德市第四人民医院被确立为鼎城区发热病人留观和治疗定点医院,各乡镇卫生院和街道社区卫生服务中心与定点医院建立畅通发热转诊通道,落实24小时值班。发热门诊接诊1854人,留观780人。全区507名乡村医生奋战在农村防控第一线,发挥农村基层医疗卫生机构网底作用。医院每天召开救治工作调度会,安排部署疫情防控和医疗救治工作,落实院内工作流程、预检分诊工作、院感防控及疫情报告,汇总前一日各项工作落实进度,部署调度当天工作任务,不定期现场协调指导重点科室,成立

应急队伍，确保紧急情况随叫随到。区疾控中心组建由中心35名在职党员组成的疫情监测，流行病学调查、采样检验、消毒，健教宣传，后勤保障4个应急机动队，提高和掌握应急队成员业务技能和应对处置疫情实战能力，每天收集、整理、统计、分析，精准上报全区新型冠状病毒感染的肺炎疫情数据。为确诊病例和疑似病例进行流行病学调查，追踪密切接触者；核实处理协查管理函121份；鼻咽拭子采样核酸检测549人次。

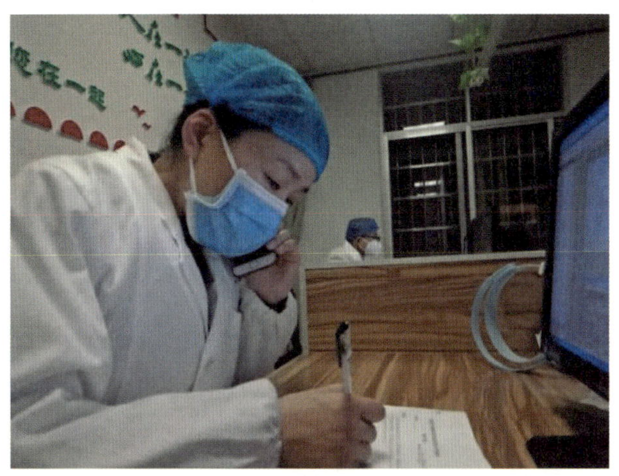

2020年1月29日，鼎城区疾控中心工作人员开展确诊病例流行病学调查

（提供：区新冠肺炎疫情防控指挥部）

抓牢民生底线。开展药品、医用耗材采购监控工作，区医疗保障局到益丰、老百姓、九芝堂三大医药公司协议药店实施检查，了解各项紧缺药品耗材货源及配送情况，确保库存充足、供应稳定。管控疫情防控医药价格，关注与疫情防控相关的医药卫生用品市场供应和价格变动情况，同步下发《欢迎广大群众对疫情防控期间药品价格进行监督举报的通知》，公布举报电话，妥善处理可能引起市场价格异常波动的苗头性、倾向性问题。保障居民“菜篮子”“米袋子”“油瓶子”供应充足。组织区内重点企业精为天、弘富源、惠源屠宰场及各大超市商场、农贸市场春节不休，加强米、面、油、猪肉、鲜活鱼、时令蔬菜、方便面、零食、水果、饮用水等生活必需品储量、供应充足。猪肉价格对比年前上涨10元/斤，时令蔬菜价格略有涨幅，其他生活必需品价格持平，供应充足，价格平稳。落实水、电、气、垃圾转运等基础民生服务。水电气等相关行业和单位全部启动应急机制，工作人员全天坚守岗位，确保各项生产设备运转正常，为居民用水、用电、用气安全供应保驾护航。区供水公司采取措施，成立集水厂、抢修、调度于一体的“供水保障组”，实行全区供水水质24小时监控和检测，保证居民生活饮用水卫生安全。燃气企业加强储备、检修，全区用气安全无忧。污水处理厂把握水量水质变化规律，加强出入口水质监测，及时调整工艺参数，确保正常运行。

2020年，国家电网常德供电公司工作人员抢修电路

（提供：区新冠肺炎疫情防控指挥部）

稳住舆论主线。筑起新闻舆论防线，合力传播鼎城战“疫”最强音。启动“一中心七平台”，利用广播、电视、“村村响”等传统媒体和微信、微博、抖音、手机报等新媒体开展情绪疏导，进行政务公开，回应公众关切。在广电云平台推出“疫情防控鼎城在行动”滚动报道专题，每天播出动态报道30余篇，展现全区抗击疫情场景，报道各级各部门疫情防控举措，挖掘和推介医务人员、党员干部、志愿者等群体坚守一线典型，累计播发稿件500余篇、阅读量120万人次。临时成立防疫短视频创作小组，每天创作生产一分钟内的短视频3至5个，开设官方抖音号，推送疫情防治政策信息和科普知识，连续发布相关科普知识，帮助公众正确认识疫情发展态势、掌握疫情防控知识，防疫期间生产短视频50余条、抖音短视频45个，其中“鼎城首个感染病人治愈出院”点击量30余万人次。在《人民日报》、湖南卫视、《湖南日报》、湖南

红网和“学习强国”湖南学习平台刊发稿件50余条。

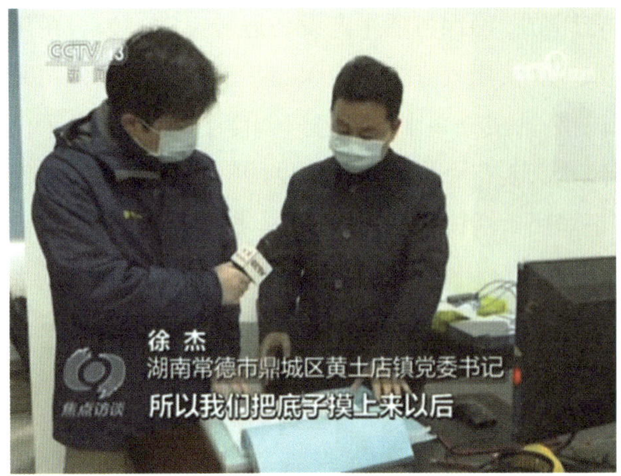

2020年3月6日,《焦点访谈》报道鼎城区“一手抓疫情防控,一手抓春耕生产”

(提供:区新冠肺炎疫情防控指挥部)

三、联防联控,紧织防护网

网格管理,全面摸排。鼎城区选派党政机关和事业单位干部,组成驻社区疫情防控联络组数个,充实到城区街道和部分乡镇城市社区,联络组工作人员全脱产,以普通党员身份参与社区疫情防控工作,与社区干部同作息。把各村(社)工作任务细分至各网格,精细化管理防疫工作,明确联村(社)干部、网格员、村(社)干部职责,形成以联村(社)干部、村(社)党总支书记对村(社)负主责,网格员对网格负主责,村(社)其他干部全程协同配合的责任分工。采取登门入户等方式,掌握“六类人群”及国(境)外人员基本情况。按照“五包一”工作要求,实行乡镇(街道)干部、村(社)干部、党员或组长、邻居及医生包保工作模式,制定包保工作台账,明确包保工作责任,全天候加强关注和管理,确保居家隔离落实到位。成立由卫生院和村医组成的体温检测小组,追踪、筛查和监测外出返村(社)人员身体状况,落实重点人员每天至少上门2次的体温跟踪管理,提醒其居家隔离、谢绝来客,阻断病毒传播途径。建立乡镇(街道)级疫情联络组,坚持日报告,如实登记重点人群及密切接触者,建立完善相关台账,确保数据资料全面、准确。

2020年,鼎城区驻社区联络员开展疫情防控工作

(提供:区新冠肺炎疫情防控指挥部)

宣传引导,安定民心。通过公示栏粘贴公告、通告等内容,利用LED显示屏每天滚动播放宣传口号,在重要路口、主公路沿线等人口集中区域悬挂横幅、张贴标语。利用广播“村村响”宣传,录制防疫宣传词,每天定时广播3次;组织村(社)干部不定期召开广播会,引导居民居家防护,劝导居民不参与社会活动等。利用网格微信群等线上平台,推送疫情防控权威信息,普及疫情防控知识;定期宣传抗疫一线感人事迹,讲好当地联防联控故事,揭露别有用心之人污蔑抹黑、造谣生事,引导辖区居民明辨是非;通过电话、微信群等线上渠道,回应社会关切特别是群众集中诉求,推动问题解决,防止特殊时期矛盾扩大化。把村(社)干部、党员及志愿者组成宣传小分队,分组分片开展入户宣传,在生活超市、门店宣传区防疫工作要求,在居民家中宣传防疫知识等,逐户发放《致居民朋友的一封信》。组建流动宣传队,利用摩托车、三轮车及私家车等各

2020年,鼎城区疫情防控志愿者发放宣传单

(提供:区新冠肺炎疫情防控指挥部)

类交通工具，结合手持喇叭、音箱、广播等设备，在村（社区）开展流动宣传，引导居民提高防护意识。

严格管控，严防输入。在主要路口设置哨卡，安排镇村干部、党员及志愿者轮班值班，限制外来人员进入，劝返走亲访友居民，登记过往车辆并测量司乘人员体温，防止病毒输入。在村（社）与村（社）、组与组之间设立走亲访友劝返点，落实组长、党员及志愿者责任。在村（社）部、药房、大型超市、农贸市场、加油站、镇政府门口等处设立体温检测点，防止病毒扩散。坚持“全面、彻底、不留死角”原则，开展公共场所消毒。在乡镇（街道）机关、村（社）部等办公场所，安排专人定期开展消毒杀菌，在会议室等人员流动较大的场所，使用一次消毒一次；在哨卡、农村健身区等公共区域，组织党员、志愿者及时消毒；在农贸市场、商铺门店，组织食药监等职能部门上门上户，现场督导经营户自行严格消毒，确保辖区消毒不留空白、不留死角。在全区范围禁止赈酒活动，分类处理红白喜事，延迟红事、取消寿事、简办丧事。组织职能部门到点督导，取消餐馆、酒店、农庄承接宴席；明确村组干部、党员及志愿者职责，提前入户宣传并劝退拟赈酒居民，向办丧事的居民讲清不聚餐仅悼念等防疫要求。落实区防疫指挥部工作要求，在疫情紧急时期，一律暂停其他商贸场所营业，禁止活禽、野味交易，停发客运班车，保障农贸市场、加油站、药店正常经营，落实生活超市限时营业。组织职能部门成立执法小组，定期或不定期打击和处理违规行为；责令不按要求运营的商铺歇业整改，并在门口张贴封条；落实村居监督责任，要求每天上报商铺情况，确保境内所有商铺、门店规范经营。全区出动巡查人员5081人次，清查宾馆、KTV、茶楼、网吧、茶馆等公共场所686家次，发现私自营业场所2处，关停2处，摸排核查发现聚集打牌592处、农村赈酒13处，劝散3388处，打击处理聚众赌博案，警示教育数人。

2020年，周家店镇志愿者与食监所工作人员上门宣讲疫情防控要求　（提供：区新冠肺炎疫情防控指挥部）

四、捐款捐物，凝聚正能量

高效筹集物资。鼎城区红十字会、区慈善总会通过鼎级传媒、鼎城政府网、鼎城手机报等区内主流媒体发布接受社会爱心捐赠公告，向社会公布接受捐赠防控物资的种类、规格和捐赠渠道，鼎城区成为常德市第二个启动社会募捐的区县。鼎城区委组织部紧急下拨专项党费50万元，为战斗在疫情防控一线的基层党组织和党员群众送去关怀温暖。常德福捷投资有限公司、常德市顺沅房地产公司、湖南华宇建筑工程有限公司等民营企业主动担负社会责任，捐钱赠物抗击疫情；越南常德同乡会、北京常德商会、深圳常德商会、上海常德商会鼎城分会等商会多方筹措物资，踊跃捐资捐物，价值100余万元物资瞬间运抵鼎城区；旅居海外的鼎城籍华人陈水珍、陈艳君、郭志勇等，利用人脉资源优势筹集防控物资……区红十字会、区慈善总会、区防指接收社会捐赠资金634万元、物资折价296万元。

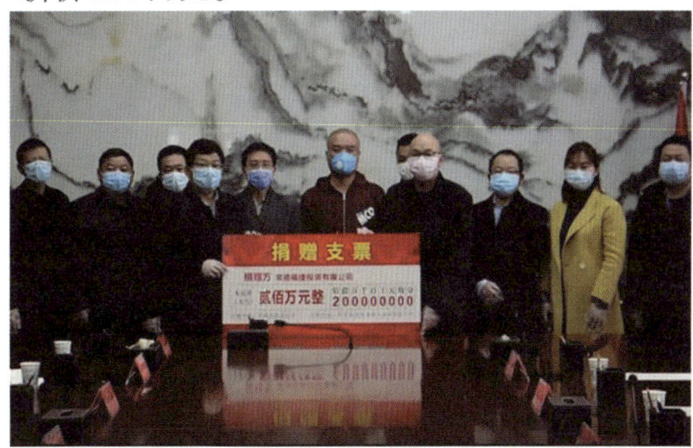

2020年2月12日，常德福捷投资有限公司向鼎城区慈善总会捐赠200万元

（提供：区新冠肺炎疫情防控指挥部）

公开物资走向。自收到第一笔疫情捐款起,鼎城区坚持公开透明原则，在区内主流媒体定期向社会公布捐赠款物接收和分配使用情况,实行每一笔款物来源、用途、办理节点、使用分配全流程公示。邀请社会各界共同鉴证大额资金使用情况，带动社会各界关心支持疫情防控工作。审计、财政、纪检联合对财政、发展改革、卫生健康、民政、医疗保障等部门、单位和机构展开专项审计工作。联合审计组以“边审计、边促进、边规范”为基本原则,创新审计方式方法,运用信息技术,采用查账目、清实物、调取大数据等方式,跟踪审计疫情防控资金、物资的筹集、管理、使用等情况,掌握全区用于疫情防控财政专项资金、捐赠款物和疫情防控重点保障企业贴息贷款的规模、分配和管理使用等情况,促进疫情防控资金物资规范管理、高效使用和信息公开，保障疫情防控重要医用物资和生活必需品供应。

2020年2月21日，蓝思科技向常德高新区捐赠2万副防疫口罩　　(提供:区新冠肺炎疫情防控指挥部)

科学分配物资。所有捐赠物资均由区防控指挥部统筹考虑,统一调配,所有物资“快进快出、物走账清”,在捐赠账上实现“款物清零”。在有明确捐赠意向的分配上,尊重捐赠人意愿,邀请媒体记者和捐赠人共同鉴证转交。履行慈善组织和慈善捐赠的法定监管职责，根据疫情防控需求变化精准引导捐赠意向和重点，确保每一笔捐赠款物全部用于疫情防控,合理安排捐赠款物拨付进度,不允许长时间积压。重点支持疫情防控医疗和生活应急需求的公开募捐活动，根据疫情风险等级调整,相应调整募捐时限、适时予以终止。疫情防控捐赠款物尚有结存的，在征得捐赠人同意的前提下,向有需要的地区拨付。2月18日,牛鼻滩镇华茂诚信蔬菜专业合作社基地向武汉江岸区花桥街道花桥社区等社区捐赠菜心20000千克，近2万户居民受益,该合作社累计向湖北武汉、常德市内医院、养老机构捐赠优质有机蔬菜24000千克,价值约7.5万元。在国内疫情日渐转稳之际,海外疫情迅速蔓延扩散,3月26日,鼎城区委、区人民政府迅速调度，为新西兰华侨华人捐赠防护服200件、医用口罩10000只。

2020年2月18日，牛鼻滩镇华茂诚信蔬菜专业合作社基地向武汉江岸区花桥街道花桥社区等社区捐赠菜心20000千克　　(提供:区新冠肺炎疫情防控指挥部)

五、复工复产,按下快进键

单位复工。疫情发生后,非区防指成员单位采取轮流到岗、错峰办公工作模式,在避免人员聚集同时,保证机关工作正常运行。窗口服务单位酌情考虑疫情期间业务量不多时，在确保正常工作运转前提下采取轮岗制度,减少在值人员。后台部门根据业务特点采取调休、轮休等方式减少办公室人员聚集。各机关单位落实各项疫情防控措施,学习习近平关于新冠肺炎疫情防控工作重要指示精神和省、市、区关于疫情防控工作要求、措施、科普知识、辟谣信息等内容。单位为复岗职工提供必要防护物资和宣传资料,要求个人做到戴口罩、勤洗手、勤通风。定时定点监测职工体温变化，适当拓宽职工工位间隔。办公场所每天消毒杀菌，不留卫生死角。利用视频、电话改进开会与办公方式，采取配菜分餐制或错峰就餐制用餐。落实院落防护措施，设置体温检测及监测劝导点，严格人员排查、建立工作台账、检测登记进出人员体温。设立疫情防控宣传栏，到院落居民家中，宣讲防控要求和相关防控知识，引导院落住户科学防控新冠肺炎。

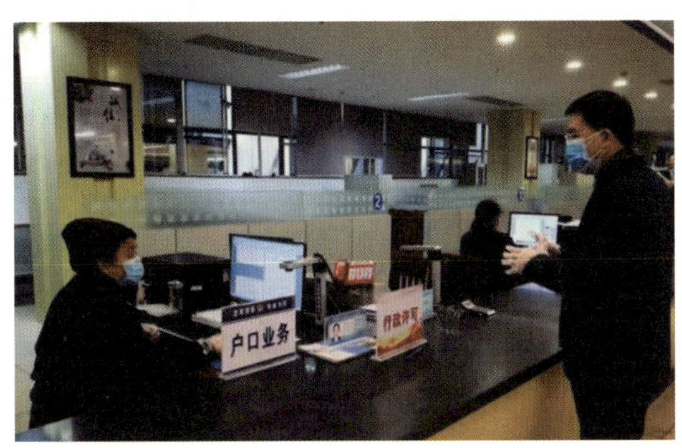

2020 年 2 月 6 日，鼎城区委副书记、区人民政府区长朱金平慰问政务服务中心窗口工作人员
（提供：区新冠肺炎疫情防控指挥部）

教育复学。疫情期间，为确保全区近 7 万名学子“停课不停学”，区教育局统筹安排实施线上教学，制定线上教学方案，不间断督查全区 78 所中小学校、128 所幼儿园和 121 所校外培训机构，堵塞漏洞，消除隐患。各校依据校情实行“一班一案”“一生一策”，为学生进行个性化、针对性线上辅导，并穿插心理辅导、防疫教育、体育活动等内容，合理安排学生居家学习、生活和锻炼。3 月末，区教育局科学评估各学校复学条件，全区各级各类学校错峰错时错区域错层次复学复课，学校全体班子成员和学校二层骨干全部到岗到位，投入疫情防控和教育教学工作。卫健、疾控部门及乡镇卫生院配合教育行政主管部门为每所学校派出防疫指导员，专门负责学校疫情防控指导。制定疫情防控指南和应急预案，完善“二案九制”，注重防控流感、结核病等其他传染病工作，确保师生绝对安全。

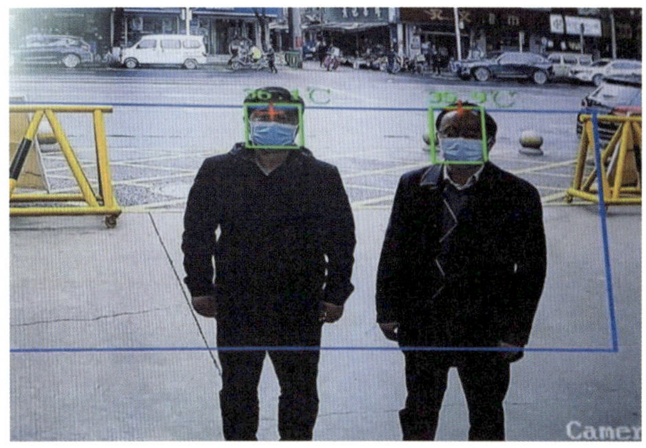

2020 年，鼎城区第一中学校门口红外线测温仪显示入校人员实时体温　（提供：区新冠肺炎疫情防控指挥部）

商业复市。区商务局成立疫情防控工作领导小组，制定并贯彻执行《全区商贸流通企业开业复市疫情防控驻企工作方案》，设立超市组、农贸市场组、专业市场组、商场组等工作小组 6 个，下发 4 个工作规范指导各商贸流通企业长期开展防疫工作。鼎城区商贸流通领域防疫工作联络员每人负责联络一家企业，开展一对一服务，联合乡镇、街道开展全区商贸流通领域企业复工前、复工后疫情防控指导工作。具备开业复市条件的农贸市场、专业市场、商场、生活超市、便利店等分批次复市，企业履行防控主体责任，区商务局履行督导和指导责任，公安、城管、交通、交警按职能履行防控处突、经营秩序、交通疏导责任，各乡镇、街道履行属地管理责任。全区城区 7 家大型超市和乡镇 500 平方米以上 11 家超市，城区 8 家农贸市场，乡镇街道 32 家农贸市场和 25 个马路市场，城区 8 家专业市场、5 家大型商场均落实测量体温、戴口罩准入、日常消毒、分散用餐等防控要求。

2020 年，鼎城区公安交警大队到货运企业开展交通安全宣传工作　（提供：区新冠肺炎疫情防控指挥部）

企业复工。鼎城区推进“疫情期间惠企惠民工作制”，到36家省市重点企业宣传落实援企稳岗、社保费减免、用工奖励补贴、劳动关系等方面人社政策；通过线上线下相结合方式协助区内外重点企业招工近1000人；人社、卫健、交通、交警等部门联合摸排未返岗农民工信息，根据农民工出行目的地和时间安排，组织5批次8辆“直通包车”护送167名农民工到长沙、深圳等地返岗复工，倡导各乡镇(街道)、村(社区)通过采取“专车直达”或自发集中包车等方式，引导全区4000余名农民工返岗就业。常德高新区实施税费减免、社保缴费“免、减、缓”、融资贷款等各项政策红利发放给因疫情受损企业，支持企业渡过难关。派驻各企业联络员指导帮助企业开展疫情防控工作，协调解决企业在复工复产过程中遇到的困难和问题。各企业履行疫情防控主体责任，科学调度生产，提升产能。4月，全区159家规模以上工业企业全部复工，返岗员工17060人，返岗率99.1 %。1—9月，全区工业总产值276亿元，比2019年同期增长10.3%。工业实缴税金6.4亿元，比2019年同期增长10.9%。159家规模工业企业工业总产值214.44亿元，比2019年同期增长13.5%(居全市第一)。规模工业增加值51.53亿元，增速5.8%(居全市第一)。利润13.64亿元，比2019年同期增长10.1%。

(向玲灿)

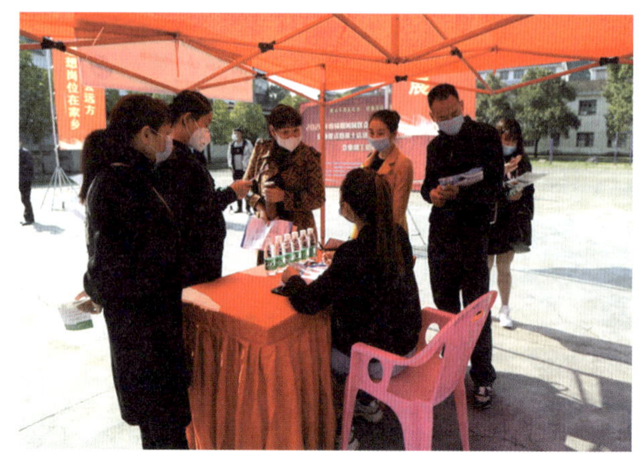

2020年3月19日，鼎城区人社局在黄土店镇举办返岗复工招聘会　　(提供：区新冠肺炎疫情防控指挥部)

常 德 画 墙

常德画墙项目位于常德市江南城区，是以沅江南岸的10千米防洪大堤为载体，西起桃花源大桥、东至武陵大桥，壁画艺术墙长3.756千米。画墙所处的沅江风光带，已建成融绿化、美化、亮化和体育健身等多功能于一体的市民休闲地。画墙廊道宽4.5米、高5.4米，建有支撑廊柱544根。画墙项目壁画、廊柱浮雕及廊顶、墙面装饰总面积约4万平方米。2020年年末，常德画墙项目策划并创作壁画作品120余件，其中宣传中华文明作品55件、宣传湘楚文化作品16件、常德本土文化和建设成就的作品49件。壁画作品文化创意分为3个篇章，按照历史发展年序并结合沅江水系流向分为：先秦时期的25幅作品为"天下溪"部分，秦代至鸦片战争前的51幅作品为"天下式"部分，鸦片战争至当代的44幅作品为"天下谷"部分。常德画墙由常德市鼎城区人民政府投资建设，中央美术学院为艺术主持，中国美术家协会壁画艺委会为学术支持。中央美术学院院长、中国美术家协会主席范迪安担任画墙建设艺术委员会主任，已组织全国100余名壁画艺术家参与绘画创作，邀请侯一民、李化吉、唐小禾、刘秉江、孙景波、殷双喜等20余名国内外壁画家或文史专家组成常德画墙艺术委员会，负责常德画墙画稿作品艺术评审和壁画制作的艺术监审。截至2020年年末，已召开艺委会暨评审会议8次，获评审通过作品100余幅。为使常德画墙保持百年甚至千年之生命力，画墙艺委会注重壁画制作和材料的选用，考虑防水侵、防腐蚀、防撞击等功能，主要采用花岗岩浮雕或镶嵌、高温陶瓷绘刻、铸铜浮雕及石材镶嵌、高温玻璃绘制、马赛克镶嵌等先进壁画制作工艺，选取优质原材料。常德画墙以建设"中外一流、百年不朽"现代壁画艺术博物馆为目标，以"弘扬中华文明、传承湘楚文化、展示壁画艺术、提升城市品质"为功能定位，以突出"政治性、艺术性、观赏性、教育性和唯一性"为价值追求。其策划和创作理念为"天下常德"，即"天下见常德、天下举常德、天下即常德、居天下观常德"。画墙建成后，拟与沅江北岸"常德诗（书法）墙"相呼应，形成城市文化名片。

工作部署。全年，常德画墙建设工作领导小组召开建设工作领导小组会议3次、质监小组会议3次，与中央美院商议画墙事宜，在确保质量前提下加快常德画墙建设。7月19日至23日，常德画墙建设工作领导小组及质监小组一行到广州佛山、河北保定、天津等9个壁画制作厂家，考察第二批部分壁画制作进度及质量，并要求各壁画制作厂家严格质量，精益求精。

验收评审。11月14日，常德画墙质量监督小组常德专家进行第一期、第二期已上墙壁画作品质量排查。画墙建设领导小组及常德画墙质监小组肯定画墙作品，壁画《暾出东方》《桑植情怀》，铜质浮雕《战神蚩尤》作品质量高，艺术家敬业负责。12月19日，中国艺术研究院副院长周泓洋和常德画墙艺术专家及评委、常德画墙质量监管小组，检查验收常德画墙第二批上墙42幅壁画。听取每幅壁画主体材料、制作工艺、安装技法及材质要求等方面情况介绍，查看壁画安装工艺和整体效果，签字通过壁画安装手续，评审画稿作品21幅。

项目进度。2020年年末，建成3.756千米墙面改造装饰工程和544根廊柱花岗岩浮雕装饰工程，制作上墙《楚乐》《贞观盛会》《白蛇传》等61幅壁画作品。

壁画《楚乐》安装现场　　（提供：姜丹）

壁画《贞观盛会》安装现场 （提供:姜丹）

领导调研。5月15日,湖南省关工委主任杨泰波、副主任武吉海率调研组考察常德画墙,认为常德画墙是文化和旅游融合精品项目，容纳中国文化历史,突出湘楚文化,要引导青少年参观学习有教育意义的作品。5月21日,湖南省政协秘书长卿渐伟率省政协调研组到鼎城区，调研常德画墙,鼎城区委书记、常德高新区党工委书记、二级巡视员杨易等陪同调研。6月30日,湖南省人大常委会委员、联工委主任张云英到鼎城区调研代表建议办理、代表阵地建设工作。常德市人大常委会党组副书记、副主任王先蒙,鼎城区人大常委会主任、二级巡视员杨君,区人大常委会副主任刘运华陪同调研。调研组实地考察常德画墙。8月7日,常德市委副书记、市人民政府代市长邹文辉到沅江风光带调研常德画墙。指出作为常德市城区重要组成部分，鼎城区为全市经济社会发展特别是城市建设做出突出贡献，要继续落实精明增长理念,注重运用城市建设中人民力量,推动城市特色发展、绿色发展和产城融合发展。11月7日,全国工商联原副主席、恒安国际集团有限公司董事局副主席、总裁许连捷到鼎城区考察调研常德画墙。

活动开展。6月11日,常德市诗墙管理处党总支组织全体党员开展参观“北诗南画”沅江风光带主题党日活动。全体党员参观诗墙博物馆“同心抗疫，文明花开”书法作品展、常德画墙。6月30日,鼎城区组织开展“岁月无悔、初心不改”90岁高龄党员座谈会，邀请28名90岁以上老党员忆党史、感党恩、谈变化、话发展,组织到常德画墙(爱国教育主义基地)学习参观。

2020年,鼎城区组织老党员参观常德画墙

（提供:姜丹）

艺术魅力。常德画墙吸引大量团队和游客参观考察,年接待游客数十万人次。1月17日,招商引资代表参观考察常德画墙。4月2日,全市文明办主任参观视察常德画墙。6月17日,江西省萍乡市考察团考察常德画墙。7月6日,株洲市政协参观画墙,同日,永州市人大常委会参观画墙。9月15日,湘乡市人大常委会参观常德画墙。10月20日,常德市人大退休老干部参观画墙。10月27日,张家界市政协考察团参观画墙。11月10日,怀化市人大常委会考察常德画墙。12月2日,全市人大监察和司法委员参观考察画墙,同日,衡阳市改革办参观考察画墙。 （姜 丹）

2020年10月20日,全市退休老干部代表参观画墙

（提供:姜丹）

石板滩关闭石煤矿区生态环境修复

常德市鼎城区石板滩关闭石煤矿区生态环境修复工程关于矿坑废水污染问题从 2018 年 8 月至 2020 年 12 月交办，市区两级党委、政府高度重视，将矿区生态修复治理工作化为高度政治自觉、思想自觉、行动自觉，因地制宜、精准施策，全力推进。至年末，已落实污染治理和生态修复任务。

*石煤矿基本情况。*常德市鼎城区石板滩石煤矿区位于太阳山西麓，境内石煤矿山资源呈南北带状分布，总长约 4 千米，总开采面积约 33.33 公顷，涉及拾柴坡、兴隆桥、玉皇庵 3 个村。矿区矿产资源自 20 世纪 50 年代开始开采，主要是当地群众自发原始露天开采用作生活燃煤；到 70 年代末开始由石板滩公社组织大规模开采，用于烧制石灰和砖瓦；后于 90 年代转为个体承包经营，最终经市场调节自然整合为伍房、枫拾、印山、新堰湾 4 家合法石煤矿，并分批于 2008 年至 2016 年间全部关闭。矿山关停后，原采坑逐步积水，至 2018 年初形成 8 个受污染水体（包括 1 个水库 1 个山塘）。经核查，8 个受污染水体有污水 400 余万立方米，pH 值（氢离子浓度指数、酸碱度）2.3 至 5.3，且存在少量重金属超标。另有 7 处废石堆计 300 余万立方米和因开采形成地质灾害点 6 处，污染治理和生态修复任务艰巨。

*污染治理及生态修复进展情况。*2018 年至 2020 年年末，该区实施矿坑外围截排水、应急处理池、废石堆清理、污水处理等污染治理工程，并同步实施矿坑回填、喷浆挂壁、覆土复绿等生态修复工程。工程总体拟投入资金 3.5 亿元，至年末，已投入 3.3 亿元，处理污水 500 余万立方米（含降雨量），回填土方 500 余万立方米（含外调耕作土 200 余万立方米），喷浆挂壁面积 2.2 万平方米，生态植绿近 20 公顷。生态修复工作取得成效，CK05 矿坑回填后已栽种一季水稻、CK02 号矿坑已栽种油茶和油菜，CK01、CK06 号矿坑原位中和治理后已恢复生态功能。

*CK01 矿坑。*伍房石煤矿区（CK01 矿坑）不同于防治Ⅱ区枫拾石煤矿（CK02 矿坑、CK03 矿坑）和印山石煤矿（CK04 矿坑），该矿区于 2008 年关闭，关闭时间较早，关闭后随着矿区周边废石堆逐步自然复绿（伍房矿区主要存在 3 个废石堆，其中 FS1 及 FS3 自然复绿程度较高，FS1 郁闭度 90%以上，FS3 郁闭度 80%以上，裸露面较少，FS2 已进行覆土复绿），矿区水质逐年变好，矿区相对防治Ⅱ区枫拾石煤矿、印山石煤矿汇水面积较大，存在大量坡面汇水的稀释和交换，致使矿区采坑水水质污染程度相对防治Ⅱ区较轻，根据《地表水环境质量标准》Ⅲ类标准和《煤炭工业污染物排放标准》中 Fe（铁元素）、Mn（锰元素）排放标准，该区内水体仅存在 pH 值超标，污染程度逐年降低。该矿区周边居民集中，交通不便，自然修复较好。考虑进场施工会破坏现有已恢复的生态环境，可能加重矿区污染或产生二次污染、增加社会负担和社会稳定风险，坚持不过度治理，绿色生态治理思路，以自然修复为主，采取保留积水采坑，并以作农用灌溉和防洪之用，采用“采矿边坡生态修复 + 原位中和治理 + 水质监测”方案进行综合治理，确保矿坑水持续稳定达标排放。全年，通过治理管控，实现矿区水质持续达标排放，达到设计预想目标。

CK01 矿坑治理前后对比图　　（提供：郭杰）

*CK02 矿坑。*枫拾石煤矿 CK02 矿坑于 2020 年 2 月实施治理，该矿区采用截排导流、采坑水抽排

治理、废石堆清理、采坑回填、裸露石煤挂壁喷浆、覆土复绿等工程措施进行综合治理，至年末已全部完工，达到生态修复目标，处于自然修复过程。

CK02 矿坑治理前后对比图　　（提供：郭杰）

CK03 矿坑。枫拾石煤矿 CK03 矿坑于 2020 年 6 月实施治理，该矿区采用采坑水抽排治理、废石堆清理、爆破放坡、采坑回填、覆土复绿等工程措施进行综合治理，至年末主体工程完工，剩余工程为排水导流工程。

CK03 矿坑治理前

CK03 矿坑开采过程中

CK03 矿坑治理完工

CK03 矿坑治理现状

（提供：郭杰）

CK04 矿坑。印山石煤矿 CK04 矿坑于 2020 年 6 月实施治理，该矿区采用截排导流、采坑水抽排治理、废石堆清理、采坑回填、覆土复绿等工程措施进行综合治理，至年末，主体工程完工，受降雨及疫情影响导致污水处理速度难以跟进采坑回填速度，最终在 CK04 矿坑末端形成面积 2.5 万平方米稀泥坑，采用渗滤沟、渗滤槽、渗滤池、渗滤井进行渗水，再通过真空预压、离心脱水等措施进行泥水分离，待固化后再进行回填复绿。

CK04 矿坑治理前

CK04 矿坑开采过程中

CK04 矿坑北部治理完工

CK04 矿坑采坑南部存在稀泥坑

（提供：郭杰）

CK05 矿坑。新堰湾石煤矿 CK05 矿坑于 2019 年 10 月实施治理，该矿区采用截排导流、采坑水抽排治理、采坑回填、裸露石煤挂壁喷浆、覆土复绿等工程措施进行综合治理，至年末已完工，达到生态修复目标。

CK05 矿坑治理前

CK05 矿坑初期施工原貌

CK05 矿坑采坑及边坡治理后

（提供：郭杰）

CK06 矿坑。新堰湾石煤矿区（CK06 矿坑）不同于防治Ⅱ区枫拾石煤矿（CK02 矿坑、CK03 矿坑）和印山石煤矿（CK04），该矿区周边不存在废石堆，局部少量废石堆已完全复绿，不影响周边环境。矿区相对防治Ⅱ区枫拾石煤矿、印山石煤矿汇水面积较大，上游存在金刚寺水库，存在大量坡面汇水的稀释和交换，致使矿区采坑水水质污染程度相对防治Ⅱ区较轻，根据《地表水环境质量标准》Ⅲ类标准和《煤炭工业污染物排放标准》中 Fe（铁元素）、Mn（锰元素）排放标准，该区内水体仅存在 pH 值超标和 Fe 轻微超标，污染程度逐年降低。考虑进场施工会破坏现有已恢复的生态环境，可能加重矿区污染或产生二次污染、增加社会负担和社会稳定风险，坚持不过度治理，绿色生态治理思路，以自然修复为主，采取保留积水采坑，并以作农用灌溉和防洪之用，采用“采矿边坡生态修复+原位中和治理+水质监测”方案进行综合治理，实现矿区水质持续达标排放，达到设计预想目标。

CK06 矿坑治理前后对比图

（提供：郭杰）

存在的难点问题。至年末，石板滩石煤矿坑生态修复治理工程已落实总任务 95%以上，主要剩下 CK04 稀泥坑问题未彻底解决。该问题产生，主要是受新冠肺炎疫情和降水影响，有效施工期比原计划大幅缩短，并增大施工难度。CK04 号矿坑在收尾阶段形成面积约 2 公顷稀泥。经检测，稀泥重金属不超标，属一般固废，但需水土层析分离并标高下降后才可进行后期施工，因而无法在原计划时间节点内落实 CK04 号矿坑回填和覆土复绿。

需要说明的两项工作。关于 CK01 矿坑、CK06 矿坑修复方案变更情况。为科学有效修复矿区生态环境问题，该区在整治工作之初，专门聘请湖南省地勘局 403 队（简称 403 队）为矿区编制生态修复治理实施方案，该团队经过数月调查研究与科学论证，于 2019 年 2 月制定修复方案，经区政府常务会研究讨论通过后实施并上报省、市相关部门。按实施方案，生态修复治理任务时间为 2023 年年末。2019 年 6 月 14 日，湖南省委常委会要求全省中央环保督察“回头看”交办所有问题必须于 2020 年年末前落实整改任务。为科学推进矿区生态修复与治理任务，该区特聘中国环境科学研究院、中国矿业大学，与 403 队组成联合设计团队，进行原生态修复治理方案优化提速。经专家评审修改，提速方案于 2019 年 8 月通过专家组审核。提速方案在坚持绿色生态治理和自然修复原则上，因地制宜，优化调整 CK01 矿坑（伍房）、CK06 矿坑（新堰湾）治理方案，由回填调整为原位中和。提速方案确定后，该区向湖南省自然资源厅、省生态环境厅、省发改委、省长江办等部门进行汇报。2020 年 6 月 11 日，湖南省人民政府组织专家组现场调研论证提速方案，并于 2020 年 6 月 22 日进行再核实，最终确定优化调整 CK01 矿坑（伍房）、CK06 矿坑（新堰湾）由回填改原位中和方案可行，但须加强监测和管护。年末，CK01 矿坑（伍房）、CK06 矿坑（新堰湾）通过原位中和治理，各项监测和检测数据正常，基本恢复生态功能，达到预期治理效果。后期，为保证 CK01 矿坑、CK06 矿坑水质持续达标排放，专门购买鑫芙蓉环保公司管护服务，如遇水质不稳定或下降，启动管护调节工作，并聘请第三方服务机构进行监测、监管，每月进行 1 至 2 次数据监测，确保水体达标排放。关于 2020 年长江经济带警示片中反映问题的相关情况。2020 年长江经济带警示片中将常德市鼎城区石板滩镇石煤矿山、冷水江大建矿山、株洲潘家冲萤石矿等矿山渗滤液、矿涌水、尾排水严重超标问题列入 2021 年整改清单。警示片中取用一张 2020 年 5 月 CK02 矿坑施工期间照片反映石板滩石煤矿区污染问题（渗滤液、矿涌水、尾排水严重超标问题），当时矿区生态修复工作正有序推进，废石堆未清理完成，采坑水未抽排治理完成，矿坑水和淋滤水均收集至污水处理站进行抽排治理，并经在线监测达标排放。2020 年 5 月，石板滩石煤矿区仅存在淋滤水和矿坑水超标问题，已完成治理。

（提供：郭杰）

临江棚改

常德市江南城市发展有限公司（简称江南城发）是常德市城市建设投资集团有限公司（简称市城投集团）旗下子公司，由常德市房地产开发有限公司改制而来。公司定位为城市综合运营服务商，形成以房地产开发为主业，集合商业运营、文化创意、智能建设等为一体的产业链发展模式。公司开发建设的临江棚改项目（城投·十里外滩）是湖南省最大单体棚户区改造项目之一，棚改面积近70万平方米，棚改居民近5000户。该项目地处常德市南北中轴线居中位置，占据江南城区核心滨江资源，拥揽2.5千米江岸线美景，纵穿沅江隧道，东临沅江一桥、西抵沅江三桥。项目建成后涵盖大型集中商业购物广场、星级酒店、金融服务、高端居住及教育培训等产业业态和服务，成为常德市城市名片、经济引擎和财源基地。2020年，公司建设均实现年度目标任务，招商工作取得重大突破，举行金融街签约发布会、吾悦广场落户城投·十里外滩，达成年初招商目标。

城投·十里外滩项目鸟瞰图　　（提供：刘家敏）

项目建设。至2020年年末，落实农行协议签订及拆迁，开展临江棚改B区617户摸号选房工作。公司实施"百日大会战""秋季攻坚战"，执行"5+2""白+黑"模式，所有项目均实现年度建设任务，超额完成投资计划。以"安康杯"竞赛为契机，开展"一法三卡"、安全生产读书会、观摩交流会等活动；全年召开安全生产工作会议20余次、安全生产检查20余次，发现的问题均按时整改并验收合格。2020年2月，鼎城区临江棚改项目B06地块1号楼获2019年下半年常德市"优质结构工程奖"。

获奖奖牌　　（提供：刘家敏）

项目进度。城投·十里外滩项目分为10个地块，以隧道为中轴分A、B两个区，其中A区已开发的有A02项目（已交付），B区已开发的有B03、B04、B05、B06、B08项目（建设中）。A02项目（德安里小区）于2016年3月6日开工建设，2019年6月18日竣工备案。作为临江棚改首期开发住宅地块，整体建筑外观设计现代简约，整体高度较临沅路海拔高6至7米，园林平台与江堤平齐。小区以象征"成业"阶段的五凤之一的鹫鹙为设计理念，打造热带滨江度假风格，采用树种包括蔷薇科、紫薇科等热带培育植物，配备面积约600平方米游泳池。B03项目（善荣府）于2019年10月1日开工建设，截至2020年年末总体进度37%。拟建项目配套工程包括道路及场地硬化、绿化工程、供配电、给排水及消防工程等配套设施。项目为混合型社区，聚集多种住宅类型。B04项目（善和府）于2019年10月1日开工建设，截至2020年年末总体进度40%。该项目由7栋南向北高层组成，采用人车分流，全智能化停车管理控制，星级入户大堂设计，底部商业街规划，满足品质化生活需求，产品为建筑面积约94—147平方米。B05项目（善鸿府）于2017年11月11日开工建设，至年末总体进度85%。该项目属于在售产品中平墅型产品，采用完全人车分流方式进入小区，保证小区居民安全和安静舒适居住环境。整体建筑外观设计以现代主义简约时尚风格为主。作为城投·十里外滩高端项目，以象征“成熟”阶段的凤凰青鸾为园林设计理念，小区内花草树木种类20余种，以丛生桂花、八棱海棠等树为主景树。B06项目（善瑞府）于2017年11月13日开工建设，至年末该项目安置房竣工验收，平台层路网、地形、乔木栽种基本完工，展示面完工，总体进度90%。该项目临近沅江风光带，靠近潮流商务区，有专为老年人设置的活动场所。在园林打造上，注重园林与业主互动功能，构建B06“双重立体园林”系统，并且采用“木、乔、灌、花、草”五重造景法，使色彩和层次更加丰富。B08项目（善华府）于2016年10月9日开工建设，至年末该项目总体进度90%。该项目位于潮流商务区，整体外观设计是现代简约风格，建筑主体嵌入较大面积的通透玻璃幕墙。业态包含精品住宅、江景公寓、精品酒店和亲子教育综合体。

招商工作。全年，公司集中精力抓招商，聚焦“CBD、B08裙楼及酒店商业、金融一条街”招商主体，形成“三驾马车、齐头并进”招商格局。A02、B08地块招商面积44701平方米。城投·十里外滩滨江CBD商业中心、外滩金融街、十方酒店、天天象上高端教育机构、亿客隆生鲜超市等重点招商项目就位，核心商圈初现雏形。4月24日，城投·十里外滩项目产品推介会在右岸文化艺术中心举行。推介会由鼎城区委常委、政法委书记、临江棚改协调领导小组组长朱正权主持，鼎城区政协主席，临江棚改协调领导小组政委韩才渊，市城投集团党委委员、财务总监易先云，鼎城区工会党委书记胡新军及江南城发党支部书记、董事长钱程，总经理何永新等领导及鼎城区行政机关和企事业单位干部职工代表出席会议。5月7日，城投·十里外滩品牌战略合作签约发布会在右岸文化艺术中心举行。鼎城区政协主席韩才渊，鼎城区人民政府副区长蒋宏武、钟科程，市城投集团总经理杨宇、财务总监易先云，江南城发董事长钱程、总经理何永新，汉海集团副总经理裴桢、天天象上总经理林志华、十方酒店总经理彭亮等品牌商家代表出席签约仪式。5月26日，临江棚改项目B08地块裙楼出租项目签约，江南城发与天天象上商业运营管理有限公司、湖南十方品居酒店签署合作协议。7月21日，新城控股集团副总裁王路明一行到鼎城区考察城投·十里外滩CBD项目。常德市人民政府副市长尹正锡、市人民政府副秘书长彭家明，市自然资源和规划局副局长胡少华，市招商促进事务中心党组书记、主任戴林军，鼎城区委副书记、区长朱金平，市城投集团党委书记、董事长周枭陪同考察。双方分别在市、区政府会议室召开座谈会。11月26日，常德城投·十里外滩金融街与14家进驻银行签约战略合作发布会在城投·十里外滩营销中心举行。12月14日，新城控股集团——商业综合体领导品牌“新城吾悦广场”以8.4亿元成功摘牌常德临江棚改B01—B02、A06—A07地块用地9.73公顷，常德市第一座吾悦广场落子江南城区。（刘家敏）

2020年，外滩金融街签约发布会现场（提供：刘家敏）

精准扶贫

鼎城区有建档立卡贫困户14055户43029人,贫困村40个。至年末,贫困人口已全部脱贫,其中,2020年脱贫852户1829人;40个贫困村已全部退出,其中,2016年退出2个,2017年退出14个,2018年退出24个。2020年,鼎城区结合脱贫攻坚要求和实际,以脱贫质量"回头看"为抓手,围绕答好成果巩固"必答题"、政策落实"基础题"、疫情影响"加试题"和收官之年"风险题",解决关键问题,推进各项工作。

突出"一保两防",做好成果巩固"必答题"。保脱贫、防返贫、防致贫,做到对象明确、路径清晰、结果可控。逐户分析交办年度脱贫户852户,拟定脱贫方案,精准确定每户脱贫"主措施"。通过落实孤儿、低保、五保等兜底保障措施脱贫789户,通过稳定务工脱贫498户,通过产业帮扶脱贫310户。分析人口年龄结构、劳动力状况、收入组成等情况,对于整户正常劳动力1人以上且无务工的实施就业帮扶;对于有正常劳动力或弱劳动力且家庭生产经营性收入低于总收入10%的户实施产业帮扶;对于正常劳动力不到整户人口30%的户实施兜底保障措施。全区598个脱贫不稳定户人均纯收入6000余元,阻断返贫风险。入户调查监测低保户、五保户、重病户、重残户,监测年自付医药费3万元以上的户,将档外12448户"五类对象"纳入常态化监测管理,落实"三保障"等政策并实行同部署同验收。全区372个边缘易致贫户人均纯收入6000余元,阻断致贫风险。

突出"五项保障",做好政策落实"基础题"。把教育保障、医疗保障、住房保障、饮水保障和残疾人保障"五项保障"作为政策落实重点。逐户排查各类政策落实方面存在问题近9000条,逐条交办整改。残疾人政策落实方面,通过视频远程、入户上门、集中送评等办法,开展疑似残疾人鉴定,新评残5690人。开展3—23岁贫困人口就学情况比对分析、持有残疾证人员相关政策落实比对分析、残疾人及贫困人口住院病种与慢病病种相关性比对分析、贫困人口家庭住房照片查验分析等工作。落实23名学前儿童、37名残疾人学生和残疾人家庭子女就学资助、新增慢病病种服务312人次,整改住房安全隐患或存在漏风漏雨等情况837户。全年约谈区直单位和乡镇负责人19人次,诫勉单位负责人2名,移送查处干部9人。通过一月一通报、召开"三级书记座谈会"、联合督查督办等方式传导压力,落实工作到位。

突出"六类群体",做好疫情影响"加试题"。出台《疫情灾情影响特殊困难群体帮扶方案》,重点帮扶返乡回流、贫困大学毕业生、退养、禁捕、受灾涉及贫困户及边缘易致贫户六类特殊群体。整合扶贫、人社、农业农村、民政、应急等部门政策12条,按照优先就业、发展产业、兜底保障顺序,结合户情开展针对性帮扶。全区六类群体涉及984户,落实帮扶措施2937条。建立信息摸排责任机制、帮扶措施会商机制和帮扶工作交办机制,扶贫、人社、农业农村、民政部门抽调专人联合办公,专项工作领导小组专题工作交办。开展特殊困难群体招聘直通车、产业直通车、救助直通车、信贷直通车、消费扶贫直通车行动。为特殊困难群体开辟园区就业岗位200个、公益岗位50个、区直机关单位临时岗位50个。715户实现至少1人务工就业,落实产业扶贫634户,纳入兜底保障287户,临时救助215户,38户获扶贫小额贷款。将有关工作延伸到特殊群体之外,克服疫情灾情影响。全区贫困人口务工人数17984人,与2019年相比,省内增加1294人,省外增加212人;全年投入产业扶贫资金2417万元,"两有"人员精准全覆盖;打造消费扶贫专有平台"鼎级商城",实行工会资金注入,商城销售额 1320 万元。

2020 年 10 月 16—18 日，鼎城区 2020 年扶贫日主题活动　　（提供：元凡）

突出“四个规范”，做好收官之年“风险题”。健全工作制度、加强工作调度，控制各类风险。实行“四步规范管理”办法，定期摸，每月摸排问题苗头；联合排，与纪监委、信访、稳定、民政、应急、审计等部门交换民生领域突出问题，提前介入；重点办，呈报领导小组，重点签批交办；回头访，回访复查确保问题解决、风险消除。全年发放扶贫小额贷款 4523 万元，超额落实投放计划；提前一个月预调度到期贷款，逾期贷款风险补偿并启动司法程序；开展存量贷款 1172 户电话调查，确认贷款发放情况和贷款用途。抓光伏发电管理问题整改工作，区领导重点调度，每季度督导光伏发电现场、利益分配，保证运营正常、管理规范。建立扶贫部门日常监督，财政部门绩效监督，纪检和审计部门重点监督，农村经营管理部门财务监督的多部门、多层次监督体系，排查发现资金项目规范管理方面问题 58 条，均已整改。　（元　凡）

2020 年，常德市委书记、市人大常委会主任周德睿（前排中）调研鼎城区脱贫攻坚　　（提供：元凡）

产 业 立 区

2017 年 9 月 1 日，常德市委、市人民政府正式提出开放强市、产业立市战略。鼎城区作为常德市“双核”之一，响应市委、市人民政府号召，2018 年 1 月 29 日，鼎城区推进产业立区三年行动指挥部在区人民政府挂牌成立。指挥部下设办公室和专项小组 15 个，成员单位 40 余家。出台《关于全面落实市委开放强市产业立市战略加快推进“三城四区五中心”建设的若干意见》，制订《常德市鼎城区“三五”千亿工程三年行动计划》，确定现代农业、现代工业和现代服务业 3 大类 15 个重点产业具体发展目标，将鼎城区打造成常德市开放开发窗口示范区、高端产业集聚核心承载区、高新技术转化研发先导区、绿色生态发展新兴样板区。

项目建设。实施招商引资“316”工程（利用 3 年时间，集中 100 人，引资 600 亿元），坚持“外引内育抢招商”，参与组织到北京、安徽及长三角、珠三角等地招商考察活动 10 余次，走访企业 10 余家，开展座谈 10 余场，拜访客商 100 余人；组织 2020“迎老乡 回故乡 建家乡”新春招商引资推介暨项目集中签约会，现场签约九大项目，总金额 116 亿元，推介发布招商项目 10 个，总投资约 487 亿元；9 月，举办第三季度全区招商引资集中签约活动，签约各类产业项目 16 个，合同引资额 128 亿元。引进 4 个中国 500 强企业项目，分别为投资 60 亿元的吾悦广场城市综合体项目、投资 8 亿元的湖南新华联产城融合综合体项目、投资 7.5 亿元的中南珑悦经济综合体项目和投资 3.4 亿元的兴阳渔光互补光伏发电项目。全年该区引进亿元以上产业项目 35 个，其中 10 亿元以上产业项目 3 个。2018—2020 年，引进亿元以上产业项目 97 个。开展百日攻坚行动，加快开工投产步伐，将项目建设划分为高新区、临江棚改、新城西区、阳明湖和综合五大板块，实行项目建设网格化管理，整理一批签约未动工项目和在建项目，明确攻坚包联领导，提出“产业项目建设提速 50%”要求，要求项目主体责任单位、服务单位为各项目业主提供“亲娘式”全程服务，限时办结项目建设存在的问题，优化项目建设服务环境。指挥部办公室针对重大建设项目、“三主两特”主要企业发展情况进行挂图作战、靠前服务，实时监测、动态追踪，协调解决项目推进过程出现的矛盾问题。9 月 14 日，举行鼎城区第三季度重点建设项目集中开工仪式；9 月 16 日，举行常德高新区人民医院（市第二中医医院）建设项目开工仪式；9 月 29 日，举行鼎城区重点建设项目暨沃晟凯智能工厂工程开工仪式。投资 11 亿元的中联恒通军民融合产业园一期投产；品六生物科技、联科科技跨境电商、挖掘机配件智能精加工、通润驱动部件和宏源机械六个亿元以上项目实现引进投产；花岩溪青山沟旅游度假村项目于 9 月投产，比原计划提前 3 个月。全年鼎城区新开工亿元以上产业项目 34 个，其中 5 亿元以上项目 8 个，工业项目 23 个，2020 年引进开工项目 10 个。新投产亿元以上产业项目 27 个，其中工业项目 16 个。2018—2020 年开工亿元以上产业项目 80 个，投产亿元以上产业项目 62 个。

常德高新区 2020 年新春招商引资推介暨项目集中签约会 （提供：金刘）

园区发展。明确“奋力拼搏又三年、力争挤进省十强”、建成“千亿园区、工业新城”发展目标。常德高新区主要经济指标保持年均30%以上增长，获“科技服务业区域试点园区”“国家现代装备制造高新技术产业化基地”“国家级科技资源支撑型双创载体”等荣誉，园区发展步入快车道。立足“三主两特”定位（三主：装备制造、军民融合、光电信息；两特：食品及生物医药、新型建材），培育优势产业。全年，园区引进关联性上下游工业企业（投资1亿元以上）29家，其中装备制造关联性企业6家。“三主两特”产业产值增长率15.06%，超全年目标任务10%。完善园区配套设施，常德高新区落实投入21.6亿元建成标准化厂房25.41万平方米。投资50亿元推进占地133.33公顷现代装备制造配套产业园建设，至年末，有15家配套企业入驻。建设主干道路18条，水、电、路、气等基础配套与常德市城区融合，形成“高新园区、城市新区、旅游景区”三位一体协调发展格局。优化营商环境，园区实行“全程代理”项目审批，企业反映问题实行首问负责、当日受理、限时办结制。落实“最多跑一次”“一件事一次办”改革，开创常德市交地即发“三证”先例，行政审批提速50%以上。园区与常德市17家金融机构开展合作，年末有37家企业和银行对接，授信额度13.16亿元，放款3.3亿元。

企业培育。树立“企业为大”意识，打造“顶天立地”大企业带动产业高质量发展，坚持“老树发新芽”，培育一批中小企业，增强产业可持续发展后劲。支持企业上市，筛选、推荐一批优秀企业进入省上市后备企业资源库，年末入选九申燃气、佳鸿机械、云港生物、常德牌水表、浩宇建设、斯盛能源、响箭重工、精为天8家企业，7月，响箭重工实行股份制改革，云港生物、佳鸿机械挂牌湖南省区域性股权市场科技创新专板，浩宇建设、精为天启动赴港上市计划。培育骨干企业，开展高新技术企业和规上工业企业申报认定工作，全年新增高新技术企业22家，新增规上工业企业26家，云港生物、德山表业、荣程机械等6家企业获评湖南省小巨人企业。中联重科建成塔机制造工厂，排名全球工程机械行业第17位、全国工程机械行业利润第一位，产值突破150亿元。特力液压建成全国三大液压油缸生产基地之一，产值突破20亿元，成为该区新增纳税过亿企业。响箭重工小臂架泵车进入“一带一路”和欧美中高端市场，东鼎动力黑色材料发动机缸体缸盖出口量排名全国第一。全年该区新增纳税过千万企业8家，新增取得外贸进出口资质企业6家。

品牌推介。实施品牌培育战略，抓品牌整体营销，开展品牌推介活动，围绕重点品牌开展消费扶贫展销会、草坪镇第五届民间文化艺术节、中国农民丰收节“走进粤港澳生产基地庆丰收”、中国湖南第五届花岩溪帐篷节特色推介活动4场。组织重点品牌企业参加市级及以上组织的品牌推介活动5场，分别是“中国品牌、中国品质”万达店《推介产品，拓展市场系列活动展销会》、第二十二届中国中部（湖南）农业博览会、第三届中国国际进口博览会、杭州国际博览会、常德市信息暨兵工装备行业展销会，亲零嘴、河洲甲鱼、天地农耕等企业参与，现场与商户签订购销协议。拓展销售渠道，通过开展电商直播，举办网红直播带货大赛，与电商大平台对接，推动农产品生产加工企业进驻电商大平台，增设电商平台企业旗舰店10个，电商销售农产品目标任务2.15亿元。

2020年，河洲甲鱼夏季美食文化节　（提供：全刘）

创新发展。确立创新发展理念，实施创新驱动发展战略，激发创新活力，多种举措招才引智，全年举办线上线下招聘会39场，达成就业意向4874

人，成功就业2530人，缓解企业用工难问题；国力变压与湖南文理学院、粤港模科与湖南应用技术学院、粤港模科与常德技师学院、联嘉机械与常德技师学院、浩天翼与湖南文理学院、震坤农林与中南林业科技大学、瑞齐隆与湖南文理学院机械工程院、力乐利与湖南文理学院、斯盛能源与湖南文理学院、中联重科与长沙理工大学、常德牌水表与湖南文理学院、正大国际与中国科学院、特力液压与北京航空航天大学、浩天翼与上海交通大学、浩天翼与中国联合网络研究院签署校企合作协议；举办创新创业大赛2次；响箭重工由湖南省工业和信息化厅核准成立企业技术中心，粤港模科由湖南省工业和信息化厅核准成立工业设计中心。年内落地科技成果转移合同11个，佳鸿机械与湖南文理学院研发项目工程机械关键液件智能精密加工工艺流程优化、精为天与南京农业大学研发项目发芽糙米茶生产工艺、云港生物与长沙恺惟化工有限公司研发项目酶法合成熊去氧胆酸工艺、中晟农牧与中国科学研究院研发项目无蛋鸡饲养技术、科锐新材料与清华大学研发项目高导热氮化硅陶瓷材料、响箭重工与长沙简牍设计公司研发项目43米与73米泵车设计技术及四桥63米泵车设计技术、广源生物与湖南文理学院研发项目迷迭香种植及加工过程功效成分检测、中义机械与湖南文理学院研发项目基于大数据的产品智能管理系统、斯盛能源与湖南文理学院研发项目宽温度范围磷酸亚铁锂电池的研发与产业化及三维交联石墨烯纳米纤维锂离子电池负极材料开发。湖南响箭重工获第二批国家级“专精特新”小巨人企业称号。

2020年，鼎城区高校毕业生专场招聘会现场

（提供：金刘）

组织保障。整合区产业办、区招商促进事务中心和区调度办力量，“两办一中心”合署办公，办公室设在迎宾社区四楼，抽调精干力量，区级领导实行多级高频调度产业工作，设立15大产业专项小组，实现三次产业发展实现全覆盖。落实经费保障，实行机构单列、经费单列。牵头拟定《鼎城区2020年产业立区工作要点》《鼎城区品牌行动2020年度工作计划》《鼎城区重大建设项目管理办法》等政策性、制度性文件。组织召开产业立区工作动员大会，统一各级思想、明确目标任务、集中干部精力。建立产业立区宣传工作联系机制，搭建重大项目管理系统平台，实现信息互通互享。设立“鼎城产业立区三年行动”微信公众号，聚焦产业立区工作。牵头组织开展课题调研4次，全年调度专项小组工作12次，党委常委会议、政府常务会议专题研究产业立区工作；特色亮点工作、经验做法在市委办《内参》、《常德通讯》、《湖南日报》、《常德日报》刊发，在全市开放强市产业立市大会上作经验介绍。

（金　刘）

大事记

Chronicle of Events

2020年2月1日，鼎城区公安局举行“疫情防控党员突击队”授旗仪式　（提供：雷贵亮）

鼎城年鉴(2021)

1月

4日 鼎城区委经济工作会议召开，区委副书记、区人民政府区长朱金平主持，区委书记、常德高新区党工委书记杨易出席会议并讲话。

同日 鼎城区委常委班子"不忘初心、牢记使命"专题民主生活会情况通报暨测评会召开。会议由区委书记、常德高新区党工委书记杨易主持，区委副书记、区人民政府区长朱金平宣读通报。

6日 中共鼎城区委退役军人事务工作领导小组2020年第1次会议召开。

7日 中国人民政治协商会议常德市鼎城区第九届委员会第六次会议开幕。

9日 中国人民政治协商会议常德市鼎城区第九届委员会第六次会议闭幕，区委书记、常德高新区党工委书记杨易出席并讲话，区委副书记、区人民政府区长朱金平出席会议。

同日 鼎城区第十七届人民代表大会第六次会议开幕，区委书记、常德高新区党工委书记杨易出席会议，区委副书记、区人民政府区长朱金平向大会作政府工作报告。

11日 鼎城区召开落实常德市人民政府2019年真抓实干督查激励措施事项交办会。

13日 鼎城区召开"不忘初心、牢记使命"主题教育总结会议，常德市委第四巡回指导组组长、市委组织部部务委员、市纪委市监委派驻市委组织部纪检监察组组长李德智出席会议并讲话。区委书记、常德高新区党工委书记、区委"不忘初心、牢记使命"主题教育领导小组组长杨易作总结讲话。

同日 常德市委常委、市纪委书记、市监委主任罗翠林到鼎城区调研纪检监察工作，区委书记、常德高新区党工委书记杨易陪同。

同日 博高汽车有限公司董事长陈枫带领考察团一行到常德高新区考察洽谈，鼎城区委书记、常德高新区党工委书记杨易出席洽谈会。

17日 鼎城区举行2020年老干部迎春座谈会。

同日 鼎城区2020年"迎老乡　回故乡　建家乡"新春招商引资推介暨项目集中签约会举行，区委书记、常德高新区党工委书记杨易出席并讲话。

同日 2020年鼎城区春节联欢晚会在鼎城区融媒体中心举行。

18日 鼎城区委书记、常德高新区党工委书记杨易与上海森琴环保科技有限公司客商一行洽谈特种聚酯多元醇项目。

19日 鼎城区委理论学习中心组开展2020年第一次集中学习活动，区委书记、常德高新区党工委书记杨易主持，区委副书记、区人民政府区长朱金平参加学习。

20日 鼎城区人民政府十七届四十五次常务会议召开。

21日 鼎城区召开防控新型冠状病毒感染的肺炎疫情工作调度会。

同日 鼎城区委副书记、区人民政府区长朱金平到常德市第四人民医院，实地调度新型冠状病毒感染的肺炎疫情防控工作。

24日 根据《鼎城区突发公共卫生事件应急预案》，区新型冠状病毒感染的肺炎疫情防控指挥部决定，启动突发公共卫生事件一级响应，要求各部门加强联动，迅速开展工作。

26日 鼎城区召开新型冠状病毒感染的肺炎疫情防控工作会商会，区委书记、常德高新区党工委书记、二级巡视员杨易主持会议并讲话，区委副书记、区人民政府区长朱金平参加会议。

27日 鼎城区委副书记、区人民政府区长朱金平到全区各高速公路出入口，实地督导检查新型冠状病毒感染的肺炎疫情防控工作。

同日 鼎城区委书记、常德高新区党工委书记、二级巡视员杨易主持召开常德高新区新型冠状病毒感染的肺炎疫情防控工作调度会。

28日 常德市委常委、市委政法委书记黄清宇到鼎城区新型冠状病毒感染的肺炎疫情防控指挥部、常德南高速出入口检查点等地,督导检查疫情防控工作。

29 日 鼎城区委副书记、区人民政府区长朱金平主持召开新型冠状病毒感染的肺炎疫情防控调度会。

30 日 鼎城区委副书记、区人民政府区长朱金平到江南城区部分封闭式住宅小区检测点,督导检查各小区新型冠状病毒感染的肺炎疫情防控工作开展情况。

同日 鼎城区召开新型冠状病毒感染的肺炎疫情防控工作区、乡、村三级视频会。

2月

1 日 鼎城区召开新型冠状病毒感染的肺炎疫情防控工作调度会。

同日 常德市委副书记、市人民政府市长曹立军和副市长汤祚国到鼎城区督导检查新型冠状病毒感染的肺炎疫情防控工作开展情况,区委副书记、区人民政府区长朱金平陪同检查。

2 日 鼎城区委副书记、区人民政府区长朱金平到江南城区华邦国际小区、好润佳超市、桥南市场等地,督导检查各场所疫情防控工作。

同日 鼎城区委副书记、区人民政府区长朱金平通过"智慧党建"系统现场视频连线各乡镇疫情防控指挥部,调度疫情防控工作。

3 日 鼎城区召开区人民政府十七届四十六次常务会议,专题研究新型冠状病毒感染的肺炎疫情防控工作。

4 日 鼎城区委副书记、区人民政府区长朱金平通过"智慧党建"系统现场视频连线部分乡镇(街道)、村(社),调度疫情防控工作。

5 日 鼎城区委召开常委会议,鼎城区委书记、常德高新区党工委书记、二级巡视员杨易主持,区委副书记、区人民政府区长朱金平出席会议。

同日 鼎城区委副书记、区人民政府区长朱金平到疫情防控后备医院、谢家铺镇、花岩溪镇、花岩溪管理处等地,督导疫情防控工作。

6 日 鼎城区委副书记、区人民政府区长朱金平到鼎城区政务中心、税务局、常德南高速收费站等地,督导检查窗口单位复工和疫情防控工作情况,看望慰问一线值班、检测人员。

同日 鼎城区委副书记、区人民政府区长朱金平主持召开新型冠状病毒感染的肺炎疫情防控工作调度会。

7 日 鼎城区委副书记、区人民政府区长朱金平主持召开全区疫情防控暨开工复产工作。

同日 常德市委副书记、市人民政府市长曹立军到常德高新区,检查指导疫情防控和企业复工工作。鼎城区委书记、常德高新区党工委书记、二级巡视员杨易陪同检查。

同日 鼎城区委副书记、区人民政府区长朱金平到江南城区部分开放式居民小区、老旧小区及桥南工业园部分企业,督导检查新型冠状病毒感染的肺炎疫情防控和开工复产工作。

8 日 鼎城区委书记、常德高新区党工委书记、二级巡视员杨易到部分乡镇、街道及区内部分高速出入口检测点,实地督导检查新型冠状病毒感染的肺炎疫情防控工作。

同日 鼎城区委副书记、区人民政府区长朱金平到江南城投·十里外滩 B03、B04 项目地块和常南汽车总站,督导企业复工工作。

9 日 鼎城区委副书记、区人民政府区长朱金平到灌溪镇兴发垸村和常德高新区高速出入口,督导检查疫情防控工作。

10 日 常德市顺沅房地产公司向鼎城区慈善总会爱心捐赠 100 万元。

同日 鼎城区举行国家现代农业产业园建设领导小组会议。

11 日 鼎城区委副书记、区人民政府区长朱金平主持召开疫情防控调度会,部署疫情防控相关工作。

同日 鼎城区委副书记、区人民政府区长朱金平到斗姆湖街道乐乐酒店新冠肺炎密切接触者集中隔离医学观察点，了解工作人员和被隔离人员的身体状况及日常生活保障，督导检查隔离观察点各项防控措施落实情况。

12日 鼎城区委副书记、区人民政府区长朱金平到江南城区汉晨滨江府、江南名苑、十里外滩B03、B04等项目施工现场，督导检查工地复工复产工作。

14日 鼎城区召开新型冠状病毒感染的肺炎疫情防控工作调度会。

同日 鼎城区召开脱贫攻坚工作调度会。

15日 鼎城区委书记、常德高新区党工委书记、二级巡视员杨易到常德高新区部分企业，调研督导疫情防控和复工复产工作。

16日 鼎城区委副书记、区人民政府区长朱金平到斗姆街道疫情防控执勤点、新冠肺炎密切接触者集中隔离医学观察点、江南城区部分超市和经营门店，督查疫情防控工作。

同日 鼎城区委副书记、区人民政府区长朱金平到常德市第四人民医院南区，看望慰问在疫情防控一线受伤的工作人员汤建华。

17日 鼎城区在新型冠状病毒感染的肺炎疫情防控指挥部召开疫情防控工作调度会。

18日 鼎城区委副书记、区人民政府区长朱金平到区疾病预防控制中心，看望慰问新型冠状病毒感染的肺炎疫情防控一线工作人员，并到草坪镇部分农业专业合作社、农资店及相关村组，调研指导春耕备耕工作。

19日 鼎城区委书记、常德高新区党工委书记、二级巡视员杨易在区新冠肺炎疫情防控指挥部主持召开疫情防控工作调度会。

同日 鼎城区委副书记、区人民政府区长朱金平到江南城区各经营门店，督导检查疫情防控工作。

同日 鼎城区委书记、常德高新区党工委书记、二级巡视员杨易主持召开常德高新区项目建设调度会。

20日 鼎城区委副书记、区人民政府区长朱金平看望慰问常德市第四人民医院的疫情防控工作一线医护人员。

21日 鼎城区委副书记、区人民政府区长朱金平到湖南林宇科技发展有限公司、常德云港生物科技有限公司督导检查各企业复工复产和疫情防控工作。

23日 鼎城区委书记、常德高新区党工委书记、二级巡视员杨易到部分乡镇及乡镇卫生院，督导检查疫情防控工作，看望慰问坚守防控一线的医护人员。

24日 鼎城区在区新型冠状病毒感染的肺炎疫情防控指挥部召开疫情防控工作调度会。

25日 常德市委常委、市委组织部部长梁仲到常德高新区湖南粤港模科实业有限公司，实地了解公司生产经营情况，督导检查疫情防控及复工复产工作。

同日 鼎城区委副书记、区人民政府区长朱金平到草坪镇、黄土店镇、石板滩镇，调研农业农村及石板滩关闭石煤矿区生态修复治理工作。

26日 鼎城区召开中共鼎城区委常委(扩大)会议。

27日 鼎城区召开落实中央、省、市统筹推进疫情防控和经济社会发展工作重大决策部署视频会。

同日 鼎城区召开区人民政府十七届四十七次常务会议。

同日 常德市人民政府副市长尹正锡到鼎城区调研建设项目复工复产和疫情防控工作。

28日 鼎城区召开疫情防控工作会商会。

同日 鼎城区委副书记、区人民政府区长朱金平到桥南副食城，督导检查开市准备工作，并到红云街道、玉霞街道设立的高风险地区至鼎城人员集中医学观察点，督导检查外来人员管控工作。

3月

1日 鼎城区召开石板滩石煤矿区生态修复治理工作调度会。

2日 鼎城区召开确保一季度经济运行“开门红”座谈会和抢抓新机遇争资争项工作调度会。

3日 鼎城区召开重点项目暨服务行业复工复产调度会和全区生态环境保护工作会议暨区生态环境保护委员会2020年第一次全体会议。

6日 鼎城区委副书记、区人民政府区长朱金平到玉霞街道，督查高风险地区至鼎城人员集中医学观察点疫情防控工作。

7日 鼎城区委书记、常德高新区党工委书记、二级巡视员杨易到江南城区部分居民小区，督导检查疫情防控工作，慰问一线防控工作人员。

9日 鼎城区委书记、常德高新区党工委书记、二级巡视员杨易到阳明湖板块部分项目建设工地现场调研。

10日 鼎城区召开财税收入组织暨国资规范管理调度会。

同日 鼎城区及常德高新区2020年一季度重点建设项目集中开工仪式举行。鼎城区委书记、常德高新区党工委书记、二级巡视员杨易宣布项目开工，区委副书记、区人民政府区长朱金平主持开工仪式。

同日 湖南文理学院与常德高新区湖南粤港模科实业有限公司正式签订校企战略合作协议。常德市委常委、市委组织部部长梁仲，鼎城区委书记、常德高新区党工委书记、二级巡视员杨易出席签约仪式。

11日 鼎城区委副书记、区人民政府区长朱金平到蔡家岗镇和双桥坪镇，走访两镇贫困村、部分农业专业合作社及农业企业，督导脱贫攻坚、春耕生产等工作。

同日 鼎城区委书记、常德高新区党工委书记、二级巡视员杨易出席梅丽纳米孔第四代基因测序仪项目洽谈会。

12日 鼎城区召开疫情防控调度会，安排部署疫情防控工作。

同日 鼎城区委副书记、区人民政府区长朱金平主持召开区人民政府十七届四次全会暨区人大建议、区政协提案交办会。

14日 鼎城区召开疫情防控、复工复产暨春耕生产调度会。

16日 鼎城区召开全区粮食、生猪生产推进暨春季森林防火工作会。

17日 鼎城区通过智慧党建系统召开党委系统工作会议，区委书记、常德高新区党工委书记、二级巡视员杨易出席会议，区委副书记、区长朱金平主持会议。

18日 鼎城区委副书记、区人民政府区长朱金平到草坪镇、谢家铺镇、十美堂镇，督导产业扶贫和春耕生产工作。

同日 鼎城区召开桥南园区整体搬迁企业代表座谈会。

19日 鼎城区以视频会议形式召开区委政法暨信访稳定工作会议。

同日 鼎城区委书记、常德高新区党工委书记、二级巡视员杨易出席品六生物科技产业园项目与常德高新区签约仪式。

同日 鼎城区召开疫情防控工作调度会，适时调整疫情防控策略，部署相关工作。

20日 鼎城区召开安全委员会第一次全体会议暨应急管理交通问题顽瘴痼疾集中整治工作推进会。

同日 常德市老促会会长、市政协原主席刘春林一行到鼎城区，就革命老区振兴发展规划前期研究工作进行调研座谈。

同日 鼎城区委副书记、区人民政府区长朱金平到江南城区七天连锁酒店、南城天街商场、常南汽车总站等地，督导检查疫情防控和经营门店复工复产工作。

23日 常德市委副书记、市人民政府市长曹立军到鼎城区十美堂镇、谢家铺镇，调研春耕备耕及乡村产业发展情况，开展“三走访三签字”活动。市区领导龚德汉、杨易、朱金平、熊辉陪同调研。

同日 常德市委副书记朱水平到鼎城区，走访部分农业产业龙头企业，调研农业农村相关工作。

24日 常德市人民政府副市长汤祚国带领相关市直部门及市供电公司负责人到鼎城区、常德高新区，实地调研在建和拟建变电站项目。

25日 鼎城区委副书记、区人民政府区长朱金平带领区交通局、农业农村局等单位主要负责人到花岩溪镇、花岩溪管委会专题调研乡村旅游发展工作。

31日 鼎城区召开区人民政府十七届四十八次常务会议。

4月

2日 鼎城区召开脱贫质量“回头看”工作动员会。

7日 鼎城区委副书记、区人民政府区长朱金平到鼎城区第一中学、江南中学督导检查高三、初三年级开学情况。

同日 常德市人大常委会党组书记、副主任余怀民率市人大常委会检查组一行到鼎城区，就鼎城区贯彻执行《中华人民共和国食品安全法》情况开展执法检查。

8日 常德市乡镇污水处理设施建设现场观摩暨农村危改工作调度会在鼎城区举行。常德市人民政府副市长尹正锡，湖南省住房和城乡建设厅二级巡视员彭国安，鼎城区委副书记、区人民政府区长朱金平出席会议。

同日 鼎城区委副书记、区人民政府区长朱金平到江南城区天井硒站、永安硒城市排渍口治理项目和江南滨江府(一期)项目建设现场，督导检查防汛备汛工作。

9日 鼎城区委理论学习中心组开展2020年第三次集中学习，区委书记、常德高新区党工委书记、二级巡视员杨易主持学习活动并讲话。

同日 津市市委书记傅勇率党政代表团到常德高新区，实地参观考察部分园区企业及项目建设现场，展开关于园区建设、产业发展等方面的学习交流。鼎城区委书记、常德高新区党工委书记、二级巡视员杨易，区委副书记、区人民政府区长朱金平陪同。

13日 鼎城区委副书记、区人民政府区长朱金平到斗姆湖街道，实地调研区车管所、武警鼎城中队营房、区看守所3个单位迁建项目规划建设工作。

14日 鼎城区展开2020年第一次防汛抗旱会商会。

同日 鼎城区委副书记、区人民政府区长朱金平带领区财政局、应急管理局、交通局等单位负责人到周家店镇瓦屋垱墟场，调度马路市场整治工作。

15日 鼎城区委副书记、区人民政府区长朱金平到江南城区淮阳中学和善卷中学，了解学校开学复课情况，督导检查校园疫情防控工作。

同日 新华社、人民网、湖南卫视、湖南经视等中央、省、市主流媒体组成的采访团到鼎城区石板滩石煤矿区集中采访。

17日 常德市委副书记、市人民政府市长曹立军到鼎城区，督导石板滩石煤矿区修复治理工作。市领导涂碧波、区领导朱金平参加督导。

20日 鼎城区召开国有(集体)资产规范管理专题会。

21日 鼎城区召开争资争项工作调度会。

22日 鼎城区委副书记、区人民政府区长、区禁毒委主任朱金平到江南小学、玉霞街道办、区公安局等地，实地调研毒品预防教育进校园、社区戒毒(康复)等工作，并主持召开全区禁毒工作调研会。

24日 鼎城区召开蓝天碧水净土保卫战调度会。

26日 鼎城区召开区人民政府十七届四十九

次常务会议。

27日　鼎城区举行开放强区、产业立区会议，部署2020年推进开放强区、产业立区相关工作。

28日　常德高新区集智绿色生物科技产业园项目暨常德市2020年二季度重点建设项目集中开工仪式举行，常德市委书记、市人大常委会主任周德睿宣布开工，市委副书记、市人民政府市长曹立军主持开工仪式，鼎城区委书记、常德高新区党工委书记、二级巡视员杨易作表态发言。市区领导李爱国、罗先东、李兴刚、宋云文、汤祚国、李正才、朱金平出席开工仪式。

29日　鼎城区召开江南城区蓝天保卫战控臭氧会商会，研判部署相关工作。

30日　鼎城区召开区委全面深化改革委员会2020年第一次会议。

5月

6日　鼎城区委副书记、区人民政府区长朱金平到许家桥回族维吾尔族乡、草坪镇等地，现场勘察大风冰雹天气受灾情况。

同日　鼎城区委书记、常德高新区党工委书记、二级巡视员杨易主持召开常德市高新区人民医院(二中医院)项目建设工作调度会，听取工作进展情况，部署下阶段工作任务。

7日　鼎城区委副书记、区人民政府区长朱金平陪同常德市委常委、市政法委书记黄清宇督导防汛备汛工作。

同日　湖南省政协党组副书记、副主席戴道晋率调研组到鼎城区灌溪镇和草坪镇，调研落实社会保障兜底扶贫政策及加强乡村人才队伍建设等工作，市区领导周德睿、李爱国、彭孟雄、朱金平等陪同调研。

8日　鼎城区召开江南城投调研座谈会，听取江南城投公司工作汇报。

同日　鼎城区委副书记、区人民政府区长朱金平主持召开会议，传达学习全市疫情防控暨近期重点工作调度会会议精神，安排部署增资增项，组织保障等工作。

9日　鼎城区召开区委政协工作会议。区委书记、常德高新区党工委书记、二级巡视员杨易出席会议。区委副书记、区人民政府区长朱金平主持会议。

10日　鼎城区委书记、常德高新区党工委书记、二级巡视员杨易出席金竹医药集团中药材项目洽谈会。

11日　鼎城区召开脱贫攻坚问题整改交办会。

同日　鼎城区委书记、常德高新区党工委书记、二级巡视员杨易在许家桥回族维吾尔族乡五宝山村召开脱贫攻坚“三级书记”座谈会，与部分乡镇、街道党(工)委书记及重点村党总支书记座谈。

13日　常德市委书记、市人大常委会主任周德睿到鼎城区黄土店镇、许家桥回族维吾尔族乡、蔡家岗镇、双桥坪镇、十美堂镇、韩公渡镇开展脱贫攻坚“三走访三签字”，调研春耕生产、防汛备汛、扶贫产业发展等工作。市区领导罗先东、龚德汉、杨易、朱金平等陪同调研。

15日　湖南省关工委主任杨泰波一行到鼎城区，调研关心下一代工作。市区领导涂碧波、曹儒国、杨易陪同调研。

18日　鼎城区召开产业扶贫工作推进会。区委书记、常德高新区党工委书记、二级巡视员杨易出席会议。区委副书记、区人民政府区长朱金平主持会议。

同日　鼎城区召开2020年电网建设推进会，部署相关工作。

19日　鼎城区召开基层组织建设暨一门式服务全覆盖工作推进会。区委书记、常德高新区党工委书记、二级巡视员杨易出席会议。区委副书记、区人民政府区长朱金平主持会议。

同日　鼎城区委理论学习中心组开展2020年第五次集中(扩大)学习，邀请湖南省委保密办(湖南省国家保密局)、常德市应急局相关负责人就保密和安全生产工作进行授课。鼎城区委书记、常德高新区党工委书记、二级巡视员杨易主持并作总结讲话。

21日 湖南省政协秘书长卿渐伟率省政协调研组一行到鼎城区调研，并与常德部分区县市政协负责人进行座谈。市区领导李爱国、洪振海、吴德新、杨易等陪同调研或参加座谈。

22日 鼎城区召开区人民政府十七届五十次常务会议，研究财政、农村宅基地审批管理等工作。

25—29日 鼎城区委副书记、区人民政府区长朱金平带领考察团到上海、深圳两地考察调研、洽谈合作，并与在外常德籍企业家畅叙乡情、共谋发展。

26日 鼎城区召开常德市第二工人文化宫项目建设调度会。

29日 鼎城区委书记、常德高新区党工委书记、二级巡视员杨易主持召开常德高新区党工委会议，研究部署湖南省产业项目建设推进现场观摩会筹备、园区综合行政执法局组建及成立安全生产委员会和生态环境保护委员会等工作。

6月

1日 鼎城区委副书记、区人民政府区长朱金平到桥南市场及周边区域督导检查市场消防安全，实地调度国家安全发展示范城市创建工作。

8日 鼎城区召开脱贫攻坚工作推进会。

同日 鼎城区委副书记、区人民政府区长朱金平到石板滩关闭石煤矿区生态修复治理现场，实地查看部分治理点进展情况，调度后段治理工作。

11日 鼎城区召开常德高新区药用微藻规模化培养与产业化应用项目考察洽谈会。

同日 常德市七届人大代表驻鼎城区第一小组专题调研鼎城区教育、文化、居家养老等社会民生事业情况。区委书记、常德高新区党工委书记、二级巡视员杨易陪同调研或参加座谈。

12日 威宇医疗项目洽谈会在常德高新区举行。鼎城区委书记、常德高新区党工委书记、二级巡视员杨易出席会议。

15日 常德市人大常委会党组书记、副主任余怀民一行到鼎城区开展野生动物保护等工作执法检查。

16日 鼎城区安全生产咨询日活动在沅江风光带举行。

17日 鼎城区召开实施乡村振兴战略工作推进会。鼎城区委书记、常德高新区党工委书记、二级巡视员杨易出席会议。区委副书记、区人民政府区长朱金平主持会议。

同日 鼎城区召开疫情防控工作调度会。

18日 湖南省人大常委会联工委调研组到鼎城区走访省人大代表、调研建议办理和评议工作。市区领导王先蒙、朱金平等陪同调研或参加座谈。

19日 鼎城区举行石板滩关闭石煤矿区生态修复治理工作调度会。区委副书记、区人民政府区长朱金平出席会议。

20日 鼎城区委副书记、区人民政府区长、区防汛指挥部指挥长朱金平及区防汛指挥部各成员单位主要负责人在鼎城区分会场收看湖南省2020年抗洪抢险应急演练。

20—22日 湖南省军区相关领导带领全省基层武装部全面建设星级达标活动推进会议全体参会人员到鼎城区镇德桥镇，现场观摩该镇基层武装部星级达标情况。市区领导朱水平、李兴刚、杨易等陪同。

23日 鼎城区2020年“十里外滩·禁毒杯”乒乓球比赛暨“健康人生·绿色无毒”禁毒主题宣传活动在鼎城区体育馆举行。

同日 鼎城区召开棚改工作调度会。

25日 鼎城区召开人民政府十七届五十一次常务会议，研究部署澧水及沧柘水河道采砂规划、国家现代农业产业园创建、举办2020年鼎城区房地产推介会、新冠肺炎疫情防控等工作。

7月

3日　鼎城区召开防汛会商会,部署防汛救灾工作。

同日　鼎城区委副书记、区人民政府区长朱金平到石板滩关闭石煤矿区生态修复治理现场,调度治理工作。

6日　安徽皖能、晶宇科技项目洽谈会在常德高新区举行。

同日　鼎城区委副书记、区人民政府区长朱金平到民主阳城垸督导防汛工作。

7日　鼎城区委副书记、区人民政府区长、区防指指挥长朱金平在民主阳城垸分指主持召开防汛工作调度会,部署防汛工作。

同日　鼎城区召开区人民政府十七届五十二次常务会议,研究部署德江南项目招商、收购朗鑫公司股权支持浩宇公司上市、2020年上半年财政工作、石板滩镇石煤矿区生态修复治理暨环保问题整改等工作。

8日　鼎城区委书记、常德高新区党工委书记、二级巡视员杨易主持召开鼎城区第四次防汛会商会,部署防汛工作。

9日　鼎城区委书记、常德高新区党工委书记、二级巡视员杨易主持召开鼎城区第五次防汛会商会,宣布鼎城区启动防汛二级应急响应。

10日　鼎城区召开全区环保工作调度会,部署全区重点环保工作。

同日　常德市委书记、市人大常委会主任周德睿到鼎城区,督导检查防汛工作。市区领导罗先东、龚德汉、杨易、朱金平等陪同检查。

同日　常德市委副书记、市人民政府党组书记、市人民政府市长候选人邹文辉到常德高新区,实地调研园区和产业项目建设。市区领导汤祚国、杨易、朱金平等陪同调研。

11日　鼎城区委书记、常德高新区党工委书记、二级巡视员、区委机构编制委员会主任杨易主持召开2020年鼎城区委机构编制委员会第一次全体会议,研究部署全区机构编制工作。区委副书记、区人民政府区长朱金平出席会议。

同日　常德市委副书记、市人民政府党组书记、市人民政府市长候选人邹文辉到鼎城区善卷垸西站管涌险情点、郭家铺市级防汛三石储备点,督导检查防汛工作。市区领导龚德汉、杨易、朱金平等陪同检查。

12日　鼎城区委副书记、区人民政府区长朱金平到民主阳城垸,督导防汛工作。

13日　鼎城区委书记、常德高新区党工委书记、二级巡视员、鼎城区防汛指挥中心政委杨易主持召开鼎城区防汛会商会,部署防汛工作。

同日　鼎城区委副书记、区人民政府区长朱金平到沅水鼎城流域,督导检查沅水禁捕退捕工作。

14日　鼎城区委书记、常德高新区党工委书记、二级巡视员杨易到中河口镇宋家台巴耳垸、民主阳城垸南干渠、牛屎湖等地督导检查防汛减灾工作。

17日　鼎城区委副书记、区人民政府区长朱金平来到石板滩关闭石煤矿区生态修复治理现场,调研督导工作。

20日　鼎城区召开区防汛会商会,安排部署防汛工作。

28日　鼎城区召开农村宅基地审批暨农村村民住房建设改革动员大会。

29日　鼎城区委书记、常德高新区党工委书记、二级巡视员杨易率队到常德市军分区及驻区部队,看望慰问部队官兵。

8月

3日　鼎城区委副书记、区人民政府区长朱金平到南方新材料、江南城区空气质量国控站点等地,督导检查蓝天保卫战工作落实情况。

同日　鼎城区委副书记、区人民政府区长

朱金平到顺沅南金城、中梁滨江首府、西站路建设现场等地，调研江南城区城建项目和房地产项目。

7 日 常德市委副书记、市人民政府代市长邹文辉到鼎城区及常德高新区，实地调研生态环保、产业发展、城市建设等工作。

11 日 常德市委书记、市人大常委会主任周德睿到鼎城区石板滩镇关闭石煤矿区生态修复治理现场调研。市区领导罗先东、龚德汉、杨易、朱金平等陪同调研。

13 日 鼎城区委副书记、区人民政府区长朱金平到桥南农贸市场等地，督导检查江南城区关闭活禽交易及宰杀工作推进情况。

同日 常德市委书记、市人大常委会主任周德睿到常德高新区调研并主持召开座谈会。市区领导罗先东、杨易陪同调研。

17 日 鼎城区十七届人民代表大会第七次会议开幕，鼎城区委副书记、区人民政府区长朱金平出席会议。

18 日 鼎城区十七届人民代表大会第七次会议闭幕。鼎城区委副书记、区长朱金平出席会议并讲话。

24 日 鼎城区委副书记、区人民政府区长朱金平主持召开财政形势分析调度会，安排部署相关工作。

26 日 鼎城区召开生态环境保护委员会 2020 年第二次全体会议，安排部署相关工作。

同日 鼎城区委副书记、区人民政府区长朱金平主持召开区人民政府十七届五十三次常务会议，研究部署常德南收费站改扩建项目、阳明湖水系综合治理（一期）PPP 工程项目建设期延长及建设内容调整、全区粮食收购、当前生态环境保护等工作。

27 日 湖南省自然资源厅副厅长金勇章到鼎城区调研石板滩关闭石煤矿区生态修复治理工作。鼎城区委副书记、区长朱金平陪同调研。

同日 常德市委书记、市人大常委会主任周德睿到常德云港生物科技有限公司，调研走访民营企业。市区领导陈华、罗先东、杨易、朱金平等参加调研。

同日 鼎城区举行 2020 年全国文明城市创建工作调度会。

31 日 鼎城区委副书记、区人民政府区长朱金平到石板滩关闭石煤矿区生态修复治理现场，督导生态修复治理工作。

9月

3 日 鼎城区召开项目建设调度会，部署相关工作。

4 日 国家体育总局青少年体育司二级巡视员朱英、全国体育运动学校联合会理事长韦迪一行到鼎城区，实地考察体育设施建设及群众体育活动开展工作。省市区领导李舜、杨成英、朱金平等陪同。

7 日 常德市委常委、宣传部部长康重文到鼎城区，督导检查文明城市建设工作。鼎城区委副书记、区人民政府区长朱金平陪同。

9 日 鼎城区召开领导干部大会，常德市委常委、市委组织部部长梁仲出席会议并宣布湖南省委关于鼎城区有关领导干部调整的决定：朱金平任中共鼎城区委书记，提名免去其鼎城区人民政府区长职务；提名陈远为鼎城区人民政府区长候选人。

同日 鼎城区举行 2020 年全国文明城市建设工作调度会。区委书记朱金平出席会议并讲话，区长候选人提名人选陈远出席会议。

10 日 湖南省人大常委会党组书记、副主任刘莲玉率队到鼎城区，考察《中小学校幼儿园规划建设条例》落实和常德市第二工人文化宫建设情况。省市区领导胡伯俊、余怀民、杨新辉、杨易、朱金平陪同。

同日 鼎城区委书记朱金平出席鼎城区 2020 年招商引资项目集中签约仪式。

14 日 鼎城区举行 2020 年第三季度重点建

设项目集中开工仪式。区委书记朱金平出席开工仪式并宣布项目开工。区人民政府区长候选人提名人选陈远致辞。

15 日　鼎城区委书记朱金平到区委统战部、区委政法委、区委宣传部、区纪委监委、区委组织部等党委工作部门,调研工作开展情况,看望慰问机关干部,并交流座谈。

16 日　常德高新区人民医院（市第二中医医院）建设项目开工仪式在常德高新区举行。常德市人大常委会副主任、常德高新区党工委书记杨易出席并宣布项目开工。鼎城区委书记朱金平出席并讲话，区人民政府区长候选人提名人选陈远主持开工仪式。

17 日　鼎城区召开脱贫攻坚重点工作调度会,调度部署下阶段脱贫攻坚重点工作。

22 日　鼎城区安全生产专项整治三年行动推进会暨创建国家安全发展示范城市工作调度会举行。区人民政府区长候选人提名人选陈远出席并讲话。

同日　鼎城区委理论学习中心组开展 2020 年第九次集中学习活动。

23 日　鼎城区村(社区)党组织书记培训班开班。

24 日　鼎城区委书记朱金平到常德市第二工人文化宫项目现场调研,调度下阶段建设工作。

27 日　鼎城区举行食品安全暨创建国家食品安全示范城市省级验收工作部署会。

28 日　2020 年第二期全国青少年户外体育活动营地管理人员线上培训班在鼎城区开班,鼎城区委书记朱金平出席开班仪式并致欢迎词。

29 日　鼎城区(常德高新区)重点建设项目暨沃晟凯智能工厂工程开工仪式在常德高新区举行。鼎城区委书记朱金平出席并宣布项目开工。区委副书记、区人民政府代区长陈远主持开工仪式。

30 日　鼎城区召开区人民政府十七届五十四次常务会议，研究部署 2020 年农村“首厕过关制”、创建国家食品安全示范城市和全面推进知识产权强区等工作。

10 月

3 日　鼎城区委副书记、区人民政府代区长陈远到常德市第四人民医院南区、常南汽车总站等地，督导检查假期疫情防控和交通安全等方面工作,看望慰问节假日坚守工作一线的医护、交警等人员。

9 日　鼎城区委书记朱金平主持召开会议,专题调度石板滩关闭石煤矿区生态修复治理工作。

同日　鼎城区召开实施乡村振兴战略工作调度会。

10 日　鼎城区委书记朱金平主持召开城建工作调研座谈会，并到江南城区部分城建项目现场开展调研。区委副书记、区人民政府代区长陈远参与座谈调研。

11 日　鼎城区召开禁捕退捕工作调度会,部署相关工作。

13 日　鼎城区举行争取省市真抓实干奖励激励工作调度会。

15 日　鼎城区委书记朱金平到常德水产大市场、区渔政码头、区人社局等地督导检查禁捕退捕相关工作。

19 日　鼎城区召开书记专题办公会，研究部署推进新城吾悦广场城市综合体项目相关工作。区委副书记、区人民政府代区长陈远参会。

20 日　鼎城区委书记朱金平到石板滩关闭石煤矿区生态修复治理现场,部署相关工作。

21 日　鼎城区召开基层社会治理现代化试点工作推进会,区委书记朱金平出席会议并讲话。

22 日　鼎城区委书记朱金平主持召开 2020 年区委党建工作领导小组会议，研究部署下一阶段全区基层党建工作。

27 日　湖南省人大常委会党组副书记、副主任黄关春率队到常德高新区调研。市区领导周德睿、宋云文、李忠、陈远陪同。

28 日　中国共产党常德市鼎城区第十二届委

员会第七次全体(扩大)会议召开,鼎城区委书记朱金平,区委副书记、区人民政府代区长陈远出席会议。

28—30 日 鼎城区委书记朱金平带队到北京拜访北斗导航、航天科工相关企业和中船集团,交流和洽谈项目合作事宜。

30 日 鼎城区召开区人民政府十七届五十五次常务会议,研究部署湖南省环保督察“回头看”及蓝天保卫战、城乡垃圾一体化项目、砂石资源规划管理、新城吾悦广场城市综合体项目等工作。

同日 鼎城区召开脱贫攻坚工作重点会议,传达贯彻中央和省委有关会议精神,部署脱贫攻坚工作。

31 日—11 月 3 日 鼎城区委书记朱金平带队到深圳、佛山等地招商考察,拜访看望在外创业的鼎城籍优秀儿女。

11 月

1 日 鼎城区委副书记、区人民政府代区长陈远到红云安置小区、农行储备地块、永福路建设项目等地,调研征拆安置工作。

4 日 常德市委副书记、市人民政府市长邹文辉到鼎城区,督办湖南省生态环保督察“回头看”信访件问题整改工作。市区领导尹正锡、朱金平、陈远陪同督导。

5 日 鼎城区举行乡镇(街道、场)党(工)委书记工作部署会,部署村(社区)“两委”换届及脱贫攻坚、污染防治、乡村振兴、基层党建等重点工作。区委书记朱金平出席会议,并与各乡镇(街道、场)党(工)委书记开展集体谈心谈话。

9 日 鼎城区召开“十四五”规划编制调度座谈会,听取相关工作情况汇报和各单位的意见建议。

11 日 鼎城区委审计委员会举行第二次会议,传达学习上级有关审计工作相关会议精神,审议相关文件,研究部署下阶段审计工作。

17 日 中建国际投资(湖南)有限公司考察团到鼎城区考察洽谈会议在江南城区举行。会上,区委书记朱金平与中建国际投资(湖南)有限公司总经理谢海斌一行围绕城市片区综合开发等展开洽谈。区人民政府代区长陈远出席洽谈会。

18 日 鼎城区委理论学习中心组(扩大)开展 2020 年第 11 次集体学习,邀请相关专家分别就如何做好新时代的人民政协工作和新时代伊斯兰教工作进行授课。区委书记朱金平主持学习活动并作总结讲话。

19 日 鼎城区委书记朱金平到红云街道,实地了解基层公共服务(一门式)全覆盖落实情况,并与街道及部分社区主要负责人进行座谈,调研指导基层党建及村(社)两委换届工作。

23 日 鼎城区委书记朱金平到石板滩关闭石煤矿区生态修复治理现场,实地查看部分治理点,参观石板滩关闭石煤矿区生态修复治理启示馆,调研督导治理工作及启示馆布展陈列工作。

25 日 常德市人民政府副市长杨成英率检查组到鼎城区,检查验收鼎城区省级食品安全示范区创建工作情况。

30 日 鼎城区委理论学习中心组开展 2020 年第 12 次集体学习,学习传达中共十九届五中全会精神和湖南省委书记许达哲在全省领导干部大会上的讲话精神,部署全区“十九届五中全会精神”宣讲工作。区委书记朱金平主持学习活动并作总结讲话。

同日 鼎城区召开区人民政府十七届五十六次常务会议,研究部署 2021 年部门预算编制、生态保护红线划定成果等工作。

12 月

2 日 鼎城区举行安全生产工作调度会,传达相关文件精神,部署安全生产工作。

3 日 湖南省自然资源厅副厅长谢文率督导组到鼎城区,督导检查石板滩关闭石煤矿区生态修复治理工作进展情况。鼎城区委书记朱金平陪同调研。

11日　鼎城区召开区人民政府十七届五十七次常务会议，研究部署《鼎城区人民政府工作报告》起草、鼎城区“十四五”规划编制、2021年财政预算预安排等相关工作。

13日　鼎城区委副书记、区人民政府代区长陈远到石板滩关闭石煤矿区生态修复治理现场，实地调度生态修复及后段煞尾工作。

15日　鼎城区委书记朱金平主持召开石板滩关闭石煤矿区生态修复暨生态环境环保问题整改工作会议，组织观看长江经济带第三期警示片，传达市委常委会议精神。

同日　鼎城区委书记朱金平到石板滩关闭石煤矿区生态修复治理现场，实地检查完成主体治理工程的各治理点成效巩固情况，督导印山治理点4号矿坑稀泥沥水、沉降施工推进工作，并就如何高标准、快速推进矿区生态修复扫尾工作组织相关专家进行会商。

18日　鼎城区举行村(社区)“两委”换届工作推进会，贯彻湖南省委、常德市委相关会议精神，部署全区村(社区)“两委”换届工作。区委书记朱金平出席会议并讲话。

23日　中国共产党常德市鼎城区第十二届委员会第八次全体(扩大)会议召开。全会审议通过了《中共常德市鼎城区委关于制定鼎城区国民经济和社会发展第十四个五年规划和二〇三五年远景目标的建议》《中国共产党常德市鼎城区第十二届委员会第八次全体会议公报》。区委书记朱金平出席会议并讲话，区委副书记、区人民政府代区长陈远就《建议(审议稿)》向全会作起草说明。

26日　中国人民政治协商会议常德市鼎城区第九届委员会第七次会议开幕。

27日　鼎城区第十七届人民代表大会第八次会议开幕。

28日　中国人民政治协商会议常德市鼎城区第九届委员会第七次会议闭幕。区委书记朱金平出席会议并作重要讲话。

29日　鼎城区第十七届人民代表大会第八次会议举行第三次全体会议，区人民政府代区长陈远当选为区人民政府区长。

同日　鼎城区第十七届人民代表大会第八次会议闭幕。区委书记朱金平出席会议并讲话。

区情概览

An overview of the situation

花岩溪五溪湖　　（提供：区委党史研究室）

地理位置
行政区划
地理环境
人口
气候
常德市鼎城区关于2020年国民经济和社会发展的统计公报

鼎城年鉴（2021）

地理位置

【概况】 鼎城区位于湖南省北部，洞庭湖西滨，沅水尾闾。地处北纬28° 35'—29° 23'，东经111° 27'—112° 11'，土地面积2345平方千米。东接汉寿县；西邻桃源县；南连益阳市桃江县、安化县；北抵临澧县、津市市；东北隔澧水望安乡县。

行政区划

【历史沿革】 鼎城区在历史上有过临沅县、监沅县、索县、汉寿县、吴寿县、沅南县、武陵县、常德县等名称，先后隶属于黔中郡、武陵郡、义陵郡、建平郡、武州、沅州、嵩州、朗州、武贞军、永顺军、武顺军、武平军、鼎州、常德军、常德路、常德府、武陵道、常德专署、常德市等县以上行政机构。

秦始皇年间(前221—前210)，天下分为36郡，常德属黔中郡。在黔中郡内置临沅县，为置县之始。

汉高祖五年(前202)，在临沅县东分置索县。

新莽元年(9)，临沅县改称监沅县。

东汉建武六年(30)，监沅县复称临沅县。建武二十六年（50)，在临沅县南分置沅南县。阳嘉三年(134)，索县改称汉寿县。

吴赤乌十一年(248)，改汉寿县为吴寿县。

晋武帝泰始元年(265)，吴寿县复称汉寿县。

隋开皇三年(583)，并临沅、沅南、汉寿三县为武陵县。此为武陵县名之始。

清宣统三年(1911)十月，裁县留府，县境由常德府直辖。

民国2年(1913)10月裁府复县，原武陵县改为常德县。常德县名自此而始。县境隶属湖南省武陵道管辖。

1988年4月18日，湖南省人民政府根据国务院〔1988〕18号函精神，颁发湘政函〔1988〕22号文件，将常德县改称常德市鼎城区。同年6月9日，常德县第十届人民代表大会第三次会议通过《关于常德县改为常德市鼎城区后国家机关更名的决议》。县改区到此为止。

【行政区划变更】 1988年县改区后，原区公所改为办事处。同年，全区有9个办事处，10个镇，35个乡，627个村，2个区属场。

1989年撤销谢家铺乡，设立谢家铺镇。

1991年撤销灌溪乡，设立灌溪镇。

1992年撤销蔡家岗乡，设立蔡家岗镇。

1993年撤销韩公渡乡，设立韩公渡镇。

1994年撤销洞庭乡、中河口乡，设立十美堂镇、中河口镇。

1995年11月，全区撤处并乡。撤销蒿子港、石公桥、大龙站、河洑、牛鼻滩、斗姆湖、石门桥、黄土店、港二口9个办事处。保留武陵镇、蒿子港、中河口、十美堂、镇德桥、牛鼻滩、灌溪、蔡家岗、斗姆湖、黄土店10个镇和黄珠洲、黑山嘴、大龙站、双桥坪、长岭岗、石板滩、雷公庙、丁家港、草坪、唐家铺、沧山、钱家坪、港二口、尧天坪、长茅岭及许家桥回族维吾尔族民族乡等17个乡。将冲天湖并入石公桥镇，瓦屋垱乡并入周家店镇，断港头乡并入韩公渡镇，康家吉乡并入石门桥镇，赵家桥乡、官桥坪乡并入谢家铺镇，肖伍铺乡并入白鹤山乡。撤处并乡后，全区原9个办事处及40个乡镇变更为33个乡镇。同年11月，撤销草坪乡、港二口乡，设立草坪镇、港二口镇。

1996年5月，将谢家铺的12个村划归石门桥镇；周家店的李家桥村和大龙站乡的富贵坡村一组划归区园艺场；韩公渡的3个村划归常德特种养殖总场。同时，撤销大龙站乡、尧天坪乡，设立大龙站镇、尧天坪镇。

1996年9月，撤销双桥坪乡，设立双桥坪镇。

1997年12月，撤销雷公庙乡，设立雷公庙镇。

1998年5月，撤销石板滩乡，设立石板滩镇。同年12月，逆江坪乡高岩塘村泉水洞划归花岩溪旅游度假区。

2003年全区共22个镇，11个乡，4个农、林场,74个居委会,563个村委会,6696个村民小组。

2014年1月,撤销鼎城区武陵镇,设立玉霞、红云、郭家铺3个街道。撤销斗姆湖镇,设立斗姆湖街道。

2015年11月,全区乡镇行政区划调整,十美堂镇、黄珠洲和黑山嘴2个乡成建制合并设立十美堂镇,长岭岗乡和蔡家岗、雷公庙2个镇成建制合并设立蔡家岗镇。双桥坪镇和大龙站镇成建制合并设立双桥坪镇,尧天坪镇和长茅岭乡成建制合并设立尧天坪镇,谢家铺镇和唐家铺乡成建制合并设立谢家铺镇,沧山、钱家坪2个乡和黄土店镇成建制合并设立黄土店镇,港二口镇和逆江坪乡成建制合并设立花岩溪镇,许家桥回族维吾尔族乡和丁家港乡成建制合并设立许家桥回族维吾尔族乡。蒿子港、中河口、牛鼻滩、灌溪、韩公渡、周家店、石公桥、镇德桥、石板滩、草坪不做调整。

2016年4月,全区合乡并村后,有乡镇18个,农、林场4个,街道办事处4个,居委会76个,村委会226个,村民小组2898个。

2019年12月,全区部分村(社区)合并后,有乡镇18个、农(林)场4个、街道办事处4个,居委会83个,村委会213个,村民小组2686个。

2020年,辖乡镇18个、街道办事处4个、农(林)场1个,居委会83个,村委会213个,村民小组2686个。

地理环境

【地貌】 全区地势自西南向东北倾斜,由山地、丘陵、岗地过渡到广阔的滨湖平原。南有雪峰山余脉的插角、九龙、沧山、古城、盘古诸山延伸,重峦叠嶂。西北有武陵山余脉的太阳、白云等山脉绵亘,山崖峻峭。西、南、北群山起伏,冈峦盘环;东北湖河网结,水陆间错。中部沅水曲形切割,将区境分为南北两部。南部俗称"前河""前乡",枉、沧二水蜿蜒而下,形成若干冲岔与沿河平地。北部俗称"后河""后乡",澧水绕区东北边境向东流入洞庭湖,中有渐水、冲柳、马家吉诸河流淌其间,牛屎、白芷、土硝等湖点缀其内。

全区最高点为插角山(又名插角殿),主峰插花岭海拔716.2米;沅水两岸、澧水之西地势低平,海拔30米左右。全区地势高差686.2米,比降率为1.5%。

【动物资源】 区境有野生动物365种。属国家重点保护的野生动物有24种(其中,列入国家一级保护的野生动物有梅花鹿、白鹳、灰腹角雉、红腹角雉、白鹤、龟、鳖7种;列入国家二级保护的野生动物有:穿山甲、灰鹤、水獭、大灵猫、小灵猫、鸬鹚、鸳鸯、锦鸡、长脚秧鸡、小青脚鹬、鸦鹃、凤头雨燕、蓝耳翠鸟、啄木鸟、大鲵等16种)。

属湖南省重点保护的野生动物有75种。其中,列入一级保护的野生动物有白鹳、白鹤、黄腹角雉、灰腹角雉4种;列入二级保护的野生动物有穿山甲、水獭、大灵猫、小灵猫、果子狸(花面狸)、鸳鸯、鸬鹚、金鸡、灰鹤、小青脚鹬、平胸龟(鹰嘴龟)、大鲵(娃娃鱼)12种;列入三级保护的野生动物有池鹭、牛背鹭、白鹭、灰雁、野鸭、鸿雁、竹鸡、鹌鹑、环颈雉(野鸡)、苦恶鸟、小田鸡、黑水鸡、山斑鸠、华南兔、中华竹鼠、豪猪、豹猫、狐、黄鼬、鼬獾、红嘴相思鸟、刺猬、蛇、蟾、蛙25种;属于重点保护的野生动物有大鼠耳蝠、山蝠、猪獾、狗獾、野猪、小麂、绿翅鸭、绿头鸭、中华鹧鸪、灰胸竹鸡、四声杜鹃、小杜鹃、普通翠鸟、家燕、八哥、喜鹊、画眉、乌龟、中华鳖、南草蜥、石龙子、赤链蛇、中国水蛇、银环蛇、眼镜王蛇、竹叶青蛇、中华蟾蜍、泽蛙、沼蛙、峨眉林蛙、湖南吻鮈、胡子鲶、中华田螺、中华小田螺34种。

【植物资源】 区境查明的植物有740余种。其中木本植物396种,隶属82科205属;草本植物316种,隶属89科258属;菌类植物28种。

属国家重点保护的野生植物有20种。其中列入一级保护的野生植物有银杏、珙桐、柏乐树(钟萼木)、南方红豆杉、香果树5种;列入二级保护的野生植物有:杜仲、厚朴、花榈木、红豆杉、水青树、鹅掌楸、刺楸、观光木等8种;属于重点保护的野生植物有:樟树(香樟)、莲、野菱、喜树(旱莲木)、胡黄连、松口蘑(松茸)等7种。

属湖南省重点保护的野生植物有南方铁杉、铁坚油杉、罗汉松、中华猕猴桃、毛花猕猴桃、八角莲、钩栲、方竹、罗汉竹、黄樟、七叶一枝花、红花木莲、芡实、银鹊树、青檀、水车前、紫薇17种。重点保护的古树（指树龄100年或胸径100厘米以上的野生树木)有125株。花岩溪镇柏叶坪村杉树坳一株古杉胸围3米,高23米,树冠10余平方米,树龄千余年。这些重点保护的野生植物,大多生长在逆江坪、花岩溪、沧山、太阳山等地。

花岩溪国家森林公园和花岩溪镇逆江坪境内有266.67公顷原始次森林。

【矿产资源】 区内发现的矿产有黄金、金刚石、锆英石、石煤、石灰岩等。黄金为湖南省重点生产县(区),金刚石闻名全国。

黄金　区境产脉金和沙金，脉金主要分布在黄土店镇的金霞山、沧浪坪、黄土坡,花岩溪镇的南宫坪、芭蕉冲、高峰。沙金主要分布在许家桥、黄土店、花岩溪、尧天坪、草坪、谢家铺6个乡镇,已探明脉金藏量为20吨。

金刚石、锆英石　主要分布在许家桥、草坪、斗姆湖等乡镇。以许家桥乡的岳王溪至杨公庵为集中产区。国营六零一矿开采24年后闭坑。金刚石尚有藏量42万克拉,锆英石藏量1835千克。

石煤　又名碳质页岩，分布在蔡家岗镇的坛坪,石板滩镇的拾柴坡、枫树桥、大溪冲,灌溪镇的白石、唐桥等地。探明储量为3.4亿吨。固定碳含量12%—22%，最高可达30%。发热量1500卡/千克—1800卡/千克,高的达3487卡/千克。灰分一般在60%—70%,个别地段V205的含量20%。

石灰岩　分布在蔡家岗、双桥坪、石板滩、灌溪等乡镇。藏量30亿吨以上。水泥用石灰岩分布在蔡家岗镇的花园、尹家坪两村。藏量1.1亿吨。

板页岩　有青石板岩和砂板岩两种。分布在黄土店镇磨石山、双桥坪镇七姑山、蔡家岗镇龙门洞等地。藏量丰富。

高岭土　分布在谢家铺镇的白泥塘和双桥坪镇的金鸡岩等地。藏量小。

铁矿　分布在灌溪镇的铁山和石板滩镇的莫家铺。藏量小,品位低。

铝土　又名陶土,分布在周家店镇八宝湖、石门桥镇观音庵、谢家铺镇白泥塘，蔡家岗镇芭蕉堰、湖海坪等地。藏量为700万立方米。

砂石　分布于大部分山区的乡村及沅水河道。资源丰富。

黏土　资源丰富。可利用的有1500万立方米以上。

铜　分布在周家店镇蜘蛛山一带。藏量小,品位低。

矿泉水　分布在黄土店镇金霞山，为偏硅酸矿泉水。

此外，在石板滩镇兴隆桥、田家坪发现重晶石,在蔡家岗镇小溪发现汞矿。

人　口

【概况】 2020年年末,鼎城区居民总户数238532户,总人口749208人,其中农村人口530223人,城镇人口218985人,全年出生5575人,迁入1943人，迁出3824人,18周岁以下111849人,18—34岁153879人,35—59岁306656人,60岁以上176824人,人口自然增长率为-6.57‰。

(提供:鼎城区公安局)

气　候

【概况】 2020年,鼎城区年平均气温17.4℃,较常年偏高0.3℃;年平均降水1909.3毫米,较常年偏多42%,为1961—2020年第二高值(最高值2002

年,1974.3 毫米),其中汛期(4—9 月)降水量 1345.2 毫米,较常年偏高 49.8%,为 1961—2020 年第三高值;年平均日照时数 1324.1 小时,较常年偏少 16.7%,居 1961—2020 年历史第二低值(最低值 1989 年,1295.2 毫米)。入春入夏明显提前,前冬偏短,夏季偏长特征明显。

年平均气温:17.4℃,较常年偏高 0.3℃,属正常范畴,与常年同期比,全年冷暖对比加剧,除 7 月、9 月、10 月、12 月偏低外,其余各月均偏高,冬春偏高明显。其中,2 月、3 月、8 月分别偏高 2.7℃、2.7℃、2℃,分别居 1961—2020 年第八、第二、第五高值,7 月,气温偏低 2.4℃,居 1961—2020 年第一低值。冬季气温居 1961—2020 年第三高值。

主要气候事件及其影响。2020 年在全球变暖大背景下,该区气温偏高,降水偏多,日照偏少。年内出现暖湿冬季、寒潮风雹、春秋冷空气、夏季高温热浪、暴雨洪涝、雷雨大风、九月秋汛、秋季寒露风和连阴雨、冬季雾霾等灾害性天气,给工农业生产及人体健康等造成一定影响,2020 年主要天气气候事件及其影响分述如下:

一、暖湿冬季

2019 年、2020 年冬季,全区平均气温显著偏高,为 1960—2020 年同期第三高值,且冬季冷空气势力不强,未出现大范围致灾性低温雨雪天气;降水量较常年同期偏多,雨日正常略偏多。综合考虑 2019 年、2020 年冬季属暖湿型冬季。

季内受冷空气影响有一次寒潮风雹天气,出现在 2 月 14—15 日。2 月 14 日,鼎城区出现冰雹雷电强对流天气,2 月 15 日,全区转为纯雪,为 2020 年第一场雪。该轮过程出现 6 级以上偏北大风且持续时间长。

二、春秋冷空气

春季强冷空气主要有 3 次,出现在 3 月 26—27 日、4 月 10—11 日、4 月 17—18 日。受西南暖湿气流和地面强冷空气共同影响,3 月 26 日晚开始出现降温、降雨过程。该过程出现 6 级以上偏北大风且持续时间长。4 月中旬和下旬各遭遇 1 次强冷空气影响,4 月 10—11 日,48 小时内全区平均最低气温下降 6℃,4 月 17—19 日,48 小时内全区平均最低气温下降 9℃,两次过程全区平均风力增至 4 级,阵风 6—7 级。秋季强冷空气主要有 4 次,出现在 10 月 2—7 日、10 月 13—15 日、11 月 18—19 日、11 月 21—24 日。其中,10 月 2—7 日冷空气过程受两股冷空气叠加影响持续时间较长,10 月 2—4 日降水明显,沅水流域普降大雨,10 月 5—7 日降温明显,日平均气温下降 8—10℃,风力加大至 4—5 级,江河湖面阵风 7 级;10 月 13—15 日受冷空气影响,日平均气温下降 8℃。11 月 18—19 日受冷空气影响,该区普降中到大雨,过程最大累计雨量为 50.7 毫米,24 小时内日平均气温下降 6—8℃,11 月 21—24 日受另一股冷空气叠加持续影响,全区出现大风、降水和降温天气,过程日平均气温下降 6℃,风力加大至 4—5 级,江河湖面阵风 6—7 级。

三、暴雨洪涝

2020 年,全区迎来 22 轮暴雨及以上天气过程,国家站出现 71 站次暴雨及以上,其中 25 站次大暴雨。时间分布上,暴雨日在 6—7 月最多,出现 13 天、31 站次暴雨,2 站次大暴雨。

四、强对流

春季雷暴大风、局地冰雹和短时强降水等强对流天气频发,受西南暖湿气流、低层切变和东路冷空气影响,3 月 21—22 日、3 月 25—26 日,该区部分地区出现降雹,并伴有短时强降雨、大风、雷电等强对流天气。造成该区不同程度受灾,高杆油菜等经济农作物倒伏明显。8 月,受副高边缘不稳定气流影响,雷雨天气频发,8 月 9—10 日该区普降大到暴雨,局地大暴雨,全区面雨量 43.6 毫米,强降水伴随有雷雨大风。8 月 25 日,该区受强降雨和雷击天气影响出现灾情。

五、夏季高温热浪

8 月,该区平均气温 29.8℃,较常年同期偏高 2℃,与 2019 年同期持平,居 1961—2020 年第二高值。

六、秋冬连阴雨

10月、11月该区多阴雨天气,10月13—20日，受两股冷空气接连影响加之前期南海低压外围云系和后期高空槽共同影响，该区大部地区出现连阴雨天气,雨日在7—9天,达轻度连阴雨标准。10月气温偏低,阴雨寡照持续时间长,对双季晚稻灌浆成熟和油菜育苗造成明显影响。11月16—26日,受冷空气和高空槽多波动共同影响,该区大部地区出现阴雨寡照天气。

七、寒露风

受冷空气降温降雨影响,9月14—29日,全区大部分日平均气温在18—20℃，达到中度以上寒露风标准，平均气温19.9℃，较历年同期偏低2.8℃，平均雨日11.6天，全区累积平均雨量171毫米,较历年同期偏多4倍。寒露风天气主要影响处于抽穗扬花期晚稻生长,造成抽穗速度减慢、因花粉活性下降,空壳率增加10%以上,同时,由于受阴雨寡照天气影响,晚稻籽粒增重缓慢,叶色变化缓慢,秕谷率增加5%—10%,严重影响晚稻成熟整齐度,成熟期延迟7—15天。

八、夏秋持续干旱

2020年，鼎城区城区环境空气质量有效监测天数366天。环境空气质量优良天数311天,优良天数比例85.0%,与2019年(75.9%)相比,优良天数比例上升9.1%。全年影响城区环境空气质量的主要污染物为PM2.5,秋冬季为霾。全区平均霾日34.4天，雾日46.7天，出现2个主要污染时段:1月中旬、12月。

九、气候专题影响评价

2020年,鼎城区年平均气温正常,年平均降水量偏多且时空分布不均,整体呈西多东少趋势,夏秋降水集中,6—7月暴雨频发，年平均日照偏少，年内出现的寒潮风雹、暴雨洪涝、九月秋汛、秋季寒露风、连阴雨以及雷雨大风等强对流和高温热浪等灾害性天气给农业生产造成一定不利影响。总体而言,该区农业气候属于较差年景。

(邬泽伟)

常德市鼎城区关于2020年国民经济和社会发展的统计公报

2020年是“十三五”规划收官之年,面对国际国内纷繁复杂形势,鼎城区委、区政府坚持以习近平新时代中国特色社会主义思想为指导，贯彻落实习近平总书记考察湖南重要讲话精神,围绕“开放强市,产业立市”战略,全力“抢抓新机遇,建设新江南”，持续推动高质量发展，全区人民生活水平得到进一步提高,经济社会发展在“新冠肺炎疫情”稳控前提下,继续保持平稳健康发展的良好态势。

一、综合

据初步测算,2020年实现地区生产总值384.9亿元,比上年增长4.7%。其中,第一产业增加值71亿元,增长4.3 %;第二产业增加值124.5亿元,增长7.1%,其中工业增加值83.1亿元,增长6.6%;第三产业增加值189.4亿元,增长3.3%。三次产业结构比为18.44：32.34：49.22。

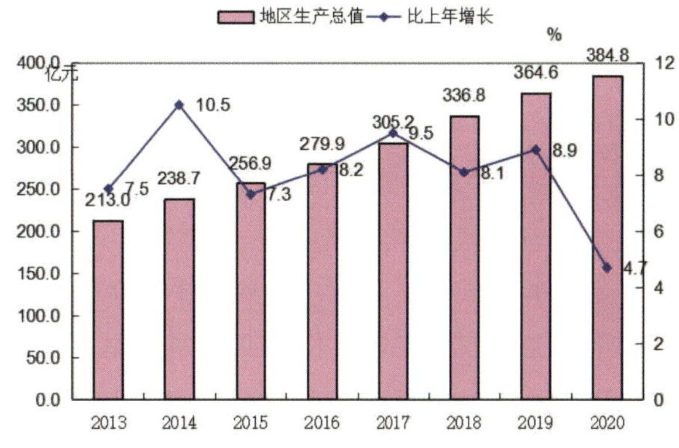

2013—2020年常德市鼎城区地区生产总值及其增长速度

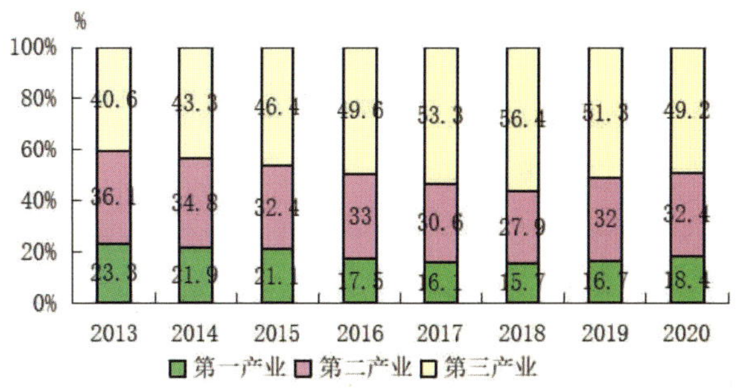

2013—2020年常德市鼎城区三次产业增加值占地区生产总值比重

2020年居民消费价格指数102.2,服务项目价格指数100.7,商品零售价格总指数100.9,工业生产者出厂价格指数99.0。

全年完成一般公共预算收入27.7亿元,增8.9%。地方财政一般预算收入16.4亿元,增长6.7%,其中地方税收收入11.7亿元,增长8.1%。地方财政一般预算支出65.1亿,增长3.3%。

二、农业

2020年,全区实现农林牧渔业总产值127.5亿元,增长4.5%。全年粮食种植面积150.62万亩,比上年减少2.15万亩;棉花种植面积11.51万亩,比上年增加0.39万亩;油料种植面积66.72万亩,比上年增加3.63万亩,蔬菜种植面积34.77万亩,增加0.74万亩。

全年粮食总产量63.5万吨,比上年增0.73%;棉花总产量0.93万吨,增6.07%;油料总产量8.66万吨,增11.6%,其中油菜籽8.43万吨,增长11.94%,油茶籽23997吨,增产39.53%。全年蔬菜产量55.95万吨,增长3.54%;柑橘产量3.36万吨,增长3.7%。

2020年年末,出栏生猪53.49万头,比上年减11.42%;出栏肉牛2.69万头,增21.17%;出栏肉羊12.26万头,增长2.94%;出笼家禽1367.16万羽,增长24.45%。全年肉类总产量6.32万吨,增1.61%;禽蛋产量6.16万吨,增长4.05%。

全年水产品产量6.1万吨,比上年增0.94%。

全区拥有农民专业合作社919家,比上年增长9.4%。全区农业机械总动力为96.05万千瓦,增长2.05%,农村用电量1.63亿千瓦时,比上年增长4.3%,化肥施用量17.72万吨,比上年减少1.81%,农药使用量1153吨,减9.85%。农村饮水安全巩固提升1.36万人。

三、工业和建筑业

2020年,全区工业增加值比上年增长6.6%。规模以上工业净增24家,达172家,产值过亿元企业68家,同比降低4家。规模以上工业增加值比上年增长7.2%,省级以上园区规模工业增加值增速12.2%。规模以上工业实现营业收入360.5亿元,比上年增长20.2%,实现利润总额21.2亿元,增长28.4%,实现税金及附加1.3亿元,增加23.9%。规模以上工业中,有亏损企业11家,亏损面7.1%,比上年下降2.7个百分点,亏损企业亏损额为1965万元,比上年减少34.9%。规模以上工业产品销售率为100.2%,比上年上升1.9个百分点,出口交货值2.2亿元,比上年增长2.7%;新产品产值19.4亿元,同比减少29.7%。规模工业营业收入利润率5.9%,同比增加0.5个百分点;每百元营业收入中的成本为82.4元,同比减少0.5元。

全区具有资质等级以上建筑企业有13家,完成建筑业总产值45.83亿元,增长29.4%。全年完成建筑业增加值41.4亿元,增长9.7%。

四、固定资产投资

2020年全区固定资产投资比上年增长17.8%。

按经济类型分,国有投资增长7.8%,非国有投资增长36.7%,民间投资增长21.9%。按产业分,第一产业投资增长240.1%,第二产业投资增长13%,第三产业投资增长23.9%。按投资方向分,工业投资增长13.1%,高新技术产业投资增长69.2%,民生投资增长4.8%,生态投资增长70%,基础设施投资增长4.7%。

全年完成房地产开发投资41.5亿元,比上年增长27.9%。商品房销售额28.2亿元,比上年下降16.5%,其中住宅销售额27.5亿元,比上年下降10.1%。2020年,商品房施工面积304.5万平方米,增长27.1%,其中住宅207.9万平方米,比上年增长24.3%;商品房销售面积48.2万平方米,比上年下降12.5%。其中,住宅销售面积47万平方米,比上年下降9.8%。商品房待售面积17.5万平方米,比上年增加13.8万平方米,增379.5%,住宅待售面积12.9万平方米,比上年增加11.8万平方米,增1103.4%。商品房销售均价为每平方米5845元,比上年每平方米下降281元;住宅销售均价每平方米5847元,比上年每平方米下降13元。

五、交通运输与邮电业

2020年年末，全区汽车拥有量87229台，同比增长1.5%。全年完成公路客运量434.35万人，下降15%，旅客周转量10318.1万人公里，减少18%。水路客运量16万人，下降20%，旅客周转量1492.4万人公里。汽车总站每天发送旅客1210人次，减少47.7%。

全年完成邮电业务总量5.31亿元，比上年增20.7%，其中，邮政业务总量1.03亿元，增长8.1%（快递业务0.12亿元）；电信业务总量1.44亿元，增长10.8%；移动业务总量2.85亿元，增长32.6%。年末固定电话用户3.8万户，减少0.1万户；移动电话用户70.35万户，增加11.4万户，移动电话普及率为93.9%；互联网宽带用户17.98万户，新增3.25万户。互联网宽带普及率为75.4%，比上年增加12.3个百分点。

六、贸易和旅游

消费品市场平稳发展。全年实现社会消费品零售总额180.2亿元，比上年下降1.8%。桥南市场成交额37.3亿元，比上年同期下降4.8%。新兴业态持续保持快速增长，全年限额以上网上商品零售额3.4亿元，同比增长84%，占社会消费品零售总额比重为1.9%。

全年引进外资1.97亿美元，与上年持平；引进内资104.4亿元，同比增长13.7%。全年进出口总额3.1亿美元，同比增长33.8%。

全区有旅行社1家，国家旅游等级区6个，湖南省5星级乡村旅游服务点11家，AAA景区5个，AAAA景区1个，床位数10444张，其中星级旅游景点床位467张。全年各景区共接待游客453.9万人次，游客过夜103.8万人次，全年实现旅游总收入39.7亿元，其中一日游收入23.9亿元。

七、金融和保险

年末金融机构各项存款余额359.3亿元，增长8.7%，其中住户存款余额265.6亿元，增长12.0%。年末金融机构各项贷款余额292.8亿元，增长6.5%，其中住户贷款118.8亿元，增长11.7%。

全年各项保费收入5.1亿元，比上年增长3.6%，其中人身意外伤害险0.3亿元，增加48.5%；健康险0.9亿元，增长7.2%；财产险2.7亿元，同比减少3.7%。保险赔付额2.1亿元，同比增加17.2%，其中：财产保险支付1.4亿元，增长10.4%；健康险支付0.5亿元，增长59.5%。

八、教育和科学技术

2020年，全区拥有各级各类学校、幼儿园202所。其中,教师进修学校1所；学前教育128所（公办32所）；义务教育69所，其中小学26所，点校11所，初中15所，九年一贯制17所。高中阶段教育4所（含淮阳、朗高两所民办）。共有在校学生69274人，其中高中7392人、初中13534人，小学31243人。在园幼儿17105人。共有在职教职工6586人，其中专任教师5169人（含幼儿园）。参加国家学生体质健康标准测试合格率100%，初中升学率为100%，高中升学率97.8%。初中专任教师师生比为1:8.9，小学专任教师与学生比为1：21.6。

全年专利申请1537项，同比增长53.1%。专利授权566件，同比下降9.3%。发明专利授权951件，同比增长187.31%。发明专利授权量76件，同比增长72.73%。

2020年，实现高新技术产品增加值91亿元，比上年增加20.05%。高新技术产品增加值占GDP的比重为23.6%。

九、文化、卫生和体育

全区有公共图书馆1个，总藏量122851册件，新增3000册件；书刊文献外借册次71800册次；发放有效借书证5856个，新增170个。拥有国家级和省级非物质文化遗产保护单位3个。全年有线电视实际用户达27.29万户。全区广播和电视综合人口覆盖率100%。

全区共有卫生机构776个，拥有病床4928张，卫生人员4986人，卫生技术人员3928人，执业医师和助理医师1894人，注册护士1552人。每千人床位数、卫生技术人员数、执业医师和助理医师数、注册护士数分别为6.09张、4.79人、2.31人和 1.89 人。全区有乡镇卫生院 32 个,4 个社区卫生服务中心,拥有床位 1800 张,卫生技术人员 1756 人。疾病控制中心 1 个,卫生技术人员 44 人。卫生监督检验机构 1 个,卫生技术人员 12 人。全年甲、乙、丙类法定报告传染病发病人数 2961 人,同比下降 28.5%,报告死亡 15 人。

2020 年度,因疫情影响,大型体育赛事取消,因此赛事成绩为零。全区拥有各类体育场地 1156 个,同比增加 125 个。全年销售体育彩票 2115 万元。

十、资源环境与安全生产

全年实有耕地 87177 公顷,其中旱地 14702.8 公顷,水田 72347.29 公顷,水浇地 127.38 公顷。森林覆盖率达 32.09,比上年增长 0.09%。完成造林面积0.09 公顷,比上年增长 -55%。年末实有封山育林面积 0.22 公顷,比上年增长 120%。共拥有国家保护区 1 个,省级自然保护区 1 个,自然保护区面积为 0.6 公顷,比上年增加 0.1%。

全年规模工业综合能源消费量 24.7 万吨,同比下降 2.0%,单位增加值能耗变动率为 -8.5%,万元规模工业增加值能耗下降 16.24%。全年全社会用电量 8.57 亿千瓦时,比上年下降 12.53%,其中工业用电 1.98 亿千瓦时,比上年下降 29.99%,生活用电 4.21 亿千瓦时,下降 4.94%。

城市污水处理率 97.5%,空气质量达标率 85.3%,地表水达标率 100%,农村垃圾集中处理率 100%。

全年发生各类生产经营性安全事故 2 起,各类生产经营性安全事故死亡人数 2 人,亿元 GDP 事故死亡人数 0.005 人,与上年持平。全年共发生道路交通事故 23 起,比上年增加 3 起,死亡 20 人,死亡人数比上年减少 1 人。直接财产损失 60 万元,比上年下降 5%。

全区食品相关产品及食用农产品抽检合格率达到 96.6%。

十一、人口、居民生活与社会保障

2020 年年末,全区户籍人口 74.92 万人,比上年减少 0.9%,其中城镇人口 21.92 万人,乡村人口 53 万人。全区男性人口 38.07 万人,占总人口的 50.8%,女性人口 36.86 万人,占总人口 49.2%。0—17 岁人口 11.18 万人,增长 0.99%;18—34 岁人口 15.39 万人,下降 4%;35—59 岁人口 30.67 万人,增长 0.38%;60 岁以上人口 17.68 万人,下降 1.5%。

2020 年,全区出生人口 5575 人,人口出生率为 7.4‰;死亡人口 10498 人,死亡率为 14‰,全年人口自然增长率为 -6.6‰。全年迁入 1943 人,迁出 3824 人,净迁出 1881 人。

2020 年,全体居民人均可支配收入 27864 元,增长 6.6%;城镇居民人均可支配收入 38356 元,增长 5.2%;农民人均可支配收入 18743 元,增长 9.0%。全体居民人均消费支出 22711 元,增长 4.6%;城镇居民人均消费支出 24588 元,增长 1%,农村居民人均消费支出 21078 元,增长 9%。

全区参加养老保险人数 57 万人,比上年增长 9.7%;参加失业保险人数达 32312 人,增 2.15%;基本医疗保险参保人数 69.78 万人,比上年增长 1.8%;参加工伤保险人数 49025 人,增长 0.76%。领取失业保险金人数 1672 人,增长 55.3%。2020 年城镇新增就业 6193 人,城镇登记失业率 3.8%。

全区有养老机构 27 所,床位 3627 张,年末在院老人 1268 人。救助站 1 个,全年救助 547 人次。全年发放最低生活保障金 4727 万元,得到政府最低生活保障的城镇居民 2088 人,比上年末增加 13 人;农村居民 11861 人,增加 1587 人。农村特困人员救助供养人数 5752 人,比上年末减少 88 人。民政部门直接接受社会捐款 820.48 万元,受益 23000 多人次。

注:1. 本公报所列数据为初步统计数。

2. 国内生产总值,各产业增加值绝对数均按现价计算,其增长速度按可比价计算。

中国共产党鼎城区委员会

Dingcheng District committer of the Communist Party of China

2020年10月28日，中共常德市鼎城区第十二届委员会第七次全体(扩大)会议会场

（提供：区融媒体中心）

概述
区委办公室工作
组织工作
宣传工作
统战工作
港澳台工作
机构编制工作
党校工作
接待工作
档案工作
史志工作

鼎城年鉴(2021)

概　　述

【概况】 2020年，中国共产党鼎城区委员会辖党组织1768个，其中党委37个、党总支部312个、党支部1419个；设立党组36个、党工委10个；有党员40294人。

党的建设。坚持以习近平新时代中国特色社会主义思想为指导，学习贯彻习近平总书记考察湖南重要指示精神和中共十九届五中全会精神，增强"四个意识"、坚定"四个自信"、做到"两个维护"。抓基层基础建设，开展软弱涣散党组织摘帽工作，开展党支部"五化"建设，提高镇、村干部待遇，保障村(社)运转经费，实施基层公共服务(一门式)全覆盖，开展村(社)党组织换届。抓从严治党、"基层减负"、纠治"四风"工作，开展反腐败斗争。

经济发展。2020年，鼎城区地区生产总值384.8亿元、增长4.7%，一般公共预算收入27.67亿元、增长8.9%(地方一般公共预算收入16.42亿元)，税收占地方一般公共预算收入比重超过70%，社会消费品零售总额180亿元，城乡居民人均可支配收入分别为38356元、18743元。保持全国粮油大县、生猪调出大县和全省粮食生产标兵县称号，创建国家现代农业产业园。新引进亿元产业项目35个，新开工亿元产业项目29个，投资16亿元的中联建起二期等项目开工建设。新投产亿元产业项目25个，投资11.8亿元的中联恒通军民融合产业园一期等项目建成投产。工业高质量发展获湖南省人民政府真抓实干表扬激励。

三大攻坚。开展脱贫质量"回头看"，解决"两不愁三保障"突出问题，落实产业扶贫、行业扶贫等各项政策，年末，40个贫困村全部退出，14055户43029名贫困人口全部脱贫。实施石板滩关闭石煤矿区生态修复治理主体工程、环保督察交办问题整改，退养珍珠1366.6公顷，落实禁捕退捕任务，推进省级生态文明示范区建设。防控重大风险。推进项目建设，实施国有资产监督管理和经营，守住不发生系统性债务风险的底线。

园区发展。发挥常德高新区项目建设主阵地、产业发展主战场作用，2020年，建成标准化厂房25.4万平方米，建成生活配套园22万平方米、公寓1372套，获批高新技术企业18家，总数62家，高新技术产业增加值50.5亿元，比2019年同期增长21.3%。中联建起销售额155亿余元、入库税金4.5亿元，比2019年同期分别增长58.5%、50.2%，带动装备制造业总产值逆势增长30%。园区2020年一般公共预算收入11.2亿元，其中地方一般公共预算收入5.3亿元，比2019年同期分别增长37.9%、32.4%；地区生产总值95.7亿元，增长7.3%，规模工业增加值70.1亿元，增长12.0%；获科技部"百城百园"行动实施资格，科技投入产出和集约节约用地获省政府真抓实干表扬激励，在全省制造强省建设工作会议上作为园区唯一代表介绍经验。

城乡提质。提升城市品质，5条主次干道建成通车，建设阳明湖西岸景观，推进丰彩·九里长安项目建设，投资60亿元的吾悦广场项目开工建设，常德画墙上墙壁画65幅，推进棚户区和老旧小区改造，提升城市管理水平。实施乡村振兴，村庄规划编制实行全覆盖，落实"房地一体"确权登记颁证，增减挂钩暨"空心房"整治项目，新增耕地349.73公顷，高标准农田建设6133.33公顷，农村人居环境整治形成"镇村主导、党建引领、群众参与、乡贤赞助、协会管理"的"草坪模式"。2020年，鼎城区水利建设获评全省先进，区住建局、区农业农村局获市政府真抓实干督查激励，交通运输工作连续9年获全市一等奖，公路养护和治超工作位列全市第一。

重点工作。坚持生命至上、群防群治，开展新冠肺炎疫情防控阻击战，江南城区、一线医护人员、一线工作人员、非输入性人员"零感染"，区工商联、区疾控中心等单位获国家级、省级表彰数项。坚持底线思维、化早化小，打赢风险管控防御战，杜绝较大及以上安全生产事故，保持社会大局和谐稳定；开展扫黑除恶工作，扫黑除恶专项斗争3年综合指标位居全市先进行列，区检察院获评全省检察机关扫黑除恶先进集体，区公安分局被推荐为全省十佳公安局、全国扫黑除恶先进集体；综治民调工作排名居全省第一方阵，连续4年获评全省“平安建设”先进县市区，连续7年保持全省“平安县市区”称号。开展防汛抗灾工作，取得不溃一垸一堤、不垮一库一坝、没有发生灾情的成绩，区水利局获评全省防汛救灾先进集体。开展文明创建，通过“全国文明城市”保牌复查测评，草坪镇兴隆街村、花岩溪镇湖江坪村获评“全国文明村”。

民生保障。开展教育振兴工作，4名学子考取清华大学、北京大学，全省文科第一名花落鼎城区第一中学，草坪芙蓉学校建成投入使用。所有行政村完成卫生室标准化建设。省级公共文化服务体系建设获全省先进，现代常德花鼓戏《七里坳》获常德首届艺术节新创大戏奖。新增城镇就业6000人，农村劳动力转移就业5477人。城乡居民养老保险覆盖率100%，提高困难群众救助水平，完善退役军人服务保障体系，民生支出占财政支出比重超76%。（梁　皓）

区委办公室工作

【概况】 2020年，鼎城区委办公室坚持以习近平新时代中国特色社会主义思想为指导，贯彻中共十九大和十九届二中、三中、四中、五中全会精神和习近平总书记关于湖南工作系列重要讲话指示精神，践行“五个坚持”，围绕区委决策部署开展工作，提高“三服务”工作实效，获评全市党委办公室工作优秀单位。

政治建设。严肃党内政治生活，学习政治理论，夯实绝对忠诚的思想根基，提高政治判断力、政治领悟力、政治执行力。严守党的政治纪律和政治规矩，落实党内重大事项请示报告制度，协助区委及时按规定向市委请示报告重大事项，确保零疏漏、零差错。讲政治、顾大局，在各项业务工作中坚持政治标准、注重政治效果，严格对标对表、做到令行禁止。

参谋辅政。抓综合文稿服务，开展调查研究，推介亮点工作，在《湖南日报》《市委内参》《常德通讯》等省、市主流报纸、刊物上稿10余篇。发挥区委财经办职能作用，定期牵头召开全区主要经济部门联席会议，呈报《经济形势分析》6期，为区委、区政府决策部署提供有益参考。抓党委信息工作，向省、市报送党委信息300余条，反映了上级政策贯彻落实情况和基层工作实际，确保党委信息主渠道绝对畅通。

统筹协调。牵头抓总，严格值班值守，抓办文办会，规范公务接待，保障全省产业项目建设推进现场观摩会、区委经济工作会议、区“两会”等重大会议、活动高效开展。推进基层减负，全区性文件、会议分别比2019年同期减少21%、25%，“精文简会”获《人民日报》报道。推进深化改革工作，全区42项改革任务均达到序时进度要求，数项改革工作位居全市前列，获评全市全面深化改革办公室工作优秀单位。规范开展外事、对台、港澳事务等工作，落实中央方针政策和上级工作要求。

督查督办。统筹规范全区督查检查考核工作，帮助基层集中精力抓落实，2020年全区性督查检查考核事项压减近60%。落实中央、省委、市委各项决策部署，围绕区委中心工作，开展决策督查、议案提案督查、领导批示件和上级交办件督查，编发《鼎城督查》4期、《督查专报》5期，推动疫情防控、防汛抗灾、禁捕退捕、污染防治等重点难点工作落实。

绩效小康。发挥绩效考核“指挥棒”作用，调整优化考核指标体系，激励先进、鞭策后进，落实各项市级考核指标任务。开展全面小康工作指标监测和分析调度，抓对上衔接、定期研判形势，补短板、强弱项，全面小康工作位居全市第一方阵，连续5年获全市经济发展奖。

运转保障。推广运用党政协同办公平台，电子公文传输系统覆盖到各单位二级骨干，实现全区所有非涉密文件网上办理。针对131个区直单位及22个乡镇开展档案执法检查，提高档案管理规范化水平。加强机要密码管理，确保机要密码渠道安全畅通。针对32家单位开展“进驻式”保密检查，强化宣传教育和以案释法，在全市“新时期新担当新作为”保密宣传教育比赛中获第一名。

（梁　皓）

组织工作

【概况】 2020年，鼎城区委组织部贯彻落实全国和全省组织部长会议、全市党委系统工作会议精神，围绕大局，突出政治，抓改革创新、抓工作落实，为全区经济社会发展提供组织保证。

抗击疫情。党员志愿者筑起抗击新冠肺炎疫情的钢铁长城。连发两道“动员令”，动员党员干部、入党积极分子、退役军人等，参与志愿服务团体，累计向市民发放宣传资料100余万份，电访或走访群众22万余户，排查化解各类矛盾纠纷132起，收集疫情信息1086条，取消、延办或简办婚宴、丧宴等2100余场。全区党员捐款捐物400余万元。“八个一”助力企业复工复产。推出“八个一”工作方案，帮助企业全力复工复产。全区派出128名企业防疫防控联络员，到各个工商企业，确保全区所有企业顺利复产复工。“五个讲清”确保经济社会稳定发展。发动全区5000余名党员干部开展“五个讲清”活动（讲清中央政策、讲清疫情现状、讲清防护常识、讲清复工复产重要性、讲清脱贫攻坚任务），覆盖全区80余万名市民，帮助群众提振信心、科学防疫、大胆复产。

组织体系建设。注重基层基础。贯彻落实省委“1+5”和市委1号文件，基层干部教育培训、年休假、健康体检等规定，296个村社运转经费落实保障到位，提高村（社区）党组织书记、其他村干部、党建联络员待遇。选派20名区级涉农科技特派员，组建科技专家服务团。克服形式主义，督查检查考核事项从91项压减至37项，责任状从36项减为3项，基层减负工作在《人民日报》宣传报道。为全区181家非公有制企业选派105名党建指导员，19家两新组织被评定为省市区“标杆引领”示范点创建单位。实施联点包建，向“四大家”党员区级领导发送《关于党员区级领导抓基层党建工作重点任务的提示函》，明确基层党建联系点、党支部“五化”建设联系点、软弱涣散党组织联系点；其他党委(党组)书记带头，带动班子成员每人确定1个联系点；区委组织部建立部务会成员联点包片制度，实行全覆盖、常态化。推动城市党建，下发《鼎城区城市居民小区党支部建设试点工作方案》，落实《常德市城市社区专职工作者管理办法(试行)》要求。排查确定软弱涣散村（社区）党组织8个，明确联点区级领导、选派第一书记、确定后盾单位，年末进行验收。提升党建服务实效。抓智慧党建系统建设，推广“我的常德”APP，运用智慧党建大数据，党建工作考核实行线上考核与线下考核相结合，全区“我的常德”APP认证12.17万人，在全市处于领先位置。推动基层公共服务（一门式）全覆盖工作，升级村级综合服务平台，整合进村（社区）综合服务平台。依托常德市“互联网+政务服务”一体化平台、大数据平台，结合区创新研发的视联网政务服务一体机，将区政务中心服务功能整体下移到村（社区）。进行全区党建联络员专项业务培训，为296个党建联络员配置一体化平台账号、权限，政务服务进入刷脸时代。需要下沉到乡镇村社的56项政府服务项目，全部下放到基层，实现群众办事不出村。注重党员教育管理。落实组织生活，落实“三会一课”、主题党日、组织生活会等党内组织生活，《中国组织人事报》予以专题推介。严格发展党员，贯彻《中国共产党发展党员工作细则》，推行发展党员纪实管理制度，2020年，发展预备党员数人。开展庆“七一”系列活动，开展“寻初心、守初心、践初心”主题党日活动，全区各党支部均按要求组织党员重温党章、入党誓词、入党志愿书。举办“岁月无悔、初心不改”90高龄党员座谈会，被中央电视台新闻频道专题报道。抓党建促脱贫攻坚。调优补强驻村工作队伍，按照“尽锐出战”要求，组织贫困村不少于3人、非贫困村不少于2人的驻村帮扶力量，调整区派驻村工作队员22名，新增驻村帮扶后盾单位2个、驻村工作队员3名。创新督查方式，采取线上督查和实地督查方式，确保工作队员每月驻村20天以上，实行一月一排名奖优罚劣机制。通过轮训提高业务水平，组织帮扶人员专题培训2期。选派80名中青年驻村干部赴石门县参加为期1个月的脱贫攻坚普查，吸收石门县先进经验做法，对标国检，查漏补缺。关心关爱脱贫攻坚一线干部，在2019年基础上，每支驻村工作队增加工作经费10000元。配合省委组织部开展脱贫攻坚专项督查，8名工作成效显著的干部得到提拔重用。

人才队伍建设。2020年，招录公务员19名，选调公务员14名。按照中央和省市关于公务员职务与职级并行相关政策规定，落实全区公务员职务与职级并行的职级套转工作和6个批次321人次职级晋升。落实全区科级干部及公务员信息库的建立和信息完善。按规定审核、梳理、转递、接收干部档案1000余册。抓干部监督教育工作，分30批次结合599名干部情况向相关单位征求意见，并运用到推荐使用、人大代表政协委员提名、试用期满转正、职务职级并行等方面。全年受理回复信访件2起，审核干部存疑信息4例。分2批次下达12名领导干部委托审计通知书到区审计局，落实领导干部“八项家事”个人事项报告，为2332名领导干部证照登记备案，抓出入境管理工作。举办科级干部培训班2期，全区干部网络在线学习参训率位于全市前列，参训率100%。全年省市调训处级干部5人、科级干部15人。抓人才培养工作。派驻1名省级科技特派员到鼎城区国家现代农业产业园指导服务，选聘20名区级科技特派员，到各乡镇、街道指导生产，制作下发人才新政宣传册，依托区人社局人才“一站式”服务窗口，为企业人才提供服务，落实15名高层次人才专家医疗保健服务待遇，为2名享受国务院特殊津贴的退休干部，按照处级退休干部服务管理。核对确认区范围内工作的7类人才及常德籍在外优秀人才信息，为人才大数据平台建设工作提供决策依据。

老干部工作。开展“五好”“五进”活动，全区100余名“五老人员”参加巡回宣讲100余场次；全区近1000名老党员撰写心得体会1200余篇，区直单位、乡镇、街道等主要领导上党课近100场，100余件学习成果在区离退休干部党工委组织下集中展出。发展全区101个离退休干部党支部党建工作，获评省级示范支部1个、市级“五好”支部2个、区级优秀支部10个。打造老干部党员人人有本“党性存折”工作品牌，创建“家庭党小组”，打造“飞鸽传书”工作品牌。2020年10月，举办全区第五届老年人文化艺术节，开展夕阳红艺术团“模特大赛”，举办老干部优秀作品展（原创诗作100首，书画作品80幅，摄影作品200幅），并进行大会表彰及文艺节目展演。11月，举行老干部活动中心摄影协会编撰的《奋进鼎城》画册发行暨下册拍摄编撰座谈会。该画册用影像讲述鼎城区人民奋进故事，反映鼎城区发展变化，展示建设新江南成果。组织全区离退休干部和退休处级领导农业考察活动。在抗击新冠肺炎疫情工作中，老干部党员带领家人捐款捐物，充当小区义务宣传员，《湖南日报》以“家庭小堡垒，抗疫大作为”为题予以报道。区级各涉老组织发挥引领作用，引导全区老干部参与正能量活动，助力鼎城各项事业发展。

组织系统自身建设。按照《区委组织部2020年自身建设练兵计划》，推进“每月一篇文”“推荐一本好书”“诗朗诵”“微党课”、业务考试、演讲赛、辩论赛等，提升组工干部综合素质、工作水平。开展文明单位创建工作，谋划七大节日、道德讲堂、志愿服务、春节联欢会、组工干部才艺展示、春游、秋游、每日八段锦等活动，丰富干部职工文娱生活。

（毛　菡）

宣传工作

【概况】 2020年，鼎城区委宣传部以中共十九大精神为指导，贯彻落实习近平新时代中国特色社会主义思想，落实意识形态工作责任制，掌握意识形态领导权，稳定全区意识形态领域形势大局，落实宣传思想工作向上向好。

意识形态工作。落实政治责任，落实党委（党组）"第一责任人""直接责任人""一岗双责"职责，构建横向到边、纵向到底责任体系。推进政治巡察，将落实意识形态工作责任制情况纳入区委第八轮、第九轮巡察，反馈26个被巡察单位政治建设、组织建设、纪律建设等方面巡察意见，并要求按期整改。强化专项调度，组织专班用时1个月，到乡镇街道、村居开展"学习强国"专项调研，并召开会议专题调度，提高"学习强国"的覆盖面与活跃度。年末，全区有13个乡镇街道活跃度为80%，最高活跃度长期保持在98%以上。召开宣传思想工作推进会，部署落实意识形态工作责任制专项督查工作，分6个组到全区126个单位进行意识形态责任制落实情况专项督查，推进意识形态责任制落细落脚落到实处。坚持制度引领，按照《关于坚持和完善党委（党组）理论学习中心组学习制度、弘扬马克思主义学风的通知》《2020年鼎城区党委（党组）理论学习中心组专题学习重点内容安排》要求，对标对表，推动全区党委（党组）中心组学习制度化、规范化，专题学习重点内容全覆盖，落实学习情况月反馈机制。区委启动中心组学习专项巡听工作，区委宣传部、区委组织部、区委党校组成巡听小组，到首批进入巡听的23家单位，重点查看各级党组织学习时间、学习质量、学习纪律等。实行以上率下，聚焦习近平新时代中国特色社会主义思想，全年组织13次区委理论中心组集中（扩大）学习，邀请全国人大代表，省、市相关领导，知名专家学者进行全国两会、网络意识形态责任制、脱贫攻坚、安全生产、中共十九届五中全会精神等内容的专题辅导。区委理论学习中心组成员发挥"关键少数"的示范和表率作用，自觉学习、带头学习，结合工作实际撰写学习心得。在全市范围内开展决战决胜脱贫攻坚、学习贯彻中共十九届五中全会精神等主题征文活动，区级领导带头参与，全区征集理论文章200余篇。坚持学以致用。依托新时代文明实践中心，组织开展"战疫密码：中国之治"、全国两会精神主题微宣讲、中共十九届五中全会精神主题宣讲，发动基层宣讲骨干、党校教师、一线抗疫人员，面向机关、社区、农村、企业、学校等基层干部群众开展宣讲，为决战决胜脱贫攻坚目标任务、全面建成小康社会凝聚磅礴力量。结合中心组巡听工作，分别组织各单位领导干部进行中共十九届四中全会精神政治理论及业务知识考试。

新闻舆论。聚焦中心工作，突出主题宣传。围绕统筹推进疫情防控和经济社会发展工作主线，重点开设"在习近平新时代中国特色社会主义思想指引下——新时代新作为新篇章""疫情防控鼎城在行动""决战2020脱贫攻坚"等系列主题专栏，推出《劳模风采》《十佳美好残疾人家庭》等系列报道，制作《鼎城战"疫"》等4个大型宣传片，拍摄政法人物4个，推出《新江南》栏目4期，各平台累计发稿3000余条。坚持示范引领，强化典型宣传。选树报道抗疫勇士李明、拐杖支书林文化、扶贫第一书记姚高峰、全国文明家庭刘茂云家庭等典型，对外推介党建引领、乡村振兴、融媒体中心建设等鼎城经验做法。树立良好形象，扩大对外宣传。在中央级媒体上稿79条，在省级主流媒体上稿400余条。2020年6月起，在《常德日报》开设"鼎城新闻"专版集中展现全区经济社会发展的亮点和成效。发展媒体融合，巩固舆论阵地。常德鼎级传媒有限公司正式成立，区融媒体中心实行采编、经营"两分开"；鼎级商城正式上线，融媒体中心党务、政务、商务服务实现基本融合；鼎级传媒APP试运营，正式构建起"电视＋电台＋网站＋两微＋客户端"的全媒体矩阵，巩固壮大主流舆论阵地，得到省委宣传部县级融媒体中心建设验收组高度评价，区融媒体中心建用工作经验被《湖南宣传》《县级融媒体中心简报》推介。

2020年，湖南省委宣传部验收区融媒体中心建设情况
（提供：陈杰）

网络舆情。网上舆论引导。抓舆情信息直报点工作，中宣部采用20条，省委宣传部采用168条。组织策划专题宣传，利用鼎城新闻网站、手机报、微信公众号等平台开设“决胜2020全面小康湖南行”“决战决胜脱贫攻坚”等12项专题宣传，推送相关文章958篇，转赞评9000余次，累计点击量20万余次。策划开展“航拍鼎城”“知名网友看鼎城”等主题宣传，发动微友参与新浪微博话题1013次，发表网帖104篇，总点击量180万次。开展正面宣传，组织开展“鼎城战疫总动员云直播”“特殊时期云赏花”“信息化助农”“谁不说咱家乡美”“草坪第五届民间文化艺术节”等活动，刊发网文78篇，点击量120万次。落实网宣指令，全年，落实管控指令20余次，正面宣传推送文章60余篇，转载相关文章1300余篇。组织“全国两会”等7次重大专题评论，参与人员272人次，转发文章226篇，评论1336条。网络安全防护。开展网络安全宣传周活动，围绕“网络安全为人民，网络安全靠人民”主题，开展“2020国家网络安全宣传周”活动，推出宣传标语300余条，集中展示宣传展板30块，发放宣传折页2000余份，接受群众咨询300余人次，覆盖乡镇、机关企事业单位、学校、社区、商场等。开展关键信息基础设施网络安全检测，在30家重点关键信息基础设施单位自查整改基础上，委托第三方技术公司并联合区公安网技部门抽查检测区自然资源局、区财政局等7家单位的网络安全情况。针对检查中暴露出的网络安全风险隐患和问题，下达网络安全检测技术报告和整改通知书，并督促整改落实，预防网络安全风险。开展网络安全应急演练和网络安全预警，组织市第四人民医院、善卷中学参加全市网络安全攻防应急演练。动态监测预警“鼎城一中”等5家网站存在的漏洞。针对“新冠病毒”等疫情相关热词被用于传播木马病毒和境外黑客组织拟对中国视频监控系统发起攻击的风险，在全区进行预警提示，加强网络安全防护。推进网络安全等级保护建设，推动全区重点单位开展“网络安全等级保护2.0”升级工作，至年末，鼎城区法院通过专家评审，市第四人民医院等3家单位完成等级保护测评。指导政府部门公务电子产品国产化替换工作和电脑系统替换升级工作。信息化发展助推经济建设，指导编制“鼎城区十四五信息化发展规划”，编制《鼎城区数字乡村发展行动方案(2020—2022年)(草案)》。开展信息化助农和“互联网+旅游”行动，直播带货成交额230万余元，“鼎级商城”上架商品种类500余个，累积销售额1000余万元，直接帮扶贫困户47户，间接帮扶800余户。管控网络舆论阵地。疫情防控期间，妥善处置涉疫情舆情48件，依法打击网络造谣传谣5件6人次，发布辟谣信息3篇。管控突发事件，防止负面影响扩散。受理网上问政留言。收集、处理、回应网民意见、诉求，全年受理网民留言744条，回复率100%。编辑《涉鼎舆情》23期71条，受理反馈市办交办《涉常舆情》21件，办结率100%。

精神文明建设。构建以区委书记为组长的文明城市创建工作网络，结合全国文明城市测评要求、对照全区情况，重构鼎城区文明城市创建工作体系，将任务细化、工作细化、责任细化，接受全国文明城市省文明办和中央文明办组织的复查测评。开展文明单位、文明村镇创建指导，推进创建水平提升。2020年新申报省级及以上文明村镇8

家、省级及以上文明单位4家，新申报市级文明村镇21个、市级文明社区15个、市级文明(标兵)单位15个、市级文明校园1个，确保年底区级及以上文明村、镇占比50%以上。鼎城区草坪镇兴隆街村、鼎城区花岩溪镇湖江坪村获评全国文明村，鼎城区镇德桥镇刘茂云家庭获评全国文明家庭。指导文明校园创建工作，督促中央援建项目少年宫的建设和使用，许家桥回维乡小学少年宫和谢家铺中学少年宫纳入中央援建项目，谢家铺中学少年宫负责人参加湖南省2020年度乡村学校少年宫项目建设工作推进会暨项目负责人和心理健康辅导骨干培训班。区文明办日常督促乡村少年宫的建设管理。姚俊江等8名学生获评全市新时代好少年。在湖南省精神文明简报上稿3篇。移风易俗实行常态化，全区党员干部和群众以村规做家规，各级基层组织发挥道德评议会、村民议事会、红白理事会、禁赌禁毒会等“一约四会”的作用，红白喜事新办简办，截至11月，全区开展督导检查8678次，劝导不文明赈酒行为3577起。疫情期间，全区各乡镇志愿服务队到村组、到农户，第一时间发现问题、第一时间现场劝阻、第一时间教育引导，全区没有一起因赈酒引起的疫情。探索文明实践，出台一条例两纲要贯彻落实办法，纳入中心组学习及文明单位学习内容，构建社会主义核心价值观体系。鼎城区各单位开展一条例两纲要学习，鼎城代表队参加全市一条例两纲要比赛获全市第二名。在区融媒体中心开办“鼎城文明之声”“鼎城文明之风”栏目，向全区人民及听众播报中共中央总书记、国家主席习近平在精神文明建设方面重要讲话及论述，全区精神文明建设主要工作，文明单位、文明村镇、文明家庭、文明校园创建情况等，打通宣传群众、教育群众、关心群众、服务群众的“最后一公里”。确定在草坪镇、蔡家岗镇、石板滩镇、红云街道等试点，草坪镇10个村社均建立新时代文明实践站，4个村社(兴隆街村、放羊坪村、三角堆村、枫林口村)设置新时代文明实践广场，石板滩镇荷花堰社区等11个村社挂牌试运行。开展防疫抗洪志愿行，以雷锋家乡学雷锋为主题，开展抗疫志愿服务活动。开展联社区联小区联企业“三联”服务，助力安全生活安全生产。开展送书送学送工“三送”服务，助力快乐学习快乐工作。开展销萝卜销蔬菜销茅米“三销”服务，助力精准惠民精准扶贫。成立10余个心理咨询服务队，围绕心理失衡、思想偏激对象，逐人制定心理疏导方案，采取电话、视频连线、心理专家谈话等方式，为工作人员、隔离群众提供心理疏导、缓解压力。疫情期间，为1000余名民众解开心理“疙瘩”。郭家铺街道夏春文获评湖南省最美抗疫志愿者。汛情期间，10000余名“红马甲”奋战守护群众安全，他们驻点看守、上门摸排、筹资捐款。鼎城区蒿子港镇建设社区党支部书记刘才华趴在船上清理仁和闸处上游漂浮的杂草、河道垃圾，把干净留给百姓的形象在“文明实践行动”、学习强国“中国文明网”公众号刊播。以“扶贫助力团”等脱贫攻坚决胜年工作为依托，发挥文明单位的帮扶作用，开展“户帮户亲帮亲 互助脱贫奔小康”“认领微心愿 争当圆梦人”等志愿服务活动，截至11月，征集心愿1828个，圆梦1811个，总金额116万余元。宣传厉行节约，开展以“公筷公勺”“光盘行动”为主题的厉行节约反对浪费宣传活动，制作《禁吃野生动物》《公筷行动·饭店篇》《公筷行动·家庭篇》《公筷行动·西游篇》《公筷行动·自述篇》等视频，向公众解释与分析疫情发展，普及防护知识，公布典型案例，视频单条点击量20万余次。集中印制发放“光盘行动”宣传画册10000余份、餐桌提示牌30000余张，每家餐馆贴宣传画册、每张餐桌放提示牌。以乡村振兴为抓手，开展爱国卫生运动，开展“防疫有我 爱卫同行”主题爱卫宣传，在城区和乡镇人群集中场所发放爱卫倡议书50000余份、宣传折页2000余份，张贴爱卫宣传贴画160套。动员群众开展全面清洁日、周末大扫除等活动。聚焦老旧小区、背街小巷、城乡接合部等重点区域，抓垃圾清运、环境消杀等重点工作。年末，出动人员20000余人次，清洁消毒市场9个，消除卫生死角157处，清理清运垃圾200余吨。

社会宣传和文化文艺。采用动静结合的社会宣传形式进行社会宣传，累计出动宣传车338台，摩托车、电动车285台，设置电子显示屏578块，通过“村村响”广播、鼎广1068电台等播放宣传音频76条。开展“4·23”世界读书日、双拥模范城考评验收、“6·5”环境日、文明城市创建、脱贫攻坚、第七次人口普查、疫情常态化等重点工作宣传。在草坪镇、花岩溪镇、花岩溪管委会开展“村村响”改革试点工作，启动4G物联网“天翼大喇叭”项目。疫情期间，创作文学类作品105件、书法美术类作品87件、摄影类作品35件、音乐曲艺朗诵类作品72件，编印《鼎城区抗疫作品集》。原创歌曲《我们在一起》、快板《众志成城保平安》等作品；常德丝弦艺术剧院创作的《陈毅拜师》入围全国性曲艺艺术专业奖项最高奖中国曲艺牡丹奖；黄士元戏剧曲艺创作工作室创作的常德丝弦《打好疫情阻击战》被人民网、新华网等媒体采用、推介，创作的常德渔鼓《送菜》《五件防护服》被中国曲艺网采用，并作为湖南代表作品进行展播。选送12个精品节目参加市级“百团大赛”决赛展演，10月29日，2020年常德艺术节暨“百团大赛”闭幕，鼎城区参赛的12个节目全部获奖，其中舞蹈《姐姐和妞妞的星空》、常德丝弦《特别年》获一等奖，脱贫攻坚题材花鼓戏《七里坳》获优秀剧目奖。推进公共文化满意度测评工作，超额完成上级下达任务数，全市排名第一。开展“我要上春晚”“少儿春晚”系列活动30余场。

“扫黄打非”。规范阵地管理，加强站点建设，在全区范围内，建成“扫黄打非”基层站点302个，实现辖区内所有村、社全覆盖。开展五大专项行动，检查出版物市场，警告8家，责令整改3家，收缴非法和侵权出版物650册，发现违规网站账号5个，其中约谈1家，向上级申请关停4家。全网搜索政治类有害信息和涉黄等违法信息，举报政治类有害信息11569条，举报涉黄等违法信息13139条。抓案件查办，破获“田某、贺某某等人侵犯著作权案”。

产业发展。启动文旅康养产业。启动省级全域旅游示范区、花岩溪省级旅游度假区等国家级景区创建工作；重点推进常德画墙、乌儿洲等景区提质建设，整合旅游资源，开发文化旅游精品线路，打造两日游旅游线路、城郊一日游旅游线路。鼎城区通过国家森林城市复检；整合全区各级爱国主义教育基地和文物保护单位资源，加强市级爱国主义教育基地花岩溪国家森林公园、常德画墙，区级爱国主义教育基地赵必振研究基地、常德革命纪念馆、常德文甲农民起义纪念碑等场所管理，实行爱国主义教育基地与文旅产业有机融合；结合文旅康养相关工作，开展革命遗址遗迹标识工作，打造“十美堂镇红色文化墙”，把“诗词文化”“旅游文化”融入红色文化中，形成独特文化体系；投资50万元建设占地1820平方米的渐安暴动纪念园，集革命历史教育、党员党性教育和群众爱国主义教育于一体。推进“产业立区”三年行动综合板块重点项目，双蔡公路建设项目完工，通威韩公渡100兆伏渔光一体水产科技园项目并网发电，常德画墙第二批57幅壁画上墙56幅，推进石板滩石煤矿区生态修复治理工程污水处理、矿坑回填、挂壁喷浆、生态复绿等治理工作，推进沅水一桥等项目改造工程。（陈　杰）

统战工作

【概况】 2020年，鼎城区统一战线围绕区委工作中心及上级统战工作要求，加强政治思想引领，凝聚全区统战成员的智慧和力量为实现打赢疫情防控阻击战、全面脱贫攻坚、助力乡村振兴三大目标提供力量支持。2020年，区委统战部获全市统战工作(先进)单位、全市统战工作实践创新成果奖，获评全区绩效考核(先进)单位、全区综治考核(先进)单位。鼎城区工商联获评全国“抗击新冠肺炎以来调查点工作先进基层工商联”，许家桥回族维吾尔族乡人民政府被湖南省人民政府授予全省民族团结进步模范集体称号。

凝聚“同心”共识。集中组织统一战线成员开展各类主题学习，集中宣讲中共十九届五中全会精神、习近平总书记在湖南考察时的讲话精神。引导统战各界代表人士围绕产业立区、乡村振兴等重点领域开展资政建言、民主监督等工作。组织召开鼎城区党外人士及非公经济代表座谈会，听取关于鼎城“十四五”规划编制工作意见建议。支持民主党派自身建设，提高民主党派履职水平，推荐非公领域、党外干部、新社会阶层代表人士参加各类培训。各民主党派围绕区委中心工作开展社会服务10余次，惠及群众3000人次。

2020年鼎城区党外人士及非公有制经济代表座谈会会场（摄影：何巍）

疫情防控。发挥优势，号召统一战线成员共同抗疫，新冠肺炎疫情发生后，鼎城区统一战线第一时间动员和激励全区统战成员扛起疫情防控的重大政治责任，号召统战成员立足本职发挥作用，各尽所能支援一线，参与一线防疫党外医务工作人员1046人，全区统一战线累计捐款520万元，捐赠物资折合人民币约370万元，联系海外采购防疫物资，缓解前期区内防疫物资紧缺局面。指导宗教界携手战“疫”，全区宗教活动场所和民间信仰活动场所实行“两个暂停”，并进行“每日巡查”，全区宗教界为疫情防控捐款20万元。3月26日，常德市委常委、市委统战部部长陈华到鼎城区许家桥回族维吾尔族乡，调研指导春耕生产、疫情防控、复工复产复学及民族宗教等工作。

服务中心大局。聚力脱贫攻坚，推进“万企帮万村”行动，引导非公企业开展扶贫车间建设。2020年，参与统战扶贫车间建设企业30家，建成扶贫车间25个，安置贫困户就业257人。推进“户帮户亲帮亲互助脱贫奔小康”活动，全区146家工商联商协会及会员企业对接帮扶对象741人，捐赠帮扶物品及资金6万元，直接购买消费或通过各种渠道平台代为销售的贫困地区、贫困户农产品18.26万元。结对帮扶双桥坪镇官堰坪村贫困户，每季度开展走访慰问活动。助力乡村振兴，推进“同心创建”。在草坪镇三角堆村、丁家坪村，黄土店镇云峰山村，十美堂镇紫流村进行“同心美丽乡村”创建工作，并作为市级“同心美丽乡村”创建示范点上报，形成“同心”创建点。开展市级“同心项目”红烨必振旅游文化项目创建指导工作，将其作为2020年省级“同心项目”示范点申报。

2020年，常德市委统战部到草坪镇三角堆村指导调研“同心美丽乡村”创建工作（摄影：何巍）

多党合作。把党外干部工作纳入党的干部队伍建设总体规划，把培养选拔使用党外干部和调动优秀人才积极性相结合，建立党外干部选拔任用“一库三评六共同”工作机制。支持各民主党派、知联会开展“不忘合作初心，共担时代使命”主题教育活动，成立“同心志愿者服务队”，组织党外人士开展送医送药、送科技送文化、扶贫助学等活动。助力企业复工复产，2名党外正科级实职干部抽调到企业一线担任“驻企防疫联络员”，4名党外副科级实职干部派驻到社区参与疫情防控工作。开展九三学社鼎城区支社、致公党鼎城工委、民革鼎城区基层委员会、区党外知识分子联谊会的换届工作,开展民革鼎城总支的换届筹备工作。推荐和安排党外干部参加各类专题培训,选派陈轶昊、丁欢、赵维维等党外干部参加全市党外中青年干部培训班。

营商环境。开展“万企大走访、同心促发展”活动,到全区105家民营企业和商协会进行走访、座谈,了解民营企业家的想法,掌握全区民营企业的总体发展情况,帮助疫情影响下的民营企业正常复工,健康发展。安排驻企联络员指导企业复工复产,做到企业政策咨询“零跑腿”,支持援企稳岗就业,开展用工服务和税费支持,联合人社部门举办“春风行动”网上招聘活动,落实普惠性税收、社保优惠政策,优化生产经营环境,缓解企业融资难题,促进企业提质增效。10月末,全国工商联联络部副处长宗君到鼎城区,走访调研鼎城民营企业在疫情防控后期复工复产情况、参与“一带一路”和对外贸易情况。11月末,区委常委、区委统战部部长熊辉率队到广州市番禺区工商联、广州市瑞丰科技股份有限公司开展考察交流,通过异地商会牵线搭桥,吸引在外优秀儿女回到鼎城区投资兴业。

维护民宗和顺。开展民族团结进步创建活动,落实民族优惠政策,落实191名“两种考生”资格审核工作。落实维稳防渗工作责任,健全三级宗教工作网络,按照“属地管理”原则,明确责任,为全区宗教活动场所和民间信仰活动场所制作宗教工作网络公示牌。开展宗教领域安全稳定隐患“一单四制”工作,开展“五进五好”活动,执行宗教活动场所开展重大宗教活动报批制度。促进少数民族乡村经济社会发展,争取省市支持,到位民族发展资金26万元,为许家桥回族维吾尔族乡争取大型墟场建设项目。

为侨服务。开展“侨胞之家”走进乡村工作,分别在红云社区和福广社区成立“侨胞之家”示范点。印发《关于推进“侨胞之家”创建及侨情普查信息上报工作的实施方案》。开展侨法文艺作品创作、侨法知识竞赛等侨法宣传系列活动庆祝侨法颁布实施30周年。联合司法局将“一法两办法”纳入区“宪法宣传周”活动内容,开展侨法进乡村、进社区、进机关、进企业、进万家活动。春节期间开展“聚侨同心·砥砺前行”新春工作联系会及走访慰问活动,在中秋节开展“情满中秋·喜迎国庆”联谊及走访慰问活动,在重阳节开展“翰墨绘重阳·讴歌新江南”书画象棋活动。12月25日,鼎城区委常委、区委统战部部长熊辉带队到花岩溪镇黄壁坪村,看望加拿大湖南同乡会会长、加拿大籍华人郭志勇及其家属,为他们送去节日祝福和慰问物资。

(何 巍)

【新的社会阶层人士服务中心成立】 2020年10月14日,常德市鼎城区新的社会阶层人士服务中心成立。该中心完善新的社会阶层人士培养、选拔和任用工作机制,健全综合评价体系,建立后备名单,实行动态管理,制定工作规划、选拔标准和条件,实行多渠道、多形式选才用才。组织新阶层人士到临澧县、安乡县学习考察新阶层人士统战工作。打造新的社会阶层人士爱国主义教育基地和实践创新基地,并于12月2日召开新的阶层人士联谊会工作筹备会,成立筹备工作领导小组。12月29日,区委常委召开专题会议研究新的社会阶层人士统战工作,决定成立鼎城区新的社会阶层人士联合会。

(何 巍)

2020年,新的社会阶层人士联谊会筹备会会场 (摄影:何巍)

港澳台工作

【概况】 涉台服务。2020年,中共鼎城区委台湾工作办公室(鼎城区人民政府台湾事务办公室)抓台资企业帮扶和服务,走访、调研、慰问台资企业,掌握情况,解决问题。4月,鼎城区委办、区自然资源局、蔡家岗镇人民政府现场调研蔡家岗镇台资企业龙弟源养老山庄项目建设,了解项目用地征地、项目发展瓶颈等情况,与山庄负责人进行项目空间规划座谈交流,并为该企业发展提出意见建议。开展台资企业服务工作,落实惠台措施,召开关于花岩溪镇台资企业汉樱园区土地问题调度会、全区落实惠台措施工作座谈会,相关职能部门汇报政策落实情况,下发惠台政策资料汇编1000份。

交流交往。推动鼎城区与台湾之间交流交往,6月19日,鼎城区委办举办台胞台属台商代表“两岸一家亲,共叙端午情”联系活动。12月2日,常德市台湾同胞投资企业协会到许家桥中心小学爱心捐赠4万元,用于改善该校贫困学生学习生活条件。

宣传工作。开展宣传教育,贯彻落实《中华人民共和国香港特别行政区维护国家安全法》(简称“香港国安法”),组织干部职工集中学习“香港国安法”,召开区委常委会会议专题学习《中华人民共和国香港特别行政区维护国家安全法》、国务院新闻办香港特别行政区维护国家安全法新闻发布会上的讲话及答问实录。

疫情防控。落实新冠肺炎疫情防控措施,摸排在鼎城区台胞台属台商,了解防疫情况,送去急需物资,为台资企业复工复产进行援助。在区政府网站发布《致广大港、澳、台同胞及在鼎外籍人士的一封信》,联合公安、卫健部门落实常住鼎城区的香港、澳门、台湾地区人员摸排工作,开展新冠肺炎疫情防控宣传,发放防疫物资。

(魏祖梅)

机构编制工作

【概况】 2020年,鼎城区委编办推进各类机构改革、健全机构编制管理体系、加强自身建设,为全区经济社会发展提供机构编制保障和支持。

建立“联席会”制度。为理顺全区组织编制人事工作,研究解决组织、编制、人事工作存在问题,建立高效沟通协调机制,鼎城区建立组织编制人事“联席会”制度,会议原则上在双数月24日召开,区委编办主任、分管机构编制副主任、机构编制室负责人参加,会议主要学习有关组织、机构编制、人事工作的文件或政策;研究有关人事问题,如:用编核准计划、抽借调人员、确定拟提交区委常委会或编委全会研究的调动人员、公务员考录计划、事业单位人员招聘计划、军队政策性安置计划等事项。通过建立组织编制人事“联席会”制度,加强与组织人社等部门沟通协调,建立协调配合机制,规范机构编制管理,杜绝到龄不出编、调离不转编现象。组织部门在调整或调配干部前,依据编制部门提供的领导职数和空编情况进行调配,杜绝超职数配备领导干部、超编进人现象。

坚持“先减后加”。采取“一收二调三消”办法提高编制资源使用效率。即:将闲置编制使用权收到编委,统一管理调配;将结构性富余人员连人带编划转到职能增加、人员不足的单位,提高编制资源使用效率,节约财政支出;通过自然减员、鼓励提前退休、内部调控消化等方式消化超编人员。采取“连人带编”方式盘好用活机构编制资源。破除编制资源“部门所有”传统思维,探索实行“连人带编”划转模式,将行政职能回归、职能职责弱化及大部门整合的公路、市场监管等部门结构性富余人员,连人带编划转到民政、残联、退役军人事务等部门,在编制总量内提高编制资源使用效率。2020年,鼎城区通过采取连人带编划转模式,从职能弱化、人员富余的农机、畜牧、公路等部门所属事业单位,划转59人到职能增加、人员不足的区退役军人事务局、区民政局、区工信局、区应急救援大队、区残联等职能增强和事关民本民生的部门,科学合理地配备机构编制资源,节约财政支出。

创新模式。鼎城区建立周转编制池,实行“人、财、编”联动管理,建立完善事业编制“周转制度”,保障区委、区政府中心工作和重大民生领域需要,改善事业单位人员结构,引进紧缺急需人才,盘活编制资源。

机构编制监督检查。重视机构编制监督检查工作,坚持机构编制监督检查与重点领域改革相结合、与实名制管理相结合、与事业单位监管相结合,发挥监督检查作用,规范机构编制管理。派员参加省市区巡视巡察工作,5月12日至6月1日,娄欢欢参加省委巡视工作;9月至11月,张贤文参加市委组织部选人用人专项巡察。开展机构改革方案落实情况专项督查。12月初,由区委改革办、区委编办、区委督查室组成联合督查组,针对全区29个区直单位和部分乡镇(街道)贯彻落实《条例》、机构改革、综合行政执法改革和超审批权限设置机构等问题开展督查,通过督查,树立机构编制权威性、全区领导干部的机构编制“红线”意识和“底线”思维。

(郑　军)

党校工作

【概况】 鼎城区委党校建于1959年2月,现位于常德市鼎城区红云街道办事处德安社区隆阳路566号,占地面积12540平方米,建筑总面积8692.52平方米。属公益一类事业单位(正科级)。设有办公室、教务室、教研室、后勤室、培训合作室。党校配备多媒体会议室2个,大型会议室可容纳300人,中型会议室可容纳160人;配备多媒体教室2间,分别可容纳60人和50人;配有学员宿舍2栋,可满足130人同时住宿,室内配备热水器、电视、空调等;学校食堂可接待300人同时就餐;配备文体活动室,篮球场、羽毛球场、乒乓球场等;配备图书馆,藏书2万余册,配备专门图书管理员。

干部培训。2020年,区委党校举办科级干部培训班2期、发展对象培训班2期,培训学员计493人。科学设置课程,灵活培训方式。把握干部成长规律和党校培训规律,设置教学专题,安排中国共产党的基本理论、党和国家政策法规解读、党性锻炼、能力提升、文化修养等课程。在传统专题讲授式的基础上,引入研究式、体验式、现场式、案例式、讨论式、学员经验体会介绍式等多元教学方法。开展党性教育活动,组织学员分别到石门县南北镇薛家村王新法教育基地、桑植县党性教育基地、潘振武故居和赵必振纪念馆等红色教育基地进行党性锤炼,提升学员党性修养;围绕鼎城区村级集体经济发展、落实乡镇干部减负和鼎城区生活垃圾分类等课题,安排学员到区内街道和乡镇进行实地调查走访。邀请市委党校、湖南文理学院专家教授和市区其他业务部门科局长授课,充实教学力量,提升授课内容广度深度。严格学员管理。坚持从严治校,从严治学,主体班学员实行半军事化管理,培训期间,实行指纹打卡考勤制度,每周公示学员考勤情况;设置手机存放区,严格上课纪律;每周一早上8:00学员着正装参加升国旗仪式;实行学员积分管理,学员参加班级活动积极或在活动中获奖的,给予一定奖励学分,迟到、早退和旷课的违规学员进行扣分,学员得分情况每周通报。实行学员分组竞赛,每15人编为1个学习小组,指定1名组长,负责组织小组课题研讨、外训学习等活动。每期主体班配置2名班主任全程跟班,负责学员管理工作。提高教育教学质量。2020年,党校教师“下乡镇”“入部门”,开展宣讲50余场,培训党员3000余人次。录制教师王靖雯现场教学课程“以斗争精神成就非凡人生——学习开国少将潘振武的斗争精神”、教育长魏涛课程“习近平新时代中国特色社会主义思想的产生和理论逻辑”,并申报常德市党性教育第三批精品课和学习贯彻习近平新时代中国特色社会主义思想好课程评选。重视师资培训。数名教师到各地参加培训，6月，教师宁宇参加省委党校“学习贯彻十九届四中全会精神”师资培训班；9月，教师王慧参加省委党校师资培训班；10月，教育长魏涛带领4名青年教师参加市委党校“学习《习近平谈治国理政第三卷》” 师资培训班；11月，7名教师分别到北京、厦门参加“深入学习贯彻党的十九届五中全会精神”专题培训班。开展中共十九届五中全会精神宣讲工作。按照区委宣传部关于开展中共十九届五中全会精神集中宣讲的通知要求，从11月下旬始，安排教师到机关、学校、企业、乡镇等单位开展全会精神集中宣讲35场次，鼎城电视台、鼎城组工、鼎级传媒等媒体开设专题专栏，报道各单位宣讲开展情况，发布党员干部群众学习体会。

2020年第一期科干班学员和党校全体教职工参加升国旗仪式 （提供：王慧）

科研咨询。实施科研兴校战略，坚持“教学出题目、科研做文章、成果进课堂”思路，把理论学习与研究问题相结合，申报省级课题2项、市社科联课题3项、市党校系统课题2项，落实结项课题3项，协助学员完成课题研究3项，参与区政协课题研究1项。在党校系统理论研讨会中，上交论文5篇，其中2篇获省级二等奖。在省级刊物发表文章1篇，市级刊物发表文章1篇，教师宁宇撰写的《构建服务全民终身学习的教育体系》在《常德日报》理论版全文刊发。教研室主任、区政协委员段淑娟围绕鼎城区经济社会发展中的重点难点及民生热点问题进行调研，撰写优秀提案，被评为2020年政协常德市鼎城区第九届委员会“十佳”委员。年初，召开教师工作会，执行科研制度，根据执行情况反馈修订和完善制度，明确教师年度科研任务，要求所有教师每年必须发表论文或获奖论文1篇以上，参与课题研究1项以上，基层调研30天以上。引导鼓励年轻教师开展科研，加快形成合理科研队伍结构，防止科研工作后劲不足。围绕基层减负、公民道德建设、农村集体经济发展等问题开展专题研究。在科研工作中形成上下联动、内外互助、集体攻关工作格局。在校内，坚持以重点课题为龙头，发挥学员优势，采取学员 + 教师模式，取得第一手研究资料；在校外，强化与有关部门合作，参与区政协“提升政务服务水平”等课题研究，教研室主任段淑娟以“以政务中心建设为龙头 促进政务服务水平提升”为题在全区政协常委会上作汇报发言。

（王　慧）

【湖南省委党校副校长张思京一行到区委党校指导工作】 2020年6月29日，湖南省委党校副校长张思京在常德市委党校常务副校长杨琦明陪同下，率调研组成员到鼎城区委党校调研《中国共产党党校（行政学院）工作条例》在基层党校贯彻落实情况。张思京一行实地查看党校校园环境、学员宿舍、食堂、会议楼等基础设施建设情况。鼎城区委副书记、区委党校校长王时雨，区委党校常务副校长郭芳勇和副校长邓春初陪同调研，并汇报区委党校基本情况。张思京肯定党校各项工作及取得成绩，并提出要求：坚持全面贯彻落实《中国共产党党校（行政学院）工作条例》，加大办班规模，完成干部教育培训任务；坚持党校姓党，聚焦主业主责，提高业务水平；戒骄戒躁，循序渐进解决党校现阶段存在的硬件设施问题。王时雨表示，张思京一行为区委党校提供面对面的业务指导和经验传授，为推动党校下一步工作有重要帮助和指导意义。党校将贯彻落实《中国共产党党校（行政学院）工作条例》，使党校更好地成为干部教育培训的主渠道、主阵地。

（王　慧）

接待工作

【概况】 2020 年,接待服务中心接待宾客 80 余批次,指导同级单位接待工作 20 余次。组织落实国家体育总局、全国工商联到鼎城区调研;接待湖南省关工委到鼎城区调研,接待湖南省政协、湖南省脱贫攻坚干部考察组、湖南省脱贫攻坚考核组到鼎城区考察,接待常德市委、市政府、市人大、市政协等单位厅局级以上领导到鼎城区调研考察,接待邵阳市大祥区、桃源县委、汉寿县委等外市外县交流考察;落实全区老干部春节座谈会、2020 年新春招商引资推介会、市政协退休老干部到鼎城区参观指导、全市乡镇人大工作和建设推进会到鼎城区参观学习及投资企业到鼎城区考察洽谈等接待任务。接待环节“零”失误。

疫情防控。贯彻落实市委、区委关于疫情防控工作各项决策部署,担负属地防控重要责任,发挥基层党组织战斗堡垒作用,建立健全疫情防控工作体系,开展疫情监测、排查、宣传等工作,构筑干群同心,群防群治严密防线。全体人员取消休假、到岗到位。发挥党员干部先锋模范作用,全体党员和干部 24 小时轮流排班坚守在老接待处宿舍楼院落,落实进出人员分类管控、专人排查、建立台账、体温测量等疫情防控工作。

扶贫帮困。重视扶贫工作,派遣党员干部石道德为帮扶工作队队员,常驻牛鼻滩镇永福村,专职开展精准脱贫、驻村帮扶工作。接待服务中心支部书记、主任陈琼数次带领帮扶干部实地调研和考察,了解贫困户情况,帮助寻找脱贫脱困办法,2020 年为永福村筹集扶贫建设资金 3 万余元。

(谢国波)

档案工作

【概况】 2020 年年末,鼎城区档案馆馆藏档案 244 个全宗 129831 卷(册)。全年接待档案查阅 546 人次,查阅档案 1827 卷,查准率 98%。

档案宣传。组织开展以“档案见证小康路、聚焦扶贫决胜期”为主题的档案宣传活动。6 月 9 日,在人群密集街道处悬挂宣传横幅标语、设立档案知识咨询台、发放档案宣传资料进行档案宣传,展出宣传盾牌 50 余块,发放宣传资料 200 余份,接受群众咨询 100 余人次,在鼎广电台、微信、QQ 等各类媒体上开展系列宣传活动。

2020 年 6 月 9 日,鼎城区档案馆开展“6·9”国际档案日宣传活动 (摄影:彭秋娟)

信息报送。全年报送信息 25 篇,国家级媒体上稿 7 篇,省级媒体《档案时空》杂志社上稿 3 篇,《湖南日报》新湖南客户端上稿 6 篇,鼎级传媒上稿 7 篇,其他媒体上稿 13 篇。

资源建设。全年,接收进馆档案 1305 件(册)。完善《鼎城区档案馆爱国主义教育基地管理办法》,以馆藏档案为主要资源,面向社会公众开展爱国主义、革命传统教育。在接待查阅工作中,全程公开办事程序和服务承诺,其中核定工龄、年龄及社保、退伍军人占 50%,修志占 10%,核实土地、山林权属占 40%。

馆库安全。定期开展档案安全隐患排查整治,查看档案馆除湿系统、消防设施、监控系统、电气线路、供水管道、机电设备等档案保管保护设施设备情况,建立检查台账。举办消防安全知识专题培训,定期组织消防演练活动。全年安全事故零报告。

(彭秋娟)

【鼎城区综合档案馆建设项目】 鼎城区综合档案馆建设项目于 2010 年立项(湘发改投资〔2010〕

1439号),列入国家中西部地区综合档案馆建设项目,鼎城区委、区人民政府将该项目纳入“十三五规划”重大建设项目。区综合档案馆总建筑面积6473平方米,选址在祥云路中心广场以西、金霞路以北,原广电中心规划区内。2017年12月末,项目筹建工作完工。2018年1月23日,开工建设。2019年10月31日,区综合档案馆建设项目通过省级主管部门功能验收。综合档案馆外墙干挂、玻璃幕墙、暖通、消防管网、室内墙面粉刷及地面砖铺设工程完工,综合档案馆室外附属工程(包括给排水、道路及铺装、绿化、强弱电和路灯工程等)完工80%,拟于2021年9月投入使用。2020年8月,党史方志馆建设主体结构(1—4楼)部分验收工程完工,主体工程拟于2021年6月验收。

(彭秋娟)

史志工作

【概况】 2020年,中共常德市鼎城区委党史研究室(常德市鼎城区地方志编纂室)围绕年初确定的史志工作要点,开展各项工作,获评2020年度湖南省党史工作先进单位,获评2020年度区平安建设优秀单位、绩效考核良好单位、区文明单位,《鼎城年鉴(2019)》获评第七届湖南省地方志优秀成果(年鉴类)一等年鉴。

史志规划。4月9日,区委常委会研究同意鼎城区2020年党史工作安排及关于将党史工作纳入全区绩效考核体系、纳入全区意识形态工作责任制、纳入区委理论学习中心组的授课内容等“五纳入”。鼎城区委党史研究室(常德市鼎城区地方志编纂室)拟出台《2021—2025年史志工作规划》,通过规划,明确鼎城区未来五年史志发展方向,建立全区史志工作长效机制。

史志编研。3月4日,召开《鼎城年鉴(2020)》重点单位组稿会议,部署重点单位组稿和专题编纂工作。受疫情影响,《鼎城年鉴(2020)》组稿、收集工作以线上方式(短信通知、电话催稿、邮箱收集)方式展开。9月,《鼎城年鉴(2020)》由方志出版社出版并公开发行。该书记述时限为2019年1月1日至12月31日,设类目27个、分目192个、条目364个,配表格6个,成书70余万字。12月,系列丛书《鼎城史鉴②》印行,该书从工业、农业、商贸业、城市建设、交通建设、教育、卫生、旅游等部门征集“奋进70年”稿件,展示从新中国成立至今鼎城区取得发展成就,成书28万余字。6月1日,鼎城区举行《中国共产党常德市鼎城区组织史(1921—2021)》编纂工作启动仪式,按任务分工,开展《中共鼎城区组织史(1998—2021)》资料征集工作,年末,已落实目录编排工作。完善《红色鼎城》资料收集与整理工作,到镇德桥镇、牛鼻滩镇、灌溪镇、石板滩镇、江北城区等地,开展红色革命遗址遗迹普查,整理新增28处遗址遗迹资料,完善、补充内容,该书进入校稿阶段,拟于2021年6月出版发行。9月16日,湖南省委党史研究院在其主办的刊物《湖南党史信息》,以《“全面治史”的鼎城实践》为题,向全省各级党史部门推介鼎城区党史工作经验与做法。

2020年6月9日,湖南省委党史研究院院长胡振荣(右二)调研鼎城区党史工作 (提供:牟志扬)

专题研究。赵必振研究。2月,联合中南大学,成功申报的赵必振研究课题国家社会科学基金项目,以“优秀”等级结项,并联合中南大学申报了新的赵必振研究社科项目;为赵必振研究提出可行性建议;《赵必振年谱长编》从数百万字原始材料中,提炼出30余万字基本材料。5月13日,湖南省社会主义学院一行20余人调研赵必振纪念馆,研究考察赵必振研究工作;12 月,《“首届赵必振学术研讨会”论文集》公开出版。阳明文化研究。4 月,邀请有关专家、教授召开常德阳明文化史料论证会,为编纂《王阳明与常德》打下基础。鲁易烈士研究。10 月,联合郭家铺街道到北京、保定、广州、海口等地查找鲁易烈士资料,收集到大量史料;12 月 7 日,联合郭家铺街道委托专人从俄罗斯找到并带回 1926 年鲁易留学苏联的珍贵历史档案资料,为《鲁易传》编纂与“鲁易生平事迹陈列馆”建馆工作奠定基础。“德文化”研究。鼎城区委党史研究室负责常德江南工人文化宫“德文化”教育基地建设策划、组织、协调等相关工作,组织湖南文理学院教授、常德地方文史专家初步拟制常德江南工人文化宫“德文化”教育基地展示方案和“德文化”展览馆陈展提纲。

2020 年 10 月 12—18 日,鼎城区委党史研究室到保定、北京征集鲁易烈士生平资料 (提供:向玲灿)

史志宣教。全年,开展党史外出宣教 4 次,鼎城区党史陈列馆接待参观人员 5 批次。制作“传承鼎城精神,担当时代使命”“历史视域中的中国共产党”“中国共产党的成功密码”“一代圣贤王阳明”等宣讲专题课件。通过新媒体、采用新形式开展宣讲学习交流,发出党史好声音,传播社会正能量。注重“鼎城史志”网站建设,全年,向国家、省、市、区等各类媒体推送信息 70 余条;微信公众号“鼎城史志”推出《党史今日》栏目 304 期、《党史应知应会》栏目 134 期;联合区广电台播出《听红色故事,做红色传人》节目 100 期。

2020 年 10 月 19 日,海螺集团湖南区域海星训练营(华中二营)第三期培训班到鼎城区党史陈列馆参观 (提供:向玲灿)

走访调研。区委党史研究室组织到脱贫攻坚联系点村、机关党员志愿者下基层联系点村韩公渡镇株木山村,平安创建联系点红云街道红云社区,在职党员进社区联系社区红云街道花船社区走访调研,开展平安建设、脱贫攻坚、党员志愿者下基层、在职党员进社区服务工作,向群众宣传科学防疫、综治民调、防范电信诈骗等工作部署和精神。9 月,全体干部到紫薇佳园(二期)小区开展“联居民创满意”活动,下班后开展扫楼式入户走访,建立民情台账,收集社情民意,排查矛盾纠纷。

日常管理。制定出台《2020 年工作手册》,按制度管理单位人、财、物,划分干部职责和工作范围。每月初制定月工作计划表和文件办理情况汇总表,每周五集中调度工作,督促各项工作按时按质按量完成。10—12 月,配合区委巡查组常规巡查区委党史研究室党支部工作,按照巡查反馈内容“对症下药”解决问题。

疫情防控。新型冠状病毒感染的肺炎疫情发生后,区委党史研究室第一时间安排部署相关工作,一手抓疫情防控,一手抓业务建设。利用视频、电话短信开会与办公方式,安排部署疫情防控工作,学习各级关于疫情防控工作精神、要求、措施、科普知识、辟谣信息等内容。避免人员聚集,采取配菜分餐制用餐。落实院落防护措施,设置体温检测及监测劝导点,严格人员排查、建立工作台账、登记检测进出人员体温。设立疫情防控宣传栏，到院落居民家中，宣讲防控要求和相关防控知识，引导院落住户科学防控新冠肺炎疫情。驻村工作队员到扶贫点村韩公渡镇株木山村，开展脱贫攻坚与疫情防控工作，为联系点村捐赠一次性医用口罩200个，进村入户采集受疫情影响的贫困户信息，宣讲防疫政策、提供就业信息、开展禁烧秸秆宣传、帮助贫困户开展春耕备耕工作，关注联点企业复工复产工作，联系联点企业奥新机械有限公司，向企业主宣传相关复产复工支持政策，了解企业人员流动、复工复产准备、防控物资储备等情况，助力企业复工复产。2月28日，组织全室党员，为支持新冠肺炎疫情防控工作自愿捐款。3月5—19日，组织全体干职到江南香榭小区开展疫情防控值班，指导小区落实疫情防控要求。开展疫情防控资料征研工作，编辑记载鼎城区2020年抗击新型冠状病毒感染的肺炎疫情纪实作品《鼎城史鉴③（抗“疫”专辑）》，拟于2021年1月印刷发行。

（牟志扬）

2020年2月28日，鼎城区委党史研究室疫情防控捐款仪式现场（摄影：牟志扬）

【国家社科基金项目“赵必振翻译日文版社会主义著作的搜集、整理与研究”结项】 2020年2月7日，全国哲学社会科学规划办公室公布2020年国家社科基金项目结项情况，中共常德市鼎城区委党史研究室与中南大学共同承担的国家社科基金项目“赵必振翻译日文版社会主义著作的搜集、整理与研究”（项目编号：18BKS035），从全国1200余个结题项目中入选，进入10%的“优秀”等级（证书号：20200808）。该项目于2018年6月由全国哲学社会科学规划办公室正式批准立项，由中南大学教授、博士生导师曾长秋主持，课题组成员有复旦大学教授姜义华、湖南省政协文史委原主任田伏隆、湖南省委党史研究院人物研究处处长朱柏林、中共常德市委党史研究室原副主任应国斌、中共常德市鼎城区委党史研究室主任曾世平、湖南文理学院教授梁颂成、东北财经大学副教授鲜明、上海职业技术大学讲师潘喜颜。该项目发掘、整理、出版了一批珍贵史料，论证了赵必振在中国马克思主义和社会主义思想传播史上的地位和作用，促进了中国马克思主义早期传播研究的开展。

（向玲灿）

结项证书

项目类别：国家社会科学基金一般项目（批准号：18BKS035）
项目名称：赵必振翻译日文版社会主义著作的搜集、整理与研究
负 责 人：曾长秋　　主要参加人：曾世平　梁颂成　应国斌　朱柏林　田伏隆　潘喜颜　鲜　明
证 书 号：20200808
鉴定等级：优秀
本项目经审核准予结项，特发此证。
全国哲学社会科学工作办公室
2020年02月07日

2020年2月7日，“赵必振翻译日文版社会主义著作的搜集、整理与研究”以优秀等级结项（提供：牟志扬）

【常德阳明文化史料论证会召开】 2020年4月7—9日，鼎城区地方志编纂室组织召开为期3天的常德阳明文化史料论证会。会议特邀湖湘儒学传承人、湖南省社科院宗教文化研究中心研究员黄守愚出席，常德阳明文化研究中心特聘研究员梁颂成、邓声斌等专家参加讨论。鼎城区委常委、区委办主任雷建国主持会议，并针对《王阳明与常德》一书的编研工作提出相关要求。论证会围绕《王阳明与常德》的主要章节“王阳明讲学常德”与“楚中王门：阳明后学八大门派之一”展开。与会专家展开关于王阳明经过常德的时间、主要活动、创

作的诗作和楚中王门弟子蒋信、冀元亨等人拜师王阳明的经历等重要学术问题的讨论。黄守愚指出,《王阳明与常德》一书是常德乃至湖南第一本关于阳明文化的研究专著,将填补湖南阳明文化研究的空白,将使常德成为研究"阳明心学"的重镇,也必将在学术界展现出"楚中王门"的独特思想魅力。（向玲灿）

【鼎城区启动革命遗址遗迹标识工作】 2020年5月28日,鼎城区革命遗址遗迹标识工作启动会在区委党史研究室召开。会议由鼎城区老促会副会长何富珍主持,区老区办、区文旅广体局、区退役军人事务局、区委党史研究室相关负责人参加会议。鼎城区通过2年时间调查,摸清革命遗址遗迹128处。会议决定从2020年起,分批开展革命遗址遗迹标识工作,并初步确定第一批革命遗址遗迹标识名单32处。（向玲灿）

【赵必振研究基地参展2020中国红色旅游博览会】 2020年11月14日至16日,2020中国红色旅游博览会在长沙举办。该届红博会以"红色土地·全面小康"为主题,由湖南省人民政府和江西省人民政府共同主办,举行开幕式,组织红博会展览和"爱上红土地"红色旅游扶贫创新发展论坛暨2020湘赣红色旅游推介会,吸引湖南省、江西省之外的22个省(自治区、直辖市)报名参展。红烨景区(赵必振研究基地)作为中国译介马克思主义第一人赵必振的研究基地,也是渐安暴动纪念园(为纪念在渐安暴动中牺牲的以陈昌厚为代表的5名烈士)受邀参加该次红博会,通过现场讲解、发放资料、文旅产品营销等形式,集中展示赵必振与渐安暴动文化,系统介绍译介马克思主义先行者赵必振的文化挖掘、践行马克思主义的渐安暴动纪念园打造,推介了红烨景区代表常德市将红色文化带动乡村旅游的"红＋绿"模式。赵必振研究基地——红烨景区已成为国家AAA级旅游景区、国家五星级休闲庄园、湖南省休闲农业特色示范园,并被政府部门授予"鼎城区非公经济和社会组织党建工作示范点""鼎城区爱国主义教育基地""常德市青少年爱国主义教育基地""常德市中小学研学教育基地"。（向玲灿）

【《"首届赵必振学术研讨会"论文集》出版发行】 2020年12月,由湖南省中共党史人物研究会和中共常德市鼎城区委党史研究室编辑的《"首届赵必振学术研讨会"论文集》,由中共党史出版社出版发行。该书从"首届赵必振学术研讨会"参会论文中遴选52篇优秀论文编辑而成,全书分6个部分,成书40余万字。该书是国家社会科学基金项目——"赵必振翻译日文版社会主义著作的搜集、整理与研究"的最终成果。（李　玲）

2020年12月,《"首届赵必振学术研讨会"论文集》出版发行（摄影:李玲）

鼎城区人民代表大会

People's Congress of Dingcheng district

2020 年 8 月 17 日，鼎城区十七届人民代表大会第七次会议会场　（提供：区融媒体中心）

概述
重要会议
重要活动
审议与任免
依法监督

鼎城年鉴（2021）

概　　述

【概况】 2020年，鼎城区人民代表大会代表314人，其中非中共党员代表101人，妇女代表101人，少数民族代表15人。有市人民代表大会代表64人，其中非中共党员代表20人，妇女代表18人，少数民族代表3人。有省人民代表大会代表8人，其中非中共党员代表5人，妇女代表1人，少数民族代表1人。全年，召开人民代表大会常委会会议11次、主任会议11次，听取审议专项工作报告26个，作出决议、决定15个，开展集中视察3次，交办审议意见、视察意见13件。

决议决定。围绕园区发展，依法作出灌溪镇撤镇设街道决定，出台《加强综合治理从源头切实解决执行难问题的决议》《关于实施区人民政府民生实事项目人大代表票决制工作的决定》，作出区本级财政预算调整等决议决定。

“五行”活动。开展环保世纪行、农产品质量安全行、农民健康行、民族团结进步行、司法公正常德行活动。听取审议环境状况和环境保护目标落实情况，开展石板滩关闭石煤矿区生态修复治理工作视察、政府性债务防范化解专题调研。围绕江南新城建设，开展城建工作视察。围绕乡村振兴，开展农产品质量安全工作视察及农产品质量安全行活动，督促启动建设高标准农产品质量检验检测中心。听取审议养殖业发展、农村安全饮水情况，督促建成非洲猪瘟检测实验室，督促落实祝家垱等4个水厂提质改造。评议33名法官、11名检察官履职情况，实现届内“两官”履职评议全覆盖。关注学前教育，督促全区新增普惠性幼儿园3所，大班额全部化解。听取全区计生特困家庭综合保障、安全生产、医保基金监管、外事、港澳、对台等工作情况。

代表工作。开展《中华人民共和国民法典》专题培训和区人大代表履职培训，邀请履职优秀的全国、省、市人大代表为区乡人大代表介绍履职经验，12名市人大代表和113名区人大代表接受述职评议。启动《湖南省乡镇人民代表大会工作条例》的学习贯彻，编印《贯彻落实条例实施细则》和《条例应知应会50条》。在黄土店镇建成“两代表一委员”工作室。在区乡两级同步推行民生实事项目人大代表票决制工作，创新推行乡镇民生事项票决制，蒿子港镇、十美堂镇、周家店镇在全区率先试点，实现“民生大事、人民做主”。完善和充实人大代表联系群众制度，在草坪镇枫林口村创新设置人大代表新时代文明实践站，发挥代表优势，对接乡村振兴，开展联点帮建、服务人民群众。

联系交流。配合市人大常委会开展《常德市农村村民住房建设管理条例(草案)》等立法调研。配合市人大常委会开展《野生动物保护法》执法检查，督促区人民政府落实野生动物退养政策。每季度召开一次乡镇(街道)人大工作片会。吉首市、湘乡市等地相关单位到鼎城区学习考察、交流经验。

宣传调研。开展全市人大制度理论研讨活动，向市人大常委会报送论文10篇，其中，获特等奖1篇、一等奖2篇、二等奖2篇、三等奖2篇。总结推介办公室办文、办会、办事经验，数篇文章在省市媒体刊发。组建专班采写35名人大代表优秀事迹，在省、市媒体报道。代表赵金秋、李元香的优秀事迹登上全市“讲代表故事，展履职风采”舞台，文章《跑出普法“加速度”》获第30届“湖南人大新闻奖二等奖”，是2020年全市获得的最高奖项。　(王湘庭　王萧宇　张冰)

重要会议

【鼎城区人民代表大会常务委员会会议】 2020年1月3日，鼎城区十七届人大常委会第二十四次会议举行。会议审议鼎城区第十七届人民代表大会第六次会议日程安排(草案)，审议通过会议有关人员名单(草案)，审议区人大常委会工作报告(送审稿)和2020年工作要点(送审稿),审议区十七届人大六次会议补选办法(草案),听取代表资格审查委员会关于代表资格的审查报告,并进行相关人事任命。

1月19日,鼎城区十七届人大常委会第二十五次会议举行。会议接受了相关辞呈。

3月27日,鼎城区十七届人大常委会第二十六次会议举行。会议听取和审议区人民政府关于2019年度环境状况和环境保护目标完成情况汇报;听取2019年度司法公正常德行和规范性文件备案审查工作情况汇报;听取区人民政府关于计划生育特殊困难家庭综合保障工作情况汇报;听取区人民政府关于外事、港澳事务、台湾事务工作情况汇报,并进行相关人事任命。

4月22日,鼎城区十七届人大常委会第二十七次会议举行。会议听取了全区关于2020年财政支出绩效管理及2019年绩效评价结果应用落实情况汇报;听取和审议区人民政府关于2019年区本级城建项目和城建资金计划执行情况及2020年区本级城建项目计划安排情况汇报;听取区人民政府关于全区农村饮水安全工作情况汇报。

6月10日,鼎城区十七届人大常委会第二十八次会议举行。听取和审议区人民政府关于安全生产工作、全区养殖业发展综合、全区学前教育工作的情况汇报;会议进行典型案件评析和人事任免,并接受相关辞呈。

7月24日,鼎城区十七届人大常委会第二十九次会议举行。会议专题听取和审议区人民政府《关于提请审议撤销灌溪镇设立街道的议案》,会议作出决定:批准撤销灌溪镇,设立街道办事处。

8月14日,鼎城区十七届人大常委会第三十次会议举行。会议决定于2020年8月17—18日召开区十七届人大第七次会议,并审议《区十七届人大常委会代表资格审查委员会关于代表资格的审查报告(草案)》《区十七届人大七次会议日程安排(草案)》《区十七届人大七次会议主席团成员和秘书长名单(草案)》《区十七届人大七次会议补选办法(草案)》,接受了部分市、区人大代表辞呈,补选涂贤春、王少贤为常德市第七届人民代表大会代表。

9月24—25日,鼎城区十七届人大常委会第三十一次会议举行。会议进行相关人事任免,决定接受朱金平辞去区人民政府区长职务,接受熊辉辞去区人民政府副区长职务,决定任命陈远为常德市鼎城区人民政府副区长,并决定其为代理区长,决定任命杨成为区人民政府副区长。会议听取和审议区人民政府2019年财政决算报告(草案)、2020年1至8月财政预算执行情况及2019年财政预算执行情况审计报告、区"一府两院"关于加强综合治理从源头切实解决执行难问题工作的情况汇报;听取区人民检察院关于开展公益诉讼工作的情况汇报,进行12名市人大代表述职评议。会议于9月25日开展全区食品安全工作专题询问。

10月28日,鼎城区十七届人大常委会第三十二次会议举行。会议学习传达中共中央总书记、国家主席习近平在湖南考察调研时的重要讲话精神及省委、市委、区委全会精神,接受相关人员辞呈,以无记名投票的形式,补选陈远、陈育斌为常德市第七届人民代表大会代表。

11月17日,鼎城区十七届人大常委会第三十三次会议举行。会议听取区人民政府关于医保基金监管、2019年区级预算执行和其他财政收支的审计查出问题整改、"一府一委两院"办理2020年区十七届人大六次会议代表建议等情况汇报,听取和审议区人民政府关于财政预算调整方案(草案)的汇报。会议进行"两官"履职评议和代表资格审查等工作,评议区人民政府及区审计局、区行政审批服务局、区退役军人事务局、区市场监督管理局、区统计局、区信访局、区扶贫开发办公室、区医疗保障局、区文化旅游广电体育局,优化经济发展环境工作。

12月16日,鼎城区十七届人大常委会第三十四次会议举行。会议听取和审议区2020年预算绩效管理及绩效评价、运行监控结果应用建议，区人民政府关于2020年国有集体资产清理整顿工作等情况汇报；听取区人民政府关于《常德市鼎城区人大常委会关于开展第七个五年法制宣传教育的决议》贯彻执行、“十三五”规划实施情况和“十四五”规划编制，区人民法院、区人民检察院关于适用认罪认罚从宽制度工作，落实区人大常委会决议、决定，办理区人大常委会审议意见、主任会议交办书等情况汇报；审议关于民生实事项目的决定(草案)、区人民政府民生实事项目人大代表票决制实施办法（草案)、2021年度区人民政府民生实事候选项目及区十七届人民代表大会第八次会议的有关事项；会议接受相关辞呈，并进行相关人事任命。

12月27日，鼎城区十七届人大常委会第三十五次会议举行。会议补选1名市七届人大代表。

（张　冰）

【鼎城区人民代表大会会议】 2020年1月8—10日，鼎城区召开第十七届人民代表大会第六次会议。大会审议通过区人民政府工作报告、计划工作报告、财政工作报告、区人大常委会工作报告、区人民法院工作报告和区人民检察院工作报告。表决通过的区十七届人民代表大会专门委员会委员向宪法宣誓。

8月17—18日，鼎城区召开第十七届人民代表大会第七次会议。会议接受杨君辞去鼎城区人大常委会主任职务，王少贤满票当选为区十七届人大常委会主任。

12月27—29日，鼎城区第十七届人民代表大会第八次会议召开。大会审议通过区人民政府工作报告、计划工作报告、财政工作报告、区人大常委会工作报告、区人民法院工作报告和区人民检察院工作报告。通过关于“十四五”规划纲要(草案)的决议，补选的区人民政府区长陈远、区人大常委会副主任李三葆分别向宪法宣誓。

（张　冰）

2020年12月，鼎城区第十七届人民代表大会第八次会议会场(提供：张冰)

重要活动

【概况】 2020年4月7日，常德市人大常委会党组书记、副主任余怀民率执法检查组，到鼎城区开展《中华人民共和国食品安全法》执法检查。区委书记、常德高新区党工委书记杨易，区委副书记、区人民政府区长朱金平，区人大常委会主任杨君，区人民政府副区长蒋宏武陪同检查或参加座谈。

4月15日，常德市人大常委会原主任、市关工委常务副主任曹儒国率调研组到鼎城区人大常委会机关调研关心下一代工作并召开座谈会。市委组织部副部长、市关工委副主任杨文惠，区委副书记王时雨，区委组织部、区关工委相关负责人参加调研和座谈。

4月21日，常德市人大常委会副主任王先蒙带领市人大农业委、市水利局工作人员到鼎城区开展农村饮水安全工作调研。区人大常委会主任杨君、副主任钟泽英，区委常委、区委统战部部长、区人民政府副区长熊辉陪同调研。调研组一行考察西洋陂水厂、许家桥水厂，召开座谈会。会上，鼎城区人民政府汇报全区农村饮水安全工作情况，与会人员提出农村饮水安全工作意见和建议。

4月27日，常德市人大常委会副主任戴君耀一行到鼎城区调研医保基金监督管理工作。区人大常委会主任杨君、副主任李湘建，区人民政府副区长杨凡出席座谈会或陪同调研。戴君耀一行走访常德市第四人民医院南区和玉霞街道卫生服务中心，到诊室和病房与就医群众交谈，实地了解就诊环境、报销比例等情况。座谈会上，杨凡代表区人民政府汇报了鼎城区医疗保障基金监督管理工作情况，区医保局、区卫健局、区人社局等部门发言，提出医保基金监督管理工作意见与建议。

4月29日，鼎城区人大常委会评议区人民政府优化经济发展环境暨食品安全专题询问工作动员会举行，安排部署2020年区人大常委会评议区人民政府优化经济发展环境暨食品安全专题询问工作。会上，区人大常委会主任杨君作动员报告，区委副书记王时雨讲话。宣读《鼎城区人大常委会2020年评议区人民政府优化经济发展环境工作方案》《鼎城区人大常委会开展食品安全工作专题询问实施方案》《鼎城区人大常委会评议区人民政府优化经济发展环境工作"六严禁"规定》。区领导李卫民、刘运华、钟泽英、李湘建、王志新、刘志平、沈国华、蒋宏武，区人民法院院长覃红卫、区人民检察院检察长向际万出席会议。所有区人大常委会组成人员、住区市人大代表小组副组长、区人大各专门委员会委员、区政府工作部门一把手、被评议单位班子成员、乡镇人大主席、街道人大工委主任及相关参与评议单位负责人参加会议。

5月15日，常德市人大常委会副主任杨新辉一行到鼎城区调研学前教育工作。区人大常委会主任杨君、副主任钟泽英，区人民政府副区长蒋宏武陪同调研。杨新辉一行到鼎城区实验幼儿园、金鹰蒙氏幼儿园现场调研。座谈会上，蒋宏武汇报鼎城学前教育工作情况，教育局等相关职能部门进行学前教育工作情况发言，并提出意见、建议。

5月19日，湖南省人大常委会副秘书长刘伟志一行到鼎城区调研人大信息化建设和新闻宣传工作。常德市人大常委会秘书长李绍霞，鼎城区人大常委会主任杨君、副主任李湘建陪同视察或参加座谈。调研组一行参观常德画墙，实地调研区人大常委会机关信息化建设情况，并召开座谈会。会上，调研组听取区人大常委会信息化建设和新闻宣传工作情况汇报，开展信息化建设和新闻宣传工作交流探讨，区人大常委会主任杨君结合省委人大工作会议召开等具体问题提出意见建议，调研组逐一给予回应。

2020年5月19日，湖南省人大常委会副秘书长刘伟志(中)调研鼎城区人大信息化建设和新闻宣传工作　(提供:张冰)

6月11日，常德市人大常委会党组书记、副主任余怀民带领市七届人大代表驻鼎城区第一小组代表以代表小组活动的形式，专题调研鼎城区教育、居家养老、文化等工作情况。市人大常委会副主任杨新辉，秘书长李绍霞，区委书记、常德高新区党工委书记、二级巡视员杨易，区人大常委会主任、二级巡视员杨君，区人民政府副区长杨凡陪同视察和参加座谈会。代表们视察江南中学、区文化中心、区社会福利中心，了解江南城区教育发展情况、全区养老服务事业发展情况、非物质文化遗产传承情况。召开座谈会，区教育局、区民政局、区文旅广体局围绕调研主题作专题汇报，代表小组成员与市直主要部门负责人进行交流。

2020年6月11日，常德市人大常委会党组书记、副主任余怀民(前排左二)调研鼎城区教育、居家养老、文化等工作　(提供:张冰)

6月15日，为贯彻《全国人民代表大会常务委员会关于全面禁止非法野生动物交易、革除滥食野生动物陋习、切实保障人民群众生命健康安全的决定》(简称《决定》)和《中华人民共和国野生动物保护法》的要求。常德市人大常委会党组书记、副主任余怀民带领市人大常委会研究室、市人大农业委及市林业局主要负责人到鼎城区开展执法检查。执法检查组一行到斗姆湖街道办事处厚兵养殖公司、许家桥回族维吾尔族乡旺豪猪养殖场，察看养殖基地相关情况。在座谈会上，听取了区人民政府及区直相关部门关于《决定》和《中华人民共和国野生动物保护法》贯彻实施情况的报告。与会人员围绕补贴标准、维护社会稳定、转型发展等相关问题，提出针对性的意见和建议。

2020年6月15日，常德市人大常委会到鼎城区开展执法检查 (提供:张冰)

6月16日，常德市人大常委会党组书记、副主任余怀民带队到鼎城区视察学前教育工作。在鼎城区实验幼儿园，调研组一行参观了幼儿园大厅、户外活动场地、美术室、DIY创意室、生活体验室等场所，听取园长关于师资力量、户外游戏、室内区角、环境创设、功能室配备以及特色教育的简要介绍。常德市人大常委会组成人员、市人民政府副市长杨成英，区委书记、常德高新区党工委书记、二级巡视员杨易，区人大常委会主任、二级巡视员杨君，区人大常委会副主任钟泽英，区人民政府副区长蒋宏武陪同视察。

2020年6月16日，常德市人大常委会到鼎城区考察学前教育工作 (提供:张冰)

6月18日，湖南省人大常委会联工委副主任张扬军到鼎城区调研代表工作。常德市人大常委会党组书记、副主任余怀民，市人大常委会党组副书记、副主任王先蒙，鼎城区委副书记、区人民政府区长朱金平，区委副书记王时雨，区人大常委会主任、二级巡视员杨君，区人大常委会副主任刘运华陪同调研或参加座谈会。调研组一行考察常德画墙和市人大代表驻鼎城区第一代表小组活动室，并召开座谈会，听取汪志红、吕舒、张涛等6名省人大代表和市、区人大常委会有关情况汇报，向与会人员征求关于《湖南省人大代表小组活动制度(征求意见稿)》的意见和建议。

2020年6月18日，湖南省人大常委会联工委副主任张扬军(前排右二)调研鼎城区代表工作 (提供:张冰)

6月19日，鼎城区人大常委会举办《民法典》法律知识讲座，邀请常德市中级人民法院副院长孙权新为全区乡镇人大主席、副主席、街道人大工委主任及区人大常委会机关全体干职授课。

6月30日，湖南省人大常委会委员、联工委主任张云英到鼎城区调研代表建议办理、代表阵地建设工作。常德市人大常委会党组副书记、副主任王先蒙，区人大常委会主任、二级巡视员杨君、副主任刘运华陪同调研。调研组一行实地察看常德画墙、市七届人大代表驻鼎城区第一代表小组活动室，询问常德画墙建设有关情况，为省人大常委会督办《关于支持"常德画墙"建设的建议》打基础。

2020年6月30日，湖南省人大常委会委员、联工委主任张云英(前排右二)调研鼎城区代表建议办理、代表阵地建设工作 (提供:张冰)

9月10日，湖南省人大常委会党组书记、副主任刘莲玉带队在常德开展《湖南省中小学校幼儿园规划建设条例》执法检查期间到鼎城区，视察《中小学校幼儿园规划建设条例》贯彻落实和常德市第二工人文化宫建设情况。湖南省人大常委会党组成员、秘书长胡伯俊，市区领导余怀民、杨新辉、杨易、朱金平、王少贤、钟泽英、蒋宏武等陪同。

2020年9月10日，湖南省人大常委会党组书记、副主任刘莲玉(右二)到鼎城区开展执法检查 (提供:张冰)

9月21日，鼎城区人大常委会组织开展全区农产品质量安全监管情况视察。区人大常委会主任王少贤，副主任刘运华、钟泽英、李湘建、王志新、刘志平和常委会委员参加视察，区委常委、区委统战部部长、区人民政府副区长熊辉陪同视察。视察组一行到鼎城区农产品质量检验检测中心、牛鼻滩镇华茂蔬菜专业合作社、牛鼻滩镇农产品质量安全监管站等地进行查看。座谈会上，与会人员观看农产品质量安全监管短片；区农业农村局、区市场监督管理局、牛鼻滩镇相关负责人进行农产品质量安全监管工作情况汇报，常委会组成人员提出加强农产品安全监管工作的意见和建议。

2020年9月21日，鼎城区人大常委会主任王少贤(中)开展农产品质量安全监管情况视察 (提供:张冰)

9月23日，常德市人大常委会副主任戴君耀带队到鼎城区开展扫黑除恶专项斗争专题调研。调研组一行参观了鼎城区人民检察院党建展览廊、工作展示栏、文体休闲室和市公安局鼎城分局政务大厅、执法办案区，察看扫黑除恶专项斗争成果展示，并召开座谈会。区人大常委会主任王少贤、副主任李湘建，区人民政府副区长、市公安局鼎城分局局长洪振坤，区人民法院院长覃红卫、区人民检察院检察长向际万，区人大监察和司法委、区司法局负责人陪同调研。座谈会上，全体人员观看扫黑除恶专项斗争宣传片，区司法局、区人民检察院、区人民法院、市公安局鼎城分局负责人汇报扫黑除恶专项斗争工作情况。

9月25日，鼎城区人大常委会对区人民政府食品安全工作专题询问会召开，区人大常委会首次运用专题询问的方式监督区人民政府工作。区人大常委会主任王少贤，副主任钟泽英、李湘建、王志新、刘志平，区人大常委会党组成员、区总工会主席沈国华及其他常委会委员出席会议。区委副书记、区人民政府代理区长陈远，区人民政府副区长王直华、蒋宏武，区人民法院院长覃红卫、区人民检察院检察长向际万、区监察委副主任舒伟及全区各乡镇人大主席、街道人大工委主任、部分区人大代表、相关应询单位负责人、部分食品生产加工企业负责人列席会议。

10月20—22日，鼎城区开展区十七届人大代表履职培训。区人大常委会主任王少贤，副主任刘运华、刘志平出席培训。全体区人大代表，非区人大代表乡镇人大副主席、乡镇街道人大专干，区人大常委会机关工作人员约370人参加培训。培训期间，区人大常委会党组成员、办公室主任周跃华，区人大监察和司法委（法制委）主任委员龚天宝，区人大常委会委员、联工委主任杨锦程，省、市人大代表、市人大环资委委员吕舒分别围绕“人大代表的权利与义务相关知识”“积极投身创先争优、争当四讲四有合格代表”“如何撰写议案建议相关知识”“如何提好代表建议”为全体学员授课；十三届全国人大代表、非物质文化遗产常德花鼓戏国家级传承人杜美霜，湖南省第十三届人大代表、常德市第四人民医院骨科主任汪志红，常德市第七届人大代表、湘北水泥公司董事长赵金秋分别结合履职经历为全体学员作经验分享。

10月29日，鼎城区人大常委会视察调研石板滩关闭石煤矿区生态修复治理工作。区人大常委会主任王少贤一行参观生态修复指挥部展示馆，查看污水处理厂运行情况，并到二号、五号、六号矿坑，实地查看施工进度和治理成果。区人大常委会相关领导、各委办负责人参加视察调研。区人民政府副区长钟科程，区人民政府相关工作部门负责人，石板滩镇党委、政府负责人陪同视察调研。

11月5日，鼎城区人大常委会主任王少贤带领区人大常委会组成人员及全国、省、市、区、镇五级人大代表，视察全区城建工作。王少贤一行到西站路、南金城小区、江南污水处理厂、隧道口老旧小区改造点，实地视察精品楼盘、路网建设、污水处理厂建设、杨家港河治理工程等。座谈会上，区住建局、住房保障服务中心、江南城投公司、阳明湖公司负责人介绍了相关情况。区人大常委会副主任刘运华、钟泽英、李湘建、王志新、刘志平和区人大常委会其他组成人员及全国人大代表杜美霜，部分省、市、区、镇人大代表参加视察，区人民政府副区长钟科程及区人民政府城建工作相关单位和部门、街道办事处负责人陪同视察。

11月17日，鼎城区十七届人大常委会召开第三十三次会议，评议区人民政府及区审计局、区行政审批服务局、区退役军人事务局、区市场监督管理局、区统计局、区信访局、区扶贫开发办公室、区医疗保障局、区文化旅游广电体育局优化经济发展环境工作。会议听取区人民政府关于全区优化经济发展环境工作情况汇报和区人大常委会评议调查报告，针对9个被评议单位进行满意度测评。区领导李卫民、王明东、刘运华、钟泽英、李湘建、王志新、刘志平、沈国华及“两院”负责人出席会议。

11月30日，常德市乡镇人大工作和建设推进会召开，鼎城区乡镇人大工作被作为典型推介。常德市人大常委会党组书记、副主任余怀民带领市人大常委会主任会议成员，市人大各专门委员会、常委会各工作机构负责人，常委会副秘书长，各区县（市）人大常委会主任、分管代表工作的副主任等到鼎城区参观黄土店镇贯彻《湖南省乡镇人民代表大会工作条例》、民生实事项目人大代表票决制、人大代表履职风采等宣传展板及“两代表一委员”工作室，听取该镇负责人关于贯彻落实《条例》的情况介绍；察看草坪镇枫林口村人大代表新时代文明实践站——枫林口村娄家咀幸福屋场。鼎城区委书记朱金平、区人民政府代理区长陈远、区人大常委会主任王少贤及主任会议其他成员陪同。

（王湘庭　王萧宇　张冰）

2020年11月30日，常德市人大常委会参观黄土店镇“两代表一委员”工作室 （提供：张冰）

审议与任免

【概况】 2020年，选举任免国家机关工作人员33人次。在区十七届人大七次会议上，王少贤当选区人大常委会主任，在区十七届人大八次会议上，陈远当选区人民政府区长、李三葆当选区人大常委会副主任。 （王湘庭）

依法监督

【概况】 2020年，鼎城区人大常委会开展食品安全专题询问，历时5个月，成立8个调查组，进行食品安全工作调查。在专题询问会上，以专题片的形式，曝光一批食品安全领域问题，人大代表现场发言提问、追问，区人民政府分管副区长及10家应询单位负责人现场作答，承诺问题整改时限，区人大常委会全程跟踪问题整改，捍卫人民群众“舌尖上的安全”。围绕营商环境优化，在全市率先落实优化经济发展环境评议三年行动，实现政府工作部门评议全覆盖，推动解决问题144个。听取审议预算执行、预算调整、财政专项资金绩效管理等情况报告，审查批准区级财政决算、区级预算调整方案。开展财政专项资金绩效目标审查，进行11个专项资金及6个乡镇整体支出绩效评价监督，发现并督促整改问题113个，收回财政资金44.38万元。进行157个百万元以上专项资金重点绩效跟踪监督，收回财政资金30.14万元。区人大预算联网监督系统上线运行，实时在线监督政府全口径预算执行。听取审议全区国有和集体资产清理整顿工作情况，督促开展涉砂问题专项清理整顿。整改“同级审”查出问题，全年审计监督查出问题44个，督促整改到位38个，6个未整改到位的问题，正全程督促整改。首次开展食品安全领域刑事附带民事公益诉讼案件评析及行政类典型案件质量评查。听取公益诉讼、适用认罪认罚从宽制度工作情况。 （王湘庭）

鼎城区人民政府

Dingcheng District People's Congress Standing Committee

2020 年 3 月 12 日，鼎城区人民政府十七届四次全会暨区人大建议、区政协提案交办会会场 （提供：区融媒体中心）

概　　述

【概况】 2020年，鼎城区地区生产总值395.2亿元，“十三五”以来年均增长7.9%；一般公共预算收入27.29亿元（地方一般公共预算收入16.5亿元），年均增长13.07%；社会消费品零售总额194亿元，年均增长9.0%；工业总产值突破400亿元，规模工业总产值350亿元，比2019年同期增长12.5%，增速全市第一。年度累计引进项目36个、合同引资额142.4亿元，其中亿元以上项目30个、10亿元以上项目5个。

新冠肺炎疫情防控。新冠肺炎疫情发生后，鼎城区在全市率先开展高速设卡检测，以“四级责任体系”构筑起护佑生命坚固防线，3800余名医护人员、6000余名干部、9000余名志愿者、4000余名党员参加疫情防控，实现江南城区居民、一线医护人员、一线工作人员、非输入性人员“零感染”。

三大攻坚。开展脱贫质量“回头看”，实施危房改造840户，发放助学金755万元。带动产业扶贫6729户，工作经验获常德市人民政府表彰通报，贫困人口人均收入12774元。开展蓝天碧水净土保卫战。环境空气质量持续好转，落实永兴河、杨家港河等城市黑臭水体治理。推进长江流域重点水域禁捕退捕，转产安置退捕渔民349户949名。石板滩石煤矿区生态修复主体工程完工，取缔非法采砂取土场19个。抓国有企业监管，开展国有和集体资产清理整治专项巡察。严格政府投资项目审批监管，严控政府投资规模，政府性债务风险整体可控。

园区产业。开工中联建起二期等亿元以上项目19个，投资41.65亿元；投产中联恒通等亿元项目16个，投资32.88亿元。规模以上工业企业127家。指导75家企业入库备案全国科技型中小企业、申报高新技术企业24家。常德高新区超50%规模以上企业与清华大学、湖南大学等高校开展产学研合作。引进高端科技人才23人。建设标准化厂房19万平方米，建成生活配套园22万平方米、公寓1372套，岗中东路等4条市政道路建成通车，科创大楼如期封顶，高新区人民医院启动建设。

城市发展。推进江南大道、滨江大道等5条主干道路建设，落实阳明大道提质改造。开展阳明湖水系综合治理一期、永安硚城市排渍口治理。改造老旧小区13个，落实棚户区改造12633户。实现5G网络重点区域布局。启动城乡环卫一体化，提升园林绿化养护水平。实现城区餐饮业油烟在线监测全覆盖。落实控违拆违三大行动，城市管理考核全市领先。工商银行等14家银行签约城投·十里外滩金融街，新城控股·吾悦广场落户鼎城区。增加商贸流通限上企业10家，发展鼎级商城、精为天、亲零嘴等电商平台。商贸流通业持续繁荣。启动丰彩·九里长安建设，希尔顿花园酒店开业。

乡村振兴。推进美丽乡村，推广“草坪经验”，开展“三面五清”村庄清洁行动，推行农村垃圾分类减量，建成幸福屋场23个。155个村获评省级森林乡村。推行“首厕过关制”标准，全年改厕20073座。发展农业产业，成功创建国家现代农业产业园，继续保持全国粮油大县和生猪调出大县称号。粮食生产面积103286.67公顷，实施油茶新造低改2933.33公顷、绿色蔬菜2000公顷。增加省级农业龙头企业3家、市级农业龙头企业5家。十美堂镇同兴村入选全国“一村一品”示范村镇。提质农村建管，实现村庄规划编制全覆盖。建设自然村通水泥路80千米、安防工程37千米，改造农村危桥7座，建成双蔡公路、蒿子港千吨级码头。治理小水电，水利建设获评全省十佳区县。整治交通顽瘴痼疾，治超、公路养护工作位列全市第一。拆除“空心房”2883栋，增加耕地面积349.67公顷。培育文明乡风，草坪镇兴隆街村、花岩溪镇湖江坪村获评全国文明村镇，镇德桥镇刘茂云家庭获评全国文明家庭。

民本民生。增加普惠性幼儿园3所，芙蓉学校主体教学楼投入使用，大班额全部化解。清华大学、北京大学录取4人，湖南省文科第一名花落鼎城。落实213个行政村卫生室标准化建设。提质改造区体育馆、图书馆，鼎城区获全国少年线上体育嘉年华最佳赛区。开发省级乡村旅游精品路线3条，举办中国·湖南第五届花岩溪帐篷节，红烨景区获评湖南省文明风景旅游区，十美堂镇获评中华诗词之乡。第四次全国经济普查获全省先进，第七次全国人口普查按期推进。城乡低保月人均标准分别为560元、380元，城乡居民养老保险覆盖率100%，实现儿童之家全覆盖。区社会福利中心、神仙窝公园投入使用。发放退役军人优抚资金，创建“平安鼎城”，连续三年获评全省平安区县。落实“三小”食品专项整治任务。全年未发生较大以上安全生产事故。

自身建设。重大事项向区委请示汇报，政府党组集中学习常态化，执行区人大及其常委会决定决议，主动接受区人大及其常委会法律监督、工作监督和区政协民主监督。全年，办理人大代表建议185件、政协委员提案82件，满意率和基本满意率100%。建设服务型政府，落实乡镇事业站所改革。开展行政审批制度改革，推进政务服务“一件事一次办”，实现“一门式”服务全覆盖，首批下放行政审批事项66项。落实省、市为民办实事项目，办理网上政务事项35375件，办结率100%。执行中央八项规定及其实施细则精神，全年压减三公经费15%以上。推进形式主义、官僚主义问题集中整治，查处作风漂浮、工作不实等突出问题，压减会议、文件20%。过“紧日子”，抓收入、压支出、保运转。

(杨若凡)

表1　　2020年鼎城区人民政府常务会议议题一览表

会议届次时间	议题内容
鼎府十七届四十五次(1月20日)	区人民政府区长朱金平在区人民政府101会议室主持召开区人民政府常务会议，听取区人民政府办关于2020年区政府全会方案的情况汇报、关于2020年鼎城区人民政府工作要点的情况汇报；区行政审批局关于落实深化“一件事一次办”改革现场推进会精神的情况汇报；区自然资源局关于推进自然资源几项重点工作的情况汇报
鼎府十七届四十六次(2月3日)	区人民政府区长朱金平在区人民政府101会议室主持召开区人民政府常务会议，听取区卫健局关于新型冠状病毒肺炎疫情防控工作的情况汇报
鼎府十七届四十七次(2月27日)	区人民政府区长朱金平在区人民政府101会议室主持召开区人民政府常务会议，听取区国资中心关于《鼎城区国有企业投资管理暂行办法》拟定的情况汇报；区融媒体中心关于常德鼎级传媒有限公司筹备工作的情况汇报；市生态环境局鼎城分局关于当前生态环保工作的情况汇报；区住建局关于2020年城建方案编制工作的情况汇报；区应急管理局关于当前安全生产和应急管理工作的情况汇报；区扶贫办关于当前脱贫攻坚工作的情况汇报
鼎府十七届四十八次(3月31日)	区人民政府区长朱金平在区人民政府101会议室主持召开区人民政府常务会议，听取区扶贫办关于2020年脱贫攻坚工作的情况汇报；区农业农村局关于2020年粮食生产和生猪生产工作的情况汇报；区水利局关于鼎城区2020年防汛备汛、河(湖)长制工作的情况汇报；区招商促进事务中心关于2020年产业立区工作的情况汇报；阳明湖公司关于将区芦苇场农用地等资产注入阳明湖公司的情况汇报；区住建局关于调整建新河(西站路—德安路)周边雨水排水方案的情况汇报；区文旅广体局关于区文化市场综合执法大队涉改工作的情况汇报；区教育局关于红云小学建设的情况汇报
鼎府十七届四十九次(4月26日)	区人民政府区长朱金平在区人民政府101会议室主持召开区人民政府常务会议，听取区人民政府办关于区人民政府第三十次至第四十七次常务会议精神落实的情况汇报；区农业农村局关于农村改厕和受污染耕地安全利用工作的情况汇报；区供电公司关于加强鼎城电力工作的情况汇报；区统计局关于一季度经济运行形势分析的情况汇报；疫情防控指挥部关于新冠肺炎疫情防控资金使用的情况汇报
鼎府十七届五十次(5月22日)	区人民政府区长朱金平在区人民政府101会议室主持召开区人民政府常务会议，听取区财政局关于财政形势的情况汇报；区国资中心关于2019年区属监管企业负责人经营业绩考核工作的情况汇报；区农经站关于农村宅基地审批管理工作的情况汇报；区信访局关于全国“两会”期间信访维稳工作的情况汇报；区水利局关于《鼎城区“十四五”农村供水保障规划》编制的情况汇报；区政法委关于全区扫黑除恶工作的情况汇报(书面呈报)；区禁毒办关于全区禁毒工作的情况汇报(书面呈报)；生环分局传达贯彻习近平总书记关于生态文明建设的指示精神(书面呈报)

续表 1

会议届次时间	议题内容
鼎府十七届五十一次（6 月 23 日）	区人民政府区长朱金平在区人民政府 101 会议室主持召开区人民政府常务会议，会议听取江南片区（二期）湘运地块项目指挥部关于原副食城征拆涉及欣运资产处置工作的情况汇报；区民政局关于撤销灌溪镇设立街道的情况汇报；区水利局关于鼎城区澧水、沧杜水河道采砂规划及沅澧水砂石码头建设工作的情况汇报；区农业农村局关于鼎城区国家现代农业产业园创建工作的情况汇报；区林业局关于湖南常德花岩溪国家森林公园、湖南常德花岩溪省级自然保护区、湖南鼎城鸟儿洲国家湿地公园、沅水鼎城段褶纹冠蚌国家级水产种质资源保护区整合优化工作的情况汇报；区行政审批局关于落实省、市政务管理工作会议精神的情况汇报；区人民政府钟科程关于集中化解房地产办证和物业管理信访突出问题专项行动、举办 2020 年鼎城区房地产推介会暨出台江南城区购房优惠政策、创建国家生态园林城市、编制《常德市鼎城区生态文明建设示范区规划（2020—2024 年）》、2020 年石板滩镇石煤矿区生态修复治理工程进展的情况汇报；区卫健局关于全区当前新冠肺炎疫情防控工作的情况汇报
鼎府十七届五十二次（7 月 7 日）	区人民政府区长朱金平在区人民政府 101 会议室主持召开区人民政府常务会议，会议听取鼎城区德江南问题协调工作领导小组关于德江南项目招商工作的情况汇报；江南城投关于收购朗鑫公司股权支持浩宇公司上市的情况汇报；区财政局关于 2020 年上半年财政工作的情况汇报；区生态办生环分局关于石板滩镇石煤矿区生态修复治理暨环保问题整改工作的情况汇报
鼎府十七届五十三次（8 月 26 日）	区人民政府区长朱金平在区人民政府 101 会议室主持召开区政府常务会议，听取区交通运输局关于常德南收费站改扩建项目的情况汇报；阳明湖公司关于阳明湖水系综合治理（一期）PPP 工程项目建设期延长及建设内容调整的情况汇报；区发改局关于全区粮食收购工作的情况汇报；生环分局生态办关于当前生态环境保护工作的情况汇报
鼎府十七届五十四次（9 月 30 日）	区人民政府代区长陈远在区人民政府 101 会议室主持召开区人民政府常务会议，听取区农业农村局关于 2020 年农村“首厕过关制”工作的情况汇报；区推进国企退休人员社会化管理工作领导小组办公室关于中央和省属国有企业退休人员社会化管理移交工作的情况汇报；区国资中心关于常德鼎鑫电影放映有限公司国有资产处置的情况汇报；区市场监督管理局关于创建国家食品安全示范城市和全面推进知识产权强区工作的情况汇报；区住建局关于区建筑设计院改革的情况汇报、关于阳明湖市政道路及管网建设工程 PPP 项目的情况汇报
鼎府十七届五十五次（10 月 30 日）	区人民政府代区长陈远在区人民政府 101 会议室主持召开区人民政府常务会议，听取区人民政府办关于《鼎城区落实省、市政府真抓实干督查激励措施成效明显的奖励办法（送审稿）》的情况汇报；生环分局关于省环保督察“回头看”及蓝天保卫战工作的情况汇报；区财政局关于调整鼎城区 2020 年财政收支预算方案和《关于落实过“紧日子”措施的通知》的情况汇报；区国资中心关于《鼎城区区属监管企业负责人经营业绩考核暂行办法（送审稿）》的情况汇报；区环卫中心关于城乡垃圾一体化项目的情况汇报；区砂管办关于鼎城区砂石资源规划管理的情况汇报；江南新城建设指挥部关于常德鼎城新城吾悦广场城市综合体项目的情况汇报
鼎府十七届五十六次（11 月 30 日）	区人民政府代区长陈远在区人民政府 101 会议室主持召开区人民政府常务会议，听取区商务局关于推进江南城投补充新副食城资产工作的情况汇报；区财政局关于 2021 年部门预算编制方案的情况汇报；区自然资源局关于审议鼎城区生态保护红线划定成果的情况汇报、关于政府投融资平台土地抵押融资问题的情况汇报；石板滩石煤矿区生态修复办关于石板滩石煤矿区生态环境修复项目中省地勘局四〇三队技术服务费的情况汇报
鼎府十七届五十七次（12 月 11 日）	区人民政府代区长陈远在区人民政府 101 会议室主持召开区人民政府常务会议，听取区人民政府办关于《鼎城区人民政府工作报告》起草工作的情况汇报、关于 2021 年度鼎城区民生实事候选项目的情况汇报；区工信局关于支持精为天公司香港主板上市的情况汇报；区发改局关于鼎城区“十四五”规划编制的情况汇报；区财政局关于 2021 年财政预算预安排的情况汇报；区民政局关于落实乐尊城国际康养城项目相关优惠政策的情况汇报；石板滩镇关于石板滩石煤矿区生态修复治理工作的情况汇报

表 2　　2020 年鼎城区人民政府区长办公会议议题一览表

会议时间	议题内容
12 月 26 日	区人民政府区长陈远在区人民政府 101 会议室主持召开区长办公会议，听取区水利局关于常德市阳明湖水系综合治理工程（一期）PPP 项目合同补充协议情况汇报

政府办公室工作

【概况】 2020年，鼎城区人民政府办公室统筹服务新冠肺炎疫情防控和经济社会发展工作，建设“规范严谨零差错、责任担当靠得住”干部队伍，发挥“坚强前哨”“巩固后院”作用。

疫情防控。落实上级决策部署，抓疫情防控工作，发挥统筹协调、参谋助手、后勤保障作用。抽调10余名业务骨干进驻区疫情防控指挥部，承担指挥部文电运转、文稿起草、信息收集、简报编发及联防联控责任督查等日常工作。组织开展疫情防控志愿服务600余人次。统筹全区防疫物资采购、捐赠接收、调拨管理等工作。通过鼎城商会、鼎城在外优秀儿女、鼎城籍华侨等，从北京、上海、广州、深圳等地调运物资，与英国、瑞典、韩国、土耳其、波兰等国家联系，多举措多渠道筹措医疗防护物资。

文稿起草。按照“转形式、接地气、出精品”思路，文稿起草凸显精细化、个性化、实用化。全年，围绕疫情防控、粮食生产、经济运行、产业发展和城市管理等工作，撰写各类材料300余篇，其中大型讲话材料40余篇。组织开展疫情防控、经济运行分析、粮食生产、产业扶贫、项目建设、禁捕退捕、全域旅游等重大调研活动8次，形成各类调研材料15篇。编发各类会议纪要140份，《鼎城区新冠肺炎防控工作简报》41期，《抢抓机遇争资争项工作专报》14期，《鼎城政报》6期。

信息服务。对接省市信息部门，围绕重点、焦点、热点，收集挖掘信息。全年，上报各类信息940条，其中被市政府办采用26条、省政府办采用27条、国办采用6条。组建“鼎城信息报送”群，落实各线块信息报送责任，并将各项重点工作进展情况、特色经验做法在全市信息工作群中展示，日均发布信息2条以上。

办文办会。执行《鼎城区人民政府工作规则》，落实精文简会标准尺度，规范各类文件篇幅结构、会议范围和议程，抓文风审查和会风监督。精简文件，整顿“长空假”，落实“短实新”文风，以区人民政府、区人民政府办名义发文57件，比2019年减少17.4%。控制会议数量，实行合并套开，召开区级会议4次，比2019年减少50%。

督查工作。开展各项督查工作，通过开展联合督查、连续督查、暗访督查、社会督查等方式，破解督查难点，并分类建立动态台账，收集问题建议，反馈进展情况。全年，开展疫情防控、粮食生产、文明城市创建、蓝天保卫战等专项督查60余次，开展真抓实干、省市重点民生实事工作督查10余次，编发督查通报专报70余件。办理政府系统建议185个、提案82个，满意率、基本满意率100%。办理省、市重点民生实事指标任务45个，完成率100%。

归口工作。值班室、区长热线办实行24小时专人值班，全年接待群众来访259起，处理大型群体集访6次。热线受理工单8200余件，接话5700余通，回复常德论坛群众发帖349次，办理“市长信箱”转办群众来信91封，“红网问政湖南”交办件30件，市委、市政府“涉常舆情”签批件10件，人民网、人民网“地方领导留言”交办件9件，回复率、办理率100%。编写《每月舆情快报》，为决策提供依据。

金融工作。优化金融服务，探索搭建全市第一个“互联网+金融超市”服务平台“鼎城金融”，区内22家金融机构入驻。成立抢抓机遇争资争项工作领导小组，超额落实年度争资争项任务。优化经济发展环境，落实“稳企十条”，推荐8家企业进入省、市2020年重点上市后备企业资源库，位居全市第一。开展响箭重工等4家企业上市服务工作，引导云港生物、佳鸿机械在省区域性股权市场挂牌。

（杨若凡）

招商促进事务工作

【概况】 2020年，鼎城区招商促进事务中心落实“开放强市 产业立市”发展战略，围绕“三城四区五中心”建设，招大引强，推进项目建设。全年，引进亿元以上产业项目35个，占年度任务目标149%，其中10亿元以上项目4个，合同引资额191.78亿元，引进500强企业3家(鼎城区2家、高新区1家)；开工亿元以上产业项目29个，占年度任务数161%；投产亿元以上产业项目25个，占年度任务数312%。推进全区重点项目43个，已开工37个，完工3个。

招商引资。创新工作机制，2月，区招商促进事务中心、区产业办、区调度办实行合署办公，实现从项目引进到落地推进，再到投产达效全程跟踪服务。全年新签约项目履约率92%，开工率72%。《主动办、即时办、跟踪办——鼎城打造营商环境样本》在《湖南日报》头版头条刊发。调整考核办法，结合区招商引资工作实际，将农业全产业链招商、现代服务业招商纳入考核内容，不再片面强调项目引资额，实现一、二、三产业协调发展。开展招商活动，瞄准“三个500强”，到北京、安徽、长三角、珠三角等地招商考察10余次，走访企业10余家，开展座谈10余场，拜访客商100余人；对接到区投资考察企业、商会10余批，城市综合体开发、装备制造、文旅康养等项目通过对接洽谈达成合作意向。1月26日，举办鼎城区2020年“迎老乡 回故乡 建家乡”新春招商引资推介暨项目集中签约会，现场签约九大项目，总金额116亿元，推介发布招商项目10个，总投资487亿元。9月10日，举办第三季度全区招商引资集中签约活动，签约各类产业项目16个，合同引资额128亿元。

2020年，常德鼎城新城吾悦广场城市综合体项目签约仪式
(摄影：全新胜)

项目建设。实施项目预审，会同相关职能部门按照项目预审程序为红星惠源冷链物流、龙门洞景区、鼎城区综合农旅、兴阳120兆瓦渔光互补、沁园养老、生态农业产业园6个项目进行现场选址踏勘及召开预审会议，形成初审意见；吾悦广场、兴阳80兆瓦渔光互补、红惠源冷链物流、乐享生态养殖、草坪生态农业园、沁园医养服务6个项目完成框架协议或合同签订。实施项目管理，将重点推进的43个项目纳入全区重大项目建设管理系统，建立重大项目信息库；出台《重大项目建设管理办法》，按照建设区域实行分板块管理，抓项目落地、开工、投产等环节，专人全程监管、跟踪服务。抓项目调度，编制《鼎城区2020年项目建设年度计划》，实行全区重大建设项目四级定期调度机制。调度调研城投十里外滩、青山沟、通威、郭家铺变电站、石板滩石煤矿修复等全区43个重点推进项目60余次，协调解决矛盾问题10余起。通威100兆瓦渔光一体水产科技园、双蔡公路、蒿子港千吨级码头项目完工，城投十里外滩、石板滩石煤矿修复等大批项目按计划稳步推进。

疫情防控。区招商促进事务中心成立新冠肺炎疫情防控领导小组，执行摸排工作，落实“日报告、零报告”，要求全员全时佩戴口罩，开展体温监测，遏制传染病源滋生蔓延。与各地商会联系，发布医疗物资求购书，为鼎城区抗疫提供物资支援。开展疫情防控宣传活动，动员市民戴口罩、勤洗手、不聚集、不聚会、不聚餐、不串门。

(金　刘)

【“迎老乡 回故乡 建家乡”新春招商会】 2020年1月17日，鼎城区2020年“迎老乡 回故乡 建家乡”新春招商引资推介暨项目集中签约会在江南城区举行，100余名鼎城籍老乡参加活动。活动现场签约项目9个，总金额116亿元，推介发布招商项目10个，总投资487亿元。 (金　刘)

【招商引资项目集中签约】 2020年9月10日，鼎城区2020年招商引资项目集中签约仪式在江南城区华邦国际酒店举行，常德市鼎城区吾悦广场等16个项目成功签约，总签约金额128亿元。鼎城区委书记朱金平出席签约仪式并见证签约，鼎城区委副书记王时雨主持签约仪式，区领导王少贤、韩才渊、雷建国、李娟、杨学平、王直华、蒋宏武等参加签约活动。（金 刘）

2020年招商引资项目集中签约仪式现场

（摄影：全新胜）

重点工程

【概况】 2020年，鼎城区计9个市重点工程项目，总投资137.39亿元，年度投资计划32.58亿元，2020年年末，已竣工1个项目(通威100兆瓦渔光一体光伏发电项目)，已落实年投资8个项目：高新区科创大楼、鼎城区国家现代农业产业园、建新路(桃花源路—滨江大道西)、鼎城区江南新城建设工程、阳明湖水系综合治理工程一期大湖西岸景观工程、常德市鼎城区牛鼻滩镇兴阳80兆瓦渔光互补光伏并网发电项目、鼎城区红云小学、鼎城区中医医院异地搬迁项目。6个市重大前期项目，总投资8.75亿元。已开工项目4个：常德大湘牧业有限公司、乐享农牧生态养殖场一期工程、常德市鼎城区尧天坪生猪养殖、鼎城区重点易涝区排涝能力建设，其中已转为2021年市重点项目2个：乐享农牧生态养殖场一期工程、常德市鼎城区尧天坪生猪养殖。洞庭湖区重点垸堤防加固一期工程处于申报阶段、建筑垃圾资源化处理场项目处于调规阶段。（杨 婷）

民政工作

【概况】 2020年，鼎城区民政工作坚持“民政爱民，民政为民”理念，围绕“一个中心、两支队伍、三个精准、四项转变、五社服务”开展各项工作。

疫情防控。自新冠肺炎疫情突如其来后，全区民政系统采取多种措施确保民政社会服务机构平稳运行，所有服务对象无一例感染和确诊。通过区慈善总会募集抗“疫”专项资金541.84万元，募集各类防疫物资近50吨。支持养老机构防控疫情，发放各类防疫物质折合人民币10余万元，为疫情期间在岗工作人员、护理人员购买疫情防控保险。提前下拨床位补贴、运营补贴资金80余万元。累计发放价格临时补贴11次，发放212957人次，发放资金759万元。

社会救助。3月，开展社会救助兜底保障对象专项清理整顿工作。为符合农村低保条件的建档立卡贫困户，按规定程序纳入低保范围，应保尽保。通过清理，全区增加农村低保对象654户1666人，其中兜底保障对象320户710人，拨付各项救助资金9800万元。城市低保对象人均月保障标准383元，比2019年增长23元，农村低保对象人均月保障标准233元，比2019年增长33元，兜底保障对象人均月保障标准247元。城乡特困供养人员年供养标准分别为8760元、6000元。重新认定全区已享受城乡低保的禁捕退捕渔民，至年末享受城乡低保救助21户32人。出台《常德市鼎城区临时救助实施办法》，规范临时救助范围和审批程序。建立乡镇(街道)临时救助备用金制度，每个乡镇(街道)备用2万元用于解决救急难问题。全年救助4950人次401万元，其中渔民救助24人1.9万元。全年募集慈善资金820.48万元，其中“2020年度慈善一日捐”981446元，为全区125名寒门学子发放助学金38.8万元，用于疫情防控541.84

万元,区内饮用水改造100万元,谢家铺镇、镇德桥镇公路改造计63.5万元,救助特困群众4400人次88.4万元。

社会福利。推进养老服务体系建设,提升养老服务信息化管理,实行“养老一张图”,全区27家养老机构实现网上预约入院、监督管理等服务内容。4所乡镇敬老院签订托管协议。3家民营养老机构被评为区级示范性单位。全区建设并运营的居家养老服务机构279家,村(社)居家养老服务设施覆盖率94.26%。开展养老机构风险隐患大排查、大整治专项行动2次,辖区内养老机构重大风险隐患全部清零,实现养老机构安全责任事故“零指标”管理,均达到《养老机构服务质量基本规范》要求。出台《鼎城区政府购买居家养老服务试点实施方案》,4个街道被纳入政府购买居家养老服务试点单位,按照300元/人·月服务费开展基本养老服务。抓农村留守老人信息化管理,经走访调查、信息核实,录入3000名留守老人信息。发放高龄老人生活补贴290.59万元。落实儿童福利,保障儿童权益。落实事实无人抚养儿童摸底,为3000余名留守儿童和困境儿童进行基本信息录入。落实孤儿生活补贴提标工作和“福彩圆梦·孤儿助学”工作,保障孤儿基本生活和受教育权利,发放孤儿基本生活补贴69.6万元,发放助学金16.5万元,发放事实无人抚养儿童生活补贴86.3万元。213个村建成儿童之家,全区建制村儿童之家建设覆盖率100%。全年,开展大型儿童关爱主题保护活动20场,政策宣讲进村(居)活动23场,受益儿童5200人次。残疾人两项补贴发放标准70元/月,增加两补享受人员2360人,退出两补人员636人,在册享受人员11112人,所有对象实行一人一档管理。5月社会福利中心三期工程挂网招标,7月开工建设。

社会治理。会同区委组织部研究出台《鼎城区城市社区专职工作者管理办法》,7月1日起实施。推进基层公共服务(一门式)全覆盖工作,研究建立村(社区)事项准入制度,制定村(居)委会依法自治事项清单21项、协助政府事项清单62项、负面事项清单10项。规范社区室外和室内功能室挂牌数量,为村(社区)减负减压。配合区司法局审核296个村(居)民公约法制内容。全区村(居)委会换届选举工作在蒿子港镇进行试点。报送灌溪镇撤镇设街资料。落实疫情防控一线村(社区)工作者各项优惠政策,开展走访慰问和关爱帮扶,宣传推介防控工作先进典型10名。

社会事务。落实沅江南岸防洪大堤阁楼系统命名调整工作,发布命名调整公告。启动全区农村公益性墓地规划编制工作,落实2个农村公益性墓地全市考核验收。德善陵园殡仪馆项目开工,12月主体工程完工,该项目地方债务获批金额1.4亿元。公益性墓地形成可研报告并获发改部门立项批复,12月,挂网招标正式开工建设。开展清明文化、殡葬移风易俗宣传和殡仪馆开放日活动,印发宣传资料1000余份,悬挂条幅20余幅。婚姻登记处获评全省AAA登记机关。落实《鼎城区地名志》《鼎城区地名录》书稿审核修订及《鼎城区地名图集》初审。救助流浪人员477人次,成功寻亲22人,配合公安机关处理救助未成年人8人。整理上报鼎城革命老区遗址遗迹,整理革命遗址遗迹128处。推荐鼎城区老促会入选《全国老促会群英谱》。

社会组织。依法登记社会组织7家,注销登记社会组织52家,变更登记社会组织19家。2019年度应参加年检社会组织151家,实际年检率85%。全区69家行业协会商会纳入脱钩改革范围,脱钩改革28家、注销登记39家、拟撤销登记2家。常德市鼎城区建筑业协会、常德市鼎城区老科学技术工作者协会被评为全省第一批“十百千”示范社会组织。开展社会组织孵化培育工作,入驻社会组织5家,年末脱壳5家,举办培训8场次,交流督导服务30场次,社会组织讲堂1期,培训600人次。指导3家社会组织参与全市第二届公益创投活动,1家社会组织进入决赛获优胜奖。支持鼓励符合条件的社会组织承担政府购买服务项目,5家社会组织承担政府购买服务项目6个，投入资金68万元。参与脱贫攻坚社会组织3家，开展扶贫项目3个，投入资金53.5万元，投入人员450人次，受益贫困人口474人次。

活动开展。落实党组理论学习中心组学习制度和周五主题党日活动，结合志愿者下基层、在职党员进社区开展综治民调、平安创建等工作，到草坪镇兴隆街村开展"关爱未成年人活动"。支持参与疫情防控工作，自愿捐款23120元。开展"小鸡快跑"农村救助对象增能项目，为31户农户赠送鸡苗1500只。开展"专业社工 守护儿童 托起希望"系列活动，慰问探访孤儿、事实无人抚养儿童2320人次，建立留守儿童台账3042份，困境儿童台账345份。开展全区留守老人摸底，建立留守老人台账533份，将留守儿童、留守老人信息分别录入"三留人员系统""湖南养老综合管理与服务平台"。核查辖区内新增救助对象20人，核查新增失能半失能人员31人。建立社工站志愿者队伍，注册全国志愿服务信息系统1329人。（刘　辉）

【城乡低保和社会救助兜底保障对象专项清理整顿行动】 2020年3月26日，鼎城区民政局召开城乡低保和社会救助兜底保障对象专项清理整顿工作会议，部署脱贫攻坚工作。该次清理行动涉及各类社会救助对象2万余人。清理时间3—6月，分动员部署、自查自纠、整章建制、监督督查阶段。全区23个乡镇(街道、场)民政工作负责人参加会议。（黄胜波）

【灌溪镇撤镇设街工作启动】 2020年，经湖南省民政厅综合评估，并报省人民政府批准，根据省民政厅《关于同意常德市鼎城区灌溪镇撤镇设街道申报程序的函》，经区委常委会研究，同意启动灌溪镇撤镇设街工作。区委常委会议专题听取有关工作汇报，批准灌溪镇成建制改设街道，区人民政府常务会议同步进行专题研究，实施灌溪镇原有10个行政村按程序全部村改居。（黄胜波）

【设立第一批红色遗址遗迹标识】 2020年7月20日，鼎城区举行革命老区遗址遗迹标识评审会，审定遗址遗迹标识设计方案，部署相关工作。鼎城确定文甲起义遗址、斗姆区农民协会遗址、周士区农民协会遗址等32处革命遗址遗迹标识名单，年末，开展第一批24处遗址遗迹标识设立。（刘友军）

【渐安暴动纪念园建立】 2020年8月14日，鼎城区老促会开展革命遗址遗迹标识工作，拟定在渐安农民暴动发起地之一——石板滩镇兴隆桥村红烨红色文化园建立渐安暴动纪念园，以纪念1927年9月中旬，由原中共常德地委委员、常德县农协委员长陈昌厚和共产党员廖顺之、谭青之等人在渐安区发动的农民武装暴动。渐安暴动纪念园占地1820平方米，包含渐安农民暴动遗址标识牌、渐安英烈园、渐安红色文化墙等纪念设施，投资约50万元。

（刘友军）

【"精准扶贫·点燃希望"慈善助学公益活动】 2020年，鼎城区慈善总会在全区实施"精准扶贫·点燃希望"民政助学公益项目。该次慈善救助为全区城乡低保家庭及建档立卡贫困户子女实行全覆盖资助，为部分在籍重点贫困大学生，少数因突发变故造成支出性贫困家庭、残疾或长期病患低收入家庭子女按照比例给予资助。全区125名学生获得资助，发放助学金38.8万元。受助学生中有5名获社会爱心人士定向资助，资助金额2.4万元。

（高正平）

行政审批服务工作

【概况】 鼎城区行政审批服务局是2019年机构改革后成立的正科级行政单位，是区政府工作部门。2020年，办理各类服务事项132.3万件次，其中，线下办理17.5万件次，线上办理114.8万件次。下沉乡村受办事项和就近办事项108项，下沉"一门式"服务事项66项，"刷脸办"和"一门式"服务工作受到中央电视台报道。

行政审批制度改革。鼎城区行政审批服务局按照“应放尽放”原则，放权减事项、放权降门槛。全区行政权力事项总量3377项，比2019年减少28项，降率0.82%。行政权力事项实施清单全部配置到“互联网+政务服务”一体化平台，配置率100%，动态合格率95%以上。梳理全区现有行政权力尤其是公共服务事项办理要件，分类归集行政审批服务涉及事项名称、网办编号代码、办理所需资料等要素109个，制作《一次性告知表单》，按内部审批流转程序划分审批服务事项环节，公开公示行政审批服务流程，提高行政审批服务透明度。落实首期不动产网上登记改革工作，实行与银行间互证互认试点，至年末，开展不动产专项登记服务200余件次。实施工程建设项目行政审批制度改革工作，实行集中办理，累计网上审批工程建设项目128项。落实“复工复产”工作，抓行政审批线上办件，编制新冠肺炎疫情期间简单办事流程87项。

政务服务。抓线上线下两个平台建设融合及运行落实工作，实现区内行政审批和办事服务职能线上与线下平台同步建设。按职能性质和流程关联，建立综合服务窗口8个。全区线上线下结合事项入驻率82.2%。创新设置政务服务综合窗口，助力政务服务事项网上办。协调区档案局、退役军人事务局等10个单位以联办综合窗口形式入驻政务服务大厅。以“一窗受理、在线咨询、网上办理、代办服务、快递送达”服务模式，减少市民跑腿次数、办理业务时间、材料递交、支付费用。设置“六稳”“六保”复工复产政策兑现窗口，为企业开辟绿色通道，助力全区社会经济复苏发展，累计为企业提供优质服务327件次。综合窗口推行网上办件，在区级层面实现“一门式”办理、“不出门”办件。市民办理频次较多的业务实现“一网通办”“最多跑一次”。

政务公开。编制政务公开工作年度报告并实行区人民政府网站公开，分解细化工作要点，明确年度工作任务指标19项。组织协调区住建局等单位建成工程建设管理和招投标事项2个及其政务公开试点领域26个。实施政务公开标准目录梳理、编制汇总，落实政务过程与结果全公开。完善政务公开工作流程，健全政务公开文件解读等回应制度。规范政务公开信息管理、发布、解读与回应、依申请公开、公众参与、监督考核等工作系列制度条文，为10份政府信息对象实行依申请公开，组织16家单位开辟鼎城融媒“阳光政务”嘉宾访谈节目，开展嘉宾访谈活动15次，现场视频互动回应咨询提问47个。完善平台建设，年末建成政务公开专区。

2020年，政务公开专区建成　（提供：陈臻炜）

大数据平台建设与管理。抓大数据平台政府外网扩容升级和全覆盖，出动100余人次支持政府政务外网技术上门服务，实现“智慧重建”与“互联网+政务服务”平台融通，党政工作平台同步运行，新冠肺炎疫情防控期间，政府外网实现全天候运行、零故障阻碍工作目标，为疫情防控工作提供近100场次视频会议等网络技术支持。召开专题会议，部署全区各部门业务数据梳理、归集和建库工作。至年末，区公安系统、民政系统、自然资源局已梳理归集常住人口基本信息、婚姻登记信息和不动产权登记信息，信息数据同步到常德市大数据共享平台并实时更新。以常德市大数据平台为基础，采集整理32家职能部门相关基础数据，丰富完善大数据平台内容，实现大数据共享。抓农户信用信息系统应用与实施，开设账号、配置权限，为全区农户信用信息系统普及推广应用提供网络技术支撑和保障。全区11家涉农单位在市级平台实现土地承包经营信息、农户财政补贴等信息上传，信息总量35.62万条。

远程视联办件试点。远程视联协助申报办件试点工作范围扩大至全部乡镇（街道)70个村社区，政务服务中心综合服务窗口前移至村(社区)。

乡镇(街道)赋权工作。组织开展“一门式”办理服务,编制“一门式”办理服务事项流程66项,其中,精研精编和推广事项27项。首批落实兑现17项。下沉到乡镇(街道)、村(社区)事项66项,采取印制《一次性告知表单》、卡通动漫图册及“二维码扫描”“视联影视智能导办”等形式进行多元宣传。8月,调整全区22个乡镇(街道)设置政务(便民)服务中心机构编制事项,为乡镇(街道)承接下放行政权力事项提供组织机制保障。

“互联网+监管”。组织27个部门召开工作调度会，协调督促相关单位梳理监管事项目录清单并认领填报,上传至“互联网+监管”平台。“互联网+监管”系统目录清单梳理率和行政检查实施清单填报率均100%,各单位归集入库具有执法资格或受行政委托实施监管业务执法人员785名,行政监管行为存量入库数5431条次,增量行政监管行为入库数4516条次。（陈臻炜）

信访工作

【概况】2020年，鼎城区信访局贯彻落实中央、省、市关于做好信访工作系列决策部署,坚持用群众工作统揽信访工作，从源头上预防和减少信访问题发生,健全完善领导干部接访机制,畅通规范群众诉求表达渠道,就地解决群众合理诉求,化解矛盾纠纷和信访突出问题。

基础工作。全年,受理群众来信来访1543批1697人次，分别比2019年同期下降44.33%、42.21%。反映的问题主要集中在征拆领域、农业农村、民生保障、涉法涉诉等方面。区委、区人民政府主要领导主持召开信访工作会议，交办信访问题523件。全年未发生一起群体性事件、因信访稳定问题产生的网络舆情事件。

专项治理。开展“让老人回家”“积案化解”“百日攻坚”“百日会战”等专项治理活动,排查信访老户,研究治理方案,明确工作要求,落实工作责任,围绕反复、越级、集体信访等信访人,落实责任,限期查明上访原因,妥善处理,信访人反映问题办结率100%;执行法律和政策的原则,根据不同对象,采取不同措施,开展疏导教育工作;发挥基层组织和群众作用,采取组织调解,把问题解决在基层,解决在内部,解决在萌芽状态。明确国家、省、市交办的30件信访积案包案领导、责任单位、具体责任人和化解时限,已全部办结。专项排查整治全区信访积案,明确处置时间,按期上报处理情况。结合排查出的疑难复杂信访事项，由区信访局整理汇总后提交区信访工作联席会议集中研究,全年,召开信访工作联席会议12次,集中研究疑难复杂信访事项56件,结合政策制定解决方案及办法措施,化解疑难复杂信访事项。

领导接访。实行工作日有1名区领导在信访服务中心接待来访市民。下半年,由区委、区人民政府领导依次进行接访,保证接待群众工作不出现空档,重点敏感时期实行领导干部“无节假日接访”。区级包案领导每月定期到各乡镇(街道)及分管部门与上访群众进行座谈,沟通思想、解释政策,探讨解决问题办法和思路。

法治信访。区信访局下发《关于推进法定途径分类处理信访投诉请求工作方案》,信访信息系统连通单位及有信访事项单位上报常见信访事项法定途径清单，梳理依法行政所依据的现行法律法规、规范性文件,列出符合条件的法定途径清单,明确法定途径适用的条件、主体、时限、操作程序和法律依据,指导依法分类处理信访事项,明确信访事项办理结果、程序与指向。推行诉访分离,引导市民通过法律渠道解决需求。（任　哲）

Dingcheng Committee of the CPPCC

中国人民政治协商会议鼎城区委员会

2020 年 12 月 26 日，中国人民政治协商会议常德市鼎城区第九届委员会第七次会议会场 （提供：马先杰）

概述

重要会议

概　　述

【概况】 制度建设。中国人民政治协商会议鼎城区委员会坚持守正创新，健全和完善基层政协工作制度，探索建立权责清晰、程序规范、关系顺畅、运行有效的制度体系，保证各项工作有制可依、有规可守、有序可循。守政治规矩，执行重大问题请示报告制度，为落实中央政协工作会议精神、年度履职重点安排，向区委作专题汇报5次。提请召开区委政协工作会议，区委制定印发《关于新时代加强和改进人民政协工作的实施意见》。落实区委会同区人民政府、区政协制定年度协商与监督工作计划制度，建立政协工作联席会议制度，规范协商议题提出机制。以全体会议为龙头，议政性常委会议和专题协商会为重点，拓展协商广度深度，协商质量和水平得到提升。落实协商于决策之前和决策实施之中机制，协商氛围浓厚。

服务发展。发挥专门协商机构作用，找准政协工作与全区中心工作衔接点，履行政协职能，展示政协作为。响应新冠肺炎疫情防控号令，支援疫情防控工作，在“疫情大考”中交出合格答卷。区政协党组成员、主席会议成员靠前指挥，机关干部、委员积极参战，助力筑牢疫情防控“安全防线”。聚焦脱贫攻坚，开展政协人助力巩固脱贫成果万户帮扶行动，组建帮扶小组102个，帮助结对帮扶贫困户发展生产、增加收入，解决一批就业、就医等实际问题。围绕“强化兜底保障工作，全面决胜脱贫攻坚战”课题开展主席会议协商，提出“精准识别对象、切实落实政策、健全长效机制”等建议9条。融调研、协商、监督于一体，围绕“深化放管服改革，进一步优化营商环境”课题，开展专题协商和监督评议，提出“加快推动简政放权、提升政务服务水平、加强事中事后监管、增强基层承接能力、创新优化服务举措”5个方面具体建议15条，助力激发市场主体活力。开展“六稳”工作，落实“六保”任务，助力民生福祉改善。围绕“加强师资队伍建设，办好人民满意教育”开展对口协商，视察监督非法挖砂取土导致生态破坏问题，提出意见建议。

2020年，鼎城区政协主席韩才渊（中）督导疫情防控工作
（提供：马先杰）

履职创新。开展网络协商议政，通过政协云、鼎级传媒全程视频直播区政协议政性常委会议协商，社会各界人士利用移动履职平台参与互动交流20000余人次，收到有价值意见建议300余条。开展委员线上值班活动，发挥委员专业优势，回应社会关切，拓宽群众表达诉求通道。严格提案审查，合理确定提案立、转、并、撤及承办单位和星级，在数量上做减法、在质量上做加法，优化提案结构。把沟通协商贯穿于提案工作全过程，落实提案星级管理办法，探索建立重点提案办理预协商机制，从源头把控提案办理成效。发挥联络处（组）在推动政协协商与基层协商、社会治理衔接中的作用，开展视察调研、民主评议、协商座谈等活动30余次。建立委员工作室12个，斗姆湖街道委员工作室被授予“湖南省示范性政协委员工作室”称号。区政协党组成员、主席会议成员及各专委会分工联系各党派团体，年内集中走访80余人次。注重以文化人、存史资政，编辑出版《鼎城文史》第24辑，《鼎城文史概览》丛书获湖南省政协“走过60年·我们的文史资料”特等奖。

提案工作。区政协委员、政协各参加单位提出提案136件，经审查，确定立案90件。增加办理预协商程序，各承办单位专题研究提案内容、拟定办理思路之后，召开有牵头区级领导参加的办理预协商会议。承办单位办理提案实行一把手牵头，主要负责人全程参与方案制定、沟通衔接、材料审定、见面回复。截至2020年年末，所有立案提案均已办复。已经解决或基本解决的34件，占37.8%，正在解决或列入规划逐步解决的54件，占60%，因条件或政策所限暂未能解决的2件，占2.2%。

（高振君　马先杰　朱玉瀚）

表3　　鼎城区重要提案一览表

序号	提案人	案由
1	梁佑恩、付红伟、裴泽敏、钟晓红等	对我区发展壮大农村集体经济的意见建议
2	区政协农业农村和人口资源环境委、民盟、郭家铺政协联络处	加快物流园区建设 推进现代物流发展
3	唐启星	关于采取有效措施制止非法采砂的建议
4	玉霞政协联络处	关于加强我区餐厨废弃物综合治理的提案
5	农业农村和人口资源环境委	提升农业保险服务水平 助推我区现代农业发展
6	玉霞政协联络处、伍斌勇、黄力龙	关于加强物业管理工作的提案
7	区政协委员学习联络委、桥南政协联络组	践行现代市场理念 促进桥南持续发展的提案
8	区政协社会法制和民族宗教委	关于整合检验检测机构，有效提升服务水平的提案
9	区政协文教卫体和文史委	破解江南城区公办幼儿园不足的意见和建议
10	李年群、许翔	全区农村电网改造存在问题及对策建议

（高振君）

自身建设。落实“懂政协、会协商、善议政，守纪律、讲规矩、重品行”要求，全年，开展党组理论中心组（扩大）学习12次，集中研讨4次。落实届内委员学习培训全覆盖要求，举办委员培训班1期。建立和完善专委会履职工作规则，规范考察调研、协商议政、座谈交流等履职活动。落实委员管理办法，完善委员履职档案，健全考核激励机制，促进委员明责任、加压力、增动力。抓形式主义、官僚主义突出问题整改。改进视察调研作风，克服重形式、走过场等现象。落实党风廉政建设责任制，每季度召开党风廉政建设专题会议1次，党组成员每月开展谈心谈话1次以上。落实“开展读书活动、建设书香政协”指示精神，开展委员读书活动。成立机关中青年干部读书会和委员读书群6个，引导委员参与，建设“书香政协”。

2020年，鼎城区政协委员培训班开班　（提供：马先杰）

【鼎城区政协举行委员培训班】 2020年6月29—30日，2020年鼎城区政协委员培训班在华邦国际酒店举办。培训邀请部分省市领导和南京大学、湖南师范大学等知名高校教授，围绕新时代人民政协工作理论与实践、2020年全国两会精神、做好人民政协调查研究工作等开展专题授课，为委员履责尽职奠定基础。（马先杰）

【“委员走访月”活动】 2020年4月1—29日，区政协以“助力化解疫情影响，展现委员责任担当”为主题，由区政协党组成员、主席会议成员带队开展“委员走访月”活动，了解民情民意，凝聚思想共识，帮助解决企业复工复产和农业春耕生产中遇到的困难，为助推全区经济社会发展建言献策。活动中，收集社情民意信息线索近100件，征集意见建议10余条。（马先杰）

【重点事项民主监督】 2020年5—11月，鼎城区政协以“深化放管服改革，进一步优化营商环境”为监督主题，通过统一委派民主监督小组，开展关于区行政审批局、区住建局、区自然资源局、区市场监督管理局、市环保局鼎城分局、区发改局的民主监督。6个监督小组在实施监督阶段，聚焦简政放权、行政审批、政务服务、监管服务等重点内容，重点监督各单位政策落实、行政效能、工作作风、工作成效等情况，与对口监督单位开展面对面协商，提出针对性建议40余条。11月12日，召开2020年重点事项民主监督工作评议会，各民主监督小组分别“一对一”点评各对口监督单位，评价各单位“放管服”改革工作落实情况，指出存在问题，提出意见建议。（马先杰）

【网络协商议政】 2020年9月16日，鼎城区政协召开议政性常委会，围绕“深化放管服改革，进一步优化营商环境”课题开展专题协商。常委会议协商采取通过政协云手机APP和鼎级传媒全程同步视频直播，组织委员和社会各界人士开展交流互动。在会议视频直播过程中，通过移动履职平台参与交流互动、提交建议的委员、社会各界人士2.04万人次，收到有效意见建议300余条。

（马先杰）

重要会议

【鼎城区政协全体会议】 2020年1月7—9日，政协鼎城区九届六次会议在常德市江南城区召开。听取和审议政协常德市鼎城区第九届委员会常务委员会工作报告；听取和审议政协常德市鼎城区第九届委员会常务委员会关于九届四次会议以来提案工作情况的报告；大会参政议政发言；列席鼎城区第十七届人民代表大会第六次会议，听取政府工作报告，协商讨论政府工作报告及其他有关报告；表彰先进政协联络处（组）、优秀提案；审议通过有关人事事项；开展政协委员培训；审议通过政协常德市鼎城区第九届委员会提案委员会关于九届六次会议提案审查情况的报告；审议通过政协常德市鼎城区第九届委员会第六次会议有关决议等。

12月26—28日，政协鼎城区九届七次会议在常德市江南城区召开。听取和审议政协常德市鼎城区第九届委员会常务委员会工作报告；听取和审议政协常德市鼎城区第九届委员会常务委员会关于九届六次会议以来提案工作情况的报告；大会参政议政发言；列席鼎城区第十七届人民代表大会第八次会议，听取政府工作报告，协商讨论政府工作报告、“十四五”规划纲要及其他有关报告；表彰政协鼎城区第九届委员会“十佳”委员、优秀委员，表彰年度先进政协联络处（组）、优秀提案；协商有关人事事项；开展委员视察活动；开展“书香政协”活动；补选政协常德市鼎城区第九届委员会常务委员；审议通过政协常德市鼎城区第九届委员会提案委员会关于九届七次会议提案审查情况的报告；审议通过政协鼎城区第九届委员会第七次会议有关决议等。（马先杰）

【鼎城区政协常委会】 2020年1月2日，鼎城区政协九届十五次常委（扩大）会议举行，听取2019年度全区经济社会发展情况和区政协重要履职成果办理情况通报，协商审议区政协九届六次会议相关事宜。区政协主席韩才渊，区委常委、常务副区长李卫民，区政协领导涂国祥，罗旺甫、梁正凡、周伟建、蒋利荣、胡小芳，区政协秘书长戴芳出席。

4月28日，鼎城区政协举行九届十七次常委（扩大）会议，视察常德高新区改革发展情况，审议通过有关事项。区政协主席韩才渊、常德高新区管委会主任杨学平、区人民政府副区长王直华、区政协领导涂国祥、罗旺甫、梁正凡、周伟建、蒋利荣、胡小芳，区政协秘书长戴芳以及全体区政协常委、政联处（组）负责人参加。

9月16日，鼎城区政协举行九届十八次常委会议，围绕“深化放管服改革，进一步优化营商环境”课题开展专题协商。区委书记朱金平，区政协主席韩才渊，区委常委、常务副区长李卫民，区政协领导涂国祥、罗旺甫、梁正凡、周伟建、蒋利荣、胡小芳，区政协秘书长戴芳出席会议。

11月12日，鼎城区政协召开九届十九次常委（扩大）会议，评议2020年重点事项民主监督工作。区委副书记王时雨，区政协主席韩才渊，区委常委、常务副区长李卫民,区委常委、区委统战部部长熊辉,区政协领导涂国祥、梁正凡、蒋利荣、胡小芳出席。

12月22日,鼎城区政协召开区九届二十次常委(扩大)会议,听取2020年度全区经济社会发展情况和区政协重要履职成果办理情况通报,审议通过区政协九届七次会议相关事宜和有关人事事项。区政协主席韩才渊,区人民政府副区长蒋宏武,区政协领导涂国祥、梁正凡、周伟建、蒋利荣、胡小芳,区政协秘书长戴芳,全体政协常委出席会议。区政协各专委会主任、机关干职,各政联处(组)主任列席会议。 (马先杰)

【鼎城区政协主席会议】 2020年1月2日,鼎城区政协召开九届三十二次主席会议,协商讨论区政协九届六次会议相关事宜。区政协领导韩才渊、涂国祥、罗旺甫、梁正凡、周伟建、蒋利荣、胡小芳,区政协秘书长戴芳出席会议。

2月20日,鼎城区政协九届三十四次主席会议举行,专题协商《鼎城区2020年城建项目实施方案(草案)》。鼎城区政协主席韩才渊,区人民政府副区长钟科程,区政协领导涂国祥、罗旺甫、梁正凡、周伟建、蒋利荣、胡小芳,区政协秘书长戴芳参加会议。

3月9日,鼎城区政协召开九届三十五次主席会议,传达学习中共中央总书记、国家主席习近平重要讲话精神,协商通过有关事项。区政协主席韩才渊主持会议并讲话,区政协领导涂国祥、罗旺甫、梁正凡、周伟建、蒋利荣、胡小芳,区政协秘书长戴芳参加会议。

4月27日,鼎城区政协九届三十六次主席会议举行,总结交流区政协"委员走访月"活动开展情况。区政协领导韩才渊、涂国祥、罗旺甫、梁正凡、周伟建、蒋利荣、胡小芳,区政协秘书长戴芳参加会议。

6月8日,鼎城区政协举行九届三十七次主席(扩大)会议,传达学习中共中央总书记、国家主席习近平系列重要讲话和全国两会精神,安排部署下阶段政协工作。区政协主席韩才渊,区政协领导涂国祥、罗旺甫、梁正凡、蒋利荣、胡小芳,秘书长戴芳出席。

6月18日,鼎城区政协举行九届三十八次主席会议,围绕"强化兜底保障工作,全面决胜脱贫攻坚战"进行协商建言。区政协主席韩才渊,区人民政府副区长熊辉,区政协领导涂国祥、罗旺甫、梁正凡、周伟建、蒋利荣、胡小芳,秘书长戴芳出席会议。

7月13日,鼎城区政协举行九届四十次主席(扩大)会议,专题协商灌溪撤镇建办工作。区政协领导韩才渊、涂国祥、罗旺甫、梁正凡、周伟建、蒋利荣、胡小芳,秘书长戴芳出席。

7月29日,鼎城区政协九届四十一次主席会议召开,协商区政协九届十八次常委会议有关事宜和委员工作室建设工作。区政协主席韩才渊,区政协领导涂国祥、罗旺甫、梁正凡、周伟建、蒋利荣,秘书长戴芳出席。

10月27日,鼎城区政协召开九届四十三次主席会议,专题协商"加强全区国有资产监管工作"。区委副书记、区人民政府代区长陈远,区政协主席韩才渊,区政协领导涂国祥、罗旺甫、梁正凡、蒋利荣,秘书长戴芳出席会议。

11月27日,鼎城区政协召开九届四十四次主席(扩大)会议,专题协商"十四五"规划纲要。区政协主席韩才渊,区委常委、常务副区长李卫民,区政协领导涂国祥、梁正凡、周伟建,秘书长戴芳出席。

12月14日,鼎城区政协召开九届四十六次主席(扩大)会议,专题协商全区2021年度财政预算编制工作。区政协主席韩才渊,区委常委、常务副区长李卫民,区政协领导涂国祥、梁正凡、周伟建、蒋利荣、胡小芳,秘书长戴芳出席。 (马先杰)

纪委监委

Commission for Discipline Inspection

2020年10月26日，区级领导及区纪委监委班子成员到石门县夹山镇“进京赶考启示园”开展廉政教育活动 （提供：刘伟桥）

纪检监察工作

巡察工作

纪检监察工作

【概况】 2020年，鼎城区纪委监委围绕区委决策部署，忠实履职、正风肃纪、惩贪治腐，全面从严治党。

落实“两个责任”。组织力量监督检查全区各单位落实疫情防控、脱贫攻坚、复工复产等各级重大决策部署情况，问责“两个责任”落实不力领导干部27人，组织处理27人。发挥利剑作用，全年开展常规巡察2轮，巡察单位35个，发现各类问题300个，移送线索32条。开展全区国有和集体资产清理整治专项巡察，为发现的1305个产权及处置问题提出整改建议。

作风建设。开展就业扶贫、住房和饮水安全、农村基础设施、基本医疗4个专题专项治理，进行2019年已开展的5个专题专项治理“回头看”，发现“四风”扶贫领域腐败和作风问题59个，立案19人，党纪政务处分18人，组织处理33人，退还群众资金7.9万元；发现群众身边腐败和作风问题93个，立案54人，党纪政务处分50人，组织处理47人，退还群众资金7.9万元；发现城市社区腐败和作风问题36个，组织处理13人；查处违反中央八项规定精神问题2起，党纪政务处分2人；查处形式主义官僚主义问题7起，党纪政务处分7人，组织处理3人。开展作风建设观察点活动，选取鼎城区政务服务中心、十美堂镇分别为政务服务和基层减负作风观察点。开展“摘牌行动”，通过拆除驻村招牌为基层减负、解决形式主义官僚主义突出问题的做法，被中央电视台《焦点访谈》栏目宣传报道。监督村(社区)“两委”换届，审查村(社区)党组织委员会成员候选人1698人，否决3人，受理查结换届信访举报及问题线索15件，涉及换届候选人初步人选17人。

2020年，鼎城区十美堂镇“摘牌行动”现场
(提供：刘伟桥)

2021年1月13日，鼎城区整治形式主义、为基层减负，被央视《焦点访谈》报道 (提供：刘伟桥)

监督保障。采取“四不两直”方式，两次驻村督查全区40个贫困村，走访群众1234户，收集群众意见、建议及诉求76条，现场交办问题37个，督促相关部门限期整改，严肃追责问责敷衍整改、边改边犯等问题。配合区生环委开展焚烧秸秆专项督查，重点开展“洞庭清波”专项整治，督导检查省、市挂牌督办突出生态环境问题。督促相关单位建立乡镇污水处理设施及配套管网，监督保障禁捕退捕，落实退捕渔民补贴，拆解渔船350艘，网具销毁42759.2千克，签订退捕协议387份。督促相关部门完善债务管理机制、抓债务化解工作，重点监管区属平台公司的日常资金，禁止违规举债融资行为。响应区新冠肺炎疫情防控指挥部统一部署，安排力量加入防疫督导和社区防疫工作，组建督导小组5个，督导乡镇(街道)及各单位防疫工作开展情况，专项督查桥南市场、高速路口等重要地带，现场反馈和限期整改发现问题220余个，受理涉疫信访举报，问责数人。主动对标省、市纪委要求，调整工作重点，督导检查复工复产工作，支持经济社会发展。针对重点领域，提醒督促责任单位加强监管、及时整改，聚焦防疫物质及资金、干部履职及作风和群众诉求处置反馈等情况，查处在疫情防控中搞形式主义官僚主义、不听指挥、

失职失责等问题。

扫黑除恶。坚持周小结、月总结制度,实行线索排查、任务推进清单式管理,受理涉黑涉恶腐败和“保护伞”线索。打掉“保护伞”数人,追责问责推动专项工作不力及其他失职失责问题18人。紧盯扫黑除恶“保护伞”背后问题,发出“两书一函”4份,督促相关部门整改落实。

反腐倡廉。建立健全执纪监督、执纪审查会议制度,发挥执纪审查调查一体化工作机制。落实监督执纪规则,在全方位、深层次学习解读基础上,对照规则列出需要更新完善的工作清单,进一步完善相关制度。健全区乡镇信访举报网络,通过区委领导包案等形式化解“四多”信访难题,接收信访举报266件,受理检举控告212件,查处违法违纪案件,党纪政务处分数人,移送司法机关数人。落实“三个区分开来”要求,为受到诬告陷害的干部予以澄清正名。

宣传教育。抓意识形态工作,成立并调整区纪委监委意识形态工作领导小组,明确工作职责。成立网络舆情小组,组建网评员队伍,了解群众反映的热点、焦点和难点问题,组织网评员在湖南省纪委网站等主流媒体发表网评34篇。开展廉政宣传教育,市级以上报刊媒体纳稿144篇,宣传监督执纪、队伍建设等方面经验做法。组织全区各单位观看警示教育片、参观廉政文化教育基地、到监狱听服刑人员现身说法,开展警示教育活动近40场。组织全区市管干部和区纪委班子成员到石门县“进京赶考启动园”接受学习教育。组织开展“不忘初心传廉声”经典廉洁诗词美文品读活动,2件选送作品在全市比赛中获奖。研究部署打造花岩溪国家森林公园廉政文化教育基地,推动廉政文化建设。

队伍建设。落实派驻纪检监察组和乡镇监察办公室改革任务,赋予相应监察权限。通过区委编制全会明确区委巡察办普通干部归口区纪委监委管理,增强队伍合力。抓教育培训,采取“干部点菜、组织送餐”方式,通过线上线下培训结合、分类培训和集中辅导互补形式,全年开展各类业务培训15次。选派40名干部到省市纪委跟班办案,抽调7名乡镇纪检干部到机关跟班学习,提升纪检干部理论素养和实战水平。坚持“刀刃向内”,经常“打扫庭院”,坚持区委巡察与纪委内部监督“双同步”,落实3个乡镇纪委内部监督。加强内控制度修订完善,自觉接受党内监督和社会监督,开展文明单位创建活动。 (刘伟桥)

2020年10月,鼎城区22个乡镇(街道)派出监察办公室挂牌成立,与乡镇(街道)纪(工)委合署办公,实现监察职能全覆盖 (提供:刘伟桥)

【“不忘初心·传廉声”活动】 2020年9月28日,常德市纪委监委举办的“不忘初心·传廉声”经典廉洁诗词美文品读会落幕,鼎城区纪委监委收集作品100余部,其中,选送的由善卷中学制作的《廉洁如花》获大美影像奖、优秀作品奖,区财政局制作的《传承》获优秀作品奖。 (刘伟桥)

2020年9月28日,“不忘初心·传廉声”活动落幕,鼎城区纪委监委选送作品《廉洁如花》《传承》获奖 (提供:刘伟桥)

【鼎城区乡镇（街道）派出监察办公室挂牌成立】 2020年10月，鼎城区22个乡镇(街道)派出监察办公室正式挂牌成立，与乡镇(街道)纪(工)委合署办公，实现监察职能全覆盖。10月29日，鼎城区委常委、区纪委书记、区监委主任王明东，主持召开区监委派出乡镇(街道)监察办公室主任任前廉政谈话会，22名派出乡镇(街道)监察办公室主任参加。 （刘伟桥）

【廉政教育活动】 2020年10月26日，鼎城区组织开展廉政教育活动，区委书记朱金平等全体在家区级领导及区纪委监委班子成员到石门县夹山镇“进京赶考启示园”，通过参观专题陈列内容，增强领导干部拒腐防变的意识。 （刘伟桥）

巡察工作

【概况】 2020年，鼎城区委巡察办坚持把党的政治建设摆在首位，推动全面从严治党在单位“落地生根”，营造干事创业环境，为推进巡察事业发展提供思想、组织和作风保证。

政治监督。抓常规巡察，全年，开展常规巡察2轮，巡察单位(含二级机构)35个。第八轮巡察收集整理各类问题300条，其中，责成被巡察单位立行立改7条，发现党员干部涉嫌违纪线索32条。至年末，完成巡察任务147个，覆盖率89.1%。村级巡察覆盖率76.3%。抓专项巡察，8月至10月，区国资中心牵头，以巡察办组为主，开展国有和集体资产清理整治专项巡察，为全区153个占有、管理、使用国有和集体资产的乡镇人民政府、街道办事处、区属农林场、区直相关单位及集体组织开展专项“政治体检”，发现国有资产产权问题160个，被侵占问题32个，出租出借问题989个，资产闲置问题118个，违规处置问题6个。抓巡察整改，出台《中共鼎城区委巡察整改监督工作流程》，统筹整合区纪委监委、区委组织部、区委巡察办组监督力量，规范巡察整改日常监督工作。前八轮巡察反馈问题2186条，整改1886条，整改率86.3%(第八轮巡察反馈问题未到整改时限)。定期向区委主要领导报告巡察整改工作进展情况，年内印发巡察整改工作进展情况季度专报3期。抓规范管理，谋划2020年工作规划，将政治巡察要点从以前的“六围绕一加强”转换为“三聚焦四落实”。重新梳理有关制度文件、规范业务流程、统一文书表格，明晰办组职责，从巡察工作流程、协调机制、自身建设三大方面归纳整理七个工作规范、四个配合机制、五个制度，规范和指导巡察工作。抓贯通融合，巡察前共享信息，综合各方面意见，纪委监委向巡察组提供涉及巡察对象的信访举报情况，组织部门提供班子配备和违规选人用人情况，审计部门提供审计发现的问题线索，让巡察组带着问题去巡察；巡察中加强配合，纪委监委选派有办案经验的干部参加巡察，组织、宣传、审计部门抽调专业干部参加，有关单位提供政策咨询、手段支持，为精准巡察定好位、把好关；追踪巡察移交的问题线索，精准研判、正确定性、科学分类、严肃处置。

2020年5月7日，鼎城区委巡察工作会议暨十二届区委第八轮巡察工作动员部署会会场 （提供：杨欣蓉）

宣传工作。通过会议、电视、网络、文件等形式，全方位宣传与公开每轮巡察的启动、进驻、反馈、整改情况，扩大知晓面，让公众了解巡察全过程。向有关媒体报送巡察相关稿件，截至11月，巡察办组向鼎城区纪委宣传部上报稿件50余篇，向常德市委巡察办上报稿件12篇，其中，“廉洁鼎城”公众号上稿12篇，“廉洁常德”公众号上稿17篇，“三湘风纪”公众号上稿3篇。举办主题文化活动，营造创文创建氛围。9月27日，组织开展“我们的节日·秋情浓意更浓”经典诵读活动。

脱贫攻坚与新冠肺炎疫情防控。全年,巡察办数次到扶贫点村,入户摸底排查,了解贫困户生产、生活情况,帮助办理残疾证、落实贫困户相关政策保障,协助工作队拆除危房、为贫困户档案资料整理归档,确保档案资料数据信息真实可靠。开展新冠肺炎疫情防控,为进驻的巡察组给予后勤保障,确保其开展巡察业务工作无后顾之忧;抓疫情防控宣传,普及疫情防控知识,保证疫情防控常态化。

自身建设。抓政治建设,坚定理想信念,增强政治觉悟、政治定力和政治敏锐性政治鉴别力。抓业务学习,学习中共中央总书记、国家主席习近平关于巡视工作的重要论述,熟悉党章党规党纪和宪法法律法规,掌握所监督领域专业知识,增强巡察监督专业本领。抓工作作风,落实中央八项规定及其实施细则精神和湖南省委、常德市委实施办法,执行湖南省纪委监督执纪“十不准”、巡察工作人员相关规定,维护巡察队伍良好形象。求真务实,调查研究,到基层听取意见、了解情况,在工作中注意方式方法,杜绝“官僚主义”和“形式主义”现象发生。

(何卫华)

民主党派·群众团体

United Front&Mass Organization

2020 年 9 月 24 日,鼎城区侨联举行《中华人民共和国归侨侨眷权益保护法》颁布 30 周年暨侨法进社区宣传活动 (摄影:林雨霏)

中国国民党革命委员会常德市委员会鼎城总支委员会
中国民主同盟常德市鼎城区委员会
中国民主建国会常德市委员会鼎城区工作委员会
中国民主促进会鼎城区支部委员会
中国农工民主党常德市鼎城区总支委员会
中国致公党常德市鼎城区工作委员会
九三学社常德市鼎城支社委员会
鼎城区党外知识分子联谊会
鼎城区总工会
共青团鼎城区委员会
鼎城区妇女联合会
鼎城区科学技术协会
鼎城区归国华侨联合会
鼎城区工商业联合会
鼎城区文学艺术界联合会
鼎城区残疾人联合会
鼎城区红十字会

中国国民党革命委员会常德市委员会鼎城总支委员会

【概况】 2020年，中国国民党革命委员会常德市委员会鼎城总支委员会履行参政党各项职责。姚伟胜、张惟鹏、唐松山、彭力获区政协表彰。姚伟胜、张惟鹏获“十佳政协委员”，唐松山、彭力获“优秀政协委员”。彭力创立的委员工作室被湖南省政协网报道。发展党员2名。

新冠肺炎疫情防控。民革鼎城总支落实新冠肺炎疫情防控工作，下发上级通告，发放《告市民的一封信》等，督促各个物业公司落实责任。韩亚琪、康凯、铁红旗等志愿者下沉基层，负责督查社区防疫工作落实情况。张惟鹏创办的湖南张家山庄生态农业发展有限公司派出青年志愿者参与疫情防控行动。开展捐款捐物活动。总支党员累计捐款4600元，湖南张家山庄生态农业发展有限公司捐款27000元。

学习教育活动。5月20日，民革鼎城总支启动“不忘合作初心，共担时代使命”主题活动，民革鼎城总支全体党员骨干和青年党员参加活动。5月23日，组织党员学习《习近平新时代中国特色社会主义思想学习纲要》“中国特色社会主义进入新时代”“当代中国发展进步的根本方向”两节内容，进行讨论交流，活动到场32人。

慰问抗战老兵。春节前，开展慰问抗战老兵活动，6月18日，民革鼎城总支开展“浓情端午，心系老兵”主题慰问抗战老兵活动。部分党员到周家店镇蜘蛛山村、石公桥镇白云村，分别为抗战老兵赵祥敏、向家财送去粽子、茶叶、大米、食用油、电风扇及慰问金2000元。

扶贫助学。依托民革党员张惟鹏创办的张家山庄开展资助扶贫和用工扶贫，至年末，资助贫困户19户，资助金额20000元以上。开展党员骨干结对帮扶。6月，走访慰问花岩溪镇栖凤山村贫困户2户，送去大米、食用油和慰问金，走访慰问周家店镇贫困户1户，送去慰问金2000元；为扶贫点村1户贫困户送去慰问金2000元。11月21日，到许家桥回族维吾尔族乡中堰村开展助学活动，参加活动党员10人，资助学生10名，为每名学生资助500元。 （唐松山）

2020年，民革鼎城总支到许家桥回族维吾尔族乡中堰村开展助学活动 （摄影：杜华）

中国民主同盟常德市鼎城区委员会

【概况】 2020年，中国民主同盟常德市鼎城区委员会（简称区民盟）进行换届选举，至年末，有支部8个，盟员93名。民盟鼎城区委被民盟常德市委评为先进基层组织。

组织建设。1月，召开民盟区委全会，安排部署全年工作。2—5月，组织全体盟员投入疫情防控、复工复产工作，自发捐款捐物。30余名盟员参与疫情摸排、管控、值班值守及抗疫物资保障工作，12名盟员连续26天工作在一线。民盟区委及盟员唐绍华、王兆基、王红玲、唐丁尖、史碧琴、罗红利等向鼎城区红十字会、慈善公益组织捐款10000元。9月，召开民盟鼎城区委第四届换届选举大会，选举新一届班子成员，成小兵任主委，培养入盟积极分子6名，发展盟员4名。

参政议政。提交政协提案15份、人大建议案2份，区政协全会分组讨论中，有12人次发言，王兆基撰写的《鼎城怎样应对高铁时代的机遇与挑战》

提案获区委区政府领导重视，被列为区政协重点提案。向区人大、区政协及盟市委提交社情民意16篇，成小兵提交的《打赢脱贫攻战中的不利影响须引起重视》被盟省委采用；向区委统战部、盟市委报送信息稿件22篇，发表18篇，成小兵撰写的《扶贫路上的“小兵”》在《常德日报》发表。

活动开展。1月21日，民盟鼎城区基层委员会全体委员及支部主委，走访慰问15名退休盟员及所联社区贫困户。慰问走访老复员军人9户、特困儿童2户、特困计生人员2户、因病特困家庭2户。6月3日，响应民盟市委提出的“同心助力悦读，书香浸润人生”图书捐赠活动，组织全区盟员向武陵区白马湖街道新建巷社区，捐赠图书1600余本。民盟淮阳支部开展“同心工程——爱心助学”活动，至年末，累计减免特困学生学杂费、发放奖学金550余万元。10月22日，邀请常德市首席健康教育专家、常德市科协科普讲师团教师、常德市第一人民医院医师莫文成，开展“话健康，幸福每一天”主题健康知识讲座。11月10—12日，民盟市委组织骨干盟员到株洲、衡阳、郴州等地开展“不忘合作初心，继续携手前进”主题教育活动。11月27—28日，民盟区委组织区内骨干盟员到十八洞村、芷江开展“追寻主席脚步，继续携手前进”红色教育活动。（成小兵）

2020年11月27—28日，民盟鼎城区委开展“追寻主席脚步，继续携手前进”红色教育活动（提供：成小兵）

中国民主建国会常德市委员会鼎城区工作委员会

【概况】 中国民主建国会常德市委员会鼎城区工作委员会(简称民建工委)成立于2000年12月20日。2020年年末，有民建会员44人，其中市政协委员4人，区政协委员和政协常委7人，区人大代表和常委3人，副处级干部1人，科级干部11人。年度发展新会员1人。杨善军、刘明高、杨凌、李玉兰被民建常德市委评为2020年度优秀会员，刘明高获评民建常德市委社会化服务先进个人，刘明高、华隽获评民建省委优秀会员，民建鼎城工委连续六年被民建常德市委授予先进基层组织称号。

参政议政。结合全区政治经济社会发展问题开展研究，提出建议案和提案10份。民建工委联合政协农业农村委围绕“强化兜底保障工作，全面决胜脱贫攻坚战”课题，提交区政协主席会议协商。民建工委调研的“推行白条禽上市 须持之以恒补短板”课题，获区政协重视交办。

新冠肺炎情防控。民建会员响应疫情防控号令，投身和支援疫情防控，各企业会员按照防控要求抓企业管理，推动企业有序复工复产。大成医药公司董事长陈烈靖多渠道采购防控物资，向安乡县、鼎城区红十字会捐赠口罩4万个、酒精200件、消毒药品100件；源宏食品公司总经理李红为防疫一线工作人员送去米粉500件；惠源农牧公司总经理华隽为鼎城区市场监督局和区畜牧水产事务中心赠送牛奶等食品300件。全体会员捐款2万余元。

社会化服务。11月，民建工委携手益丰大药房在十美堂镇紫流村开展“同心美丽乡村健康行”活动，益丰大药房现场捐款8万元和价值人民币2万元的药品，约请常德市第一人民医院6名专业门诊医师现场为该村200名老人义诊。（杨　凌）

中国民主促进会鼎城区支部委员会

【概况】 2020年，中国民主促进会鼎城区支部委员会（简称民进鼎城支部）有会员28人（发展2人），其中教育界12人，科技、文化界2人，律师界1人，非公有制经济界2人，行政事业单位11人。区政协委员7人（常委2人）。2020年度，民进鼎城支部被民进常德市委评为先进基层组织“明星支部”。

新冠肺炎疫情防控。民进鼎城支部落实民进省委、市委安排部署，发挥特色、立足岗位、积极响应、迅速行动，在疫情防控中贡献力量。会员高婷原创歌曲《相信未来》为高三学子加油打气，支部副主委顾伟在疫情期间坚持为100余名学生上网课，会员宋锐到防疫一线为企业送去防疫物资。开展抗击疫情、爱心捐赠活动，支部累计向民进市委捐款10200元，通过其他渠道捐款4300元。

社会服务。组织开展送教下乡、送戏下乡、文化下乡、送春联等传统社会服务活动。关注弱势群体，重点帮扶扶贫点双桥坪镇兴国寺村、许家桥回族维吾尔族乡中堰村、尧天坪镇下午冲村，开展帮扶工作。抓“同心乡村”示范点村建设，以“同心乡村”示范点创建实际成效助力乡村振兴。1月6日，民进鼎城支部联合鼎城区京剧协家联会为石门县雁池乡中心学校募捐500余件冬衣，其中新衣200件，旧衣300余件。1月14日，民进鼎城支部联合民进常德市委开展2020年“春联万家”活动，为群众送去新春祝福。5月22日，民进鼎城支部联合鼎城区文联、区卫健局、区血防医院、区朗协到鼎城区尧天坪镇下午冲村开展“送医、送药、送文化”三下乡活动，该次活动接待贫困户、五保户、低保户、重病重残户、边缘户等困难群体400余人次，开出处方笺180余份，免费发放药品200余份。6月23日，民进鼎城支部联合区文联、区摄影家协会到鼎城区蔡家岗镇敬老院开展“棕香情深，敬老爱老”慰问活动，捐赠大米500千克、日常生活用品50套，为每位老人送去已拍摄装裱好的照片。8月，到“同心乡村”许家桥回族维吾尔族乡双堰村开展金秋助学，为5名贫困大学生送去慰问金5000元。帮扶双桥坪镇兴国寺村贫困户梅为兴，4月，看望慰问梅为兴发生意外伤害的儿子，想办法解决其治病后顾之忧，为梅为兴争取危房改造资金，并从党派经费中划拨5000元帮助其修缮房屋。

2020年6月23日，民进鼎城支部开展“棕香情深，敬老爱老”慰问活动 （提供：沈亚力）

参政议政。抓宣传信息，民进鼎城支部在湖南省民进网上发表信息《齐心抗疫，与爱同行》《民进鼎城支部开展“棕香情深、敬老爱老”慰问活动》，在新湖南网上发表信息《周家店的川流不息——民进会员宋大川扶贫工作纪实》，在常德市统战及市民进平台发表文章13篇；抓社情民意，民进鼎城支部向民进常德市委提交社情民意提案3篇。围绕支部集体提案《关于农村经济合作社扶贫产业链发展问题》，组织会员到乡镇走访座谈、实地查看，开展全区重点农村农民专业合作社发展等情况调研，初步掌握农民专业合作社发展现状、存在问题及原因。 （沈亚历）

中国农工民主党常德市鼎城区总支委员会

【概况】 2020年，中国农工民主党常德市鼎城区总支委员会（简称农工党鼎城总支）学习贯彻中共十九届五中全会精神，履行参政党职能，围绕开放强市、产业立市目标，凝心聚力、开拓进取。农工党鼎城总支被农工党湖南省委评为“抗击疫情先进集体”、被农工党常德市委评为“参政议政工作”先进集体。党员李科、汪志红、邵惠军等6人被农工党常德市委评为“优秀党员”。

培训学习。开展“不忘合作初心、携手继续前进”主题教育活动。6月,组织总支全体委员及骨干党员传达学习全国两会精神和区委经济工作会议精神。11月,带领总支全体党员到十八洞村和芷江抗日战争纪念馆开展脱贫攻坚考察和红色教育。

参政议政。农工党鼎城总支有省、市、区各级人大代表、政协委员14名。他们围绕中心、联系群众、建言献策。在区人大、政协会议上,均有重点提案和建议纳入大会发言或书面发言。李科撰写的“关于加强和改进我区国有资产监督管理”的建议,被列为政协全会现场发言主题,受到区委区政府主要领导肯定。

社会服务。在2020年抗击新冠肺炎疫情工作中,农工党鼎城总支第一时间响应行动,号召全体在职医疗卫生界党员放弃休假,坚守一线。其余党员踊跃捐款,累计向区慈善总会捐款28700元,捐赠折合人民币20000余元的一次性口罩、手套、消毒药水等防疫物资。开展结对贫困村免费义诊和送医扶贫活动,在黄土店镇竹青潭村开展同心义诊和医疗扶贫活动1次,免费义诊177人次,为贫困户和8名孤寡老人赠送日常药品和过冬棉被,折合人民币30000余元。

队伍建设。经党员推荐、个人申请、组织考察等程序,全年,发展党员4名,吸纳积极分子1名。

（李 科）

中国致公党
常德市鼎城区工作委员会

【概况】 2020年,中国致公党常德市鼎城区工作委员会以习近平新时代中国特色社会主义思想为指导,学习贯彻落实全国两会和中共十九届五中全会精神,参与抗击新冠肺炎疫情,以工委换届为契机,抓自身建设,各项工作稳步推进。2020年,致公党鼎城工委被致公党湖南省委评为省级先进工委。

新冠肺炎疫情防控。疫情突如其来后,致公党鼎城工委发挥党派侨海优势,发动海内外各方资源,经过多方努力与协调,筹集医用口罩3000个,第一时间将口罩全部捐赠至鼎城区新冠肺炎疫情防控指挥部。工委党员参与致公党常德市委和致公党湖南省委组织的捐款行动,筹得善款4000余元,并捐赠给常德市红十字会和海外侨胞。工委政协委员围绕疫情防控建言献策,上报数篇防疫社情民意信息。

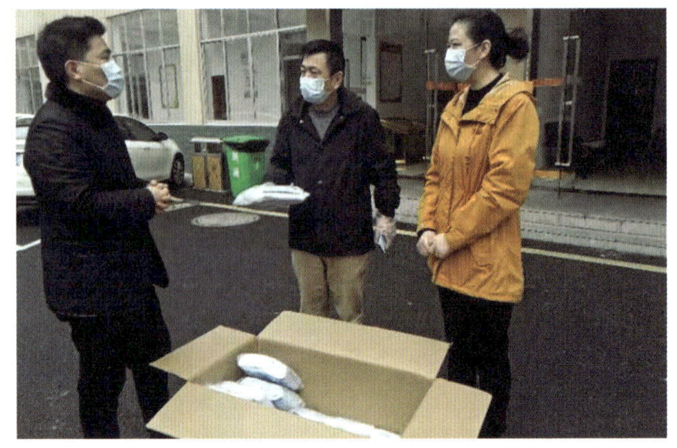

2020年2月3日,致公党常德市鼎城工委向鼎城区新冠肺炎疫情防控指挥部捐赠医用口罩 （提供:蒯建英）

学习宣传。通过多种形式,组织党员学习各级疫情防控和脱贫攻坚指示精神,中共中央总书记、国家主席习近平到湖南考察重要讲话精神,中共十九届五中全会精神,传达中央、省、市相关政策、文件及会议精神。秦志超撰写的《找准角色定位、担负时代使命》学习心得被致公党湖南省委和常德市委统战部采纳。杨婷以《那些最可爱的人》为题,参加了致公党常德市委组织的抗击疫情主题宣讲活动。

扶贫慰问。1月19日,工委主委蒯建英一行到斗姆湖街道机场社区,走访慰问困难群众,为他们送去慰问金。6月19日,致公党鼎城工委再次到斗姆湖街道机场社区开展走访慰问活动,为4户贫困户送去养殖帮扶金。6月23日,组织工委党员到常德市第一人民医院,看望生病住院的老党员,并送去慰问金。

工委换届。6月1日,致公党常德市委专职副主委胡碧波一行到中共鼎城区委统战部,协商交流致公党鼎城工委工作情况及工委换届工作。6月18日,致公党鼎城工委召开工委换届筹备工作会议。进一步说明和解读工作委员会设置规则、人选要求、工作程序和时间安排等有关事项，明确职责分工，强调换届选举工作中注意事项。7 月 3 日，召开工委换届选举大会，选举产生新一届班子。

2020 年 7 月 3 日，致公党常德市鼎城工委换届选举大会会后合影 （提供：蒯建英）

参政议政。5 月 16 日，湖南省政协委员、致公党工委主委蒯建英等参加了省政协致公界别委员组织到常德市安乡县开展的“落实支持政策，助推港澳台侨企业高质量发展”“后疫情时代的农产品电商运营对策”专题调研。工委围绕鼎城区经济发展大局开展调研，提交《加强品牌建设助推鼎城经济高质量发展》调研报告，蒯建英代表致公党鼎城工委在区政协全会上发言。在政协常德市第七届委员会第五次会议上，秦志超以“关注失独失能家庭，特殊群体需要特别的爱”为题，代表市政协安乡县活动组作大会协商发言，并被评为优秀市政协委员。

惠民活动。6 月 3 日，致公党鼎城工委在斗姆湖街道机场社区主办“决战脱贫攻坚，共奔全面小康”送文艺进社区惠民演出活动，鼎城区斗姆湖街道机场社区福娃幼儿园师生、社区居民观看演出。8 月 2 日，致公党鼎城工委联合致公党医卫支部在镇德桥镇乔家岗村开展免费义诊、送医送药下乡活动，发放药品 37 种，折合人民币 15000 余元，受益群众 300 余人。为鼎城区机场社区申报省级同心社区，在社区创建书屋、体育室等活动基地，并慰问帮扶社区困难居民。 （蒯建英）

九三学社常德市鼎城支社委员会

【概况】 九三学社常德市鼎城支社委员会（简称九三学社鼎城支社）成立于 2005 年 9 月，2020 年有社员 20 名，九三学社常德市鼎城支社委员会被九三学社常德市委评为目标考核红旗单位，陈伟、许光、叶刚被九三学社常德市委评为优秀社员，张全丰被九三学社湖南省委评为优秀社员。

学习教育。6 月，召开新一届支社委员会议，传达学习九三学社常德市委扩大会议精神和工作思路。11 月，开展“不忘合作初心，继续携手前进”主题革命传统文化实践教育活动，组织社员到岳阳市平江县红军营、平江起义纪念馆等地重温红色历史，缅怀革命先驱。

2020 年，九三学社鼎城区支社到岳阳市平江县开展革命传统文化实践教育活动 （提供：陈伟）

参政议政。九三学社常德市鼎城支社委员会有区政协委员 7 人，区人大代表 1 名，其中区政协常委 2 名，区人大常委 1 名。围绕鼎城区委、区人民政府中心工作，履行职能，参政议政，建言献策。提交议案提案、社情民意 19 篇。支社主委陈伟撰写的《斗姆湖街道：“南大门”的守护者》获“全市统一战线讲述常德故事”先进事迹；许光撰写的《一名九三人扶贫路上的工作纪实》被“常德智慧统战”采用；陈伟、叶刚分别撰写提案《关于推进垃圾分类处理的提案》《关于加强社区矫正中社区服务的建议》，提交到鼎城区政协提案办理系统；陈伟、韩丽芳分别结合区“十四五”规划主要内容提出书面建议《关于加快空港新城规划，启动现代化城市新中心建设》《协同完成我区“十四五”规划卫生健康事业的有关意见及建议》。

组织建设。5 月，九三学社鼎城支社进行换届，选举陈伟、杨胜、许光、韩丽芳、曾义 5 人为新一届支社委员会委员，陈伟被选举为支社主委，杨胜、许光、韩丽芳被选举为支社副主委。8月，支社开展“协同发展、展望未来”主题社务交流活动，安排部署产业扶贫、九企合作、参政议政、同心美丽乡村建设等工作。

2020年5月30日，九三学社常德市鼎城支社委员会第五届换届选举大会会场 （提供：陈伟）

社会服务。2月，支社发起“齐心协力、战胜疫情”募捐活动，收到社员捐款7300元。九三学社社员、斗姆湖街道办事处副主任陈伟，靠前指挥新冠肺炎疫情防控工作；社员朱明登在疫情突如其来后一直率公司员工在厂区坚守，并捐款2000元；社员曾义向鼎城区新冠肺炎疫情防控指挥部捐赠医用口罩2000只，捐款1000元。6月，支社在鼎城区迎宾社区开展“绿色环保，从我做起”主题宣传活动。

2020年，九三学社鼎城区支社社务工作会议合影 （提供：陈伟）

脱贫攻坚。支社主委、区政协委员陈伟，联系斗姆湖街道脱贫攻坚工作，在上级考核中获好评；区政协常委、湖南省棉花科学研究所研究员曾潜，率扶贫帮困小组，看望谢家铺镇唐家铺社区贫困户，捐赠资金1000元和生活物资；支社副主委、区政协委员、区委驻蔡家岗镇花园村驻村工作队队长，为该村脱贫攻坚工作出谋划策，被区委组织部评为扶贫工作先进个人。

同心工程。7月，在同心乡村示范点谢家铺镇下陈湾村举行市级同心美丽乡村示范点挂牌仪式。开展爱心助学活动，为13名家庭贫困学生发放助学金5200元。8月，开展送医药下乡义诊活动，为村民免费发放折合人民币10000余元药品，健康宣传资料1000余册。 （陈　伟）

2020年，九三学社鼎城支社在谢家铺镇下陈湾村开展爱心助学活动 （提供：陈伟）

鼎城区党外知识分子联谊会

【概况】 鼎城区党外知识分子联谊会（简称知联会）成立于2008年5月，围绕全区中心工作，发挥特点优势，开展调查研究、参政议政、建言献策、社会公益等工作，为市、区各级部门推荐人才。2020年，知联会有会员43名，其中市人大代表2人、市政协委员3人、区人大代表3人、区政协委员6人、副处级干部2人。

组织建设。1月，进行第三届知联会换届，选举刘耀锋为会长、鲁镖为常务副会长。班子成员进行分工安排，明确工作责任，建立目标管理考核工作机制，为工作推进建立组织保障。全年发展会员2名。

协商议政。4月,组织部分成员到云港生物科技有限公司、平向良生态农业园开展疫情复工复产情况调研。向市级以上统一战线报送信息41条、调研报告3篇。

学习培训。6月,组织会员到镇德桥镇党建基地参观学习,考察平向良生态农业园。11月,组织全体会员到贺龙故居红色教育基地进行爱国红色主题教育。

同心工程。8月21日,组织知联会成员到同心村许家桥回族维吾尔族乡民族村开展捐资助学活动,资助10名学生17000元。12月,到同心村帮扶慰问贫困户。 (刘耀锋)

鼎城区总工会

【概况】 2020年,鼎城区总工会团结带领全区职工推进“三城四区五中心”建设,被常德市总工会推荐为全省优秀县级工会。

组织建设。至9月末,全区新建基层工会组织21家(涵盖法人单位96家),发展会员2688人,其中发展农民工会员1474人。按“十有”“五个一”要求规范工会工作,创省级模范职工之家1个,省级模范职工小家1个。落实常德市总工会下达的税务代征和审计任务。6月,常德市总工会分配会员实名制录入目标任务3.6万人,超额落实目标任务数,完成率100%。开展工会会员普惠制活动,与七家合作商家签署合作服务协议书,保障工会会员享受让利服务,《湖南工人报》头版头条进行专题报道。建立新媒体宣传平台,开通鼎城区总工会微信公众号,安排专人定期更新QQ群、工会门户网站,上稿8篇。举办2020年迎新年万名职工健康跑活动,138家机关事业单位和企业近1万名职工参赛。开展“湘阅读工力量”主题阅读活动。开展城市“快闪”活动26场、主题读书月活动27场。参与好书荐读活动人数9650人,其中湖南省总工会官方微博参与103人次,发布作品103个。省总工会女职工素质教育大讲堂在鼎城区开讲,60余名女职工代表参加培训。举办鼎城区第一届职工主题阅读活动,通过读书沙龙、才艺展示、专家解读等活动形式掀起读书热潮,110名基层工会主席300余名青年干部职工参加。5月28日,组织干部职工参加市总工会“唱响劳动主旋律·争做文明工会人”趣味运动会。6月,组织干部职工参加“健康人生·绿色无毒”主题乒乓球比赛。

劳动竞赛。组织全区非公企业开展“安康杯”劳动安全竞赛,228家企业1636个班组35999名职工参加。9月,组织6名选手参加常德市职业技能竞赛暨2020年常德市产业工人技能竞赛——钳工、焊工竞赛,黎鹏、刘洁获优胜奖。9月24日,区总工会举办鼎城区叉车工及货车司机职业技能竞赛,叶文权、张稳、向兵分别获叉车工技能竞赛第一名、第二名、第三名。钟帮喜、戴仕成、魏立军分别获货车司机技能竞赛第一名、第二名、第三名。10月,承办常德市第一届产业工人技能竞赛暨2020年钢筋工竞赛,鼎城区参赛选手高晓伟获一等奖,杨红军获二等奖,周友谊获优胜奖。

劳模管理。全区有各级劳模464人(全国劳模6人,省部级劳模30人,市级劳模358人,区级劳模70人),其中在职102人,退休362人。春节期间,走访慰问何学高、杨桂元等全国、省部级劳模36名,并送去慰问金,补助市级低收入劳模28万元。摸底核实劳模基本生活状况,并上报常德市总工会。五一期间,鼎城区推荐张明仲、朱德元、陈良凯3人为省级劳动模范和先进工作者,推荐鼎城区公安局、常德同达机械制造有限公司为市五一劳动奖状获得单位,推荐李明、陈学林、姚高峰、卢晓岚、李敬平为市五一劳动奖章获得者,兴隆劳务有限责任公司现场三部动态选茎五班、湖南特力液压有限公司中长缸车间为市工人先锋号,张家跃劳模创新工作室为市劳模和工匠人才创新工作室,湖南申友农林投资有限公司、常德市小蜜蜂家庭农场为市劳模助力乡村振兴示范基地,詹焰明、彭宇和为市高技能领军人才师徒结对优秀对子。4月30日,召开鼎城区五一劳动奖章和工人先锋号表彰大会，表彰区五一劳动奖章获得者10人，区工人先锋号5个。5月，为省、市级劳模下发体检卡，组织到常德市第四人民医院体检。

维权帮扶。为贫困户建档立卡，核查专访110人次，帮扶困难职工7人，下拨帮扶资金1.4万元；帮扶大病医疗补助19人，发放资金11.1万元；帮扶生活补助人员10人，发放生活补助金4.5万元；助学帮扶8人，发放助学金4万元；下拨省级帮扶抗击新冠肺炎疫情资金3.3万元。区总工会筹集疫情防疫防控专项经费120余万元，补助一线防控人员，为刺激消费市场，全区200余个基层工会向职工会员提前一次性发放全年节日慰问费930余万元。组织律师志愿者服务队，处理疫情防控期间劳资纠纷等问题。举办“春风行动”网上招聘活动，累计推送200家用人单位岗位信息3866条，收集网上求职简历803份，电话联系推荐463人。2月，组织开展爱心超市活动，现场慰问困难职工412名，发放物资折合人民币12万余元。3月15日，发放送温暖资金13万元。5月，配合湖南省总工会开展帮扶工作第三方评估，上报调整调查样本110份，接受调查样本110份。6月，调整“双联”领导小组组成人员及单位，并下发“双联”结对安排表，开展一户一产业职工培养工程，培训456人次，其中机械制造业150人次。开展助力春耕送肥下乡活动，为每户贫困户送去价值600元的肥料。开展“送清凉”活动，班子成员及骨干走访慰问一线工作人员，慰问职工310余人。动员开展第九期医疗互助工作，参加单位208个，参加人数16518人，收取现金115万元，落实医疗互助补助申报工作。

（丁明辉）

共青团鼎城区委员会

【概况】 2020年，共青团鼎城区委员会学习宣传贯彻习近平新时代中国特色社会主义思想，围绕团的根本任务、政治责任、工作主线，开展各项工作。

组织建设。开展团组织和团员清理排查工作，指导机关企事业单位和“两新”组织团组织设立、选举工作，团的组织建设实现全覆盖；建立团组织书记备案管理制度和团组织按期换届提醒制度。规范团员发展程序，印发《关于建立入团积极分子备案管理制度的通知》等文件，开展新发展团员预审工作，全年发展团员948名；联合区委组织部印发《关于落实共青团“推优”入党工作的通知》，全区28岁以下团员入党推优比例100%。印发《关于进一步规范团组织关系转接和团员档案管理工作的通知》，组织各级团组织找回历史遗留的“口袋”团员、失联团员，完善团员组织关系转接和档案管理机制，全区学社衔接率99%。打造鼎城区乡镇团校试点，推进全区共青团思想阵地建设，鼎城区镇德桥镇团委获评全省基层团建工作示范点，乡镇团校“鼎城模式”作为年度全市共青团改革创新大赛课题向共青团省委汇报。

活动开展。开展“云团课”“微宣讲”等活动，宣讲团的知识；承办“2035，你在哪里”全省青少年主题对话活动，省、市青年讲师团讲师与鼎城区江南小学500余名学生面对面，宣传中共十九届五中全会精神。创新开展“鼎城青年课堂”，邀请全省高考文科状元何润琪录制访谈视频，分享学习经验，作为教学成果组织全区高中生学习观看，网络平台播放量超2万余人次。开展全区中小学建队暨团队共建示范活动，团组织生活内容丰富。开展“青春助力扶贫”系列活动，从全区选树出扶贫一线优秀青年干部20名。

2020年，“鼎城青年课堂”录制拍摄现场

（提供：张硕桓）

志愿助力。成立组建“鼎城青年”志愿者队伍，采取社团化运作方式和积分奖励机制，按照青年审美喜好制作统一服装、标识，参与“暖冬行动”、全市集中招聘会、科技创新大会等市、区大型活动志愿服务工作。新冠肺炎疫情期间，团区委组建青年突击队27支，成员302名参与疫情防控；捐赠医用一次性口罩4000只，新鲜蔬菜500千克、速热米粉1000盒，筹集捐款近30万元，在各级媒体发出抗击疫情相关文章36篇。

2020年，团区委志愿者开展志愿服务活动 （提供：张硕桓）

服务青年。开展“同舟共济 青春偕行”济难助困活动，资助慰问经济困难或受疫情影响的青少年370人，慰问资金18.5万元。开展“青春圆梦计划”行动，指定团干部作为“青春助梦人”，列出“心愿清单”，帮助69名困难团员和少先队员完成心愿梦想。开展“鼎城区青年干部联谊会”，通过读书分享形式，引导全区青年干部“以书会友”。成立心理咨询志愿者队伍，联合区人民检察院成立“常德市鼎城区彩虹桥青少年心理咨询志愿服务基地”，青少年心理健康服务逐渐向阵地化、专业化迈进。建立《鼎城区青年工作联席会议制度》，召开第一次青年工作联席会议，结合《中长期青年发展规划（2016—2025年）》，明确责任单位，细化分解工作任务。 （张硕桓）

2020年，鼎城区青年干部联谊活动现场 （提供：张硕桓）

鼎城区妇女联合会

【概况】 疫情防控。新冠肺炎疫情期间，区妇联发动女性和女性社团组织奉献爱心、捐款赠物。区旗袍文化协会志愿者300名会员踊跃捐款，募集资金31010元；区优秀女企业家、常德市第七次妇代会代表、源宏食品有限责任公司法人李红，捐赠自热米粉400盒；区妇联执委李丹为一线医护代表及家属捐赠蔬菜100千克；区妇联执委彭菊华为医护人员及家属捐赠米、油等物资；经区妇联协调，常德三美生态种植有限公司向常德高新区捐赠蔬菜1.75万千克，助力企业复工复产。石板滩镇、常德花岩溪国家森林公园管理处妇联发挥志愿者特长，组建疫情防控心理咨询行动小组，为疫情防控一线工作人员、居家隔离居民提供线上线下心理疏导。周家店镇妇联、石板滩镇妇联发挥文化特色，编写原创文艺作品，助力疫情防控。

2020年，常德三美生态种植有限公司向常德高新区捐赠蔬菜 （提供：刘俊好）

关爱妇女儿童。妇女节期间，区妇联走访慰问疫情防控一线家庭和困难家庭10户；邀请心理健康、妇儿保健专家参加“阳光政务”栏目，通过无线电波传递温暖、号召女性关注自身心理、生理健康。2月7日，区妇联、区优秀创业女性代表等到常德市第四人民医院，为医护人员家庭代表送去价值5000元“暖心菜”“暖心米”“暖心油”等物资，帮助解决一线防疫医务工作者和医务人员家庭实际困难和后顾之忧。六一国际儿童节期间,联合区住保办、区教育基金会开展“有爱不孤单·点亮微梦想”百名“鼎城妈妈”牵手百名“留守儿童”爱心帮扶活动。到结对的贫困留守儿童家中,送去爱心企业捐赠价值5万元的节日礼物。开展“两癌”免费检查与救助。实施全区农村妇女“两癌”免费筛查项目,为10234人进行宫颈癌和乳腺癌免费筛查,其中HPV总阳性数1397人,阳性率15.32%;TCT异常416人,阳性率4.1%。宫颈癌2人,癌前病变22人,宫颈低度病变66人,乳腺癌7例。春节期间,为49名农村贫困“两癌”患病母亲申请并发放全国妇联救助金49万元。区妇联特聘10名具有相关专业资质的志愿者成立女童权益保护志愿者讲师团,为全区100个村社开展以“守护童年,牵手共成长”为主题的暑期百场安全课堂进村社活动。活动受益家庭逾5000户,《常德日报》、《常德晚报》、红网等主流媒体刊登活动信息。

2020年,鼎城区妇联开展关爱“逆行者”暖心行动
(提供:刘俊好)

2020年,鼎城区妇联开展百名“鼎城妈妈”牵手百名留守儿童活动启动仪式
(提供:刘俊好)

技能培训。联合相关职业培训学校,举办鼎城区巾帼公益大讲堂暨基层妇联干部素质提升培训班2期,全区三级妇联干部近200人参与培训。培训班设置女性心理健康知识、新媒体运营之短视频制作及直播技巧、公务形体礼仪及化妆技巧等课程。引导现代家庭教育理念。开展“好家庭好家教好家风”公益巡讲及家庭教育指导服务公益课堂进机关、进社区等,邀请鼎城区家庭教育指导服务基地讲师开展家庭公益授课。全年,举办家庭教育公益巡讲2次,公益课堂60次,受益家庭3000户。

特色活动。新型冠状病毒感染的肺炎疫情期间,鼎城区涌现出一批女性先进典型。区妇联根据基层推荐、评选考察,评选出鼎城区抗击疫情“最美巾帼人物”40名,进行表彰慰问。5月15日,鼎城区妇联召开年度“巾帼脱贫行动”工作推进会,下发《关于印发〈鼎城区妇联2020年“巾帼脱贫行动”实施方案〉的通知》,要求全区各级妇联组织以“扶志”“扶智”“扶能”“扶困”“扶德”为工作内容,助力脱贫。授予常鼎创职业学校、小背篓家政公司、博艾·华蕾职业培训学校3家企业“鼎城区巾帼创业就业示范基地”称号。3家授牌企业开展送“技”到村服务,将家政服务、育婴护理、美容化妆等技能培训班送到村社。在区人社部门支持下,举办育婴师、养老护理员、保育员、茶艺师、美容化妆师等培训班22期,接受免费技能培训妇女669名,649人取得相应就业资质。6月19日,联合区文明办举办“逐梦新时代·巾帼绽芳华”鼎城区2020年庆七一巾帼风采群众文艺展演暨新时代巾帼文明实践行动2019年度“最美家庭”颁奖活动。表彰2019年度鼎城区“最美家庭”10户,并向全区妇女发出《鼎城区新时代巾帼文明实践行动倡议书》。9月17日,区妇联联合区总工会、团区委、区融媒体中心,举办读书·立德青年干部职工成长交流会。区属各机关、企事业单位300名单身青年干部职工通过分享读书心得和才艺展示参加交流。

(刘俊好)

2020 年,鼎城区妇联入户表彰抗疫最美巾帼人物

（提供:刘俊妤）

【扶贫直播助农】 为助力产业扶贫、消费扶贫,2020 年 6 月 30 日,鼎城区妇女联合会携手十美堂镇党委政府,邀请 10 名网红主播,通过杧果扶贫云超市平台,销售十美堂镇菜籽油、香米、湘莲等优质农产品。活动吸引了 10 万余人次刷屏点赞,5 万余观众在线互动。（刘俊妤）

2020 年 6 月 30 日,十美堂镇"直播带货"助力扶贫

（提供:刘俊妤）

鼎城区科学技术协会

【概况】 鼎城区科学技术协会(简称区科协)成立于 1958 年 12 月,2020 年,第六次全区代表大会选举委员 35 人、常务委员 17 人、正副主席 3 人,杨建新当选为主席。2020 年,区科协机关编制 11 人,下辖正股级事业单位 1 个:鼎城区科普中心。区科协组成单位有区级学会(协会、研究会)26 个,乡镇(街道)科协 22 个,村(社区)科协 296 个。

疫情防控。新冠肺炎疫情期间,区科协发挥相关职能,配合区委、区人民政府疫情防控部署,宣传疫情防控知识,发放疫情防控宣传资料 5 万余份;慰问防控一线医疗科技工作者,24 小时值守小区防止疫情输入;助力企业复工复产,为受疫情影响严重的企业送去折合人民币 10 万余元的生活物资,为产品滞销企业找销路,参与消费扶贫;为农民送去生产技术,传递市场信息,为农产品找市场,落实产业扶贫。

科普宣传。开展科普活动。组织参加"科技、文化、卫生"三下乡活动启动仪式,为全区 22 个乡镇(街道)送去科普类读物 4 万余本,并在活动现场为群众发放食品安全、健康生活、农业知识等书籍 3000 余册;5 月,在玉霞街道、红云街道、郭家铺街道举办鼎城区科普活动月系列活动,向 2000 余名现场群众赠送种养殖技术、食品安全、健康卫生、环境保护等科普宣传资料 10 余种 10 万余份,发放科普类书籍 3000 余册,接受群众咨询 500 余人次;抓科普信息化队伍建设,完善科协网站建设及微信公众平台"科普鼎城"建设,开展"科普中国"手机软件注册和传播分享宣传推广活动,至年末,注册科普信息员 2 万人,分享传播 80 万人次。发动市民参与"湖南省第四届科学素质网络大赛",参与人次突破 100 万人次。

科技创新。调研善卷中学、江南中学、花船庙小学等青少年科技创新活动开展较好的学校,研究创建"科创制作室"相关工作,年末已通过"一般科技计划项目",支持江南中学科普制作室项目;组织召开全区青少年科技创新工作会议,表彰在常德市第十八届青少年科技创新大赛中获得优异成绩的师生、辅导教师及学校;开展鼎城区 2020 年青少年科技创新大赛,至年末,已收集评审青少年科创作品 500 余件。组织开展科普示范学校创建,推荐花船庙小学申报常德市科普示范学校,并协同市科协为常德市科普示范学

校（江南中学）赠送机械模型套材25套、科普电子屏1块等价值近2万元的科创活动器材。9月，发动全区科协系统开展“全国科普日”活动。12月25—27日，区科协带领全区优秀青少年参加第十九届常德市青少年科技创新大赛，获金牌5枚、银牌14枚、铜牌75枚，鼎城区科协被评为“优秀组织单位”。

全民科普。区科协与相关单位协调配合，召开《全民科学素质行动计划纲要》成员单位工作会议，制定并印发《2020年鼎城区全民科学素质建设工作考核办法》，明确各成员单位工作职责、工作任务。对照《鼎城区全民科学素质行动计划纲要（2016—2020年）实施方案》，针对未成年人、社区居民、城镇劳动人口等五类人群专项实施科学素质行动，并建设科普人才队伍，建设维护科普基础设施，全面开展科学知识宣传。实施未成年人科学素质行动。全区中、小学校每周安排科学课1节，并在校园内设立科普长廊、板报，全面普及安全避险自救、保护生态环境、节约能源资源等知识。实施农民科学素质行动。结合村（社）优势特色产业情况，分类开展农村实用技术培训、农民科技培训、产业培训等各类培训20余次，受益群众3万余人。实施城镇劳动人口科学素质行动。组织开展劳动保护知识、健康知识讲座、心理培训、再就业、职业资格、创业等培训10余次，受益人群2万余人。实施社区居民科学素质行动。引导学校、学会、企业、机关等参与科教进社区、卫生科技进社区等宣教活动10余次，发放各类科普资料5万余份，普及全民健康、节能减排、科学生活等科普知识。实施公务员科学素质行动。将科学素质教育内容列入党校和各类干部培训机构教学计划，增强公务员，尤其是领导干部科技知识。

组织建设。抓企业科协建设。推动精为天生态农业股份有限公司、润田农机装备科技股份有限公司、华粮粮油机械科技有限公司等企业成立企业科协。至年末，在296个村（社区）科协建立基础上，成立企业科协29家，并将全区科协组织信息录入到中国科协组织信息管理系统。（关 军）

鼎城区归国华侨联合会

【概况】 2020年，鼎城区有海外华人华侨、港澳同胞、归侨及其眷属2万余人。其中，海外华人华侨、港澳同胞近4000人，主要分布在美国、澳大利亚、加拿大、法国、英国、西班牙、日本、新加坡等18个国家和地区；海外留学及归国留学人员1000余人。有规模侨资企业8家，包括联嘉机械、响箭重工、同达机械、张家山庄、鼎兴布艺、福祥天茶业、申友农林等，涉及机械制造业、农林业、销售和加工业、布艺软装业、餐饮业、教育培训等产业。

疫情防控。新冠肺炎疫情期间，鼎城区归国华侨联合会（简称区侨联）向海外鼎城籍华侨华人发出为武汉、为家乡捐赠和采购防疫物资倡议书。鼎城籍加拿大湖南同乡会会长郭志勇直捐武汉医用口罩10万只。新西兰华侨华人联合总会会长陈水珍、韩国启明大学博士颜筱颖、泰国泰中经贸促进会会长萧国刚、湖南响箭重工有限公司董事长阎军夫妇等海外知名侨领、侨社团，为鼎城区捐赠医用口罩、防护服、乳胶手套、医用帽、洗手液和消毒液等防疫物资，折合人民币近38万元。区侨联对接美国、英国等海外侨领，为该区采购医用口罩和医用防护服等物资提供大量货源信息。海外疫情蔓延扩散期间，区侨联向鼎城籍海外华人华侨宣传防疫知识和经验。3月26日，鼎城区委、区人民政府向新西兰捐赠医用口罩1万只、医用级防护服200件，助力海外华侨华人抗击疫情。4月2日，区侨联撰写的《上善若水 大爱之美谱华章——鼎城籍华人陈水珍风采》一文，被凤凰网选用。2月12日始，区侨联实时跟进上报侨资企业复工复产进度、困难问题及意见建议等相关情况，传达省、市应对新冠肺炎疫情、支持企业复工复产的扶持政策，到张家山庄生态农业发展有限公司、鼎兴布艺有限公司等侨资企业，调研企业复工复产和经营情况，帮助企业解难帮困，为侨资企业发展营造良好环境。

2020年，鼎城籍华侨华人在海外为家乡募集防疫物资（提供：陈水珍）

服务经济。联系欧盟湖南商会会长唐勇，促成欧洲500强上市环保名企芬兰宏卡公司北欧环保农业全产业链综合项目落地。邀请美国波士顿多媒体集团执行副总裁华人伍翔携美国智能制造中国生产总部等项目到鼎城区投资考察。联系美国多肽药物专家、抗肿瘤靶向药物专家孙立春教授及其团队，交流创新型抗感染促愈合技术与医用创面多肽产品项目内容。邀请平安建设集团湖南区域总裁考察花岩溪整体开发项目，并已纳入该集团2021年投资考察计划。香港轩辕教育基金会为尧天坪镇长茅岭中学捐建教学楼项目，处于联系筹划阶段。

维护侨益。成功调处美国侨眷颜某某农村集体土地确权纠纷、妥善解决美籍华人汪某某与其堂兄农村祖屋纠纷。为纪念《中华人民共和国归侨侨眷权益保护法》颁布实施30周年，7月至12月，结合传统节假日及日常联谊慰问活动，开展侨法知识宣讲、侨法书画作品创作等活动。12月，联合鼎城区委外事办、鼎城区委统战部、鼎城区司法局开展侨法进乡村、进社区、进万家系列活动。协助宣传"三侨"考生政策，为鼎城区符合条件的"三侨"考生办理身份认定和资料报送工作。

侨务工作。1月、8月，省、市侨联相关负责人及湘潭市、湘西州侨联分别到鼎城区调研"侨之家"工作，肯定区侨联依托社区资源创建"侨之家"、丰富侨界群众精神文化生活、为侨服务等工作。4月15日，鼎城区委统战部、区侨联联合印发《关于推进"侨之家"创建及侨情普查信息上报工作的实施方案》（常鼎统通〔2020〕3号），开展"侨之家"进乡村工作，在每个乡镇、街道至少建立"侨之家"1个，并在原有国家级和省级示范点基础上，重点在红云街道、福广社区建成"侨之家"示范点。5月21日起，开展美国、加拿大、中国香港等重点国家和地区侨情调查工作，更新和完善侨情信息资料，夯实侨务工作基础。

侨界联谊。1月3日，组织召开"聚侨同心·砥砺前行"新春工作联系会。9月24日，开展2020年"情满中秋·喜迎国庆"联谊活动。10月22日，组织全区归侨侨眷代表及书法、绘画、象棋爱好者开展"翰墨绘重阳·讴歌新江南"书画和象棋活动。区侨联开展"送温暖·暖侨心"走访慰问活动，为全区重点归侨侨眷和贫困侨眷代表送去节日的关心和问候。12月3日，举办"侨爸爸·侨妈妈移动大讲堂"，邀请庞二梅以"好父母是孩子教出来的"为题，向200余名机关干职及家长分享其两个孩子在海外留学、工作的经验，共同探讨科学健康的家庭教育方式。

2020年，鼎城区归侨侨眷"翰墨绘重阳·讴歌新江南"书法、绘画活动现场（摄影：白星）

精准扶贫。区侨联分批联系全区困难侨眷及结对帮扶贫困户，送去口罩、棉被等物资。为贫困侨眷陈海云、朱月发等5人争取鼎城区红十字会博爱救助金。6月12日，组织具备劳动能力的贫困户和部分侨眷代表参加鼎城区2020年技能扶贫培训班。6—7月,受持续性强降雨影响,区侨联联系侨界群众,全面掌握鼎城区归侨侨眷受灾情况,收集整理上报省、市侨联,争取受灾慰问专项资金及扶侨帮困专项资金,并于9月组织开展扶侨帮困关爱活动。7月20日,区侨联兼职秘书长姚高峰扶贫先进事迹被中国侨联网站选用。

参政议政。组织涉侨人大代表和政协委员到基层开展调查研究,履行《中国侨联章程》参政议政、民主监督职责。12月,围绕鼎城区委、区人民政府中心工作及侨界群众普遍关心关注问题,向鼎城区两会提交建议及提案6篇。 (林雨霏)

【鼎城区侨联为新西兰捐赠防疫物资】 2020年3月25日,获悉新西兰新冠肺炎疫情宣布进入国家四级紧急状态,鼎城区委、区人民政府立即调度,鼎城区防疫指挥部捐赠价值近8万元的医用口罩1万只、医用防护服200件,紧急寄往新西兰,助力华侨华人抗击疫情。 (林雨霏)

鼎城区工商业联合会

【概况】 2020年,鼎城区工商业联合会(简称区工商联)以习近平新时代中国特色社会主义思想为指导,落实中共中央关于新时代民营经济统战工作部署,围绕中心服务大局,促进"两个健康"。区工商联获全国工商联关于抗击新冠肺炎疫情民营企业调查点工作示范单位、全省"五好县级工商联"、全市工商联绩效考核优秀单位、全区平安创建先进单位和绩效考核良好单位。

政治建设。新冠肺炎疫情突如其来后,区工商联投入疫情防控工作,1月28日,向各商会和全区民营企业发出倡议,动员全区民营企业和商会参与疫情防控工作。北京商会、天津商会、南华消防、湘北水泥、联嘉机械、金桥糖酒等捐款捐物,响箭重工在英国采购防疫物资并送至常德,大成医药、花之林茶楼、源宏食品、康福莱颐养院发挥领域优势支持疫情防控。疫情期间有130余名民营企业家参与疫情防控,向区防疫指挥部、区红十字会、区慈善总会捐赠医用口罩20余万个、防护服2000余套、消毒液近15吨、医用手套25万副、护目镜50套,以及医用酒精、体温枪等医疗物资,捐款现金400余万元,捐款捐物折合人民币计850余万元。开展非公经济代表人士综合评价工作,为非公经济人士实现政治参与和事业发展畅通渠道。在常德智慧统战平台完善非公经济代表人士数据库,推荐响箭重工总经理李莎玲为省工商联执委。建立年轻一代非公有制经济代表人士信息库,入库人选22人,实施动态管理,制定健康成长促进计划。发挥老民营企业家传帮带作用,引导企业参与和创新光彩事业、公益慈善事业,实现事业新老交接传承。向市联青年企业家商会推荐3名40岁以下优秀青年企业家。

组织建设。"五好"县级工商联建设。坚持政治建会、团结立会、服务兴会、改革强会,围绕"两个健康"主题,以打牢组织建设根基、提升整体建设水平为目标,开展"五好"县级工商联建设工作,联合澧县工商联开展"互学互评互促"活动,增强凝聚力、影响力和执行力。通过"不忘初心、牢记使命"教育活动,结合巡察整改意见,纠正"慵懒散"问题,推进机关作风建设。提高机关干部思想境界,转变工作作风,增强服务意思,为非公企业和非公人士办实事。"四好"商会建设。推动所属商会开展"四好"商会建设,拓宽工作思路,创新工作手段,指导所属商会按照"四好"商会建设标准,发挥职能作用。吸纳商(协)会组织作为工商联团体会员进行管理。市食品日用品流通协会获全国"四好"商会。异地商会交流。与异地商会联系沟通,11月10—11日,区工商联主席胡小芳到长沙开源集团、浏阳河集团等企业考察交流。11月25—29日,区工商联组织到广州市番禺区工商联、广州市瑞丰科技股份有限公司考察交流,通过异地商会牵线搭桥,大量鼎城籍在外企业回鼎城投资兴业。

脱贫攻坚。开展"万企帮万村"行动,助推脱贫攻坚帮扶工作提质提效,引导非公企业开展扶贫车间建设,精准帮扶贫困户发展产业,提供就业岗位。参与统战扶贫车间建设企业30家,建成扶贫车间25个,安置就业365人,其中贫困劳动力257人。6月19日,湖南省"农广助农"工程"常德甲鱼"产业领军人才培训班在河洲甲鱼水产公司举办,全市105名甲鱼产业领军人参加培训。河洲龟鳖专业合作社被湖南省农业厅评为"全省农民合作社100佳"。10月,为张家山庄田园综合体项目申报"万企联村、共同发展"活动省级示范项目。推进"户帮户亲帮亲互助脱贫帮小康"活动。全年,工商联商协会及会员企业146家参与帮扶,对接帮扶对象741人,捐赠帮扶物品及资金6万元,直接购买消费或通过各种渠道平台代为销售的贫困地区、贫困户农产品18.26万元。上报勇耀农业公司熊桂华为产业扶贫典型、常德市鑫湖园房地产开发有限公司总经理苏永宏为公益扶贫典型。

参政调研。4月,区委统战部、区工商联开展"万企大走访 同心促发展"活动,组成3个调研组,走访座谈105家民营企业,了解民营企业家所思所想所盼,掌握全区民营企业总体发展情况,帮助疫情影响下的民营企业正常复工,搜集问题清单21个,撰写走访情况专题报告。4月14日,常德市委统战部常务副部长邹亚平到鼎城区开展"万企大走访 同心促发展"走访调研活动,走访羽闻建材、联嘉机械等企业,并与10余位企业家座谈,听取企业在复工复产、政策落实等方面意见建议。5月12日,湖南省工商联党组成员、副主席漆平波等到鼎城区开展"万企大走访 同心促发展"第二阶段走访调研活动,围绕该区优势产业装备制造业发展现状及存在困难和问题与10余位企业家座谈。7月,区工商联走访企业16家,开展政策宣讲、谈心活动。10月27—28日,全国工商联第6调研组第5小分队到鼎城区走访调研该区民营企业在疫情防控后期复工复产、参与"一带一路"、对外贸易、工商联作用发挥及所属商会改革情况,并与部分民营企业家座谈。5月,为全区148家规模企业开展优化政务服务调查和构建亲清政商关系调研,推进该区营商环境改善。发挥工商联参政议政、民主监督优势,组织会员中的市区人大代表、政协委员撰写提议案,抓政协大会参政议政发言,市、区两会期间,提交提议案50余份。发挥非公经济人士中特约监督员、人民陪审员作用,引导其有序参与社会事务管理、反映本阶层利益诉求,履行参政议政职能。

宣传教育。传达学习关于新时代民营经济统战工作政策精神及中央、省、市、区稳企复产优惠政策,抓"六稳"工作,落实"六保"任务。通过微信公众号专栏发布企业捐赠信息。撰写信息20余条,其中2条被湖南日报·新湖南客户端采用。

经济服务。贯彻落实湖南省委省政府《关于促进民营经济高质量发展的意见》(简称25条)和《常德市应对新冠肺炎疫情支持中小微企业稳定发展的十条政策措施》,了解掌握民营企业在复产复工、法律政策、原材料供应、产品投放、成本控制等方面面临的困难问题,推动政策落地,帮助民营企业共克时艰、共渡难关。疫情期间,为会员企业申报贴息贷款230万元,收集企业用工信息26家,协助开展企业用工招聘服务1场。 (刘 勋)

鼎城区文学艺术界联合会

【概况】 鼎城区文学艺术界联合会(简称区文联)有行政编制4人,事业编制1人,下设正股级事业单位1个:《朗州》编辑部,有文艺协会和乡镇文联13个,分别是:作家协会、书法家协会、美术家协会、摄影家协会、音乐家协会、朗诵演讲协会、诗词学会、京剧协会、影视家协会、湖湘文化交流协会、草坪镇文联、周家店镇文联、十美堂镇文联。2020年,鼎城区文联贯彻落实中共中央总书记、国家主席习近平关于文艺工作重要论述,开展各项工作。《朗州》杂志出版发行2期,总发行第71期。"鼎城文艺"公众号每月更新信息2篇以上,全年推出30期。5月,区文联协助承办省文化志愿者活动,在常德高新区举行授旗仪式。8月,区文联举办市艺术节鼎城赛区美术、书法、摄影作品展,收到作品100幅,每个门类评出一等奖1名、二等奖3名、三等奖6名,发放奖金12900元。12月,举办以脱贫攻坚收官年度扶贫后时代主题创作笔会,黄士元工作室工作人员、区作家协会30余名骨干作家及剧作家参加;联合鼎城区政协举办“书香政协”——《扶贫手记》经典作品诵读会。

2020年,鼎城区文联组织黄士元戏曲创作室、区作家协会举办创作笔会 (提供:刘银艳)

活动开展。区作协整章建制,规范协会管理,修改完善协会章程,完善老会员信息录入和会员资格认证,为会员办理会员证。发展会员20余名,其中年轻会员10名。召开“喜迎建党100周年青年作家创作交流会”,举办“乡村振兴与文化建设”主题论坛,制定策划鼎城作家作品集系列丛书5年规划,收集整理、编辑出版第一本作品集《鼎城作家中短篇小说集》。鼎城区书协抓会员业务、培养后备力量,6月,开展书法创作讲评学习班1期,50余名书法爱好者参加。5月,鼎城区美协组织骨干会员到湘西州花垣县茶峒写生,创作作品50余幅。9月,区美协组织“纪念中国共产党建党100周年”创作采风,到贺龙故居、湘西州龙山县等红军革命根据地采风写生,收集素材,创造特色美术作品。4月,鼎城区摄协组织会员到高新区进行复工复产情况采风,向高新区赠送作品80余幅,并分三期在高新区微信公众号专题发表。区摄协被常德市社区大学评为“优秀学习团队”,被省教育厅评为“优秀学习团队”。区摄协联合区湖湘文化交流协会,在区摄协会员作品中选取摄影作品68幅,编印成摄影画册《影像鼎城》发行。区朗协开展活动16次,主办“我们的节日·清明”线上朗诵会、“庆国庆·迎中秋”经典诗歌朗诵会、“爱在深秋”经典诗歌朗诵大会等,参加市文联“悼念丁玲”活动、市总工会“湘阅读·工力量”主题活动、常德诗墙“致敬英雄”诗歌朗诵大会等。

乡镇文联工作。草坪镇文联成功举办草坪镇第五届民间文化艺术节。草坪诗社进行换届,成立诗教基地,筹措4万元活动经费用于诗教工作。配合乡村振兴参与丁家坪村、先锋村、枫林口村、陡惠渠居委会、三角堆村文化墙建设。开展以放羊坪村、陡惠渠居委会的中国楹联文化镇创建工作,已撰刻楹联400余首(幅)。编辑出版《草坪人》第14期。十美堂镇文联抓诗词学会工作,完善十大诗教基地,打造四大诗教品牌,出版诗刊《鸟儿洲》第三辑和《桃李新风》。创办微刊《洞庭雅唱》3期。周家店镇文联出版《樊溪》社刊17辑,开辟防疫专栏,宣传典型事迹。带领演艺队在市艺术节“百团大赛”中获奖。周家店镇文联牵头组织编撰出版周家店民间文化系列丛书《周家店传统吹打乐牌谱》《周家店民间歌谣》。处于交付出版社校稿阶段。

文艺成果。区作协会员许玲加入中国作家协会,区摄协会员刘长加入中国摄影家协会。4月,区文联选送的4部文艺作品获市原创文艺奖。黄士元工作室成员周建国创作的花鼓戏《三嫂子告状》获省文联剧本创作提名奖。地花鼓《我们都是保洁员》获2020年常德市第七届原创文艺奖。鼎城区作协骨干作家许玲创作的中篇小说《向阳粉馆》在《芳草》2020年第1期发表,短篇小说《十年桃花》在《天津文学》2020年第2期发表,短篇小说《失去的另一个出口》在《湘江文学》2020年第4期发表。5月,由鼎城区音乐家协会名誉主席杜美霜导演、会员宋暮表演的常德丝弦《陈毅拜师》入围第十一届中国牡丹奖。9月,由杜美霜导演的折子戏《黄金塔》获常德市艺术节二等奖,杜美霜主演的大型常德花鼓戏《七里坳》获市艺术节“新创优秀剧目奖”。由胡勇作曲的常德丝弦《特别年》获市艺术节一等奖；由区音协主席胡惠芳作曲，会员黄志敏演唱的原创歌曲《千古一梦》获市艺术节群文音乐类二等奖；黄士元工作室成员黄士英创作的常德花鼓小戏《谷酒飘香》获市艺术节二等奖；9 月 29 日，常德市艺术节美术书法摄影作品展开幕，鼎城区有 35 幅作品参展，其中美术作品 16 副、书法作品 8 幅、摄影作品 11 幅。

脱贫攻坚。鼎城区文联开展脱贫攻坚文艺创作，到农村贫困户家中挖掘素材，通过文艺创作，讲好扶贫故事，塑造扶贫和致富典型。4 月，鼎城区作协组织骨干会员 40 余人到沧山、草坪采风。4—6 月，黄士元工作室组织近 30 人到草坪镇、十美堂镇、特养场、尧天坪镇、黄土店镇实地采风，与村民、农户、企业负责人进行面对面交流，为脱贫攻坚戏剧曲艺创作提供素材，创作花鼓戏《甜蜜的事业》、大戏《走出大山》《楠竹湾》、花鼓戏《花湖湾里年轻人》、丝弦《烂泥扶上墙》、小戏《第一书记“小心思”》等。开展文艺惠民活动。5 月，鼎城区文联、区卫健局、民进鼎城支部在扶贫点村尧天坪镇下午冲村联合举办“送医送药送文化”三下乡活动。6 月，鼎城区摄协到蔡家岗镇敬老院，免费为 40 余名老人及残障人士拍摄照片。端午节，区文联、区摄协到蔡家岗镇敬老院，为孤寡老人及残障人士送去大米 500 千克、牙具毛巾等生活用品 50 份。区京剧协会与市京协到斗姆湖街道开展送戏下乡活动，与汉寿京协、汉寿红歌团联谊义演，与澧县、安乡县举办庆重阳京剧联谊会演活动。（刘银艳）

2020 年，送医送药送文化三下乡活动（提供：李银燕）

【文艺抗“疫”】2020 年 2 月，区文联启动抗击新冠肺炎疫情主题文艺创作，全区文艺协会、乡镇文联创作各类文艺作品 500 余件。经过整理，在“鼎城文艺”公众号上连续推出系列抗疫主题创作 13 期，发表文艺作品 141 件。“鼎级传媒”公众号推送抗“疫”作品 5 期 45 件。黄士元工作室收集抗“疫”作品 75 个，整理装订成册《黄士元戏剧曲艺工作室抗“疫”作品集》。（刘银艳）

鼎城区残疾人联合会

【概况】2020 年，鼎城区残疾人联合会（简称区残联）坚持以习近平新时代中国特色社会主义思想为指导，实现残疾人创业就业致富增收，残疾人脱贫攻坚取得决定性胜利。被评为全市残疾人工作绩效考核红旗单位。

康复服务。为残疾人免费发放辅具 1701 件。为 4015 名建档立卡贫困残疾人开展家庭医生签约服务，服务率 100%。为符合条件的 882 名精神残疾人免费送药。为 68 名建档立卡贫困精神病人住院进行资助，资助金额 2000 元 / 人·年。开展残疾预防进校园活动，为 500 余名中小学生进行视力测试与验光，为检测出低视、弱视的 210 余名学生免费适配眼镜。为 200 名肢体或视力残疾人开展功能训练。超额落实省重点民生实事项目残疾儿童康复救助、儿童康复训练 105 名。

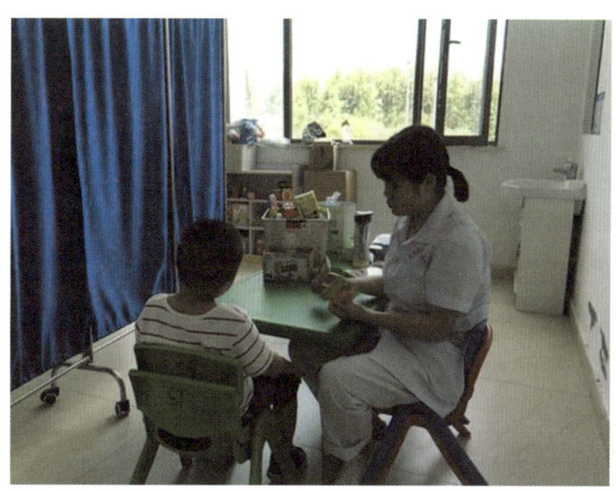
2020 年，鼎城区残联开展儿童康复训练（提供：梁明珠）

教育就业。落实《湖南省残疾人大学生及贫困残疾人家庭大学生子女资助管理办法》《湖南省高中阶段残疾学生和高中阶段贫困残疾人家庭子女资助管理办法》，资助残疾家庭和残疾大学生 98 名，资助残疾家庭和残疾高中生 159 名，发放助学金 587800 元。联合教育部门采取随班就读、送教上门、康复托养等措施解决 296 名义务教育阶段残疾儿童就学问题，全区盲、聋哑、智力障碍儿童入学率 90%以上。投入 24 万元扶持 46 户残疾人创业户从事种植、养殖、加工业及个体经商。实施农村残疾人阳光增收计划，在十美堂镇、双桥坪镇、镇德桥镇、牛鼻滩镇、灌溪镇、斗姆湖街道，为 220 名农村残疾人开展实用技术培训，其中建档立卡贫困残疾人 128 人。

2020 年，农艺专家为残疾人开展实用技术培训授课（提供：梁明珠）

维权保障。为 6646 名重度残疾人审核发放护理补贴，为 2855 名困难残疾人审核发放生活补贴，所有符合政策的建档立卡残疾人均享受两项补贴。为 180 名精神、智力和重度肢体残疾人提供居家购买服务。全额资助 2049 名建档立卡重度残疾人贫困户参加城乡居民医疗保险，资助额 225390 元。为 5365 名重度和建档非重度未脱贫残疾人代缴养老保险，其中建档立卡 1764 人（重度1492 人、建档未脱贫 272 人）。为 760 名残疾人发放机动轮椅车燃油补贴。为蔡家岗镇、石板滩镇、韩公渡镇 145 户贫困残疾人家庭进行无障碍改造。

组织建设。更新 18225 名持证残疾人基本服务状况和需求信息数据动态。开展疑是残疾人清零行动，协调评定医院下乡评残 46 次，上门入户评残 652 人。抓舆论引导，在中残联、省、市、区等各类媒体上稿 64 篇。参加 2020 年“宜生无忧杯”全国残疾人岗位精英职业技能竞赛暨 2020 年全国残疾人就业服务机构工作人员职业指导竞赛，张青云获美容项目竞赛第一名，参加全省文化周活动，区残联选送书法、绘画、手工编织作品成功入选。（梁明珠）

2020 年，张青云（右一）获全国残疾人岗位精英职业技能竞赛冠军（提供：梁明珠）

【第三代（智能化）残疾人证换发工作启动】 2020 年 1 月 15 日，常德市第三代（智能化）残疾人证换发工作启动仪式在鼎城区举行，10 名残疾人现场换领首批智能化残疾人证。湖南省残联副理事长候建斌、常德市人民政府副市长龚德汉、鼎城区人民政府副区长熊辉出席。（梁明珠）

【残疾预防活动进校园】 2020 年，鼎城区残联携手鼎城区教育局、鼎城区血防医院开展“残疾预防进校园”活动，到谢家铺镇唐家铺中学开展中学生视力预防讲座、青少年心理健康宣传、青春期心理健康辅导及视力筛查、康复等活动。为 523 名中学生开展低视力、弱视力筛查，并为筛查出低视力、弱势力的 210 名学生进行免费配镜或重新换镜。（梁明珠）

鼎城区红十字会

【概况】 2020年，鼎城区红十字会开展“三救三献”工作，以纪念“5·8”世界红十字日和红十字“博爱送万家”为契机，围绕中心、服务大局，发挥人道救助助手作用。

新冠肺炎疫情防控。开展值班备勤。1月24日，区红十字会启动“24小时”工作制，全体人员手机保持畅通。启动社会募捐。1月27日，经请示区疫情防控指挥部同意，向全区发出接受爱心捐赠公告。至6月19日，区红十字会收到爱心企业、爱心人士捐赠款物134笔。其中，物资45笔，折价2317438元，捐款89笔875384.5元。分发捐赠款物。捐赠物资均于当日转交区疫情防控指挥部和定向捐赠对象，捐款经区防控指挥部研究同意后支出。其中，为定点救治医院（常德市第四人民医院）采购负压救护车1辆、人体红外线测温仪2台，总价52万元，支持金峰微善爱心服务站向武汉捐赠蔬菜运费4500元，慰问基层防疫医务人员2000元，慰问救助特困家庭18950元，余款329934.5元拨付指挥部统筹安排。分发捐赠款物的同时，及时公示捐赠款物情况，至6月19日，在“鼎级传媒”微信公众号公示16次，主动接受区审计局和第三方机构审计监督。

2020年，鼎城区红十字会捐赠负压救护车交车仪式
（提供：肖佳英）

争资争项。鼎城区人民政府划拨三间车库为区红十字会备灾仓库使用，争取市红十字会项目资金8万元用于备灾仓库改造及设备添置，8月，改造工程完工并接受市红十字会检查验收，年末已投入使用。

鼎城区红十字会备灾仓库　　（提供：肖佳英）

宣传教育。5月12日，区红十字会举办“普及防灾减灾知识，提高自救互救能力”主题宣传活动，制作宣传盾牌12个，横幅标语5条，发放宣传资料5000份。结合众创平安活动，向市民讲解防灾减灾应急救护知识。10月15日，区红十字会联合区教育局、常德市第四人民医院举办2020年鼎城区应急救护员首期培训班。培训班邀请常德市第四人民医院第一目击者行动小组负责人张惠彬等4位专家组成培训讲师团，采用理论知识讲授与实践操作相结合形式，分别培训心肺复苏技能、创伤救护基本技能（止血、包扎、固定、搬运）、常见急症现场处理、现场避险逃生知识、突发事件和意外伤害现场应对。鼎城区各中学、小学教师代表、校医50余人参加培训。全年，联合区教育局，在全区各学校开展应急救护培训3700人次，发放各类宣传资料2万余份。

2020年，鼎城区红十字会开展减灾日宣传（提供：肖佳英）

2020年鼎城区应急救护员培训班现场考核
（提供：肖佳英）

人道救助。开展集中慰问活动。1月15日，区委、区人民政府、区红十字会及相关部门负责人到黄土店镇、镇德桥镇敬老院集中走访慰问，为老人们送去慰问物资和现金，慰问物资折合人民币34550元。开展红十字“博爱送万家”活动。1—2月，筹措资金348500元救助各类困难户等特困人群167户。10月21至22日，区红十字会在蔡家岗镇、蒿子港镇、谢家铺镇开展“迎重阳博爱送万家”活动，为80岁以上和家庭困难的老人送去大米5000千克、食用油1200千克、面条400千克，价值6万余元。申请国家、省、市人道救助18人次。救助因疫情致困家庭，4月20日，区红十字会为因新冠肺炎疫情导致家庭经济困难的9户居民发放人道救助金30000元。（肖佳英）

2020年，鼎城区红十字会到蔡家岗镇尹家坪村开展博爱送万家活动（提供：肖佳英）

法治

Nomocracy

2020年7月1日，鼎城区公安局举行庆七一升国旗活动　（提供：雷贵亮）

概述
公安
森林公安工作
交警
消防救援
检察
法院
司法行政

鼎城年鉴(2021)

概 述

【概况】 2020年，鼎城区政法部门坚持党的绝对领导，坚持以人民为中心，坚持依法治国，围绕“全面小康决胜年”目标任务，推动各项工作。平安建设工作连续四年获评全省先进，保持“全省平安区县”称号，平安建设群众满意度高于全省平均分0.48分；扫黑除恶三年综合指标排名全市前列；全国两会、中共十九届五中全会等特护期，实现“零进京、零登记”的工作目标。

社会稳定维护。鼎城区委、区人民政府重视政治安全和社会稳定工作，区委常委会、区人民政府常务会定期研究重大涉稳事项、意识形态领域重点阵地和政治重点人员教育管控；信访维稳战线全体人员攻坚克难，抓实重大事项社会稳定风险评估、情报收集研判、矛盾纠纷排查化解、突出信访问题“三联三包”、重点人员分级分类管理等工作；政法机关强化依法维稳、维权，加强警示宣传教育。全年，教育转化重点和不放心人员7人，化解、办结信访积案17件，各级调解组织化解矛盾2049起，成功处理突发事件40余起。规范信访秩序，依法警示教育56人次，治安拘留7人次，刑事打击3人次。

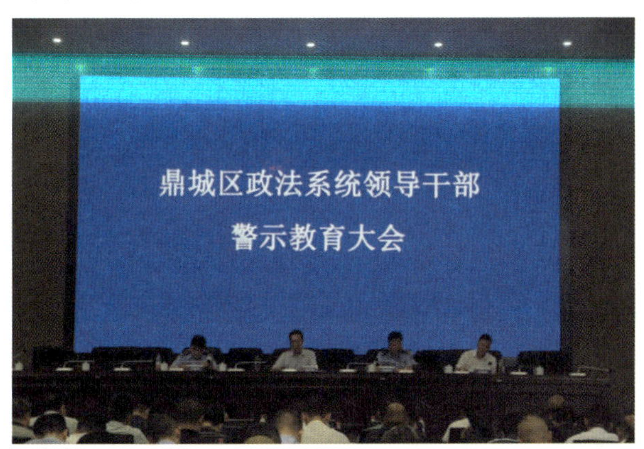

2020年，鼎城区政法系统领导干部警示教育大会会场（提供：梅超）

扫黑除恶。以“六清”为工作纲领，开展“线索清仓”“逃犯清零”“案件清结”“伞网清除”“黑财清底”“行业清源”六大行动，确保扫黑除恶决战决胜。进行已办重点领域案件回头看，开展“循案深查”工作，确保扫黑除恶扫干扫净。从2018年至2020年，打击涉黑犯罪组织、涉恶犯罪集团、涉恶犯罪团伙，查封、冻结、扣押涉黑涉恶资产，破获涉黑涉恶案件数起。

平安建设。以“情暖家庭”结对帮扶、“万人百日大巡防”和“19”众创平安志愿活动为载体，推进众创平安活动。全年，培育“平安星家”“老来乐”调解室等群众自治社会组织342个，在全区推广“江南小学家校共建平安校园”模式。驻村辅警和城市快警按要求配备并高效运行，16500余路视频监控联网、整合应用，加强社会面管控能力。审结各类刑事犯罪案件342件，判处罪犯480人。发现并现场关停茶馆43家，公安机关破获黄赌刑事案64起，查处治安案件1335起。

执法办案。区公安部门立刑事案件1189起，刑事拘留391人。区法院计受理案件9185件，结案7787件，执行结案标的实际到位10.69亿元，审限内结案率81.44%，结收比84.78%；区检察院追诉漏犯13人，提出侦查、审判活动中的违法行为纠正意见45件次，立公共利益案件90件，发出检察建议84件。区交警大队查处交通秩序违法232019起，查处酒驾、醉驾、毒驾645起，拘留违法驾驶人28人。区委政法委评查案件138件，发现问题36件次，进行通报并督促整改到位；开展扫黑除恶循案深查316件次，发现问题案件24件，均落实整改责任。

民众关切。开展突出治安问题整治，开展禁黄、禁赌、禁毒专项整治和打击电信诈骗、非法集资等行动。加强暗访督查，派驻工作组到整治效果欠佳的乡镇督导整改。侦办涉黄涉赌行政案件，起诉涉毒82人，强戒100人。坚持政治建警，开展作风纪律明察暗访、政法系统领导干部警示教育，传导从严治党压力。以区委区政府名义开展“鼎城十佳政法干警”评选，提振队伍精气神。优化政治生态，树立正确的选人用人导向，区委政法委联合区委组织部设立政法系统后备人才库，激发政法干警干事热情，已入库36人。（梅 超）

【鼎城区扫黑除恶专项斗争新闻发布会】 2020年7月17日，鼎城区召开扫黑除恶专项斗争新闻发布会，向社会通报扫黑除恶取得的阶段成果，回应社会关心问题。鼎城区委、区人民政府贯彻落实党中央、国务院决策部署，提高政治站位，加强统筹协调，采取有效措施，推动专项斗争发展，开展重点案件办理、问题整改、“打伞破网”、行业治乱等工作。上半年，全区打掉涉恶犯罪集团2个、涉恶犯罪团伙6个，抓获涉恶团伙成员56人，逮捕犯罪嫌疑人39人，破获案件30起，查封、冻结、扣押资产折合人民币200余万元，向检察机关移送起诉涉恶犯罪团伙4个，计24人。 （梅　超）

2020年7月17日，鼎城区扫黑除恶专项斗争新闻发布会会场 （提供：梅超）

【“鼎城区十佳政法干警”评选】 2020年4月，鼎城区政法系统开展以“四讲四比”为主题的“鼎城区十佳政法干警”评选活动，经过宣传发动、各单位推荐、网络投票和活动评选领导小组审定，入围政法干警20名，网络访问340万人次，投票134万人次，最终评选出“鼎城区十佳政法干警”。 （梅　超）

2020年4月，“鼎城区十佳政法干警”评选活动现场 （提供：梅超）

【“迎七一理想在岗位上闪光”演讲比赛】 2020年6月23日，鼎城区委政法委“迎七一理想在岗位上闪光”演讲赛在区融媒体中心拉开帷幕，该比赛旨在讲好政法故事，发挥典型引领作用，凝心聚力，以“四讲四比”为总抓手，推动鼎城政法工作上台阶。区委政法委常务副书记杨道政致开幕词，14名参赛选手结合自身岗位职责、工作经历，讲述感人故事，阐释政法干警坚定的理想信念、矢志不渝的使命担当。市、区政法系统领导孙文红、朱正权、洪振坤、覃红卫、向际万、方贻宏、彭敏等观看演讲赛并颁奖，政法委在家班子成员、政法各家在家主要领导、政法各单位政法干警500余人观看演讲比赛。 （梅　超）

2020年6月23日，“迎七一理想在岗位上闪光”演讲比赛现场 （提供：梅超）

公　安

【概况】 2020年，常德市公安局鼎城分局被湖南省委省政府授予“全省十佳公安局”称号，被常德市总工会授予“常德市五一劳动奖状”。

安保维稳。坚持“稳”字当头，推动维稳工作联席会议制度执行落实，守住“五个不发生”底线。强化信息摸排，收集掌握各类涉稳情报信息，向上级报送专刊78期；落实重点人员“双列管”措施，全年赴省进京滋事非访案件“零发生”。坚持依法维稳，办理涉稳专案。牵头排查2018—2020年涉恐风险，组织在全区76个重点场所开展专项督查，全区未发生一起涉恐案事件。打击网络政治谣言，被湖南省公安厅确定为网络政治谣言专项工作示范点。推进"净网2020"专项行动,办理行政案件7起,警示违法信息2000余条;强化危爆物品管控;查处非法生产、运输、储存烟花爆竹行政案件2起,行政拘留1人。坚持和发展新时代"枫桥经验",以开展"百万警进千万家"活动为抓手,开展矛盾纠纷排查化解,整合力量落实"警司联调"、人民调解员制度,全区未发生一起"民转刑"案件。坚持监所安全和疫情防控两手抓,执行"三班制"勤务模式(即1/3集中隔离备勤,1/3休息,1/3上岗执勤),有效阻断疫情传播途径,确保监所绝对安全。

打击治理。全区刑事案件立案数较2019年下降10%,盗窃、故意伤害、经济犯罪、毒品犯罪较2019年分别下降35%、28%、8%、5%。坚持破大案、破难案、打团伙,打击盗抢骗侵财犯罪,移送起诉148人,其中判5年以上重刑9人。完善优化合成作战机制,建立专案侦办"四个一"机制,破获贩毒案、非法采砂案等案件,侦破全市第一起网络"套路贷"涉恶团伙案。推进"缉毒执法百日会战"专项行动,办理涉毒起诉136人,强戒119人。

基层基础。统筹推进基础建设,分局业务大楼正式启用,看守所(武警中队)建设进入工程公开招标阶段,特巡警、森林公安分局业务用房立项,10个派出所新建、改建工作纳入"十四五"规划,投入163万元为基层派出所置换老旧警车12辆。推动基础信息采集、第二代居民身份证指纹核验补采27万余人,占全年总任务15%。建强刑侦信息系统,全年,录入现勘信息599起,其中11类案事件现场485起,录入现场指纹96起,录入现场足迹120起,提取生物检材96份,入库采集违法犯罪嫌疑人员DNA信息2112人次、声纹239人次、足迹167人次、手机采集1333人次,Y库建设采集血卡3.5万份。扩大前端设备覆盖面,启用人脸识别卡口100个,新建公共安全监控视频200个,整合并入13个单位、小区的监控资源,接入平台监控3800个。提升科技服务实战能力,通过指纹、DNA等技术比中嫌疑人28名,直破案件61起,利用痕迹物证串并案件9串,通过视频摸排等手段串并案件10串。

创先争优。推出勤勉务实先进典型。2020年,分局29人被湖南省公安厅、常德市公安局记功嘉奖,17个单位、16名个人获部、省厅、市局及区委区人民政府表彰。其中,禁毒大队大队长郭作全被评为"全国禁毒工作先进个人",邓思恩等4人被评选为全区"十佳政法干警"。

新冠肺炎疫情防控。2020年1月23日,新型冠状病毒感染的肺炎疫情(新冠肺炎疫情)爆发,分局落实上级公安机关要求,在全区率先取消休假,全警动员、全力以赴,投入到新冠肺炎疫情防控工作中,全区公安民警、职工、辅警直奔一线开展重点车辆核查、重点人员摸排、重点场所安保等工作,连续奋战3个月。全年,累积排查公复娱乐场所4000余家,核查车辆8000余辆、人员1.2万余人,办理涉疫违法犯罪刑事案件1起、行政案件16起,抓获违法犯罪人员17人,警示教育散布不实言论和谣言7人,报送防疫工作专报8期,助力全区实现"外防输入、内防扩散"目标。在疫情缓解复工复产初期,开展涉疫风险隐患排查,形成《全区涉疫社会稳定风险隐患集中排查分析报告》报送区委区人民政府,为上级决策提供重要依据。

"扫黑除恶"专项斗争。2018—2020年,分局打掉涉黑涉恶团伙24个,判决260人,查封、扣押涉黑涉恶资产3.2亿元。其中,涉黑犯罪组织3个,判决组织成员92人;涉恶犯罪集团5个,判决团伙成员55人;涉恶犯罪团伙16个,判决团伙成员113人。2020年,常德市公安局鼎城分局被市扫黑办推荐参评"全国扫黑除恶专项斗争先进单位"。

县域警务工作。围绕防范化解重大风险、推动公安工作现代化两条主线,开展县域警务工作,提请区委区人民政府召开"城乡社区警务工作会议",建立健全县域警务工作1个决定和8大机制,形成"党政统一领导、部门各司其责、上下齐抓共管"格局;抓风险防控,针对8个类别、24个风险维度,集中摸排、梳理、分析全区278个村社风险隐患,形成《2020年鼎城区城乡社区政治安全和社会稳定风险报告》,并报区委常委会议审定通过,制定《县域重点风险隐患“三个一”责任清单》《县域一类风险村社“三强化”对接责任表》《县域警务现代化具体措施责任分解清单》,细化风险防控工作任务、压实工作职责。推进公安工作现代化,组织到浙江、山东等地学习参观智慧警务建设,研究制定分局大数据建设应用方案,并推动落实,9月21日,与浙江大华股份有限公司正式签订“智慧警务”战略合作框架协议,在全市率先启动“大数据”建设。

2020年9月1日,鼎城区公安局举行“智慧警务”战略合作框架协议签约仪式 (提供:雷贵亮)

品牌创建。实行执法办案智能管理模式,确保执法办案“规范、智能、高效”,被市局推介参评全省县域警务特色亮点工作,鼎城区执法安全风险在全省129个县(市)区中,保持低位运行。实行侦查破案合成作战模式,经过五年实践检验,分局侦查破案合成作战模式业已成熟,在“扫黑除恶”、禁毒等行动中发挥重要作用。实行专业队伍快反快处模式,分局特巡警大队队伍建设“五化机制”及快反快处模式,被市局简报推介。进行智慧出入境项目建设,通过引进智能化设备、优化业务流程、规范窗口管理,实现申请人身份自动识别、咨询服务智能引导、办事办证自助完成,该项目被确定为全市公安改革重点项目。进行刑事技术室项目建设,发挥刑事技术支撑实战作用,破获15年前、24年前的2起命案积案,被湖南省公安厅刑侦总队评价为“全省一流”。进行警营文化阵地建设,打造高质量党建阵地、廉政文化长廊和荣誉展厅、读书吧、书画室、道德讲堂,高标准建设“警史陈列馆”,为全市公安机关党建工作提供典型样板。 (雷贵亮)

【从警三十年荣誉勋章授勋仪式】 为迎接“中国人民警察节”,增强民警职业责任感、荣誉感和归属感,激励引导民警忠诚践行习近平总书记重要训词精神,按照“坚持政治建警全面从严治警”教育整顿工作要求,2020年12月22日,鼎城区公安局举行“从警三十年荣誉勋章”授勋仪式,为在鼎城区公安局从事公安工作30年以上的18名民警代表颁发荣誉勋章。区人民政府副区长、公安局局长洪振坤出席仪式并讲话。机关单位、城区派出所、交警大队、森林公安代表计210余人参加。

(雷贵亮)

2020年12月22日,鼎城区公安局“从警三十年荣誉勋章”授勋仪式现场 (提供:雷贵亮)

【人民警察授衔仪式暨重温入警誓词活动】 2020年12月18日,鼎城区公安局举行人民警察授衔仪式暨重温入警誓词活动,区人民政府副区长、公安局局长洪振坤出席仪式并讲话。授衔仪式上,宣读了授衔命令,洪振坤为首次授衔新警颁发了警衔标志。 (雷贵亮)

森林公安工作

【概况】 鼎城区森林公安局是独立的正科级行政机关,领导职数3名,其中局长1名,政委1名,副局长1名;下设黄土店派出所,内设综合办、法制办、刑侦治安队;区森林公安局黄土店派出所机构级别为副科级,领导职数2名,其中所长1名,教导员1名。森林公安局在岗民警11人、辅警10人、执勤室辅警8人。2020年1月,鼎城区森林公安局被湖南省森林公安局评为全省执法质量考评优秀单位;3月,鼎城区森林公安局在“司法公正常德行”活动中,被区人大评为“优化民营企业发展环境先进单位”“监察和司法宣传工作先进单位”;赵三明获评“全区十佳政法干警”。

防疫抗疫。2020年春节,面对新冠肺炎疫情的严峻形势,鼎城区森林公安局全体民、辅警取消休假,及时成立班子,从大年初一开始,在辖区各农贸市场、餐馆、酒店、物流园等场所开展清理野味专项行动,呼吁商贩禁止买卖野生动物及其制品,呼吁群众拒绝食用野生动物,一旦发现破坏野生动物资源的行为,及时报警。

2020年,鼎城区森林公安局民、辅警在农贸市场开展防疫清查行动 (提供:何娟)

执法打击。全年,侦办刑事案件11起,刑事拘留7人,执行逮捕3人,移送检察机关起诉23人,有罪判决9人,处警120余次1000余人次,制止非法采砂取土56起,向国土林业部门移送案件线索38起,向有关乡镇发出制止打击非法采砂取土建议函22份,罚款及追缴没收违法所得约320万元。借助“司法公正常德行”活动,到蔡家岗镇丰盈油茶等涉林企业开展“暖企活动”,送法进企业,了解企业的需求,为企业创造良好的营商环境,促进企业的发展,为全区林业工作保驾护航。

2020年10月11日,鼎城区森林公安局开展夜间巡逻巡查 (提供:何娟)

森林防灭火巡逻巡查。2020年,区森林公安局全体民、辅警在春节、清明节等火险高风险时期开展武装巡逻巡查,到双桥坪镇、草坪镇等集中殡葬区进行重点检查,和乡镇山头值守人员一起倡导文明祭祖,阻止火源进山。全区全年森林火灾零发生。

脱贫攻坚。2020年,区森林公安局承担十美堂镇小茅村脱贫攻坚任务,选派1名人员负责驻村专职脱贫攻坚工作,全体民警结对贫困户,定期走访慰问,上门帮助扶贫、解决生活困难。2020年,小茅村贫困户全部脱贫。 (何　娟)

【机构改革】 2020年11月26日,鼎城区森林公安体制调整工作会议举行,区领导李卫民、瞿政前、王直华、边巴次仁出席会议。根据中央机构改革的有关决定,按照“警是警、政是政、企是企”的原则,森林公安整体划转到公安部实行统一领导管理。按照中央要求和新修订的森林法,森林公安承担森林资源保护、森林草原防灭火等职责,增加了生态环境、生物安全等违法犯罪案件侦查打击工作。区森林防灭火主要职责由区森林公安局转为由区应急局、区林业局等职能部门承担,区森林公安局担负森林火险高发期对重点林区的巡逻巡查以及火案的查处等职责。 (何　娟)

交警

【概况】 2020年，鼎城区公安局交通警察大队按照教育整顿工作要求，强化大队队伍建设，组织全警围绕61项学习清单开展自学，落实教育整顿“学查改”工作，对照查纠问题清单查找在政治、思想、组织、作风、纪律、主责主业方面的突出问题。开展“全警实战大练兵”、主题党日活动、“双清”创建活动，召开党风廉政建设大会、警示教育大会。全年，没有发生一起民警违法违纪事件。

交通违法整治。发挥道安委平台作用，多次联动政府各部门开展交通安全联合督导检查、联合整治行动，推进“一盔一带”安全守护行动。根据常德市交警支队要求，大队组织开展酒驾醉驾毒驾专项整治、危化品“除隐患、防风险”专项整治、国省道交通安全整治、逢五集中整治等行动。2019年12月至2020年12月期间，查处各类交通秩序违法241358起，其中查处现场违法37542起，非现场违法206016起。查处酒、醉、毒驾652起；查处货车车辆超限超载390起；查处假牌、套牌168起；查扣违法车辆2900余辆，暂扣驾驶证982本，依法吊销驾驶证50本，拘留违法驾驶人30人。

2020年，鼎城区公安局交警大队开展酒驾整治行动
（提供：黄窈慧）

交通秩序管理。划分江南城区交警中队交通秩序责任路段，加强农村地区马路市场取缔整治工作，在江南城区重点交通路段安排交通劝导志愿者，解决行人不遵守信号灯、不走斑马线过马路等问题。联合城管局和交通局整治摩托车、电动车在人行道等公共区域乱停乱放，摩的占道揽客，三轮电动车非法上路营运等影响城市秩序和市容市貌的各类交通顽疾，收缴电动车、摩托车非法安装伞具4450把，办理电动车上牌10461块。全区计发生事故7062起，大队受理简易程序道路交通事故2974起，办理刑事案件48起，侦破各类逃逸事故18起。全年，没有发生一起较大以上交通事故，没有发生一起严重交通堵塞现象。

道路风险隐患查改。大队根据省、市公安机关要求，实施“四个大抓”警务战略，推进新时代县域警务工作。结合实际，确定17个风险维度，并以交通问题顽瘴痼疾集中整治为抓手，夯实道路交通基础工作。围绕“人、车、路、企、政”加强县域风险监测预警、重点风险防范管控。排查危险路段、事故多发路段，管控重点企业和隐患车辆，到企业开展交通安全宣传和督导交通安全检查工作，查处非法营运重点车辆、整治野蛮驾驶行为，根据“减量控大”工作要求，报废老旧柴油车等重点车辆。在江南城区增补道路标线5200余平方米，增设限速、禁行、测速标牌32块，完善城区红绿灯9处。

规范执法。加强执法流程管理和过程控制，开展执法案件质量评查，落实执法办案责任制，邀请专人培训讲课。坚持“执法以人民为中心”的工作理念，在驾驶人考试、车辆登记检验、交通违法处罚、事故处理等工作中，贯彻落实公安交管“放管服”改革新举措，开展便民利民服务。车管所办理驾驶人科目一考试11028人(次)，办理机动车登记、变更、注销等业务20799台(次)，摩托车科目一和科目三参考合格2293人(次)。交通事故人民调解受理民事赔偿案件调解成功率90%以上。实行城区主要路口高峰班执勤、中小学幼儿园爱心护校岗制度等民生服务工作。

中心工作。大队召开新冠肺炎疫情防控调度会，落实疫情防控责任，落实上级防疫工作要求，坚守抗疫岗位。大队全体民警、协辅警取消春节假期、进入一级警务状态,24小时在岗在位配合卫生防疫部门在高速公路出入口防控卡点开展疫情联防联控工作,排查进入城区的车辆和人员,阻断病毒传播途径,降低疫情传染风险。组织开展"三联四大""结对帮扶"等活动,派驻扶贫工作队到中河口镇麻河口村,开展脱贫攻坚工作,开展扫黑除恶、禁毒、平安创建、综治民调、森林城市创建、文明城市创建等中心工作。（黄窈慧）

消防救援

【概况】 常德市鼎城区消防救援大队成立于1995年,改制前身为常德市鼎城区公安消防大队,改制后为常德市鼎城区消防救援大队,大队下辖红云消防救援站、桥南消防救援小站(2020年10月建成)。现有人员60人,指战员32人,政府专职消防员和文员26人,勤杂人员2人,消防车10台。2020年,鼎城区消防救援大队围绕"控大火、救大灾"主线,加强队伍正规化管理和社会面火灾防控,获评"全面建设先进单位""执法质量考评先进单位""全市创文先进单位",荣立个人三等功13人次,一批先进个人获省、市表彰嘉奖。

防火监督。大队围绕"安全生产专项整治三年行动"和"打通生命通道"工作主线,落实52个住宅小区(41个高层、11个多层)和37条背街小巷的消防车通道施画线专项治理工作;运用"一单四制",联合12个部门(单位)深入推进"三合一"场所整治,建立起政府主导、部门监管、属地配合的工作机制;推进桥南市场静态隐患整改,拆除市安委督办的桥南副食城,关停轻纺城并将货物清仓;三年整治规划中,排查全区中小学校、幼儿园火灾隐患190家,交办静态隐患135家624处,排查加油站83家,其中,关停、搬迁2家,整改66家,移交住建、商务、应急、自然资源部门处理手续不齐的非法场所13家;建成桥南小型消防站,派驻人员24小时执勤;在"十四五"规划中,将消防二站(含7个中心镇专职队扩容)、自来水厂、消火栓、"三合一"、宣传教育、村级微型站、停车场及消防通道纳入规划建设范围;探索"伽马智慧"消防平台建设,郭家铺街道开展的独立式烟感+互联网系统,已申报消防总队、部消防局,作为消防监督管理科技创新成果;落实重大节假日安保工作,每月在全区159家重点单位和社会单位进行"双随机一公开"消防监督抽查,检查社会单位500家,发现隐患418处,督促整改火灾隐患382处,发放《责令改正通知书》304份,临时查封存在消防安全隐患单位20家,处罚款293700元,拘留1人,立案查处4家重大火灾隐患单位,受理举报投诉案件32件;全区派出所消防民警出动5785次,检查单位3382家,整改火灾隐患5000余处,罚款10000余元。

2020年,常德市人民政府、常德市消防支队领导视察鼎城区消防安全工作　（提供:伍志英）

行政许可。2020年,窗口受理"公众聚集场所营业前消防安全检查合格证"20家。

宣传服务。联合清大东方消防培训学校,分批分段在全区各人员密集场所进行消防安全知识培训,全年,为社会重点单位、学校幼儿园、"三合一"场所培训28场,计8000余人,发放消防安全手册8500份,粘贴海报6000余张;大队成立宣传服务队,到学校、居民小区、养老院等场所进行消防安全知识宣传100余次;将每周五定为消防站开放日,2020年接待中小学生、幼儿园入院参观学习20余次;到学校、重点单位进行消防安全应急救援演习100余次。

2020年，鼎城区消防救援大队到学校开展消防安全应急疏散演练　（提供：伍志英）

灭火救援。全年，发生火灾59起，无人员死亡和受伤，直接经济损失763118元，过火面积1163平方米。接警出动340起，出动车辆456辆，出动警力2857人，抢救被困人员22人，疏散被困人员2人，抢救财产价值221万元。其中，农村火灾全区各乡镇专职消防队出警67次；各村(居)开展微型消防站建设，配置器材、人员，建立管理制度，作为控制火情的首战出动力量。　（伍志英）

2020年，鼎城区消防救援大队在高速路上实施灭火救援　（提供：伍志英）

检　察

【概况】　2020年，鼎城区人民检察院获评“全省检察机关扫黑除恶专项斗争先进集体”“全区禁毒工作先进单位”“全区党风廉政建设先进单位”，12名干警受到区级以上表彰奖励，其中1名干警被评为湖南省先进个人，3名干警代表鼎城区参加常德市“一条例、两纲要”知识竞赛获二等奖。

“全省检察检察机关扫黑除恶专项斗争先进集体”奖牌　（提供：尹志）

扫黑除恶专项斗争收官战。开展“六清”行动，按照“清到底、清干净”工作要求，受理涉黑涉恶提请批捕案件10件43人，依法批准逮捕10件42人，不批准逮捕1人；受理移送审查起诉涉黑涉恶案件7件55人，提起公诉9件66人(含积案)。发现并向相关部门移送涉黑涉恶“保护伞”“关系网”线索13条。2020年，区检察院办理的某涉黑案被评为省级优秀案件，1名干警被评为“全省检察机关扫黑除恶专项斗争先进个人”。

疫情防控。第一时间成立涉疫情防控检察业务指导工作领导小组，实行涉疫案件逐日专报，创新检察工作“线上模式”，提前介入涉疫情刑事案件2件3人，包括提前介入一起涉案金额520余万元的销售“三无口罩”案，依法打击涉疫犯罪。组建“党员先锋队”，协助联点社区落实疫情防控任务，开展防疫宣传、入户排查等工作1000余人次。

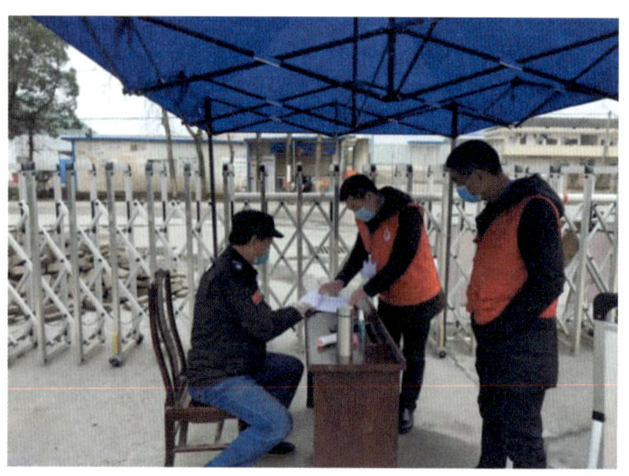

2020年，鼎城区人民检察院选派党员干警协助联点社区落实疫情防控任务　（摄影：尹志）

三大攻坚战。防范化解重大金融风险，受理破坏社会主义市场经济秩序案件24件48人，办结24件54人（含积案）。服务保障“六稳”“六保”工作，开展“护航民企发展”检察开放日、涉企案件评查、“暖企”对接服务等活动6次；依法审慎办理涉企刑事案件，办理涉民营企业刑事犯罪案件不批准逮捕3人，不起诉13人。打击拒不支付劳动报酬犯罪，开展侵害农民工权益犯罪专项立案监督活动，办理讨薪案件4起，帮助70余名农民工追回欠薪215万元。打击滥伐林木、非法采矿等破坏环境资源犯罪，批准逮捕4件12人，提起公诉20件44人。

安居乐业。依法履行批捕、起诉职能，惩治各类刑事犯罪。受理提请批捕案件231件356人，批准逮捕184件281人，不批准逮捕46件73人；受理移送审查起诉案件554件877人，提起公诉395件658人，不起诉128件171人。开展国家监察法与刑事诉讼法衔接工作，受理纪检监察机关移送的职务犯罪案件8件11人，提起公诉8件11人。

社会治理现代化建设。抓“群众来信件件有回复”民心工程，受理的54件群众来信来访，7日内程序性回复、3个月内实体性答复均100%。贯彻“少捕慎诉少监禁”现代司法理念，办理犯罪情节轻微、社会危害性不大、当事人达成和解的刑事犯罪，不批捕3人，不起诉45人。结合司法办案，及时发出社会治理问题检察建议9件，均得到答复。

呵护青少年成长。坚持“未成年人利益最大化”司法理念，办理未成年人犯罪案件18件28人，为8名未成年犯罪嫌疑人作出附条件不起诉决定。贯彻落实最高人民检察院“一号检察建议”，指派4名检察官兼任法治副校长，分别在双桥坪镇中学、中河口镇中学等学校开展“法治进校园”活动13次。与区公安局共同建立未成年人“一站式”询问室，并正式挂牌办公。

刑事诉讼监督。实施立案和侦查活动监督，监督立案14件，监督撤案8件，追捕14人，追诉13人，纠正侦查活动违法38件。实施审判活动监督，纠正审判活动违法9件。落实检察长列席人民法院审判委员会制度。推进认罪认罚从宽制度，办理适用案件459件714人，适用率92.3%。

刑事执行监督。维护在押人员合法权益，依法办理羁押必要性审查案件14件17人，针对看守所存在的安全隐患发出检察建议2件；受理在押人员申诉7件，均给予答复；办理重大案件侦查终结前讯问合法性审核4件20人；加强社区矫正同步监督，实施不符合暂予监外执行条件的矫正人员监督执行2人；在全区范围内开展病犯收押收监专项活动，监督收押收监病犯41人。

民事行政监督。办理各类民事行政案件50件，较2019年上涨317%，其中民事类案件33件，行政类案件17件。开展虚假诉讼监督，建立“线索发现、整体协作、证据核查、多元监督、案件跟踪”五大机制，破解虚假诉讼发现难、查处难、跟踪监督难瓶颈，办理虚假诉讼串案9件，发出再审检察建议9份，区人民法院全部裁定再审。

公益诉讼工作。办理各类公益诉讼案件90件，其中行政公益诉讼立案85件，发出诉前检察建议84份；办理刑事附带民事公益诉讼案件5件，向人民法院提起刑事附带民事公益诉讼案件4件。开展公共租赁住房清理整顿专项活动，发现存在长期闲置、拖欠租金、转租转借等问题，向区人民法院申请强制清退4户，追回租金32847元。

接受监督。向区人大常委会专题汇报认罪认罚从宽制度、重点建议办理情况等工作6次，走访人大代表32名、邀请12名政协委员参加专题座谈。开展“司法公正常德行”活动，配合区人大常委会开展院11名员额检察官“两官”履职评议。主动与代表委员沟通，探索办理工作新方法，代表建议和委员提案，均在法定期内答复完毕，办结率100%。落实“阳光检务”，推送“鼎城检察”微信40期，接待律师辩护代理100次，公开及更新程序性信息1821条、法律文书707份。

2020 年,鼎城区人民检察院干警代表鼎城区参加全市“一条例、两纲要”知识竞赛获二等奖 (摄影:尹志)

司法改革。根据上级部署,统筹推进检察机关内设机构改革。按照专业化办案要求,设立业务部门 6 个,综合部门 2 个,实现人员向办案一线回归的改革目标。刑事检察部门实行捕诉一体办案机制,优化职能配置,提高司法质效。入额院领导带头承办重大疑难复杂案件,办理各类案件 283 件。扣住检察职责使命,掀起学习宣传贯彻民法典高潮,将民法典精神贯穿到“四大检察”“十大业务”中。围绕队伍专业化建设,创新阶梯式培训模式,组织干警参加各类业务培训 150 余人次。坚持“文化育检、文化兴检”战略,发挥检察文化特有的引导、教育、凝聚、激励等功能,把文化建设“软实力”变成推动检察工作的“硬支撑”。

(沈绍刚　方珍)

【鼎城区人民检察院内设机构改革】 2020 年 9 月 23 日,鼎城区人民检察院召开内设机构改革大会,8 个内设机构成立。9 月 30 日,所有人员全部调整到位,部门正式挂牌开展工作。 (方　珍)

法　　院

【概况】 2020 年,鼎城区人民法院受理各类案件 10117 件,比 2019 年同期上升 7.7%,结案 9654 件,比 2019 年同期上升 8.0%。区人民法院被评为全省“基本解决执行难”工作先进集体,17 名干警获省、市、区表彰,律伟、王志超获评全区“十佳政法干警”。

依法办案。开展扫黑除恶,推进平安建设。审结各类刑事犯罪案件 420 件,判处罪犯 641 人。审结涉黑涉恶案件 41 件 205 人,涉黑恶案件财产执行结案率 100%,执行标的到位率 43.75%。惩处严重刑事犯罪,审理故意伤害、故意杀人、抢劫、强奸、涉毒等案件 111 件。保持反腐高压态势,审结贪污贿赂、渎职等职务犯罪案件 5 件 9 人。打击电信诈骗等网络犯罪,审结诈骗、非法吸收公众存款等涉金融犯罪案件 36 件 61 人,涉案金额 1593.8 万元。保护生态环境,审结非法采矿、非法捕捞水产品等案件 15 件 15 人。坚持多元解纷,维护发展大局。开展“六稳”“六保”工作,全年,审结民商事案件 4598 件。构建法治营商环境,审结买卖、租赁、销售、承包等合同案件 2556 件,涉诉金额 6.57 亿元。化解金融风险,审结借贷、保险纠纷等金融类案件 1565 件,涉诉金额 5.3 亿元。护航辖区企业发展,受理涉中联重科等高新区企业案件 791 件,挽回经济损失 1.7 亿元;“德江南”破产案以 7 亿元价格将资产网拍成功,促使项目重现生机。实施多元解纷机制建设,审结婚姻家事、交通事故等纠纷案件 1173 件,为 210 名务工人员追回劳动报酬 300 余万元;调解撤诉案件 2392 件,调撤率 54.8%。完善办案举措,助力依法行政。强调行政诉讼实质化解决,自 2019 年 5 月实施行政案件集中管辖始至年末,审结行政案件 842 件,其中行政诉讼案件 545 件,行政非诉案件 297 件,向行政机关发出司法建议 16 份。采用巡回审判、互联网庭审等举措加快案件办理,案件平均办理周期为 63.5 天,同比缩短 11 天。破解非诉行政案件执行难,快速审查并裁定准予执行国土非诉案件 25 件,受理阳明湖板块、湘运地块、高新区等建设项目相关案件,保障全区重点建设项目平稳推进。创新工作机制,解决执行难题。执行结案 3721 件,执行到位金额 4.3 亿元。建立联动机制,向人大专题汇报后,由区人大常委会出台《关于加强综合治理从源头切实解决执行难问题工作的决议》,与区公安、国土、税务、公积金等部门密切联动,进行 3 万余次“点对点”查询，限制高消费1421人次，发布失信被执行人416人次，对于涉嫌拒不执行判决、裁定罪的，移交公安、检察机关侦查起诉，判处5案7人。加大执行力度，通过“春雷”等集中行动，司法拘留73人，执行到位300余万元。实施律师调查令制度，发出律师调查令310份。

从严治院。党建工作。开展“两个坚持”专题教育，党组书记专题辅导报告1次，集中上党课3次。强化支部管理，执行“三会一课”等党建制度，各支部开展党性教育活动148人次，坚持每周一次“周五党日”活动，组织志愿者下基层9次810人次。教育培训。完善培训机制，将培训情况纳入绩效考评，组织审执业务培训190人次、《民法典》专题学习112人次；9名干警参加国家法官学院的轮训，7人参加市区两级党校学习。注重学术研究，组织全院干警参加学术报告会1场，与湖南文理学院共同承办2020年湖南省法学会诉讼法学年会，全年，7篇论文获省、市奖项。廉政监管。履行从严治党“两个责任”，抓整改落实。主动接受上级廉政监管，在区委巡察组指导下进行全面清查，组织谈话32人。突出内部监管实效，开展司法作风专项整治，出台执行廉政风险责任追究办法，召开党风廉政专题会议10余次，开展院内督查12次，发布督查通报5期，组织观看警示教育片5次，开展谈心谈话800余次。改革配套。实施司法责任制改革，修订完善司法权力和责任清单，发挥法官专业会议作用，全年讨论案件42件；落实院庭长监管责任，主动移交线索，9件虚假诉讼案件被及时启动审判监督程序并予以纠正。与区公证处签订《司法辅助服务协议》，委托调查、送达、查封等司法辅助事项485次。优化审判团队建设，实行简案快办、繁案精审，优化内部案件流转，速裁、快审案件平均审理期限29天。推行审判机制配套创新。探索实行要素式审判改革，在适用审结的474件案件中，调解阶段调解案件123件，审判阶段调解结案214件，案件平均审理缩短11天，案件上诉率比2019年同期减少10.93%。实施刑事认罪认罚从宽制度改革，维护被告人人权，全年，审结认罪认罚案件375件611人。诉源治理。完善联动机制，推动多元解纷及执行联动协作情况纳入区平安建设考核，在4个乡镇街道挂牌成立诉源治理工作站。突出基础建设，推进一站式诉讼服务机制建设，实现律师驻院调解，设立5个互联视频调解室，开通律师“一码通”功能，投入建设资金150万元。

司法为民。抓质效。实行整章建制，以省高院“审判质量、效率与公信力巩固年”活动为契机，修订案件质量管理考评制度，全年，评查案件160件，合格率96.8%，无重大瑕疵、不合格、错误案件。实行流程监管，实行临期案件预警制，督办长期未结案件，发布审管通报38期，法定审限内结案率100%，执行绩效位居全省先进行列。抓疫情防控。依法打击破坏疫情防控的行为，通过网上立案、在线调解等措施，全年，网上立案513件，在线调解223件，电子送达15470次，审理制造假冒伪劣口罩案等涉疫情案件12件。助力企业复工复产，建立“院银企”联席会议工作机制，为经营困难的企业争取贷款延期、豁免征信违约。服务乡村振兴，审结土地承包、租赁等涉农生产经营案件32件，为受疫情影响当事人减免缓诉讼费24.7万元，发放司法救助金10.3万元。开展疫情防控下的脱贫攻坚工作，2018—2020年计争取扶贫资金80万元，硬化公路5.5千米，装路灯170盏，协助建立水果种植专业合作社1个，助力73户243人脱贫，陡水坡村整村脱贫。抓陪审工作。完善陪审员工作机制，坚持陪审员轮流到法院（法庭）值班陪审，确保陪审案件随机分配，实现普通程序案件的全覆盖和所有陪审员的100%参审。探索推行陪审员诉中调解实施办法，尝试使用手机APP等技术手段强化陪审员实质参审，组织陪审员在线培训2次，召开座谈会1次。

监督公开。接受区人大及其常委会监督，向区人大及其常委会汇报执行攻坚、认罪认罚等工作5次，办理区人大交办、转办案件5件，走访座谈人大代表50余人次。开展司法公正常德行活动，33名法官接受履职评议。邀请各级代表走进法院9

次，其中，国代表1人次，省代表3人次，市代表28人次，区代表107人次，人大代表旁听庭审139人次。接受政协民主监督及检察机关法律监督，向政协汇报诉源治理工作1次，向政协委员发放年报和典型案例300余份。接受检察机关法律监督，回复检察建议23份。接受群众监督及舆论监督，借助平台主动公开，依托全国法院“四大公开平台”，审判流程信息有效公开率和裁判文书上网率均100%，开展庭审直播2539场。丰富活动形式，开展巡回法庭、送法进基层等活动22场，组织“法院开放日”活动3次，区人民法院官方微博排名全省法院前十名。（王　晨）

2020年，鼎城区人民法院邀请人大代表旁听庭审

（提供：王晨）

司法行政

【概况】 2020年，区司法局人民调解工作连续第十年被中华全国人民调解员协会评为“全国先进单位”；石板滩镇司法所所长郝文峰被区委政法委授予“十佳政法干警”荣誉称号。普法依法治理。推进“七五”普法，召开区委全面依法治区委员会守法普法协调小组第一次会议暨“七五”普法总结验收动员会。开展“送法下乡”、农村法治宣传教育月、全民国家安全教育日等活动。组织开展各类法治宣传活动31次，展示横幅150余条、盾牌651块，现场法律咨询200余人次，发放《民法典》《以案释法》等法律书籍12000余册，受教群众2万余人。落实“谁执法，谁普法”责任制，根据机构改革后各单位的职能调整，制定《2020年鼎城区国家机关“谁执法，谁普法”工作方案》，明确各单位责任和宣传主题，指导全区法治宣传工作有序开展。2020年，落实学法考法工作，2020年全区学时完成率100%，参考率100%，合格率99.98%。

2020年，“12·4”宪法宣传日暨《民法典》宣传活动

（提供：吴欣融）

人民调解。健全矛盾纠纷预防化解机制，以拖欠农民工工资、征地拆迁、合同纠纷、土地流转等矛盾纠纷为重点，开展矛盾纠纷排查化解。全区各级调解组织调处各类矛盾纠纷2049件，调处率100%，调处成功率98%以上，全区无激化案件、民转刑案件。完善“警司联调”工作机制，与区公安局共同开展“警司联调室”工作试点，试点的郭家铺镇“警司联调室”联合调处矛盾纠纷85件，调处成功率100%。开展基层人民调解员培训，举办“践行群众路线，人民调解为人民”专题培训活动，举办培训班20场次，受训人员1086人次。

法律服务与管理。完善区级公共法律服务中心服务功能，实行乡镇（街道）公共法律服务站、村（社区）工作点建设的全覆盖，为群众提供一站式法律服务平台，全年，解答各类法律咨询761人次，受理、交办矛盾纠纷7起，办理公证业务2500件，司法鉴定机构办理鉴定248例。拓展法律援助覆盖范围，开展未成年人、残疾人、妇女、老年人及农民工法律援助，降低法律援助门槛，做到应援尽援。2020年，全区办理各类法律援助案件142件。发挥律师平台作用，在鼎城区公共法律服务中心建立律师值班窗口，面向社会提供免费法律咨询。联合鼎城区人民法院和鼎城区人民检察院制定律师值班制度，为律师提供接待工作室，面向社会提供专业法律服务。开展“万家中小微企业免费法律体检”活动，组织律师为服务企业进行摸底情况汇总、合议、有针对性问诊。完善企业法律顾问制度，建立健全“企业法律顾问”制度，为全区28家重点企业配备法律顾问。湖南先锋律师事务所新增常年法律顾问企业5家，开展企业法律知识讲座8次。湖南相维律师事务所为5家企业的重整清算提供专业的法律服务。开展基层法律服务所专项整顿规范行动，召开整顿规范全区基层法律服务行业专题会议，通报区基层法律服务所存在的普遍问题，作出责令限期整改的通知，并为具体问题的整改达标明确检查验收条件。

2020年，郭家铺街道开展“法援惠民生、助力农民工”宣传活动 （提供：李小芬）

社区矫正。实行日常监督管理制度化，执行手机APP刷脸签到和定期指纹打卡签到，把社区矫正人员纳入全方位监管，防止脱管、漏管现象发生，在册的所有社区服刑人员无一人脱管、漏管，无重大负面舆情、重大群体性事件、重大恶性案件发生。开展《中华人民共和国社区矫正法》宣传。区司法局召开学习宣传贯彻《中华人民共和国社区矫正法》工作会议，会议要求全体干职加强专业学习，熟悉掌握法律条文内容，提升自身的法治素养和工作本领，并为社区矫正对象做好宣传、学习教育工作。结合农村法治宣传月活动，到灌溪镇、郭家铺街道、谢家铺镇、民主法治示范村官桥坪村进行《中华人民共和国社区矫正法》集中宣传，普及社区矫正相关知识，解答群众提出的问题。摸排社区矫正对象新型冠状病毒肺炎疫情情况，及时掌握和上报，落实日常监管和请销假制度，安排新入矫社区矫正对象的报到等工作。加强社区矫正对象的边界控制和管理力度，进行在册社区矫正对象的护照、边境证、通行证摸底排查，按程序在公安机关进行限制出境报备和证照注销。

法治政府建设。参与各类问题和纠纷的调处，参与协调处理春节期间“禁燃”、重大项目征拆建设和污染整治等所涉及的重大矛盾和疑难问题。参加政府常务会议10次，参加政府专题会议、案件讨论会62次。按照法定要求和程序，进行政府规范性文件合法性审查并及时向市政府和区人大常委会报备。2020年，报备政府及政府办规范性文件8件、备案部门规范性文件4件、审查其他文件140份、审查各类合同28份、审查会议纪要115份。开展行政复议工作，收到行政复议申请1件，办理以区政府为被申请人的行政复议案件5件，行政应诉38件。强化行政执法监督，印发《行政执法四项制度实施方案》，并于5月组织各相关单位就工作落实情况进行查漏补缺。进行全区行政执法单位、行政执法人员信息录入，全区38家行政执法单位持证执法人员1217人，全部更换新行政执法证，所有单位及人员信息全部补录到行政执法人员管理平台。为全区38家有行政执法权单位进行行政执法主体清理和行政执法权责事项梳理，并在网上公示。11月6日，组织相关行政执法单位骨干及一线执法人员计252人，在区委党校进行行政执法四项制度业务培训。

参与扫黑除恶专项斗争。将扫黑除恶纳入“七五”普法的重要内容，加大易受黑恶势力引诱、拉拢的青少年、外出务工等重点人员，建筑、餐饮业及娱乐场所等重点区域的法治宣传力度，营造防范和打击黑恶势力的声势。发挥人民调解“第一道防线”的作用，组织全区基层司法所到村（社区）走访排查黑恶势力犯罪案件线索。指导刑事辩护，实行涉黑涉恶案件代理报备制度、集体讨论制度和判决旁听制度。针对新入矫的社区服刑人员进行是否涉黑涉恶排查,排查出的涉黑涉恶社区服刑人员确定为严管对象,佩戴电子腕带,24 小时定位监控。开展涉黑涉恶刑释解矫人员的摸排和走访教育。

(严柳　吴欣融　余志高　胡中福　李小芬　刘又源　臧华民　王延芳　张章)

【鼎城区委全面依法治区委员会第二次会议】 2020 年 4 月 23 日,鼎城区委全面依法治区委员会第二次会议召开,鼎城区委书记、常德高新区党工委书记杨易主持会议并讲话,区委全面依法治区委员会全体成员出席会议。区司法局党组书记、局长刘荣汇报了全面依法治区工作相关情况,提请会议审议《鼎城区关于全面推进依法治区若干问题的意见》《区委全面依法治区 2020 年工作要点》等 6 个文件。杨易强调,要贯彻落实中共中央总书记、国家主席习近平在全面依法治国委员会第三次会议上发表的重要讲话精神及省委、市委的主要精神,推动地方经济发展,提高市民的幸福指数。要解决工作中的相关问题,从绩效考核、人员力量、工作经费上为区委全面依法治区提供有力保障。全面依法治区工作任重道远,永远在路上,要坚定不移地在法治轨道上统筹推进经济社会发展各项工作,为夺取“抢抓新机遇,建设新江南”更大胜利提供有力的法治保障。会议决定,将全面依法治区工作纳入对乡镇(街道)和区直单位的绩效考核,各占 1 分;加强法治机构的工作力量,增加 2 个工作编制;加大全面依法治区工作的保障力度,单列 20 万元工作经费并纳入财政预算。　(吴欣融)

2020 年 4 月 23 日,鼎城区委全面依法治区委员会第二次会议会场　(提供:吴欣融)

军 事

Military Affairs

2020 年，武警鼎城中队开展实战训练　　（提供：蔡子宇）

人民武装

武警内卫

退役军人事务

鼎城年鉴（2021）

人民武装

【概况】 2020年，鼎城区人民武装部坚持以习近平新时代中国特色社会主义思想和习近平强军思想为指导，突出政治引领、聚力主责主业、从严正规管理、抓工作落实，被湖南省军区表彰为“先进人武部”“军事训练先进单位”“正规化建设先进单位”。

政治建设。学习中共十九届五中全会精神和《习近平谈治国理政(第三卷)》，开展“不忘初心、牢记使命”“传承红色基因、担当强军重任”两项重大教育，用好“学习强国”“中国民兵”等平台。组织干部职工和专武干部现地祭奠常德文甲农民起义烈士，重温革命英雄事迹，邀请抗美援朝老兵、优秀退役军人为新兵讲战斗故事、谈军旅经历，联合湖南应用技术学院开展纪念九一八事变系列活动，激发青年学生爱国热情、强国担当。推进右岸文化活动中心“民兵学习宣讲广角”和江南中学国防教育园建设，全年，参观学习2000余人次。汲取违规违纪问题通报教训，借锤敲钟、举一反三，持续传导正风肃纪反腐压力。

战备建设。按纲施训、从严治训、联战联训，区分抗洪抢险、森林灭火、反恐维稳等内容，组织干部集训、民兵集训。区专武干部符凡参加全市比武获个人第三名。军地联合开展防控救援、森林灭火演练，提升应急水平。新冠肺炎疫情期间，基干民兵投入“四级责任体系”联防联控，民兵到工厂企业、田间地头助力复工复产；汛情期间，组织民兵到十美堂镇内河溃段抢险，安全转移600余名被洪水围困的鼎城区第一中学师生。

国防动员。适应国防动员体制改革新形势，聚力主责主业、落地落实。克服疫情影响，开展征兵宣传，3月，全区适龄青年兵役登记率100%。开展“征兵宣传进校园”活动，发动大学生报名应征。把握体检、政审和定兵环节，向部队输送新兵。

基层建设。贯彻依法治军、从严治军要求，按纲抓基层、持续打基础。学习贯彻新修订《军队基层建设纲要》，按照湖南省委、省人民政府、省军区《关于加强新时代基层人民武装部、村级民兵营(连)建设的意见》，推开基层武装部“星级”达标建设，镇德桥镇及乔家岗村作为样板接受湖南省军区党委机关和兄弟单位观摩学习，组织全区专武干部现地学习、对照借鉴，规范建设标准、统一建设水准。年末，全区所有基层武装部建设全部达标，镇德桥镇武装部获评湖南省五星武装部，灌溪镇、双桥坪镇、十美堂镇获评常德市四星武装部，蔡家岗镇等单位获评三星武装部。规范设置训练设施、工作场所，正规战备、训练、工作、生活“四个秩序”。推进新冠肺炎疫情防控，实施封闭式管理，实现“零感染、不失守”目标。实行安全隐患排查常态化，开展“百日安全活动”，抓关键要素、敏感节点、重点时段安全稳定。区人民武装部全年无政治性问题发生，无失泄密案件，安全稳定无事故。抓后装保障，开展民兵事业费专项清查，代表军分区接受省军区财经管理秩序抽查。

党管武装。把握党管武装为战导向，推动党管武装优势向服务强军胜势转化。把“国防课”列入区委中心组理论学习、党校培训课程，邀请国防科技大学教授讲国防战略课。落实双重领导、党委议军、现场办公等制度，加强党管武装工作组织领导。区委、区人民政府主要领导到武装部现地指导兵役征集、民兵调整改革迎检等工作，协调解决矛盾问题。9月，区委、区人民政府、区人大、区政协、区人武部主要领导集体欢送新兵入伍，提振入征青年建功军营信心、激发家长送子参军报国热情。落实全区各乡镇(街道)、场、管理区党管武装工作绩效考核，量化打分、拉榜排名，归正管武装方向、树正建武装导向。会同区退役军人事务局为立功受奖官兵家庭送喜报、为新入伍战士家庭挂光荣牌，走访慰问鼎城籍现役军人家庭。抓脱贫攻坚,联点帮扶的3个贫困村全部退出、8个建档立卡贫困户全部脱贫。

（林俊鸿）

武警内卫

【概况】 2020年,武警鼎城中队围绕强军目标,落实上级指示精神,坚持“四个扭住”,发扬优良传统,强化改革创新,依据《三大条令》《军队基层建设纲要》和《军事训练大纲》,抓正规化建设和经常性基础性工作落实,锻造“三个过硬”基层。中队全年1人被表彰为优秀“四会”政治教员,1人被评为“优秀哨兵”,7人获评“优秀士兵”,中队应急班获“集体嘉奖”,2人立三等功。

军事训练。把军事训练作为经常性中心工作和提高战斗力的根本途径,坚持实战实训、按纲施训、从严治训,开展针对性适应性训练。落实《军事训练大纲》,抓单个人员岗位素质训练和分队整体作战能力训练,落实“八落实”要求,打牢战斗力基础。中队在队列会操中获第二名,3名战士勤训轮换训练成绩位居前列,2名官兵在后装保障“战盾”比武中受到支队表彰,1人在军事运动会中获引体向上项目第一名并打破支队纪录。

战备工作。抓战备工作,增强战备观念,落实战备制度,正规战备秩序,保持规定战备状态。应急班每天全时做好齐装应急出动准备,确保“三种情况”第一时间到现场。清明节前后、入冬时节,组织森林灭火演练;暑期汛期,参加驻地防汛抢险,参与区武装力量抗洪应急演练,派出兵力参与津市涔水段抗洪抢险任务,维护人民群众生命财产安全。

政治工作。围绕政治工作时代主题和基本任务,结合中队建设发展实际,弘扬优良传统,培养“四有”新时代革命军人、锻造“四铁”基层单位。紧贴现实问题,用真理说服人、用真情感染人、用真实打动人,增强思想政治教育的时代性和感召力。五四、七一、十一等时机,中队举行宣誓仪式,净化官兵思想、提纯官兵政治信仰。培养入党积极分子,发展党员,1人被表彰为“优秀共青团员”,1人被表彰为“优秀共产党员”。

2020年,武警鼎城中队开展政治教育　（提供:蔡子宇）

日常管理。严格管理要求,纠治管理松散、作风松懈、纪律松弛现象,保持“四个秩序”正规。严格要求同热情关心相结合,纪律约束同说服教育相结合,抓专业化、精细化、科学化管理。建立健全安全组织,严格官兵日常养成,结合“新兵第二适应期”“条令年活动”“事故案件警示月”“百日安全竞赛”,常态组织条令条例学习教育,抓共同条令和基层法规制度落实,落实安全管理工作。

双拥共建。中队开展拥政爱民活动。全年成功处置交通事故3起,救助救治受伤群众5人,利用节假日到街道打扫公共卫生、到学校开展国防教育动员等活动,每逢重大节日组织战备拉动,确保驻地人民群众安居乐业。区委区人民政府关注中队官兵现实困难,结合春节、八一等时机到中队走访慰问。新冠肺炎疫情期间,区人武部、区退役军人事务局赠送防疫物资,保障中队官兵正常执勤。区人武部、区财政局、常德市第四人民医院(南院)沟通协调,帮助中队官兵解决看病难问题。区公安局谋划推进中队新营房建设。

（蔡子宇）

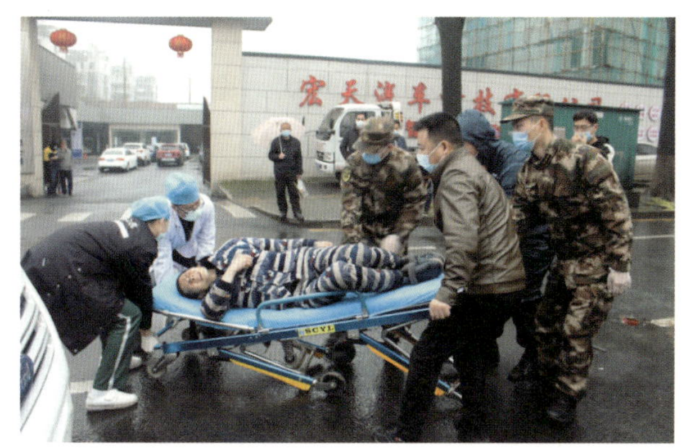

2020年，武警鼎城中队官兵救助受伤群众（提供：蔡子宇）

退役军人事务

【概况】 2020年，鼎城区退役军人事务局以“基层基础基本建设年”“信访攻坚年”“思想政治工作年”系列活动为抓手，结合实际，注重强基固本，突出工作重点，抓退役军人事务工作精细化服务和管理水平。

服务体系。突出区级服务中心运行规范。落实人员配备，匹配事业编制数名；建设硬件设施，设立中心服务接待大厅，按照行政审批“四个一”要求，落实各业务股室人员进驻窗口，把工作职责、工作制度、工作流程、公开承诺上墙公示。坚持首问负责、一次性告知、一件事一次办原则，让退役军人少跑路，增强归属感、荣誉感和尊崇感，提高服务效率。按“枫桥经验”推进乡镇街道、村（社）服务站建设。以乡镇街道（场）退役军人服务站机构单设“按照小乡镇街道不少于2人、大乡镇街道不少于3人”为标准落实编制，配齐配强专（兼）职工作人员。建设“退役军人之家”，全区乡镇街道（场）和村（社）均落实服务场所建设和便民中心挂牌服务，保证退役军人到站办事有场所。服务有窗口。抓乡镇（街道）服务站绩效考评，出台《2020年乡镇街道退役军人事务工作考核奖励办法》，从10个方面为各站工作量化打分，考核结果与区级考评各乡镇（街道）绩效挂钩。

社保补缴。召开退役士兵全区社保补缴工作调度会议，解决工作中的困难和问题，确保社保补缴专班联系顺畅、工作推进合力有力。抓工作保障，通过争取专项经费、部门联合办公、集中力量办理、调动各部门参与、运用网络电台报刊等多媒体手段，加强工作保障力度。

优抚安置。集中开展年度优抚对象全覆盖式年审，合格率99%，清理各类优抚对象问题数据，杜绝“假冒套漏”发生。严格优抚资金发放，确保发放及时准确。开展“清明祭英烈”网上代烈士家属祭扫和零散烈士纪念设施校核工作。全区有登记在册烈士309名，清明期间，通过电视电台融媒体网络等平台宣传发动倡议，落实待祭扫量3000余人次。开展第三阶段全区烈士纪念设施校核工作，校核零散烈士墓355座、零散烈士纪念设施3处。参与常德市创建全国双拥模范城工作，鼎城善卷中学和华斌医药有限公司分别以学校国防教育和退役军人创业“双带双促”典型代表迎检。安置转业干部士官，落实军转安置工作。组织鼎城区退役士兵2020年度第一次退役现场招聘会和周家店退役军人专场招聘会，落实退役军人单招报名工作和退役军人创业企业技能比赛工作，鼎城区选送的2家企业2名退役军人进入总决赛。

2020年5月18日，鼎城区退役军人事务局为退役军人举办现场招聘会（提供：邓敏）

慰问解困。春节期间，按照区级领导包点联片方案，走访慰问相关人员和高等级伤残军人，及时送出慰问金，帮助解决困难需求。走访慰问重点优抚对象，局机关重点走访慰问全区22名烈士家庭、7名一等功臣等，并送出慰问金。组织开展困难退役军人解困,出台《鼎城区退役军人和重点优抚对象特殊困难援助工作暂行办法》,规范援助对象,帮扶援助情形、方式、办理程序,确保精准帮扶解困。八一期间,开展全区性走访慰问,全区困难退役军人总体稳定。关爱军休服务对象,通过定期走访看望、重大节日送慰问、送温暖、组织体检、建立健康档案和重症病愈健康跟踪、集中学习娱乐等,全区 15 名军休服务对象得到妥善照顾。

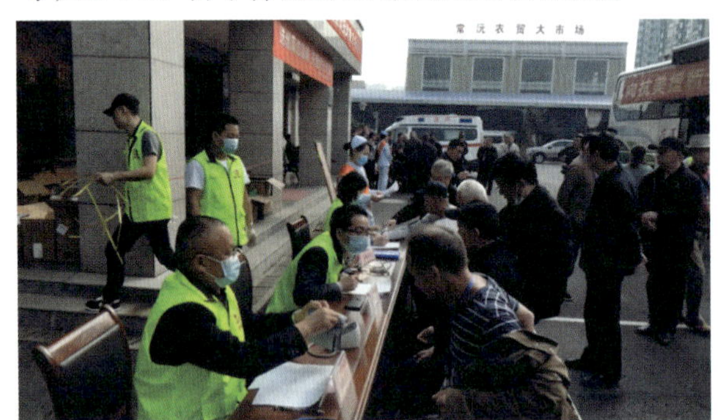

2020 年 10 月 26—29 日,鼎城区退役军人事务局联合医疗机构为重点优抚对象进行体检　　(提供:邓敏)

疫情防控。抓局机关新冠肺炎疫情防控工作,通过严格人员社区管控、组织相关人员居家隔离、落实办公场所消杀、轮流办公、设卡登记和体温检测、临时关闭服务接待场所等措施,确保疫情平稳过渡,局机关人员零感染。开展军地联合抗击疫情援助和慰问一线抗击疫情官兵家属活动,为相关人员送去口罩、防护服、酒精、84 消毒液、体温枪等防疫物资。组织开展鼎城籍防疫一线现役官兵家属慰问活动,及时帮扶解困。抓联小区、联企业疫情防控,助力复工复产,通过包联小区防控、派出联企业特派员等制度,确保包联小区居民生活平稳、企业复工复产与疫情防控同步推进。发挥退役军人和“双带双促”典型助力联合作用,组织退役军人、“双带双促”创业典型华斌医药公司为区红十字会、区防指和一线防疫部门捐款捐物。

(邓　敏)

经济监督管理

The Economic Supervision Management

2020年9月30日，鼎城区新建商品房“交房即交证”改革试点工作启动（提供：区自然资源局）

发展改革与物价管理
自然资源管理
市场监督管理
应急管理
环境保护
审计
统计

发展改革与物价管理

【概况】 2020年，鼎城区发改局围绕“三城四区五中心”建设，履行综合管理职能，实施项目带动与开放强区、产业立区战略。全年，地区生产总值395.2亿元，增长5%；固定资产投资303亿元，增速17%；三次产业结构比调整为19.1∶32.0∶48.9；一般公共预算收入27.29亿元，增长7.4%；城乡居民人均可支配收入分别为38465元、18674元。

招投标管理。实施招投标工作管理，严肃招投标工作纪律，2020年公开招标项目31个，公开招标率100%。实行招标信息公开。凡是招标的项目，都要求依法在湖南省招投标监管网和常德市公共资源交易网公布建设项目信息，整理招投标相关资料装订成册并进行归档。实施开标评标活动的现场监督。应公开招标的项目，统一纳入常德市公共资源交易中心进行，评标专家在湖南省评标专家库中抽取，评标办法按招标文件及相关法律法规进行，整个评标过程有视频资料，确保评标活动公正。全年，在开标评标活动中，没有发现违纪违规现象。

价费监管。实行收费目录清单管理，建立收费目录清单制度，做到“事前预防”。按照收费单位情况和收支状况报告制度落实收费项目、收费资金、收费标准、收费情况等收费统计报告工作，并及时向社会公开发布政府定价的经营服务性收费目录清单（14个部门）、涉企行政事业性收费目录清单、行政事业性收费目录清单（15个部门，46项收费）。建立收费单位诚信档案制度，做到“事中事后监管”。运用自评和第三方评估方法，进行收费政策执行情况及实施效果跟踪和评估，建立收费单位诚信档案，评估不合格的单位，及时进行纠正指导。

新冠肺炎疫情期间市场价格监测与调研。贯彻执行价格监测报告制度，完善价格异动应急预警，抓价格调研与价格信息发布工作，建立和完善价格监测预警、应急报告制度，实行重大节假日专人值班制度，进行市场价格信息采集，跟踪与调研各监测网点，做到发现及时、报告及时，采取应对措施及时。疫情防控期间，将重要的民生商品价格监测改为应急监测日报制。从2020年1月24日至2020年5月7日，进行全区31个品种的商品价格一日一上报，一周一分析。全年，落实所监测的87个品种周报制、旬报制、月报制和重大节假日（春节、国庆节）报告制，上报价格监测报表180余次、各类监测分析报告33篇。开展价格调研，2月2日，进行各大超市和农贸市场市场价格巡查；2月23日，联合市场监督管理局进行运输价格巡查；6月18日，开展端午节前价格巡视调研；12月15日，进行鼎城区殡葬服务收费调研；12月30日，开展汽车客运站收费相关情况调研。落实新冠疫肺炎情期间关于弱势群体的价格优惠政策和支持企业复工复产的降费工作，根据常德市发改委的文件精神，为全区低收入群众发放1—9月价格临时补贴，区发改局进行执行单位价格临时补贴发放情况督导，为低收入群众发放价格临时补贴900余万元；落实支持企业复工复产的政策，降低企业成本，全年，电力部门为企业减负764万元，燃气公司为企业减负85万元。

2020年，鼎城区发改局工作人员到超市开展询价保供工作（提供：杨婷）

争项争资。把向上争取项目作为服务项目、推动高质量发展最关键环节，围绕疫情防控期间国家出台的提振消费、拉动内需的政策措施，研究国家投向，把握申报要点，全年，争取上级投入30亿元以上。争取发改口上级资金4.55亿元，争取专项债项目5个计5.47亿元，争取抗疫特别国债项目4个计8107万元。

易地扶贫搬迁。落实全区77户218人易地扶贫搬迁分散安置，搬迁入住率、房屋质量安全率、自筹资金合规率、旧房拆除率、宅基地复垦率、社会兜底保障率均100%，易地扶贫搬迁人口脱贫率95.6%，劳动力就业率95.3%，安全饮水、用电、电视网络通信等基础设施和公共服务覆盖率100%。将易地扶贫搬迁项目结余资金全部投入到后扶产业常德市鼎城区四季百果园项目，以分红、劳务用工等方式增加搬迁人员收入，2020年年末，户均分红3000余元。

“十四五”规划编制。2020年6月启动区“十四五”规划编制工作，经过多轮讨论和征求意见，形成《常德市鼎城区国民经济和社会发展第十四个五年规划纲要(草案)》，并经区人民代表大会审议通过。总计策划“十四五”重大项目323个，总投资2473亿元。经过重新包装和打包打捆形成70余个项目上报给市级部门，已全部纳入市级“十四五”重大项目库中。鼎城区(含高新区)单列项目计53个，总投资1048亿元，其他与鼎城区有关的项目80余个，其中鼎城区干线公路建设项目已纳入省级交通专项“十四五”重大项目库中。

审批服务。清理行政审批和公共服务事项，清理后保留的事项46项(其中：行政许可4项、行政处罚26项、行政检查4项、其他行政权力4项、行政奖励1项、公共服务7项)，全部授权委托区政务中心发改局窗口受理，即办件窗口直接办结，承诺件由窗口受理后转后台业务股室审核并办结，窗口统一出件。全年计受理258件，办结258件。

粮食安全。落实粮食安全省长责任制，开展粮食库存大清查活动，逐仓逐库调查核实全区库点粮食；到鼎盛集团公司进行国有资产清理；投入4000余万元，实施国家好粮油行动示范工程建设，成功遴选出3家2019年度鼎城区“好粮油”示范企业，并组织区优质粮油品牌到长沙参展推广。粮油企业精为天生态农业股份有限公司获国家优质粮食工程重点示范信贷支持。 (杨　婷)

自然资源管理

【概况】 2020年，鼎城区自然资源局以强党建、保发展、保资源、惠民生为主线，抓各项重点目标任务，发挥自然资源基础保障作用。项目用地应保尽保；土地出让纯收益5.9亿元；增减挂钩暨空心房整治项目新增耕地面积349.67公顷，争取市级投资5亿元，产生净收益2.4亿元；农村宅基地和集体建设用地“房地一体”确权登记颁证工作落实率100%；落实143个村庄规划编制；“三调”工作位于全国前列；率先推行“交房即交证”改革。

保发展。保障经济社会发展用地，收回批文14宗，总面积56.75公顷。招拍挂出让土地计成交31宗，成交面积81.1公顷，成交价款29.922亿元，土地纯收益5.9亿元。

保资源。抓保护建设。落实湖南省自然资源厅下达的永久基本农田补划任务3079.15公顷。湖南省自然资源厅确认补充耕地2019年度土地开发项目9个，新增耕地指标面积80.35公顷，新增产能1397915.96千克，正在指标确认项目1个，拟新增耕地面积130.6713公顷，落实旱改水项目1个。抓执法监察。落实2013年至2019年度存量违法整改128宗40.71公顷。整改“大棚房”“另案处理”问题26宗。打击挖砂取土违法行为，叫停全区所有临时取土场，查处违法案件10起。抓矿山管理。编制《鼎城区砂石土矿专项规划(2019—2025)》；启动砂石矿采矿权新设工作，服务常益长高等重点工程；网上注销历史遗留的停产矿山8家，实施石板滩镇石煤矿坑5号矿坑的生态修复治理工程。

惠民生。抓登记优化。推行一窗受理，限时办结。将一般登记由法定的30个工作日缩减至4个工作日，抵押登记由法定的30个工作日缩减至1个工作日，查封登记、注销登记即时办理；实行收房与领证同步，钥匙和房产证同拿。抓房地一体。

投入技术服务队伍14个，参与该项工作技术人员200余人。建成农村不动产登记基础数据库，确权登记颁证率100%，实现不动产登记城乡全覆盖。抓地灾防治。启动地质灾害治理项目3个；排查地灾隐患点109处，更新“两卡一案”和警示牌；汛期发布、转发气象预警和工作短信116条，应急处置新增4处地灾隐患点；组织地灾应急演练4场；转移受威胁胁群众62人，巡查107次6792点次。抓重点任务。落实脱贫攻坚要求，协同做好疫情防控，落实“回头看”整改销号，助力贫困村与农业公司合作、贫困户加入合作社，开展消费扶贫；履行扫黑除恶政治责任，开展重点领域涉黑涉恶摸排，向区扫黑办移送乱挖乱采破坏生态环境线索2起；牵头开展乱占耕地建房问题摸排工作，摸排2013年1月1日至2020年年末各类乱占耕地建房的基本信息和基础信息，摸清农村乱占耕地建房图斑113169个。抓综治维稳。接待上访人员29人次，及时调查处理信访件54件；抓两会等重点时段维稳工作，定期在每月19日组织干职在德安社区开展平安创建活动。 （吕运如　张珊）

2020年7月5日，湖南省自然资源厅地质灾害巡查组检查督导鼎城区地质灾害防治工作 （提供：吴代军）

【城乡规划管理】 2020年，鼎城区自然资源管理局落实143个村市级民生实事村庄规划编制工作；落实全区生态保护红线优化调整成果，调整后全区生态保护红线面积8287.89公顷。开展全区城镇开发边界优化模拟划定工作，初步划定江南中心城区城镇开发边界范围面积43.9平方千米，初步划定乡镇（16个）城镇开发边界范围面积24平方千米；落实鼎城区国土空间规划编制政府采购招标工作。全年，办理建设项目规划条件27份，办理“建设用地规划许可证”25本，审批建设项目规划方案24个，办理“建设工程规划许可证”123本，核发“建设工程规划核实合格证”85本。规划执法跟踪监察项目23个，其中，移交城管部门1宗，即乐尊城国际养老院。下达《责令停止建设通知书》9份，配合鼎城区城管局进行私宅违法建筑规划认定40户。 （左　刚）

【鼎城区自然资源局执法监察大队】 2020年，鼎城区自然资源局执法监察大队开展土地卫片执法，进行基础设施建设调规报批，报批5宗地，整改2013—2019年9月违法用地图斑206宗，整改面积52.58公顷，落实基本农田补划前期工作，落实2018年例行督查限期整改205宗；依法查处自然资源违法案件，立案38起，移送6起，收缴罚款3.14万元；开展国土资源动态巡查，组织出动巡查660余人次，出动车辆165台次，发现和制止国土资源违法行为58起；处理信访举报，接收各类举报件67件，调查回复66件；处置土地闲置问题，闲置土地处置收回4宗，责令限期动工3宗；推进违建别墅整改落实，督查草坪镇杜鹃湖航空俱乐部活动中心的拆除与复绿工作，拆除建筑面积2400平方米、复垦复绿面积2927平方米，达到种植要求；落实“大棚房”整治扫尾，“大棚房”21宗“另案处理”全部整改到位；配合实行征地领域限期腾地，立案7起，结案5起，剩余2起作出限期腾地决定；打击挖砂取土违法行为，成立整治临时取土场领导小组，查处违法案件；开展乱占耕地前期摸排，11月22日完成部（省）所有图斑摸排和核查，摸排结果和核查认定情况予以公示。

（吕运如　张珊）

【自然资源事务中心】 2020年，自然资源事务中心树立“依法征地、以情拆迁、和谐发展”的工作理念,开展辖区内工业企业、城市拓展、储备用地等领域征地拆迁工作。启动拆迁补偿并落实的项目40个,征地96.28公顷,拆迁户数359户,拆迁面积11.03万平方米。启动入户调查、编制预算的项目30个。(原征地拆迁管理处更名为自然资源事务中心) (张 珊)

【国土资源储备中心】 2020年,围绕“保项目、保收益”的工作宗旨,制定年度土地储备计划和收益计划,以推进项目建设为重点,保障地方经济建设与发展。全年,报批储备地块6个批次,总面积49.31公顷,推出储备地块16宗,财政收益5.9亿元,为“吾悦广场”“长安九里”等重点项目提供用地保障。转变工作思路,科学制定价格,确保江南城区土地市场相对稳定,自行筹集储备地块征拆资金2亿元,出让地块实现“净地”供应。(张 珊)

【鼎城区不动产登记中心】 2020年,鼎城区不动产登记中心推进不动产登记“最多跑一次”改革,全年,发放不动产登记证书(证明)1.5万本,提供查询服务4.7万次。推行一窗受理,限时办结。不动产异议、查(解)封登记、不动产登记资料查询办理时限由30个工作日缩减为即时办结;不动产首次登记、不动产转移登记、变更登记等办理时限由30个工作日缩短至4个工作日,抵押登记办理时限由30个工作日缩短至1个工作日。不动产登记窗口延伸至乡镇,乡镇不动产登记发证由乡镇国土资源所全程代办,限时办结,实行“一站式”服务,不动产权利人不出乡镇即可办理不动产登记。推进部门之间的信息互通共享,精简登记申请材料。实现与民政、公安、司法、银保监、法院、卫计等部门的信息共享。开展与银行的合作服务,推行“不动产登记”电子证明使用,采取网上打印“不动产登记”电子证明的措施,抵押贷款登记业务从“最多跑一次”进入“零跑腿”时代。开展不动产登记“最多跑一次”改革,落实与省厅“互联网+不动产登记”在线申请平台的对接,开启“互联网+不动产登记”时代。创新服务举措,为有特殊要求的企业和群众加班加点开展延时服务、提供上门服务;实行业务分类别办理,实行场地分区,即个人和企业的日常登记业务在政务中心综合受理窗口办理,商品房批量登记业务划分专区集中办理。

(吕运如 张珊)

【鼎城区土地开发整理中心】 2020年,鼎城区土地开发整理中心加大土地开发整理工作力度,落实耕地占补平衡和补充耕地任务,落实各项工作安排。土地开发项目7个,建设总规模56.53公顷,拟新增耕地50.83公顷,总投资2491.26万元。拆除“空心房”2883栋,拆除房屋面积29.04万平方米,完全清场地块数2495块,拆迁进度100%。通过湖南省自然资源厅确认指标,总建设规模512.8公顷,其中水田217.07公顷,旱地134.67公顷,其他农用地163.07公顷。落实省级投资项目3个,项目总建设规模1335.38公顷,新增耕地13.59公顷,项目总投资3061.03万元。落实区级旱改水项目,建设规模86.22公顷,旱地改水田面积82.41公顷,项目投资1807.89万元。 (吕运如 张珊)

【鼎城区空间规划和信息事务中心成立】 2020年3月9日,《常德市鼎城区委机构编制委员会办公室关于调整区国土资源局信息中心机构编制事项的批复》(常鼎编办〔2020〕3号)同意将常德市鼎城区国土资源局信息中心更名为常德市鼎城区空间规划和信息事务中心,鼎城区空间规划和信息事务中心为区自然资源局管理的正股级公益类事业单位,核定事业编制14名。主要负责:组织全区国土空间规划及相关专项规划的编制和规划实施与管理相关事务;参与自然资源规划、土地利用总体规划、分区规划、详细规划以及城镇体系规划编制和审查,参与建设项目审查及各项专项规划编制事务;负责中、小型工程项目选址可行性研究及小型建筑规划方案设计;参与组织承担建设工程项目交通分析和交通影响评价等相关工作;负责建设和管理区自然资源局机关局域网，指导和管理区自然资源系统广域网建设；负责全区地政、地籍、地产、自然资源市场、矿产资源、耕地保护、土地开发整理、测绘、地质灾害防治、土地利用及建设用地规划等基础数据库建设和管理；负责区本系统档案信息化处理和档案管理；负责局机关电子政务建设和计算机网络系统的安全保密工作；承担区自然资源局交办的其他事项。

（吕运如　张珊）

市场监督管理

【概况】 鼎城区市场监督管理局于2019年2月28日成立。2020年，鼎城区市场监督管理局知识产权工作获湖南省知识产权建设强县（区）称号，区市场监督管理局获评区平安建设优秀单位、区安全生产和消防工作优秀单位、消委组织工作考核先进单位，食品安全工作获2020常德“食品安全守护者”主题短视频大赛二等奖。

工商行政管理。抓“放管服”改革。截至2020年年末，全区实有市场主体42404户，其中企业8370户，个体工商户34034户。新登记市场主体6771户，比2019年同期增长12.9%，其中内资企业1213户（全程电子化登记967户），个体工商户5558户。其中：个人独资企业及分支机构87户，农民专业合作社93户。落实42314户保市场主体工作任务，落实“四减四放宽”改革，通过减环节，减材料，减时限，减跑动和降低创业门槛、实行新办企业公章刻制“零费用”等措施推进市场主体增量工作。压缩企业开办时间，实现1日拿照。即时办结注销、备案等简易事项。落实证照分离改革，注册登记时同步推送企业信息，实现信息共享。推广电子营业执照发放和使用，减少纸质证照携带。推进企业登记全程电子化，减少办事人员聚集。实行企业简易注销登记改革，简易注销公告期少至20天，一般注销公告期少至45天，并免费登报。落实注册身份验证改革，减少身份信息被盗用风险。落实电子商务经营者主体登记改革，促进电子商务发展。落实“一件事一次办”，为湖南省首批100个事项落地进行责任分解和实施。落实“最多跑一次”改革，实行集中办理的行政审批事项“一厅办理、一站导办、一窗受理、一网通办、一次办结、一单速达”，实现“最多跑一次”，甚至“一次不用跑”就能办成。实施“12315”投诉举报处理，全年，接到消费者投诉举报2094件，办结1963件，时间节点内办结率100%。受理投诉案件1140件，占受理总量的54.44%。其中，商品类投诉829件，主要涉及口罩、食品、房产等。服务类投诉311件，主要涉及美容美发、移动通信服务等。受理举报案件901件，占受理总量的43.03%，主要涉及虚假宣传、商标侵权、无证无照等问题。受理咨询53件，占受理总量的2.53%。抓信用监管。全区各类市场主体通过公示系统公示2019年年报信息34181户，其中企业公示6210户，年报率95.6%；个体工商户公示27213户，年报率95.15%；农民专业合作社公示758户，年报率89.92%。开展年报信息抽查3次。建立健全市场主体目录库，录入各类市场主体40489户、执法256人次。按相关要求，随机抽取269户企业进行检查，1户瞒报真实情况企业被列入经营异常名录。开展反不正当竞争和广告监管。集中整治“违法广告”，查处虚假宣传违法案件25件，立案25件，结案12件；集中整治“烟草市场”，查处无烟草零售经营许可证从事卷烟零售经营违法案件8件，下达责令改正通知书15份，立案8件，结案6件；集中整治“保健市场乱象”和反不正当竞争市场，查处反不正当竞争行为案件1件。抓非公党建工作。全区，非公经济组织设党组织119个，其中独立党支部48个，联合党支部71个。疫情期间，30家非公党组织共为企业捐款264.98万元，捐物折款70.3万元，非公党员132名，缴纳特殊党费8.65万元。

食品药品安全监督管理。抓食品安全监管工作。开展省级食品安全示范城市创建，开展“三小”（小餐饮、食品生产加工小作坊、食品流动小摊贩）

综合治理。制定《鼎城区2020年食品生产加工小作坊小餐饮食品流动摊贩综合治理工作实施方案》,打造创建示范亮点,以点带面规范管理,推动提质改造。按照为民办实事工作要求,年内完成“三小”整治目标任务:整治规范无证小作坊任务50家;推进小餐饮“明厨亮灶”提质改造350家;设立食品摊贩集中经营区,禁止校园大门两侧100米范围内食品摊贩经营,食品摊贩底数建档率100%,食品摊贩监管覆盖率100%,食品摊贩无无证经营情况。开展食品安全大排查大整治百日行动,行动期间提交主体班自查报告944家,自查发现问题811个,整改问题771个;出动执法人员7118人次,现场检查生产经营主体5084家次,发现问题880个,责令整改642家,立案查处38起;组织督促检查52次,开展现场宣传活动86场次。开展食品安全风险防控,开展食品安全风险等级评定,健全风险交流机制,推行问题隐患销号制度。加大食品及食用农产品抽检力度,抽检2554批次,其中抽检食品1019批次、食用农产品1507批次,稽查专项抽检28批次,合格2467批次,不合格87批次,不合格率3.4%,抽样品信息按要求全部录入“国家食品安全抽检监测信息系统”。指导农村聚餐活动申报备案,严查严管现场,保障农村聚餐活动依规有序进行,防疫期间劝止农村聚餐赈酒116起。制定食品安全事故应急预案,5月12日召开鼎城区野生蘑菇中毒防控交流会,提升应急处置能力,强化常态化宣传预防。开展食品安全宣传,开展食品安全宣传周,食品安全进校园、进社区等宣传活动。在南城天街广场举行以“安全用妆,伴您同行”为主题的2020年化妆品安全科普宣传周暨保健食品科普宣传活动;在全区30余所中小学校宣传防范野生蘑菇中毒知识;在丘陵山区设立防范野生蘑菇中毒宣传警示牌60余块。通过在主流媒体开辟食品安全宣传专栏,利用微信平台、广播电台、政府网站、鼎城手机报、电子显示屏等开展食品安全宣传。抓药品安全监管。落实药品、医疗器械零售企业现场核查及第二医疗器械经营企业备案工作。办理药品零售企业变更、换证、新开办现场核查61家;办理三类医疗器械零售企业现场核查15家;办理二类医疗器械备案56家。落实日常监管,出动执法人员2260余人次,检查药品经营、使用单位1000余家次,下达整改文书53份,立案查处21起,整改风险隐患31条。检测药品、化妆品不良反应及医疗器械不良事件890份。

质量技术监督管理。抓产品质量监管。开展获证企业巡查和重点工业产品质量安全整治,抽查食品相关企业8家、15个批次;检查重点工业品获证企业5家、抽查产品10个批次;组织和配合省、市局监督抽查产品170余批次。检查危险化学品获证企业2家,抽查产品4个批次。开展农资专项整治行动,检查农资经营户273家,抽查投诉样品1批次。开展危化品及其包装物和车载罐体产品质量安全隐患排查,现场检查31家企业,到2家问题企业下达整改通知书。抽查10家企业20批次的产品,其中不合格产品2批次,不合格率10%,立案查处抽查不合格企业2家。抓特种设备安全监管。有特种设备4062台,特种设备在用3042台,停用546台,其他使用状态474台。2020年,锅炉内检29台,外检48台,压力容器121台,电梯984台,起重机械183台,场(厂)内机动车辆95台。检查使用单位460家次,下达《特种设备安全监察指令书》100份,封闭管理99份,重大安全隐患曝光通报8起,重大安全隐患整改销号8起,立案调查11起,行政处罚15万元,封停设备25台。受理投诉举报9件,办结9件,投诉举报办结率100%。抓计量认证工作。要求城区5家集贸市场悬挂诚信计量公示牌,并增设公平秤3台;依法监督检查民用“三表”,杜绝未经强制检定的民用“三表”安装使用;开展全区74家加油站监督检查。到常德响箭科技、湖南百特随车起重机2家公司和102家电动车销售门店开展监督检查,并建立企业信息档案。抓质量监督检验及计量检定。贯彻落实区计量强制检定计划,强制检定计量器具3795台件，其中衡器760台件、加油机950枪次、压力表1850块、天平235台；落实2个批次的商品净含量企业委检。新冠肺炎疫情防控期间，到城区人口相对集中的10个小区、5家超市进行在用体温枪温度比对校准服务。抓标准化工作。指导佳达电线电缆有限公司申报AAA级企业、指导瑭桥科技申报服务业标准化企业。企业标准信息公示141条，其中国家标准118条，企业标准22条，团体标准1条，涵盖10家工业和37家服务业。

知识产权工作。开展世界知识产权日和“全国知识产权周”系列宣传活动。开展“常德市2020年知识产权强市行动”，到辖区112家规模企业开展“一企一策一方案”的调查走访，引导100家企业制定知识产权发展战略规划；企业成功申请发明专利638件。指导企业完成国际专利PCT申请3件、马德里商标3件；专利权质押融资2100万元。湖南瑭桥科技有限公司被授予国家知识产权示范企业，获奖励30万元；湖南圣人防水、中晟农牧养殖公司等6家企业正在创建市级知识产权示范企业；“源宏”米粉打造“源沅湘”“粉小特”2个品牌；“特力液压”“瑭桥科技”等5家企业通过知识产权贯标认证；以智能机械为代表的“中联建起”，发展成为行业内的领军企业，并带动其他企业品牌的发展。

价格监督检查。新冠肺炎疫情防控期间，受理和查实近100件疫情物资价格类的投诉举报，密切关注和监测各大小超市及农贸市场中重要物资的价格水平，保证疫情期间重要物资的价格基本稳定。组织指导查处价格收费违法违规行为，开展电力价格(转供电)检查。（陈雨薇）

【鼎城区市场监管综合行政执法局成立】 2020年5月29日，鼎城区市场监管综合行政执法局挂牌成立。设食品生产、食品经营、药械、产品质量、价格监督、知识产权、经济检查7个执法中队，形成市场监管“大执法”新格局，推进构建统一、权威、高效的市场监管执法体系。（陈雨薇）

2020年5月29日，鼎城区市场监管综合行政执法局挂牌成立（提供：陈雨薇）

【新型冠状病毒感染的肺炎疫情防控】 2020年，新型冠状病毒感染的肺炎疫情防控期间，鼎城区市场监督管理局出动执法人员2872人次，检查农贸市场508个次、生活超市2185家次、其他市场主体2575家次，检查各类单位食堂205家；关停餐饮单位1587家，劝停聚餐赈酒116起；禁绝野生动物交易，劝导关停活禽销售门店；劝止非六类场所经营65家，检查药械经营单位3724家次；检查特种设备使用单位48家；受理办结“12315”群众投诉举报194件。加强疫情防控用品、居民生活物资领域的监管执法，立案查处哄抬口罩价格案3起；联合区公安局查获涉嫌非法经营口罩案1起，扣押问题口罩120余万只。为确保市场供应，约谈医疗、药械、大型商超企业3次。设立蒿子港镇、玉霞街道等5个生活物质供应及物价监测点，及时收集相关数据，为区防指决策提供参考依据。采集口罩18万只、测温枪200把、防护服2200套用于区防指防控物资保障。助力复工复产，开展食品生产、经营等单位核查，指导企业做好食堂等场所消毒工作，推行“公筷公勺”文明用餐，保障企业复工复产后的食品安全。进行进口冷鲜产品检查，检查各类经营场所535家次，联合区疾控中心进行148批次进口冷鲜产品和环境样本、118位接触进口冷鲜产品人员核酸检测，检测结果均为阴性。（陈雨薇）

2020 年 2 月，鼎城区相关领导带队检查灌溪镇农贸市场
（提供：陈雨薇）

【长江流域“禁捕退捕”】 2020 年，鼎城区市场监督管理局开展长江流域“禁捕退捕”工作，宣传长江流域“禁捕退捕”政策，发放倡议书 3397 份，利用 20 个商家电子屏投放宣传标语，张贴宣传海报 264 份；开展执法检查，重点开展农贸市场、桥南渔具店、车站周边、城郊接合部杂货店等区域的检查，开展各重点市场、餐饮服务场所巡查，出动执法人员 1500 人次，检查各类经营主体 920 户次，责令整改 21 户，规范餐饮经营户招牌 5 户，规范餐饮经营户菜单 11 户，参与销毁行动 1 次，查扣地笼等违禁捕鱼工具 6 套。（陈雨薇）

应急管理

【概况】 2020 年，鼎城区应急管理局以“人民至上、生命至上、安全第一”为理念，抓体系建设，提升安全生产监管、防灾减灾救灾现代化能力，担负起保护人民群众生命财产安全和维护社会稳定的使命。

综合整治。2020 年 2 月，开展新型冠状病毒感染的肺炎疫情期间企业复工复产监管服务活动，聘请专家为全区企业开展“一进二抓三讲四到”监管服务，服务企业 744 家，排查整治隐患 1979 处。2020 年 6 月，开展安全生产专项整治三年行动，出台全区三年行动总方案和 2 个专题、8 个专项整治方案，落实企业安全生产主体责任，推进危险化学品、烟花爆竹、非煤矿山、城市建设、道路运输、交通运输（铁路、邮政、水上交通和渔业船舶）、消防、危险废物等重点行业领域安全生产专项整治行动。以“安全生产专项整治三年行动”为总揽，在全区分阶段开展消防安全整治“百日”攻坚战、“两大一严”行动、安全隐患整治“百日”大会战专项整治等行动。开展安全生产集中整治，涉及危险化学品、非煤矿山、烟花爆竹、道路交通、特种设备等重点领域，治理重大隐患 15 处，整治 2595 家生产经营单位的违法违规行为和安全隐患。开展马路市场安全隐患整治，按照“一场一策”原则，明确属地政府主体责任和 6 个行业部门的监管及督导责任，采取曝光、警示约谈等措施，34 处市场全部取缔，新建市场 9 处。强化和规范安全监管执法，推动安全生产步入法治化、规范化、常态化轨道，防范和遏制事故发生，截止到 11 月 18 日，应急管理系统出动监管人员 15693 人次，检查生产经营单位 4595 家，一般程序立案 74 起，计罚款 79.56 万元。开展“打非治违”专项行动，全年，检查 115 次，检查烟花鞭炮零售店 385 家，在明察暗访中，查处非法运输 2 起，查处非法储存 2 起，发现无证经营 62 起，当场取缔关闭 50 起，交办乡镇 12 起，交办乡镇的经后期复查，已全部关停，在全区 8 个重点单位进行不定时、不定点巡查，遏制非法生产重大安全隐患事故的发生。全年，未发生一起较大以上安全生产事故，事故起数、死亡人数、经济损失均比 2019 年下降。

鼎城区 2020 年度非法及过期烟花爆竹销毁现场
（提供：谢建泉）

基础建设。鼎城区应急管理局以区安委办名义牵头组织20余家区安委成员单位、3个街道办事处完成常德市人民政府、常德市安委办交办的创建国家安全发展示范城市23项任务。检查全区1126处消防水栓，维修城区主干道消防水栓完好率100%；城区539处地下、半地下和地上半封闭餐饮场所全部安装燃气泄漏报警器；建成沅江风光带、体育中心、陈辉公园3处应急避难场所和桥南市场微型消防站；建成2处固定文化宣传走廊；排查整治城区老旧房屋、供水和燃气老旧管网、城市易涝点、广告灯箱(牌)、“九小”场所、在建工程的安全隐患，提升安全基础。推进乡镇安全发展示范创建工作，2020年，鼎城区在原有创建成功的5个省级、8个市级安全发展示范乡镇基础上，韩公渡镇创建省级安全发展示范乡镇，中河口镇、镇德桥镇创建市级安全发展示范乡镇，均已通过省、市验收。推进乡镇应急能力建设，2020年，推动韩公渡、中河口、镇德桥、灌溪、黄土店、石板滩、谢家铺7个乡镇开展以“六有”(有班子、有机制、有预案、有队伍、有物资、有培训演练)为主要内容的乡镇应急管理能力标准化建设，拟在3年内完成全区所有乡镇应急能力标准化建设，打通安全生产监管“最后一公里”，实现安全生产监管全覆盖。开展企业安全生产标准化创建活动，重点开展危险化学品和尾矿库安全风险监测预警系统建设，危险化学品、烟花爆竹、非煤矿山企业均达到企业安全生产标准化水准，开展工贸企业创建达标工作。推进应急救援能力建设，抓风险评估和标识，完成以防汛、森林防火、地质灾害、企业安全风险为重点的安全风险等级图和重点企业分布图的绘制；进行队伍建设和设备、物资保障，建立各型专业救援队，乡镇(场)专职消防队、村(社区)志愿消防队，指导全区各单位开展综合或专项应急演练30余场。进行区域性救援设备的配备和应急物资的储备，形成以消防救援大队为主力、各专业救援力量为协同、镇村消防力量为基层的应急救援队伍，具备消防火灾、水上安全、森林防灭火、工程机械、危险化学品等应急救援能力。抓自然灾害防灾减灾救灾工作，出台《常德市鼎城区救灾物资使用管理联动机制》《常德市鼎城区2019—2020年自然灾害救灾应急物资保障和防灾减灾工作规划》，建立全区自然灾害报灾体系，形成覆盖全区乡镇（街道、场)的326名自然灾害信息员收集、报送队伍和30名减灾委成员单位信息员队伍，明确自然灾害防灾减灾救灾职责和物资调拨流程、落实落细救助办法，全年，救助受灾群众2257户5778人、发放救灾资金和物资计人民币607.70万元。加强省级综合减灾示范社区创建工作，韩公渡镇永泰社区通过验收，获评省级综合减灾示范社区称号。开展综合防震减灾工作，根据省市行政许可标准化精神，落实建设工程设防要求审批20项。提升震害防御能力，建成地震易发区房屋设施加固工程，根据创建国家安全发展示范城市要求，协调指导新建和完善沅江风光带、陈辉公园、鼎城体育馆等3处应急避难场所，其中沅江风光带基本达到Ⅱ类应急避难场所标准。加强科普宣传力度，举办大型防震减灾宣传活动2次，开展防震减灾科普教育示范学校创建工作，鼎城区永安小学获评省级防震减灾科普教育示范学校称号。提升地震监测能力，优化宏观观测点布局，在原长岭岗乡政府附近、紧邻太阳山断裂带选定1个动物类地震观测点，依托冲天湖大型水产养殖基地在韩公渡镇先锋村选定1个鱼类地震观测点。抓值班备勤工作。坚持24小时值班备守、领导坐班带队值班制度，未出现脱岗缺岗情况；合理编制全局日常和重大节假日应急值守工作计划，上报普通值班信息225条，落实3起突发事件的信息上报工作，参与协调处置2起突发事件协调处置，落实突发事件不迟报、瞒报、漏报，应对处理及时、处置科学要求。

安全宣教。协调鼎城区委宣传部将中共中央总书记、国家主席习近平有关安全生产重要论述纳入区委中心组学习内容。5月19日，鼎城区委理论中心组开展2020年第五次集中(扩大)学习，学习习近平总书记关于安全生产重要论述。协调区委组织部将习近平总书记有关安全生产重要论述纳入干部轮训的课程，安排上级应急部门领导和安全生产专家授课，组织培训2期。开展专题专项宣传活动，组织实施"安全生产宣传月""5·12防灾减灾日""11·9消防安全宣传日"等活动，在全区范围内开展安全生产和防灾减灾系列宣传。开辟安全生产宣传阵地，在陈辉公园设置27块安全生产宣传栏，建设安全生产主题公园，在体育中心设置18块安全生产宣传栏，建成安全生产体育广场，在全区176处电梯（含机关、小区、商业综合体、医院）内外整屏设置安全公益广告，在江南大道与善卷路交汇处建成60米、隆阳路与善池路交汇处建成195米、区地震局旁边巷道建成43米计3处安全文化宣传长廊，在区融媒体中心设立专栏，不间断播放安全生产有关新闻信息、安全视频，及时曝光安全生产违法违规行为和不文明行为。发行安全生产宣传期刊，全年，编发"防风险、保平安"周刊，采编100期，其中编发"安全生产三年攻坚战，鼎城在行动"专项整治三年行动期刊41期，被"红网""新媒体"及常德市宣教中心采用的稿件约50件。强化安全生产专业培训，开展安全生产技术和法律法规培训教育，全年，到湖南省应急管理厅培训人员10人次、常德市应急管理局培训50人次，区本级组织安全监管人员培训60人次；组织全区安全监管专业人员参加安全生产法规、事故调查、应急救援、森林防火、救灾等专业培训，参与人员约500余人次；组织重点、规模企业主要负责人、安全员培训3次约600余人次；开展"应急普法"教育活动，全区各区直单位、乡镇（街道、场）65378人参加学习。（谢建泉）

【鼎城区森林防灭火指挥部成立】 根据中央、省、市有关森林防灭火指挥部由林业部门调整到应急部门的有关精神要求，2020年10月9日，常德市鼎城区森林防灭火指挥部（简称区森防指）成立，鼎城区森林防灭火指挥机构和工作职能由林业部门移交至应急管理部门，由区应急管理局组织专门人员承担区森林防灭火指挥部办公室日常工作。区森防指由区人武部部长任政委，区人民政府分管应急副区长任指挥长，区人民政府办公室协管应急副主任、区应急管理局局长、区林业局局长、市公安局鼎城分局常务副局长、区消防救援大队大队长、区武警中队中队长任副指挥长，区委宣传部、区发改局、区教育局、区科技局、区工信局、区民政局、区退役军人事务局、区财政局、区交通运输局、区农业农村局、区文旅广体局、区卫健局、区融媒体中心、区气象局、区森林公安局、区监察委、市生态环境局鼎城分局、区自然资源规划局、区住建局、区供电公司等单位负责人为成员。区森防指成员单位实行重点林区乡镇（街道、场）分片联系责任制，负责联系乡镇（街道、场）的森林防灭火督导检查工作。区森防指负责组织、协调和指导全区森林防灭火工作，不代替区政府有关部门的森林防灭火工作职责。（谢建泉）

环境保护

【概况】 2020年，鼎城区环境保护工作以改善环境质量为目标，开展生态文明建设，治理突出环境问题，开展污染防治攻坚战，全年未发生生态环境事故。

环境质量。2020年，江南城区环境空气质量优良天数比例85.3%，PM2.5、PM10平均浓度分别为41微克/立方米、49微克/立方米，较2019年同期分别下降14.6%、16.1%，PM2.5下降幅度在市城区5个区中最大，环境空气质量综合指数3.56。水环境质量稳定达标，全区1个国控断面、4个市控断面水质达到Ⅲ类及以上标准；集中式饮用水源水质达到Ⅲ类标准比例高于96.4%，地下水考核点位水质保持稳定，达到考核指标。开展农业面源污染治理、涉重金属产业结构调整、历史遗留污染风险控制，开展土壤污染治理与修复。

大气污染治理。建立健全区域分类管控、科学预警预判、定期会商调度、污染源清单、网格化管理、第三方巡查等精细管控机制，印发实施《2020年鼎城区蓝天保卫战考核方案》《重污染天气应急预案》《工业炉窑大气污染综合治理方案》等文件，聚焦重点行业、重点企业、重点污染源，部署工业炉窑、挥发性有机物、机动车尾气、非道路移动源、餐饮油烟、扬尘污染、油品、“散乱污”企业、禁烧禁燃9大专项整治行动，推进各项治理管控措施的落实。全区重点路段设置执勤卡点和限行标志，交警、环保、交通等部门开展联合整治行动，每月进行老旧车、无证渣土车、重型货车、农用车和拖拉机等高污染、高排放车辆检查，处罚并劝返闯禁车辆2101台次，处罚尾气检验不合格车辆387台次，淘汰老旧柴油货车5台，完成969台非道路移动机械编码登记工作。全区13个重点砖瓦企业安装脱硫脱硝在线监控并正常运营，进行涉挥发性有机物排放企业监督管理，并督促其完成“一企一策”方案编制和自主验收。落实建筑工地扬尘防治“6个100%”和道路“三车”作业任务，江南城区餐饮行业均安装油烟净化装置，并按时督促检查清洗。开展秸秆垃圾禁烧、禁炮工作，制定专项考核评分办法，两办督查室、区蓝天办组成专门队伍不定期开展督查，实行各乡镇检查情况按月排名。在清明节、中元节、春节期间加强宣传督导，印发专项文件，发布督查通报。落实市蓝天办应急响应指令，制定错峰生产工作方案，实施精准精细管控，加大城区及周边网格化站点巡查督导力度，及时交办、及时处理。

水污染防治。落实5处千吨万人保护区划定，开展38处供水规模千人以上水源地保护区的划分，开展蔡家岗镇五里溪水库、石公桥镇西洋陂水库、尧天坪镇金星水库3个水源保护区水环境综合整治。5月，联合区人民检察院、区水利局等部门，进行沅江市级饮用水水源保护区鼎城区陈家河段水质断面周边的管控情况检查，并按要求完成考核断面护栏修复、漂浮物及垃圾清除等工作。8月，与桃源县、汉寿县签订沅江生态流域补偿协议。推进江南城区黑臭水体续建项目，通过近5年治理，黑臭水体消除比例超过95%。乡镇17处黑臭水体无反弹现象。开展河（湖）长河湖巡查工作，坚持以问题为导向，按照省总河长1号令要求加强河湖巡查，河湖巡查率100%。全区23个乡镇、街道落实“一办两员”，乡（镇）、村河湖管护和河道保洁纳入农村人居环境统治统管，村级河湖长制工作纳入乡镇工作考核。辖区内国家考核断面水质、省控考核断面水质及25个水功能区水质达标率100%。冲天湖—马家吉河流域水系通过水生态治理后，水质达到Ⅲ类水质标准。落实区交办的7个河湖问题整改并销号，打造样板河（湖）21个。

土壤污染防治。开展涉镉等重金属在产企业常德辰州锑品有限公司和历史遗留污染地块原湘北电镀厂整治并通过市级验收销号，黄土店镇土法选金废渣污染风险管控工程和石公桥镇镉污染农田修复治理项目竣工，编制祥荣矿业有限公司尾矿库污染防治方案，治理8个农村生活污水并提前2个月完工。为399家畜禽规模养场配套粪污治理设施，粪污治理设施配套率100%。改造全区686.67公顷精养鱼塘，超额20公顷精养鱼塘改造任务。强化农用地土壤污染风险管控，全区化肥施用纯量同比减幅2.03%，主要农作物测土配方施肥技术覆盖率95%，受污染耕地安全利用面积1413.01公顷，秸秆还田综合利用率90%以上。

生态文明创建。制定《鼎城区生态文明示范区创建规划》，并经省厅组织专家评审通过，组织开展“两山实践创新基地”申报工作，草坪镇及草坪镇三角堆村、花岩溪镇获常德市首批生态文明示范镇、村命名。开展农村生活污水治理，聘请专业团队开展《鼎城区农村生活污水规划》编制工作，争取到省级农村生态环境保护专项资金150万元。重新排查全区畜禽养殖禁养区，并按照常鼎政通告〔2020〕3号《关于规范划定和管理畜禽养殖禁养区的通告》要求进行调整。

环评审批。简化审批程序，开辟绿色通道，抓建设项目档案管理，执行网上信息公开和联网报送制度。建立常德市鼎城区建设项目环境影响登记表备案系统、公示系统及投资项目在线审批监管平台，实现网上并联办理。全年，环评审批建设项目38个，其中编制环境影响书的建设项目4个，编制环境影响报告表的建设项目34个，环境影响登记表网上备案的建设项目6个，依法否决天和管桩砂石生产线建设项目等3个项目。

监管执法。落实综合执法改革任务，组建鼎城区生态环境保护综合行政执法局，理顺执法职责，配合建立健全联合打击环境违法行为机制和联合监管机制，实行环境违法行为“零容忍”。2020年，检查工业企(事)业单位800余家次，疫情防控涉医检查300轮次，出动执法人员1100余人次，下达各类环境监管文书200余份，立案处罚26起，涉及金额86万余元，18家企事业单位(个体作坊)被实施停产整治，移送公安机关行政拘留2人次，其中涉环境违法犯罪案件1件。受理环境投诉499件，全部办结，处理结果回复率100%，群众满意度100%。

环境监测。监测全区29处农村饮用水水源地水质4次，监测3个十万亩农灌区2次，监测长江经济带入河排污口2次。开展“十三五”环境管理统计及清洁生产审核，进行21起污染投诉执法监测，开展监督性监测、污染投诉监测、环境质量监测和疫情专项监测110次。

工业危废及放射源管理。开展危险废物申报登记、管理计划备案工作，填报全区涉危企业信息；新型冠状病毒感染的肺炎疫情期间，进行定点治疗医院和发热门诊医疗机构危险废物规范化贮存管理监督指导，做到日产日清；筛查全区第二次污染源普查计470家企业危险废物，排查整治非工业危险废物，配合应急管理部门进行汛期尾矿库自查自改，排查环境风险隐患；督促全区43家核技术利用单位上传年度评估报告，督促全区28家核技术利用单位开展“辐射安全许可证”延期申报工作。

环境宣传。借助“6·5”环境日契机，组织全区市民参与第二届“湖南最美基层生态环保铁军人物”环保投票活动，陈文华获“湖南最美基层生态环保铁军人物”称号；开展“美丽中国，我是行动者——相约桃花源”一条街主题宣传活动，通过电子宣传屏、展出宣传盾牌、发放环保资料等形式，向市民宣传低碳经济理念、环保模范典型及日常生活中的环境保护小知识，增强市民环保意识。组织中小学校开展环保知识进校园活动，在各乡镇(街道)开展宣传活动。

争资争项。2020年，争取环保专项资金5211万元，其中水环境治理项目资金2516万元，土壤污染防治项目资金2595万元，农村生活污水整治资金100万元。

排污许可证登记核发。整治重点行业企业，规范排污许可，实行一证式管理，提前2个月落实33个行业9家企业简化管理、166家登记管理，落实91个行业15家重点管理、40家简化管理、551家登记管理的企业排污许可发证登记工作。

突出环境问题整改。长江经济带生态环境警示片披露问题、全国人大执法检查指出问题、省纪委省监委“洞庭清波”调研督导反馈问题仅剩石板滩石煤矿坑生态修复问题未销号。10月23日，省第四环保督察组进驻常德期间，向鼎城区交办15批38件市民信访举报件，办结37件，剩余1件正在推进中。 (姜开专 丁凌云)

2020年11月4日，常德市委副书记、市人民政府市长邹文辉(右二)督办鼎城区省生态环保督察“回头看”信访件问题整改工作 (提供：丁凌云)

审 计

【概况】 2020年，鼎城区审计局坚持以审计精神立身，打造信念坚定、作风务实、业务精通、清正廉洁的高素质专业化审计队伍。利用干职大会、“三会一课”、主题党日、红色教育、道德讲堂、审计大讲堂等多种形式，学习贯彻党的方针政策。利用各种宣传媒介、平台,学习习近平新时代中国特色社会主义思想、中共十九届五中全会精神、各级审计委员会精神。落实巡察反馈问题整改,完善党的建设、业务管理、人事管理等方面23项制度措施。选拔优秀年轻干部担任股室负责人、审计组长,或外派参与重大项目审计;招录年轻干部,要求40岁以下业务人员考取计算机中级职称,中级以上审计师、会计师资格占比100%。

审计监督。2020年,经区委审计委员会批准,安排审计项目29个。其中,审计署统一组织项目2个、审计厅统一组织项目1个、市审计局统一组织项目3个、同级审计项目4个、区委组织部委托项目6个、其他项目13个。至年末,落实审计项目25个,查出主要问题涉及金额233841万元,促进整改落实有关问题资金2738万元;完成工程决算审计2个、工程造价结算审计87个,送审金额81735.23万元,审定金额71440.71万元,核减工程造价10294.52万元。发表审计信息57条,提出审计建议85条,采纳率100%。依法向区纪委监委移送审计事项6个。抓民生资金审计。加大医疗、扶贫、工伤等民生资金和民生项目审计力度。在"新冠肺炎疫情防控资金和捐赠款物专项审计"中,重点审计1269.89万元财政资金、636.68万元捐赠资金,延伸审计2个慈善机构、12个政府机构及部门、5家企业,进行重要事项延伸和追溯,追回涉嫌骗取资金82万元。开展"同级审"工作。实施审计3个区级预算单位,实施常德高新区财政审计监督。审计发现部分项目预算不科学且执行不到位,政府采购预算编制不完整、不精准,土地价款未及时征缴,财政资金出借额度大,挤占挪用专项资金,公车运行、会议费及培训费超预算,扶贫工程项目管理不规范,危房改造审批把关不严,采购防疫物资未收到货物而支付的资金未归还等问题。针对审计发现的问题,提出合理化整改意见,并将审计结果和审计整改情况报区人大。实施经济责任审计、自然资源资产离任审计,落实经济责任审计6个,自然资源资产离任审计1个。开展国有企业资产负债及损益情况审计2个,确保国有资产保值增值。开展重大政府投资建设项目常态化审计监督,落实工程决算审计项目2个,工程造价结算审计项目87个,送审金额81735.23万元,审定金额71440.71万元,核减工程造价10294.52万元。派出10人次参加市审计局统一组织的医保基金审计、公安局经济责任审计等;派出1人次参与区委巡察办工作。

审计项目。坚持依法审计,开展审计质量评级提质,强化项目精品意识。2020年,2个审计项目被评为市级优秀项目,其中1个项目获省级优秀项目一等奖、国家级优秀项目二等奖。

审计成果。上报审计要情、专报5篇,审计移送6个。完善审计查出问题整改督查机制和审计成果运用机制,把审计成果与反腐倡廉、巡视巡察、干部考核结合起来,区纪监委根据审计移送,立案2人。以财政预算执行审计整改为主线,加大经济责任审计、财政财务收支审计、专项资金审计结果的公开、问题整改和责任追究力度,规范与制约权力运行。开展"预算执行审计大数据分析系统"平台建设,组织全区所有预算单位、事业单位、国有和国有控股企业报送电子数据,建立审计数据资源库。

(张友明)

统　计

【概况】 2020年,鼎城区统计局编印《统计月报》10期,《统计分析》20期,完成《鼎城区2019年国民经济和社会发展统计公报》。

第七次全国人口普查。5月,组建区、乡、村三级普查领导机构和工作机构。选聘普查员2217名、普查指导员583名、数据处理人员65名。注重线上线下培训相结合,线上培训"两员"3000余名,线下召开人口普查办主任会议10余次。拨付人口普查宣传专项经费5万元,用于鼎城电视、鼎城电台及室外电子屏宣传;举办桥南市场宣传活动,发放宣传册及"一封信"2万余份;制作宣传展板30

余块、横幅500余条。9月20—30日为人口普查摸底阶段,11月1—30日为人口普查短、长表登记阶段。区人口普查办成立4个督促指导组,各督导组计下乡村15次。

2020年,鼎城区领导指导人口普查登记工作
(提供:李佳琪)

经济环境工作。开展党组中心组学习、主题党日活动、三会一课,严格干部考勤、干部学习等管理制度,整改区委巡察问题,抓干部作风,深化服务意识,优化服务态度。落实"放管服"要求,营造宽松发展环境,将14个行政审批事项办理深度全部提到三级以上。主动对接服务企业、基层站点和人大代表,征求作风建设和优化经济发展环境意见建议。变事后总结督办为事前分析预判,变盯排名盯考核为稳定基本面,为域内企业提供行业发展分析,为区政府提交运行趋势分析。

住户调查。2020年是国家住户调查样本轮换年,落实第二轮转组住户样本轮换工作任务。在2017—2019年,全区120户普通老百姓参与居民收支抽样调查,他们的家庭收支账目为全区全体居民人均可支配收入的核算提供基础数据资料。从2020年12月1日起,抽选新一轮住户调查样本120户,他们拟在2021—2022年,把家庭经济流水账如实记录下来,客观真实准确地反映居民人均可支配收入水平。

畜禽监测。2020年,按上级要求,该辖区350个生猪养殖户,其中有大型养殖户30户被监测,涉及11个乡镇15个样本村29个普查小区。监测牛规模养殖户3户,涉及2个乡镇2个普查小区。监测家禽规模养殖户23户,涉及11个乡镇21个普查小区。实行新样本与2019年同期数据的获取和对比;回访调研的对象以生猪养殖户为主,兼顾牛、羊、禽养殖户,进行价格、能繁母畜存栏、仔畜数量评价,分季核定猪、牛、羊、禽数据,并进行评估上报。

统计执法。2020年,区本级执法单位20家,推进"双随机"抽查、内部稽查、重点检查和专项检查"四位一体"统计执法监督机制。利用统计执法"双随机"抽查的方式,重点进行"四上"企业和固定资产投资项目抽查,全年区级直接执法检查单位7家;围绕第四次全国经济普查,针对性地开展统计执法监督,杜绝出现重大统计违法案件;落实上级转办、领导批示、受理举报和业务科室移送等统计违法案件的执法检查和案件处理工作;根据《湖南省统计局统计业务工作内部稽查办法》相关要求开展各专业的内部稽查。

统计普法宣传。突出重要时间节点进行普法,"9·20"中国统计开放日、"12·4"全国宪法日、"12·8"统计法颁布日纪念宣传活动,开展统计法律法规宣传,推进统计法治宣传"六进"活动。丰富普法内容和形式,将统计法律法规纳入党校(行政学院)领导干部教育培训必修课,2020年普法宣传5000人次。
(李佳琪)

财政·税务

Public Finance & Taxation

2020 年，纳税人使用电子税务局进行网上办税　（提供：严淞俞）

财政

国有资产经营管理

住房公积金管理

税务

鼎城年鉴(2021)

财　政

【概况】 2020年，鼎城区财政局围绕上级工作要求和区十七届人大六次会议确定的工作任务，强化收入征管，优化支出结构，抓资金监管，落实“三保”支出和支持经济发展，财政运行和预算执行平稳。

一般公共预算收支。全区一般公共预算收入272906万元，比2019年同期增加18814万元，增长7.40%。其中，地方一般公共预算收入165244万元，增加11313万元，增长7.35%；上划收入107662万元，增加7501万元，增长7.49%。地方一般公共预算收入中，税收收入117668万元，增加9634万元，增长8.92%；非税收入47576万元，增加1679万元，增长3.66%，占地方一般公共预算收入28.79%。全区一般公共预算支出651799万元，增加21712万元，增长3.45%。剔除上级指定专门用途的专项和2019年结转支出280107万元，地方可用财力安排支出371692万元，为调整预算的102.69%。

收支平衡情况。地方一般公共预算收入165244万元，加上级补助收入381764万元，加地方政府一般债券转贷收入34375万元，加2019年结转收入28087万元，加调入预算稳定调节基金24249万元，加调入资金（从政府性基金预算和国有资本经营预算调入）95392万元，一般公共预算总收入729111万元。一般公共预算支出651799万元，加地方政府一般债券及其他一般债务还本支出13575万元，加上解支出11421万元，加安排预算稳定调节基金24249万元，一般公共预算总支出701044万元。收支相抵，年终滚存结转下年支出28067万元。

政府性基金预算收支。政府性基金预算收入217646万元，加上级补助收入15082万元，加地方政府专项债券转贷收入54700万元，加抗击新冠肺炎疫情特别国债收入11600万元，加2019年结转收入2383万元，政府性基金预算总收入301411万元。政府性基金预算支出137553万元，加上解支出126万元，加地方政府专项债券转贷支出54700万元，加抗击新冠肺炎疫情特别国债支出11600万元，加调出资金（调出到一般公共预算）95059万元，政府性基金预算总支出299038万元。收支相抵，年终滚存结转下年支出2373万元。

国有资本经营预算收支。国有资本经营预算收入333万元，加2019年结转收入5万元，国有资本经营预算总收入338万元。国有资本经营预算支出0万元，加调出资金（调出到一般公共预算）333万元，国有资本经营预算总支出333万元。收支相抵，年终滚存结转下年支出5万元。

社会保险基金预算收支。机关事业单位基本养老保险、城乡居民基本养老保险、城镇职工基本医疗保险、城乡居民基本医疗保险、工伤保险、失业保险等社会保险基金收入148297万元，其中保险费收入64261万元、财政补贴收入79350万元；社会保险基金支出138600万元，其中社会保险待遇支出127715万元、大病保险支出4793万元、上解上级支出4463万元。收支相抵，2020年结余9697万元，加2019年结余96491万元，年终滚存结余106188万元。（许艺耀）

2020年，鼎城区领导调研财政工作　（提供：许艺耀）

【乡镇财政工作】 2020年，鼎城区乡镇财政工作围绕全区《乡村振兴战略实施规划》，多方整合资金和项目，在扶持产业、环境整治、完善基础设施等方面加大投入，稳步助力乡村振兴。抓协调统筹，提供资金保障。加大项目和资金整合力度，成立乡村振兴资金和项目整合领导小组，整合部门相关政策和项目资金，全年整合涉农项目资金6.5亿元。支持产业发展，突破经济发展瓶颈。重点在培育高档优质稻、有机蔬菜、生态养殖、鼎城油茶和特色林果五大农业产业方面加大扶持，打造“常德香米”国家级现代农业产业园和弘富源蔬菜等8个区级特色产业园，建立高档优质稻示范片14个、播种113333.33公顷，拟实现产值30.13亿元，农民增收1.4亿元；建设标准化有机蔬菜示范基地10个，蔬菜加工率12%以上；发展河洲甲鱼养殖2933.33公顷、稻虾养殖3066.67公顷、高效油茶基地2400公顷、林下经济种植1333.33公顷、特色水果2533.33公顷、花卉苗木5266.67公顷。为重点特色村安排200万元推进乡镇振兴和扶持产业发展。抓环境整治，改善人居生活环境。为每个行政村、社区安排环境整治项目资金4万元，鼓励村、社区抓“三面五清”，实现农村生活垃圾收运处理体系全覆盖。突出整体规划设计、整体组织发动，实施整村推进农村改厕，落实改厕20073个。抓农业面源污染整治，保证全区村民饮用水合格率达标，生活污水处理率达标，推进秸秆焚烧和综合利用、农药化肥减量等工作。提升乡风文明，弘扬乡村新风正气。重点支持宣传部门和乡村多渠道开展启民智、修民德、正民风、为民乐“四民新风”活动，支持乡村建乡村大舞台、乡村文化广场，完善文化设施。年末，全区有7个村镇获评市级文明村镇，草坪镇兴隆街村、花岩溪镇湖江坪村获评全国文明村、刘茂云家庭获评全国文明家庭，61个村镇申报为省市区文明村镇。（贺吉瑞）

【教科文资金管理】 2020年，拨付高中、义务教育学校、学前公用经费近6000万元、资助资金1000万元、拨付学校建设资金6000余万元、乡村教师人才津贴350余万元、班主任津贴近196万元、校车安全管理经费450万元。实施农村学校建设三年行动计划，支持建设农村学校周转房、塑胶操场、食堂三类项目9个。实施江南中学、江南小学分校提质改造，筹措资金7000万元启动红云学校建设。全年争取省级芙蓉学校建设资金1000万元，市级奖补资金1380万元。拨付资金500万元，用于融媒体中心设施设备购置和发射塔亮化工程。拨付39.6万元用于2家书店和4家影院抗击新冠肺炎疫情补助。安排150万元用于抗击新冠肺炎疫情编剧《七里坳》，宣扬抗击疫情先进人物和相关事件。投入近300万元实施图书馆、文化馆建设，丰富乡镇文化内容。拨付农村文化建设资金230万元，用于改善农村文化阵地建设和添置设备。拨付惠民演出和农村电影放映补助资金140万元。拨付资金680万元用于档案馆搬迁与建设。（蒋宏斌）

【行政政法资金管理】 2020年，安排行政政法各项经费52393.41万元，保障归口各单位重点支出和基本运转支出需要。运用绩效评价结果和运行监控结果，从严审核、科学测算归口各单位2020年区级专项资金，工作事务性专项资金压减10%，剔除新增专项，比2019年减少350.82万元。严控“三公”经费支出，按照“三公”经费只减不增要求，全区所有单位“三公”经费以2019年度实际使用数压减20%为支出预警数，“三公”经费比2019年同期减少989.38万元。抓指标管理，要求各单位按序时进度申报网上指标，大额指标一律核实清楚后再审核，全年未出现一例因余额不够调整不到位的情况。从严审核经费报告，从被动审核到主动审核，从在家审到现场审，保证审核结果真实性、准确性。抓政法保障经费、装备费采购监管，安排政法保障经费10206万元，为政法部门履行职能提供经费保障。全过程监督政法单位保障经费和装备费使用范围，督促按照采购程序进行，确保资金安全使用。（周子益）

【国库集中支付工作】 2020年，落实“所有预算单位、所有财政性资金全部实现国库集中支付管理”，全区集中支付上线运行预算单位及专项157

家，集中支付金额109.29亿元，其中，直接支付92868笔107.61亿元，占支出总额98.46%；授权支付20703笔1.68亿元，占支出总额1.54%。启动支付应急机制，为新冠肺炎疫情防控资金开通支付业务“绿色通道”。“按财政预算、按用款计划、按项目进度、按规定程序”原则进行审核支付；清理规范支付审核文件，明确统一各类支出范围和支出标准；贯彻落实中央八项规定，严控一般性支出，实行各预算单位“三公经费”动态监控与预警止付；要求各预算单位按预算指标规定用途使用资金，严禁挪项，执行工会经费管理、差旅费管理、政府采购、招投标、项目投资评审等财政政策。全年纳入公务卡结算改革单位128家，累计申发公务卡3017张，预算单位通过公务卡结报支出4422.36万元，占授权支付比例26.28%。梳理监控规则，将所有预算单位和财政资金纳入监控范畴，优化升级系统，提升系统运行速度。抓临时机构财务管理，合理界定临时机构范围，清理临时机构账户，实行临时工作机构财务监管。（朱 静）

【财政资金监督检查】 2020年，依托直达资金监控系统，综合运用日常监管、重点监控、现场核查等手段，专项监督检查直达资金项目28项，直达资金（不含参照直达）预算总额分配进度100%。公开监督财政预算，落实180家部门预算单位预算公开自查自纠及线上核查，发现常见问题7类，问题单位79家，均要求立即整改到位。建设“互联网+监督”平台，采取严格数据录入、比对分析、投诉办理、宣传推广等工作措施，抓“互联网+监督”平台管理，监管全区村级财务票据上传情况，票据上传率100%。建设财政内控，聘请第三方机构专家协助开展内控工作，重新修订完善各股室（单位）内控制度和业务流程，确定各类防控风险点。梳理各类防控风险点195个，制定《鼎城区财政局内部控制基本制度》、专项风险防控办法（十一项）、各股室（单位）工作规程。（张 易）

【社会保障资金管理】 2020年，拨付社会保障资金18.39亿元，落实全区693名退职老年乡村医生生活困难补助145万元、城乡人口74.82万人基本公共卫生服务经费5537万元；按政策标准落实4.17万名计划生育对象计划生育扶助资金5200万元（含社保补助、独生子女保健费、计生手术减免和并发症治疗）；落实651354名城乡居民基本医疗保险对象各级财政补助资金35824万元；安排资金105万元用于乡镇敬老院建设、基本养老服务补贴。开展城市和农村低保人员清理认定工作，提高低保人员待遇，城市低保保障标准由550元/月提高到560元/月，月人均补助383元，发放城市最低生活保障金1112万元；农村低保保障标准由350元/月提高到380元/月，月人均补助225元，发放农村最低生活保障待遇3740万元；落实5912名农村特困人员、城市三无人员供养救助资金4500万元；发放197名孤残儿童基本生活费174万元；发放28名百岁老人生活补贴16万元、21名90—99岁高龄老人生活补贴246万元；按70元/人/月标准，发放11116名重度残疾人护理补贴和困难残疾人生活补贴878万元；落实城乡医疗救助资金1886.38万元；为困难群众发放临时救助880万元；为各类优抚对象发放优抚待遇7300万元。开展免费婚前健康检查、孕前健康检查、适龄农村妇女“两癌”筛查，孕妇产前筛查等民生工程。拨付社会保险基金26.81亿元。落实“先诊疗后付费、一站式结算”健康扶贫政策，贫困人口住院报销比例90%。（刘 华）

国有资产经营管理

【概况】 常德市鼎城区国有资产经营管理中心（简称区国资中心），是鼎城区人民政府直属正科级事业单位。主要贯彻执行国家、省、市有关国有资产监督管理的方针政策和法律法规，制定本区国有资产监督管理的有关制度和办法并组织实施。代表区人民政府，依法履行出资人职责，保障出资人权益,监管区属国有企业、全区行政企事业单位经营性资产及城市公用无形资产。

资产管理。将全区行政事业单位经营性资产、国有企业资产、全区大宗闲置可转化经营资产、自然资源及特许经营权纳入国资中心统一监管,采取直接管理和委托管理形式,接管已到期经营性资产,统一发租、统一签订租赁合同。至年末,签订委托监管合同137份。开展国有资产、集体资产清理整治,成立国资监管领导小组、清理整治工作领导小组,4月20日至12月31日,由区国资监管领导小组牵头,在行政事业单位经营性国有资产、矿产资源、保障性住房、集体资产4个领域,围绕资产确权、出租出借、处置、被侵占等方面开展清理整治。8月25日,由区委巡察办牵头,区清理整治领导小组办公室配合,派出巡察组12个,抽调干部55名,开展1个月专项巡察。

国企监管。出台《关于明确区属国有企业出资人机构管理事项的通知》,首次明确国资中心作为出资人机构的监管边界,确定公司章程、资产管理、经营决策等12项管理事项。理顺区国资中心与监管企业关系,开展指导兴隆公司、农垦公司、阳明湖公司、原电影公司、影剧院、鼎城区规划设计院、常德鼎级传媒出资人变更工作。出台《关于进一步加强区属国有企业管理的暂行决定》。围绕国企改革三年行动方案,从人员、薪酬、资金、资产、融资、投资6个方面重点强调以企业法人制度为主体,以公司制度为核心,以产权清晰、权责明确、政企分开、管理科学为条件,细化出资人机构管理职能职责。提出企业用工"员额制",企业用工实行限额管理;实行企业"工资总额"制度,明确企业工资总额与经营业绩考核挂钩,员工薪酬由企业根据内部考核制度在工资总额内自行发放。出台《鼎城区国有企业投资管理暂行办法》,制定企业投资负面清单,推行国有企业投资项目备案和审批管理。按照投资管理暂行办法,开展阳明湖公司C16地块开发、垃圾消纳厂、杨家港加油站、善德陵园殡仪馆公益性墓地、江南城区车管所、兴隆公司公办幼儿园、希尔顿·欢朋酒店项目的可研论证和风险评估工作,下达备案批复2个。

(刘禹希)

住房公积金管理

【概况】 2020年,常德市住房公积金管理中心鼎城管理部归集资金4.09亿元,占年度归集任务102.25%;新增缴存人数1585人,占年度目标任务264.17%;发放贷款2亿元,占年度目标任务100%;贷存比92.71%,贷款逾期率零;提取住房公积金2.66亿元,占全年归集额65%。

内部管理。修订完善《2020年度党风廉政建设工作计划》《2020年度中共鼎城区住房公积金管理部支部委员会党员积分管理规则》《常德市住房公积金管理中心鼎城部保密工作领导小组成员及职责》《常德市住房公积金管理中心鼎城管理部2020年度工作人员岗位职责》等制度;建设"支部五化",开展"三会一课""主题党日"活动,实行党员积分管理,把窗口服务工作融入党员积分管理,公示加减分情况;开展学习教育活动,落实干部教育培训网络及"学习强国"平台学习;抓党风廉政建设,年初召开会议,明确责任,细化任务,落实党风廉政建设责任。

归集扩面。分类、分批调查研究缴存单位,通过线上、线下等渠道获取调研信息,建立台账,统计调研结果;重视村"两委"干部建制工作,到蔡家岗镇各村实地走访,收集村干部提出的建缴公积金意见建议,召开专题会议讨论研究村支两委干部建制工作;建立民营企业走访台账,掌握企业情况,对接意向企业。全年,新开户10人以上民营企业11家,新增缴存210余人,年度目标任务实现超额。12月,常德市住房公积金管理中心鼎城管理部到常德市鼎城区公安局、湖南应用技术学院、中国电信股份有限公司常德鼎城区局等单位,开展归集调研活动,通过发放资料、座谈宣讲,向公积金缴存职工宣传公积金归集缴存标准及贷款、提取最新政策。

房贷发放。全年发放公积金贷款600户。多渠道宣传公积金贷款新政策,落实惠民利企政策。实施房地产开发项目主体工程完工三分之一即可办理公积金贷款准入备案政策,享受该政策的楼盘开发项目计4个,涉及楼栋22栋;停止向房地产开发企业收取公积金贷款保证金并退还已收取的保证金,清退贷款保证金2475.03万元,占保证金总额98.3%,清退贷款保证金户数1540户,占保证金总户数97.9%;恢复办理住房公积金异地贷款业务,受理异地贷款23户,发放资金762.8万元。建立公积金协贷员微信群,通过微信群开展线上公积金贷款业务培训,重点阐述贷款业务受理流程、金额计算方式、楼盘准入等相关事项。开展"3·15""6·14"征信宣传活动,联系银行、社区、楼盘、学校等资源,展开宣传,帮助公众多渠道、深层次地了解征信、关注征信。开展"微课堂"1次,制作宣传盾牌4个,张贴宣传横幅6条,发放宣传手册200余份。

资金提取。全年,办理购建房、退休、租房等临柜提取业务3000余笔、公积金月对冲还贷42000余人次。开展网上业务办理,实行退休提取、月对冲还贷、结清公积金贷款网上自助办理;抓业务审批人员和前台工作人员安全意识和责任心,坚持"纸质资料、电子档案资料"双重审核标准,通过网上查询房屋备案信息、银行贷款信息、增值税发票真伪。建立提取业务回查机制,定期开展自查自纠,建立骗提清册台账和失信人员黑名单。

调研宣传。撰写新闻稿件,全年在湖南省住房公积金研究会上稿2篇,在《常德日报》上稿5篇,常德市住房公积金中心内外网上稿16篇。撰写《鼎城管理部2020年归集调研报告》《鼎城管理部2020年贷款工作分析报告》。5月25日,常德市住房公积金管理中心鼎城管理部到鼎城区城投·十里外滩、南金城、华中城等大型楼盘开展调研走访工作,了解到近500户有贷款需求,现场收集整理企业和客户意见,宣传住房公积金贷款政策。

2020年5月25日,常德市住房公积金管理中心鼎城管理部到鼎城区城投·十里外滩、南金城、华中城等大型楼盘开展调研走访工作 (提供:吴让德)

业务培训。6月8日,常德市住房公积金管理中心鼎城管理部到城投·十里外滩售楼部开展公积金贷款业务网上办理专题培训。城投公司贷款业务经办人、楼盘协贷员、抵押专员20余人参加培训。培训会着重分析了公积金贷款、组合贷款、商业贷款不同之处,梳理贷款计算方式、业务受理流程、楼盘准入以及相关注意事项,解读贷款操作细则,解答贷款额度、贷款年限、异地贷款等重点问题。8月26日,常德市住房公积金管理中心鼎城管理部召开开发商网厅培训会,鼎城区各大楼盘开发商负责人和协贷员参加培训,会议结合网厅功能、网厅运行环境、网厅登录操作等方面进行系统培训,现场演示操作流程,解答注意事项。全年,办理CA数字证书开发商公司9家。

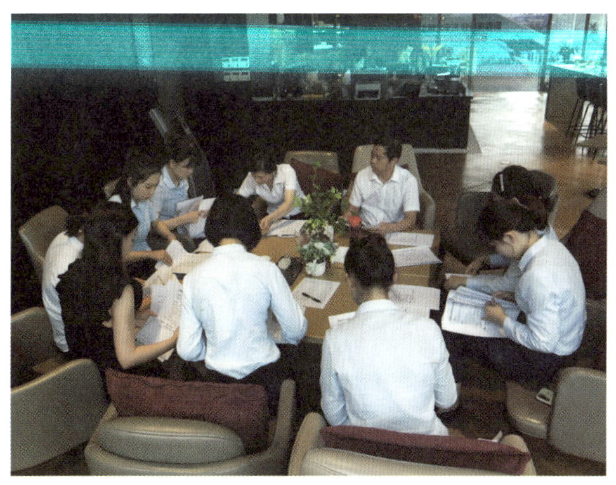

2020年6月8日,常德市住房公积金管理中心鼎城管理部到城投·十里外滩售楼部开展公积金贷款业务网上办理专题培训 (提供:吴让德)

脱贫攻坚。常德市住房公积金管理中心鼎城管理部结对蔡家岗镇花园村贫困户12户，选派1名工作人员长年驻村帮扶。开展登门走访慰问，捐赠慰问物资和扶贫资金，开展产业扶贫，提供就业指导，协商制定帮扶措施，落实危房改造、教育助学、发展生产、医疗救助等扶贫政策，填写脱贫情况调查问卷，核查贫困家庭收入测算表，督查脱贫攻坚质量“回头看”情况，为1户贫困户家庭修建厕所。

疫情防控。落实各项防控措施，确保疫情防控到位、企业支持到位、业务办理到位。宣传新冠肺炎疫情防控知识，为扶贫工作队送去口罩、消毒液等防疫物资。坚持外防输入、内防反弹，推动稳企业保市场主体工作落实到位，抓“六稳”工作，落实“六保”任务。（朱华君　丁时秀）

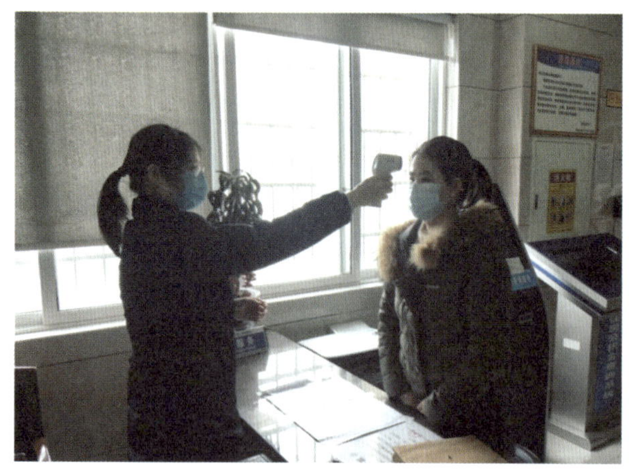

2020年2月19日，常德市住房公积金管理中心鼎城管理部工作人员为缴存客户测量体温（提供：丁时秀）

【“公积金政策宣传月”活动】2020年11月12—24日，常德市住房公积金管理中心鼎城管理部到江南城区玉霞、红云、郭家铺、斗姆湖4个街道办事处22个社区，开展住房公积金政策宣传月活动。通过制作政策展板、悬挂横幅标语、张贴宣传栏、发放业务《办理指南》等形式开展宣传，围绕公积金政策法规内容，介绍住房公积金用途，讲解住房公积金住房保障作用和住房公积金缴存、提取、贷款政策，向市民宣传公积金惠企惠民政策，并现场解答市民咨询问题，帮助市民认识、使用公积金。（朱华君　丁时秀）

税　务

【概况】国家税务总局常德市鼎城区税务局由原常德市鼎城区国家税务局、湖南省常德市鼎城区地方税务局合并组成，于2018年7月20日正式挂牌成立，负责鼎城区税费征管工作。2020年，获评常德市困境未成年人社会保护服务项目爱心单位、鼎城区综合绩效评估优秀单位、鼎城区平安建设区级优秀单位。李敬平被常德市总工会授予常德市五一劳动奖章，周俊家庭被常德市妇联评为“最美家庭”。

组织收入。全年，税费收入309355万元，比2019年同期增长29623万元，增幅10.59%。其中，税收收入232048万元，比2019年同期增长22453万元，增幅10.71%；社保费收入67724万元，比2019年同期增长5595万元，增幅9.00%；其他费金收入9584万元，比2019年同期增长1576万元，增幅19.68%。抓重点税源监控，实行重点税源企业分月采集和比对分析，及时掌握重点企业税源变化情况，完善征管手段和方式，提高税源管理水平。抓税收风险分析与评估，落实各类风险任务1508户次，入库税款、滞纳金1304万元；落实2户跨区域风险协作核查任务，防止虚开增值税发票风险。

减税降费。区税务局开设“区长税课”研学班，落实减税降费政策、优化营商环境。组建政策服务小分队，开展“送政策服务，问政策需求，帮政策尽享”宣传活动，向纳税人推送各类税费优惠政策92705户次，上门辅导纳税人1065户次，惠及全区12375户企业和个体工商户。落实新冠肺炎疫情防控期间税费优惠政策和小微企业税费优惠政策，全年落实新增减税降费1.23亿元。

办税服务。区税务局推行“非接触式”办税，宣传引导纳税人通过电子税务局、自助办税终端等平台，185项业务实行“非接触式”办理，“非接触式”办税率71.72%。落实便民办税服务举措，实行

“最多跑一次”和容缺办理规定,“最多跑一次”事项占总业务量99.8%;推行税收优惠政策“清单式”管理,精简涉税资料;不动产登记和税收征缴实行“一窗办理”。开展“银税互动”活动,助力企业融资。全年,为110户小微企业和个体工商户办理纳税信用贷款,贷款1亿余元。

法治建设。落实领导班子日常学法常态化机制,班子成员带头学法知法、用法守法,组织干职参加“七五”普法学法考法,通过率100%;开展“宪法宣传进机关”专题学习和主题党日活动,提高干部法律素养。建设“五项制度”,推行行政执法公示制度、执法全过程记录制度、重大执法决定法制审核等制度,规范内部执法,接受外部监督;全年,开展重大法制审核2起、化解税费争议3起。抓执法督察,定期核实和整改省、市推送的执法疑点,健全内控机制,提升执法水平。

队伍建设。抓干部学习教育,开展中共十九大、中共十九届二中、三中、四中、五中全会精神学习,抓“学习强国”学习,全员平均积分13000分。抓新冠肺炎疫情防控,开展无偿献血、进企业送政策、进社区量体温等志愿服务活动,为疫情防控捐款56529元。抓扶贫攻坚,党委班子带队5次到十美堂镇教育村开展“扶贫攻坚”活动,资助贫困学生15名,100余名党员帮助79名许愿人实现微心愿,捐赠爱心款117305元。

社保非税划转。围绕“早准备、稳划转、聚合力、促提升”工作思路,推进社保费和非税划转缴费事宜。建立“一把手”负总责,分管领导抓落实,社保非税股对接模式,细化责任分工。开展非税收入调研,摸清非税底子,按照市级、区级计划目标,按序时进度均衡入库。成立联合工作组,解决联席会议、集中办公、争议解决机制、人员互派学习等方面问题,落实820户企业划转工作。全年入库机关事业单位社保费、职业年金、企业社保费3.96亿余元,城乡居民基本医疗保险1.91亿余元、城乡居民基本养老保险费9415万元。服务税务总局第六调研组到鼎城区召开社保费调研座谈会。入库“三费”收入3778万元,其中,工会经费959万元,占计划目标100.4%;残疾人就业保障金1065万元,占计划目标106.5%;水利建设基金1754万元,占计划目标175.4%。

纪检监督。开展警示教育,召开全面从严治党工作会议,开展以案说法、警示教育,举办廉政征文等系列活动。抓纪律监督,制定《鼎城区税务局干部被通报处罚办法(试行)》;确定减税降费政策落实情况、疫情防控体温检测情况、职务与职级并行实施情况再监督项目3个;落实中央八项规定精神及其实施细则,开展违规收送礼品礼金、私车公养问题综合治理。抓执纪问责,开展欠税管理和减税降费政策落实再监督,开展干部作风纪律、工作纪律经常性检查,进行情况通报和考评。

(贺国荣　严淞俞)

【“党群心连心,战疫我先行”志愿服务活动】 2020年3月,鼎城区税务局开展以“党群心连心,战疫我先行”主题志愿服务活动。志愿者进社区开展值守,为出入人员登记测量体温,摸排人员外出情况和健康状况,与社区居民共同守好疫情防线。组建业务辅导团队,采用远程辅导方式为企业宣传延期申报和延期缴纳税款等税收政策,为缓解企业资金压力,支持复工复产提供支持。发布抗击新冠肺炎疫情募捐活动倡议书,338名人员参与抗击疫情捐款捐物,累计捐款56529元。(严淞俞)

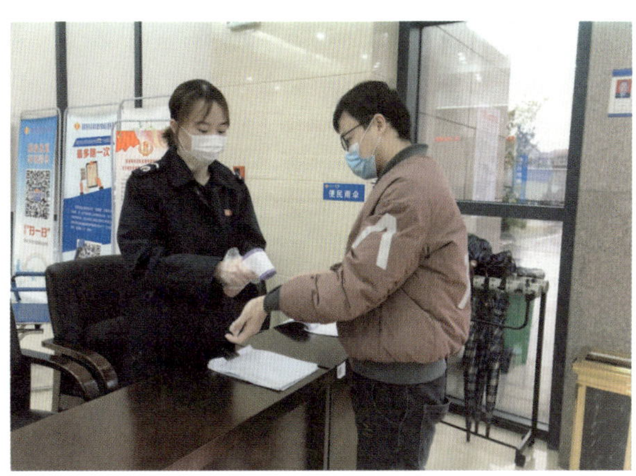

2020年,鼎城区税务局工作人员开展疫情防控体温测量
(提供:严淞俞)

【便民办税春风行动】 2020年4月，鼎城区税务局开展“便民办税春风行动”，通过新媒体直播授课、案例解析等方式为纳税人讲解如何开票、如何申报、如何缴税。在办税服务窗口推行“非接触式”办税，将原本线下办理的业务迁移到线上办理，推出网上办理涉税缴费事项185个，占总涉税业务90%以上。税务部门工作人员开展上门辅导，让企业了解相关政策，享受税收优惠，有序复工复产。

（贺国荣 严淞俞）

2020年，鼎城区税务局工作人员到企业了解复工复产情况（提供：严淞俞）

【“银税互动”活动】 2020年6月17日，鼎城区税务局联合中国建设银行桥南支行举办“银税互动”培训班，落实国家税务总局“银税互动”惠企措施，帮助中小企业解决融资难题。培训活动中，银行工作人员介绍“云税贷”“云易贷”等金融产品；税务局工作人员讲解纳税人登录电子税务局申请贷款操作流程。全年，区税务局为75户小微企业和个体工商户办理纳税信用贷款，贷款总额8100万元。

（严淞俞）

2020年6月17日，鼎城区税务干部入户宣传“银税互动”政策（提供：严淞俞）

金融

Finance

2020年11月26日，常德城投·十里外滩金融街签约发布会现场 （提供：刘家敏）

概述

中国人民财产保险股份有限公司常德市鼎城区支公司

中国人寿保险股份有限公司常德市鼎城支公司

中国工商银行股份有限公司常德鼎城支行

中国农业银行股份有限公司常德鼎城支行

中国银行股份有限公司常德市桥南支行

中国邮政储蓄银行股份有限公司鼎城区支行

中国建设银行股份有限公司常德鼎城支行

常德农村商业银行股份有限公司鼎城支行

华融湘江银行股份有限公司常德鼎城支行

概　述

【概况】 2020 年，鼎城区有金融机构 25 家，从业人员 900 余人，营业网点 75 个。2012—2020 年，全区引进股份制商业银行 6 家，分别是长沙银行鼎城支行、兴业银行鼎城支行、华融湘江银行鼎城支行、广发银行鼎城支行、民生银行鼎城支行、交通银行鼎城支行；引进保险公司 7 家，即中国人民财产保险、人寿保险、人寿财险、中华联合保险、人民人寿、太平洋财险、平安财险；引进证券公司 1 家，即方正证券鼎城分公司；引进担保公司分支机构 2 家，即财鑫担保、农信担保；引进小额贷款公司 1 家，即华丰小贷公司。

金融规模。截至年末，全区 14 家银行业金融机构各项存款余额 359.30 亿元，比 2019 年同期增长 8.74%；各项贷款余额 292.77 亿元，比 2019 年同期增长 6.52%。全区 7 家保险公司保费收入 4.99 亿元，比 2019 年同期增长 2.04%；赔付支出 2.09 亿元。区内华丰小贷公司第四季度贷款余额 0.5 亿元。财鑫担保鼎城分公司在保用户 11 户，担保金额 0.25 亿元；农信担保公司鼎城分公司在保用户 132 户，担保金额 1.54 亿元，其中粮食贷款 0.82 亿元，油茶贷 0.35 亿元，特色贷 0.37 亿元。

资本市场。出台《鼎城区企业上市（挂牌）扶持奖励办法》，给予境内外上市企业税收扶持和奖励支持，给予相应税费返还的同时，分阶段给予上市企业奖励资金 200 万元，引导和鼓励企业通过资本市场做大、做优、做强。掌握企业上市融资情况，建立区级上市后备企业资源库，推荐优质企业进入市库、省库。重点跟踪指导培育列入上市后备资源库的企业，充实完善上市后备资源。按照“一企一策、一事一议”原则，根据企业上市进程成立支持企业上市工作小组，协调解决企业上市过程中的困难问题，提高企业上市成功率。开辟绿色通道，简化程序、特事特办、专人负责、限时办理，至年末，浩宇建设、精为天、响箭重工、九申燃气等 8 家企业进入 2020 年省重点上市后备企业资源库，浩宇建设、精为天、响箭重工启动上市工作，正接受中介机构辅导，拟于 2021 年在境内外上市；云港生物、佳鸿机械 2 家企业在湖南省区域性股权市场挂牌。引导成立常德鼎合科创产业投资基金，主要服务于高新园区中小企业，与斯盛能源、苏格尔电器（芯片）公司、德迪机械、湖南坎得拉科技公司达成合作，累计投资 2.37 亿元。

金融环境。开展“金融知识普及月”“防范非法集资宣传月”等活动，组织各金融机构、保险公司开展金融知识、信用知识宣传和投资风险教育，提高市民金融风险防范和信用意识。以宣传、摸排、监测预警、科学处置为工作重点，建立防范处置“一非三贷”长效工作机制；出台举报奖励、监测预警等工作机制；将乡镇（街道）处非工作责任落实情况列入年度绩效考核范畴，推动处非工作落实。全年，区公安局针对破坏金融秩序立案 8 起，其中信用卡诈骗案 3 起、骗取贷款案 1 起、伪造货币案 1 起、妨害信用卡管理 2 起、伪造金融票据案 1 起，破案 6 起，抓获犯罪嫌疑人 9 人；区法院执结涉金融债权案件 161 件，执行到位金额 1.58 亿元。探索搭建“互联网 + 金融超市”服务平台“鼎城金融”，该平台集“金融支持政策发布、金融机构产品共享、银企信息对接、企业融资需求填报、非法集资在线举报”于一体，解决银企信息不对称导致的“融资慢、融资难”问题。年末，鼎城区 22 家金融机构全部入驻，发布金融产品 79 个，发布惠企政策 34 条。组建财鑫鼎城分公司，帮助企业缓解融资困难，每年为成长性较好、抵押物不足、流动资金短缺困难企业解决担保贷款近 5000 万元；全年，通过市工投为精为天生态农业、塘桥科技等 9 家企业解决过桥资金计 10893 万元。从源头管控政府投资项目，严控政府投资额，杜绝新增债务。规范平台公司融资行为，力求不发生一起债务违约风险事件和舆情事件。多渠道筹措资金化解隐性债务，压缩非刚性非重点支出，加强资金预算、绩效管理。平台公司基本资金不断链，未发生因工程款支付不到位而造成的群体上访事件，未发生债务违约风险事件和舆情事件。

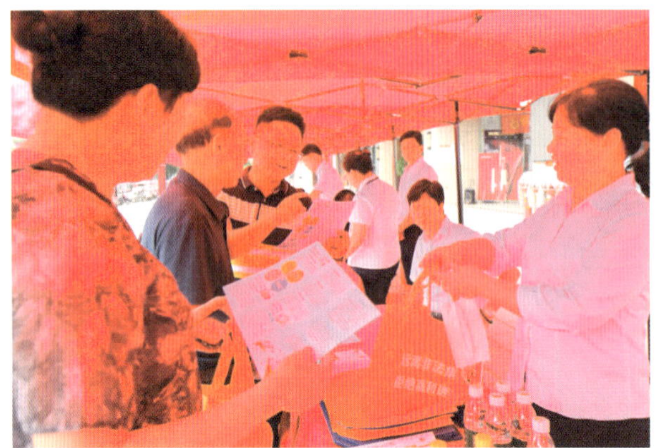

2020 年 6 月，鼎城区金融办开展防范非法集资宣传活动（提供：刘芷恒）

金融生态。制定印发《2020 年鼎城区“四创”工作方案》，推进鼎城区信用乡镇（街道）、信用村、信用社区、信用企业创建。优先选择信用环境良好、产业优势突出、存量客户较多、资金需求旺盛的村开展信用村建设，设立并挂牌信用村 5 个。发放小额贷款 8 户 86 万元，储备客户 13 笔 175 万元。开展信用主体培育工作，为符合授信条件的农户和商户评级、授信。至 12 月末，累计评选农村“双创”示范户 3536 户，授信 4.05 亿元，用信 9.82 亿元，为双创示范户发放贷款 8772 笔 3.9 亿元。以普惠金融服务站为窗口，打造综合性农村服务平台，激励引导金融机构和各类新型金融组织加大支持民营小微企业、“三农”、扶贫等普惠金融业务的力度，形成“政府＋银行＋基层群众”金融服务体系。在全区所有行政村（社区）建立普惠金融服务站，普惠金融服务中心主任由乡镇（街道）负责人兼任，普惠金融服务站站长由行政村（社区）党支部书记兼任，每个普惠金融服务窗口另设立普惠金融联络员 1 名。（刘芷恒）

中国人民财产保险股份有限公司常德市鼎城区支公司

【概况】 中国人民财产保险股份有限公司常德市鼎城区支公司成立于 1996 年 12 月，位于常德市鼎城区玉霞街道（善卷路），公司在全区设有中心乡镇三农营销服务部 7 个、非中心乡镇三农保险服务站 24 个、村级保险服务点 295 个，公司有员工 46 人、三农体系服务人员 365 人。设有综合部、财产险部、车险部、农险部、责任意外险部、续保业务部和中介业务部 7 个科室。2020 年，保费收入 13863 万元，比 2019 年同期下降 5.6%；支付各险种保险赔款 9705 万元，其中，水稻保险寒露风灾害赔款 1738 万元、农房保险暴雨灾害赔款 30 万元；上缴各类税收 1005 万元，位列该区保险行业纳税第一名。投入资金 15 万余元，到扶贫联系点村蔡家岗镇黄山峪村，助力脱贫摘帽。2020 年，中国人民财产保险股份有限公司常德市鼎城区支公司被省、市公司评为“经营管理先进单位”，被人保财险总公司授予全国“农业保险标杆支公司”称号，被省公司授予“五四红旗团组织”称号。

改革发展。公司实行因地制宜、提前谋划、深耕市场、城乡发展并举、经营管理并重的原则，贯彻落实集团公司“3411”工程战略，突出目标导向、问题导向、效果导向，提出“三改变、三创新”经营战略，拓展保源，发挥地处城乡接合部、农业生产发达的区位优势和经济特点，抓城市市场、农村市场、政府合作等重点工程，借助农业保险基层服务体系平台和协保员队伍建设，整合各乡镇专干力量，突出“三农”商业保险发展，全年，公司三农常规业务保费收入 1300 余万元。

政策性农业保险工作。以湖南省财政厅等部门联合下发的《关于印发湖南省 2015 年农业保险实施方案的通知》（湘财金〔2015〕8 号）文件为依据，按照“政府引导、市场运作、自主自愿、协同推进”原则组织实施政策性农业保险工作，开展水稻种植业保险和能繁母猪及育肥猪等养殖业保险。水稻（含早、晚稻）保险费率和基本保费，水稻保险费率为 5%，保费 16 元 / 亩·季；棉花保险费率 8%，保费 24 元 / 亩；油菜保险费率 6%，保费9 元 / 亩；能繁母猪保险费率 6%，保费

60元/头。种植业保险，中央财政补贴40%，省财政补贴25%，市财政和区财政补贴10%，农户、龙头企业和农村专业合作经济组织承担保费25%。养殖业(能繁母猪)保险，中央财政补贴50%，省财政补贴30%，养殖户、养殖企业和农村专业合作经济组织承担保费20%。育肥猪由财政补贴20%，养殖户、养殖企业和农村专业合作经济组织承担80%。 (杨薇薇)

中国人寿保险股份有限公司常德市鼎城支公司

【概况】 中国人寿保险股份有限公司常德市鼎城支公司成立于1995年，位于玉霞街道鼎城社区隆阳路178号，占地面积10000平方米，在鼎城区范围内13个乡镇设立营销服务网点，有在职员工28人。业务主要分为个人营销、个人收展、银行保险、团体业务4个板块，保险保障涵盖普通寿险、意外伤害险、健康保险、分红保险等领域，公司有专业营销人员近800人。2020年，保费收入21192.71万元，其中，新单期交保费3378.9万元，续期保费15456.05万元，短期险保费2327.25万元，短期险赔款965.13万元，向当地税务部门上缴各项税费101.17万元。

中国人寿保险股份有限公司常德市鼎城支公司
(提供:谭艳平)

业务工作。参与民生服务，在教育系统、卫计系统、民政系统、人社系统搭建学生平安保险、女性安康保险、老年保险、城乡居民意外伤害保险等民生保险，落实民生政策，解决地方民生济困帮扶，释放社会与家庭风险。公司组织人员到街道、社区宣传保险政策，为市民提供保险保障。

其他工作。开展新冠肺炎疫情防控工作，公司高度重视，迅速安排部署，落实鼎城区疫情防控指挥部及上级公司疫情防控各项要求，确保疫情防控工作落地。参与民调及扫黑除恶等中心工作宣传；开展脱贫攻坚工作，派专人驻村帮扶韩公渡镇永寿寺村，公司结对帮扶贫困家庭9户，全年投入扶贫帮扶资金3万元，发放物资及慰问金2万余元，从教育、医疗、就业方面实施精准帮扶。协助维护社会稳定，公司通过社会招聘等方式为500余人提供就业岗位。 (刘鹏 谭艳平)

中国工商银行股份有限公司常德鼎城支行

【概况】 中国工商银行股份有限公司常德鼎城支行有营业网点3个，在职员工52人。2020年，营业收入9710万元，其中利息净收入7886万元，手续费及佣金净收入898万元，拨备前利润7580万元，人均创利润145万元。

业务发展。至年末，两项存款余额20.17亿元，其中，对公存款余额6.5亿元、储蓄存款余额13.67亿元，对公存款较年初负增长1500万元，储蓄存款较年初增长1.26亿元。两项贷款余额27.76亿元，其中，公司贷款余额15.92亿元，较年初增长1.69亿元；个人贷款余额11.84亿元，较年初增长1.29亿元。融e行净增7055户，融e联月均动户1828户，融e购月均动户556户，企网证书动户638户。信用卡有效发卡新增463张，e分期1210万元，分期总额2378万元，商户二维码469户。个人不良贷款余额(不含信用卡)269万元，较年初减少66万元，信用卡不良资产100.20万元，比年初下降559.62万元，无公司不良贷款。

内部管理。实行“一票”否决,逐级传导压力。开展内控合规“制度治理年”活动,制定《鼎城支行案件防范工作责任制实施细则》,开展合规文化核心理念、“十大禁令”、典型案例及“合规标兵”典型事迹等内容宣讲活动,提升员工合规意识、风险意识和责任担当意识。落实领导轮流值班制,定期进行安全检查及夜巡等300余人次,实施安全运行,保障业务发展。

队伍建设。全年,召开党风廉政建设专题会议2次,制定《鼎城支行2020年党风廉政建设和反腐败工作计划》《鼎城支行2020年党风廉政建设责任制实施细则》,公布支行“三个责任制”工作领导小组成员名单,分解廉政工作任务到班子成员,要求各网点、各部室负责人履行工作职责。学习中央八项规定精神,开展管理人员与关键岗位人员集体廉政谈话,传达违反中央八项规定精神案例。坚持正确用人导向,坚持好干部标准,把政治过硬作为选拔高素质专业化干部第一位的要求,七一前夕,支行召开党员大会,吸收入党积极分子,全体党员投票向市分行推荐优秀党员1名、优秀党务工作者1名,并在全行发文予以表彰。

企业文化。组织晨训、班后学习、面授培训等活动,参加网上(在线)及其他各种在岗学习考试,提高员工队伍素养和业务技能。开展工会活动5次、老干部活动1次,组建气排球队1支、羽毛球兴趣小组1个。进行新冠肺炎疫情捐款,看望慰问生病住院员工5次。（陈胜宇）

中国农业银行股份有限公司常德鼎城支行

【概况】 中国农业银行股份有限公司常德鼎城支行有营业网点12个,分别为蒿子港分理处、石公桥分理处、灌溪分理处、石门桥分理处、玉霞路分理处、善卷分理处、武陵分理处、南门分理处、桥南支行、西洞庭支行、德山支行、支行营业部。在职员工145人(其中机关43人、营业网点102人),离退休老干(含内退)120人。支行内设4个部室,即综合管理部、公司业务部、个人金融部、网络金融部;“五大团队”即个贷团队、分期团队、清收及法务团队、加钞团队、优质文明服务检查团队。2020年,鼎城支行获评农行湖南省分行“2020年度一级支行经营管理先进单位”、常德分行“2020年度一级支行经营管理先进单位”、常德分行“2020年度一级支行领导班子先进单位”。

2020年,中国农业银行股份有限公司常德鼎城支行开展主题活动（提供:康绍华）

业务发展。2020年年末,各项存款余额62.95亿元,较年初增长3.70亿元,日均存款余额63.59亿元。其中,储蓄存款余额51.88亿元,比年初增长4.13亿元,日均余额50.70亿元,比年初增长4.13亿元;对公存款余额11.07亿元,比年初减少0.44亿元。各项贷款余额46.73亿元,比年初增加5.25亿元。其中,公司贷款余额23.08亿元,比年初增加3.08亿元;个人贷款余额23.65亿元,比年初增长2.04亿元(非农个贷比年初增长1.64亿元,农户贷款较年初增加0.40亿元);中间业务收入5069万元。代发常德经开区、石公桥镇财政涉农直补资金1.26亿元;在鼎城区130个行政村新布放惠农通机具19台,机具总数量241台。进行内控与基础管理,全年零发案,创建“三化三达标”“三化三铁”,12个营业网点“三化三达标”考核均为优秀。（康绍华）

中国银行股份有限公司常德市桥南支行

【概况】 2020年，中国银行股份有限公司常德市桥南支行(简称中国银行桥南支行)围绕年初工作目标，坚持以客户为中心，推进各项业务指标发展，实现“规模与效益、数量与质量”同步提升。至年末，桥南支行各项存款时点余额65626万元，较年初增加10670万元。人民币日均存款余额62495万元，比2019年同期增加7032万元，其中对公存款余额11927万元，较年初增加2671万元，日均余额12959万元，比2019年同期增加1903万元；对私存款余额53699万元，较年初增加7999万元；日均余额49535万元，比2019年同期增加5129万元。各项贷款余额24098万元，较年初增加2022万元，其中个人贷款余额22231万元，较年初增加1240万元；公司贷款余额1867万元，较年初增加782万元。至12月31日，支行各项中间业务净收入379万元，与2019年持平，其中公司板块26万元，个金板块353万元。行政事业类客户增加7户；企业网银交易客户229户，占任务数105%；三方存管开户1300户。个人有效客户新增1827户，完成率121.79%；普惠金融全年投放4414万元；快捷支付客户增加5309户，完成率132.73%；卡户分期交易量496.8万元，完成率124.2%；商户增加140户，完成率171.25%；基金销售额975万元，完成率256.54%。至12月末，支行净收入1722万元，其中净利息收入1343万元，比2019年同期增加186万元；非利息净收入379万元，与2019年持平；拨备前利润1326万元，比2019年同期增加193万元，税后净利润908万元，比2019年同期增加68万元。

业务发展。由分管营销的副行长、理财经理分层筛选存量客户，根据不同岗位特点进行客户资源分配，通过过程管理引导督促员工落实存量客户维护挖潜工作。拓展新目标客户，营销2个私行级客户金融资产2700万元，全年日均余额保持在2500万元以上，通过营销拆迁末端客户吸收存款近500万元。发展惠农担贷款客户，抓客户资金归集工作，时点冲刺余额500余万元。营销工资代发及农民工工资代发客户，营销某酒店员工工资代发业务及建筑工地农民工工资代发业务。拓展厅堂服务和对私产品，通过分析产品、研究产品激励政策，引导厅堂服务人员进行产品营销，8月，推动岗位劳动优化组合，调配综合服务柜员，高柜人员逐步释放到厅堂服务，柜员密切配合，提升产品推介效果，提升三方存管、手机银行、云闪付等产品获客量。支行拓展大公司客户业务，为湖南应用技术学院获批公司授信；通过省行推介、市分行营销为兴疆牧歌生猪养殖企业开立基本户，该企业一期投资约3亿元，拟于2021年5月投产；通过楼盘按揭合作业务，取得城投公司业务支持。管控不良清收，严控不良及逾期余额任务指标。按照分行考核导向调整思路、重点发力，每日电话催收、上门催收信用卡逾期客户贷款，加强个贷不良贷款常态化催收和司法催收力度，联系湖南省农业信贷融资担保有限公司，关注惠农担客户代偿工作进度，化解2笔大额个贷关注贷款290万元，落实不良及逾期余额目标任务。管控公司贷款资产质量，联系鼎城区国有土地房屋征收与补偿工作办公室、中国农业发展银行鼎城支行，提前收回某食品有限公司贷款200万元，化解逾期风险。

脱贫攻坚。安排3名扶贫干部进驻扶贫点村蔡家岗镇湖海坪村，逐一上门走访扶贫，结对共建党支部，签订党建共建协议，助力贫困户基础设施建设。进行金融扶贫，为4户贫困户发放小额扶贫贷款20万元，用于油茶种植。

宣传工作。落实“金融活、经济活、金融稳、经济稳”发展要求，开展“普及金融知识、守住钱袋子”宣传活动，通过发放海报及宣传折页，为客户进行金融知识宣传，提升客户风险防范意识。6月，支行在南城天街驻点进行“守护钱袋子”风险教育宣传，提示社会公众远离非法集资，拒绝高利贷等，维护消费者权益；开展存款保险宣传，在营业场所摆放宣传折页、设置宣传栏，通过电子屏滚动播放宣传标语，向网点等候区客户进行宣讲，营造金融生态建设氛围。

（孙　婷）

中国邮政储蓄银行股份有限公司鼎城区支行

【概况】 2020年，中国邮政储蓄银行股份有限公司鼎城区支行（简称邮储银行鼎城区支行）落实“三大建设”，坚持以客户为中心，推进“五化”转型、国家普惠金融政策，服务实体经济，支持民营和小微企业发展，开展“三农”金融服务，助推乡村振兴战略，强调风险防范和内控管理，倡导合规文化建设，加快业务结构调整和服务能力提升。支行收入位居全市前三，利润位居全市前三，各项政策指标位居前列，区支行被省分行授予“十优支行”称号。向不同客户群体推行不同金融服务产品，向中小微型企业法人发放房地产抵押贷，贷款额度最高3000万元，贷款期限授信期限最长5年，流动资金贷款支用期限最长3年，固定资产贷款支用期限最长10年；为小型企业、微型企业提供快捷贷，贷款额度500万元，授信期限最长2年，流动资金贷款支用期限最长1年，固定资产贷款支用期限最长5年；向符合准入标准小微企业提供工程信易贷，通过互联网、大数据技术，结合工程行业企业数据信息，推出纯信用、线上化融资服务，贷款额度最高300万元，额度有效期最长1年，单笔贷款最长期限不超过1年；为流动资金贷款到期后仍有融资需求的优质小企业客户提供无还本续贷，贷款到期前无须归还本金，缓解企业还本压力。

（田　杰）

中国建设银行股份有限公司常德鼎城支行

【概况】 中国建设银行股份有限公司常德鼎城支行是常德市分行在鼎城区设置的旗舰网点，2020年，在岗员工18人。该行按照高质量发展要求，贯彻新发展理念，抢抓新发展机遇，主要业务指标稳中向优。截至2020年12月31日，各项存款余额34.03亿元，全年新增存款9.41亿元。其中，对公存款19.97亿元，新增7.67亿元；居民存款14.06亿元，新增1.74亿元。各项贷款22.7亿元，全年新增3.55亿元，利润比2019年同期增长10.57%。新冠肺炎疫情期间，该行发放1亿元支持疫情信用贷款，全天候在线支付防疫物资财政拨付，为疫情提供资金支持。该行严控风险，服务实体经济，在行长结对中小企业活动中，发放中小企业大款5100余万元，比2019年增长500%，中小企业贷款余额10.2亿元，比2019年增长19.95%，农业、林业贷款余额1.56亿元，比2019年增长54.46%，制造业贷款余额1.23亿元，比2019年增长75.71%。

（张　秦）

2020年，中国建设银行股份有限公司常德鼎城支行员工集体合影（提供：张秦）

常德农村商业银行股份有限公司鼎城支行

【概况】 常德农村商业银行股份有限公司鼎城支行（简称常德农商银行鼎城支行）系常德农商银行

一级支行，履行辖区内二级支行管理、协调、服务、督导等职能。2020年，支行设综合办公室、业务督导部2个职能部室，有营业网点36个，占全区金融机构网点总数56.25%，其中二级支行22个，分理处14个；有员工344人，其中正式员工309人、留用工8人、业务岗位劳务派遣工27人，在职员工平均年龄38岁，拥有大专以上学历者299人，占员工总数86.92%，拥有各类专业技术职称人员150人，占员工总数43.60%。

业务经营。全年，该行各项贷款总额463174万元，较年初减少15890万元，比2019年同期降低3.32%，到期收回率99.68%。利息收入33033万元；表内不良贷款余额5783万元，较年初压降12608万元，不良率1.25%。各项存款总额1225799万元，较年初增加146884万元，比2019年同期增长13.61%；存款日平1197870万元，较年初增加118955万元，比2019年同期增长11.06%。新开手机银行21341户、发放信用卡1105张，电子银行替代率86.29%。

金融服务。全年，投入驻村联点扶贫经费11.6万元，走访慰问贫困户84人次，帮助解决40余位贫困妇女购买重疾险和意外保险资金困难，参与消费金融扶贫活动。投放小额扶贫贷款4596.50万元，至年末，有余额5411.75万元。帮扶3948户建档立卡贫困户开展金融脱贫和产业脱贫。坚持“做小做散”市场定位，引导信贷供给向农村农户、创业示范户等倾斜。实行“双创贷”解决农民创业“缺抵押、贷款难”问题，激发农民创业增收积极性，调动农村居民诚信创业、珍惜信用自觉性，改善农村金融生态环境，评选“双创”示范户3536户，授信40489万元，2017—2020年，发放双创示范贷款98223万元。开展新冠肺炎疫情防控，满足市民金融需求，支持实体经济复工复产，为客户减费降息，提供资金支持。全年减免利息229.62万元，为14家受疫情影响企业发放贷款12600万元，为4412户个体工商户发放贷款91700万元，为661户小微企业主发放贷款18100万元，为135家小微企业（含个体工商户和小微企业主）提供无还本续贷、展期20700万元。

创新转型。推出“乡村振兴贷”，践行乡村振兴。结合信贷支持农业优势特色千亿产业发展“五年行动”，针对农村种植、养殖、乡村休闲旅游等农村经营主体，推出乡村种植贷、乡村养殖贷、乡村休闲贷和乡村美居贷等“乡村振兴系列贷”产品，支持农村生产经营。全年，授信15户136万元，用信金额131万元。推出“小微快贷”，丰富线上产品。通过创新线上产品，解决个体工商户和小微企业主抵押物不足、融资渠道不畅等问题。授信“小微快贷”1140户13300万元，用信全额7050万元。推出“创业小贷”，创新普惠金融。推出以个体工商户、个体经营户、小微企业主、新型创业人员等为借款主体的“创业小贷”，解决城区和城郊创业者创业资金短缺问题。授信“创业小贷”23户310万元，用信全额306万元。

党建共创。通过开展“金融知识下乡”“金融大讲堂”等普惠活动，为居民宣传金融知识，全年，入户走访296个自然村10792户，其中集中走访324户、亲情走访1418户、重点走访9068户，建立城乡居民家庭基本信息档案、困难户和重点户信息档案。推动基层公共服务“一门式”全覆盖工作，开展“党建共创、金融普惠”活动，以金融便民平台、手机银行、助农取款终端等科技平台为支撑，以金融普惠为目标，融入村（社区）综合服务平台，与党政各项服务一体推进。建成助农取款村级服务点240个。 （刘 锐）

2020年，常德农村商业银行股份有限公司蒿子港支行开展亲情走访，慰问贫困老人 （提供：刘锐）

华融湘江银行股份有限公司常德鼎城支行

【概况】 截至2020年11月30日，华融湘江银行股份有限公司常德鼎城支行存款余额14.8亿元，其中对公存款10.31亿元，较2020年年初增长7.1亿元，零售存款4.54亿元，较年初增加0.84亿元，保本理财1852万元，非保本理财2.09亿元。对公客户400户，其中对公有效户104户，新增43户。有效个人客户(年日均≥500元)9633户，较2020年年初增加1072户；VIP客户1889户，较2020年年初增加232户；网上银行增加2201户，手机银行增加2719户；华融闪贷增加1700万元。对公贷款客户32户，各项贷款余额145058万元。公司表内贷款50275万元，小微贷款余额4793万元。个人经营性贷款2686万元，个人消费性贷款86804万元。

业务开展。2020年，该支行债券投资授信企业3家，授信5笔，授信金额16.6亿元，实际投放8.43亿元，实际监管资金14.03亿元。开立对公户100户、基本户50户；开立国土专户1个，开立房屋维修基金专户1个，开立农民工工资专户50户。开展信贷投放工作，扩大客户群，通过公私联动、高层营销等，落实顺沅房产、兴隆劳务，常德中车等单位工资代发，通过贷后检查、客户回访，将原本流失的代发客户重新归集到该支行。开展POS商户收单，走访桥南副食城、桥南市场、家电市场及附近商户，分组制定每周走访计划，落实102户。开展项目储备工作，发展产业金融营销。支行重要合作客户鼎力实业双创债5亿元获审批，常德中联环保电力有限公司、湖南飞沃新能源科技股份有限公司、湖南浩宇建设有限公司湖南金康光电有限公司、湖南华电德源能源科技有限公司获授信。发展零售存款业务、电子保函业务，投放电子保函20笔，6个建筑单位实现电子保函开立，设计工程标的10亿元，产生农民工工资代发额3亿元。2020年，该支行通过私行客户推荐，新增按揭楼盘1个，约2亿元销售资金进入该支行账户。

(孙嘉一)

农业·林业·水利

Agriculture & forestry & water conservancy

2020年11月10日，常德市鼎城区国家现代农业产业园生态农业观光体验园 （提供：区融媒体中心）

农业农村工作
养殖业
农业机械化管理
扶贫工作
农村经营管理
农民教育培训
农村能源服务
气象
林业
水利
枉水灌区管理

农业农村工作

【概况】 2020年，鼎城区农业农村局贯彻落实中央和省、市"三农"决策部署，保供给、攻脱贫、促振兴，创建国家现代农业产业园，粮食生猪生产位居全市第一，乡村振兴和全域美丽乡村示范片建设得到省、市认可。

重要农产品供给保障。通过行政推动、扩双增面、指导服务、高产创建等措施，全年粮食生产面积10.47万公顷，总产65万吨，分别比2019年增加1.21万公顷和6.4万吨，其中早稻收获面积4.17万公顷，总产23.41万吨，分别比2019年增加0.93万公顷和4.53万吨；中稻（一季稻）收获面积1.5万公顷，总产12.37万吨，分别比2019年减少0.57万公顷和3.48万吨；晚稻播种面积4.33万公顷，总产26.72万吨，分别比2019年增加0.97万公顷和5.94万吨。针对连续强降雨和寒露风自然灾害天气，制定印发《农业防汛救灾补损工作方案》《鼎城区种植业救灾补损技术意见》等资料，组织50余名技术人员组成10个指导组，分作物、分区域开展精准指导服务，帮助农民落实防灾减灾措施。对接农资生产企业、经销商，调剂储备水稻、大豆和玉米种子6.6万千克，集中采购谷粒饱15万包，确保抗灾补损物资供应充足。隋忠诚、曹立军等省市领导到鼎城区检查调研粮食生产工作，肯定该区粮食生产工作取得成效。中央广播电视总台、湖南卫视、湖南经视、红网等媒体数次宣传报道鼎城区发展粮食生产的重要举措和典型经验。恢复生猪产能，新增湖南泓春轩、海辉、平洪3家标准化养猪场，引进2家年出栏量10万头的养殖企业（新疆牧歌公司、湖南乐享农牧公司），均已开工建设。抓非洲猪瘟等重大疫病防控，组织开展"大清洗、大消毒"专项行动，全区未发生一例疑似非洲猪瘟病例。2020年，全区发展生猪109.05万头，出栏72.18万头；年末生猪存栏36.87万头，能繁母猪3.82万头。

产业园区建设。抓国家现代农业产业园创建工作，构建政府引导、市场主导、多元参与的运行管理机制，成立产业园建设工作领导小组、产业园管委会、专家库，聘请第三方咨询公司负责全程咨询指导。实施主导产业提升，一、二、三产业融合发展，绿色生态循环农业及支撑保障体系建设4大类26个项目，重点突出全产业链发展、智慧平台、品牌打造等内容，建成育种基地15.33公顷，累计研发新品种21个，利用早籼米开发独具鼎城特色的米粉、米面、米茶等加工产品，入驻天猫、苏宁、1号店等电商平台。规范品种授权管理，出台品牌建设意见，促进企业自有品牌与公共区域品牌融合发展。建立由大数据中心、智慧农业展示中心、常德香米品牌体验中心等组成的创新创业中心。集成部署天空地一体化精准农情遥感监测系统、物联网监测系统等，构筑常德香米大田数字化、智能化生产体系。12月，通过农业农村部、财政部组织开展的国家现代农业产业园创建工作现场考核并获认定，拟于2021年正式授牌。开展省、市、县三级农业特色产业园创建，鼎城区现代农业优质稻产业集聚区（省级现代农业产业园）通过省农业农村厅复检，创建认定小蜜蜂家庭农场等7个区级农业特色产业园，十美堂油菜特色产业示范园成功创建市级特色农业产业园，十美堂镇同兴村入选全国"一村一品"示范村镇。

2020年，常德市鼎城区国家现代农业产业园认定核查座谈会会场　　（摄影：刘建军）

乡村振兴基础建设。推进农村人居环境整治。以"干干净净迎小康"为主题，开展地面清扫、墙面清理、水面清洁、垃圾清运行动，加强主干道两旁、高速公路出入口等地区的整治力度。推行城乡垃圾处理一体化和垃圾减量分类试点，建立 38 个垃圾减量分类示范村，全年清运农村生活垃圾 8.3 万吨。明确改厕重点区域和对象，把握产品质量关、施工质量关和竣工验收关，推行“首厕过关制”，全年改（新）建农村户厕 20073 座、公厕 10 座。发展富民乡村产业。落实产业扶贫任务，围绕高档优质稻、蔬菜、油茶“一特两辅”重点扶贫产业，遴选 90 个农业龙头企业、农民专业合作社、家庭农场等帮扶主体，确定产业扶贫财政专项资金项目 97 个，帮扶“两有”贫困户、贫困村非“两有”贫困户及边缘户 6729 户 7277 人，实行“两有”贫困户、贫困村贫困户利益联结机制全覆盖，联结率 100%。发展富民乡村产业，发展农产品加工业，支持农业龙头企业申报认定，全区新增农业产业化省级龙头企业 3 家、市级龙头企业 5 家，全年农产品加工产值 249.97 亿元；推动休闲农庄提质升级，新增星级休闲农庄 6 家，拟实现产值 3.9 亿元。落实产业立区“三五”千亿工程三年行动计划，推广种植优质稻 5.34 万公顷，其中高档优质稻基地面积 4.25 万公顷，产值约 34.5 亿元。建设粤港澳大湾区“菜篮子”蔬菜生产基地 3 个，重点打造华茂诚信、佳禾蔬果、小蜜蜂家庭农场等 8 个标准化蔬菜生产示范基地。打造样板示范。选定草坪镇兴隆街村等 42 个村开展省、市、区级美丽乡村三级联创和全域美丽乡村示范建设，按省、市创建村 30 万元、区级创建村 10 万元的标准提供资金保障。以草坪镇放羊坪、三角堆、陡惠渠、兴隆街 4 个村为核心示范村，开展全市“4+9”乡村振兴示范片建设，整合各类项目资金 5230 万元，带动社会资本 1 亿元以上，实施村庄清洁、旱厕清零、垃圾分类、生活污水和黑臭水体治理等“二十大行动”。草坪镇放羊坪村创建全省美丽乡村精品村，草坪镇兴隆街村创建省级美丽乡村，草坪镇枫林口村、黄土店镇沧山村被评为市级美丽乡村。

2020“中国农民丰收节”鼎城区分会场

（摄影：汪建国）

农业基础设施改善。推进高标准农田建设。落实 2019 年度高标准农田建设任务 0.61 万公顷，2020 年年末处于审计阶段。2020 年度全区高标准农田建设任务 0.58 万公顷，涉及韩公渡镇、谢家铺镇、尧天坪镇、花岩溪镇、石板滩镇等乡镇，项目总投资 13936 万元，施工进度 60%。开展农产品仓储保鲜冷链设施建设。以蔬菜、水果为重点，全区遴选 12 家农民合作社和家庭农场，通过先建后补的方式，参与 2020 年度农产品仓储保鲜冷链设施建设，总投资 357 万元，拟于 2021 年 1 月末完工。

农业绿色发展推进。推进珍珠退养。制定珍珠退养工作方案，明确目标任务和时间节点，实行镇、村、组三级干部退养包保责任制。加强督导检查，督促乡镇制定退养计划和加快退养进度，实地核实已退养面积。全年珍珠退养面积 1366.6 公顷，未完成退养面积 384.13 公顷，拟于 2021 年 2 月中旬全部退出。保护农业产地环境。实施化肥减量增效，开展化肥减量技术、土壤酸化改良、绿肥生产示范，比 2019 年减少化肥使用纯量 1120 吨，同比减少化肥施用纯量 2.02%。实施农药减量控害，防治主要农作物病虫害 72.33 万公顷次，分别推广应用水稻病虫害绿色防控、专业化统防统治服务面积 4.17 万公顷和 6.9 万公顷，减少农药使用量 4%。利用施用石灰、翻耕改土、优优水分管理等措施，开展受污染耕地安全利用，全区抽样稻谷重金属含量合格率 100%。推进农药包装废弃物回收处置试点建设，分别在谢家铺镇、石公桥镇、镇德桥镇建设3个农药包装废弃物固定回收站，建立健全村级、农药经营门店、生产基地和专业化统防统治区回收点。提升农产品质量监管水平。全区建立农产品质量安全溯源网点26个，市级以上龙头企业、“二品一标”农产品全部进入国家和省级追溯信息平台，实现农产品来源可溯、去向可追、信息可查，信用可评、责任可究。进行生产管控，全年抽检农产品10万余批次，合格率99%，配合省、市落实农产品抽检200余批次，合格率100%。推行标准化生产，新建标准化生产示范基地6个，标准化技术入户率100%。实行农业投入品监管执法。开展水稻新品种展示和中稻、一季晚稻品种生态适应性鉴定试验示范，加速优良水稻品种推广，确保农业用种安全。受理审核农作物种生产经营备案180余件，审核发放农药经营许可证13家。开展“放心农资下乡”宣传活动，开展农资打假工作，出动执法车辆80余台次、执法人员330人次，检查种子、肥料、农药品种320余批次，抽检农药、种子样品41批次，下达停止农药经营和停止限用农药经营通知书32份，立案查处8起，处罚款13.5万元。

（吴 波）

养殖业

【概况】 2020年，鼎城区畜牧水产事务中心调整传统养殖模式，推广种养循环技术，吸引兴疆牧歌、星源农牧等大型现代化养殖企业到鼎城区投资建场。常德喜洋生态农业开发有限公司投资1亿余元，在尧天坪镇建成占地40公顷的高标准种养循环基地，拟年出栏生猪7万余头，该基地引进种母猪1500头(其中原种母猪300头)、栽种红花油茶13.33公顷。全区年出栏5000头以上的大型高标准种养循环猪场12家。至年末，全区发展生猪111.65万头，出栏72.02万头，分别比2019年同期增长9.41%和14.5%。2020年，改造精养鱼塘686.67公顷，提升养殖基地档次。“河洲甲鱼”养殖面积3133.33公顷，养殖产值3.8亿元，带动1100余户农户产值7亿余元。以“小龙虾”为主要品种的稻虾种养面积3666.67公顷，中河口镇、草坪镇和尧天坪镇1万余亩农田被流转用于发展稻虾特色产业，成为当地群众增收的主要支柱产业。

退捕工作。开展水域禁捕。鼎城区辖禁捕水域沅水、澧水各60千米，涉及9个乡镇(街道)24个村(社区)，全区退捕渔民349户949人(持证专业渔民308户835人，持证兼业渔民15户58人，无证专业渔民26户56人)。区域内录入退捕鱼船信息管理系统建档持证渔船349艘，渔民571人。拆解渔船488艘，销毁网具、钓具7.5万余千克，签订退捕协议387份。开展就业安置。经摸底核查，区内需帮扶就业劳动年龄段退捕渔民501人，非劳动年龄段退捕渔民68人。填写完善《湖南省退捕渔民就业社保信息登记表》460余份，就业社保信息录入省公共就业信息管理平台实名制管理571人。至年末，转产就业390人(灵活就业236人，自主创业46人，单位就业65人，公益性岗位43人)，未就业且无就业意愿渔民111人(不含达到法定退休年龄54人，永久丧失劳动力9人，暂时丧失劳动力3人，上学1人，死亡2人)。落实社保补贴。区内应享受社保补贴557人（含贺家山农场)，均参加城乡居民养老保险或企业职工养老保险(享受待遇人员63人，缴费人员494人)，参加城乡居保人数占35.2%、参加企业职保人数占64.8%，参保率和兑现率均100%。实行资金统筹。收到中央财政资金3792万元、省级退捕资金886万元，统筹区级财政资金200万元，支出2013.6万元，用于拆解渔船网具钓具、渔船牌照、渔民生活补助、经开区退捕资金、贺家山退捕资金、禁捕退捕宣传、奖励资金、执法保障等项目经费。退捕渔民社保缴费补贴到账资金2762.40万元，当年已兑现落实1236.6万元，其他剩余102万元，拟用于后续渔民过渡期资金保障、禁捕经费、执法监管等支出。

禁捕工作。实行联合打击。制定出台《关于沅江、澧水鼎城段实施常年禁捕的通告》,明确禁捕单位、禁捕事件、禁用渔具等内容。惩处违法捕捞,联合公检法等部门,建立定期会商、情报共享、联合执法、行刑衔接的长效机制,形成联防联控工作格局。由公安局牵头,开展联合监督执法行动,打击生产性垂钓违法行为。探索群管群护工作机制,成立乡镇(街道)禁捕队,聘请14名退捕渔民在禁捕河段,开展日常巡管及配合执法工作。组织各类行动832次,派出人员2367人次,出动船艇741次、执法车辆91辆次。清理网具2874张,拆毁“三无”船舶256艘;立案19起,行政处罚11起,破获非法捕捞刑事案件8起,采取强制措施10人,移送起诉7人。开展市场处置。督促开展关停野生鱼餐饮店、取缔野生水生动物市场、清查收缴违法捕捞设备的执法检查。规范管理农贸市场、商场超市、餐馆、水产经营户、线上菜单菜谱等以野生水产为噱头推介菜品的违规宣传。组织专项渔具大检查2次,并按照一天一督导的要求,杜绝桥南市场渔具经营户售卖地笼网等禁用渔具情况,营造禁捕、禁售、禁食野生渔获物氛围。全年,出动执法人员5600余人次,检查各类水产经营主体3000余家次,责令整改57家;检查餐饮单位3164家,规范餐饮经营户招牌及菜单56家;查扣地笼等违禁渔具6套。

畜禽水产品质量安全管理。2020年,在全区开展水产品、投入品、屠宰等大型专项整治行动6次。出动执法人员343人次,检查畜禽水产品养殖场(企业)674家次,检查兽鱼药饲料经营门店、饲料生产企业等213家次,检查屠宰企业1家。在各农贸市场、养殖场(户)、养殖投入品经营门店,抽取生鲜乳、猪肉、水产品、禽肉、禽蛋、生猪尿样、草食畜肉、饲料等各种样品1120批次,检测合格率100%。在城区取缔各农贸市场的禽类宰杀点,实施集中宰杀配送。

动物防疫。组织各级动物防疫力量,进行657个规模养殖场(户)的饲养规模、免疫情况、生产状况等养殖动态定期拉网式排查。通过入场入户、电话微信、督导回访等方式督促指导养殖业主实施新补栏(笼)、缓免、漏免和即将超过免疫保护期畜禽的免疫接种。进行816个养殖场、屠宰场、动物诊疗等约200万平方米重点场所“定期清洗,定期消毒”。实施H5N1和H7N9禽流感、鸡新城疫、猪口蹄疫抗体、猪瘟、高致病性蓝耳病、牛羊口蹄疫、小反刍兽疫等血清学样品抗体监测7630份,检测结果全部合格。落实牛、羊动物血吸虫病查病2458头(只),化疗牛羊4916头(只)次,查病率90%以上、化疗率100%。 (尤建国)

农业机械化管理

【概况】 鼎城区农机事务中心是全额拨款的正科级事业单位,负责全区农机新技术和新机具的引进与推广、农机培训、农机安全生产监督管理等职能。2020年,鼎城区农机总动力92万千瓦,拥有各种农业机械12.62万台(套)。

农机购置补贴和农机报废更新补贴。2020年,鼎城区农机事务中心发放补贴款1203.72万元,在个人申请、乡镇农业综合站推荐、网上申报、省市农机中心审核、网上公示的基础上,结算农机具购置补贴5批次1676台(套),其中包括耕整地机械421台(套)、收获机械370台(套)、农产品初加工机械24台(套)、动力机械274台(套)、中央创新产品(农用遥控飞行喷雾机)71台(套)、田间管理机械11台(套)、设施农业8台(套)、收获后处理机械39台(套)、种植施肥机械257台(套)。申请报废补贴资金105.9万元。

农机新项目启动。2020年,鼎城区农机事务中心利用智慧农机大数据平台,指挥调度中心和163台先进农机装备的北斗农机作业监测终端设备,通过互联网、大数据、云平台、GPS定位等数字技术,将农业机械和云平台联网。通过该技术,可以看到鼎城区秸秆粉碎的面积及程度,可通过卫星定位,感知到秸秆焚烧点。引导农机作业服务组织和服务对象实时对接,提高农机精准作业的社会化服务水平。

机械化推广项目。2020年，鼎城区作为全市水稻机抛秧技术示范推广项目(区)，全年，落实水稻机抛面积2000公顷，机插(抛)率由2019年52.3%提升到56.7%，增长4.4个百分点。水稻耕种收综合机械化水平由2019年85.7%提升到87%，增长1.3个百分点，其中机耕、机收水平均100%。油菜种植面积4.21万公顷，机耕率100%、机播率48%、机收率93.1%，耕种收机械化综合率81.6%。2020年全区种植面积4.33万公顷，机耕率100%、机播率51.5%、机收率94.2%，耕种收机械化综合率83.1%，与2019年相比，油菜生产机械化综合率提高1.5%。扶持农机专业合作社购置先进农机装备146台，其中水稻抛秧机11台、高速插秧机5台、植保飞机20台、秸秆粉碎机110台。

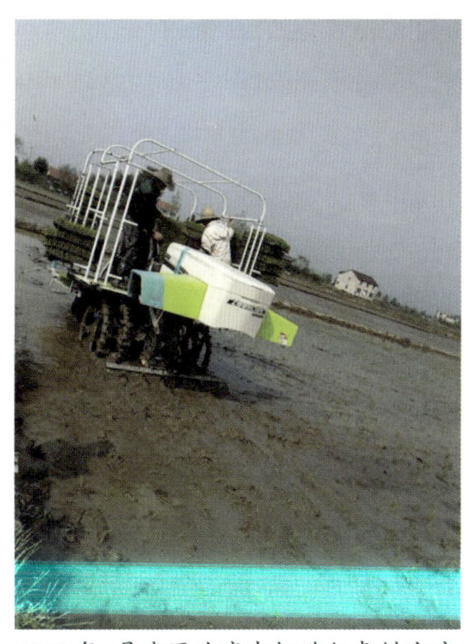

2020年，鼎城区共享农机进行春耕生产

(提供：梁晨晨)

市场监管服务。鼎城区农机事务中心强化市场监管服务，进行农机维修点清理并登记造册，以鼎弘、瑭桥、联鑫、天成、风林、明强等农机维修点为示范窗口，带动全区农机维修点进行规范化建设，提高农机维修点的服务能力、服务质量，全区220家农机维修服务主体全年为农机户提供农机维修保养服务3.5万台次以上；在春耕备耕和双枪期间，出动车辆25台次、打假执法人员63人次，查处假冒伪劣农机产品及配件56台件，货值近30万元；组建农机作业服务队18支，核发跨区作业证36份，出台农机作业指导价格，设立投诉举报电话，强化行业自律。

农机培训。以服务“三农”为核心，组织各类培训班12期，培训农机专业技术人员1200人、农机驾驶员500人，培训新型职业农民工150人。

农机社会化服务体系建设。在新建农机合作服务组织(专业合作社)过程中，鼎城区农机事务中心注重各服务组织的经营管理、节本增效、维护修养和操作适用，给予全方位指导与服务，使区农机作业服务组织向组织化、市场化、企业化、社会化方向发展。2020年，全区有农机合作社140家、社员1357人、总资产2.9亿元，拥有各类农业机械7750台，农机原值1.95亿元。全区有省级现代农机专业合作社97家、省级示范社20家、市级星级社12家，带动全区合作社作业服务面积8.57万公顷。

2020年，鼎城区农机事务中心工作人员在谢家铺镇指导合作社育秧工作 (提供：梁晨晨)

农机安全生产。2020年，新考农机驾驶员218人、期满换证31人；新增上户农业机械583台、报废更新农业机械161台，每月进行拖拉机顽瘴痼疾专项整治联合行动2次，注册报废顽瘴痼疾拖拉机832台，报废比例69.68%；摸排整改大中型隐患拖拉机188台，农机安全生产工作在全市排名第一、连续6年获评全省先进，农机安全生产“监理大队—中队—乡镇—农机专管员—农户”五级

监管体系在全省推广，农机宣传进校舍、到田间地头的做法在全省推广。（梁晨晨）

扶贫工作

【概况】 2020年，鼎城区扶贫开发办公室学习贯彻习近平总书记在决战决胜脱贫攻坚座谈会上的重要讲话精神，坚持战“疫”战“贫”两手抓、两不误，开展“回头看”，进行问题整改，落实脱贫攻坚目标任务。

2020年10月27日，大型自创脱贫攻坚主题花鼓戏《七里坳》首演（提供：元凡）

就业扶贫。开发公益性岗位1418个，落实资金609.98万元；召开各类贫困劳动力专场招聘会6场次，发布招聘信息7367条；培训贫困劳动力1357人次，其中取得技能证书184人；发放交通补贴12670人，补贴资金330.5万元，其中2020年新增发放3442人77.2万元。全区贫困人口务工17984人，与2019年相比，省内增加1294人，省外增加212人。全区贫困人口人均纯收入12774元，其中务工收入9347元，占73.2%。

2020年，鼎城区就业扶贫专场招聘会（提供：元凡）

产业扶贫。按照“村有产业、户有联结、社企参与、多方受益”的总体思路，2019—2020年投入专项资金3800万元，整合涉农资金近8000万元，夯实产业扶贫基础、创新产业扶贫模式、巩固产业扶贫成效，打造“一主两辅”（优质稻为主，蔬菜和油茶为辅）优势产业，带动高效种植、健康养殖等9类扶贫产业，打造出常德香米、精为天、鼎城茶油、河洲甲鱼等特色品牌，落实产业扶贫项目村村覆盖、“两有人员”户户参与。打造“一领办、两支持、三参与、实现四变效果”的鼎城模式：强化一个领办，结合农村产权制度改造、发展农村集体经济，突出村级组织领办产业扶贫项目，全区所有行政村落实集体经济组织注册登记，具备开展经济活动、领办产业项目的资质和能力；全区48支工作队筹集资金510万元投入村级集体经济组织、发展产业项目。落实两个支持，打破部门分割、项目零碎局面，整合资源实现产业扶贫项目和各类资金集中支持。成立产业扶贫专项工作领导小组；区农业农村局牵头产业扶贫工作，所有与产业发展有关的资金划拨到农业农村局统一规划和实施产业项目，把资源和资金集中到重点产业项目上，实现“真统筹”。三方全面参与，要求企业和合作社、村级合作组织、贫困户全覆盖参与产业扶贫，发动90个企业、合作社，重点动员40个贫困村实施产业项目，带动全区7545户贫困户，实现有产业发展能力、有产业发展意愿的贫困户全面参与。实现资源变资产、资产变资金、村民变股东、输血变造血的四变效果，在贫困村集体经济组织领办的产业项目中，落实后盾单位资金支持，整合集体土地、山林、水面等资源，建设黄桃、红薯、生猪养殖等生产基地，收益分配共享、贫困户重点分配，根据股份或份额长期受益。

消费扶贫。为化解农产品滞销问题、确保贫困人口稳定增收，创新消费扶贫“5+5”模式。搭建线上“五个平台”，建设“鼎级商城”消费平台、用好供销E家专有平台、鼓励上架淘宝等主流平台、扶持当地经营主体自建平台、鼓励“网红”等个人助销平台。区委、区政府重点推动“鼎级商城”平台建设，由鼎城区融媒体中心承建，政府投入50万元用于数据平台建设，作为推动扶贫产品销售的主力平台。发动线下“五大主力”，发动各方力量参与消费扶贫，工会组织注入工会消费券资金600万元到“鼎级商城”，引导全区干部职工消费当地扶贫产品；各后盾单位、帮扶责任人购买贫困户零散农产品价值200余万元，点对点促进贫困户增收；各文明创建单位、区内工商企业、各类志愿者团体开展“消费扶贫产品、助力脱贫攻坚”主题活动。开展促销活动，区融媒体中心组织“扶贫助力团”公益活动，发起“荸荠”“包菜”“土鸡”等助农促销活动，其中10天销售荸荠20万千克、两周售罄60万株黑玉米，成为热点、焦点事件，《人民日报》客户端、《湖南日报》等中央、省市媒体予以报道；通过“主播带货”开展“特价60分·石公桥黄桃·草坪网红白米粽·十美堂土榨特香菜籽油”及消费扶贫进乡村·黄土店·镇德桥专场和扶贫日消费扶贫展销等活动，鼎级商城销售当地农产品价值1320万元，带动销售2320万元；推进扶贫产品认定及销售，全区认定扶贫产品104个，销售扶贫产品价值1.14亿元，带动扶贫16.65万人次。

2020年，鼎城区消费扶贫进乡村——黄土店专场
（提供：元凡）

金融扶贫。发放扶贫小额贷款4531万元。针对到期贷款提前一个月进行预调度，逾期贷款及时风险补偿并启动司法程序回收，全年贷款未发生逾期。针对存量贷款1172户，逐一开展电话调查，确认贷款发放情况和贷款用途，确保按政策使用，发挥扶贫贷款应有作用，全区“户贷企用”贷款余额清零。

建档立卡数据质量。抓数据采集和录入环节，在数据维护中明确“谁采集、谁签字，谁录入、谁负责”，由帮扶责任人入户采集，乡镇、村信息员核对修正，把关数据录入，做到“账账相符、账实相符”。健全联动机制，把好比对关，坚持区级系统数据比对常态化，建立部门数据定期交换、集中比对和联动处理制度，实现数据共享、强化数据融合，定期生成问题清单。全年，围绕贫困人口收入精准测算、务工人员精准统计和帮扶等工作，坚持各部门常年抓数据比对，计下发问题数据近5万条，实现及时发现、及时核实、及时修正，提升扶贫信息系统数据真实性、准确性。突出问题解决，把握分析关，把数据比对分析作为发现疑似问题、倒逼问题解决和责任落实的重要手段。开展3—23岁贫困人口就学情况比对分析、持有残疾证人员相关政策落实比对分析、残疾人及贫困人口住院病种与慢病病种相关性比对分析、贫困人口家庭住房照片查验分析等比对分析工作。通过分析疑似问题，落实23名学前儿童、37名残疾人学生和残疾人家庭子女就学资助、新增312人次慢病病种服务，督促落实217名残疾人相关政策，为837户存在住房安全隐患或漏风漏雨等情况进行整改。强化工作责任，把握问责关，将数据质量纳入年度脱贫攻坚考核，以考核指挥棒倒逼信息真实，推动数据质量提升。在扶贫数据管理中失职严重、影响整体数据质量的，追溯“问题数据”责任。

脱贫攻坚投入。区委每季度至少研究脱贫攻坚工作1次，区扶贫开发领导小组调度部署，全年召开领导小组会议8次，在年初新型冠状病毒感染的肺炎疫情影响较大的情况下，坚持面对面传导脱贫攻坚工作压力，召开全区性大会专题进行部署，区级领导带头开展脱贫攻坚工作，区委书记每年到所有贫困村2次以上，解决实际问题。全年，投入扶贫专项资金7163.84万元，落实县级配套资金2395.5万元。落实“两个全覆盖”，选派131名“年轻化、高素质、能吃苦”的区直单位干部进驻贫困村和贫困人口300人以上的非贫困村，4874名结对帮扶责任人落实帮扶工作、细化帮扶服务，针对致贫原因开展帮扶工作。（元 凡）

农村经营管理

【概况】 2020年，鼎城区农村经营管理工作被评为全市农村经营管理工作综合先进单位、全市农村村民建房工作先进单位、全市农村政策与改革工作先进单位、全市农村承包地确权登记颁证工作先进单位，鼎城区人民政府出席全国农村地确权表彰视频大会。

农村集体产权制度改革。年初，制订计划，明确2020年改革任务。指导创建周家店镇、周家店镇新时堰村、郭家铺街道郭家铺社区3个农村集体产权制度改革示范点。召开乡镇改革骨干会议，专题部署农村集体产权制度改革工作。下发农村集体经济组织登记证书正本和副本、建设银行开户许可证书和财务印鉴及相关档案用品。区农经站和区档案局联合指导和督导全区各乡镇(街道、场)21个村和社区的档案工作。帮助乡镇培育档案示范单位，指出工作不足，提出完善意见，提升全区产改工作质量，促进产改档案工作的开展。联合区委组织部向各村社经济合作社统一授牌。10月，区委办和区农经站组成4个联合验收工作小组，检查验收乡镇(街道、场)和村社产权制度改革档案。

农村土地和宅基地管理。开展农村宅基地审批管理职能划转工作，以蒿子港镇为试点，召开全区推进大会，举办业务培训班，利用电视、村村响广播、标语进行宣传，指导乡镇建立联审联批办公室，规范村民建房程序。11月，区农经站宅基地管理股股长伍佑波在全省宅基地管理和村民建房培训班上授课并介绍鼎城区工作经验，受到省、市好评；全市农村村民建房现场会议在鼎城区谢家铺镇召开。推进宅基地管理改革，开展农村土地承包再延长30年试点工作。农村土地确权工作完结，农户档案整理扫描装订完毕，经省委农村工作领导小组批准，鼎城区承担农村土地承包第二轮到期后再延长30年的试点工作任务，选择石板滩镇常水社区进行试点，探索方法和路径，受到省农业农村厅领导肯定。开展土地纠纷调解和仲裁。调处各类土地纠纷38起，立案仲裁1起，6月18日，在草坪镇夹溪岭村开庭审理农村土地承包纠纷1起，鼎城电视台进行全程报道。2020年度鼎城区在省、市农村土地承包纠纷仲裁考评中获满分。

新型经营主体规范。截至2020年11月，全区在市场监督管理部门注册登记的合作社有919家，家庭农场1017家，比2019年增加116家，增长率12.8%。家庭农场从业人员2995人，常年雇工劳动力1287人，家庭农场土地流转面积6998.6公顷，年销售农产品总值24137万元，购买农业生产投入品总值9491万元。抓新型经营主体品质建设。要求各乡镇指导当地农民合作社和家庭农场规范发展，开展省、市、区三级示范创建工作。全区14家农民合作社和13家家庭农场被评为市级示范社和市级家庭农场。常德市鼎城区农盛水稻合作社和常德市鑫昊水稻合作社获省级农民合作社示范社称号；湖南善德种养专业合作社联合社获全省百强联合社称号。全区10家合作社和10家家庭农场创建为区级示范社和区级家庭农场。11月，鼎城区率先在全省成立家庭农场联盟(常德市小蜜蜂家庭农场联盟)，带动周边农户共同发家致富。出台奖励和扶持政策。制订出台规范性文件，鼓励土地流转，规范合作社和家庭农场的准入条件、登记注册、名录系统管理。根据《鼎城区2020年度适度规模经营补贴实施方案》，给予12家农民合作社项目扶持发展，给予10家区级示范社和3家区级家庭农场奖励扶持发展，计投入项目经费180万元，解决合作社、家庭农场基地机耕道不通、灌溉沟渠堵塞等农业基础设施薄弱难题。推进家庭农场示范县创建。成立由分管农业的副区长任组长，各相关部门为成员的创建工作领导小组。建立培育发展家庭农场的部门联席会议制度，促进各部门合作，鼎城区被推荐为“湖南省家庭农场示范县”。（卢凡冰）

农民教育培训

【概况】 2020年，鼎城区农民教育培训工作围绕发展现代农业、培育新型职业农民目标，全年，开展以农民为主的培训151期，培训农民12000人，其中，培训务农农民6050人，职业技能培训1500人，农业经营主体培训3750人，扶贫培训700人。

推广技术。按照“围绕主导产业，培养专业农民，进村办班指导”工作思路，结合“三农”工作实际，结合“美丽乡村建设”“农业标准化建设”“现代农业示范园区建设”等活动，围绕品牌农业、特色农业、观光农业和园区农业，开展各类实用技术培训，使农民教育培训与特色产业开发、与移民扶持、与扶贫攻坚、与旅游观光相结合，培训5000人次以上，参训农民学到1—2门农村实用技术，提高农业科技成果转化率，提高农民农业生产水平和产业发展能力。

培育大户。按照“科教兴农、人才强农、新型职业农民固农”的战略要求，重点针对从事农业和农村生产经营服务的职业农民，开展职业技能培训，优化劳动力素质和结构，增强农民在农业领域和农村就业的能力与生产经营服务水平，推动农业生产经营专业化、标准化、规模化、集约化发展，推进农村二、三产业健康发展。2020年，开展高素质农民教育培育1期110人，农民学员全部成长为农民合作社骨干、水稻种植大户、生猪养殖大户、柑橘栽培大户和家庭农场主。

指导适时应用技术。结合农时、应对寒潮暴雪、干旱、低温冷害等灾害对农业生产不利影响，开展各种适时应用的技术指导。农广校针对冬春反常的气候和多次寒潮给农业生产造成的影响，开展专项重点培训活动，降低柑橘冻害造成的不利影响。根据棚膜蔬菜生产特点，采取下到田间地头，走进蔬菜大棚，进行适时技术跟踪指导服务。

（张学勇）

农村能源服务

【概况】 2020年，鼎城区农村能源服务中心针对全区农村沼气建设和安全生产与使用情况，工作重点从抓建设转移到盘活存量、提升质量；工作措施由重建设轻服务转变为重安全监管、高效利用、后续服务。

沼气安全监管。辖区内沼气建设时间跨度长、分布广、总量多、部分大中型沼气工程业主及户用沼气池用户“重建轻管”，缺少沼气使用管理操作技能和安全维护知识，存在不同程度的安全隐患，2020年，成立农村沼气安全隐患排查领导小组，制定《鼎城区农村能源服务中心关于开展大中型沼气综合利用工程安全隐患排查的工作方案》，将工作任务分解，落实到人，实行全体工作人员分片包干。坚持“管行业必须管安全、管业务必须管安全、管生产经营必须管安全”和“谁建设谁受益谁管理”的原则，区农村能源服务中心组织技术人员会同大中型沼气工程所属地相关乡镇负责沼气安全生产工作人员，到11处大中型沼气综合利用工程现场，查找安全隐患问题，并与建设方业主或管理人员签订大中型沼气工程安全隐患《交办函》53份。为蔡家岗镇岩芭垱福旺良种生猪养殖场600立方米沼气综合利用工程排除“管道供气”入户故障50余处；到花岩溪、黄土店、蔡家岗、双桥坪等乡镇进行维修约100户。2020年，全区农村沼气“零事故”。

（丁胜伟　罗晓玲　聂祚飚）

2020年6月16日，鼎城区农口系统在石板滩镇开展全国第19个“安全生产月”活动，宣传沼气安全使用管理知识

（提供：丁胜伟）

【鼎城区农村能源服务中心为18名贫困女性捐赠“湘女关爱保”】 2020年,鼎城区农村能源服务中心贯彻落实鼎城区委脱贫攻坚驻村帮扶工作队办公室、鼎城区扶贫开发办公室、鼎城区妇女联合会3个部门联合下发的《关于进一步落实“湘女关爱保”健康扶贫帮扶的通知》精神,关注贫困家庭女性健康,防范化解意外与重大疾病风险,执行“一对一”帮扶措施。8月5日,鼎城区农村能源服务中心克服单位“在职人员少、工作经费不足”的困难,筹措扶贫帮困等活动经费,为所联系的贫困村双桥坪镇兴国寺村11户18名年龄在18—65周岁的贫困女性捐赠“湘女关爱保”,价值1800元。

(周本芳)

气　象

【概况】 2020年,鼎城区气象局制定2020年度局班子成员党风廉政责任制清单,落实中央八项规定精神,开展党风廉政宣传教育月活动和建党99周年“学习强国”知识竞赛暨诗歌朗诵等庆祝活动。开展“三表率一模范”机关建设,强化支部“五化”建设,通过“三会一课”、主题党日、民主生活会、组织生活会、民主评议党员、谈心谈话等活动,争创优秀基层党支部,2人被评为常德市气象部门“优秀共产党员”。

气象服务。落实元旦、春节、两会、清明、五一、高考、国庆等重大节会期间专题服务预报任务。全年,发布决策服务材料104期,启动Ⅲ级、Ⅳ级应急响应5次,发布防汛救灾气象保障服务特别工作状态1次,发送专题天气预报15期,通过湖南省气象灾害预警服务一体化平台发布预警信息104期、强降水监测警报129期、实况监测警报短信10万余人次。推进气象防灾减灾标准化建设,完善气象防灾减灾“乡村振兴”大数据搜集整理,开展“油茶”专项气象服务和其他大宗农作物气象服务。与农业、水利、国土、环保、交通等部门合作,开展专业气象服务,为全区12家单位提供气象基础资料,为涉及气象灾害相关单位、专业合作社及个人开具气象证明50余份。与油茶、水蜜柚等特色产业大户合作,组织防雷安全生产专项检查,联合区教育局针对高考、中考考点中小学校防雷安全进行执法巡查,要求组织落实全区学校防雷安全工作。开展“大排查大管控大整治”百日行动,参与全区“强执法防事故”行动,落实企业安全生产主体责任。

重点项目建设。建设全区“突发事件预警信息发布系统”,并通过相关评审及竣工验收。筹建“道安监管云”气象监测站,推进“乡村振兴”专项建设。

人影工作。组织炮兵及指挥员驻守在北部庆丰水库、红旗水库炮点及南部跃进水库炮点进行人影作业,作业38次,消耗火箭弹200枚。

(郇泽伟)

【防灾减灾日主题宣传活动】 2020年5月12日,鼎城区安委办在鼎城区第一中学举办“提升基层应急能力,筑牢防灾减灾救灾的人民防线”主题宣传活动。制作宣传盾牌4块,宣传内容主要围绕气象行业涉及民生的事项,如暴雨(雪)、雷电、大风、大(浓)雾、连阴雨、霜冻等灾害的防御。印制宣传手册和气象知识相关产品,包括各类气象灾害防御读本、印有气象知识的娱乐纸牌。

(郇泽伟)

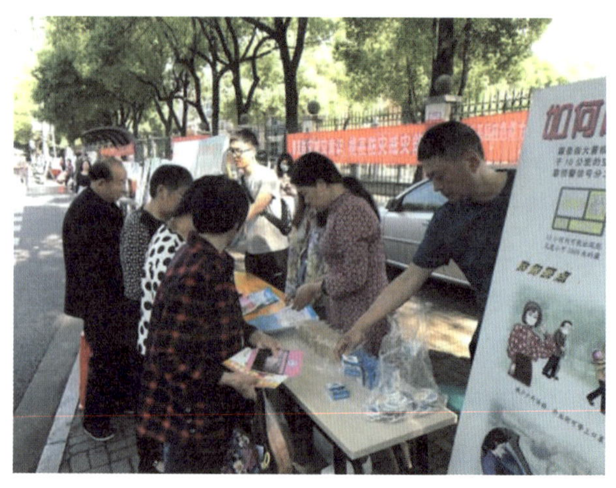

2020年5月12日,“5·12”防灾减灾日主题宣传
(提供:郇泽伟)

林　　业

【概况】 2020年，鼎城区发放林木采伐许可证877份，涉及采伐蓄积68582立方米(包括花岩溪林场、森华公司、茂源公司)，出材量48020立方米。受理木竹运输许可655起，核发出省木材运输许可证367份、省内运输许可证288份，涉及商品木材8023立方米、活立木373立方米。常德市互联网+一体化平台办件495起。受理征临时占用林地7宗、永久使用林地24宗。全区公益林保护面积18253公顷，其中国家级15026公顷、省级3227公顷。全区森林病虫害发生面积1233公顷，实施无公害防治1166公顷。湿地总面积29181公顷(含西洞庭与贺家山)，湿地保护面积23100.6公顷，湿地保护率79.15%。全区人工造林943公顷、封山育林2200公顷、退化林修复4266公顷、森林抚育9333公顷，其中，新造高效油茶基地840公顷、低产林改造2073公顷；长防林人工造林213.3公顷、封山育林267公顷；中央财政造林补助400公顷、森林抚育补助866.6公顷；珍贵树种培育和木材储备林建设140公顷。当年培育珍贵树种苗木60万株、优质油茶苗93万株、杉树苗120万株，存圃优质油茶苗433万株。全年调处林权纠纷3起，受理涉林来信来访35次，答复相关政策咨询55次。年末，全区林地面积71600公顷，森林覆盖率32.33%，活立木总蓄积量294.7万立方米。有省级林业龙头企业13家、市级林业龙头企业7家。2020年，鼎城区林业局被湖南省林业厅评为“湖南林业70周年”先进集体。

野生动物退养。《全国人民代表大会常务委员会关于全面禁止非法野生动物交易、革除滥食野生动物陋习、切实保障人民群众生命健康安全的决定》(以下简称《决定》)出台后，区林业部门与相关部门衔接，退养处置养殖户25家，补偿资金921万元。

国土绿化。根据创建省级森林城市总体规划，按照科学搭配彩叶树种、全面消除绿化死角的原则，有计划、分步骤、多形式地开展国土绿化，落实项目营造林16733.33公顷。

义务植树。制定义务植树方案并以文件形式下发，119家区直单位依照文件下达的任务在3月组织开展义务植树活动，实施农田林网道路绿化、乡村振兴道路绿化，在指定地点栽种彩叶树种约4万株。全区23个乡镇(场)、街道、园区通过义务植树宣传发动，采取造林绿化、抚育管护、自然保护、认种认养、设施修建、捐资捐物、志愿服务及其他尽责形式履行义务，开展以“建设农田林网、打造‘多彩鼎城’”为主题的全民义务植树活动。在植树月内，参加义务植树48万人次，尽责率92%，义务植树165万株，义务植树成活率89.75%。

创建省级森林城市。颁布实施《生物多样性保护规划》；公开征集鼎城区森林城市LOGO，将创森LOGO应用于各森林公园、湿地公园、风景名胜区、森林康养基地等的各种标识标牌及创森相关网站、微博微信、宣传资料中；实施创森绿化专项造林工程120公顷，种植紫薇、樱花、海棠、红叶李、无患子等19个彩叶树种。

湖南省绿色村庄(森林乡村)申报。鼎城区原有国家、省级认定绿化美化村庄8个，经2020年认定，全区有绿色村庄163个，占全区行政村75.47%。其中，集中居住型村庄绿化覆盖率51%，分散居住型村庄绿化率31%。

资源林政管理。以资金促管理，发放公益林生态补偿资金及时补偿资金434.94万元；发放“三山”林业生态保护区补贴资金169.9万元。在确保森林蓄积量达到小康指标的前提下，全区2020年下达采伐限额141680立方米。落实《中华人民共和国森林法》《森林法实施条例》《占用征用林地审核审批办法》规定，实行林地管理。落实“十四五”森林采伐限额编制，“十四五”期间全区年采伐量17.8万立方米，其中，集体和个人年采伐量15.3万立方米。启动森林督查暨森林资源管理“一张图”年度更新和天然林补充调查工作，接受并通过省级检查。

打击涉林违法行为。围绕非法采砂、非法占用林地等现象，林业执法大队增加巡查、处置力度，保持打击高压态势，2020年，区林业局执法大队办结各类林业行政案件23宗，其中擅自改变林地用途的林业行政案件21宗、非法经营苗木案件1宗、滥伐林木案1宗。开展整治非法取土采矿问题的专项行动，通过现场巡查与摸排整治，注销临时取土场项目已完工或取土面积已达到的临时用地行政许可8宗。调查处理森林督查移送的案件线索15宗。

林业有害生物防治。开展松材线虫病疫木除治，2020年上半年，由2家具备条件的竹木加工企业进行集中无害化疫木处置8951株；10月，进行秋冬季普查，发现枯死、濒死松木6186株，按照方案推进除治工作。开展测报预防工作，结合实际，聘请森防测报员8名，随时上报林业病虫害的发生、发展情况。根据测报情况，区林业局购买杀虫双林用烟剂100余件，发放到黄土店镇、花岩溪镇等竹林面积大的乡镇。进行竹蝗危害防控。全年，未发生林业有害生物成灾的情况。

自然保护地优化整合。整合优化 常德花岩溪国家森林公园、花岩溪省级自然保护区、湖南鼎城鸟儿洲国家湿地公园、沅水鼎城段褶纹冠蚌国家级水产种质自然公园4处自然保护地，形成整合预案上报省林业厅和国家林草局。整合优化前，鼎城区自然保护地批复面积6596公顷，交叉重叠面积931.94公顷，落图总面积6003.84公顷(不包括交叉重叠面积)，占全区国土总面积的2.70%。全区调出矛盾冲突面积420.52公顷。整合优化后，鼎城区有2个自然保护地，其中1个湿地自然公园、1个省级自然保护区，落图总面积6009.91公顷，其中花岩溪省级自然保护区3997.95公顷，湖南鼎城鸟儿洲国家(湿地)自然公园总面积2011.96公顷。占全区国土总面积的2.71%，总面积比整合优化前增加6.07公顷。

林业产业。落实企业帮扶制度。坚持一把手走访制，了解经营状况，听取企业意见，帮助企业申报项目、争取贴息政策与政策贷款，助力复工复产。抓油茶产业发展。新造高效油茶基地840公顷、低产林改造2073公顷。以鼎城油茶为鼎城区主导林特产品，开展中国特色农产品优势区申报工作。助推林下经济发展。引导扶持林下经济专业合作社建设，向省厅推荐常德鼎城区竹香食用菌种植农民专业合作社为省级农民林业专业合作社。坚持与油茶产业互补共赢发展林下经济，开展协调服务，扶持奇田公司发展林下中药材种植。常德市奇田公司、震坤公司等企业、合作社种植林下中药材470公顷，种植品种有决明子、白芷、玉竹、玄参、迷迭香、竹荪等，全年产值3200万元以上，带动周边农户就业1500余人，增加就近务工收入300万元以上。

安全生产。抓森林防火。争取领导重视，压实工作责任，进行立体宣传发动，控制火源，做好物资准备，严格值班备勤，开展应急处置，全年，森林防火工作零火情、零火警、零火灾。抓营造林安全生产。要求各乡镇场强化安全意识，在做好安全防护的前提下抓造林绿化工作，并到造林现场督导、指导，全区未发生造林安全事故。开展林产品检验。到黄土店镇、花岩溪镇取样、送检竹笋和土壤5次，进行天地农耕茶油产品抽样送检，确保质量达标。开展湿地保护修复。尝试企业参与马家吉河湿地修复方式，注入社会资本，实施鼎城区通威新能源有限公司黄家湖光伏发电项目异地修复项目，项目投入99.28万元，修复总面积121公顷，建设长度13千米，采取河道水生植物种植、水系联通、净水清洁养殖、河岸鸟禽栖息地修复等措施，推动湿地生态修复工作开展。 (牟吉奎)

【林权管理服务中心】 2020年，鼎城区林权管理服务中心抓森林防火工作，发放《关于禁止在森林防火区野外用火的通告》8000份、森林防火宣传年画1万份、《致全区中小学生家长的一封信》8万份，利用广播电视、横幅标语、手机短信、微信、宣传车等形式宣传。建设防火隔离带，在太阳山周边等高火险区开设防火隔离带16.5千米；进行督导检查，督导乡镇场抓火灾隐患排查处置；进行野外用火专项治理；组织森林灭火队员进行培训、演练。协调乡镇林业站日常监督管理工作，为尧天坪镇林业站争取湖南省标准化林业站建设项目，争取省级扶持资金20万元；落实"一站式全程代理服务"工作目标，推进乡镇林业站从管理型向服务型转变，全区"一站式全程代理服务"模式正常运行。抓森林保险工作，落实18253公顷生态公益林、39566.6公顷商品林保险的投保工作，协助人保财险和中华财险办理森林保险理赔案件20起。抓山林纠纷调解工作，全年参与调处林权纠纷3起，办结3起。受理涉林来信来访来电35次，答复相关政策咨询55次，做到信访有回复，调处有结果。发展林下经济，引导扶持林下经济专业合作社建设，成功申报常德市奇田农业科技有限公司为省级林下经济示范基地，并获省级林下经济扶持项目资金20万元，成功申报鼎城区竹香食用菌种植农民专业合作社为省级专业合作社。抓森林资源流转的审核、审批工作，审核、审批森林资源流转5起。 （牟吉奎）

【油茶种苗市场专项整治】 根据《中华人民共和国种子法》规定，销售良种种苗必须取得良种苗木生产经营许可，种苗来源必须清晰合法。2020年3月15日，鼎城区林业局执法大队、种苗站联合开展全区油茶种苗市场专项整治行动，打击不法商贩违法销售无"三证一签"假冒伪劣油茶种苗、坑农害农的行为。 （牟吉奎）

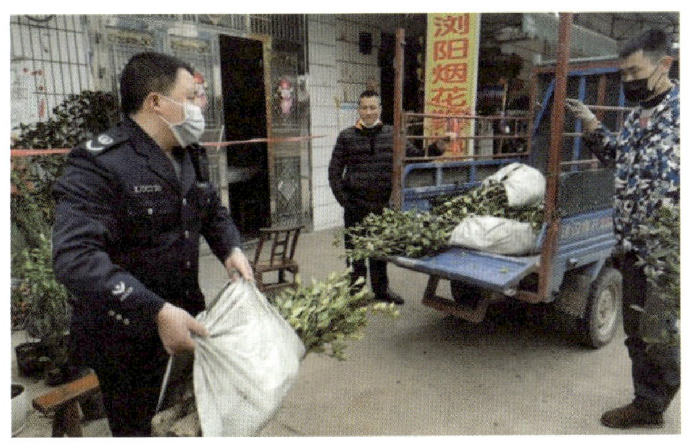

2020年3月15日，鼎城区林业局执法人员在尧天坪镇墟场查扣假冒伪劣油茶种苗 （提供：牟吉奎）

【余怀民到鼎城区开展《中华人民共和国野生动物保护法》执法检查】 2020年6月15日，常德市人大常委会党组书记、副主任余怀民率常德市人大常委会相关委室负责人及相关政府部门负责人组成的执法检查组一行7人，到鼎城区进行贯彻执行《全国人民代表大会常务委员会关于全面禁止非法野生动物交易、革除滥食野生动物陋习、切实保障人民群众生命健康安全的决定》和《中华人民共和国野生动物保护法》情况执法检查。 （牟吉奎）

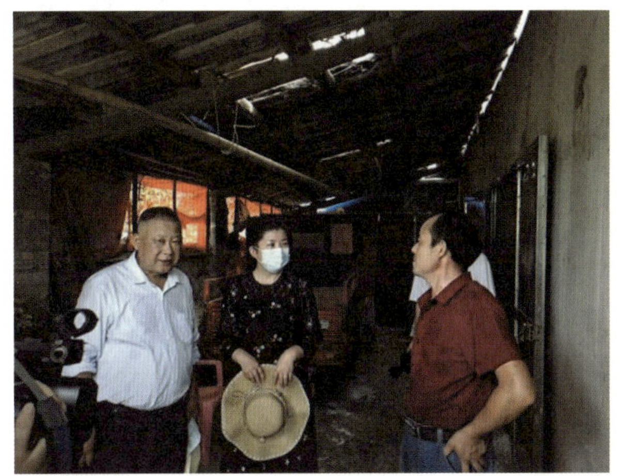

2020年6月15日，常德市人大常委会领导在许家桥回族维吾尔族乡养殖场所调研 （提供：牟吉奎）

【鼎城区林业局在龙凤湖放生野生动物】 2020年6月23日，鼎城区林业局将1200只鸿雁、斑嘴鸭放生到常德花岩溪国家森林公园。根据《全国人民代表大会常务委员会关于全面禁止非法野生动物交易、革除滥食野生动物陋习、切实保障人民群众生命健康安全的决定》和《湖南省人民政府办公厅关于全面禁止非法野生动物交易、革除滥食野生动物陋习、切实保障人民群众生命健康安全的意见》，鼎城区在调查摸底的基础上，按照到物种、到地域的原则，制定竹鼠、豪猪、鸿雁、斑嘴鸭等物种放归自然的方案，放生至花岩溪龙凤湖、乌儿洲国家湿地公园等自然条件优良的湿地区域。 （牟吉奎）

2020年6月23日，鼎城区林业局工作人员在龙凤湖放生
（提供：牟吉奎）

【鼎城区创建省级森林城市LOGO征集活动】2020年11月2日，鼎城区创建省级森林城市LOGO亮相，给予采用作品奖励10000元。为设计出符合鼎城区森林城市的标志，鼎城区林业局联合区融媒体中心举办鼎城区创建省级森林城市LOGO征集活动，于2020年6月30日通过鼎城电视台、鼎广电台、鼎级传媒微信公众号、鼎城区林业局网站等平台，面向全社会公开征集创建省级森林城市标志。截至2020年7月30日，征集到来自全国24个省市区157件作品。根据《鼎城区创建省级森林城市LOGO评选方案》，鼎城区林业局在派驻纪检组监督下，组织全体干部职工开展作品初评，选出10件作品作为入围作品；创森指挥部成员单位通过现场打分评定，确定16号、153号、155号作品入围，并进行网上公示。最终采用的作品作为鼎城区创建省级森林城市LOGO应用于各森林公园、湿地公园、风景名胜区、森林康养基地等的各种标识标牌以及相关网站、微博微信、宣传资料中，宣传鼎城区的生态文化，助力生态文明建设。

（牟吉奎）

常德市鼎城区创建省级森林城市标志
（提供：牟吉奎）

水　利

【概况】　防汛抗灾。2020年，鼎城区水域沅澧两水、渐河罕见超警戒（保证）水位运行，五里溪水库超汛限运行，启动防汛三级应急响应464小时、二级应急响应86小时。抓应急指挥。全区各级领导赴一线，召开防汛会商会议8次，研究分析形势，调度部署工作。区防指下发相关通知43份、命令37条、指导性文件3份。集中调度调遣。气象水文部门进行精准研判，及时发布各类预警预报；值守乡镇主防一线大堤的同时，加强高低水堤防巡查值守；严格中小型水库调度，控制在70%蓄水以下运行；落实山洪灾害隐患点巡查，提前做好人员转移准备；适时启动区管泵站，及时为高低水、牛屎湖削峰排洪。落实后勤保障。储备沙砾石5.3万立方米、块石1.94万立方米、编织袋35.1万条、编织布1.97万平方米，麻袋4800条、铁丝3.51吨等；按照“以车代库”的方式准备各类车辆75台，装载块石828立方米、沙砾石851立方米；组建最多时2080人的各级应急抢险大队，组织上堤劳力最多时20087人。强化查险处险。按照百米“三岗五线”的标准开展拉网式巡查，并加强穿堤建筑物、险工险段等重点部位巡查；派出督查组，进行防汛措施落实情况，领导、干部、劳力到岗到位情况，巡堤查险、地质灾害防治情况督导检查，下发督查通报8期。创建示范引领。以党员示范堤、示范岗为引领，插党旗、戴党徽，把共产党员的初心使命践行在堤防、水库防守上，诠释在防汛抗灾第一线。各级媒体数次报道鼎城抗洪情况。

水利建设。争取中央和省级投资资金2.3亿元，重点实施水库除险加固项目（超美、五溪水库除险加固工程以及小型水库日常维养项目）、重点地区排涝能力建设项目（更新改造泵站10座、牛屎湖鼎城段内湖堤防出除险加固）、牛鼻滩中型灌区节水配套改造等项目。区级财政投入400万元进行防汛薄弱环节查漏补缺，主要实施堤防、水库、排灌项目。

农村安饮。编制《鼎城区"十四五"农村供水保障规划》,通过大水源建设,联网小水厂,推进全区农村供水巩固提升建设。"十三五"规划期间,投入2163.96万元，实施34处农村饮水安全巩固提升工程,受益人口33.57万人,解决全区建档立卡贫困人口14068户43115人的饮水问题。争取上级投入和区级自筹计1500余万元,实施提质改造工程9处。按照"市场运作、自主经营、自负盈亏"方式组建区振沁农村饮水维养站，承担全区农村水厂的维修养护与技术指导。

库区移民。按照年度项目预算控制额度、重点移民村的资金占比等要求编制年度项目计划并实施;设立移民资金专户,分类管理,分项核算,确保专项资金用到实处。推进重点移民村的道路硬化、山塘整修、安全饮水、改水改厕等项目建设,改善村容村貌,提升群众生产生活水平;结合移民村产业特色,发展油茶、乡村旅游等产业,增强移民村发展后劲,增加移民收入。启动大中型水库移民人口信息采集工作,采集移民村信息242个、采集移民人口信息17522人;"十四五"规划期间,全区移民后扶资金计划投入1.8亿元,分移民直补、移民村产业转型升级、美丽家园建设、移民培训四大类项目。

河湖长制。按照河(湖)长制"四有""五化"标准,进行阵地建设,全区河(湖)长677人(其中区级19人、乡级98人、村级560人),河(湖)警长23人,河湖库保洁管理员266人。设立河(湖)长公示牌、样板河及宣传牌1000余块。召开总河(湖)长会议2次、河(湖)长会议4次,专题部署河(湖)长制工作。开展河(湖)长河湖巡查2万余次,对于上级河(湖)长巡河发现和督查交办的1个重大问题和23个水环境问题,按照"一单四制"的要求整改销号。全区17个乡镇污水处理厂建成投入试运行，江南城区污水处理实现Ⅰ类A排放标准。国控、省控断面水质达标率100%,区级28处饮用水水源水质全部Ⅲ类。验收马家吉河鼎城段13.9千米水生态修复工程,启动冲天湖、西洋陂水库、花岩溪水库水污染治理工程，建设洞庭湖生态环境整治"五结合"6处工程，开展全区8条流域面积50平方千米以上河流、常年水面面积1平方千米以上湖泊的划界工作。编制沅澧水一、二级支流河道采砂规划,日常巡查实行24小时值守,河道采砂执法实行常态化管理。以鼎城区沅江样板河和石板滩镇堆子岗民间河长样板河为标杆，打造20余条样板河（湖)。拆除侵占堤防岸线违法建筑4处262平方米,拆除河湖拦栅、栏网、网箱213处,清理垃圾3000余吨。

水保水资源管理。以线上宣传为主,辅以线下宣传,发动区直10个水利工程管理单位在全区范围内开展"中国水周 世界水日"宣传活动。贯彻水资源管理制度,通过用水总量控制,把握资质审批关,依法按程序进行审批工作,全年新发取水许可证25本,审批水土保持方案11份,征收水资源费161万元、水土保持费542万元。制订136个取水项目整改计划,至9月,33个问题整改项目已落实整改销号,2个新增项目落实整改；编制节水型机关及节水型社会的方案编制，进行机关院落给水设施技术改造。

水政执法。结合水利法律规章梳理行业行政职权,建立权责一致的行政处罚、行政强制、行政监督检查的权力责任清单,规范自由裁量权,建立完善水行政执法各项管理制度。实行持证执法制度,推行标准化执法,执行"三个统一"即执法人员统一着装、执法装备统一标识、执法文书规范统一。按照属地管理原则,利用大队、中队、乡、村执法人员分片包段切块管理,建立执法联动机制。主动接受群众监督，摸排群众举报线索，发挥群众"千里眼,顺风耳"的优势,实现由事后查处向预防为主、防查并重的转变。开展"夏季风暴"等专项整治行动，加强日常执法巡查，与相关职能部门衔接,现场打击非法采砂行为。全年,出动车船416次,出动执法力量1178人次;调查回复水事违法举报事件16件,查处水行政违法案件3起,水行政主管部门行政处罚3起,罚款3万元。

日常管理。坚持用制度约束人、用学习提升人、用先进激励人、用党建凝聚人,坚持每周一次党委会、每月一次工作例会、每季度一次机关工作人员会、一年一次全体干部职工大会调度工作或组织考核。年初编制财务预算,提高资金保障能力。专项资金工程款按合同、工程进度以及审批意见拨付。摸底清查局机关及区直水管单位所属固定资产及政府性资源。按照各级各部门安排部署,落实河湖“清四乱”、涉水涉堤项目监管、岸线利用与保护、违建别墅清查、河湖划界等工作。抓水库管护、泵站管护,规范泵站管理模式,通过开停机申报、开展泵站互评等方式督促各泵站日常工作按规范执行。清理泵站前杂草、杂物,保持进水流道畅通且前池无杂物。按起止排水位开停机,建立台账,科学调度泵站运行,节约排渍电费。

(刘姿延)

【善卷垸】 善卷垸位于沅水南岸,北临沅水,东抵枉水,有临洪大堤33.5千米,沿大堤穿堤建筑物27处,总集雨面积91平方千米,保护斗姆湖街道办事处、红云街道办事处、玉霞街道办事处、郭家铺街道办事处、德山镇、许家桥回族维吾尔族乡等及省市区属450余个党政机关、企事业单位、近16万人口的生命财产安全,桃花源机场、桥南大市场、319国道、207国道,常张高速公路、常吉高速公路及11、22、50万伏高压输电线路等基础设施坐落在垸内,保护固定资产总值100余亿元。

防汛保安。到一线防洪大堤险工险段进行排查,发现问题逐一登记造册,提出病险涵闸具体处理方案和措施。针对防汛现状进行实地调查,编制善卷垸防汛应急预案。编制了汛期值班表,加强防汛值班纪律。4月1日至9月30日,单位领导带班值班,24小时不断岗、不缺岗。实施城镇建设项目监督,消除安全隐患。组建防汛抢险突击队和专业巡堤查险队,各个街道办事处各自组建100人防汛抢险突击队,按照每千米12人标准组建专业巡堤查险队。加强防汛物资储备,采取商储方式与沿堤商家签订合同,商储黄沙10000立方米,卵石10000立方米,木材50立方米,楠竹1000根,大米100吨,编织袋50000条。

堤防管理。善卷垸防洪大堤全线33.5千米,把任务以每人500米的标准分解到干部职工,进行清基扫障和堤防管理。堤段责任人每周上堤巡查3次,查处乱堆乱倒、乱打乱建、乱栽乱种等违法违章行为,督查各分段人员工作情况,发现不达标情况及时通报,要求分段负责人及时整改。

(谢华胜)

【八官崇孝垸】 八官崇孝垸属于沅澧垸,处于沅澧水尾闾的冲积平原之上,是洞庭湖水系的西洞庭湖部分。该垸四面环水,垸内地势较为平坦,地势西北略高于东南,防汛堤段总长99.639千米,穿堤建筑53处,有电排机埠12处。该垸面积约2.13万公顷,辖牛鼻滩镇、韩公渡镇、区特养场、贺家山原种场,30个行政村,总面积221.8平方千米,总人口10.26万人,其中城镇人口1.54万人,农村人口8.72万人,耕地1.32万公顷,地区生产总值12.8亿元,固定资产总值15.5亿元。是洞庭湖畔粮、棉、渔、油及珍珠生产的重要基地之一,是湖南省确保垸之一。

防汛保安。2020年,汛期雨量较2019年同期增加10%,是全区几个降雨集中的地区之一。年初,组织业务技术力量到三堤及沿线的穿堤建筑物、险工险段进行汛前安全检查,建立问题台账并进行相应处理。如高水郑家湾机埠管道伸缩缝渗漏问题、谈家河进水碷启闭设施损坏问题等。编制和修订防汛预案,落实防汛岗责,根据区防指指示精神,调整沅水、高水防汛的上堤劳力,督查各乡镇防汛岗责落实情况、防汛抢险队伍组建情况及防汛物资储备情况。

堤防管理。年初根据实际情况,细化责任且分工到人,制定堤防及河道保洁管理考核细则,每个人定期巡堤查勘管辖堤段,发现隐患及时处理,将不安全因素消灭在萌芽状态。不定时进行责任堤段内部考核评比，1日1次小结，1周1次总结，将日结、总结结果上传至工作群，由区水利局直接进行核查裁定。

牛鼻滩水厂经营管理。牛鼻滩水厂以安全生产优质服务为中心，围绕年初生产目标，节能节支，开展各项工作。合理调配负荷设备、机泵功率，消除故障和隐患，避开用水高峰时段，维护检修生产运行的机泵，增加各村纵横140523米管网巡查力度，更换各类阀门、电机轴承、软启动器，巡查供电线路，为安全供水提供保障。全年，水厂处理水管维修220处。抓水质达标，年初制定水质达标方案，定期清洗水池和水处理系统，定期更换过滤沙料，足额配药、加氯，保持水质。（葛慧峰）

【民主阳城垸】 民主阳城垸位于洞庭湖滨，澧水尾闾，属澧水水系。东隔澧水尾闾洪道与安乡相望、南临汉寿西湖管理区，西南接八官崇孝垸，西连冲柳垸，北临津市西毛里湖垸。全垸集雨面积343.29平方千米，占沅澧大圈集雨面积24.7%。垸内防洪保护人口17.3万人，保护耕地面积19210公顷，是鼎城区粮、棉、油、渔主产区。各类堤防总长98千米。其中澧水一线大堤长33.12千米，大堤16处穿堤建筑物，其中进水闸4处，交通闸1处，排污管1处，电排出水管6处，电排总装机容量8245千瓦。

防汛抗旱。年初，垸防指进行澧水大堤、高水间堤和两湖渍堤及穿堤建筑物汛前安全检查，及时处理和上报安全隐患。召开垸防汛抗旱工作会议，下发相关文件，明确防汛队伍、任务、责任和纪律。落实堤设施管护队伍、工程技术队伍、巡堤查检队伍、专业抢险队伍，开展防汛抢险知识专业培训。编制和修订防汛预案，储备防汛物资。与相关管护人员签订责任书，落实堤防巡查制度，实行动态巡查登记、归口管理。7月3—28日，澧水民主阳城垸段频超警戒水位，最高水位39.07米，超过保证水位0.77米，垸防指实行周密部署调度，落实防汛任务。

堤防管理。按照区水利局要求和单位堤防管理制度，堤防管理人员每周一、三、四到责任堤段进行巡查，登记和上报巡查情况，按要求传送图片和视频至堤防管理工作微信群。3—10月，为澧水大堤进行杂草清扫4次，为高水间堤进行杂草清扫3次。进行堤顶防汛公路日常养护，及时修复损坏的路面，保证堤顶防汛公路畅通。进行堤防和河道保洁，保持堤防和河道清洁。澧水一线大堤沿堤因为居民居住比较密集，生活垃圾和燃放烟花爆竹及堆放杂物较多，影响堤防和河道的清洁卫生，在每次堤防巡查时堤防管理人员用手套、火钳、垃圾袋子等工具，及时捡拾垃圾，并为沿堤居民进行宣传教育。落实区委、区人民政府蓝天保卫战相关精神，按照区水利局要求，安排专人加强巡查，严禁焚烧堤身杂草事件发生。

综治维稳。组织学习相关文件，要求干职检举揭发黑恶线索，警示干职远离黑恶，杜绝参与黑恶。组织学习《中华人民共和国国家安全法》等系列法规，提高防范意识。走访慰问干职24人次，为其化解思想矛盾，抒困解难，为每位工会会员办理参加医疗互助，享受住院费用二次报销，解决经济困难。（雷光华）

【冲柳垸】 冲柳垸位于鼎城区中部，东与民主阳城垸交界，南与八官崇孝垸隔河相望，西南与柳叶湖管委会接壤，北抵津市八宝湖，省道306线贯通全垸。垸内辖镇德桥镇、石公桥镇、周家店镇、区园艺场、区特养场，64个行政村，总人口9.6万人。垸内总集雨面积366平方千米，耕地面积1.77万公顷，垸内经济以农业为主工业为辅，是鼎城区粮、棉、油及鲜鱼生产的主要基地之一。垸内防洪大堤长109千米，其中高水81.12千米、低水27.88千米。沿堤有穿堤建筑物76处，其中外排装机23处/43台/5055千瓦，外排主干渠387千米。垸内有小（Ⅰ）、（Ⅱ）型水库24座，撇流渠道25条65千米。

防汛抗灾。召开冲柳垸防汛抗旱工作会议，树立防大汛、抗大灾的思想准备,从人员岗责、防汛预案、物资筹备、行动方案上作总体要求和部署。进入汛期,冲柳分指及各指挥所召开会议,树立“有灾无灾做有灾的打算”“大灾小灾做大灾准备”的意识。汛期间,垸所有干职及工程技术人员采取电话抽查和现场督查的方式开展所管辖堤段、涵闸、水库拉网式排查,发现问题及时整改和上报。指导各分所防汛抢险突击队员集训演练,按岗责调阅各分所巡查记录,清点备份商储、民储点所储物资,确保有备无患。组织防汛抗旱工作回头看,完善各种预案,落实抗大旱的准备,制定合理用水方案。

农村饮水监管。成立以“一把手”为组长,班子成员为副组长,股室负责人和各水厂业主为成员的冲柳垸安全生产领导小组,全年无安全生产事故。贯彻执行《常德市农村饮水安全集中供水工程运行管理办法》,履行监管各水厂工作职责。垸委会定期或不定期检查辖区内各项水利工程建设及水厂安全生产情况,发现问题及时整改,并将检查结果作为年终考核的重要依据。

堤防管理。实行上班打卡制、住垸值班制,全年不分节假日,坚持1名骨干带班,3名普通干部职工住垸值班。制定岗位责任制、学习制度、内务管理制度和请休假制度。直管堤防实行到人,分段、分责管理,采取定期与不定期考核,其考核结果与个人绩效挂钩。乡管堤段和水库实行监管和奖励制度,每月检查至少1次,检查结果纳入乡镇水利建设年度考核。落实上级交办的各项任务,完成生环委交办的西洋陂水库周边别墅群及西洋陂水厂备用水源调查工作。 (陈志勇)

【冲柳排水工程管理处】 冲柳排水工程管理处主要职能是负责沅澧大圈冲柳地区1164平方千米的防洪、排涝、抗旱和沅水防汛水位观测任务。受益范围包括鼎城、武陵、津市、汉寿4区县市和柳叶湖旅游度假区、西洞庭、贺家山农场,受益面积4.5万公顷,人口50万人。该工程主要作用是将上游丘岗入湖的山水和湖区垸内渍水按照“先自排,后提排”的原则从苏家吉水闸和泵站注入沅水。苏家吉排洪站与苏家吉水闸,冲柳新(老)五甲拐水闸联合统一协调运行,解决冲柳地区排渍机埠被迫停排的威胁,从根本上减轻冲柳地区渍涝抢排的防汛压力,在每年的防汛期节约人力、物力和财力,为冲柳地区的防汛保安发挥重要作用。

防汛抗灾。贯彻落实“安全第一,预防为主,常备不懈,全力抢险”的防汛工作方针,落实责任制,修订完善各类应急预案与方案,抓防汛队伍建设及物资储备等工作。实行防汛应急响应,强化值班值守,坚持领导班子成员带头防汛值班制度,确保24小时信息畅通。落实雨情、水情、工情的观测、监控及数据资料分析、统计上报,为上级主管部门科学决策汛情提供可靠依据。根据区防汛抗旱指挥部调度指令,加强苏家吉排洪站、苏家吉水闸、老五甲拐水闸、新老五甲拐水闸、南昏水情观测站5处水利工程调度与管理工作。6月24日至10月1日,苏家吉排洪站开机14次,干部职工坚持日夜轮班值守,安全运行1544台时,排洪水量2.17亿立方米,静态降低高水河水位16.58米。

安全生产。按照工程安全管理规范要求,成立单位安全生产领导小组,完善和落实安全生产管理规程、制度、责任清单。按照“管业务必须管安全、管生产必须管安全、管人必须管安全”的工作职责,落实“党政同责、一岗双责、齐抓共管”的安全生产责任制度,构建“一把手”负总责、分管领导在职责范围内各负其责的安全管理责任体系,强化安全生产“红线”意识,签订安全生产目标管理责任书,建立安全生产“日报平安”机制。定期召开安全生产工作会议,分析、研究和解决问题,定期开展单位管理人员安全生产知识培训,强化安全生产管理能力,提升安全生产工作水平,坚持每个月排查排洪站、水闸、水文观测站机电机械设备设施、穿堤建筑物等部位1次、并进行处置和整改,建立保存文字、图片、数据永久档案资料,确保安全检查工作全方位无死角。

工程管理。按照鼎城区安委常鼎安办发〔2020〕5号文件通知精神，2020年8月19日至9月19日由单位一把手牵头，各股室、站参与，组织开展为期1个月的安全隐患“大排查、大整治、严执法”行动，主要进行所有水利、电力、消防设施设备及工程周边河道可能存在的安全隐患排查、整改与上报，形成完整的文字图片档案资料，落实苏家吉排洪站机组设备及苏家吉水闸、新老五甲拐水闸水利设施日常管理、建设与维护，落实苏家吉水闸除险加固工程竣工验收煞尾工作任务。 （曾 祥）

【五里溪水库管理所】 五里溪水库是中型水库，控制集雨面积50.25平方千米，总库容2040万立方米，正常库容1380万立方米，相应水位59.20米，以水库为总水源，以渐河为总干渠组成五里溪中型灌区，灌溉面积0.35万公顷，受益乡镇包括蔡家岗镇、石板滩镇、灌溪镇及武陵区河洑镇白合村、洪流村、南湖村等村及丹洲乡部分行政村。

防汛抗旱。2020年4月24日，五里溪分指召开2020年度防汛抗旱工作会议，分析防汛抗灾的形势，部署防汛抗灾工作。分指与五里溪水库管理所和所辖乡镇签订《责任状》，现场交办险工险段的防守与涉河工程防汛工作等问题。冬季蓄水少时机，查看五里溪分指范围内的水库、堤防，特别是穿堤建筑物、险工险段。2020年汛前，会同各乡镇进行重点排查，检查结果登记造册。按照区防指要求，督促所辖乡镇以现场储备、商储等方式补充防汛物资。落实防汛值班制度，及时准确上传下达。落实抗旱工作，调查摸底灌区灌溉农田，科学调度水库，制订输水计划，先远后近、先高后低、先旱后湿，要求放水员沿渠巡查，确保无漏水和漫堤现象。

河（湖）长制。五里溪水库管理所设立河长制办公室，调整人员分工，加强水库大坝日常管理，聘请专业队伍每月进行水库大坝砍草除杂，聘请专人保洁员，全天候清除垃圾、制止乱丢乱扔现象，保障水库大坝外观整洁、无高秆杂草。每周到水库周边巡查2次，发现问题及时上报处理。3月，结合水法宣传，采取走村入户发资料、流动宣传车广播、村村响播放、设置盾牌标语等形式宣传河长制政策和环境保护的相关法律法规。 （杨小峰）

【牛鼻滩电排管理站】 牛鼻滩排涝泵站改造位于常德市鼎城区沅澧大垸西部的八官崇孝垸，东临汉寿西湖垸，南临沅水，西接护城丹洲垸，北界冲柳垸，东北与属民主阳城垸的西洞庭农场及同心障相邻，四面环水。垸内总面积255.28平方千米。

机电检查。抓排渍、抗旱工作。成立以站长为主及机电技术骨干组成的督查组，排查各个泵站设备，与机长签订责任状，确保不漏工程、不漏部位、不留死角，存在的问题登记造册，建档立卡备案。研究处理方案，能及时处理的问题汛前处理，不能及时处理的问题或一时难以处理的问题，制定临时措施。进入汛期前，组织人员到各个泵站查看机组运行情况、涵闸设施启闭情况。省财政投入954万元用于牛鼻滩排区7处小型泵站更新改造。为减少电费支出，栏马口泵站和谈家河电排实行峰谷开机（每天23:00—7:00），电表抄录由电业局、站监督人、机长3方到场。抗旱时把农户集中一起供水，减少放冲天水，打回龙汤现象。及时关注天气预报，合理调度泵站开、停机，避免抗旱后马上就排渍现象的发生。配合水利局进行了渠道疏浚配套工作。

水政执法。巡查鹰湖（河长办）渠道、堤岸、水闸，做到污水无直排、水域无障碍、渠道无违建建筑，更新和维护“鹰湖”公示牌，“世界水周”和“世界水日”期间进行水法宣传。 （曾祥保）

【沙河口电排管理站】 沙河口排涝工程所处堤垸为民主阳城垸，该垸在常德市东北方，东隔澧水洪道与安乡相望，南临汉寿及西湖农场，西南接八官崇孝垸，西连冲柳垸，北临津市西毛里湖垸。垸内有西洞庭农场和西湖农场的部分分场。垸内总面积3.43万公顷，耕地面积1.87万公顷（其中水田

1.14万公顷),居民14.93万人。民主阳城垸是鼎城区主要农产品、水产品及粮食生产基地之一,年产粮食67438吨、棉花5815吨、油菜7275吨、水产品10900吨,垸内的绝大部分生产、生活都依赖机电排灌作业。

防汛抗旱。汛前召开全站骨干会议,部署机务大检查和机组开机调试工作,检查所有机组、电气设备、涵闸、穿堤建筑物,及时处理发现问题。添置部分急需设备,请技术人员到站检修问题设备。为牛屎湖、白芷湖两湖泄洪2次,累计排水5000余万立方米。截至年末,全站安全运行21380台小时。进入冬修,各分站职工抢抓晴好天气,检修所有设备,并及时处理,沙河口大电排小修4台,沙河口中电排大修6台,更换导叶座3台、水泵轴承6根、喇叭口2个、轴承盒轴承2套、中电排全部拦污栅、水泵梁地基丝杆。

水利工程管理。根据上级相关要求及实际情况,站机电股制定涵闸管理责任制度,每处涵闸安排专人负责管理,制定管理实施细则和管理人的具体职责,安排水厂联络负责人。跟踪管理沙河口灌区各类工程,抽调精干人员,整理资料归档。

(高立峰)

枉水灌区管理

【概况】 2020年,鼎城区枉水灌区管理局抓防汛抗旱和工程建设2项重点工作,落实防汛抗旱责任和水利建设责任,推动河长制工作发展。

工程管理。编制枉水灌区规范化标准化工作方案,明确灌区水库、渠道及管理站房管理范围,落实人才队伍培训计划,制定灌区管理制度8项、预警机制6项。开展枉水灌区续建配套与节水改造项目的总结性评价,2008—2019年,中央财政和省财政为枉水灌区投入资金13批次16696万元(其中中央财政13691万元,省财政3005万元),落实渠道防渗衬砌268.28千米,其中干渠117.88千米,支渠150.40千米,土石方67.48万立方米,砼15.52万立方米,浆砌石8.27万立方米。实施2018年枉水灌区续建配套与节水改造省财政追补资金项目。投资264万元,用于尧天坪镇西干支渠防渗衬砌4.09千米。实施2019年枉水灌区续建配套与节水改造省财政追补资金项目,投资195万元,用于跃进干渠防渗衬砌1.1千米。落实枉水大型现代化灌区总体规划的招标,中标金额230万元(规划总投资3.8亿元)。

防汛抗旱。科学调度防汛。汛情期间,分指结合上级要求,取消周末休息,全员投入防汛。抓防汛督查,督查组进行全方位、高频次督查,查各地防汛工作方案落实、干部劳力到岗到位、巡查值守、夜间防守责任落实、重点部位值守、指挥所值班备勤、物资到位等情况。进行动态调度,分指组织中型水库召开防守专题调度会,从值守人员、物资器材、防守部位、巡查方法各方面,落实一库一方案,科学调度。补充防汛物资,分指调度各指挥所在防守现场增储编织袋、彩条布、砂卵、竹木、锹锄砍刀等防汛用品。落实巡查监测,强降雨后,灌区各指挥所启动应急机制,派出干部和技术人员赶赴水库、险情地段和山洪地质灾害危险点,进行巡查值守,监测危险地段,做好抢险和紧急疏散转移准备。针对分指辖区范围内发生的险情,分指和相关指挥所派出领导和技术工作组现场指挥指导,采取相关措施及时处置,杜绝事故发生。抓抗旱工作,组织乡镇在各自责任段进行突击性清淤、扫障。制定用水计划。及时协调用水矛盾,安排专人在渠道分水口值守,确保抗旱有序,分水科学。进行抗旱机、器、具盘底,适当增加储备,加强抗旱泵站检修。统筹安排,确保人、畜饮水安全,涉及人、畜安全饮水的水库,制定农村安全饮水计划。河长制工作常态化管理。按照湖南省小水电清理整改联系会议的工作要求,在2020年度10月末前,投入资金66万元,用于小水电综合评估报告、一站一策方案编制、2座退出类电站的拆除、生态恢复工作;用于7座整改类电站的立项审批、确权手续、取水许可手续、流量监测设施、防漏油设施的建设及整改销号。落实河长制巡河制度，发现问题现场交办、及时处理，并反馈落实情况，不定时巡河，打捞漂浮物，维护岸线完整，处理违章建筑。全年，打捞漂浮物100余次，投入打捞资金4.2万元，发现并阻止违章建筑4次。（杨　维）

2020年汛期，鼎城区枉水灌区管理局督导跃进水库防汛抗旱工作（提供：杨维）

【枉水灌区管理局沧山管理处】 2020年，鼎城区枉水灌区管理局沧山管理处围绕防汛抗灾、水利建设主线，强化工程日常管理，开展各项水利工作。

工程管理。划分岗位责任，枢纽工程每处明确专人，负责除草、卫生和日常维护管理。水面安排专人常年打捞垃圾。灌区工程明确渠道、涵闸巡查管护责任人。汛期管理人员每日巡查观测工程，保证工程安全正常运行。

防汛抗旱。上半年，沧山水库降雨942毫米，比2019年雨量1136毫米少194毫米。针对前期雨水形势，从责任、宣传、预案、队伍各方面进行防汛各项准备。开展汛前大检查，即针对枢纽工程5处、灌区渠道4条76千米及其配套建筑物进行大检查，登记造册。配合上级防汛部门到黄土店镇、谢家铺镇开展3次防汛检查。落实一库一方案，修订水库防汛抗旱预案，沧水河山洪灾害防御预案。安排防汛值班，及时收集、掌握、传递各类信息。储备防汛“三石”850立方米，编织袋25000条。及时关注天气形势，分析会商雨、水情3次，因2019年冬季实施水库除险加固工程建设已提前开闸泄水，研判水雨情后，加强蓄水保水。7月，到黄土店、谢家铺等乡镇调查旱情，实施日常行水管理，科学调度、合理配置，灌区农田正常灌溉。

河长制工作。落实沧山水库和沧水河的河长制工作计划，每月开展巡河工作，树立河长制、工程责任、水源保护等各类管理标牌10块，清理水库水面白色垃圾4次，实施取水口周边社会钓鱼行为的管理，整治周边环境，保持水库良好生态环境。

沧山水库除险加固工程。2020年，沧山水库除险加固主体工程完工。该项目工程由区水利局建设管理中心任项目法人，2019年11月11日公开招投标，确定2家施工队中标，11月22日开工建设。工程主要建设内容为：五八主坝塑性砼防渗墙、帷幕灌浆、上游护坡及下游贴坡排水，沧山坝下游贴坡排水，马蹄冲坝帷幕灌浆、上游护坡、下游贴坡排水，溢洪道改造，输水建筑物整修等。资金来源为中央预算内资金2328万元和省配套资金776万元。沧山管理处配合项目法人在开工前实施“三通一平”、施工环境协调等基础工作，开工后派出10名工作人员驻5处工地现场，监管工程质量与进度，协助施工方协调施工中问题，进行相应法人资料收集整理。（张　鹏）

2020年，五八大坝塑性混凝土防渗墙工程施工（提供：张鹏）

【杜水灌区管理局跃进管理处】 2020年，鼎城区杜水管理局跃进管理处围绕区水利工作的要求，从政治学习、作风建设、业务开展等方面，实施内部管理，落实各项工作任务。

防汛抗旱。按照防大汛、抗大旱、救大灾的思路，编制水库防汛抗旱预案，落实各项规章制度，补充防汛必备物质。合理调度抗旱工作，按照“六先六后”的原则，制定抗旱调度方案，配合乡镇进行水量分配和矛盾协调等工作。

河长制工作。成立河长制办公室，明确专人负责日常工作，每座中型水库和河流明确1名班子成员牵头负责，按照河长制要求，开展日常巡河工作，至少每月1次巡河，建立巡河台账，并将巡河发现的漂浮物等问题及时反馈给责任乡镇限期处理。

2020年，五溪干渠渠堤穿孔险情抢险

（提供：章庭珍）

水利工程的维修与维护。自筹资金，处理应急水毁工程4处，各站所进行工作纪律规范，建立大坝、渠道、闸门等巡查制度并对水库枢纽和灌区的启闭机、闸门、丝杆等工程设施进行防锈、上机油等保养与维护工作，为4座水库大坝清基除杂3或4次。

工程建设。配合区水利局实施五溪水库、超美水库除险加固施工管理。派出工程技术人员，到五溪水库、超美水库除险加固工程现场进行指导和施工环境协调，该工程拟于2021年3月关闸蓄水。

2020年，五溪水库除险加固工程现场（输水隧洞启闭设施排架）

（提供：章庭珍）

乡镇业务工作督导。根据区水利局和杜水灌区管理局的要求，该单位负责管辖范围内许家桥回族维吾尔族乡、尧天坪镇、花岩溪镇、草坪镇、花岩溪管理处5个单位水情、雨情、汛情、险情的收集和上报，防汛与抗旱工作，水利建设和小型水库管养等业务工作的指导，按照要求及时准确收集和上报水情、雨情、汛情、险情，按照年初制定的规章制度和有关技术要求指导防汛与抗旱工作，水利建设和小型水库管养等业务工作，实施日常巡视和突击检查。

（章庭珍）

工业

Industry

2020 年，常德市源宏食品有限责任公司　　（提供：区工信局）

概述

工业企业选介

电力

概 述

【概况】 2020年,鼎城区工业信息化局(简称鼎城区工信局)保留"全省经信系统规范行政执法示范单位"称号,获评全省工业数据云建设先进单位、湖南省中小企业运行监测工作突出单位、"创客中国"湖南省中小微企业创新创业大赛优秀组织单位,获省、市工业高质量发展(真抓实干)先进单位。

经济指标。全年,全区工业总产值402亿元,比2019年增长11.5%;工业实缴税金10.3亿元,比2019年增长33.8%。161家规模工业企业工业总产值350.2亿元,比2019年增长12%,全市排名第一;规模工业增加值86.4亿元,增速7.2%,排名全市第一;规模工业实缴税金9.4亿元,比2019年增长36.6%,总量全市第一;利润21.2亿元,比2019年增长28.4%。工业固定资产投资增速13.1%。新引进亿元工业项目23个,新开工亿元工业项目17个,新投产亿元工业项目16个。

争资争项。为企业争取省级、市级专项资金计3412.71万元。响箭重工获评国家级小巨人企业,云港生物、德山表业、荣程机械等6家企业获评湖南省小巨人企业,精为天获评湖南省"上云上平台"标杆企业。指导中联建起、南方水泥、特力液压、粤港模科等10家企业申报市级税收增量和科技创新奖励资金495万元。

项目建设。引进100兆瓦渔光一体项目,安徽皖能项目、晶宇科技公司光伏发电及光伏组件项目、通威二期项目总投资约12亿元。4月,洽谈牛鼻滩镇渔光一体光伏发电项目并上报资料,5月,向省能源局争取80兆瓦渔光一体项目建设指标,9月,启动建设韩公渡镇100兆瓦光伏发电项目建设,实现发电。

帮扶企业。落实各级应对新冠肺炎疫情惠企稳企政策。摸排疫情防控重点保障企业,上报3批12家规模以上企业纳入省疫情防控重点保障企业名单,其中,精为天、敬佩粮油、亿泽生态农业、天富生态农业被认定为全国疫情防控重点保障企业。补助全区规模企业2—5月用电、用气,该区29家企业获市、区两级用电补助计55.5万元,4家企业获市、区两级用气补助计7.7万元。兑现工业企业用电增量奖励174.82万元,兑现增加设备投资奖励33.3万元,兑现城镇土地使用税补贴14万元。引导7家企业进入直接用电交易平台,每年为企业节约成本40余万元。提请区人民政府召开中小企业担保贷款调度会,商讨融资担保模式,担保费率从2.2%降至1%。全年累计为企业解决过桥资金1.08亿元。

品牌推介。鼓励全区党政机关、事业单位及企业,在同等条件下优先采购该区名优产品,帮助产品打开市场、提高销量。督查全区各单位上半年使用当地产品情况2次。组织精为天、亲零嘴、勇福农业、源宏食品等食品生产企业参加常德市工信局组织的2020常德市特优工业食品直供"惠"活动,组织浩天翼、蓝天智能、飞泓光电等企业参加常德市电子信息暨兵工装备行业展销会。

复工复产。保障企业防疫物资,累计为企业发放口罩2万个、消毒液2000千克,酒精4000千克,体温检测枪30只、中药药剂3000余包,疫情防控安全卡6000余份,印发复工复产须知、疫情防控海报等宣传资料800余份。成立疫情防控常态化工作领导小组,分组不定期巡查、指导企业疫情防控,抽查企业体温监测、厂区消毒、口罩佩戴等情况,向企业推广使用"电子健康码",抓疫情联防联控,阻断病源传播途径。

2020年,鼎城区电信局为企业发放防疫物资(提供:曾紫雯)

行政执法。开展安全生产集中整治，履行行业监管职责，成立安全生产检查小组6个，督导检查工业企业安全生产。全年出动工作人员687人次，检查工矿企业362家，发现隐患149处，已整改148处。按照“一单四制”标准销号60处。开展交通问题顽瘴痼疾集中整治，摸底统计辖区内汽车生产企业，对标对表开展隐患摸排，建立工作台账。开展电力综合行政执法，协调处理涉电伤害事故7起，消除安全用电隐患30余处，处理破坏电力设施事件20余起，罚没10余起，罚没金额2万余元。（曾紫雯）

【2020年“创客中国”中小微企业创新创业大赛鼎城区初赛举办】 2020年5月28日，常德市鼎城区暨高新区“创客中国”2020中小微企业创新创业大赛初赛，在华邦国际大酒店举办。常德市工信局、常德市中小企业服务中心、鼎城区人民政府、常德高新区党工委、鼎城区工信局、常德高新区创新创业服务中心、常德高新区科技和产业发展局相关领导及大赛协办单位负责人出席活动。大赛以“围绕产业链，部署创新链，配置资金链”为主题，旨在激发中小企业创新潜力，集聚创业资源，营造“双创”氛围，促进创业成果展示交流，推动鼎城区暨高新区中小微企业高质量发展。由斯盛新能源、联科、浩天翼、正大国际、集智生物科技、泓立隆科技等15家企业参加比赛。大赛邀请创业导师、相关产业专家学者、高校教授、知名企业负责人、风险投资机构人士等担任大赛评委。参赛企业通过抽签确定出场顺序，依次上台进行项目展示和评委互动答辩，评委从项目创新性、经济效益、社会效益、可推广性、可复制性等方面进行打分。最终，湖南浩天翼航空技术有限公司、正大国际科技分别获企业组和创客组一等奖，斯盛新能源有限责任公司、常德集智生物科技有限公司分别获企业组和创客组二等奖，坎德拉科技、蓝天智能科技获企业组三等奖，湖南力乐利环保科技、德山表业等9家企业获优胜奖。（曾紫雯）

2020年5月28日，鼎城区暨高新区“创客中国”2020中小微企业创新创业大赛初赛现场（提供：曾紫雯）

【鼎城区工信局举办中小企业稳定成长与快速发展培训班】 2020年6月3—4日，鼎城区工信局举办中小企业稳定成长与快速发展培训班。培训主要为企业讲解股权设计及股权激励相关知识，旨在帮助企业构建合理、科学、稳定的组织架构，发挥员工潜能，吸引和留住高端人才，赢得竞争优势。60余位企业负责人参加培训。鼎城区工信局党组书记、局长马庆云作开班动员讲话。该次培训通过沙龙式教学，为企业讲解股权激励、股权布局、股权分配、股权运作等。（吴晓娇）

【“金秋助学·成就梦想”公益行动】 2020年8月26日，鼎城区工信局携手鼎城区企业家协会，开展2020年“金秋助学·成就梦想”公益行动。区工信局党组书记、局长马庆云，区企业家协会会长彭长秀，协会部分爱心企业家、受助学生及家长等40余人参加。助学座谈会上，企业家们为贫困学子送去助学金，询问孩子们学习生活情况。该次活动筹集善款近8万元。（吴晓娇）

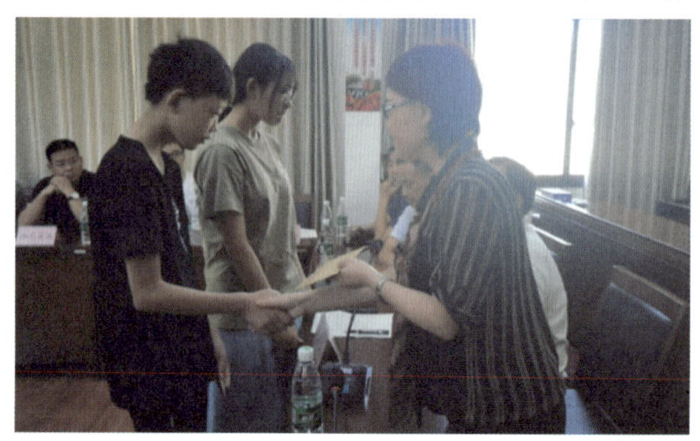

2020年8月26日，“金秋助学·成就梦想”公益行动现场（提供：吴晓娇）

【鼎城区工信局开展无线电科普知识宣传】 2020年9月1—30日，鼎城区工信局联合区电信公司、移动公司、联通公司、融媒体中心、邮政公司等部门开展“全国无线电管理宣传月”科普活动。活动中，各部门采取制作宣传展板、播放宣传片、发放宣传资料等形式，向市民宣传无线电科普知识。鼎城区融媒体中心通过电台电视新闻、“鼎级传媒”微信公众号、手机报短信等渠道，为市民重点宣传“5G科普”“基站辐射”“基站电磁环境标准” 等知识和违规设置使用“伪基站”“黑广播”、调频广播电台等非法行为危害等内容。 （周　能）

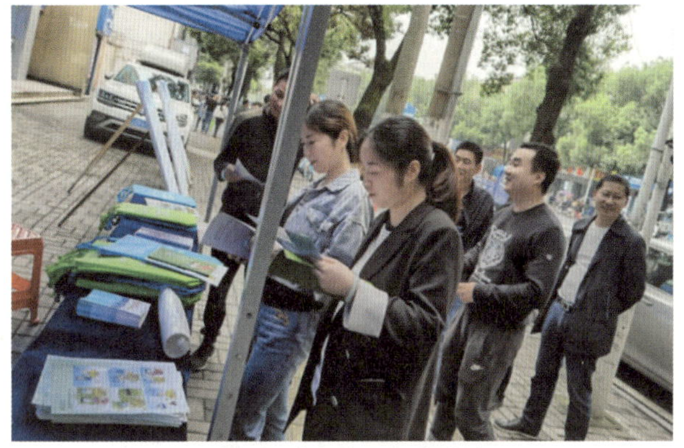

2020年，“无线电管理宣传月”科普活动现场

（提供：周能）

【鼎城区召开5G通信产业发展大会】 2020年12月17日，由鼎城区人民政府、常德高新区管委会主办，鼎城区工业和信息化局、常德高新区科技和产业发展局、中国电信常德鼎城区局、中国移动鼎城区分公司、中国联通鼎城区分公司、中国铁塔常德分公司鼎城办事处共同承办的2020年鼎城区5G通信产业发展大会在华邦国际大酒店召开。常德市工信局、中国移动常德分公司、中国电信常德分公司、中国联通常德市分公司、中国铁塔常德市分公司、鼎城区人大、鼎城区人民政府、鼎城区政协、常德高新区相关领导，全区规模工业企业和商贸物流企业负责人、乡镇（街道、场）和区直各单位分管负责人300余人参加会议。与会人员观看鼎城区5G通信产业发展宣传片，听取专家关于5G应用场景专题讲座。鼎城区人民政府副区长王直华代表鼎城区人民政府分别与中国移动常德分公司、中国电信常德分公司、中国联通常德市分公司、中国铁塔常德市分公司签订战略框架协议并讲话。 （周　能）

表4　　2020年鼎城区规模工业企业基本信息一览表

序号	企业名称	法人代表	地址
1	湖南特力液压有限公司	芦晓岚	灌溪工业园
2	常德辰州锑品有限责任公司	彭德森	郭家铺街道
3	湖南中联重科建筑起重机械有限责任公司	腾明友	灌溪工业园
4	常德市鼎城年丰粮油饲料有限公司	胡春喜	双桥坪镇
5	精为天生态农业发展有限公司	彭长秀	石公桥镇
6	常德市鼎城金标粮油工业有限公司	徐建明	桥南工业园
7	湖南省常德天美乐冷冻食品有限公司	赵军科	桥南工业园
8	湖南宏旺石油有限公司	刘　震	桥南工业园
9	常德市先玉网具有限责任公司	陈先玉	郭家铺街道
10	湖南佳达电线电缆有限公司	林义祥	灌溪工业园
11	常德市鼎城武陵水泥有限公司	杨启贵	灌溪工业园
12	湖南湘北水泥有限公司	赵金秋	蔡家岗镇
13	常德长岭机械制造科技有限公司	袁付华	灌溪工业园

续表 4

序号	企 业 名 称	法人代表	地址
14	常德东鼎动力机械有限公司	高克松	灌溪工业园
15	常德市联嘉机械有限公司	王建忠	桥南工业园
16	常德市佳诚机械有限公司	罗　益	桥南工业园
17	常德质中电通讯设备制造有限公司	黄跃贤	桥南工业园
18	常德金煜机械有限公司	宁自珍	石板滩工业园
19	常德市佳鸿机械有限责任公司	铁美珍	灌溪工业园
20	常德迪格机械制造有限公司	张春华	灌溪工业园
21	湖南武陵机械制造有限公司	陈颂东	灌溪工业园
22	湖南润田农机装备科技股份有限公司	贺胜浩	蒿子港镇
23	湖南常德南方水泥有限公司	全必刚	石板滩工业园
24	常德市荣程机械有限公司	朱四文	灌溪工业园
25	湖南响箭重工科技发展有限公司	阎　军	灌溪工业园
26	常德市格佳机械有限公司	毛国英	灌溪工业园
27	常德市振东机械有限公司	江　帆	灌溪工业园
28	湖南常德南方新材料科技有限公司	邵明福	桥南工业园
29	常德华利烟机配件有限公司	宁艳华	石板滩工业园
30	常德市三金结构件制造有限公司	周　亮	灌溪工业园
31	常德市鼎城永欣机械制造有限公司	刘孝华	石板滩工业园
32	常德鹏达机械加工有限公司	彭世金	灌溪工业园
33	常德市中凯机械工业有限公司	陈跃明	灌溪工业园
34	常德市鼎城合力机械有限公司	唐丁尖	灌溪工业园
35	湖南福祥天茶业有限公司	曾　义	桥南工业园
36	常德牛牛米业有限公司	姜大新	许家桥回族维吾尔族乡
37	常德云港生物科技有限公司	邓家国	桥南工业园
38	常德科锐新材料科技有限公司	肖志才	灌溪工业园
39	常德湘沅实业有限公司	易建平	灌溪工业园
40	常德市鼎城区奥兴机械有限公司	李必顺	灌溪工业园
41	湖南鑫文天生物科技有限公司	邓小兵	灌溪工业园
42	湖南省双豹粮食机械有限公司	蔡胜黎	桥南工业园
43	湖南常德德山表业有限公司	陈　勇	桥南工业园
44	常德市广汇气体有限公司	沈正湘	灌溪工业园
45	常德市景云塑业有限公司	刘景云	桥南工业园
46	常德湘大环保科技有限公司	徐联菊	桥南工业园
47	湖南善德堂中药饮片有限公司	熊中平	郭家铺街道
48	常德市金佰特节能环保科技有限公司	赵克军	桥南工业园
49	常德顶兴混凝土制品有限公司	胡长跃	桥南工业园
50	湖南林宇科技发展有限公司	郑发元	桥南工业园
51	常德汇泉食品有限公司	何永德	桥南工业园

续表 4

序号	企业名称	法人代表	地址
52	常德市鼎城区正荣机械制造有限公司	代正荣	灌溪工业园
53	常德富贵铸造有限公司	唐必来	灌溪工业园
54	常德市鼎城区天野竹业有限公司	唐应龙	花岩溪镇
55	常德鼎城荣泰机械制造有限公司	周小军	石板滩工业园
56	常德立欣电子科技股份有限公司	邬书郎	灌溪工业园
57	常德同达机械制造有限公司	杨开新	桥南工业园
58	常德顺心食品有限公司	白建政	桥南工业园
59	常德市鼎城区自来水公司	刘 择	红云街道
60	常德七一水泵制造有限公司	谢 芳	草坪镇
61	常德市鼎城区新顺杰包装有限公司	周菊霞	桥南工业园
62	常德鹤王蚊香有限公司	伍可夫	玉霞街道
63	常德市敬佩粮油有限公司	丁时来	周家店镇
64	常德八百里酒业有限公司	贺胜忠	桥南工业园
65	常德天厦建材有限公司	姚 飞	双桥坪镇
66	湖南诚曜生态农业发展有限公司	刘建平	尧天坪镇
67	常德芙蓉烟叶复烤有限责任公司	侯 军	灌溪工业园
68	常德隆程建材科技有限公司	胡 忠	蔡家岗镇
69	常德市北方饲料有限公司	程祥福	桥南工业园
70	常德金果园科技食品有限公司	罗方浩	桥南工业园
71	湖南常德航力服饰有限公司	李 敏	桥南工业园
72	湖南省希母生物科技有限公司	邓 飞	周家店镇
73	湖南瑭桥科技发展有限公司	官昌友	灌溪工业园
74	常德宜利管道制造有限公司	杨朝晖	桥南工业园
75	湖南和畅(常德)食品科技有限公司	王昌宏	灌溪工业园
76	常德市勇福农业发展有限公司	熊桂华	十美堂镇
77	常德天富生态农业发展有限公司	李凤文	中河口镇
78	常德市运达废弃油脂再生资源有限公司	严海军	斗姆湖街道
79	常德湘联木业有限公司	程度文	石板滩工业园
80	常德辉煌家具有限公司	欧俊君	桥南工业园
81	湖南百特随车起重机有限公司	郑 斌	灌溪工业园
82	常德众鑫机械有限公司	李建念	桥南工业园
83	常德市飞泓光电科技有限公司	胡艳梅	灌溪工业园
84	常德市博亿新能建材有限责任公司	陈景新	尧天坪镇
85	湖南天正科贸有限公司	胡卫红	石板滩工业园
86	湖南亲零嘴食品有限公司	刘志伟	灌溪工业园
87	常德远大建筑工业有限公司	龙启满	灌溪工业园
88	常德铭饰家木制品有限公司	宋清平	灌溪工业园
89	湖南荣星互联家居文化产业有限公司	袁荣彤	灌溪工业园

续表 4

序号	企 业 名 称	法人代表	地址
90	常德市兴隆建材有限公司	梁战坤	周家店镇
91	湖南新湘达门窗有限公司	刘连财	灌溪工业园
92	湖南粤港模科实业有限公司	叶诚志	灌溪工业园
93	常德市鼎城盛祥混凝土有限公司	汪哲屹	石板滩工业园
94	常德市鼎城区依林建材有限公司	杨依林	尧天坪镇
95	常德市鼎城区南盛木业有限公司	陈南友	中河口镇
96	常德市五富建材有限公司	李新安	双桥坪镇
97	湖南霖辰科技贸易有限公司	朱厚霖	灌溪工业园
98	常德三友机械制造有限公司	陈和清	桥南工业园
99	常德市鼎城胜利冷气配件有限公司	龚浩然	桥南工业园
100	常德津沅食品有限公司	贺胜义	桥南工业园
101	常德市鼎城信达油品有限公司	禹芳银	桥南工业园
102	常德国力变压器有限公司	张家跃	灌溪工业园
103	湖南德迪机械有限公司	郑国栋	灌溪工业园
104	湖南天晟源消防科技有限公司	谭　军	灌溪工业园
105	湖南昊宇幕墙门窗有限公司	陈　宏	灌溪工业园
106	湖南凯盛钢结构有限公司	童科寰	灌溪工业园
107	常德天工机械有限公司	刘冬顺	石板滩工业园
108	常德市鼎城区中义机械有限公司	熊建明	灌溪工业园
109	湖南玉道环保科技有限公司	张　颖	灌溪工业园
110	常德市金恒机械有限公司	熊建明	灌溪工业园
111	常德市鼎城奕通机械制造有限公司	吴桃英	灌溪工业园
112	常德佳致钢化玻璃有限公司	黄国政	灌溪工业园
113	常德市鼎城东方恒康竹业有限公司	徐诗刚	桥南工业园
114	常德鑫芙蓉环保有限公司	倪正富	石板滩工业园
115	湖南旭宸环保科技有限公司	唐菱浠	灌溪工业园
116	常德市源宏食品有限责任公司	孙　权	桥南工业园
117	常德定海金铸建材有限公司	陈克学	桥南工业园
118	常德佳成明辉机械制造有限公司	宁爱民	灌溪工业园
119	常德瑞齐隆科技发展有限公司	刘孝华	灌溪工业园
120	湖南浩天翼航空技术有限公司	刘明星	灌溪工业园
121	湖南省斯盛新能源有限责任公司	林　泳	灌溪工业园
122	湖南翔拓新创实业有限公司	邱先见	灌溪工业园
123	湖南旭昱新能源科技有限公司	刘　海	灌溪工业园
124	常德市鑫鹏建材有限公司	杨　辉	许家桥回族维吾尔族乡
125	常德永盛液压机械有限公司	龚德梅	石板滩工业园
126	湖南海盛环保建材有限公司	汪建强	石板滩工业园
127	常德市煦琴新型建材有限公司	雷新华	十美堂镇
128	常德市天鹏混凝土有限公司	周　磊	许家桥回族维吾尔族乡
129	常德市新金顶新型建材有限公司	文先华	石板滩工业园

续表 4

序号	企 业 名 称	法人代表	地址
130	湖南瑞泓混凝土有限公司	谭华力	灌溪工业园
131	常德瑞立新建材有限公司	夏正炜	灌溪工业园
132	湖南贯通新材料科技有限公司	杨长松	灌溪工业园
133	常德市鼎城区宏广新型建材厂	余 红	谢家铺镇
134	常德宝来建材有限公司	张华初	谢家铺镇
135	常德瑞安混凝土有限公司	余 雄	草坪镇
136	常德市鼎城区振鹏新型建材厂	高世明	双桥坪镇
137	常德正发建材制品有限公司	程小英	周家店镇
138	常德市鼎城区联友机械有限公司	铁光红	灌溪工业园
139	常德政友机械工程有限公司	陈 蓉	灌溪工业园
140	湖南星科液压有限公司	施海洋	灌溪工业园
141	常德市鼎城区宏博机械有限公司	石 波	灌溪工业园
142	湖南瑭桥住工科技发展有限公司	姚松岑	灌溪工业园
143	常德恒磊机械制造有限公司	龚亚平	灌溪工业园
144	湖南亿泽生态农业科技有限公司	陈运秋	谢家铺镇
145	常德市弘富源农业发展有限公司	李小玲	十美堂镇
146	湖南申鑫能源科技有限公司	刘伟恒	灌溪工业园
147	湖南天成展示制品有限公司	王胜利	灌溪工业园
148	湖南常德牌水表制造有限公司	李发银	灌溪工业园
149	常德荣胜机械制造有限公司	华荣晟	灌溪工业园
150	湖南科伟泰机械制造有限公司	张建伟	石板滩工业园
151	湖南中芯半导体有限公司	朱能煌	灌溪工业园
152	常德市捷芯微电子科技有限公司	林建宁	灌溪工业园
153	湖南鼎联金属制品有限公司	曾明正	石板滩工业园
154	常德羽闻环保建材有限公司	刘明高	许家桥回族维吾尔族乡
155	常德市东悦翔石业有限公司	向爱军	蔡家岗镇
156	常德中旺环保科技有限公司	陈南友	中河口镇
157	常德鑫蓝建材有限公司	皮昌桂	许家桥回族维吾尔族乡
158	常德市旺达门窗有限公司	刘建辉	灌溪工业园
159	湖南欧旭机械有限公司	冯祥旺	石板滩工业园
160	常德市鼎城区富昌顺机械制造有限公司	蔡谷初	石板滩工业园
161	常德市东越机械制造有限公司	唐志明	灌溪工业园

工业企业选介

【常德国力变压器有限公司】 常德国力变压器有限公司前身为常德市变压器厂，创建于 1966 年，是变压器及高低压开关柜专业研发生产型国家高新技术企业。公司占地面积 6.67 公顷，建筑面积 5 万余平方米，员工 176 人。公司年生产变压器能力 300 万千伏安，高低压成套设备年生产能力 3000 台，年销售规模 3.5 亿元。企业综合实力及主要经济技术指标位于湖南省变压器行业前列。公司主要产品为 110 千伏级及以下油浸式、干式、非晶合金、新能源、箱式变压器及高低压成套智能开关设备等五大系列 300 余个品种，申请并获得各类专利 28 项,主持和参与制定各类标准 6 项。公司是国家电网公司、南方电网公司规模招标入围企业和合格供应商,产品遍布全国 20 余个省、市、自治区,并远销亚洲、非洲、欧洲等 10 余个国家和地区。公司通过 ISO 9001 国际质量管理体系认证、ISO 14001 国际环境管理体系认证、CCC 中国强制性产品认证、两化融合贯标体系认证。被认定为"国家高新技术企业""湖南省名牌产品""湖南省著名商标""湖南省小巨人企业"。(聂志兵)

【常德隆程建材科技有限公司】 常德隆程建材科技有限公司位于鼎城区蔡家岗镇,始建于 2014 年 6 月,是常德市第一家预拌砂浆生产企业。公司 2016 年通过国家质量管理、环境管理、职业健康安全管理等体系认证并被列入《常德市名优产品》,2017 年通过湖南省绿色建材认证。属常德市砂浆协会会长单位,是湖南省最大的砂浆生产和销售企业。(聂志兵)

【湖南常德德山表业有限公司】 湖南常德德山表业有限公司是一家民营股份制企业,是中国水表行业协会会员单位,公司坐落在常德市鼎城高新区桥南工业园,厂区占地面积 13200 平方米,注册资金 3000 万元,主要生产全系列水表产品,年生产水表能力 100 万台套,年产值 6000 万元,是湖南省水表生产研发专业骨干企业。2004 年,通过 ISO9001 质量管理体系认证,被省质监局和省工商业联合会评为"全省民营企业百家质量信得过单位";数次被省工商行政管理局授予"湖南省重合同守信用单位"。2017 年,通过"湖南省高新技术企业"认证。公司生产的"德山"牌水表商标连续四届获评"湖南著名商标"公司拥有发明专利 1 项、实用新型专利 11 项。(聂志兵)

【湖南省斯盛新能源有限责任公司】 湖南省斯盛新能源有限责任公司于2017 年 12 月成立,注册资金 6000 万元,位于湖南省常德高新技术产业开发区科技创新创业园,系深圳市斯盛能源股份有限公司控股子公司,是一家以聚合物与圆柱高端消费类、储能及动力锂离子电池研发、生产和销售为一体的高新技术企业,产品主要应用于手机、笔记本电脑、两轮电动车、低速车、无人机、应急电源、储能基站等领域。公司第一期项目于 2018 年 5 月建设,总投资 2 亿元,占地面积 2 公顷,厂房面积 28096 平方米,产能 100 万千瓦·时 / 年,年产值 6 亿元。公司申请专利 13 项,其中,发明专利 6 项、实用新型专利 7 项,已授权发明专利 2 项,实用新型专利 6 项。(聂志兵)

【佳达电缆有限公司】 佳达电缆有限公司位于常德国家技术高新区岗中西路 001 号,建于 1998 年,公司注册资金 1.18 亿元,占地面积 11 万余平方米,建筑面积 7 万余平方米,拥有常德南、常德北两大生产基地,专业生产低烟无卤电力电缆、架空电缆、控制电缆、高端家装电线,矿物质超高温电缆等六大类产品,1000 余种规格。企业通过 ISO 9001 质量体系认证、环境管理体系认证、职业健康安全理体系认证、全国工业产品生产许可证、中国强制性产品认证。曾获中国驰名商标、高新技术企业、质量信得过单位、湖南名牌产品、国家工业产品质量分类监督监管 AA 级企业、标准化良好企业 AAA 企业、质量信用等级 AAA 级企业、重合同守信用单位等国家、省、市部门荣誉。产品涉及新能源、输配电、建筑工程、矿用、工业制造、轨道交通、机场等领域。市场覆盖湖南省、湖北省、江西省、贵州省、四川省等 20 余个省、市及东南亚等地区。(聂志兵)

【精为天公司】 精为天公司成立于 2005 年 3 月,注册资本 1.33 亿元,总资产 4.37 亿元,拥有发明专利 17 项,有桃源金山粮油等 6 家子公司,是一家集粮油基地、粮食收储、食品加工、进出口贸易、"互联网+"和开设放心粮油社区店的国有民营混合所有制企业。公司曾获评"国家级农业产业化重点龙头企业”“中国绿色食品”“全国放心粮油加工示范企业”“中国驰名商标”“国家高新技术企业” “湖南省上云标杆企业”“湖南省100个重大产品创新企业”“中国好粮油示范引领企业”等。2020年10月，进入湖南省民营企业100强。公司有优质稻基地4000公顷，建有容量1亿千克国标仓储中心，年产精米1亿千克、食用油3000万千克、面条5000万千克、胚芽食品1500万千克、调味品300万件，在全省开设精为天放心粮油社区直营与加盟店100余家。公司互联网平台在淘宝、天猫、京东、拼多多、建行善融商务、工行融e购等13家商城均有销售，是全国唯一拥有胚芽糙米茶企业标准和国家专利企业。（聂志兵）

【常德市联嘉机械有限公司】 常德市联嘉机械有限公司成立于2004年5月，位于鼎城区桥南工业园，专业生产吊车和泵车油缸总成、各类活塞杆、长轴及辊筒零部件，为专业工程车、特种设备等领域提供液压零部件及服务，是中联重科湖南特力液压有限公司重点战略合作伙伴。公司有员工300余人，管理岗位配备齐全，厂房面积15000平方米，各种机械设备300余台套，关键工序全部采用数控加工系统。曾被中联重科湖南特力液压有限公司评为“优秀供应商”，获评鼎城区“工业目标红旗单位”，于2011年通过“湖南省高新技术企业”认证。公司董事长获评“第三届常德市优秀中国特色社会主义事业建设者”“常德市第六届十佳优秀企业家”“常德市劳动模范”；数名员工获评“湖南省高职工技能培养名师奖”“常德市芙蓉百岗明星”“常德市首届十大金牌工人”“常德市技术能手”“常德市人力资源先进个人”等。（聂志兵）

【湖南林宇科技发展有限公司】 湖南林宇科技发展有限公司创建于2004年，有员工150人，临时季节性用工100余人，是专业从事环卫设备、汽车零部件研发、生产、销售于一体的民营股份制企业，湖南大学校企合作单位、国家高新技术企业、湖南省小巨人企业。公司占地面积20000平方米，建筑面积13700平方米，建有市级技术中心，有专利35项，全年申报发明专利30项。有环卫车辆总装、车辆内饰、沙发座椅坐垫产品、车辆仪表台、油漆生产线6条，年设计生产环卫车辆5万台、内饰5万台套、仪表台3万台、座椅坐垫20万套。有各类数控加工设备、油压机、电泳生产线、焊装生产线、总装生产线、冲压生产线、涂装生产线等。公司主要研发、制造环卫环保设备，生产道路清扫机械、清洗机械、垃圾收运机械、市政养护设备、垃圾压缩站成套设备、垃圾填埋场成套设备和餐厨垃圾收运与处理装备等产品，并提供城市垃圾收运与处置、农村垃圾收运与处置、生活垃圾资源化利用、餐厨垃圾资源化利用等系统解决方案和技术。（聂志兵）

【常德湘沅实业有限公司】 常德湘沅实业有限公司前身为浦沅多田野机械有限公司，公司始创于1988年，2006年8月，公司整体改制更名并重新注册。注册资金5000万元，拥有固定资产3500万元，有员工200余人。其中高级工程师2人、工程师8人，技工及持有湖南省质量技术监督局考核并颁发的特种设备操作证40人。自有土地1.67公顷，修建标准化厂房8000平方米。公司主要从事各类进口、国产工程机械再制造、一类机动车维修、大件货物运输、环卫机械、环保机械、工程机械等产品制造与销售。（聂志兵）

【湖南响箭重工科技股份有限公司】 湖南响箭重工科技股份有限公司是一家专注混凝土智能制造装备的高新技术企业，公司集混凝土泵车研发、制造、销售、后市场服务、对外技术开发及物联网软件开发为一体。成立于2008年7月，注册资本5000万元，法人代表阎军，公司位于常德市鼎城区国家高新技术产业开发区，占地面积52804平方米，拥有建筑面积35578平方米，其中工业厂房面积26765.4平方米，有职工307人。公司是国内两桥短臂架混凝土泵车行业标准制定参与者,2017年成功研制出全液压搅拌混凝土泵车,被专家评定为"国内领先";2020年研发全球首台可基于5G技术实现远程操控、远程运维的混凝土泵车。公司生产的25—73米"多功能集成智能化混凝土泵车"系列产品具备独立知识产权及应用体系。公司曾获国家道路机动车辆生产资质、世界制造识别代号证书、质量体系CCC(中国强制性产品认证)等认证;是国家级专精特新"小巨人"企业、"湖南省绿色工厂""省认定企业技术中心""湖南省中小企业'上云'标杆企业""工程机械产业链标志性领军企业""湖南省工业新兴优势产业链重点企业""省100个重大产品创新项目建设单位"、湖南制造强省第四批重点项目建设单位。2019年实现二期技改后,公司混凝土泵车生产能力位居国内行业第四位。 (聂志兵)

【常德市源宏食品有限责任公司】 常德市源宏食品有限责任公司于2016年落户常德高新区产业园,占地面积10000余平方米,投资5000万元,日生产能力150000千克,年销售额4500万元,产品包括源沅湘米粉、米面、麦面、方便即食米粉。2018年,公司成立粉之源子公司,组建电商团队,有线上品牌粉小德,线上平台京东、天猫、淘宝、阿里巴巴、抖音小程序商城等,发展线上代理40余家。有国家实用新型专利7项,软著作权2项,申请发明专利28项,曾获常德市创新创业大奖赛二等奖,AAA级质量信用企业、中国原生态绿色环保食品等荣誉。 (聂志兵)

【常德远大建筑工业有限公司】 常德远大建筑工业有限公司由远大住工、市城投、市经投、鼎力投共同投资组建,是常德市唯一一家PC(预制混凝土)装配式建筑生产基地。公司投资约5亿元,占地18公顷,位于常德高新技术产业开发区,2017年5月建成并投产,建有高标准厂房70000平方米,年产能建筑面积200万平方米。曾被授予"湖南省装配式建筑产业基地""2018年度湖南省装配式建筑行业优秀企业""高新技术企业"称号,获评2019年度"常德市规模工业企业增长卓越奖"。 (聂志兵)

电　力

【概况】 国网鼎城区供电公司是国网湖南省电力有限公司下属三级单位。负责鼎城区供电服务任务。2020年,国网鼎城区供电公司贯彻"安全第一、预防为主、综合治理"方针,强化安全意识,严抓严管,落实安全生产责任制。开展安全生产月和安全大整顿、大检查活动。把握安全入口关,落实218人安规普考和133名"三种人"认证工作。开展新冠肺炎疫情防控、防汛、度夏、度冬及重大活动、特殊时期保供电任务,获评鼎城区安全工作优秀单位。

电网建设。国网鼎城区供电公司落实"向配网开战"总体要求,常态化开展10千伏线路通道治理,改造高跳线路42条。按周通报、月考核"两降一控"指标,推广配电自动化,合理配置柱上开关,调整开关定值,线路开关配置合理,运转正常。开展无人机巡检应用,全年进行无人机巡检高跳线路、故障查线无异常线路17次。落实年度配电网改造工程建设任务,投资1亿余元,实施单项工程165个,其中改造贫困村12个,省重点民生实事投资620万元。综合电压合格率提升至99.35%,供电可靠率提升至99.83%。编制"十四五"配电网规划,优化电网布局结构。理顺政企关系,为电网建设争取政策支持。公司纳入区政府规划委员会,为规划落地实施提供保障。

走访服务。开展转供电用户电价清理,宣传政策,要求转供电主体传导降成本红利。构建政府、供电公司、企业定期沟通对接机制,建立公司及相关部门负责人每季度走访大客户制度。联合工信局开展"千家用电企业大走访"活动,走访用电企业88家。 (望　鹏)

常德高新技术产业开发区

Changde High-tech Industrial Development Zone

2020 年 10 月 28 日，常德高新区举行第三届高新技术交流会　（提供：常德高新区）

概述
办公室工作
党群工作
科技和产业发展
招商合作工作
建设管理
社会事务
财政工作
纪工委监工委工作
综合行政执法
创新创业服务
人力资源服务
政务服务
宣传信息中心
桥南园区管理
常德市自然资源和规划局高新区分局
公安工作
企业党委工作
工会联合会工作
常德鼎力投资开发有限公司

鼎城年鉴（2021）

概　　述

【概况】 2020年,常德高新技术产业开发区(简称常德高新区)推进"千亿园区、工业新城"建设,工业总产值450亿元、规模工业总产值308.9亿元,比2019年分别增长13%、13.5%。一般公共预算收入11.96亿元,比2019年同期增长37.9%,其中实缴税金11.52亿元,地方一般公共预算收入5.3亿元,比2019年同期分别增长36.9%、32.5%。规模工业增加值73亿元,比2019年同期增长12.2%,地区生产总值101.3亿元,比2019年同期增长8%。坚持用项目的大建设带动产业大升级、促进园区大发展。完善和拉伸"三主两特"产业链,引进项目34个,合同引资额129.2亿元,其中亿元以上项目28个、10亿元以上项目4个,超额实现全年任务。全年,固定资产投资83.7亿元,比2019年同期增长17%,省重点建设项目投资占年计划145.2%,市重点建设项目投资占年计划112.2%。新开工中联建起二期等亿元以上产业项目17个,新投产中联恒通等亿元以上产业项目16个,现代装备制造配套产业园入驻配套企业42家。投入全社会研究与试验发展(R&D)经费12.05亿元,比2019年同期增长33.8%,其中财政科技支出7569万元,比2019年同期增长97.1%。规上企业研发投入9.5亿元,比2019年同期增长17%。企业技术合同交易35个、合同交易额3.7亿元。申请发明专利671件,比2019年同期增长218.1%。获批高新技术企业18家,总数计62家,高新技术产业增加值57亿元,比2019年同期增长37%。75家企业入库备案全国科技型中小企业,超全年目标任务5家。引进全省"千人计划"人才3人、省部级科技带头人7人、高端科技人才15人,举办"常德高新区高新技术交流会"、湖南省创新创业大赛先进制造行业半决赛等活动。突出优质服务和惠企服务,创建营商环境和发展环境。项目审批实行"全程代理",推进"最多跑一次""一件事一次办"改革,行政审批提速50%以上,开创全市交地即发"三证"先例。在线落实审批备案项目103个、投资额112亿元。争取银行授信13.2亿元、放款3.3亿元,"银政担贷"提供流动资金1.6亿元,融资综合成本降低30%以上。减税降费1.8亿元,暂缓延期缴纳社会保险费税费4277万元,落实各类奖补531万元,解决用工缺口4569人。争取上级投资项目26个、金额2.4亿元。落实基础建设投入7亿元。拉开骨干路网,形成"六纵六横"双循环通道,建成标准化厂房25.4万平方米,建成生活配套园22万平方米、公寓1372套。实施生活配套园、医院等基础设施项目,发展餐饮、休闲等业态,增强园区承载和服务能力。 (廖进武　罗伟)

办公室工作

【概况】 2020年,常德高新技术产业开发区办公室围绕中心工作,推进办公室作风建设、能力建设和效能建设,落实各项工作任务。

学习提升。开展读书会促学习能力提升。坚持每月月底开展一次读书会,业务条线分管负责人授课讲授业务知识,青年干部交流信息、经验材料、调研报告、政论文等公文写作心得,全年开展读书会9次,其中1篇优秀文稿向上级推介获好评。跟班学习促学习能力提升。与市对口单位对接,派出4名青年干部分别到市政府办、市政府研究室、市审计局等单位全程脱产跟班学习秘书、公文写作、审计等业务知识,跟班学习结束后谈心得谈体会谈收获。参加培训促学习能力提升。利用各类培训机会,派出10名青年干部分别参加省、市、区举办的督查、绩效考核、外事、值班、业务知识综合等培训活动。

格局担当。加强政治能力建设,坚持以习近平新时代中国特色社会主义思想武装头脑,树牢"四个意识",坚定"四个自信",做到"两个维护",指导推动办公室工作落实。发扬敢于担当精神,在园区工作推进过程中勇挑重担,以良好的精神状态、过

硬的作风、奋发有为的工作激情投入到办公室工作,发扬苦干实干精神,贯彻落实中央、省委省政府、市委市政府、党工委管委会各项决策部署,确保政令畅通、各类政策落地落细。完善财务管理制度,加强财务预算管理,贯彻廉洁纪律,严肃财经纪律,勤俭节约办事,算好财务收支账,树立“过紧日子”思想,实行月度把控,季度严控,压减一般性行政开支,接待费用较2019年降低20%。

规格提升。优化业务流程。根据《常德高新区办公室业务流程汇编(草案)》试行效果,结合工作实际,优化会议筹办、建议和提案办理、信息报送、纪要撰写、公务用车、印章使用、公务接待、督查督办等业务流程。建设高标准文印室,配备高规格打印机、装订机等文印设备,提升资料印刷质量,购入信号屏蔽仪1台。改革食堂运营管理,改变干部职工用餐消费模式,合理搭配营养膳食,加强菜品监管。成立食堂监督委员会,每天派2名成员进行文明用餐监督,打造“光盘行动 拒绝餐饮浪费”节约型文明机关食堂。

服务工作。完善应急值守机制,坚持24小时值班值守,保密工作全年无一处纰漏。推进协同办公系统建设,接待海内外宾客40余次,参与招商引资大型项目筹备、协调工作,助力项目签约落地投产。承办全省产业项目建设推进现场观摩会、市开放强市产业立市流动现场会等活动,助推园区影响力提升。牵头办理市民生实事相关事项,受理市长热线等上级交办件200余个,办理回复率100%。办理市区两级人大代表建议、政协委员提案10件,解决部分涉及园区高质量发展的难点、热点问题。围绕上级决策部署,发挥以文辅政作用,起草汇报材料、讲话稿、调研报告等公文350余篇,上报信息300余条,坚守紧急信息上报底线,未出现紧急敏感信息漏报、迟报情况,其中《常德高新区着力完善装备制造产业链“内循环”》《常德高新区全力打通融资“毛细血管”解困中小企业》等信息被省、市采用。开展大型调研4次,其中《常德高新区智能装备制造产业发展解析报告》获上级好评。推进审计工作服务上级决策,成立审计局、审计委员会、编制审计局相关制度(试行),为依法依规开展审计工作提供根本制度遵循。筹备第一次审计委员会,起草《高新区审计委员会工作规则》《高新区审计委员会办公室工作规则》等工作章程。配合市审计局等单位开展专项审计。推进新型冠状病毒感染的肺炎疫情防控、安全生产、生态环保、干部纪律作风督查等工作,办理上级督查任务35项、本级督查任务8项。发挥绩效考核指挥棒作用,落实常德市2020年绩效评估指标任务,整治官僚主义形式主义,发文71件,同比减少25%。统筹安排党工委会、主任办公会、招商引资洽谈会等各类会议600余场次,审核各类文件300余份。

(林　勇)

党群工作

【概况】 2020年,常德高新技术产业开发区党群工作部实施组织建设。完善组织设置,在机关党员人数较多的部门单独设立党支部,党员人数较少、工作联系紧密的部门设立联合党支部。党工委下设党组织81个,其中党委2个,机关党支部13个,企业党支部67个,党员582人。进行制度建设,按照《中国共产党章程》《中国共产党支部工作条例》及党支部“五化”建设要求,建立制定党工委、机关党委、机关各党支部任务清单,落实“三会一课”、民主生活会、组织生活会、主题党日等制度要求,实行定期提醒、定期督查、定期评比。党工委每月开展中心组学习1次,将学习贯彻习近平新时代中国特色社会主义思想作为首要政治任务。提升服务水平,利用智慧党建平台,按时按标准收缴党费。完善机关党员联系企业党建工作制度,机关党员每月下企业了解企业情况、宣传相关政策、解决具体问题、指导党建工作。机关党组织与石门、新晃县点对点开展“点亮万家灯火”结对帮扶行动,解决就业49人。丰富组织生活,组织开展党组织书记、党务干部业务培训班。组织各支部开展党员志愿者服务活动10余次，园区机关各支部到翦伯赞故居、石门夹山进京赶考启示园等地开展红色教育，到石板滩镇敬老院开展爱心帮扶孤寡老人、道德模范和身边好人活动。抓典型带动，在庆祝建党99周年暨“七一”表彰大会上，表彰基层先进党组织7个、优秀党务工作者7名、优秀共产党员24名，《常德日报》刊登题为“红色引擎驱动发展快车”“党建是助推企业发展的原动力”“党员干部是公司发展的顶梁柱”的报道，推介常德高新区党建工作做法、经验。

2020年9月30日，常德高新区党工委、管委会举行“奋进新征程、创造新业绩”迎国庆升国旗活动

（提供：张小琴）

规范管理。设立中共常德高新技术产业开发区工委机构编制委员会，为党工委议事协调机构，统筹负责园区机构编制和职能配置工作，工委编委下设办公室，承担区委编委日常工作，加挂在党群工作部。制定《机构编制委员会工作规则》《机构编制委员会办公室工作细则》《机构编制、人事管理工作规程》等制度，提高机构编制规范化、制度化水平。成立综合行政执法局、行政审批局、应急管理局等工作机构；调整完善纪检监察机构，设立监察工委；配合设立自然资源与规划分局、公安分局、生态环境分局等派驻机构；将行政审批局、应急管理局与之前承担其职能的机构整合运行。向市妇联推荐园区优秀典型，杨雪阳当选常德市三八红旗手，铁美珍获评常德市巾帼建功标兵。成立妇工委和团工委组织，于2020年12月25日召开常德高新区第一次妇女大会和第一届委员会议，确定班子成员。实行选育结合，按照《党政领导干部选拔任用工作条例》，把握选任标准关、廉政审查关、考察审核关、任用程序关等关口，选拔任用干部。2020年，晋升职级11人次，提拔（重用）正科级领导干部7名、副科级领导干部8名。组织开展党组织书记、党务干部、业务骨干、年轻干部培训班，成立青年干部委员会，从公文写作、课件制作、团队协作等方面进行培训。落实事业单位岗位设置工作，与事业单位人员签订聘用合同，规范岗位聘用手续。建立事业单位人员信息管理系统，清理干部人事档案，开展清淤行动，进行查漏补缺，园区已入库干部人事档案163本。通过公开招聘、选调、调入等方式分7批次增加工作人员43名。其中，公开招聘和选调工作人员18名（硕士研究生11名），从区外调入25名工作人员安排到相关单位。

人才保障。成立人才工作领导小组，实行党工委领导联系服务专家制度，将人才工作纳入党建述职评议重要内容。开通人才服务窗口和服务热线，建立人才数据库，及时更新完善。年末，园区高学历人才193人，高职称人才24人，高技能人才632人。坚持机关引才基本标准，按照“缺什么、补什么”原则，优化人才工作队伍，2020年引进全日制硕士研究生11名，年末园区计有全日制硕士研究生27名。落实人才政策，2020年在常办发〔2019〕2号文件的基础上，制定高新区人才工作实施细则，将执行时间提前至2017年2月。全年，审核通过“三高”人才24人，推荐湖南省科技创新人才2名。

力量保障。通过调研走访非公企业、举办金融讲座、开展技能培训、召开人才工作推进会等学习交流活动，收集统一战线各界人才关于园区发展的意见建议。配合做好省、市委统战部在高新区的学习考察活动，为项目引资搭建平台。依托统一战线影响力，借助常德市返乡创业联合会等平台，发挥统战力量拓宽招商引资渠道，鼓励社会各界到高新区投资兴业。落实市委统战部关于加强民族宗教工作、党外人士管理工作要求，摸底园区内“两代表一委员”、工商联等优秀人士情况。建立民

营企业党外知识分子高层次人才数据库，开展非公有制经济代表人士综合评价，发现培养园区企业中管理创新人才。 （张小琴）

科技和产业发展

【概况】 2020年，常德高新技术产业开发区科技和产业发展局落实工业总产值450亿元、规模工业总产值308亿元、规模工业增加值73亿元，分别增长13.0%、13.5%、12.2%，固定资产投资83.7亿元，比2019年同期增速17%，新增规模以上企业20家。2020年，常德高新技术产业开发区获省政府科技创新真抓实干先进园区表彰。推行“重点项目包联责任制”，跟踪调度，加速项目建设。省、市重点建设项目投资分别为145%、112%。新开工亿元以上产业项目17个，新投产16个。金镁科、斯盛新能源等项目纳入省市重点推进笼子。协调落实省、市项目流动现场会，保障会议有序进行和效果。规上企业研发投入12.04亿元，增长33.8%，新增高企18家，高新技术产业增加值增长22.3%，入库科技型中小企业75家。与融机构开展深度合作，为园区35家企业放款“银政担贷”资金1.61亿元，降低企业融资成本30%以上。推出中小微科技型企业担保融资业务，撬动资金5000万元。与中南大学、湖南大学、北航、湖南应用技术学院等高校达成产学研合作协议；为园区15家企业与湖南文理学院、湖南农业大学等高校牵线搭桥，达成新的产学研合作，促进科技成果落地转化。抓企业服务，争取政策资金扶持，通过向发改、科技、工信等部门，争取制造强省、园区动能、创新引领等上级政策支持项目26个、总额2.4亿元、到位1.8亿元，兑现特色载体、电费用量奖补资金1.1亿元；搭建发展平台，争取工程机械特色园区、省级技术中心、百城百园等项目申报，成立常德工程机械装备制造业促进中心；举办各项活动，组织承办湖南省创新创业大赛装备制造行业半决赛、常德高新区第三届高新技术交流会等政策宣讲培训活动；帮扶企业解困，按照“全生命周期服务”制度，组织干部到企业生产一线500余次，实地收集协调解决企业用水、用电、网络等难题；提高审批效率，坚持一日办结制，高效为园区企业审批备案项目103个，累计总投资112.7亿元。抓中心工作。聘请中国高新技术产业经济研究院进行规划编制，经过修改完善，经党工委专题会议通过，已具备实施条件；落实园区区域评估实施前准备工作；落实“一区三园”火炬统计工作，落实人口普查工作并已全部验收，获市区部门好评。 （曹　勇）

招商合作工作

【概况】 2020年，常德高新技术产业开发区招商合作局坚持“项目为王、企业为大、服务为本”发展理念，创新招商方式，推进招商引资、开放型经济及相关工作，全年引进项目34个，合同引资额129.2亿元，其中亿元以上项目28个，占全年任务133%；10亿元以上项目4个，占全年任务133%。全年内联引资到位资金44.5亿元；全口径利用外资额6091万美元，外贸进出口总额25400万美元，比2019年同期增长17%。

多元化招商。开展产业链招商，优化“三主两特”产业结构，围绕中联建起等重点企业，在高端装备领域深耕细作，引进通润驱动部件、随车起重机智能制造等装备制造产业项目17个；引进品六生物、微藻产业园等生命健康产业项目4个，全封闭绿色节能建材、装配式新材料等新型建材产业项目5个，为新兴产业注入新动能。开展互联网招商，利用微信、电话等“云沟通”方式，召开视频会议洽谈合作，对接项目200余个。组织合作招商，与招商中心、异地常德商会建立合作关系，互访交流，瞄准“大湾区”等重点地区产业转移，洽谈对接蓝胖子机器人、中船重工等重大项目。开展院校招商，坚持招商引资与招才引智相结合，洽谈对接中科院应急管理研究院、中国航天科工、深圳大学等重点科研院所，扩大招商新领域，提高招商项目质量。

2020年3月19日，品六生物科技产业园项目与常德高新区举行签约仪式（提供：刘茜）

营商环境服务。树立"亲娘式"服务理念，为客商及企业提供"全生命周期服务"。推进已签约项目的落地跟踪服务，按照"洽谈一批、签约一批、开工一批、投产一批"的要求，建立项目跟踪服务机制，协助用地项目办理土地报批摘牌、规划设计和土方平整等手续。加大已投产企业跟进服务，牵头组织财政、产发等部门为斯盛新能源等公司落实奖励兑现，参与核实东鼎动力、荣星家居等10家企业履约情况。支持企业后续发展，支持湖南联科增资扩股将"顶匠"品牌转至园区，协调湘沅实业、湖南翔拓等公司新增标准化厂房扩产扩能。

开放型经济体量。受国际新型冠状病毒感染的肺炎疫情影响，上半年外资外贸指标出现下滑趋势，招商合作局积极应对。抓外资外贸，走访园区企业，挖掘符合条件的间接利用外资企业开展国际业务，鼓励外商投资企业再投资，签约引进应用精密自动化等外资项目。启动跨境电商产业园建设，与湖南联科和湖大金科洽谈运营协议，建立平台引进一批跨境电商企业。落实政策奖补，宣传《支持开放型经济发展十条》，对接中联建起、东鼎动力等外贸业绩外流大户。宣传应对疫情稳外贸、通关便利化等政策措施，收集外贸企业融资需求，主动对接银行，为企业解决资金短缺等问题。

招商工作机制。组建成立招商合作局党支部，建立党建工作机制，坚持党建引领，定期开展"三会一课"和党员谈心谈话活动。起草《项目预审工作方案》《项目履约监督管理机制》，规范项目入园流程。建立招商动态宣传机制，每月定期发布招商局工作动态，加强项目签约跟进力度。（刘　茜）

建设管理

【概况】 常德高新技术产业开发区建设管理局负责常德高新区房屋建筑与市政基础设施工程的综合管理、监督指导、协调调度；承担园区建设工程的计划、评估论证、行政审批、消防设计审查和验收、质量安全监督、技术档案管理及人防建设工程管理；负责园区市政设施建设、排水管网养护维修管理工作；协调供水、供电、燃气、通信、公共交通、地震等工作。

项目建设。建成中联恒通一期、海盛环保、中建西部、荣程、荣泰、佳鸿机械、蓝天智能、恒天纺织等项目；中联重科二期、常德水表（调试中心）、沃晟凯、塔式回转生产基地、下料中心、高端智能门窗产业园、方园门窗、富贵铸造、捷芯微等项目正常施工；中南·珑悦商住苑，启宏·高新城、强劲·御龙湾商业综合体项目启动预售；高星国际商贸城五号、六号地块主体封顶，并对外进行销售。

基础设施建设。抓市政道路建设。建成渐安南路、岗中东路、富强东路、五岗东路、渐安北路并通车；启动岗中西路、富强西路、高新大道、兴工路建设。依托市政路网建设，投资6000万元，建成配套管网13.46千米，污水提升泵站4个，完善园区排水系统，提升园区污水收集率，保护园区生态环境。抓产业配套。交付使用30万平方米标准化厂房三期钢构及框架厂房，19万平方米科创大楼主体工程竣工。现代装备制造配套产业园二期占地33.33公顷，先期13.33公顷正在进行土地平整。20万平方米产业工人生活配套园竣工，包括10栋6层宿舍楼，10栋17层人才公寓，2栋3层食堂、1栋3层综合服务中心、1栋17层酒店。抓产城融合。启动高新区人民医院、110千伏变电站、高新区自来水加压泵站、5G基站建设；52路、L18路园区公交车运行。建成中联人工湖、渐安风光带。

工程管理。抓疫情防控促复工复产。按照省、市、区三级疫情防控指部工作部署和要求，制订《关于常德高新区建设项目工地复工的意见》。第一时间到工地防疫一线，主动出击，上门服务，复工复产率100%。督导落实建设项目进出人员体温测量、“五大场所”消毒杀菌、分餐、佩戴口罩等制度落实情况。落实“六稳”“六保”政策，落实《关于应对新冠肺炎疫情支持行业企业发展的措施》(常建通〔2020〕7号)文件。从商品房预售、施工许可、工程款拨付、物业企业等方面支持受疫情影响的企业和项目。2020年，印发《关于应对新冠疫情在常德高新区短期实施购房补贴的通知》(常高新建管通〔2020〕1号)，返回契税98万元。落实放管服改革和优化营商环境措施，提升涉企服务质量和效率。设置工程建设项目审批综合服务窗口，简化办事流程；完善工程建设项目审批工作流程，印发《常德高新区工程建设项目审批告知承诺制管理办法》《常德高新区工程建设项目审批制度改革牵头协调管理办法(试行)》《常德高新区建设工程报建指南》，公布建设工程报建全流程办理过程；制定《常德高新区工程建设项目“多测合一实施方案”》《关于加强常德高新区工程建设项目审批事中事后监管的实施意见(试行)》，强化审批项目事中事后监管，落实诚信成果应用。树立质量安全就是维护园区稳定、推进项目建设意识，抓园区建设领域监管。落实建筑施工安全专项治理工作，强化安全生产事前监督，以发展保安全，以安全促发展，保持安全生产高压态势。落实建筑施工现场安全文明施工管理相关规定，严格执法程序，规范执法行为，杜绝滥用职权、乱检查、乱收费、乱罚款、乱摊派等违法违纪行为。 (欧阳旭丹)

社会事务

【概况】 2020年，常德高新技术开发区社会事务局围绕“千亿园区 工业新城”目标，践行“项目为王 企业为大 服务为本”的宗旨，按照党工委、管委会明确的职能职责落实各项任务。

疫情防控。党工委第一时间成立指挥部，办公室设社会事务局。社会事务局发挥指挥部核心统筹协调作用，制定相关预案、工作方案6套，构建“纵向到底、横向到边”的严密防线。疫情期间，实行重点人员分类排查、建立台账，统筹园区及企业设立隔离点1个。协调指挥26名副科级以上干部、102名驻企防疫联络员开展日常督导检查工作，引导、激励168名党员志愿者开展疫情防控相关工作。开展冷链食品领域专项整治15次、出动执法人员800人次、车辆200台次、监督检查食品销售经营者100家次，进行18家餐饮户和200家企业食堂日常监督检查全覆盖。微信公众号宣传推送疫情防控专栏69期、官网发布动态41篇，中央、省、市媒体采用28篇。协助发放预防病毒中药汤剂6.4万余剂、医用酒精1.9吨、消毒液7.3吨、口罩30万个、测温枪118只、蔬菜5.2万吨、宣传资料5万余册，园区新冠肺炎零确诊、零感染。

政法工作。在“4·15”国家安全宣传周、11月1日反间谍法宣传日、12月4日国家宪法日开展系列宣传活动。在全市两会期间，舆论舆情、越级上访零发生。以信访联席会为依托，联合灌溪法庭及司法所建立联调机制，全年受理信访件127件、接访170次260人次，追讨农民工工资370余万元。民调工作位居全市第一，雪亮工程500个探头接入市平台工作。落实全省项目建设推进现场观摩会安保维稳、全国人大代表和省人大代表专题现场调研安保维稳等6次。解决化解铭城重钢建设工程施工合同纠纷、南方水泥环保投诉等遗留问题，维护劳动者合法权益，处理粤港模科劳资纠纷等。开展法律服务进园区、平安创建、民调工作。

经济发展环境。成立常德高新区优化营商环境工作领导小组，制定《常德高新区2020年优化营商环境工作方案》。配合市人大专项评议调查组开展专项评议，在园区选取代表性规模企业40家，采取走访、询问、填写问卷等方式，了解企业关于日常生产经营中遇到的问题及好的建议。配合市优化办进行2020全省营商环境评价工作，配合

清理整理建设领域相关审批经验，助力全市获评“2020年度营商环境创新创优标杆城市”。坚持企业主体，推进市场监管，发明专利申请量642件、占市定任务目标数169%，比2019年同期增长200%。扶持企业知识产权质押融资2100余万元，组织不同类型的知识产权业务培训班3期、参训500余人次，2家企业获国家知识产权示范优势企业称号。开展“双随机、一公开”抽相工作，下达责令整改通知书20份，将检查结果在国家企业信用信息公示系统进行公示。发放食品经营许可认证47家，开展特种设备领域专项检查3次、检查液化气充装站2家、检查特种设备1000余台、查处事故隐患20处，发放《特种设备安全监察指令书》20份。消费投诉全部按程序处理35起，为消费者挽回经济损失10万元。举办产品质量月活动，发放宣传资料2000份，受理咨询300次。

党建工作。抓党员干部学习，组织主题党日活动、智慧党建平台业务、“三会一课”、党费缴纳、发展党员等日常工作。社会事务局党支部组织支部党员干部开展志愿服务活动8次，向园区职工、企业员工发放各类法律法规、交通安全等知识宣传单，进联点社区走访慰问贫困户家庭并送去慰问物资，组织参观草坪镇现代化建设乡村示范点、蕲伯赞故居。 （余孝野）

财政工作

【概况】 2020年，常德高新技术产业开发区财政局围绕“千亿园区、工业新城”“奋力拼搏又三年、力争挤进省十强”发展目标，落实各项工作任务。

收支情况。财政收入总量119097万元，其中地方一般公共预算收入53202万元（税收收入49163万元，非税收入4039万元），为调整预算的99.87%，比2019年同期增加13013万元，增长32%；政府性基金收入23200万元，为调整预算的97%；上级补助收入19295万元（市级基础设施建设补助10000万元，区级支出基数补助1000万元，其他专项补助8295万元）；专项债收入23400万元（标准化厂房三期）。财政支出总量110877万元，其中：基本支出3393万元；专项支出45186万元；追加经费1180万元；上级专项补助列支6208万元；体制上解31510万元（基数上解11888万元、增量分成15600万元、非税上解4022万元）；专项债支出23400万元。收支相抵，年终结余8220万元，为结转下年支出。

新冠肺炎疫情防控。财政局作为新冠肺炎防控后勤组成员单位，实施物资采购、分配和发放管控。免费为165家企业发放口罩293950个、酒精3760千克，消毒液10085千克，红外线测温仪118只、中药制剂7290份（1人6包），拨付防疫资金181万元，帮助企业复工复产。协商部分企业将增值税进项税额往后抵扣，如烟叶复烤等；开展园区工程项目摸排清查，要求园区工程税收缴纳在园区；防止税源外流，督促企业在常德的税收缴纳在常德，针对机械配套外协企业，关注其把生产基地外迁周边区县的情况，引导其税收交在高新区；加强协调沟通，建立协作机制。

规范支出管理。学习和落实《中央八项规定精神》，编写并下发《关于进一步明确支付业务中相关部门职责的通知》，厘清支付业务中预算单位和财政部门的职责。控制三公经费，细化支付凭证审核，进行违规支出、超预算支出事前控制；配合纪工委，进行各单位支出凭证逐一核查，不符合规定的支出，不予报销或整改；推行公务卡结算制度改革，加大宣传力度，增加办卡量，明确结算内容，最大限度减少现金支付结算，规范单位财务管理；规范专项支出管理，预防挤占和挪用，进行专款支出预算指标对应审核和执行控制，提高预算执行能力。

财政金融服务。成立常德高新区金融生态领导小组。在疫情期间收集园区53家企业资金需求15亿元，组织常德财鑫金控、中国银行、工商银行等5家银行举行“金融服务进园区”活动，为园区11家中小微企业融资进行现场评审，根据企业实际情况制定一企一策融资方案；邀请常德工投集团、常德市鼎城区金融办、常德高新区不动产登记中心、中国邮政储蓄银行常德市分行进行现场办公协调解决湖南昊宇幕墙门窗有限公司 1000 万元过桥资金;对接市人民银行中心支行,邀请常德市 17 家商业银行及财鑫金控集团的负责人在常德高新区举行常德市金融“暖春行动”园区行·高新区政银企对接会,现场签约授信项目贷款 10 亿元、6 家企业流动资金授信贷款 3.16 亿元,与常德财鑫担保有限公司、华融湘江银行常德分行、华夏银行常德分行签订中小微企业“银政担贷”业务合作协议,纳入“银政担贷”业务合作的银行计 10 家。出资 2000 万元风险补偿资金,获企业融资授信 2 亿元,现有存量 35 家企业获 1.8 亿元流动资金融资。

财政管理职能。按制度规范化执行资产配置、采购、入账、处置、管理,规范内部机构资产采购程序,按照资产管理办法进行各单位的资产配置审核,对于采购程序不规范、配置资产超标情况予以退回整改。财政性资金购买货物、工程、服务,按照政府采购规定应采尽采,2020 年市政府采购下达预算任务 3000 万元(其中,采购本地产品 1000 万元),高新区预算采购金额 3290 万元,实际执行 3259.45 万元(其中本地产品 2114.61 万元),完成年计划 108%(本地产品完成计划的 211.46%);预算单位全部在电子卖场实行注册,电子卖场采购人交易率 100%,位于全市前列;争取市政府采购办“三送一关怀”活动试点单位,将园区适用政府采购的 22 家企业产品向全市采购单位宣传推广。落实各类工程和征拆项目预、结算评审及经费审核项目 318 个,送审金额 18.76 亿元,审定金额 16.31 亿元,净审减金额 2.45 亿元,综合审减率 13.06%。实行双创特色载体升级专项资金绩效评价,依据评价结果要求各项目实施单位进行整改,并依此拨付项目后期资金。

平台债务风险化解。开展鼎力公司债务清理工作,澄清债务家底,制定债务化解方案,筹措资金,落实化债资金来源,分期分批化解到期债务。通过发行债券、借新还本、预算安排、债务置换等渠道筹集资金,确保还本付息。　　(欧阳章龙)

纪工委监工委工作

【概况】 2020 年 6 月 29 日,常德高新技术产业开发区纪工委、监工委揭牌仪式在常德高新技术产业开发区管委会大楼前举行。鼎城区委书记、常德高新区党工委书记、二级巡视员杨易与常德高新区党工委副书记、纪工委书记、监工委主任蔡凯共同揭牌,党工委副书记、管委会主任杨学平主持揭牌仪式。纪工委、监工委正式挂牌,标志着纪检监察工作向常德高新区延伸,实现园区公职人员监察全覆盖。

“洞庭清波”整改。为推进“洞庭清波”专项行动,5 月 21 日,常德高新区党工委副书记、纪工委书记蔡凯带领相关部门负责人开展常德高新区污水处理厂挂牌督办问题整改情况“回头看”,蔡凯到污水处理厂入水口、生态滤池、中控室及污水抬升泵站,查看污水处理流程,了解污水处理设施污染物排放标准、处理工艺、使用效果及运维管理等情况。2019 年 12 月,污水处理厂配套建设工程完成环保验收并同步公示,当前,灌溪核心园区 80 余家企业污水全部进入污水处理厂,灌溪镇、石板滩镇污水进入高新区污水管网,园区污水处理厂日平均进水量 8000 余吨。2020 年 2 月,常德高新区污水集中处理设施问题解除挂牌督办。

“带案下访”。常德高新区纪工委前移监督关口,“带案下访”,向损害营商环境行为亮剑。定原则,建机制。坚持维护法纪严肃性和“围绕中心、服务大局”相统一原则,抓涉纪信访工作,成立工作小组,根据园区相关部门提供的信访信息和案件线索,召开专题会议,制定工作方案,安排部署涉纪信访和带案下访工作。筛选并确定 42 家重点民营企业,分析线索,逐案研究,开展“带案下访”活动。畅渠道,察民意。完善党务政务公开,将企业的知情权、参与权与监督权落到实处,畅通基层掌握政策、了解实情、反映诉求、维护利益的渠道,把企业关心、关注的热点问题作为重点,听取企业诉求,了解企业反映的困难及问题,累计走访企业 48 家,发放调查问卷 67 份,回收有效问卷67份，发现服务意识不强、职能职责不全、基础设施配套不完善、个别人员履职不力4个方面问题。出实招，促发展。采取带案下访、一线接访、入企办访、源头息访等措施，监督扶企惠企政策落实情况。将企业遇到的问题归口分类，重点排查新入园企业商事登记“推脱绕”等问题、已入园企业扶持立项“不作为”等问题。把处理实际问题与思想疏导、法治宣传相结合，主动宣讲党和国家的路线、方针、政策和有关法律法规，争取企业理解和支持。

日常监督。常德高新区纪工委监工委派出专项检查督查组到园区各机关单位及企业，开展纠“四风”专项督查。聚焦隐形“四风”问题整治。2020年中秋国庆双节前夕，常德高新区召开领导干部会议，要求党员干部时刻绷紧廉洁弦，节俭过节。常德高新区党工委通过微信公众号、手机短信等群发“廉洁过节”漫画，明确“七个严禁”，温馨提示干部文明节俭，杜绝节日腐败。成立督察组，督查节假日享乐主义、奢靡之风等问题，到园区周边餐馆、酒店和宾馆进行明察暗访，进行机关食堂和公务活动检查。聚焦干部作风检查。严肃工作纪律，常德高新区纪工委监工委联合管委会办公室成立督查组，进行园区干部工作纪律作风检查，约谈违纪人员，通报迟到早退情况。聚焦重点工作落实情况。成立调查组2个，走访调研园区内规模以上及新开办企业，通过个别座谈及发放调查问卷方式，了解园区企业关于营商环境的意见建议，计走访企业48家，发放调查问卷67份，回收有效问卷67份，发现服务意识不强、基础设施配套不完善、个别人员履职不力等方面问题。贯彻“项目为王，企业为大，服务为本”思想理念，督查重点工作。落实谈心谈话制度，开展谈心谈话264人次，其中日常廉政谈话262人次，提醒谈话2人次。（江堇婷）

综合行政执法

【概况】 机构组建。2020年，常德高新技术产业开发区综合行政执法局根据常编发〔2019〕61号文件精神，通过外出学习考察、向上请示汇报、多方征求意见，经党工委会议研究确定机构、职能和队伍组建方案。设立综合办公室、城市管理事务中心、综合行政执法大队3个二级机构，在编工作人员17名，劳务派遣人员8名。主要职能是负责常德高新区综合行政执法工作，实行“一支队伍管执法”；负责常德高新区城市管理工作，主要包括市容秩序、环卫保洁、市政设施、园林绿化、生活垃圾、建筑垃圾、餐厨垃圾、餐饮油烟等方面的行政管理与综合执法工作；负责数字化城市管理平台的规划、建设、管理工作；牵头负责城市管理考核工作，承担城市管理委员会办公室日常工作。完成市城管执法局行政执法授权委托，将下放的70余项经济社会权限承接到位；根据行政执法“四项制度”及规范文明执法要求，落实基本执法装备，开展执法人员岗前培训；按照设定的职能职责，于12月末与相关部门完成工作交接。

城市管理。抓市容治理。坚持问题导向，针对马路市场、占道摆摊等市容秩序问题开展集中整治，长期实行节假日和夜间巡查值守，确保问题不反弹。发挥社会力量齐抓共管，与园区企业、个体工商户签订《门前三包协议》60余份。开展违规广告整治行动，拆除影响市容、违法设置广告30余处，修复施工围挡广告60余处。发挥城管办职能作用，以工作联系单、交办函、提示函等形式协调解决职能之外问题20余个；推动智慧城管建设，拟定园区数字城管建设方案，在终端设备和运行系统上，获市级支持。抓环卫考核提标。将新建成的6条路段纳入清扫保洁范围，将保洁范围向乡村延伸。制订考核细则，限制路面垃圾停留时长，增加路面洒水与清洗作业频次，抑制路面扬尘。支持鼓励环卫工人参加技能培训与比赛，提升专业能力和作业水平。加强督导考核，实行奖罚并行，激励环卫公司创先争优。组织开展园区及城乡接合部“扫尘除污”集中整治行动，分3次组织全局干部职工开展义务劳动，清扫12条乡村小道、7处卫生死角，清除积存垃圾20余吨。制订园区集“垃圾中转、公共厕所、环卫之家”于一体的环卫设施建设规划,争取上级专项补助。抓渣土监管。建立“一工地一档案”“一工地一队员”的常态化管理制度,实施渣土处置全过程监管。召开规范渣土处置作业现场观摩会,指导企业注重“五个环节”、强化“五个一律”,实施“一警告、二约谈、三处罚”的监管机制,立案处理违规作业现象3起。规范油烟管控。强化餐饮油烟日常监督,制订餐饮油烟管控制度,开展餐饮单位油烟排放情况检查,落实1周2次上门登记,落实油烟净化器1月1次清洗,建立相关管理台账。抓铁屑整治。针对园区机械加工企业多,废铁沫料产量大的实际,建立铁制品生产管理台账,逐户开展走访,宣讲铁屑铁沫密闭运输与处置要求,定期开展巡查监管,落实企业安全责任签字背书,遏制运输过程中抛撒、遗落,造成安全隐患或污染环境。抓文明城市创建。对照创建测评标准逐日开展模拟测评,建立排查问题清单,每日调度、实时通报。通过新增公益广告、加强环卫保洁、修复市政设施、规范施工作业、规劝不文明行为,改善园区环境秩序,提升文明指数。

(杨德富)

创新创业服务

【概况】 2020年,常德高新技术产业开发区创新创业服务中心实施科技创新创业计划,促进高新技术成果落地承接转化,孕育高新技术企业及战略性新兴产业,培养科技创新创业人才和企业家的关键载体及有效驱动。

孵化器平台建设。导入团队,搭建系统化体系。为加快推进常德科技企业孵化器发展,考察国内先进孵化器,与启迪之星建立合作关系,抓孵化器运营管理、优质孵化资源引入、孵化育成体系建设。提供服务体系支撑。为入孵企业提供基础性服务(办公场所、水、电及“一站式”服务),形成“政产学研用金”深度融合的科技成果转化创新体系,为科技创新创业企业成果展示、项目路演、资源对接、成果转化等提供服务。探索闭环孵化模式。孵化器以科技创新服务为宗旨,以园区主导产业为基点,探索“苗圃—企业孵化—加速器—产业园”于一体的全链条创新孵化模式,优化提升空间营造、孵化服务、创业辅导、创业投资等,融合创新链、资金链、人才链、产业链,构建以“基础服务+专业服务+投融资服务+公共技术平台服务”的一站式多维度孵化服务体系。打造线上服务平台。围绕“产业为中心、项目为基础、内化衍生、外引孵化”的产教融合目标,建设包括项目对接合作、行业分析评价、自主学习培训、政策信息发布等服务的常德产教融合信息支撑服务平台。

孵化器平台建设。孵化器新引进在孵企业16家,毕业企业2家,1家企业获高新技术企业、6家企业获科技型中小企业称号。双创中心加强与省、市相关部门汇报对接,争取资金支持,全年,争取政策资金160万元。推进民营孵化器建设。根据常德高新区科技创新的需要,双创中心调研考察,针对京东(常德)商事创新示范园和湖大金科创新示范园运行模式、服务体系、孵化成效等方面工作的了解,提出申报省级科技企业孵化器(专业电商)、省级众创空间的方案,协助其公司完善申报资料。湖大金科创新示范园成功获批为省级众创空间。

双创氛围营造。开展创新创业大赛专题培训4场、知识产权训练营2场次、双创资源升级服务沙龙4场、中小企业发展专项资金项目的政策解读与申报技巧专题讲座1场次、信息服务9场次、创业辅导11场次、人员培训5场次、投融资服务1场次、管理咨询3场次、一对一专业服务3场次。组织承办第三届高新区高新技术交流会及“新冠疫情对中国经济的影响与中小企业生存之道”金融讲座。承办2020年“创客中国”创新创业大赛鼎城区(常德高新区)初赛、第四届“中国创翼”创业创新大赛,推进园区企业高新技术交流会的主办工作,助推园区企业创新思维和创新能力的提升。产学研合作推进。推进与北京航空航天大学、湖南大学、中南大学、北京工业大学产学研合作，帮助园区中联恒通、瑭桥科技、佳鸿机械、正荣机械等重点企业实现新产品开发或产品转型升级，通过建立联合实验室等形式，拓宽产学研合作渠道，导入优质科技创新资源和创新性人才。（钟 斌）

就业培训。引导响箭重工、武陵机械有限公司等与常德技师学院签订战略合作协议，实行按需招生、订单培训，为企业员工进行短期职业培训，促进技能提升，满足企业用工需求，定向培训焊工111人，均在园区重点企业入职。（蔡 明）

人力资源服务

【概况】 2020年，常德高新技术产业开发区人力资源服务中心主（承）办线上线下招聘会21场次，有5名硕士研究生、9名运营型人才、4657名普工和技能人才入职园区企业，疫情期间2周内为园区7家企业招聘员工273人，落实奖励资金5.1万元。

招聘宣传。宣传上级相关法规、政策，发放各类宣传资料1000余份。利用微信、电视台、报纸、网站等媒体定期发布招聘信息，在常德日报发布招聘专版3个、每周三《常德晚报》刊登园区重点企业招聘信息，通过乡镇网格群让企业招聘信息进村入户，对外发放各类招聘海报、宣传信息10000余份。

专场招聘。全年，举办大型现场招聘会10场，针对园区重点企业缺工情况，实施一企一策，疫情期间研究出台激励措施集中为园区劳动密集型企业解决疫情期间“用工难题”，组建4个小分队到乡镇（街道）、村（社区）进行宣传，发放招聘信息宣传单，开展“点对点”小型专场招聘会6场，安排务工人员接送专车16班次。

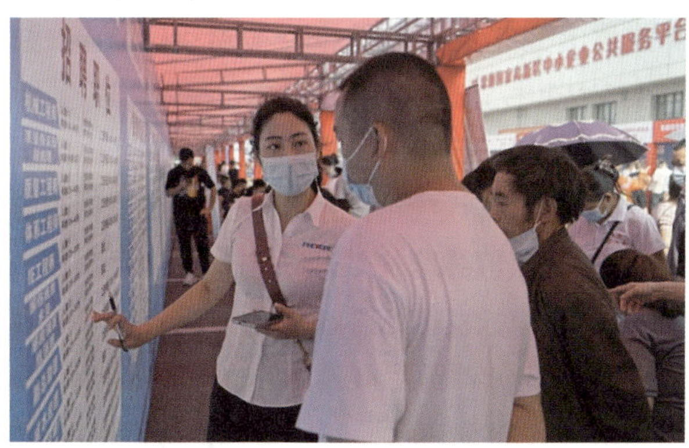

2020年7月31日，由市人社局、常德高新区管委会、市退役军人事务局、鼎城区人社局联合举办的园区重点企业专场招聘会在常德高新区举行（提供：蔡明）

政务服务

【概况】 2020年，常德高新技术产业开发区政务服务工作以放管服改革为主线，推进各项工作落实落地，优化提升营商环境，受理办事事项11286件，办结11286件，办结率100%。

“一门式、一窗式”服务。将园区相关部门承接到位的审批事项全部进驻政务大厅，重点设置税务办理、工程建设项目审批、人才服务、不动产登记、商事登记5个“一窗受理”功能区，实现“前台综合受理、后台分类审批、统一窗口出件”，解决企业群众办事“多头跑、往返跑”现象。

工程建设项目审批改革。落实“一件事一次办”改革，推进工程建设项目审批改革，按照全流程、全覆盖要求，将工程建设项目统一审批流程、精简审批环节、完善审批体系，推进投资项目“多审合一”“多评合一”“多测合一”，让园区工业投资建设项目的全流程审批时间压缩至50个工作日以内，审批时间压缩50%以上。

2020年7月10日，常德高新区举办“多审合一”三证齐发仪式（提供：何为）

企业开办服务。针对新开办企业注册设立商事登记服务平台,以政府购买服务的形式,引进第三方机构实行新开办企业服务全程免费代办,提供公章、财务专用章、合同专用章、发票专用章、法人私章等新开办企业必需的5枚印章免费刻制服务,实现新开办企业全流程代办、全过程免费。为园区57家企业商事登记进行全程代办服务,提供各类政策咨询服务320余次。

审批流程优化。组织引导相关职能部门梳理政务服务事项,清理委托下放事项,优化已经承接到位事项流程,最大限度精简申报材料,统一规范办事指南,不动产首次登记由原来30个工作日压缩到5个工作日,抵押登记由30个工作日压缩到3个工作日;产业投资项目从签约到竣工验收控制在50个工作日;取消包括报告类、发票类、证明类、申报类、备案类21项税务证明事项,确保纳税人向税务机关报送资料再精简25%以上。(何 为)

宣传信息中心

【概况】 2020年,常德高新区宣传信息中心坚定道路举好旗帜,推动习近平新时代中国特色社会主义思想在园区生根。

理论学习。学习习近平新时代中国特色社会主义思想,贯彻落实习近平总书记重要讲话精神,执行党委(党组)理论学习制度,按照市委《2020年全市县处级以上党委(党组)理论学习中心组专题学习重点内容安排》制订全年理论学习中心组专题学习计划,建立长效机制,完善和改进中心组学习制度、实施办法,形成以制度建设督促学习、崇尚学习、常态化学习学风。党工委理论学习中心组每月开展1次专题学习,每季度组织1次扩大学习,邀请专家解读中共十九届五中全会精神,开展廉政警示教育、营商环境优化等专题学习。学习传达《习近平谈治国理政》(第三卷)内容、关于习近平总书记来湖南考察调研重要讲话精神等内容,增强党员领导干部政治定力和决策能力。在红网连线全国两会现场直播中,园区连线北京会场,党工委主要领导畅谈两会感想,描绘园区发展蓝图。组织"学习强国"学习平台推广使用工作,园区活跃度、学习平均积分、供稿等工作位居全市前列,《创新驱动 迈向高质量发展新征程》《常德高新区:"向心"出发 打造产城融合幸福新城》《湖南现代装备制造配套产业园:主机厂的"供给军团"》等10余篇文章被湖南学习平台与中央宣传部"学习强国"平台选用发布。向机关干部发放"一《条例》两《纲要》"学习资料283册,向园区企业发放资料1060册,开展集中学习研讨。征订《人民日报》《求是》《湖南日报》《新湘评论》等党报党刊及其他刊物547套。为园区企业党员干部征订《习近平谈治国理政》(第三卷)1200册。在微信公众号开展《关于促进国家高新技术产业开发高质量发展的若干意见》政策解读4期。

专题宣传。迅速启动中央和地方突发公共卫生事件响应机制,明确疫情防控指挥部舆论宣传组牵头做好舆论宣传、信息发布、舆情监测和引导相关工作,及时客观向社会公开疫情态势和防疫工作进展,积极回应公众关切。及时引导舆论、发布信息、澄清谣言,在高新区门户网站和微信公众号开设"战疫情·常德高新区在行动"专栏,推送信息863期、官网发布423篇,下发《倡议书》《一封信》,取消赈酒活动,党员带头不参加酒席、停止集聚性活动。在电视、广播、报纸、短信等传统媒体和新媒体上,以短消息、电子屏、横幅、海报等形式,开展疫情防控宣传。宣传信息中心投入专项经费,在主要路口电子显示屏与园区企业113处电子屏全天滚动播放新冠肺炎疫情防控宣传图片标语与字幕,通过微信群发布相关防控信息,设立宣传专栏200处,张挂宣传标语665条,派出宣传车5台(桥南园区1台、灌溪园区2台、石板滩2台),发布微信语音,播放新型冠状病毒感染防护误区篇、症状篇、常识篇、预防篇、企业复工复产后的疫情防控5项举措确保宣传覆盖"无死角",发放张贴海报《最高人民法院最高人民检察院公安部司法部关于依法惩治妨害新型冠状病毒感染肺炎疫情防控违法犯罪的意见》、市公安局1号和2号《通告》、《常德高新区疫情安全防护须知》等宣传海报手册25870份。《常德高新区:创新驱动迈向高质量发展新征程》《高新之上再登新高——常德高新区争当高质量发展排头兵》《喜看今朝花似锦——数读常德高新区开放强市产业立市这三年》等新闻通讯在《中国高新技术产业导报》《湖南日报》《常德日报》整版刊出。为战“疫”在一线的工作者及98名驻企联络员加油鼓劲，助力企业复工复产,以新闻宣传为主导,与《湖南日报·新湖南》、红网、常德电视台、《常德日报》、常德融媒、尚一网、鼎城融媒等媒体战略合作，宣传报道高新区疫情防控工作、推介经验做法及先进典型383篇,新闻“四上”67条(篇),其中《中联重科积极用好国内市场 挖掘市场潜力》在央视新闻联播报道,《湖南 线上线下联动 助力贫困劳动力复工就业》等在央视新闻直播间播报,《“扶链” 保龙头企业 “满血复活”》等被新华社报道,《常德高新区:外地员工租房难 驻企联络员来帮忙》《他们站在抗疫“一线”背后——常德高新区企业家主动作为捐献抗疫物资》等被《人民日报》、CCTV新闻频道、新华社、学习强国平台等央级媒体采用,被中国网、网易、新浪、搜狐新闻、今日头条等网络媒体转载转发,《“安居”才能“乐业”驻企联络员解百名技术员住房难题》《湖南各地企业安全有序复工复产》《“金融活水”注入 企业复工提速》等在湖南卫视新闻联播播出。《湖南各地企业安全有序复工复产》等宣传报道被《湖南日报》采用发布。其中由《常德日报》记者葛辉文、孙玮怿报道高新区作品《中联重科刷新世界纪录录 全球最大顿位内爬式动臂塔机常德下线》获第32届中国经济新闻大赛三等奖。本级媒体与合作媒体宣传报道在疫情防控复工复产工作中涌现出的3个先进集体、7位爱心企业家和11个先进个人(其中党员8名),从中推选出灌溪卫生院、佳鸿机械2个先进集体和公安高新分局干警陈胜明1名先进个人上报市委宣传部。在“三八”劳动妇女节,《湖南日报》、红网、《常德日报》等媒体宣传报道《战“疫”玫瑰》《常德高新区:娘子军撑起抗“疫”半边天》《齐心共战疫 巾帼绽芳华》等。

制度机制。建立领导机构,明确党委(党组)主体责任,推动意识形态各项工作落实;制定并下发《2020年常德高新区意识形态工作提示清单》,明确正面清单、负面清单、惩戒清单、考评清单;利用“学习强国”学习平台、干部教育培训网络学院、中心组学习、“两个责任”谈心谈话、微宣讲等开展常态化学习教育和工作培训。落实《常德市党委(党组)意识形态工作责任制实施细则》文件精神,明确高新区落实意识形态工作责任制任务清单及职责要求,将任务分解细化、落实落脚。按要求把意识形态工作作为园区绩效考核的重要内容，成立意识形态专项督察组，摸排园区企业和社会组织具有媒体属性的传播平台,从5月中旬开始,进行专项督查。坚持党管媒体原则,落实新闻工作通气会制度、新闻发布会审批制度、新闻稿件“三审”制度;建立意识形态工作责任检查考核制度。按要求把意识形态工作作为绩效考核的重要内容，对标上级文件制定《2020宣传思想工作绩效评估指标》；强化干职意识形态工作宣传教育责任担当，坚定政治方向,落实“双重责任”,开展群众性精神文明创建活动。强化舆情监控、加强网信领域管理,摸底各类宣传阵地,加强监管力度,建立舆情处置机制,强化热点盲点和风险点的高效预警,协调高新公安、社会事务局,应急管理等部门,把管控重点放在征地拆迁、招商引资、项目建设、创新创业、环境保护等方面,及时研判、部署应对方案和处置措施,建立快速应对机制。宣传信息中心联合公安高新分局进行关键信息基础设施网络安全检查，安装舆情秘书服务系统。强化网信队伍建设，与党群工作部确定30名符合政治立场坚定、服务意识强、有一定文字功底、会操作电脑等条件的网评员,组成园区网评员队伍。 (向　波)

桥南园区管理

【概况】 桥南园区是常德高新区三个园区之一，主要以发展轻工业食品、装备制造类企业为主，拥有规模以上企业34家，年产值过亿元的14家。2020年，常德高新区桥南园区工业总产值43亿元，入库税金5297万元。突出疫情防控、整体搬迁及11号地块征收、安全生产、环境保护和综治维稳等工作重点。

2020年3月18日，桥南园区各企业代表到常德高新区企业参观考察 (提供：李向民)

疫情防控。年初接到疫情防控的指令后，桥南园区管理办公室到园区内生产经营的65家企业进行摸排并及时将摸排情况上报、建立联系台账，督促企业坚持日报告制度，带企业负责人到相关部门完善复工手续。联合区工信局指导园区企业复工复产60家，复工率92.3%；发放复工复产宣传册1400余份、制作宣传条幅26条。协调高新区为企业发放中药7500份、口罩31500只、酒精200千克、消毒液800千克。

整体搬迁。修订桥南工业园整体搬迁企业工作实施方案和企业有关优惠政策。4月，桥南园区启动11号地块9家企业实质性征收，对接企业和相关部门落实一期地块搬迁企业的实地考察和初步入园计划。6月，落实11号地块9家企业入户调查、房屋认定、评估报告等实质性工作，农历年前落实全部企业签约。

安全生产。桥南园区管理办公室组织企业相关人员到高新区参加安全生产工作会议，及时传达和下发上级通知精神和要求并制定桥南工业园消防安全专项整治行动方案，制作安全生产宣传条幅和宣传牌。出动40余人次，配合区安监局和高新区应急局进行安全检查，聘请第三方安全专业人员到20余家安全隐患较多的企业进行安全隐患大排查，发现的问题，及时向企业交办并督促整改到位，将事故隐患消灭在萌芽中，全年未因监管不到位发生一起安全亡人事故。

环境保护。协助区环保分局进行园区企业大气污染整治、涉气企业错峰生产，配合市区环保局到园区散乱污企业进行排查和相关企业环境污染整治检查督导。

综治维稳。召开园区企业民调工作会议，传达上级民调工作要求，制作民调宣传牌和条幅20余条，印发宣传资料，营造和谐、稳定生产生活环境。及时处置矛盾，维护园区安全稳定。 (李向民)

常德市自然资源和规划局高新区分局

【概况】 常德市自然资源和规划局高新区分局的前身是常德市国土资源局高新区分局，成立于2018年4月，为正科级机构，实行市自然资源和规划局、高新区管委会双重管理，以高新区管委会为主，负责承担高新区辖区内灌溪镇、石板滩镇国土资源行政管理工作。2018年12月，根据市委机构改革统一部署，整合原规划管理事务性职责，成立常德市自然资源和规划局高新区分局，维持原有体制不变。2020年年末有干部职工28人，内设二级机构9个。

抓项目用地、国土资源管理，抓队伍党风廉政建设、放管服改革、优化经济环境等工作，推进"撤批土地、闲置土地、违法用地"月清三地工作。落实违建别墅问题清查整治、农村宅基地和集体建设用地房地一体确权登记、国土空间总体规划编制、集约节约用地督查工作。开展批而未供、净地出让、闲置土地清理、违法用地整改攻坚战，探索园区"标准地＋承诺制""多审合一"等改革工作。 (杜 翔)

2020年6月24日，常德市自然资源和规划局高新区分局工作人员在灌溪镇开展宣传活动　（提供：杜翔）

公安工作

【概况】 维稳工作。落实各项安保维稳措施，把握维稳工作主动权，确保“五个不发生”工作目标落实。常态化开展重点人员管控，梳理重点人员信息，进行重点人员逐一见面逐一谈话，掌握基本动向，做好稳控工作。高新区重点人员档案完整率91.42%，综合管控率64.82%，均达到市局标准，其中综合管控率处于全市前列。排查娱乐公共场所各类消防安全隐患，现场提出整改措施，明确民警跟踪督导，确保隐患在有效时限内及时整改。全年，督导检查重点单位、特种行业、三级以下防火单位300余家，排查消防安全隐患280余处，下达整改通知书160家次。到社区、企业、商户等行业场所，围绕拆迁征地、欠薪欠款等方面，开展矛盾纠纷拉网式排查工作，及时发现苗头隐患，化解矛盾纠纷，实现矛盾纠纷“早发现、早化解”。加强城区养犬管理，设立城市养犬登记点1个，设立城市养犬留检场所1处，辖区未发生犬伤门诊情况。加强驻村辅警管理，全局22名驻村辅警，走访群众1890余户，调解矛盾162起，治安巡逻287次，疏导交通139次。2名驻村辅警作为先进典型被该地媒体推介报道。落实来访群众诉求记录、情绪安抚、核查和回复工作，配合化解信访事项、阳光办案、法律解答，常态化落实信访事项办理，每月通报涉法涉诉信访事项及阳光警务平台投诉情况。全年，办理信访件51件，信访案件办结率100%。

打击整治。坚持以“扫黑除恶”“打击黄赌毒”等工作为主线，以建立完善社会治安防范网络为基础，以校园、企业周边环境治理为重点，打击黑、恶、毒、盗、骗、枪、黄、赌等突出违法犯罪。全年，接处警治安类警情1500余起；立刑案92起，破刑案34起；采取刑事强制措施45人，刑事拘留29人，移送起诉45人，行政处罚36人，强制戒毒9人。侦破涉“毒黄赌”案件5起、抓获12人，采取强制措施6人；侦破涉企涉项目案件8起，采取强制措施20人，挽回经济损失100余万元，调解涉企涉项目矛盾67起。办理常德牌水表厂员工挪用资金案，抓获嫌疑人员1人。破获中联重科塔基标准节被盗案，刑事拘留2人。破获常德高新区生活配套园电缆被盗案，抓获涉案人员5人，采取强制措施5人。破获常德高新区“启宏高新城”建筑工地混凝土被盗案，抓获涉案人员5人，采取强制措施5人。联合常德高新区多部门及灌溪镇党委政府，出动警力80人，现场执勤人员100名，开展岗中西路现场处置行动，行政拘留3人。建立健全分层次联系企业制度，分局筹备组领导联系辖区重点企业，骨干、民警联系辖区规模企业，辅警联系辖区小企业，开展走访联络工作，及时了解企业治安需求、公安工作短板，及时改进工作。全年走访项目企业180家次，收集意见建议63条。选择在社区社情复杂、问题多发的企业设立警务室、项目工地设立治安执勤室，配合派出所社会面巡逻防控，配合快警平台快速反应机制，优势合作、互为补充，构建全方位治安防控网络，完善警务室和治安执勤室民警辅警驻勤制度；加强智安企业建设，协助企业搭建全区企业智慧安防大网络，推进警企联防机制，提升园区企业安防能力。结合机构筹备，建立和完善政务服务窗口，拓宽窗口业务受理范围，实现“数据多跑路、群众少跑路”，采取专人上门服务的方式，为有特殊需求的企业排忧解难。采取派出所、快警相结合，步巡、车巡相结合，白天、夜间相结合，在辖区核心园区、重点部位、重点场所、主要道路等人员密集区域进行常态化巡逻管控，重要时间节点增加巡逻密度、巡逻频次、巡逻半径。进行优化经济发展环境工作的考核评估，强化奖惩激励，运用考核结果，与民警、辅警评奖评先、提拔任用、年底绩效结合，促进优化经济发展环境各项工作措施的落实。

交通管理。联合产业局、建设局、社会事务局、鼎力投公司等单位，发挥行业监管优势，排查各行业交通安全隐患；联合灌溪镇、石板滩镇，开展镇村道路安全隐患排查整改。全年，排查道路交通隐患27处，整改23处。联合多部门开展宣教活动，悬挂道路交通安全宣传标语、横幅200余条，发放宣传手册2000余份；发动企业、个体经商户等，借助电子显示屏投放道路交通安全广告10000余条；联合社会事务局及园区相关企业，发放电动车安全头盔500个；开展“交通安全月”宣教活动，进行道路交通安全普法宣传教育，提升民众关于不文明行为、交通违法行为及其危害性的整体认知，提高交通参与者的交通法规意识和文明交通素质。联合灌溪镇、石板滩镇开展“马路市场”整治12次，结合“创文”迎检，开展镇区道路乱停乱靠专项整治，坚持每日早高峰、晚高峰常态化路面管控，重要节日、重大庆典等特殊时间节点路面秩序管控，进行交通违法违规行为整治，不定期开展酒驾、醉驾等危险驾驶行为打击整治。全年，接处交通类警情955起，受案834起；查处各类交通违法行为1000余起，其中饮酒驾驶35起、醉酒驾驶3起；疏导交通堵塞50余次；参与安保保畅行动30余次；电动车上牌1300余辆。

2020年10月7日，高新区交警大队(筹)开展交通安保工作 (提供：廖仁海)

科技兴警。争取常德高新区党工委管委会支持，加大资金投入，建成视频云综合管控平台1个、350兆通信基站1个、公安视频监控卡口12个、公安视频监控探头52个，其中人脸识别监控探头24个。分局业务技术用房、执法办案中心等基础设施建设项目，经省公安厅初核，已纳入省公安厅“十四五”规划湖南省公安基础设施建设项目，由市发改委呈报省发改委，争取进入湖南省“十四五”规划的笼子。石板滩派出所综合办公楼项目已完成立项，拟于2021年正式动工建设。全年，采集男性家族Y库血样4127份、指纹信息21420条，推进“一标三实”工作，全年新增实有人口1134人、实有房屋159座、实有单位69家。

(廖仁海)

企业党委工作

【概况】 2020年，常德高新技术产业开发区园区非公企业党组织64家，直管党员345名，覆盖企业81家。开展摸底排查，选优派强党建指导员。进行从业人数、党员人数、出资人情况、经营状况、组织建设情况摸底，建立两新组织党建工作摸底表及两新党建工作汇总表。已建非公有制企业党组织，选派44名优秀领导干部作为党建工作指导员分配到各非公企业党组织，指导企业日常党建活动，暂不具备组建党组织条件的企业，明确党建工作联系人。扩展党的组织覆盖和工作覆盖。坚持边摸排、边组建、边牢固，新建非公企业党组织10家，分别为翔拓新创、星科液压、天成展示、瑞齐隆科技、万胜建设、迪格机械、海仑实业、中联恒通、孵化器党支部及标准化厂房第一联合党支部，吸纳党员47人。优化党组织设置，将湖南福禧节能科技有限公司党支部调整设置为联合党支部，把周边不具备单独成立党组织的小微企业纳入联合支部统一管理。按照属地管理原则，将常德牌水表党支部组织关系纳入常德高新区企业党委管理。抓示范支部模范带头作用。确定国力变压1家省级示范党支部、远大住工等6家市级示范党支部、佳鸿机械等8家区级示范党支部。投入6万元，改造升级标杆企业阵地，重新规划党建展示墙和党建阅览室。发挥党员先锋模范作用。疫情期间，成立志愿者服务队58个，主动担任防疫志愿者296人，部分未复工企业的党员，走进社区做公益服务，带领职工群众主动承担社会责任。佳鸿机械作为武汉雷神山、火神山救治医院的主要生产配套单位，党员带头提前复工，加班加点帮助三一重工生产紧缺的关键零部件。常德高新区近300名两新组织党员奋战在抗疫一线，45名入党积极分子参与疫情防控，15名企业职工在疫情期间向党组织递交入党申请书。开展暖企走访活动。复工复产后，高新区企业党委组织专门力量走访企业，及时了解企业实际困难需求，反馈给相关部门协调解决。走访企业102家，了解和收集企业疫情防控、复工复产期间面临的发展难题106起。

发展党员工作。在七一前夕，依照《中国共产党发展党员工作细则》的要求，发展党员15人，其中37岁以下12人，大专以上文化学历占70%以上，重点向示范党支部、党员比例偏低的企业和组织倾斜，重点向37周岁以下的管理人员、研发人才和技术能手倾斜。开展推优评先活动，表彰先进党组织5家，优秀党务工作者5名，优秀共产党员15名。建立长效培养机制，提高党建业务能力。10月16日，在常德高新区党校会议室举办党支部书记暨党务专干培训班，讲解党组织设置、党员发展及日常党建工作，提高认识，提升履职能力。党建助力就业扶贫。常德高新区与新晃县、石门县等地区建立结对帮扶关系，9月25日，常德高新区企业党委协同人力资源中心，组织园区11家重点企业到新晃县参加“点亮万家灯火”“项目建设百日大会战”结对帮扶现场招聘会活动，提供就业岗位近800个;与建档立卡贫困家庭、残疾和就业困难人员、未就业有就业意愿退捕渔民建立“一对一”联系帮扶机制，优先推荐岗位，达成意向性就业58人。2020年11月13日常德高新区和石门县联合举办“就业点亮万家灯火”金秋送岗现场招聘会，提供就业岗位近600余个，达成意向性就业160人，为企业和就业困难群众搭建供需平台，实现人员岗位精准对接。落实经费保障。跟踪检查经费使用情况，落实每个非公企业党组织负责人每月津贴300元，党员活动经费200元/人，全额返还非公企业党费，给予党建示范点、优秀共产党、先进党务工作者精神和物质奖励，完善企业阵地建设，配送党建书刊，慰问家庭困难的两新直管党员。

（廖柯洁）

工会联合会工作

【概况】 常德高新技术产业开发区工会联合会于2005年成立，隶属于鼎城区总工会。园区投产企业672家，产业工人13927人，其中农民工11653人，已建工会组织110家，工会会员13145人。2020年，园区技工贸总收入600亿元、工业总产值480亿元，税收11.96亿元，分别增长31.5%、40.2%、50%。

基层组织建设。摸底排查园区已投产企业，指导条件成熟的企业组建工会，新建工会组织10家，分别为翔拓新创、正坤液压、瑞齐隆、新金顶、天成展示、喜刷刷消毒、常德牌水表、海仑实业、恒磊机械、捷芯微电子，新增工会会员1000余人。

规范化建设。打造和畅食品、佳鸿机械、瑭桥科技3家工会组织为示范工会，做到“十有”“五个一”，完善相关制度和阵地建设，发挥工会的桥梁纽带作用。符合条件的瑭桥科技、永欣机械、新湘达门窗、烟叶复烤、景云塑业5家工会组织工会换届。

工作水平。6月19日，在华邦国际举办2020年常德高新区工会主席培训班，进行大病医疗互助、工资集体协商、模范职工之家创建等业务知识培训，并作全年工会工作具体安排。

技能提升工程。落实产业工人技能培训活动，依托专业培训机构，分2期在企业举办产业工人培训班，培训职工 100 余人，现场教学与理论教学相结合，将产业发展与技能培训相结合，提高产业工人技术能力和工人技能素质，满足企业用工需求。

先进模范带头作用。弘扬劳模精神、劳动精神和工匠精神，2020 年常德湘联木业有限公司首席雕刻师朱德元获湖南省劳模称号，常德同达机械制造有限公司获常德市五一劳动奖状，湖南特力液压有限公司总经理卢晓岚获常德市五一劳动奖章，湖南特力液压有限公司中长缸车间获常德市工人先锋号称号。

维权服务。进行工资集体协商，督促企业续签集体合同。9 月，选取 5 家企业工会主席作为劳方代表，5 家企业负责人作为资方代表，进行 2019 年常德高新区区域性企业工资协商谈判并签订工资集体合同。园区 100 余家企业调整工资标准，规范企业工资集体协商行为，维护劳动管理双方合法权益，促进劳动关系和谐稳定。

送温暖活动开展。开展夏日送清凉活动，慰问长岭机械、荣程机械、东鼎动力、中联恒通、常德牌水表 5 企业的一线职工，为他们送去夏日防暑用品。年末开展冬送温暖活动，慰问企业困难职工近 200 名，发放帮扶物资。开展第九期医疗互助活动，计15 家企业，1633 名工会会员加入。 （廖柯洁）

常德鼎力投资开发有限公司

【概况】 常德鼎力投资开发有限公司成立于 2010 年 3 月，系国有独资企业，前身为常德市鼎力实业有限公司。注册资金 5 亿元，公司地址位于常德国家高新区。2015 年 5 月升级为市级投融资平台，信用等级为 AA。经营范围涉及融资、城建、棚改、土地开发整理、工业及水务投资、国有资产经营等领域。公司内部设行政部、人力资源部、融资投资部、财务部、工程部、前期工作部，在职员工 43 人。下设子公司常德市鼎宏资产管理有限公司、常德鼎华城建投资开发有限公司。2020 年，公司被常德市守合同重信用企业协会评为 2019 年度“常德市守合同重信用企业”，被湖南省守合同重信用企业协会评为“湖南省守合同重信用企业”。

项目建设。2020 年，完工项目 11 个：富强东路改扩建道路项目、浙安北路新建工程、岗中东路、五岗东路、工人生活配套园 1—10 楼宿舍楼、工人生活配套园 11—20 号楼公寓楼、工人生活配套园 21—23 号楼食堂及综合服务中心、24 号楼酒店式公寓楼主体建筑、标准化厂房三期 1—5 号楼框架厂房、6—10 号楼钢构厂房及配套附属设施、12—14 号楼科创中心主体建筑；在建及新开工项目 8 个：富强东路、飞龙西路、兴工路、富强西路、岗中西路、浙河风光带提质改造、高新区人民医院、标准化厂房四期。

2020 年，常德鼎力投资开发有限公司标准化厂房建设
（提供：宋朋霖）

资本运作。截至 2020 年 12 月，公司总资产 307 亿元，净资产 192 亿元，累计融资 143.58 亿元。新增常德鼎合科创产业投资基金投资 6775 万元，常德远大建筑入股投入 2500 万元，中交一公局集团（常德）建设投资开发有限公司股权投资 250 万元，农商行投资分红 600 万元。 （宋朋霖）

商贸服务业

Business and Trade Services

2020 年 5 月 31 日，2020 年第一季度湖南省网红直播带货大赛常德赛区启动仪式

（提供：区融媒体中心）

商贸服务
供销合作社
桥南市场
桥南商贸城
桥南副食轻纺城
市场服务中心
物流产业

商贸服务

【概况】 2020年，鼎城区商务局发挥商务工作职能，贯彻“开放强市、产业立市”发展战略，加快推进“三城四区五中心”建设，解放思想，扩大开放，围绕商务经济发展攻坚克难，落实各项工作。

招商引资。利用领导招商、节会招商、以商招商等传统招商，创新举措开展网上招商，通过举办网上招商推介会、参加省市网上签约活动，落实招商引资各项目标任务。全年，引进内资108亿元，比2019年同期增长11%，引进外资21930万美元，比2019年同期增长10.1%；引进项目43个，引进世界500强投资项目2个。

外经外贸。全区进出口权企业48家，预计实现进出口总额28300万美元（含高新区），比2019年同期增长22%。对外劳务合作劳务人员收入3781万美元，比2019年同期增长36%。

商贸流通。为应对新冠肺炎疫情，促进消费帮助经济复苏，通过各大商场、超市发放消费券，开展让利促销活动，鼎级商城、新德希望、精为天等电子商务平台开展线上线下、直播带货，激发消费热情，帮助商贸物流、餐饮住宿、休闲购物等业态复苏。全区新增社零限上企业10家，社会消费品零售总额194亿元，比2019年同期下降4.5%，排名全市第一；鼎级商城、精为天、亲零嘴等电商平台农产品销售15802.3万元，比2019年同期增长87.1%，举办网络主播训练营，免费培训小微企业主、个体工商户、农村创业青年等600余人，组织开展“消费扶贫进乡村”“鼎级商城特价60分”“扶贫产品展销会线上云购”等直播带货活动，单场直播销售荸荠10000千克、粽子10000枚、葡萄2500千克。

疫情防控。区商务局承担全区超市商场、农贸市场、专业市场防控任务，指导各企业、市场开展人员排查管控、体温监测、清洁消毒，组织防控物资，保证市场供应，开展常态化疫情防控。全体干部职工工作在疫情防控一线，全局82名党员捐款23890元，党员自愿捐款参与率100%。全年商贸流通领域未发生一起疫情感染事件。8月，关停江南城区活禽宰杀交易市场，实现活禽集中屠宰、冷鲜上市，防止疫病传播，保障人民群众生命健康安全。

专项工作。根据《省、市、区马路市场安全隐患专项整治方案》要求，区商务局配合有关职能部门和乡镇（街道）协同作战，整治“马路市场”。经摸底排查核实，向上级报送马路市场25处，涉及13个乡镇，其中国道5处、省道5处，位于长下坡、急转弯、临水临崖地7处。25处马路市场均全部取缔。拟新建、改建农贸、集贸市场16处，其中新建农贸市场2处、集贸市场1处，改建乡镇农贸市场12处。开展新冠肺炎疫情防控常态化工作，落实常德市专题研究农贸市场关闭活禽交易宰杀工作会议精神，关闭江南城区所有活禽交易及宰杀场所，全区农贸市场、超市、门店、宾馆、餐饮饭店、机关企事业单位食堂等场所均实行“定点宰杀、集中检疫、统一配送”。

2020年，常德市商务局到鼎城区调研关闭活禽交易及宰杀场所工作 （摄影：程世杰）

市场秩序。开展成品油市场打非治违行动，成立专项整治联合行动领导小组，不定期进行安全执法大检查，维护市场经营秩序，创造良好经营环境。与京东（常德）商事创新示范园运营主体湖南龙观科技有限公司签订战略合作框架协议，通过整合线上线下资源，提升区域公共品牌吸引力，健全电商服务体系，利用媒体平台优势，营造电商扶贫氛围，助力全区精准扶贫。举办常德市网络直播大赛，与湖南省智动联和传媒有限公司腾点点直播平台、德聚好品电子商务有限公司等传媒公司、电商公司、网红公司联手培训一批湖南省网红直播人才。打造河洲甲鱼、天地农耕茶油等知名品牌，天地农耕茶油作为全国优质农产品博览会金奖产品，获评中国好粮油示范基地优质油茶种植基地、省级龙头企业。

脱贫攻坚与综治维稳。联系双桥坪镇兴国寺村，精准对接贫困对象，完善扶贫工作台账，落实扶贫工作考核。贯彻落实省、市、区信访维稳工作要求,主动作为，落实桥南轻纺城搬迁工作，抓安全生产隐患排查，实施蓝天保卫攻坚战，接待来访500余人次，处理信访案件40余件，化解矛盾纠纷20余起。 （卢　敏）

【村级电商服务体系建设】 2020年，全区有各类农村电商服务站300余个，村级电商服务体系基本形成。该体系主要为村民宣传农村电子商务服务站(点)各项服务功能，宣传电子商务相关行业资讯、网络安全，培育农民网上购物、产品网上销售、网上购买服务等习惯；为村民提供网上代购商品、代收代发快递服务；为电子商务平台推荐适销的农(副、特)产品、旅游资源，帮助村民代售农(副、特)产品；为村民提供便民及金融服务；组织青年群体参加网上创业就业学习培训、交流分享，培育村网店，扶持村镇农副特产品开发，推动农村电子商务发展。 （卢　敏）

供销合作社

【概况】 2020年，鼎城区供销合作社坚持从“三农”工作大局出发，为农服务，深化改革，完善体制机制，拓宽服务领域，抓稳定工作，围绕服务农民生产生活、推进全区乡村振兴工作。

综合改革。登记周家店镇、牛鼻滩镇、韩公渡镇、镇德桥镇、蔡家岗镇5个乡镇中心社，落实黄土店镇、双桥坪镇、许家桥回族维吾尔族乡3个乡镇中心社筹建工作，乡镇社16个，覆盖率100%；村级社建设与区委“一门式服务”工程建设相结合，建立68个。建成石公桥镇、谢家铺镇乡镇社标杆社，落实尧天坪镇中心社薄弱社升级改造工作。3月，参与《2020年湖南省深化供销合作社综合改革惠农综合服务工程规范化县项目》申报工作，获省财政216万元专项资金支持。全区建立区级供销惠农服务平台2个，乡镇供销惠农服务中心社16个、村级供销惠农服务社68个、乡镇土地托管服务中心9个，流转土地1236.67公顷，托管土地12333.3公顷。完善监事会组织机构，配备监事会工作人员，拟设立内审机构，配备内审人员。开展监督检查和调研工作，履行监事会职责，全年，鼎城区供销合作社监事会到牛鼻滩镇、韩公渡镇、花岩溪镇等地监督检查和调研企业经营、财务公开情况，向省总社上报调研文章2篇、市供销社上报信息5条。

疫情防控。新冠肺炎疫情期间，组织社有企业、中心社落实生活必需品、春耕生产所需农业生产资料保供稳价工作。筹备蔬菜2000万余千克，水果、肉蛋禽等各类食品800万余千克，化肥300万余千克，水稻种子6万千克。

综治维稳。开展众创平安工作、信访工作、维稳工作，成立工作领导小组，落实责任。制定分组包干负责制度，分层次签订平安创建、信访、维稳包保责任状。全年，供销社系统实现赴省进京零登记、极端个案零发生。

脱贫攻坚。区供销合作社组织帮扶责任人走访慰问贫困户7次，为贫困户宣讲脱贫攻坚工作政策、精神，为18户贫困户送去春耕肥料，慰问金额7200元，支持贫困村项目资金15万元用于产业、电商扶贫建设。 （易泽民）

桥南市场

【概况】 桥南市场地处玉霞路、车站路、鼎城路交汇处，占地面积6.67公顷，建筑面积12万平方米，有经营门面4351个，拥有服装、鞋帽、百货、日化、文化用品、床上用品、小家电、电子通讯系列品牌等十大强势专业，从业者3万余人，固定资产值10亿元以上，商品年成交额30余亿元，辐射湘、鄂、川、黔、渝等90余个县市，是湘西北地区重要的物流、信息集散中心。

新冠肺炎疫情防控。桥南市场工委科学部署、延迟复市，1月27日召开扩大会议，决定延期复市，采取电话微信通知、挂横幅、立盾牌、贴标语、滚动广播、设立咨询点等形式，宣传解释市场延迟复市原因、目的、意义；使用60余千克84消毒液进行全方位、无死角消毒；制作盾牌21块、横幅16条，宣传疫情防控知识，号召注重个人防护，遵守疫情防控相关要求，不造谣、不信谣、不传谣，发现问题及时报告，主动配合追踪排查、健康观察和隔离观察等工作；制定工作人员每日报告健康情况制度，摸清干部职工及其家属1100余人健康状况，掌握市场2249户（常德籍1706户、湖北籍118户、邵东籍129户、温州籍13户，其他省市283户）经营业主、317名市场从业人员（卫生人员、三轮车车主、零担车车主）健康状况。抓复工复产，加强组织领导，安排体温检测、应急处置等疫情防控工作，细化分工，封闭管理漏洞、不留防控死角；设立隔离围栏，投资3万余元，安装市场各出入口封闭围栏，保留3个出入口，确保人员有序流动；筹集防控物资，购置一次性口罩2000个、一次性手套2万副、体温检测枪55支、84消毒液1000千克；实行入市审核，设立申报点3个，凭身份证明（身份证或户口本复印件）、健康证明（体检报告或社区务工证明）分区域、分时段进行登记，2月27日至3月1日，有1734名经营业主进行入市申报及审核。疫情期间，桥南市场工会收集412人捐款180100元（其中非公总支党员69800元，普通业主55700元，工作人员54600元），后续捐款直接由其个人捐至区红十字会。3月2日，桥南市场获准复市全面恢复经营。桥南市场工委把握入门关、卫生关、管理关，截至12月31日，桥南市场未发生一例感染者。

消防安全。桥南市场工委落实“隐患险于明火，防范胜于救灾，责任重于泰山”消防安全工作思路，把市场消防安全放在首要位置，实行人防、物防、技防相结合，推行三大举措，确保消防安全。实施奖惩，落实目标管理岗位责任制，依规奖励、按章追责；提升安全意识，广播站每天宣传消防法规、消防安全知识和市场消防安全管理规定，分区域、分楼层实行消防知识轮训，人人参与，创建平安市场；抓落实整改，实行日巡查、周检查和月整改制，对照标准排查，发现隐患及时整改，绝不过夜。建成常德市鼎城区消防救援站，配备消防车2台、配齐消防专职人员。全年，发现并处理消防设施存在问题84处，查处违规使用大功率电器17家、违规装修14家、门面顶部堆放货物19家，整改电源线路老化和私拉乱接113家，拆除新增关门门面空气开关140个，处罚市场内吸烟经营业主65起，劝导顾客不抽烟800余人次。市场未发生一起消防安全事故。

市场秩序管理。4月，开展管辖区域经营秩序整治，重点针对门面货物超面积摆放和三轮车占道问题，全市场统一划线规范摆放标准，每天进行秩序整顿，通知业主自行整改取缔，不听劝告未整改到位的，依规下达整改通知书，强制整改到位。

综治民调。制定安全、维稳、扫黑除恶、禁毒、防爆反恐等工作方案，处理经营业主反映的问题，查找工作薄弱环节。（胡立鼎）

【桥南市场购物节】 2020年12月30日，由鼎城区人民政府主办，区商务局、桥南市场管理委员会、桥南副食轻纺城承办，建设银行常德分行协办的“桥南市场购物节”开幕式在主会场桥南市场东大门举行，区人民政府副区长蒋宏武致辞并宣布开幕。购物节持续3天，在桥南副食轻纺城设立分会场。（胡立鼎）

2020 年 12 月 30 日,桥南市场购物节现场

(提供:胡立鼎)

桥南商贸城

【概况】 桥南商贸城总公司成立于 1994 年,占地 13.37 公顷,属差额拨款正科级事业单位,有职工 109 人,总公司下设办公室、财务室、人事部、监察室、市管办、保卫科 6 个科室。2020 年 12 月 12 日,商贸城总公司办公楼正式迁址江南城投朗泰·尚象郡 1 号楼主体办公楼 22 楼(东),总建筑面积 600 余平方米。主要职能:负责商贸城临时农贸市场、中心临时停车坪行政管理及商贸城区域内安全生产、消防维稳、综治、创建、防疫等中心工作。全年,招商引资 17 家。

脱贫攻坚。落实脱贫攻坚任务,坚持每月下乡 3 次以上,落实贫困户脱贫工作任务,拨付花岩溪镇栖凤山村扶贫资金,不定时采购油、米、面、棉被等物资走访慰问贫困户。

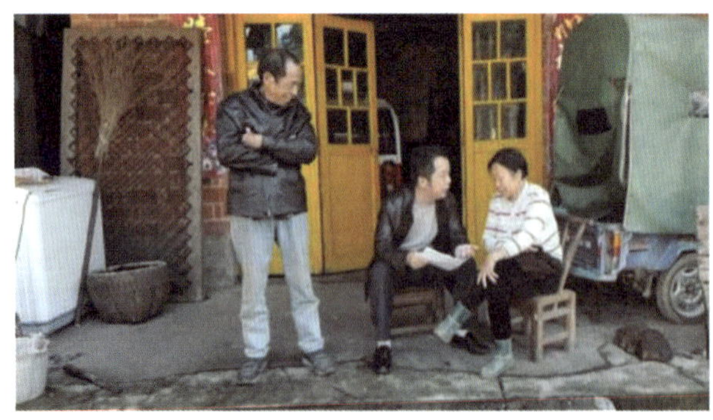

2020 年,桥南商贸城帮扶责任人走访慰问贫困户

(提供:蒋健)

新冠肺炎疫情防控。制定防疫防控预警方案和相应处理措施,组织工作人员建立疫情防控台账,针对区域内 801 户居民,组织干部职工入户宣传、摸排、检测体温、安全巡查,上报疫情防控信息。排班值守防控,筹集防护物资,帮助其他单位采购防疫物资。

环境整治。每周集中整治中心场坪、农贸市场 3 次,每天组织专人为商贸城域内重点场所喷雾洒水 5 次,改善空气质量。筹措资金 15 万元,进行老旧电网改造,实施中心场坪及农贸市场、主通道地面平整,铺设碎石,清淤等工作。

综治维稳。建立信访台账、制定防范化解预警方案,压实工作责任,落实工作任务,全年无一起集体非法上访事件发生,无一起安全生产事故发生。

(蒋　健)

桥南副食轻纺城

【概况】 桥南副食轻纺城是常德市、鼎城区两级人民政府重点建设工程,是鼎城城区扩容提质的重点项目,位于桃花源大桥南段,江南新城区桥头堡,北临鼎城路,南靠花溪路,西至西站路,东达桃花源大桥。15 分钟车程可达桃花源机场,20 分钟车程可达常德火车站,城市主干路网合围。市场总投资 5 亿元,占地 3.33 公顷,建筑面积 5 万平方米。2020 年,有独立商铺 336 个,配送中心 1.7 万平方米,地下停车场设有货梯,车辆出入便捷,经营、配送相对分离。集副食品、纺织品交易、存储、配送、展销、信息服务、电子导购、结算汇兑为一体,是大型副食品、纺织品批发市场。

疫情防控。新冠肺炎疫情发生后,桥南副食轻纺城把疫情防控工作放在首位,建立健全常态化疫情防控机制,克服困难,从市场闭市到市场复市,全体干部职工取消休假,保障市场安全、平稳运营。

市场管理。强化责任、加大人员培训力度,治理市场经营秩序。抓消防安全工作,强化安全意识,加大安全培训力度,规范商户用电行为,落实责任，按照消防标准，开展整治规范管理，将消防安全工作与国家安全发展示范城市创建工作结合，联防联控、群防群控，将隐患消灭在萌芽状态，维护市场消防安全。（刘　燕）

【桥南轻纺城开业暨副食城年货节】 2020年12月30日，由鼎城区人民政府主办，鼎城区商务局、桥南副食轻纺城管委会、华邦城建投资开发有限公司承办的桥南轻纺城开业暨副食城年货节活动在桥南副食轻纺城市场举办。活动中，豆腐乳、糍粑、口蘑、农家腊肉、山茶油等优特食品在年货节展出。（刘　燕）

2020年12月30日，桥南轻纺城开业暨副食城年货节活动现场（提供：刘燕）

市场服务中心

【概况】 鼎城区市场服务中心是工商体制改革的产物，成立于2000年7月，属正科级事业单位，下设朝阳路农贸市场管理所。主要职责是负责全城区农贸市场的长效管理，督导市场内卫生、秩序。朝阳路农贸市场始建于1985年，2008年提质改造，2009年市场评估价值2700余万元。农贸市场占地面积8016平方米，建筑面积10860平方米。其中门面80间，小菜摊、猪肉摊、牛肉摊、鱼摊、南杂摊66个，经营户90余户，经营品种有肉食、水产、蔬菜、南杂、鸡鸭、海鲜、冷冻食品等。年销售额近亿元，商品远销广州、上海、湖北、贵州、四川、云南等地。

疫情防控。新冠肺炎疫情发生后，区市场服务中心党委第一时间部署防控工作，为城区各农贸市场进行“日消毒、日冲洗”，设立体温检测点，每天为进出市场人员、生产经营户测量体温，摸排重点人员信息情况，宣传防疫知识、劝导市民科学佩戴口罩、摸排市场外来经营户情况，督导市场内卫生、秩序等。

文明创建。参加文明城市复审创建工作。6月4—17日，区市场服务中心组织参与文明城市复审创建工作，取消周末休假，整顿市场秩序，实施市场内通道及各角落卫生保洁，冲洗通道、摊位台面。

市场管理。划分工作任务，落实具体指标到个人，培养干部职工工作责任心，城市管理考核结果与干部职工绩效考核挂钩，整治市场保洁、出摊占道经营，1—12月，在市容市貌城市考评中，获得7个100分、4个99分。

脱贫攻坚。每月走访慰问扶贫对象1次，了解其身体和生活状况、家庭收入来源和基本困难，因人施策，帮助贫困户解决实际困难。资助贫困大学生汤星宇大学期间相关费用，落实无劳动能力残障贫困户社会兜底保障和危房改造。全年，走访贫困户100余人次，送去慰问物资折合人民币10000余元。

综治维稳。开展社会治安综合治理、扫黑除恶、信访维稳、纪检监察、人事组织、宣传、防汛抗旱、档案、保密等工作，班子成员带头对接维稳包保对象，加强联系，抓宣传引导，实行“五包一”包保，每月谈心谈话2次。全年，未发生一起违规越级上访或恶性群访事件。

工会活动。开展全民义务植树活动，到韩公渡镇先锋村义务植树400株。11月25—26日，组织10人参加常德市市场服务行业联合会举行的“市场杯”气排球比赛，组织24人参加鼎城区“万人职工健康跑”活动。关心困难职工，为生活确有困难的3名退休职工申请民政临时救助，开展困难职工慰问活动，慰问困难职工13人次。（林长芬）

2020 年,鼎城区市场服务中心参加常德市市场服务行业联合会"市场杯"气排球赛 (提供:林长芬)

【取消活禽交易宰杀】 根据《中华人民共和国传染病防治法》《中华人民共和国动物防疫法》《中华人民共和国食品安全法》等法律法规,经常德市人民政府决定,全市城区取消活禽交易宰杀。区市场服务中心开展疏导经营户思想工作,开展正面宣传、处理设施设备、粉刷门面墙壁,为经营户后续冷鲜经营想办法,帮助他们转型。2020 年 9 月 2 日起,各农贸市场全部取消活禽交易宰杀。 (林长芬)

物流产业

【概况】 鼎城区物流办发展领导小组办公室简称物流办,其前身为鼎城大桥南联托运有限公司。2014 年 9 月,根据鼎城区人民政府第十七次常务会议纪要精神正式成立,于 2016 年 10 月搬入郭家铺永富路办公。其人员组成为桥南管委会工作人员 7 人、区交通运输局货运所全体工作人员 13 人组成。主要职责:制定、修改、完善全区物流发展规划;对物流业进行行业管理;打击非法、保护合法;调解物流运输纠纷、处理各类物流投诉,听取各方意见及建议。协调各职能部门对物流业的管理以及上级机关交给的各项工作任务。物流办管理的物流企业主要集中在桥南隆腾物流园、桥南市场周边及停靠在郭家铺建材市场的零担班车,2020 年,有物流企业 130 家,零担班车 150 辆,货运线路辐射全国所有行政区县及常德市所有乡镇。

消防安全。区物流办单独或联合公安、安监、消防、交通、商务、郭家铺街道等职能部门定期组织消防演练和消防知识培训,不定期开展消防安全大检查,大排查、大整治,查出的隐患按职责权限进行处罚。优化、整改、完善消防基础设施,利用超大显示屏、区内广播系统不间断播放违禁品、危爆物品清单,增加门岗检查,减少违禁品、危爆物品入园。

行业管理。区物流办依托鼎城区交通运输局货运所交通行政执法职能,开展入园区车辆和货物不定期检查 500 余次,扣缴易燃、易爆、危险及有毒化学物品 500 余件。查处超限运输车辆,全年检查车辆 1500 余次、强制卸货 10 次,查处无证经营企业 1 家,并勒令停止经营。实行网格化管理,每日巡查物流企业至少 2 次,检查物流企业按章经营、消防安全及有无违禁品等情况。全年,协调处理纠纷和货运矛盾 100 余起。

疫情防控。区物流办全体工作人员第一时间投入到新冠肺炎疫情防控工作第一线,参加物流行业疫情防控工作,为物流园、经营户购买口罩、消毒液、消毒酒精、测温枪等防疫物资,协助物流园管理方督促进出园区车辆、人员落实疫情防控政策;组织、引导、协调各物流企业复工复产。

招商引资。区物流办支持鑫桥物流有限公司在许家桥回族维吾尔族乡投资 5000 余万元新建占地 20000 平方米高标仓,至年末,投入分拣线 10 余条,引进极兔、十荟团、顺丰等大型物流公司,建立泛湘西北区域分拣中心。 (陈 斌)

物流企业厂房 (提供:陈斌)

城市建设与管理

Urban Construction Administration

2020 年，江南城区鸟瞰图　（提供：区委党史研究室）

住房和城乡建设
城市管理和综合执法
城市环境卫生
江南新城建设投资开发有限公司
常德市鼎城区现代农业农垦投资开发有限公司
常德阳明湖投资开发有限公司
城市供水

鼎城年鉴(2021)

住房和城乡建设

【概况】 2020年,鼎城区住房和城乡建设局(简称区住建局)坚持“抓党建、强基础、保和谐、促业务”工作思路,按照要求开展主题党日活动、党员进社区活动、党员志愿者下基层服务活动,组织各支部开展警示教育、红色教育培训,推进智慧党建平台使用,抓“学习强国”平台政治理论学习。建设学习型党组织,抓新闻宣传工作及舆论引导,维护意识形态安全,推进思想道德建设,开展精神文明创建活动。全年未发生一起重大舆情。按照区纪委监委要求,开展党员干部党风廉政教育及专项治理工作,开展农村危改领域专项治理、人防领域专项治理、“一季一专题”专项治理等活动。全年,未发生一起违纪违规事件。推进省级文明单位创建,开展争先创优和创文活动,促进精神文明建设,增强干部职工争先创优意识。

城市建设。抓新城西区板块建设。西站路于2020年10月建成通车,永安路西段形象进度85%,年末进行人行道板施工铺设。建新路西段年末进行雨污水管道埋设及土路基开挖。滨江大道中、西两段年末开展未施工路段征拆调查工作。开展南金城、中梁·滨江首府等大型高端楼盘产销服务。抓阳明湖板块推进建设。永安路中段形象进度70%,年末进行桥梁主体施工。永富路形象进度80%,年末进行箱涵及桥面施工。德安路形象进度52%,年末进行基层施工,杨家港至金霞路段拟铺设水稳层。完成工业园路,红云路至德安路路段土石方,雨水管道建成50%。杨家港河形象进度90%,年末进行文化和绿化景观施工。阳明湖水系大湖区工程形象进度80%,年末进行岸线治理和西岸景观工程。永安硚市政排渍口治理工程形象进度85%,年末进行4号生态滤池施工。抓临江新区板块建设。落实地块A08设计,吾悦广场落户鼎城区,B04、05、06、07全线封顶。

建筑行业监管。开展工程质量标准化考评和工程质量大检查,实行在建项目施工样板标准化管理,每季度进行检查,排查和整治工程质量安全隐患,并进行质量考评。全年考评项目140个,考评等级为优良17个,下达《质量安全隐患整改通知书》38份。进行监理企业项目部质量考评,全年,考评两次考评项目68个,下达《质量安全隐患整改通知书》28份。受监项目49个,竣工验收项目22个,竣工验收项目合格率100%。开展优质工程培育工作,其中南金城七期(粤港模科总部大楼)获常德市建筑施工质量标准化示范工地称号,并争创国家工程质量“鲁班奖”;高新区标准化厂房三期二标、临江棚改B05和06地块两个项目获常德市优质结构工程奖;常德高新区标准化厂房三期A地块2号楼、3号楼、临江棚改A02地块、滨江首府一期等项目正在申报常德市“芷兰杯”。抓安全生产。建立和完善安全生产长效机制,安全监管贯彻项目施工全过程,2020年,区建筑工程领域未发生重大安全生产事故。全年,省、市质量安全现场观摩会分批次在鼎城区召开计4次。指导和培育安全生产标准化优良工地,组织考评157次,其中不合格1次,优良25次,合格率99.24%;下发建筑工程安全隐患整改通知单64份、停工通知单22份、起重机械设备限停通知单26份、不良行为告知书3份、安全生产标准化考评不合格告知书9份、建筑消防专项检查整改通知单11份、建筑工程食品安全整改通知单2份,强制拆除华中城上悦府项目9号楼使用不合格密目式安全网1栋。抓消防监管。把握设计质量关,按照《建设工程消防设计审查规则》和相关技术规范标准要求,把隐患排除于建设前,全年,出具消防设计审查不合格意见书7份,要求设计单位进行修改。把握验收关,规范消防验收和验收备案流程、资料,限时办结。截至11月末,受理消防验收20件,办结20件,受理消防验收备案2件,备案2件。把握在建过程关,在工程建设过程中实施动态监管,发现擅自变更设计审查的消防设计文件、消防技术服务机构的弄虚作假行为、各方责任主体未核实施工现场情况、随意在竣工验收报告上签字盖章确认等违规问题，立即责令整改。抓执法检查。巡查工地240余次，"打非治违"专项检查在建工地15个，出动执法人员900余人次，下达行政执法文书49份，立案9起，处罚款13万余元，警示约谈13起。

市政公用事业。进行城市道路、人行道板、路灯养管及排水设施的维护，维修人行道板9000平方米，更换各类井盖500余套，维修车行道9500平方米，维修各类路灯、灯具2000余盏，处理智慧城管维修案件约4000件，案件处理率100%。启动桃花源路等道路排水管道视频检测和修复工作，实施临沅路、永安路、花溪路、运达巷等道路排水管网清淤疏通；开展城区低洼易涝点治理，改造阳明路、鼎城一中校园内排水系统；开展城区因项目建设破坏排水系统问题集中治理，现场调查因阳明路、永安路、德安路、江南大道、永富路、西站路等道路建设引起排水系统破坏问题，督促施工企业启动临时排水方案，确保不积淹；在汛情期间加强路面巡查，特别是暴雨时的路面排水情况，发现问题及时处理；开展城区约8千米排水箱涵淤堵情况调查。抓燃气管理，进行燃气安全的宣传，通过以会带训、技能培训、发放宣传单等形式，宣传燃气安全知识，印发宣传单5万余份，组织技能培训3次，召开企业安全会议每月1次。整顿瓶装企业，把不规范送气点压缩至约20家，全年，收缴报废瓶、过期瓶140余只，取缔江南城区黑网点10余家、乡镇黑网点2家，拘留6人。抓供水安全保障。新冠肺炎疫情期间，为保障民生用水，实行"欠费不停供"政策。针对中小微企业生产经营用水，一律免收违约金。完善江南水厂改扩建项目配套建设，启动水厂改扩建工程项目，新增供水产能2.5万吨/天的一体化设备，进行全区主支干管网测漏，降低管网漏损率，加大日常管网测漏排查力度，及时抢修漏损管网，实行老旧管网改造。

2020年9月15日，鼎城区住建局开展市政设施紧急维护维修

（提供：刘星星）

人民防空。2020年，鼎城区人民防空工作按照人防工程"应建尽建"原则，加快人防指挥所建设，全年，结建人防工程项目动工建设1宗。区人防指挥中心项目建设主体工程已完工，年末进行装饰装修设计。推进人防指挥信息化建设，推进疏散地域建设试点。开展人防宣传教育六进活动，在社区、学校发放宣传资料6000余册。强化科学管理，增强国防动员能力。检测防空警报点工作情况，区警报器系统完好率100%；进行人防通信设施的维护和管理，定期维护保养车载警报器。落实城区人防疏散区域和人防避难场所标示建设和人防警报器增容扩容工作。组织指挥通信拉练训练2次、群众防空疏散演练、人防军事训练，由常德市人防办组织跨区综合演练，维护和保养警报器，新增防空警报器数台。2020年年末，鼎城区人防办被常德市住建局（人防办）评为全市人民防空工作先进单位。

争资争项。出台《鼎城区住房和城乡建设局2020年争资争项工作方案》，成立争资争项工作领导小组，建立责任机制、前期工作机制、跟踪落实机制和服务保障机制，通过争取高位协调、加强部门联动、强化项目储备、定期督查督办、纳入绩效考核等举措，到市局和省厅进行汇报对接数次，争取项目6个，到位资金3.03亿元。

脱贫攻坚。行业扶贫。全年，农村危房改造840户，发放资金1891万元；落实26157户"6类对象"

和集中供养有私房对象175户的房屋安全鉴定和评定;针对无意愿实施改造对象、不符合危房改造条件对象、部分无房户,通过投亲靠友、租房,住公租房、养老院、幸福大院方式实现住房安全保障994户。落实建档立卡贫困户脱贫攻坚住房有保障信息平台手机APP和“农村危房改造脱贫攻坚三年行动农户档案信息索检系统”录入14155户。联系蔡家岗镇胡海坪村,通过“龙头企业+农户”和“合作社+能人+农户”产业发展模式,变“输血”为“造血”,进行油茶低改13.33公顷,恢复冰灾柑橘基地6.67公顷,为村民发放柑橘苗5万株,柑橘生产基地计133.33公顷。2020年脱贫5户10人,全村123户403人全部脱贫。

建筑企业培育。推行工程总承包模式,通过对接企业,在行政审批、资质升级增项、工程评价评优等方面进行引导,给予帮扶。全年,新增劳务企业12家、商砼企业2家、总承包企业2家,4家总承包企业专业资质增项与升级,鼓励区属建材企业参与协会活动,共享信息。支持企业包装上市,九申燃气主板上市已进入三年观察期的第二年,浩宇建设香港红筹股上市已完成内部审计,处于提交企业资料阶段。发展绿色建筑,全区施工阶段建筑节能标准执行率100%,绿色建筑标准65%。

乡村振兴。抓乡镇污水处理设施建设,投入资金6000万元,启动乡镇污水处理设施项目(二期)建设,新增管网45千米,建设污水提升泵站5座,实现全区集镇中心镇区生活污水全部收集、同步处理,出水水质一级A标准,2020年11月投入使用。出台乡镇污水厂运营方案,印发《关于暂行核定鼎城区乡镇污水处理费征收标准的通知》,明确征收范围、标准和方式,以及相关减免优惠政策。抓振兴乡村试点工作。在草坪镇兴隆街村、放羊坪村、斗惠渠居委会、三角堆村投入资金200万元,安装路灯600余盏。在三角堆村,投入资金60万元,新建全市第一座生态村级污水处理厂,采用人工湿地处理工艺。

2020年4月8日,鼎城区举办常德市乡镇污水处理设施现场观摩 (提供:刘星星)

蓝天保卫战。落实“六个100%”标准,日常巡查管控在建工地55处、城区商砼企业3个,巡查、处置220余次,督促完善扬尘设施49处,处理扬尘治理不到位情况150处,现场警示施工企业48家,下达整改告知函16份,约谈施工企业4家。

工程审批制度改革。开展工程建设项目审批制度全流程、全覆盖改革,精简工程建设项目审批环节和事项,分类优化审批流程,落实“统一审批流程、统一信息数据平台、统一审批管理体系、统一监管方式”的“四统一”要求,实施联合审图和联合验收等。截至2020年11月末,窗口受理事项138件,办结数131件,办结率95%,其中,网上办理事项79件,办结率100%。 (刘星星)

城市管理和综合执法

【概况】 2020年,鼎城区城市管理和综合执法局围绕“抢抓新机遇,建设新江南”发展战略,以“打造最美城管人,扮靓醉美江南城”为目标,改革、创新、进取,推进各项重点工作,改善城市综合环境,提升城市管理效能,提高市民满意度。

市容市貌管理。制定“日巡夜查”工作制度,针对市场、学校、车站等重点难点部位,开展护苗行动、以路代市、违规占道、食品安全等专项整治,规范市容秩序。采用疏堵结合方式,在英德巷、仰止楼、江南休闲广场等9处设置流动摊贩“临摊区”,引导摊贩主动入驻。规范工地围挡和广告牌整洁,实施阳明路、隧道口等地327处围挡提质提标，拆除城区各类违规破损广告、落地招牌526处2100平方米，围墙上的公益广告25处。

蓝天保卫战。坚持“5加2、白加黑”无缝隙动态巡查模式，实行渣土管理与执法，下达整改通知书40份，督促路面及时返洁680处，纠正项目工地出入口违规作业420起，立案处罚43宗。城区630家餐饮单位和96家夜市按要求安装油烟净化设备，形成油烟管控长效化、常态化管理机制。立案处罚餐饮店未正常使用油烟净化设备4起。采取机动巡查、及时发现处置和立案查处零容忍等防控措施，控制露天焚烧现象，处理焚烧行为26起，处罚10宗。根据天气变化及市区蓝天办调度情况，调整机械化清洗、洒水降尘作业时间和路线。在国控站点周边及善卷路等主要路段来回洒水作业，出动扫地设备在各主次干道实施机械化清扫，确保大气优良指数达标。

2020年，鼎城区城管局检查渣土车清洗情况

（提供：刘敏）

园林绿化管理。实施淮阳中学和同德职院古树救护复壮，德山三角洲、郭家铺安置小区、阳明南路行道树补栽等项目绿化设计及建设。落实南金城一期、鼎城区档案馆、江南污水处理厂扩容提质等设计方案审批。实施陈辉公园应急避难场所设施建设，更新维护大圆盘、区政府、区委、沅水三桥等处绿化景观。开展新增绿地养护交接工作，实施园林绿化精细化养护，城区新增绿地面积13万平方米。

环卫清扫保洁。抓新冠肺炎疫情防控及复工复产期间清扫保洁和垃圾清运工作，加强道路机械化保洁频次，为中转站、公厕等环卫设施每2小时进行一次消杀管理，回收处理废弃口罩780千克，增设垃圾桶3000余个。增加机械化作业频次，作业率上升至90%以上。重点在桥南商圈周边及6条精品样板街实施精细化清扫，实现垃圾不落地、路面无污染、周边无死角保洁效果。进行餐厨垃圾应急处置，启动城区餐厨垃圾应急期收运和处置工作，与630家餐饮企业签订餐厨垃圾处理协议，餐厨垃圾实行日产日清，实现全覆盖，全年，收集、处置餐厨垃圾3595吨。

城市管理考核。实施城市管理提质工作专项督导检查，修订完善鼎城区城市管理考核评比办法，发挥考核督导作用。在“四区”城市管理考核中获3个第一名、3个第二名。其中，建筑垃圾、行政执法单项考核全年第一，数字城管单项考核全年第二。开展“十佳十差”社区评选工作，永安社区、王家铺社区、停车场社区等6个社区被评为“十佳社区”。抓智慧城管工作，配合市城市管理监督指挥中心落实新的智慧城管系统平台数据更新工作，发现问题及时反馈，提升管理效能。上报案件171328宗，立案156033宗，结案153492宗，结案率98.37%。

行政审批服务。完善政务服务一体化平台，发布实施清单163项。压缩承诺办结时限，将承诺办结时限在法定时限的基础上提速80%以上，精简申请材料，在原有应提交材料数量上减少50%。进行“一件事情一次办”改革，提高服务水平。城乡一体化项目推进。推进环卫市场化改革，推进城乡环卫一体化建设进程，建立健全垃圾分类终端处置功能，完善分类配套体系，提升生活垃圾处置能力，促进全区生活垃圾的减量化、资源化、无害化。投资9353万元，建设年处置150万吨的固体建筑垃圾资源化利用项目，已落实前期筹备工作；投资1500万元，建设捌海站、华邦站、红云桥站、善卷中学站、融媒体站5座垃圾中转站（含公厕），已落实前期筹备工作。

（彭佳倩）

【地摊经济开放】 2020年，在常态化新冠肺炎疫情防控形势下，鼎城区为惠民生保就业，帮助低收入者就业，推进“地摊经济、小店经济”发展，探索城市管理新思路，助力经济复苏。按照以人为本、疏堵结合的原则，在不影响道路交通、居民生活的情况下，设立“零摊区”7处，确定德源路、英德巷、光明巷、友谊巷、仰止楼、江南休闲广场、陈辉公园为主要游商经营范围。允许所有夜市在不占用盲道、不影响他人出行、不污染环境的前提下占道经营，每个夜市门店在店外可摆放2至3张桌面。允许部分临街商店出店经营，带动市民消费。坚持“教育为主的原则”，推行柔性执法，轻微违法行为不予处罚；一般性违法行为，以批评教育为主，尽可能不采取行政处罚和行政强制。 （彭佳倩）

【城市生活垃圾分类工作启动】 按照中央、省、市关于生活垃圾分类工作决策部署，2020年12月，鼎城区启动城市生活垃圾分类工作，12月8日，由区城管综合执法局牵头召开鼎城区城区生活垃圾分类工作动员会，成立工作领导小组。全区各单位开展生活垃圾分类宣传工作，从正面引导舆论、凝聚社会共识。安排主要领导分管，以学校、社区为着力点推进垃圾分类工作，至年末增添或更换城区主次干道两侧二分类垃圾桶253处，按标准样式喷涂改造有害垃圾运输车1辆、可回收物运输车2辆、厨余垃圾运输车5辆、其他垃圾运输车1辆；城区公共机构垃圾分类工作实行全覆盖。 （彭佳倩）

生活垃圾(分类)投放点 （摄影：彭佳倩）

城市环境卫生

【概况】 2020年，鼎城区环境卫生服务中心落实城区清扫保洁面积396万平方米，比2019年增长20万平方米，城区有公厕14座，全部为水冲式公厕。中转站14座，日平均生活垃圾清运量125吨。城区各主次干道设置分类式垃圾果皮箱1587个，社区放置新添和更换塑料垃圾桶1100余个。2020年，鼎城区环境卫生服务中心被评为区“工会工作先进单位”，鼎城区通过全国文明城市测评迎检。

清扫保洁。城区清扫保洁以大湖路为界，分为2个片区，分别由广东家宝园林绿化有限公司（东片区）和深圳剑峰清洁服务有限公司（西片区）负责。2家公司现有城区清扫人员450人，清扫车辆5台，冲洗车、洒水车辆15台，电动垃圾收集车100余辆，主要负责城区各主次干道及社区街巷的清扫保洁、道路和人行道板的洒水、冲洗作业及主干道机械化清扫作业。清扫保洁全天候覆盖，人工和机械化清扫从早上5点至晚上11点，街道清洗作业从晚上11点至凌晨5点。严格督导考核，环境卫生服务中心考核办负责进行2家公司环境卫生作业督导考核，成立考核中队2个、夜间中队1个，考核中队负责白天环境卫生巡查与督导，夜间中队负责夜间冲洗作业督促，各中队建立考核台账，每月进行1次统计与总结。利用智慧城管系统和微信平台督促作业情况，通过网络快速反馈工作中存在的问题，全年，通过网络处理智慧城管环卫案件32781件，处理网上和电话投诉102次，大多数问题在半小时内解决，特殊情况不超过1天；解决人大代表、政协委员提案建议3份，回复率、处理率100%。将考核结果与市、区两级每月考评成绩挂钩，根据考核结果拨付承包经费，促进公司良性竞争。

2020年，环卫工人在路面进行冲洗作业

（提供：贺用心）

环卫收费。受新冠肺炎疫情影响，第一季度环卫收费基本没有收入，4月，通过召开收费人员会议，调整思路和分工，优化人员配置，全年，环卫有偿服务收费307.79万元，其中门面生活垃圾处理费41.48万元，市场、机关事业单位生活垃圾处理费115.59万元，居民生活垃圾处理费50.87万元，渣土处置费50.6万元，其他生活垃圾处理费49.25万元，比2019年增收24.84万元。

垃圾清运。2020年城区生活垃圾清运由深圳龙吉顺实业发展有限公司负责，垃圾清运单价为1.41元/千米·吨，运输距离32.18千米，城区垃圾清运车辆12台，年清运生活垃圾量4.5万吨，清运费用245万元。

2020年，清运车辆将城区垃圾中转站压缩后的垃圾运送至德山檀树坪垃圾焚烧场进行焚烧处理（提供：贺用心）

镇村同治。镇村同治清扫保洁面积60万平方米，大型洒水车1台，聘用清扫人员63名，主要负责灌溪镇镇区、汤家坪村、中心桥村、富贵村及石板滩镇毛栗岗居委会和荷花堰居委会的清扫保洁和洒水作业。通过严格管理，镇村同治区域清扫保洁工作实行常态化，为常德高新区接待外来考察团、上级领导视察营造干净、整洁的卫生环境。

点村扶贫。环境卫生服务中心驻村帮扶匡家桥村，投入8万元，用于清理村硬化道路周边及死角死面积存垃圾，购置塑料垃圾桶、板桶、清运斗车及劳保用品。匡家桥村位于鼎城区油茶重产区，区环境卫生服务中心指导匡家桥村贫困户和边缘户、非贫困户所有的14.33公顷荒山进行油茶新造，指导将100公顷农田进行优质稻推广种植增加村民收入，进行2公顷新造油茶园林下套种红薯，红薯由后盾单位进行回收，为匡家桥村创集体经济收入约3万元。由3家后盾单位筹资与匡家桥村第5组居民自筹相结合，硬化匡家桥村第5组道路2千米。

餐厨垃圾收集处置。与3个灶台以上餐馆136家、部分单位食堂及餐饮企业计230余家签订餐厨垃圾处理协议。截至2020年年末，全区产生餐厨垃圾1174车5419吨。

环卫基础设施升级改造。2020年8月，投入资金480万元，升级改造行吊式中转站为移动压缩站8座，维修改造中转站公厕建筑物。升级改造后的压缩式中转站将缓解垃圾清运负荷，减少对附近市民造成的干扰。（贺用心）

江南新城建设投资开发有限公司

【概况】 江南新城建设投资开发有限公司成立于2005年，由朗州城投公司发展壮大，现为区委管理的市级融资平台，下设全资子公司朗泰住房建设开发有限公司、朗州城市建设投资开发有限公司和朗鑫实业发展有限公司。公司有员工54人，其中高管8名，中层骨干11人，设有综合管理部、项目管理部、财务融资部、资产经营部及风险控制部5个部室。至2020年年末，公司总资产约213.14

亿元，比2019年同期增长7.21%；有息债务约73.95亿元，比2019年同期增长29.93%；经营投资收入1193.85万元，比2019年同期增长5.3%，房产销售等其他收入1.42亿元。

项目建设。根据《鼎城区2020年度城建方案》和各级调度会议精神，2020年，鼎城区实施城市基础设施项目21个，项目总投资51.91亿元，年度投资13.1亿元。其中，新建项目14个，拟总投资25.36亿元，启动建设3个：大湖北路建设完工、建新路通过路基验收、花园路待征拆落实后开工建设。永安安置小区附属工程、鼎城西路等11个项目因融资政策变化等原因，仅进行前期手续办理。续建项目7个，总投资26.55亿元。其中，阳明大道、永安路完成建设；西站路、滨江大道西段绿化已通过竣工验收；常德画墙第一批、第二批落实61幅壁画安装，正办理第二批壁画15幅和第三批壁画招投标工作；滨江大道（江南大道—鼎城西路）、滨江大道（鼎城西路—花溪东路）因征拆资金、沅水一桥、融资政策变化等原因暂缓。

融资化债。2020年，融资到账金额约25亿元，其中转贷到账约3.4亿元，直接融资约21.4亿元，广发银行流动资金贷款0.5亿元、远东宏信租赁融资1.5亿元、湘运地块（安置房小区）建设项目公司债券第一期发行5.4亿元、海绵城市建设项目绿色债券发行第一期6亿元和第二期5亿元、大业信托隐性债务置换2亿元、阳明湖壹号开发贷到账1亿元。公司年度财税入库4800万元，土地资产财政入库3.35亿元。

产业经营。谋划自营项目，在建房产项目3个，清湖苑建设项目已落实附属项目施工；滨江新城项目已进行综合验收、备案并移交给物业方；阳明湖壹号工程项目已落实部分主体工程封顶并开盘销售。城区道路停车收费、写字楼租赁、农商行股价分红、场地租赁等项目经营收入1004万元。启动前期的项目有德善陵园公益性墓地、车辆检测站建设与经营、养老产业开发布局。抓资产注入工作，落实原六医院、腰堤砂石场、丰农化肥厂、地税六分局等地块注资工作，计注入资产约4.8亿元。

脱贫攻坚。2020年，公司完善建档立卡工作，形成建档立卡贫困户动态管理机制。采取兜底保障、光伏发电、医疗保障、残疾人两补、教育助学、公益性岗位、住房安全保障等措施给予贫困户政策性扶持。推进点村产业发展，提质改造千年古樟景点、游船码头、荷花池景点、山塘。

（邹　师）

【阳明湖壹号项目】 阳明湖壹号项目是江南新城建设投资开发有限公司开发建设的综合性高档住宅小区，位于德安路与福广路交叉西北角。该宗地地理位置优越，东侧是阳明湖公园、正北面是常德市第四人民医院（南区）、正西面是善卷中学、周边配套资源丰富，能满足居民生活、娱乐、购物、出行等各项要求。该项目总用地面积64014.56平方米，建筑面积197468.82平方米，其中住宅面积133464.1平方米，商业建筑面积12442.37平方米，项目总投资约78000万元，于2019年8月开工建设，至年末主体全部封顶，处于外墙装饰阶段，拟2022年11月交付使用。

（邹　师）

阳明湖壹号项目鸟瞰图　（提供：邹师）

常德市鼎城区现代农业农垦投资开发有限公司

【概况】 常德市鼎城区现代农业农垦投资开发有限公司（简称区农投公司）是鼎城区政府直属国有独资企业，2018年12月18日注册登记，2019年3月7日挂牌成立。公司主要负责全区农业项目综合整治；国家级现代农业产业园运营；生态修复、河道治理；农业基础设施建设；涉农性资产经营与管理；高标准农田规划、设计、建设；乡村振兴和农业旅游项目规划与建设；非融资农业担保服务等相关业务。公司于2019年实行园艺示范场、畜牧良种场改革及整体划转工作，并成立常德市鼎城区现代农业农垦投资开发有限公司桥南分公司。公司有员工28人，其中领导班子5人，设有综合办公室、财务融资部、工程部、产业发展部、社会事务部5个工作部门。

项目建设。鼎城区国家现代农业产业园建设项目。鼎城区国家现代农业产业园于2018年1月修建园区总部，办公大楼占地677.61平方米，建筑面积2202.8平方米，总投资近100万元(含两套设施)。区农投公司作为国家级现代农业产业园的运营主体，园区大数据中心建设已竣工验收，园区大数据中心、园区管理服务中心、农民创新创业服务中心、园区基础设施升级等模块是公司园区主营业务方向。枉水河道采砂项目。2020年12月，枉水河道采砂项目3个标段的沙砾3年采砂权拍卖工作完结，成交金额1.373亿元，年末已上缴财政8000万元。生态修复治理项目。实施周家店镇太平寺村龙堰、中伏堰生态修复治理，启动谢家铺镇相关生态修复项目。易地扶贫搬迁后续产业扶持项目。经区人民政府专题会议研究，决定由区农投公司作为该项目的实施主体，投资约600万元。桥南冷链物流产业园项目投资450万元，冷库占地面积800平方米，使用面积400平方米，已投入使用，容量300吨。发展特色果蔬黄桃和黑玉米产业，种植黄桃3.33公顷、黑玉米28公顷。年末收益用于搬迁户的利润分红，易地扶贫搬迁后续产业扶持项目利润分红到位。镉污染农用地治理与修复项目。实施黄土店镇、牛鼻滩镇等乡镇镉污染超标农用地治理与修复，涉及治理修复示范面积140公顷。西洋陂田园综合体项目。农投公司是西洋陂田园综合体项目建设主体单位，2020年年末该项目正处于前期规划阶段。

2020年，龙堰生态修复治理项目——龙堰大堤生态防护
（提供：方思洁）

资产自清自查工作。以国有资产清理整治工作为契机，开展总公司与分公司各类资产清查与整改工作，完善资产管理台账，健全资产动态管理机制，疏清公司各类资产的经营管理状况，找出存在问题。

融资工作。公司对接相关金融机构进行融资贷款，保证河道采砂前期所需资金。

争资争项。公司向区农业农村局申请争资争项2188万元。

土地补偿。落实原区园艺示范场400公顷国有土地边界踏勘，清理公司所属国有土地上的固定资产并登记造册。处理区国土局土地平整(占补平衡)项目过程中与老百姓的地上物补偿矛盾，涉及原园艺场内李家桥村、西洋陂村、园艺场社区计330户青苗补偿、山塘整修、土地租赁等。实施公司国有土地项目建设与产业园建设所需供水、供电保障系统的配套工作。

安全生产工作。建立健全各项工作机制，按照区安委办、区国有资产管理中心要求，开展安全生产专项整治三年行动方案。加强特护期间与节假日安全隐患排查，值班、值守，落实信息报送制度。全年安全事故零发生。

历史遗留问题的协调与处理。因原园艺示范场历史遗留问题，示范场退休职工反映强烈，公司数次入户走访及召开座谈会，了解问题形成的根源，并制定相关接访、下访、约访制度，建立矛盾纠纷排查制度，及时处理公司内外矛盾纠纷，协调相关部门进行有关法律法规及政策方面的宣传与解释,获得退休职工理解,平息上访事件的发生。

（方思洁）

常德阳明湖投资开发有限公司

【概况】 2020年，常德阳明湖投资开发有限公司贯彻落实区委各项决策部署，第一时间学习、响应,坚持民主集中制,重大事项实行集体决策,严肃党内政治生活。

项目建设。实施阳明湖市政道路及管网PPP工程项目,总投资18.53亿元,建设期2年,运营期15年。其中:江南大道(滨江路—善卷路)长3.67千米、宽50米,建安额约2.75亿元(合同额缩减后),2018年1月开工，截至2020年年末，滨江路—阳明大道段总体施工完工，建安产值约1.78亿元;阳明大道—善卷路段征拆工作完工,拟启动施工。永富路(红云南路—阳明大道)长1.66千米、宽40米，合同建安额1.08亿元,2018年10月开工,截至2020年年末,道路整体路基换填及给排水管网施工完工，桥梁主体施工完工，建安产值8401万元,拟于2021年5月通车。德安路(金霞大道—丰家湾路)长2.6千米、宽30米,合同建安额1.86亿元,2018年10月开工，截至2020年年末，道路整体路基换填及给排水管网施工完工，建安产值6713万元。永安路（德安路—阳明大道)长1.06千米、宽30米,合同建安额5120万元,2019年8月开工,截至2020年年末,整体路基换填及给排水管网施工完工,桥梁主体施工接近尾声,建安产值3625万元。实施阳明湖水系综合治理(一期)PPP工程项目,总投资15.13亿元,建设2年,运营期18年。其中,大湖区(会议博览区)西岸景观工程拟总投资4.64亿元，截至2020年年末,已投资3.8亿元,完工120万立方米土石方开挖及外运和1号、2号人行栈桥建设,岸线治理完工。红云机埠工程总投资0.52亿元,2017年11月开工建设,于2020年4月竣工验收。永兴河工程拟总投资1.2亿元，实际总投0.32亿元，总长3.2千米，2017年11月开工建设，于2020年6月竣工验收并进入运营维护阶段。建新河工程拟总投资3.79亿元，总长2.29千米,2020年年末正在进行征拆和施工图设计工作，于2020年11月下旬启动建设,拟于2021年年末完工。杨家港工程善卷文化风光带拟总投资1.42亿元，实际总投1.06亿元，总长1.1千米,截至2020年年末完工。实施工业园路工程。工业园路工程合同总价13404283.45元，于2020年8月1日开工,截至2020年年末,已完成产值5653572元,占工程总造价42%,拟于2021年5月竣工。实施永安硚城市排渍口治理工程。永安硚城市排渍口治理工程项目总投资6500万元，工程合同总价39166362.80元，于2019年10月24日开工，截至2020年年末已完成产值3750万元,占工程总造价95%,拟于2021年3月竣工。实施冲天湖水环境综合整治工程。冲天湖水环境综合整治工程项目合同总价2000万元,于2020年7月28日开工,截至2020年年末,已完成产值1580万元,拟于2021年3月竣工。

杨家港景观工程现场 （提供:刘帅）

融资化债。2020年,公司计融资3.2亿元,通过争取和申报,争资6074万元。进行资产注入,花岩溪粮食宾馆摘牌注入公司名下;2000公顷芦苇场国有农用地使用权正办理资产划拨手续，拟注入公司名下。

市场化经营转型。为推进阳明湖板块开发建设,公司与28家央企和数家省直国企、民企进行阳明湖开发建设合作事项洽谈。与中交建、中建、中能建、中铁建等央企达成合作意向。考察相关央企与地方政府合作开发建设的项目现场，与中能建、中铁建、中交一公局等企业达成合作意向并计划签订合作框架协议。为满足公司升级转型发展需要，公司进行数个自主经营项目前期准备,C16地块房产开发项目:区委、区政府已同意公司开发C16地块房产项目，区国资中心正在进行相关程序,公司正在做项目动工前的准备工作。杨家港加油站项目:前期基础工作已全部完结。物业管理项目：公司和湖南建工七星物业集团签订物业移交管理合同,永兴河物业管理进入实质性管养阶段,该区域管养水面3.87公顷、绿地2.2公顷。板块内广告经营项目：正筹划在版块内开展户外广告业务,落实选址报批工作。花岩溪经营性项目:加强与省内外知名旅行社的合作,进行花岩溪景区AAAA级景区的复核整改,协办“花岩溪国际帐篷节”,景区内拟引进共享游船、民宿等项目。（刘　帅）

城市供水

【概况】 2020年，鼎城区自来水公司全年供水1855万吨，供水用户86080户。供水管道总长230.25千米,全年管网水质合格率99.2%,管网抢修及时率100%,保证各类供水设施、设备运行,实行江南城区和斗姆湖片区城乡一体全天候安全正常供水。因受新冠肺炎疫情影响，销售水量1136万吨;水费销售收入2242.08万元,比2019年同期减少102.2万元，降幅0.04%；各项税金80.37万元,比2019年同期减少12.79万元,降幅0.13%。

基础设施建设。申报并立项空港新城自来水加压泵站项目,进入征地报批阶段。自筹资金建设一体化水处理设备钢构顶棚及围挡，消除安全隐患;更换江南水厂8个过滤池的石英滤砂,提高过滤能力,增加产能;升级改造原平流池,优化处理工艺；将原来的液氯消毒升级为次氯酸钠消毒处理工艺。加固取水泵船,船体除锈刷漆,确保取水安全。

供水环境整治。摸排、维修、更换江南城区660台消防栓,进行供水稽查和管网维修。全年查处违章用水户15户，补缴水费14000余元，维修DN100以上漏水点67处。落实江南城区60000余户水表普查工作,改造死表、糊表183户;整治江南城区、斗姆湖片区违章用水情况;制定1200块水表轮换计划;进行临江棚改区主管改造。

优质服务。围绕用户最关心、最现实、最迫切的突出问题,补齐工作短板、完善服务机制、创新服务举措,以精细化管理优化提升涉水营商环境。针对重点项目、重点企业、重点人群,变“等待受理”为“主动服务”,通过上门走访、沟通交流等方式告知办事流程。梳理整合新接给水业务流程,缩减出具方案和预算时间。接水受理环节由5个工作日压缩为2个工作日,申请材料精减为2件,公司通过建立健全配套制度,细化工作措施及责任,提高办事效率和服务水平。“7389110”客户服务热线形成业务受理、解答、派单、回访、办结的闭环管理机制，各类业务按规定办理流程和办结时限实行“限时办结”。依托互联网+,推出便民服务举措,杜绝让用户“来回跑、多次跑”的现象。公司微信公众号开通网上营业厅,供水报装、申请开户、信息变更等15项业务,业务办理实行“网上办、掌上办”,推进大厅受理与线上办理无缝对接,实现“零距离、零跑腿”服务。推广微信支付、支付宝、手机银行等便民查询缴费渠道，为中老年等特定群体保留窗口收费、银行代扣等传统方式。短信服务客户5.1万户,全年发送短信23万余条,开通建行代缴平台、微信公众号关注缴费平台,支付宝缴费平台正在搭建中。为残疾人办理优惠立户22户,低保户用水优惠803户。梳理长期欠费用户,建立客户信息动态管理机制。加强水表在线运行管理,扩大智能水表的投入使用。“一站式”服务中心服务热线“7389110”全天候24小时服务，受理服务5105次,全年受理区长热线、市民留言79次。

（刘　晖）

交通·邮政·通信

Traffic & Postal services & Communication

2020年，鼎城区交通运输局工作人员开展疫情防控工作 （提供：蒋代慧）

交通运输管理

公路管理

邮政

中国电信股份有限公司常德鼎城区局

中国移动通信鼎城区分公司

中国联通鼎城分公司

鼎城年鉴(2021)

交通运输管理

【概况】 2020年，鼎城区交通运输局获评常德市交通跨越大会战优秀区县、交通顽瘴痼疾集中整治工作优秀单位、创建市级文明标兵单位，治超工作排名全市第一，交通运输“隐患清零”工作获全省通报表扬。

公路建管养。省道313双蔡干线公路全线竣工通车，建成蒿子港千吨级码头。启动斗姆湖高速公路收费站改扩建升级项目建设。投资925.4万元建设鼎城区农村公路安防工程37.01千米，投入资金467.4万元拆除重建大砖桥等6座危桥，投入资金7900万元硬化改造216千米自然村通水泥路建设项目，投入300万元用于20千米农村公路提质改造工程，投入1042万元用于道路养护及文明示范路创建。

交通运政。因新冠肺炎疫情，1月24日—2月7日，全区班线车辆全部停运，旅客数比2019年同期下降73%。2020年春运发班次2576班(次)，发送旅客22.5万人次（含水路渡运旅客2.6万人次），其中，年前22.3万人次、年后2000人次。春运道路交通安全形势总体平稳，未发生一起群死群伤或造成恶劣影响的重特大道路交通事故。私家车、高铁、民航出行人数呈现上升趋势，客运影响较大。抓站场管理，出站车辆安检率100%，无一辆超载和人货混装车辆出站，无一起交通事故发生。开展交通顽瘴痼疾集中整治和“隐患清零”专项行动。配合高速交警进行打击非法营运工作，保护合法经营，全年高速交警移交非法营运车辆65辆。到超载超限企业实行源头管理，严禁超载车辆上路营运，抓超载超限源头管理。开展“隐患清零”专项行动，落实运输企业安全生产主体责任，按照“五不两确保”要求，维护运输市场秩序，保障旅客运输安全畅通，逐步形成企业负责、政府监管、行业自律、社会监督的安全生产工作机制，安全生产综合治理能力增强。

2020年，鼎城区道路运输服务中心、交警、城管联合执法打击非法营运 （提供：陈波）

路政管理。管理路产路权。每周开展公路巡查不少于2天，及时上报和立案处理发现的违法问题及现象。开展全区道路安全隐患清零行动，进行扫障工作，保证全区公路、桥梁安全畅通。为周家店镇瓦屋垱马路市场增设警示标志、标牌及减速带。开展治超工作。在区治超办统一调度下开展联合治超行动，全年查处违法车辆3500余台次，查处“百吨王”车辆2台。卸载货物1800余吨，教育劝返车辆1100余台次，处罚侵占路产、路权和超限超载车辆8万余元，依法打击车辆超限超载和其他违法行为。为年产超过20万吨的企业安装智能监控平台，并接入治超办大数据系统。开展铁路安全整治工作。协调联络区整治办、有关乡镇和铁路部门落实上级要求，整治安全隐患49处，拆除隐患面积1620平方米，加固面积2100平方米，设置安全防护栏350余米。开展交通问题顽瘴痼疾集中整治，全区13处马路市场均整改到位，为重点路段设置减速带、警示标志。

工程质量监管。为33.52千米通村公路和花岩溪4.36千米旅游公路进行质量安全监管，实施37.02千米公路安全生命防护工程及4座危桥改造，进行全方位质量安全监督，保证施工质量及安全。进行关键工序和重点部位部件抽芯取样，全年无一起安全责任事故发生。力争所有工程质量处于可控状态，工程建设质量达标，合格率100%。

港政航政、水上安全管理。鼎城籍省际货运船舶6艘，年审办证率100%，为在册货船加装生活污水处理系统，开展不定期检查，确保营运船舶处理系统处于运行状态；落实客渡船保险工作，燃油补贴申报、发放准确率100%；实施玉霞街道办事处大西门渡口北岸趸船提质改造方案；落实5处非法码头关停、取缔、坡岸复绿工作，撤销胜利、麻河、王家垱3处不达标渡口，拆解有安全隐患客渡船3艘，实施花岩溪国家森林公园管理处5处6道渡口码头升级改造；到14处渡口码头开展安全监督检查，全区35年水上交通安全无事故。开展“洞庭清波”行动，配合区渔政部门打击涉渔“三无”船舶整治行动，开展涉渔“三无”船舶取缔工作。落实疫情防控及安全生产“大排查、大防控、大整治”百日行动，确保市民生活生产安全。开展巡港行动48次，出动执法人员300余人次，现场检查营运船舶127艘次，纠正违章违规行为23次，打击水上交通违法行为。

新冠肺炎疫情防控工作。全局干部职工取消休假，投入新冠肺炎防疫工作，负责全区5个高速公路卡口、常南汽车总站、机场防疫防控。成立行动组、后勤组、应急组、督导组4个小组，组建机场检查组、高速公路检查组、车站检查组、码头组，明确工作职责，构建横向到边、纵向到底工作责任体系。1月26日至2月19日，全区5个高速公路卡口累计检车51556台次，检测体温111773人次，累计劝返车辆254台451人。2月8日，全市恢复客运班线运输，为满足疫情期间农民工返岗乘车需求，鼎城区交通运输局联系欣运集团公司等运输企业开通省际加班车辆，为返岗复工农民工点对点提供运输服务，2月16日至27日，开通珠海、深圳省际加班车11台次，向裕元鞋厂等企业点对点运送返岗人员280人次。

（张力 陈波 刘明 蒋治 王芳 胡帮伦 蒋代慧）

【鼎城区交通运输综合行政执法局挂牌成立】 2020年5月28日，鼎城区交通运输综合行政执法局举行揭牌仪式，区人民政府副区长王直华，区交通运输局党委书记、局长李友明出席揭牌仪式。区交通运输综合行政执法局整合原区道路运输管理处、区港航管理处、区交通建设质量安全监督管理所、区路政执法大队行政执法职能，负责全区公路、水路运政、公路路政、港口、航道等交通运输综合行政执法工作，监督检查全区公民、法人和其他组织遵守交通运输法律法规、规章情况，承担法律法规规定的相关行政处罚、行政强制和监督检查职能，并承办区委、区人民政府和上级部门交办的其他工作。

（胡帮伦 蒋代慧）

2020年5月28日，鼎城区交通运输综合行政执法局揭牌仪式合影 （提供：蒋代慧）

【鼎城区开展交通运输安全生产综合应急救援演练】 2020年6月10日，鼎城区交通运输局联合湖南常德欣运集团股份有限公司开展“消除事故隐患、筑牢安全防线”交通运输安全综合应急演练。区交通、公安、交警、应急、医疗等部门及运输企业计180人参与演练。该次演练，普及了应急逃生、消防灭火、救治伤员、救援报警等应急救援知识，提高各部门协同作战能力，检验了应急队伍、物资、装备和技术等方面的实用性和可操作性，为完善应急预案提供了实践依据。

（蒋代慧）

2020年，安全生产综合应急救援演练现场 （提供：蒋代慧）

【鼎城区规划“十四五”农村公路建设工作】 2020年9月22日，鼎城区人民政府组织召开“十四五”农村公路建设项目规划调度会，部署全区“十四五”农村公路建设补充填报工作。会议宣读《关于填报“十四五”农村公路建设需求的通知》，并解读相关政策。会议指出，“十四五”交通综合规划关系到后续五年全区交通发展和区域经济发展。会议要求，精神要吃透，要搞明白弄清楚，把握此次建设规划重点；摸底要具体，要统筹综合，结合实际，实地勘察；机遇要把握，要着眼长远，高起点、高标准谋划好鼎城区“十四五”交通综合规划；表册要填好，要落实工作不留遗憾，保障和改善民生，促进鼎城经济高质量发展。 （胡帮伦 蒋代慧）

公路管理

【概况】 鼎城区公路建设养护中心在职职工255人，下设办公室、政工股、养护股、工程股、机料股、财务股、路政大队、综治办、治超办、后勤办、工会、司机班12个股室，下辖公路养护道班24个，设临岗超限检测站、一号大道中心养护站两个二层单位，负责全区公路路产路权维护、路政管理、公路大中修工程、小修保养、桥梁检测，超限治理等工作，管养全区国道、省道总里程312.89千米。

新冠肺炎疫情防控。新冠肺炎疫情期间，鼎城区公路建设养护中心第一时间召开党总支会议、研究部署相关工作，全体人员取消休假，执行市、区新冠肺炎疫情防控指挥部要求，牵头负责双桥坪镇高速出入口车辆检测任务，班子成员和全体党员在高速卡口轮流值守30余天。党员干部向武汉捐款2万余元，机关支部党员蒋胡溶、陈艳向组织捐献特殊党费。按照“属地管理，全盘调动，上下联动”防控机制，鼎城公路建设养护中心驻守斗姆湖街道、双桥坪镇两个高速出入口，担负车辆检测任务，在公路两侧、道班，养护站，治超站悬挂疫情宣传标语170余条。落实“一断三不断”总体要求，发挥党组织战斗堡垒和党员领导干部先锋模范作用。疫情期间，鼎城区公路建设养护中心重点开展恶劣天气下公路保畅通工作，启动恶劣天气保通应急预案，将融雪剂、盐，撒布到国省干线、桥梁、临崖、临水、临河等部位；抓公路养护管理，实施重点桥梁、路段安全排查清扫，消除安全隐患。

公路建设与养护。2020年，公路养护工作获评全市第一。将国道207、国道319、省道223、省道224、省道307、省道311干线公路列为提质改造重点，组织技术人员和养护人员排查路基、路面、桥梁、边沟等排水情况，预判管养路段沥青路面裂缝、松散、沉陷、坑槽、波浪拥包、啃边等病害，实施清灌缝157千米，挖补坑槽800平方米，处置裂缝1千米，清挖水沟13千米，清理路肩80千米，清除遮挡物500处，修复钢护栏500米，修复标线11千米，修复标志牌30块，修复里程碑百米桩261个；整治路域环境，铲除国道319、国道207、省道311、省道224等线路92千米路肩杂草。

公路超限治理。至年末，全区建成不停车检车系统4套，全年，不停车检测系统立案车辆150台，结案110台。开展交通顽瘴痼疾专项宣传活动，印发顽瘴痼疾宣传册700份，宣传海报300份。利用LED显示屏、治超宣传车、广播电视台等进行滚动播放宣传。执行“一超四究”制度，吊销车辆道路运输证4起。与62家货运源头企业签订治超责任状，确定10家重点货运源头企业，在政府网站进行公示，推进重点企业计重监控设备安装，利用科技手段加强源头监管。12月，开展“冬日风暴”治超专项整治行动，查获违法车辆58辆，出动执法人员60余人、执法车辆28车次，重点路域悬挂宣传横幅60条，规范交通秩序管控，保证公路行车安全。

公路路政。取缔“马路市场”，整治公路环境，全社会共同参与路政管理，遏制违法行为发生。全年，进行环境整治行动80余次，累计出动人员600余人次，车辆200余台次，拆除违法棚屋128处、横跨公路横幅300余条、路障573处。管理公路两侧建筑控制区，维护路产路权不受侵犯。查处各类路产案件，全年处理各类路赔处罚案件100余起，收取损坏公路赔补偿费及交通罚没收入160余万元。沅澧快速干线一号大道实现机械化养护，5月，正式由区公路建设养护中心接养，一号大道全长21.97千米，每天进行清扫保洁3次，绿化带和人行道已购买社会服务。

脱贫攻坚。鼎城区公路建设养护中心脱贫攻坚工作联系牛鼻滩镇同春垸村，为该村村部院落进行提质改造，摊铺沥青混凝土2000余平方米。2018—2020年，为该村修建便民道路、清理沟渠、建设改造基础设施投入资金45万余元。

工程建设。投入1735万元建成灌溪超限检测站；投入501.8万元实施国道319线路面大修1千米工程，投入191.1万元用于国道319线破碎板处治面积5000平方米工程，标线5千米。投入49.98万元建成灌溪超限检测站智能称重系统，投入28.6万元建成货车不进站抓拍系统。

（孟　杰）

2020年，鼎城区公路建设养护中心在国道319线实施公路破碎板处置工程　（提供：孟杰）

邮　政

【概况】 中国邮政集团有限公司湖南省常德市鼎城区分公司是中国邮政集团有限公司常德市分公司下属机构，以邮政、快递物流、金融、电子商务等为主业，实行多元化经营。公司及下属机构为国家规定范围内的邮政业务提供普遍服务，按照国家规定办理报刊发行、义务兵平常信函、盲人读物和革命烈士遗物的免费寄递等特殊服务业务。鼎城区分公司以客户需求为出发点和落脚点，以促进社会和谐为目的，依托“公众服务”平台，在原有普遍服务和特殊服务基础上向社会提供现代物流、服务“三农”、商业信函、电子邮政、邮送广告、代理保险与证券、社保卡、代收水电费、代发工资与养老金等服务项目。拥有集“邮政实物运递网”“综合业务计算机网”“实物流、信息流、资金流”于一体的“两网三流”核心竞争力。分公司服务范围2451平方千米，涵盖鼎城区所属辖区范围内的城区、乡镇、村组人员。邮路总长度3321千米(单程)；城市投递段道8条，农村投递邮路42条，有邮政报箱2组，邮政信箱信筒40个，信报箱格口1000个；直接投递的妥投点8500个。拥有邮政车辆8台，邮运投递汽车5台，其他生产用车3台。拥有ATM自动柜员机37台，邮资机1台。计算机总数266台，其中内部生产用微机30台，营业窗口微机及终端210台，综合管理微机26台。2020年，邮政经营收入8754.6万元，占年计划100.7%，超产56.6万元，比2019年同期增长754.6万元。其中寄递事业部收入1414万元，收入规模位居全市第二。储蓄余额净增1.83亿元，储蓄规模35.82亿元。

业务发展。开展普遍服务达标提质活动，落实三个100%制度，倡导绿色邮政，规范网点日常行为，宣传推广“中国邮政微邮局”。及时整改问题，消除安全隐患。新冠肺炎疫情期间，寄递业务获评全省“十强”。在其他快递公司均已停业情况下，为鼎城区第一中学、淮阳中学、阳明中学等学校学生寄达教材4800份。4月，制定出台“周四学习培训班制度”。开展业务培训，促进员工综合素质。至11月15日，鼎城区邮政分公司寄递板块收入1281.98万元。“双十一”(11月11日)前夕，制定《“双十一”及旺季投递应急实施方案》，明确工作职责，分公司后台5个部门均纳入“双十一”帮扶，提升投递速度及投递质量。“双十一”期间，进出口量增加，寄递事业部揽投部最高进口量6199件，占平时208%；最高出口量7175件，占平时239%；最高日创收4.15万元，占平时138%。10月27日，分公司围绕走访目标、走访区域进行工作安排，分管领导带队走访、结对发展的推进小组各部门、网点负责人安排协调，各片区邮驿付商户收单67户，其中6支推进小组发展45户。

2020年，邮政商户收单服务上门　（提供：沈美玲）

脱贫攻坚。鼎城区邮政分公司扶贫点村为双桥坪镇官堰坪村，该村贫困户41户140人均脱贫。分公司紧扣“惠农”主题，挖掘区域特色农产品，拓宽贫困群众增收渠道，助力精准脱贫。针对十美堂镇荸荠滞销，开展“消费扶贫”项目，全市邮政销售荸荠2.5万余千克，挽回农民损失13万元。

（沈美玲）

中国电信股份有限公司常德鼎城区局

【概况】 2020年，中国电信股份有限公司常德鼎城区局把握历史机遇，在云改数转、5GSA（第五代通信技术独立组网）、5G+工业互联网等方面取得重要成果，为转型提供保障。

通信建设。中国电信股份有限公司常德鼎城区局坚持5GSA独立组网，具备数字基建供给核心能力。落实“乡村人居环境整治工程”和“雪亮工程”民生项目，深化农村光网建设工作。全年建成5G通信一期工程83个、二期工程22个，其他工程立项25个，投资4200万元，至年末，城区5G网络覆盖率80%。

社会事业。3月，中国电信股份有限公司常德鼎城区局助力复工复产，为行政事业单位和10余家企业开通“云平台”办公功能。开展“听课不停学”活动，为鼎城区中小学开通网络教学平台，履行社会责任，确保学生返校课程无缝连接。落实鼎城区委区政府2020年扶贫攻坚工作方案，支持双桥坪镇兴国寺村扶贫资金58000元，结对帮扶贫困户25户，帮助解决群众生产生活困难。开展送温暖、送科技信息、驻村帮扶、美丽乡村建设等活动，协助该村党组织建设、村务公开、信访工作、维稳工作，发展村级经济。

安全生产。实施下辖22个支局点消防安全检查，给予不符合相关要求的责任人处罚。完善消防导视系统、快速应急系统，补充消防应急设备。

（戴　华）

中国移动通信鼎城区分公司

【概况】 2020年，中国移动通信鼎城区分公司以外树标杆，内夯基石为宗旨，以全年综合经营业绩进入全市前五、建设和维护工作保五争三为目标，发扬优势、改进短板、稳扎稳打、攻坚克难，推动业务发展稳步提升。

业务发展。抓常态化促销，为宽带到期客户按月提前群发到期短信、把客户按小区归属分解各网格片区接盘，接盘成功率65.71%，排名全市第二。重点管控秸秆焚烧监管工作，向各乡镇政府介绍推广秸秆焚烧监控平台，与灌溪镇人民政府签订秸秆焚烧监控平台协议。新冠肺炎疫情期间，借助信息化手段，为集团单位开展疫情防控工作。为西洞庭一中、淮阳中学、常德高新区提供红外热成像产品4台。抓营销执行。组建网格营销队伍，提升网格整体运营能力，由网格总监、直销经理、渠道及后台支撑人员组建营销小分队，围绕网格内两商一聚重点市场、大区、大村大乡、高价值低占小区、低零小区、校园市场、产业园区开展专项摸底攻坚，聚焦目标市场、目标客户开展精准营销。拟定周工作计划。网格总监开展常态化驻店帮扶，明确日常工作、营销目标、营销场次等内容。将每月指标分解到个人、到渠道、到装维，并将任务上墙。营销中心按周通报落实情况，形成闭环管理。在网格范围内形成比学赶超的氛围，组织网格每月开展专项业务竞赛，业务发展排名前三的网格，给予绩效加分，鼓励分享经验。单项业务绝对值完成靠后的网格进行电话督导、对口帮扶。抓基础建设。规划C-RAN(新型无线接入网构架)机房9个、基站118个。建设投资5000余万元，C-RAN机房土建、传输和配套工程建成投入使用，11台SPN(切片分组网)、118个5G(第五代通信技术)基站全部开通，主要覆盖江南城区主要商圈、区委、区人民政府等重点集团单位，为3.8万余名5G业务用户，每天传输5G数据流量。以“修复感知保存量，投放资源促新增”为导向，解决无线类问题59个，全业务问题83个。挖潜资源解决弱覆盖投诉问题。通过拆闲补盲，解决江南城区大部分新修高端住宅小区信号覆盖问题。开通灌溪机械配套产业园等4G拉远小区4个，解决高新区新修厂房弱覆盖问题。提升家客(家庭客户)满意度计划，建立投诉客户微信群1个，电话回访或上门沟通热点投诉客户、重大光缆故障客户。

活动开展。开展低零宽带小区结对攻坚行动，将零用户小区和低渗透小区分别划分到对应网格经理，实现指标提升。明确专职网格管理员、建立网格营销团队、明确网格任务，领导班子、业务台席、支撑台席分别挂靠到网格，做到指标有人管，业务有人支撑。拟定品牌名称、创建口号、创建目标、创建计划，打造支部党建工作品牌。开展“发展攻坚·先锋亮剑”活动，支部书记带头定目标、定责任、定时限、推动项目实施。打造龙弟酒店“智慧酒店”样板工程。

企业建设。落实“暖心工程”，使用专项资金9万元，用于改善一线网格生活生产条件，为自然环境艰苦、基础设施相对欠缺的乡镇网格送去温暖。新冠肺炎疫情防控期间，分公司工会为一线员工送去方便面、牛奶等慰问物资，慰问金额8000余元，解决员工疫情期间就餐难的实际困难。通过微信群等途径向职工宣传防疫知识和疫情最新情况，维护企业安全稳定。开展主题慰问活动，为高温在外作业的一线装维、营销人员送去防暑降温物资。开展“创员工满意食堂”活动，进行食堂管理满意度调研，召开食堂管理专题研讨会。

(许剑剑)

中国联通鼎城分公司

【概况】 2020年，中国联通鼎城分公司以“关注社会，服务人生”经营理念为客户提供综合电信服务，为员工营造职业发展空间，为社会增添信息文明动力。以5G终端为引领，加速5G发展，推动创业转型，实现移动宽带业务向质量规模效益发展。至年末，电信业务收入59590.59万元，增加移动网络用户14.1万户，增加宽带用户2万户。

创建用户和员工满意企业，敢担当、勇创新、重实干；快乐工作、健康生活，营造团结、紧张、严肃、活泼工作氛围。抓5G专营店渠道建设，增加服务网点，投资1000余万元，延伸渠道规模至乡镇及村组，进行整合布局，实施城区及大型重点乡镇服务门店整体形象升级。建设基础网络设施，物理站址456座，宽带客户1.8万户、传输线路皮长4150千米，固定资产投资300万元，每年固定追加投资180万元。

安全生产。组织全员学习《中华人民共和国安全生产法》和公司有关安全生产规章制度，宣传安全发展指导原则和“安全第一、预防为主、综合治理”方针，通过实地检查与督导执行，全年无一例安全事故发生。

(周宜静)

教育·科技

Education & Science and Technology

鼎城区第一中学2020年高三学生成人礼暨高考动员大会会场　（提供：雷坤）

教育
鼎城区第一中学
湖南应用技术学院
科技
防震减灾

教　育

【概况】 2020年,鼎城区有各级各类学校206所,其中学前教育学校128所,义务教育学校71所(小学26所、初中15所、九年一贯制17所、点校13所),高中阶段教育学校6所(普通高中5所、十二年一贯制1所),教师进修学校1所。在校学生69274人,其中学前教育17105人,义务教育44777人(小学31243人、初中13534人),高中阶段教育7392人。在职教职工6586人(幼儿园2176人、小学1489人、初中1048人、九年一贯制957人、高中644人、十二年一贯制272人),其中专任教师5169人(幼儿园977人、小学1968人、初中1512人、高中712人)。有离退休人员4025人,其中退休人员4014人,离休人员11人。

党政重教。全年,召开区委常委会、区人民政府常务会、区委教育工作领导小组会专题议教8次,推动解决教师队伍建设、学前教育发展、中考及招生改革、红云小学建设等重点问题。市级以上领导调研鼎城区教育工作9次。市人大调研江南城区教育和学前教育,解决资金640万元,用于江南中学提质改造。区委书记朱金平主持召开庆祝第36个教师节暨振兴鼎城教育工作座谈会,提出“三个追求”的希望。教师节,鼎城区教育局联合鼎城电视台专题报道20名优秀教育工作者。区人大组织开展高中教育事业发展情况的调研,区政协开展“加强师资队伍建设,办好人民满意教育”对口协商活动。乡镇(街道)议教助教,投入资金1052.26万元,解决难题86项。

教学质量。2020年高考,一类本科上线823人,二类本科上线1335人,600分以上208人,被清华大学、北京大学录取4人,全省文科第一名花落鼎城一中,全区一本上线率38.60%,二本上线率59.40%,高中教育综合竞争力跻身全市第一方阵。学考一次性通过率99.91%,其中鼎城一中学考平均分位居全市同类高中第一名。中考平均分较2019年提高13.3分,及格率较2019年提升2.5%,4所学校中考综合评比进入全市前50名,总体水平位居全市第二方阵靠前。

2020年11月11日,清华大学为鼎城一中授予“2020年优质生源中学”匾牌　（提供:杨杰）

办学条件。启动校园建设项目32个,规划投入1.56亿元。红云小学破土新建,占地3.73公顷,办学规模54个教学班,可容纳学生2430人。草坪“芙蓉学校”建成投入使用。推进农村学校建设三年行动计划,投入资金2530万元,实施教师周转房、塑胶操场、食堂三大类建设项目9个。提质扩容江南小学分校、常沅小学。实施10所中小学标准化实验室创建工作,其中7所中小学标准化实验室创建获评市优。采购教学仪器设备4200余套,补充班班通设备94套。全年,化解义务教育大班额18个,大班额清零。中小学综合差异系数分别降至0.412和0.409,农村学生非正常进城就读率下降4.7%。

2020年11月19日,草坪芙蓉学校主体教学楼投入使用　（提供:杨杰）

队伍建设。全年,补充教师243人(含安置公费定向师范生30人),其中高中阶段13人、义务教育阶段214人、学前阶段16人,争取省市乡村教师公费定向培养计划107个。轮岗交流校长43名、教师86名,提拔班子成员20名。保障师训经费200万元,推进送教培训、乡村教师工作坊、新教师入职培训三大"国培项目",省、市、区培参训率和合格率均为100%,累计培训教师3586人次。启动"师德师风建设年"活动,重新修订《鼎城区教职工管理规定》,全年计处分5人。开展中小学教职工 "违规补课""在编不在岗""吃空饷""违规占用编制"专项清理整治行动,整改长期借用人员10人。组织"三个一百""十佳班主任"等评选活动,奖励表彰396人次,3名教师获蒴伯赞教育突出贡献奖,4名教师被评为市级优秀支教教师,9名教师被评为市级优秀青年教师,65名教师获市级"乡村红烛奖"。全区特级教师增至6人,市、区级学科带头人增至85人,市、区级骨干教师增至420人。

2020年12月31日,鼎城区"十佳班主任"颁奖典礼现场 (提供:杨杰)

教研成果。常态化开展线上教学调研、原创试题征集、优秀教案巡展、教学比武、城乡结对帮扶等教研活动。开题省市立项课题3个、市级课题3个,结题省市立项课题7个、区级课题10个。教育教学论文获省级奖励146篇、市级奖励173篇、区级奖励456篇。组织线上教学活动,线上学习覆盖率100%。出台《鼎城区中小学课后服务工作实施办法》,江南城区7所公办学校12844名学生参与课后服务。

特色发展。17所学校德育工作获市级奖励,4所学校成为全市首批心理健康教育特色学校,1所学校被评为市级劳动示范基地,1所学校被认定为区级国防教育基地。武陵小学在全国首届珠心算网络答题比赛中获佳绩,丁家港中心小学科技作品获第19届常德市青少年科技大赛一等奖。创建全国校园足球特色学校3所、篮球特色学校1所。参与"2020年全国少儿线上体育嘉年华"活动,获最佳赛区和优秀组织奖。举办全市中小学生乒乓球、羽毛球比赛,全区第28届中小学生田径运动会、"三独"比赛、第五届校园足球联赛。征集100幅师生优秀书画作品在全区进行为期2个月巡展。

2020年9月27日,鼎城区获"2020年全国少儿嘉年华"活动最佳赛区和优秀组织奖 (提供:杨杰)

学前教育。全区计有注册幼儿园127所,其中公办园39所,民办园88所(含普惠性民办园60所)。在园幼儿17105人,其中公办园在园幼儿6982人,民办园在园幼儿10123人(普惠性民办园6874人),学前三年毛入园率89.04%。在园教职工2176人,其中专任教师1104人。全年补充公办幼师16名,全区公办幼师增至126名。提质改造乡镇公办园3所,将7所普惠性民办园转为公办园,增加公办园学位2498个。普惠性幼儿园占比81.44%,公办幼儿园学位占比40.82%。各级各类示范性幼儿园52所,其中省级示范性幼儿园1所,市级示范性幼儿园19所,区级示范性幼儿园32所。

民办教育。2020年,全区有各类民办教育机构

234所，其中幼儿园88所，小学3所，高中2所，校外培训机构141所。在校学生16143人，教职工3186人，校园面积519480平方米，总资产7.5645亿元。开展校外培训机构交叉联合检查，全年督查13次。实行白名单动态管理机制，141所培训机构获办学许可。淮阳中学在省市组织的物理竞赛、机器人竞赛、田径运动会、羽毛球比赛等活动中获佳绩。

安全稳定。因新冠肺炎疫情影响，春季开学实行分批分段错峰返校，集中进行校园清杀、防疫培训和应急演练，完善校园防控"两案九制"，执行"日报告、零报告"制度，70000余名师生实现零感染。组织开展大规模校园安全专项督查6次，派出督查人员400余人次，及时发现并整改安全隐患168处，约谈学校负责人3人。督查校车856台次，查处问题26起，校车安全督查实行常态化。公办学校食堂"互联网+明厨亮灶"覆盖率100%，通过区人大食品安全专题问询。投入资金140万元，解决2所学校围墙未封闭问题，升级改造11所学校监控设备，安装"智慧用电"设备100台。开展疫情防控、校车安全、食品安全、消防安全、学生防溺水等各类培训活动。全年，教育系统未发生一起重大安全责任事故。（杨　杰）

鼎城区第一中学

【概况】 2020年，鼎城区第一中学有教职工286人，正高级教师1人，特级教师1人，高级教师96人，市、区级学科带头人16人，市、区级骨干教师58人，教学班级51个，学生2738人。

上级关怀。2020年3月11日，鼎城区委副书记王时雨、区人民政府副区长蒋宏武、区教育局局长涂华军到鼎城区第一中学调研学校疫情防控和开学准备工作。4月7日，鼎城区委副书记、区人民政府区长朱金平，副区长杨凡，市教育局党组成员、副局长施爱国到校视察开学、复学各项工作。4月8日，区人民政府副区长杨凡、蒋宏武，区教育局局长涂华军、副局长陈少栋一行到校视察高三年级学生就餐情况。4月10日，常德市委常委、副市长涂碧波一行到校考察开学、复学工作，区人民政府副区长杨凡、蒋宏武，区教育局局长涂华军陪同视察。9月1日，区委副书记、区人民政府区长朱金平到校视察开学工作。9月8日，鼎城区委、区人民政府在华邦国际大酒店召开庆祝第36个教师节暨振兴鼎城教育工作座谈会，市人大常委会副主任杨易，鼎城区委副书记、区人民政府区长朱金平、各级领导、区中小学校长代表及该校教育教学管理人员30人参加会议，会议由区委副书记王时雨主持。10月15日，区人大调研高中教育座谈会在该校召开，区人大常委会主任王少贤、副主任钟泽英、区教育局局长涂华军及其他领导计11人参加会议。10月20日，举行"志宏基金"表彰优秀教师颁奖仪式，区人民政府副区长蒋宏武、区教育局局长涂华军、区教育基金会理事长朱方源、区教育基金会秘书长宋才林参加仪式。11月16日，区委书记朱金平、区人民政府副区长蒋宏武、区教育局局长涂华军一行到校视察工作。11月25日，鼎城区委副书记、区人民政府代区长陈远到校调研教育工作。

对外交流。清华大学教授田培根到校宣讲强基计划，常德市教科院毛善新、黄克勤到校讲学，5月20日，江南中学行政管理人员11人到该校访问交流。5月30日，黄土店中学校长周琼一行3人到校开展优秀学子回访活动。9月9日，鼎城区第一中学参加清华大学组织召开的开学日腾讯视频会议，教师姚竞之受邀发言。10月14日，津市一中校长曹魏一行26人到学校开展课堂教学交流活动。

教学教研。开展2020年"隽新一三五工程"青年教师验收汇报课展示活动。召开《高中生物教学中科学探究素养的培育研究》课题开题论证会，市教科院教研员谢荣恒、刘忠义、廖学春、区教研室主任李恒斌、教研员周晓艺等专家到校指导。8月20日，召开课堂教学改革教师培训会，山西省特级教师、忻州一中北校区副校长吕羡平，江西省骨干教师、学科带头人、高考命题专家、江西金太阳教育研究院南方分院院长李晓波，国家级课题核心成员、金太阳教育首席研究员、江苏省中学高级教师谭锦生受邀讲学。鼎城区教研室、阳明中学、朗州中学、汉寿一中、澧县一中、澧县二中、津市一中代表团受邀参加活动。9月16日，召开2020—2021学年隽新"一三五"工程工作会暨师徒结对仪式。举行省市级立项课题中期评估报告会，市教科院肖焕之、刘忠义，区教研室主任李恒斌、教研员周晓艺及阮芳等专家进行课题评估。开展高一年级"渗透课堂"先导课展示活动。11月20日，承办湖南三湘好教育联盟2020年度湖南赛区同课异构教学大赛，全省50余所高中学校，80名选手参赛，计400余名教师参加同课异构(数学、物理、政治)大赛。12月29日，举办以高一学科组为单位的"新教材、新教师"渗透课堂展示活动。

办学成绩。2020年，鼎城区第一中学获常德市第十一届中学生田径运动会乙组团体总分第三名、鼎城区第二十八届中小学生田径运动会高中组团体总分第一名。高考中，何润琪获湖南省文科第一名，何润琪、赵深、张瑞被清华大学录取，陈雨萱被北京大学录取，该校被清华大学授予优质生源中学称号，600分以上学生187人，全省单科优秀4人次上榜，位列全省前10名，一本上线率78.01%，一、二本上线率91.39%，办学成绩跻身全市省级示范性高中第一方阵。学考成绩全科合格率100%，全校总平均分867.9分，位居全市省级示范性中学第一名。

教学比武。在三湘好教育联盟2020年度湖南赛区同课异构教学大赛中，肖雄获数学学科冠军，胡蓉获政治学科冠军，王晓岚获物理学科亚军，姜杨、钟建芳、周艳慧分别获语文学科省一等奖、化学学科省一等奖、英语学科省一等奖，肖雄、胡蓉代表湖南三湘好教育联盟参加"中国好教育联盟"第六届全国总决赛。（雷　坤）

2020年11月20日，"中国好教育联盟"教学比武颁奖现场（摄影：龚承锐）

【清华讲堂走进鼎城区第一中学】 2020年7月27日，清华大学社会科学院院长彭凯平受鼎城区第一中学邀请彭凯平从"为何要构建积极心态""如何创造幸福人生"两个方面入手，用案例介绍积极心理学的重要原理。在现场提问互动环节，该校学子踊跃提问请教。（雷　坤）

2020年7月27日，清华学堂走进鼎城区第一中学（摄影：雷坤）

湖南应用技术学院

【概况】 湖南应用技术学院始创于1994年，时称常德电脑技术学校；1998年成为高等教育学历文凭试点院校，更名为常德电脑专修大学；2004年获批成为全日制高职院校，更名为湖南同德职业学院；2014年经教育部批准升格为全日制普通本科院校，更名为湖南应用技术学院。2018 年 5 月获批学士学位授权单位。学校有东、西两个校区，规划总面积 143 公顷，实际已建设用地 59.62 公顷（已办理土地使用证），固定资产总值 60340 万元，馆藏纸质图书 106.7 万册。设有农林科技学院、机电工程学院、设计艺术学院等 9 个二级学院（部），开设有园林、水产养殖学、机械设计制造及其自动化、物联网工程等 21 个本科专业，及数字媒体艺术设计、计算机网络、商务英语等 13 个专科专业。有全日制在校学生 12651 人（其中本科生 9985 人），自有专任教师 575 人，外聘教师 178 人。自有专任教师中具有硕士及以上学位的 341 人，占比 59.3%；具有高级职称的 178 人，占比 30.9%；双师型教师 153 人，占比 26.6%。学校建有校内实验(实训)室 186 个、创新创业工作室 47 个、校内外创业孵化基地 6 个，有教学用计算机 3000 台，宽带网络、WIFI 覆盖全校。从办学到 2020 年年末，培养大、中专毕业生 4 万余人，短期培训专业技术人员 3 万余人，学生平均就业率 96%以上。学校获“中国民办高等教育优秀院校”“全国民办教育先进集体”等称号 300 余项。《中国教育报》、《人民日报》海外版、《湖南日报》等国家级、省市级新闻媒体进行专题报道，被誉为“应用型、创新型人才培养的摇篮”。

2020 年，学校图书馆广场 （提供：潘艳艳）

教育教学。获批湖南省教研教改课题立项 18 项，立项校级教研教改课题 31 项；获批省级课程思政教研课题 12 项；立项校级思政课程 13 项。通过开展教师课堂教学竞赛、专家听评课、教案检查评比、奖励优秀教师等举措强化教学督导，参加大学生学科竞赛获省级一等奖 2 项、二等奖 3 项、三等奖 10 项、优秀组织奖 1 项、团体三等奖 1 项。新冠肺炎疫情期间，371 名教师组织 8633 名学生进行 313 门课程网络远程教学，实施线上督课督学、双向反馈交流。2020 年，169 人参加考研，上线 97 人，上线率 57.3%，录取 73 人，录取率 75.2%。在湖南省普通高等学校 2020 届优秀毕业生和创新创业优秀毕业生评选中，79 人获普通高校 2020 届优秀毕业生、8 人获创新创业优秀毕业生称号。15 项获国家级双创项目，31 项立项省级双创项目，校级立项 79 项。获湖南省第六届“互联网 +”大学生创新创业大赛三等奖 2 项，并有 2 个项目进入国赛。获批常德市大学生创新创业孵化基地。

2020 届毕业生考取硕士研究生表彰暨 2021 届毕业生考研动员大会 （提供：潘艳艳）

科技工作。学校与西洞庭湖、高新区企业对接，与常德国家高新区、常德国家农业科技园区等签订产学研合作协议，促进地方经济发展。获批各类科研项目立项，已获准立项的项目包括湖南省教育厅科研项目 30 项，其中重点项目 5 项，优青项目 6 项；湖南省社会科学成果评审委员会课题 2 项；湖南省教育科学研究工作者协会课题 20 项，其中重点课题 5 项；常德市社会科学联合会课题 23 项；常德市科协项目 3 项。

合格评估。通过成立教学督导专家委员会，召开全校本科教学工作合格评估誓师大会，明确责任分工，定期检查专项工作组评估完成情况，完善评估管理制度、健全评估奖惩制度。2020 年，通过“林学”“机械电子工程”“英语”“环境设计”4 个学士学位授权学科专业评估。

队伍建设。2020年,新增省级青年骨干教师4人,师德师风先进个人18人,授予校内双师型教师称号41人。引进人才325名,其中高学历人员188名(博士6人),高级职称人员96名。实施“青年骨干教师研修计划”,提升青年教师整体的教学水平、学术水平、科研能力。

关爱师生。学校及时跟进国家和地方政策,完善教职工收入合理增长机制,利用节日开展送温暖慰问活动、为全校教职工体检、组织户外拓展活动,增强教职工归属感和学校凝聚力。学校为2453名贫困学生畅通绿色通道,办理生源地助学贷款累计1954.32万元,奖励和资助学生2627人,计1134万元,为数名应征入伍在校大学生办理学费补偿申请,累计150.14万元。

招生就业。2020年,录取本科学生2796人,到校2775人,报到率99.24%;录取专科学生1016人,到校986人,报到率97.04%;专科升本科学生360人,到校338人,报到率93.89%,在同类高校中均位居前列。2020届毕业生2213人(本科生1235人、专科生978人),截至2020年8月31日毕业生就业率80.39%,高于全省高校平均就业率。学校为59名2019年毕业的建档立卡学生实行校级领导及各部门领导“一帮一”帮扶,保证有就业意向的学生100%就业。为13名2020届湖北籍毕业生申报创新创业补贴计195000元。

2020年9月,湖南应用技术学院新生报到现场

(提供:潘艳艳)

继续教育新发展。自考本科新生报名、注册310人;落实6000余科次自考报考与组考工作,组织625人高考报名、体检、送考,办理自考本科毕业证832人,重视函授教育,成教函授注册新生2958人,成教函授报名、报考1900余人。

国防教育。学校召开征兵工作领导小组工作会议,研究、制定工作方案。分管校长率武装部全体成员及各二级学院分管院长、全体辅导员分批次召开15次征兵工作推进会,布置网上报名、及时通报总结网上报名情况,举办征兵政策咨询活动,发放宣传册4000余本,组织在校大学生问卷调查500余份,悬挂横幅标语,东、西校区电子屏不间断滚动播放宣传。建立2020年征兵工作微信群,用于转发征兵宣传片及有关通知。

基础建设。2020年,东、西校区新建9栋47000余平方米的教学楼,新建2栋8580平方米的宿舍楼。实施校园道路白改黑工程和环境美化改造,购置用于机房升级和改善办公条件的计算机500余台,更新和升级多媒体教室和物联网实验室设备,投入经费470余万元新建机电传动原理实验室、嵌入式实验室、通信实验室。

(潘艳艳)

科　技

【概况】 2020年,鼎城区科技局落实党建主体责任,落实民主集中制,落实意识形态工作,督促和指导各支部落实“周五主题党日”活动,坚持“三会一课”制度,抓党建阵地建设,完善各党支部活动室,主动服务扶贫点村,到红云街道花船社区开展“疫情防控践初心、严峻斗争担使命”志愿服务活动。落实党风廉政建设责任制,组织党员学习《中国共产党廉洁自律准则》《中国共产党纪律处分条例》,组织开展党员公开承诺活动。

科技创新。落实科技创新计划项目申报工作。按照省市科技计划项目申报要求,申报省级科技项目2项、市重大科技专项4项;市级科技计划项目38项（其中农村与社会发展28项，工业10项）；拟支持区级科技计划项目22项。指导和服务企业开展2020年度科技创新发展项目的申报工作，全区网上申报项目65个。指导和服务企业开展2020年度企业研发资金制度的审核备案工作，50家企业备案，31家企业申报财政研发奖补资金500余万元。为常德市第四人民医院申报市级新冠疫情项目专项资金15万元。全年，落实科学技术研发经费（R&D）13.54亿元，增速33.82%，占GDP比重3.42%；新增高新技术企业22家；入库中小科技企业93家，全市排第一；财政科技投入1.95亿元；高新技术产业增加值58.1亿元，增速22.3%，占GDP比重21.59%。开展高新技术企业申报认定工作，助推高新技术企业发展，通过科技创新助推企业转型升级，全年争取上级资金170余万元，用于17家2019年度新增高新技术企业发展。开展农村科技服务工作，组织教授博士沅澧行活动，9家企业和湖南文理学院教授博士进行对接；选聘20名区级科技特派员，成立科技特派员团队，定期开展帮扶活动，围绕油茶、食用菌、有机蔬菜、优质稻、畜牧养殖等特色产业，解决生产经营中的问题和困难；推荐市级党员教育培训师资库人选3名；成立以湖南文理学院专家教授为引领的计30人科技专家服务团队。实施科技扶贫，制定科技扶贫工作方案和考核办法，明确目标任务和责任单位的相关工作要求，将科技扶贫工作落到实处；建立科技人员服务台账，每季度组织农村科技特派员和科技服务团队专家开展科技服务活动，并将活动情况登记造册，作为年底考核的重要依据；培育特色支柱产业油茶和优质稻，油茶带状更新成为全省重大推介的科技项目，惠及全区部分贫困村。加速科技成果转移转化，助推技术交易市场发展，利用科技下乡和下企业调研活动进行技术市场政策、法规的宣传，转变服务方式，变管理为服务，及时收集整理有高技术含量、高附加值的项目，建立项目库，组织中小企业进入技术市场，进行技术交易，促进科技成果向现实生产力转化。 （石新明）

2020年，鼎城区科技局送科技下乡活动 （提供：石新明）

防震减灾

【概况】 2020年，鼎城区建设工程抗震设防要求审批20项，举办大型宣传活动2次，创建省级防震减灾科普示范学校1所，新建地震应急避难场所3处，组织防震减灾科普知识竞赛1次，新建地震宏观异常监测点2处。

*震害防御。*落实抗震设防要求审批规范工作，根据省、市行政许可标准化和“放管服”工作安排部署，重新清理和规范行政许可及办事服务事项，重新编制许可事项详细指南和流程图，并进行发布，按照要求梳理建设工程网上审批程序。落实地震易发区房屋设施加固工程前期工作，地震易发区房屋设施加固工程是国家自然灾害防治九项重点工程之一，6月，协助省发改委专家团队调研部分加固工程。开展全省建设工程地震安全监管检查工作，6月，组织相关部门进行各类建设工程地震安全清查，摸清底子、查漏补缺，提高建设工程抵御地震风险能力。落实创建国家安全发展示范城市相关工作，协调指导新建和完善应急避难场所。

*防震减灾宣传。*5月11日，举办防震减灾科普知识竞赛活动。竞赛活动在鼎城区善卷中学、淮阳中学、江南小学、永安小学4所学校同时开展。各参赛班级由班主任组织开展“防震减灾知识讲

座”，向学生讲解避震的要点及震后自救的方法。讲座结束后，组织学生进行“防震减灾知识竞赛”，该次知识竞赛计1600余人参加。5月12日，组织举行“5·12”防灾减灾日宣传活动，防震减灾领导小组21个成员单位参加宣传活动，活动以“提升基层应急能力，筑牢防灾减灾救灾的人民防线”为主题，现场摆放防震知识展板、悬挂横幅、发放《地震知识》《地震避险要点》、现场讲解。开展创建示范学校工作，抓经费投入，通过宣传、规范程序、统一标识，调动中小学校创建示范学校的积极性，调动学生、市民学习地震科普知识的积极性。鼎城区永安小学获省级防震减灾科普教育示范学校称号。参与综合减灾示范社区创建工作，指导参与创建省、市综合减灾示范社区的2个单位进行建筑物抗震设防、应急预案与演练、相关宣传培训。增强领导干部的防震减灾意识，将地震科普知识教育纳入科级干部培训教学计划，11月10日，常德市地震局副局长李爱顺为参加鼎城区科级干部培训班的40名学员进行防震减灾知识培训，从地震基本知识、全国地震情况、湖南及常德地震形势、防震减灾工作、地震宏观异常等方面进行讲解。

2020年5月12日，鼎城区开展防灾减灾宣传活动

（提供：汪成）

地震监测能力。优化宏观观测点的布局，新选定1个动物综合养殖点和1个鱼类养殖点为主的观测点，其中动物综合养殖点位于原长岭岗乡人民政府附近，紧邻太阳山断裂带，鱼类养殖观测点位于韩公渡镇先锋村，依托冲天湖大型水产养殖基地。按照有标牌、有制度、有记录、有监控的标准完善设施，要求各观测员及时掌握和上报动植物、水位等异常情况，并做好日常宏观观测记录。（汪　成）

文化·体育·旅游

Cultural and sports tourism

2020年1月17日，鼎城区春节联欢晚会现场　（提供：区融媒体中心）

概述

广播电视

常德花岩溪国家森林公园

湖南鼎城鸟儿洲国家湿地公园

鼎城年鉴（2021）

概　述

【概况】 2020年，鼎城区文旅广体局以习近平新时代中国特色社会主义思想为指引，落实各项目标任务，助力“开放强区 产业立区”。

新冠肺炎疫情防控。下发《关于暂停一切文化旅游体育集聚性活动的通知》，暂停区内所有网吧、KTV、电竞、景区及体育馆、图书馆、文化馆等各类公共场所，暂停举办各类群众文化体育活动，切断病毒传播途径，遏制疫情蔓延。开展文化市场巡查，出动执法人员141人次，检查文化旅游经营单位770家次，200余家文化旅游经营单位未发现感染情况。动员干部职工参与疫情防控工作，开展机关院落消毒，落实体温监测和台账登记。派人员驻金江南小区协助社区开展疫情防控。

专业文化。创作扶贫攻坚作品《七里坳》，10月26日，在区文化中心首演成功，获常德艺术节新创大戏优秀剧目奖，填补该区戏曲事业30年空白。围绕疫情防控，黄士元工作室创作生产各类剧本90余件。创作生产《最美光头》《特别年》《张定宇的抗“疫”故事》《天使的眼睛》《我在你身边》等优秀文艺作品30余件，通过常德融媒体、人民之友、湖南新融媒等媒体对外发布。区花鼓戏保护中心到桃花源景区、常德高新区开展“2020常德非遗展演”、湖南省文化馆常德丝弦专场、第七个中国文艺志愿者服务日活动启动仪式暨“笑满三乡”湖南省文艺志愿服务团走进常德专场演出等文艺交流活动。6月23日，该区选送的常德丝弦节目《陈毅拜师》在浙江余杭参加中国曲艺大赛。

群众文化。开展惠民演出活动，以“文化下乡、助力脱贫”“全城消费，福满常德”等为主题开展文化惠民演出108场，放映农村数字电影4560场。常德丝弦《特别年》参加常德艺术节获专业类一等奖，传统折子戏《黄金塔》《潘金莲裁衣》，现代小戏《谷酒飘香》等获专业类奖项。群文类节目参加常德市艺术节6个门类的市级决赛，获一等奖1个、二等奖1个、三等奖3个、优秀奖1个，3个演出单位获评大赛优秀民间文艺团队。

2020年，鼎城区送戏下乡活动　（提供：严波）

文化遗产保护传承。《索县汉代城址保护规划（2021—2035年）》通过省级专家评审。实施革命文物遗址遗迹普查登记，从88处革命遗址、遗迹中遴选24处，树立保护标示，以区人民政府名义予以行文公布。“荣庄王墓”安全防范系统设计方案上报湖南省文物局待审，录制《龙狮》《地花鼓》《采莲船》2020年常德市非物质文化遗产日节目，《常德渔鼓》《地花鼓》参加湖南旅游非遗展览。围绕全国第15个“文化与自然遗产日”，制作宣传展牌15块，录制《舞龙》《地花鼓》《三棒鼓》非物质文化遗产项目专题3个，通过线上线下开展文化遗产知识和法律法规宣传。发挥学校在非物质文化遗产教育和传承中作用，10—11月，集中在鼎城区开展“送戏曲进校园”演出17场，惠及青少年学生近10000名。

旅游。按照文旅康养产业三年行动计划整体推进旅游事业发展，对接金融、土地、税收、财政等部门，支持保障相关景点、旅游企业。引导花岩溪森林特色小镇建设项目、十美堂油菜花海景区建设项目、红烨红色文化教育示范基地项目等8类产业项目申报并进入湖南省文化旅游产业项目库；指导花溪湾、张家山庄等7家景区（点）申报省级专项补助资金；推动文明景区创建、景区创级工作，4月8日，红烨景区被授予“湖南省文明风景旅游区”称号;12月29日,湘联牧业创AAA级景区。结合《湖南省旅游厕所建设管理新三年行动计划(2018—2020)》建设任务,出台旅游厕所管理办法。全年新建和改建旅游厕所19座,实时更新上传“湖南省旅游厕所管理系统”数据,旅游厕所百度地图电子标注率100%。启动常德画墙第二批57幅上墙作品制作安装,廊柱、灯带等附属工程完工。红烨景区以赵必振为核心打造红色文化元素,建设“两馆一中心”(马克思主义中国光辉历程展示馆、中国非公经济组织发展成果展示馆、赵必振文化研究中心)及智慧党建阵地,申报省级爱国主义教育示范基地。结合节假日,开展“鼎城文旅企业包吃包住”“五一游”“中国旅游日免费游”“致敬医护人员——护士节”等主题宣传活动。组织辖区景区、旅游企业参加2020年湖南国际文化旅游产业博览会和“常德人游常德”等会展活动,扩宽营销渠道,提升旅游综合收入。

2020年,“常德人游常德”会展 (提供:严波)

体育设施。投入资金300余万元,用于区体育馆屋顶更换、钢构除锈加固、玻璃幕墙更换、隔音板更换等升级改造工程。

体育培训。承办全国第二期青少年户外体育活动营地管理人员线上培训班,参加线上学习380人。常德市各区县市30名营地人员在现场参加线下培训学习。选派部分优秀体育人才参加全市健身气功二级社会体育指导员培训班、常德市门球二级社会体育指导员培训班、全市广播体操指导员培训班学习。

群众体育。举办2020中国·湖南第五届花岩溪帐篷节,5000余名户外运动爱好者参与。进行了山地越野挑战赛、排舞广场舞赛、“追梦花溪”摄影赛、非遗之夜演唱会、星空露营、快乐毅行活动,组织开展“挑战星期六,最美乡村行”全民健身嗨起来——草坪站启动式暨乡情趣味挑战赛。结合第33个“6·26”国际禁毒日,将毒品预防教育与体育运动相结合,承办“十里外滩·禁毒杯”乒乓球比赛,近800余人参加比赛。开展省老运会鼎城区负责项目组队、报名及训练工作,组队参加市门球协会成立大会暨市城区门球邀请赛。

竞技体育。围绕青少年体育后备人才培养,抓选拔、培养、输送等工作,跟踪培养在训运行动员,对接市体校掌握在训运动员训练状态,调整工作重心,确保在训运动员成绩提高。配合市体校在全区16个乡镇开展摔跤、柔道、田径、射击、游泳5个项目体育后备人才选拔,选拔体育后备苗子50余名。选派区跆拳道队代表常德市参加2020年湖南省青少年跆拳道锦标赛,获银牌2枚、铜牌3枚。组织参加2020年常德市青少年乒乓球锦标赛、常德市青少年阳光体育运动联赛拳击比赛等市级青少年赛事。

2020年,“禁毒杯”乒乓球比赛现场 (提供:严波)

产业发展。鼓励入规企业履行义务扩大生产规模,推动文化、旅游、体育、健康养老等产业融合,发挥文化产业专项资金杠杆作用,培育文化产业发展新动力,支持重点文化企业发展,全年文化产业增加值占GDP4%以上,各景区接待国内外游客76.36万人次。抓体育事业“生命线”,提升体彩公益形象，科学谋划站点布局，多种方式推进网点建设，开拓行业渠道16个，全年体育彩票销量5000余万元。

直播卫星“户户通”建设。配合落实省重点民生工程，制定工作方案，结合各乡镇摸底情况，分解建设任务，落实直播卫星“户户通”工程500户建设任务。（严 波）

【机构改革】 2020年，根据《常德市文化市场综合执法改革工作方案》及常德市人民政府关于文化市场综合执法改革专题会议精神，鼎城区文旅广体局召开党组会、涉改工作专题调度会，落实改革上收工作。会同区财政局、区审计局、人社局初步认定区文化市场综合执法大队债务，审查转隶人员人事档案。5月，区文化市场综合执法改革工作结束。（严 波）

广播电视

【概况】 常德市鼎城区融媒体中心是区委直属正科级公益一类事业单位，位于鼎城区江南城区阳明大道，占地1.7万平方米，建筑面积1.5万平方米，投资1.5亿元。广电发射塔高168米。融媒体中心配备有800平方米、200平方米、80平方米、50平方米演播室，广播直播间、后期制作播出用房等。中心定编101名，有工作人员115名，其中中高级专业人员21名。负责广播、电视、门户网站、手机报、微博、微信、客户端平台建设、运营管理，有电视频道1套，城市广播系统1套，调频广播1套，农村高音喇叭6080只，调频广播听众300余万人，有线网络电视用户10万户，微信公众号用户9万户，手机报用户6万户，手机客户端用户10万户。与《人民日报》、《湖南日报》、红网、今日头条、腾讯、抖音等开展合作，新闻信息“一次采集、多种生成、多元传播、全方位覆盖”。推进“新闻+政务服务商务”模式，实现政务公开、民生互动、网络问政、社会服务等多重功能融合。

广播电视宣传。区融媒体中心抓宣传服务，外宣工作获评湖南广电通联先进集体，数名记者获评湖南省广电“十佳通联记者”，鼎广电台收听率进入“全省十强”，农村广播“村村响”节目受到中宣部和省市肯定，微信公众号“鼎级传媒”阅读率位居全市前列。

播出管理。区融媒体中心制定、修正规章制度，形成规范化管理机制。为确保节目安全优质播出，在各种重要保障期启动广播电视安全播出预案，应急指挥部人员部署指挥。值机人员树立政治敏感性和责任心，遵守值机纪律和操作规程，监听、监看电台和电视台播出节目内容，保证安全播出。

广告经营。面对文化体制改革、新媒体蓬勃发展等新形势挑战，区融媒体中心经济创收工作以“盘活产业，壮大经营”为目标，实现经济创收良性循环和可持续发展，全年经营收入突破1000万元。（周志梅）

【“鼎级传媒”手机软件上线】 2020年10月，“鼎级传媒”手机软件正式上线，并在全市推广，至年末，使用用户6.5万人，上稿4700余条，点击量1300余万人次。（周志梅）

常德花岩溪国家森林公园

【概况】 2020年，常德花岩溪国家森林公园管理处以“绿水青山就是金山银山”为发展理念，坚持生态优先、绿色发展，围绕基础设施、景点建设投入，提质升级景区游道、校园建设，推进经济和社会事业发展，落实自然保护地整合优化工作，抓景区规划、建设、发展。全年，固定资产投资近4亿元，争取上级投资及各类专项资金近1000万元。

科学规划。对接市、区“十四五”规划，五溪湖森林康养基地，景区通入公路陬鄂线、谢杨线等重大建设项目纳入市、区规划。按照旅游景区要求，结合各村实际，编制景区村庄规划，聘请甲级资质设计单位修编景区发展总体规划，并征求意见建议。

生态保护。整合优化自然保护地，申请设立自然保护区加强生态保护，保护面积4032公顷。新造林93.33公顷，森林抚育200公顷，战略储备林建设66.67公顷，义务造树2万株。实行“六禁”，打击非法捕鱼、非法砍伐等违法行为。全年，执法大队开展禁渔执法100余次，收缴渔具80余套，进行思想教育及法律、法规知识学习30人次，现场进行登记后劝离525人次，移送公安机关行政处罚2起5人次，处理乱砍滥伐3起，协调群众纠纷12起，移送公安机关1起，带回执法大队进行思想教育12人次，查处违法建设5处。

基础建设。花岩溪国家森林公园牌楼至中心区旅游公路硬化工程完工，全长4.8千米，路面宽5.5米，投资近1200万元。整合部门及自筹资金，新建“汉藏一家亲”小微景点、三样树旅游厕所，提质改造千年古樟景点、游船码头，实施中心区至三样树码头路灯等项目建设，启动栖凤山田园综合体建设，以文明景区创建和AAAA景区复核为契机，在中心区设置公益广告景观小品，在游客中心设置母婴室。

2020年，常德花岩溪国家森林公园“汉藏一家亲”小微景点 （提供：欧阳瀚锌）

文旅发展。携手景区巴家营地开展全国青少年户外体育活动营地管理人员“云”营探访活动，用“云直播”方式向全国各地学员展示花岩溪景色。筹划2020中国·湖南第五届花岩溪帐篷节，通过山地越野挑战赛、快乐毅行、星空露营等六大主题活动，吸引运动员、游客5000余人。

2020中国·湖南第五届中国花岩溪帐篷节 （提供：欧阳瀚锌）

疫情防控。开展新冠肺炎疫情防控工作，落实疫情防控宣传，全员参与，拉网式监测排查，重点管控。禁止聚集性活动，封闭景区，开展爱国卫生运动，进行全面消杀病毒工作。一批优秀个人和事迹，得到媒体报道和组织表彰。

脱贫攻坚。辖区户籍户数1893户6345人，建档立卡贫困户199户674人。为301户六类对象，进行住房安全保障鉴定(评定)。为675名建档立卡残疾人和低保残疾人，建档立卡贫困人员、特困户、孤儿、农村和城市低保人员、特扶(失独)人员和非建档立卡低保户、五保户、重残户、重病户、边缘户计343人购买城乡居民医保，发放资助款16万元。成立慢病服务专业团队2个，开展上门服务。引进改水资金95万元，为1893户6345人实施安全饮水改造工程，采取分散供水模式进行改造，人均发放改水补贴资金150元。建档立卡贫困劳动力317人，就业297人，就业率93.69%。其中，省外劳务输出就业116人、省内就业90人、区内就业76人、个人自主创业15人。全年组织贫困劳动力返乡回流专场招聘会5批次，对接常德高新区、常德经开区等用工企业展开招聘活动。参与专场招聘158人次，开发就业扶贫车间2个、扶贫公益性岗位22个，安排21名贫困劳动力、1名边缘化低保户就业，化解因新冠肺炎疫情返乡造成的贫困劳动力就业困难。完善城乡低保管理工作，核准对象张榜公示实现应保尽保，全处农村低保81

户 218 人，发放低保金近 5 万元。抓特困供养工作，为特困供养 37 户 38 人发放特困供养生活费 2 万元。持证残疾 156 人，享受重残护理补贴 52 人，享受困难生活补贴 46 人，其中两项补贴同时享受 28 人。2020 年，贫困户全部摘帽脱贫，贫困村全部出列，在市级脱贫攻坚检查中获评先进单位。

农林生产。开展农村人居环境整治，推进“厕所革命”，实施改厕任务 403 个。整修山塘 6 口，清理溪沟 3 千米，维修塘坝 2 座。抓景区秸秆禁烧和卫生保洁。开展森林防火宣传，组建护林员队伍，建立值班制度、巡护制度、应急处置制度，全年未发生火警、火灾。 （欧阳瀚锌）

【2020 中国·湖南第五届花岩溪帐篷节】 2020 年 11 月 21—23 日，2020 中国·湖南第五届花岩溪帐篷节在常德花岩溪国家森林公园开幕，该届帐篷节由湖南省体育局举办、常德市文旅广体局和鼎城区人民政府承办，以“追逐自然·梦醉花溪”为主题，近 5000 名选手参加户外赛事活动，近 1000 名游客体验帐篷露营。 （欧阳瀚锌）

2020 年 11 月 21—23 日，2020 中国·湖南第五届花岩溪帐篷节山地越野挑战赛 （提供：欧阳瀚锌）

湖南鼎城鸟儿洲国家湿地公园

【概况】 湖南鼎城鸟儿洲国家湿地公园是经常德市人民政府批准成立的正科级全额拨款事业单位，2014 年 12 月成立试点，核定编制 12 名，2019 年 12 月通过国家林业和草原局验收，正式成为国家级湿地公园。鸟儿洲国家湿地公园地处湖南省常德市鼎城区东北部，范围包括澧水古洪道沙潮河、牛耳湖、水产养殖场、稻田和周边河堤。地理坐标介于北纬 29° 6′ 39″ —29° 14′ 34″ ，东经 111° 59′ 5″ —112° 5′ 25″ ，南北长 15.3 千米，东西宽 11.8 千米。总面积 1641 公顷，其中湿地保育区面积 1167.7 公顷，占 71.16%；湿地恢复重建区面积 200.8 公顷，占 12.24%；湿地宣教展示区面积 2.9 公顷，占 0.18%；合理利用区面积 266 公顷，占 16.2%；管理服务区面积 3.6 公顷，占 0.22%。

2020 年，鸟儿洲国家湿地公园管理处 （提供：王焱）

湿地监测巡护。组织湿地监测小组开展鸟儿洲国家湿地公园日常监测工作，监测湿地公园各项指标。在鸟儿洲牛耳湖沿岸发现国家二级保护动物白琵鹭 50 只，在沙潮河沿岸发现国家二级保护动物鸳鸯 8 对。全年，湿地公园监测到鸟类 138 种，增加 29 种，监测到鱼类 42 种，增加 9 种。通过水文水质监测数据分析，湿地公园水文状况保持良好；水体质量逐年提升，维持在Ⅲ类标准。开展湿地生态监测项目，掌握鸟儿洲国家湿地公园生物资源和湿地公园内生态环境。组建执法中队，开展牛耳湖、沙潮河沿岸巡护行动 45 次，与区森林公安联合执法 2 次，劝诫钓鱼群众 500 余人，没收钓竿 300 只；在小微湿地生态过滤池种植沉水植物和挺水植物 20 余种；在景区中心增设环保垃圾箱 50 个，配备垃圾专用板车，组建环卫保洁员与巡护员队伍，定期打捞清理小微湿地漂浮物及死角垃圾；成立专项整治工作领导小组，在西洞庭湖沿岸成功退养蛋鸡养殖场 3 家，10 公顷珍珠养殖 1

家，拆除大围栏4处、小围栏12处，还原生态原貌。

2020年，鸟儿洲国家湿地公园工作人员开展湿地监测工作　（提供：王焱）

湿地科普宣传。结合第24个"世界湿地日"，围绕"保护湿地，滋润生命"主题进行宣传，制作湿地科普知识宣传盾牌15块、横幅8条，发放湿地日宣传日历200余份。10月，开展鸟儿洲国家湿地公园摄影大赛，收到干部职工参赛摄影作品80余幅，收到社会参赛作品120余幅。全年，在鼎城融媒体等主流平台投稿20余篇，纳稿10余篇，湿地公园公众号每周推送信息2篇。

疫情防控。新冠肺炎疫情发生后，鸟儿洲国家湿地公园管理处贯彻落实上级精神和主管部门工作要求，实施防控工作。成立疫情防控领导小组，统筹全盘防控工作。摸排登记机关院内所有停放车辆，严格管控外来车辆，制定疫情应急预案，建立并上报每日发热人员统计排查台账，准备防护物资，开展机关院落清扫消毒，测量出入人员体温。管理处联合黑山嘴卫生院，为院内住户现场测量体温并进行摸底调查，宣讲防范知识，协助落实居家或隔离观察；关闭鸟儿洲宣教中心，减少人员聚集；组织人员管控春节返乡人员，与返乡人员签订居家隔离承诺书，每天监测体温，建立医学观察档案。开展小微湿地巡查，劝离垂钓人员。

脱贫攻坚。抓"六稳"工作，落实"六保"任务。开展"新春佳节话党恩"活动，管理处党员自发为十美堂镇小茅村贫困户发放慰问金2000元；派出扶贫第一书记，联系对接小茅村，成立精准扶贫工作小组，采取结对帮扶措施，保证每个贫困户有1名干部或党员结对帮扶，87户301人均脱贫。实施农村实用技能扶贫培训与产业帮扶，培训200人，贫困户年收入增加。

争资争项。全年，申报项目4个：湖南鼎城鸟儿洲湿地保护与可持续发展项目和长江经济带发展项目，该项目已立项并完成项目可行性研究和实施方案，进入重点项目库；澧水流域沙潮河南段水环境综合治理一期工程项目，该项目已落实项目可行性研究及项目立项前期准备工作，拟投资3320万元；申报鸟儿洲国家湿地公园生态旅游发展项目，拟投资6500万元；申报常德市湿地保护修复和合理利用项目（鸟儿洲国家湿地公园部分），总投资1.18亿元。推进常德市鼎城区南干渠水系环境综合整治项目落地，投资额2.67亿元。

（王　焱）

2020年，鸟儿洲国家湿地公园生态诗廊　（提供：王焱）

医疗卫生

Health care

2020年3月6日，鼎城区战“疫”一线火线发展党员入党集中宣誓仪式

（提供：常德市第四人民医院）

卫生健康

计划生育协会

疾病预防控制

妇幼保健

常德市第四人民医院

常德市第二中医医院

鼎城年鉴（2021）

卫生健康

【概况】 2020年，鼎城区卫生健康工作坚持防大疫、破难题、抓重点、保民生，推进卫生健康事业改革发展。

健康扶贫。先诊疗后付费和“一站式”结算在全区42家公立医疗机构及2家民营医院实行，各乡镇卫生院健康扶贫资料统一规范，家庭医生签约和慢病服务管理全覆盖。全区213个行政村卫生室入驻公共产权村级综合服务平台，基层医疗机构服务能力达到健康扶贫要求。

爱国卫生运动。开展“防疫有我，爱卫同行”主题活动，抓环境卫生整治，落实创国家文明城市复审和病媒生物蝇类密度控制C级达标复查准备工作。

综合医改。推动医保支付方式改革，协商医保局落实基层医疗卫生机构实行医保资金总额包干。推动人事制度改革，落实文件精神，启动在基层医疗卫生机构连续工作5年以上、取得执业（助理）医师临聘人员招聘。推行财务管理制度创新，建立由派驻纪检组牵头的财务审计监督机制，实行基层医疗卫生单位财务审计全覆盖。推进监督执法机构规范化建设，卫生健康监督平台本底综合维护率99.69%，办案71起。

医疗服务。全区各类医疗机构发展至839个，开放床位4092张，每千人拥有床位5.38张，每千人拥有执业（助理）医师2.79人，每千人拥有注册护士2.50名。常德市第二中医医院整体迁建高新区项目动工，石板滩镇卫生院中医馆建设通过省级验收评估。区社会福利中心、康福莱颐养院与常德市第四人民医院和常德市骨伤科医院签订绿色通道协议。启动老年人意外保险推广工作。

计划生育。开展农村适龄妇女“两癌”免费筛查、孕前优生健康检查、婚前医学健康检查工作，出生缺陷发生率、孕产妇、5岁以下儿童死亡率均低于全省平均水平。截至9月30日，全区出生人口5589人，出生率7.1‰，出生性别比106.16，政策内出生5493人，符合政策生育率98.28%。落实计划生育利益导向政策，确认奖励扶助对象37022人。计生协发放生育关怀资金20余万元。

公共卫生。传染病及突发公共卫生事件网络直报率、及时率100％，年内未发生重大突发公共卫生事件，居民“健康码”推广率98%。儿童预防接种、老年人健康体检、慢病、孕产妇管理和出生缺陷防治达考核指标。开展职业病防治日常监测监督，用人单位职业健康监督检查覆盖率、违法行为查处率均为95%，随访职业性尘肺病患者61人。血吸虫病防控实现“急血”零发生，招募无偿献血4000人次。红十字会募集资金122万元，发放救助金101万元。

（王艳仁）

计划生育协会

【概况】 2020年，鼎城区计划生育协会（区计生协）围绕“六项重点任务”，开展宣传教育、生殖健康咨询服务、优生优育指导、计生家庭帮扶、权益维护和流动人口服务，参与脱贫攻坚、抗击新冠肺炎疫情、“服务乡村振兴促进家庭健康”行动，获评“2020年度全省计生协重点工作优秀单位”，获“中国计生协2020年度优生优育进万家赠险活动优秀组织奖”。

调研走访。区计生协推进组织创新、职能创新、活动创新、制度创新，推动各项工作发展。3月25日，召开区人大调研计划生育特殊困难家庭综合保障工作座谈会，听取建立计生特殊家庭重病大病住院护理补贴机制、购买心理疏导服务、“生育关怀”常态化品牌化、精准帮扶计生特殊家庭综合保险等专项机制汇报。10月，在各乡镇开展“服务乡村振兴促进家庭健康行动”调研，了解乡镇、村居关于计生协服务乡村振兴、促进家庭健康工作举措和成效情况，制定《鼎城区服务乡村振兴促进家庭健康行动方案》并贯彻落实。12 月,区计生协以片为单位在全区召开计生协工作座谈会,了解各乡镇(街道)计生协全年工作情况。收集意见建议,关注失独家庭后续医疗、生活等保障工作,安排部署计生协改革任务和全面工作。

2020 年 3 月 20 日,鼎城区计生协到石板滩镇走访慰问疫情防控一线工作人员及困难计生家庭

(提供:韩丽芳)

活动开展。开展宣传教育活动。5 月 20 日,区计生协召开第六届常务理事会第二次会议,部署 2020 年区计生协工作和“5·29 会员活动日”集中宣传服务月活动。下发《关于开展“5·29 会员活动日”集中宣传服务月活动的通知》(常鼎计生协发〔2020〕6 号)文件,要求各乡镇(街道)计生协加强组织领导,集中开展特色群众性宣传服务活动。开展“健康幸福家庭”评选活动。常德新德希望供应链有限公司法人代表、总经理刘明高家庭获评省级“健康幸福家庭”,湖南福祥天茶叶有限公司法人代表曾义、湖南德彦科技有限公司总经理郭道风、常德市新金顶新型建材有限公司董事长文先华、常德市鼎城区翰海培训学校有限公司(非凡教育)校长李燕家庭获评市级“健康幸福家庭”。开展青春健康教育进村居、进校园活动。11 月 17 日,鼎城区计生协在牛鼻滩镇濠洲村开展“隔代教育”讲座,50 余位村民现场聆听讲座。11 月 20 日,在镇德桥镇中学开展“青春健康大讲堂·自我关怀”进校园活动,参课学生 100 余名,发放青春健康宣传手册 200 余份。11 月 27 日,在湖南应用技术学院开展“青春健康教育讲座·大学生自我关怀”活动,参加活动学生 200 余名,发放青春健康知识宣传手册 200 余份。落实服务乡村振兴促进家庭健康行动。区计生协把握服务乡村振兴工作定位,争取区委、区人民政府重视支持,下发鼎城区《关于服务乡村振兴促进家庭健康行动的实施方案》,在全区计生协工作会议上进行解读学习,各乡镇(街道)建立和完善人财物保障机制,在实施乡村振兴规划中统筹推进家庭健康促进行动。推进计划生育基层群众自治工作。村(居)计生协出台村级计划生育村民自治章程,形成群众“自我教育、自我管理、自我监督、自我服务”工作局面,发挥典型引路作用。鼎城区草坪镇、草坪镇放羊坪村、牛鼻滩镇濠洲村获评“2020 年市级计划生育基层群众自治先进单位”,谢家铺镇、草坪镇、郭家铺街道孔家溶社区、周家店镇恒丰垸村获评“2020 年省级计划生育基层群众自治先进单位”。下发《2020 年区级计划生育基层群众自治先进单位的通知》,评选表彰“区级计划生育基层群众自治先进村(居)”50 个。建设省级流动人口计生协示范点。开展宣传活动,让流动人口及时了解相关优惠政策,享受优质服务,6 月 19 日,省级流动人口计生协示范点郭家铺街道郭家铺社区开展传染病预防主题知识讲座,社区居民、流动人口 100 余人参加。9 月 7 日,郭家铺社区计生协联合街道社区卫生服务中心、常德市第一人民医院开展义诊,为社区流动人口进行免费脑卒中筛查和义诊等服务。落实省住院护理补贴和省健康保险工作。至年末,全区 2098 户计生特殊家庭中享受住院护理补贴 474 人次,发放资金 43.29 万元。全年,为 2098 户计生特殊家庭购买健康保险,每人保险费 150 元,计保险费 31.47 万元,其中,理赔 290 人 213068 元。抓计生系列保险工作,全区计生家庭投入计生系列保险保费 260 万元,赔付 188 万元,赔付率 72.31%。组织基层协会开展网上互动活动。开展“40 年我知道”线上答题、“我和协会合张影”征集、“5·29 随手

拍”投票等网上互动活动，区计生协和各基层协会组织参加活动和投稿。

鼎城区 2020 年青春健康教育讲座现场

（提供：韩丽芳）

计生服务。开展“春节送温暖”和金秋助学活动。春节期间，为乡镇（街道）、农林场特困计生家庭送去春节慰问金。9 月，开展“金秋助学”活动，帮扶计生困难家庭子女入学，以走访慰问形式资助计生家庭大学新生，全年，资助大学新生 53 名，慰问资金 11 万元。与常德市鼎城德希望商贸有限公司、常德市新金顶新型建材有限公司、鼎城区牛鼻滩镇谈家河村生态养殖基地、鼎城区谢家铺镇雷轰山村油茶种植基地、鼎城区黄土店镇八角楼村水产养殖基地等合作“三结合”项目，给予政策优惠和资金倾斜，扶持发展，为计生家庭提供就业指导和部分工作岗位。开展“优生优育进万家”活动。在鼎城区妇幼保健院和早安东方早教中心设“优生优育示范点”、区妇幼保健院承担免费孕前优生健康检查工作，早安东方举办公益讲座普及优生优育知识。开展“支持母乳喂养,保护健康地球”主题公益宣传活动和“9·12”国家预防出生缺陷日“同心抗疫,护佑新生”主题活动，宣传优生优育知识。申报“向日葵亲子小屋”“暖心家园”国家项目。“向日葵亲子小屋”通过亲子小屋活动和家庭指导，将优生优育，幼儿照护和科学养育理念、知识和服务送进农村和家庭。“暖心家园”项目以“暖心行动”为载体，建立健全心理咨询、精神慰藉服务、走访慰问、志愿服务、保险保障“五项长效机制”，落实全区计生特殊家庭帮扶工作。

2020 年，鼎城区计生协金秋助学结对帮扶活动

（提供：韩丽芳）

疫情防控。鼎城区计生协下发关于《积极参加新型冠状病毒感染的肺炎疫情防控工作的通知》，发起爱心募捐倡议书，号召会员捐钱捐物助力疫情防控，联络、协助各常务理事和社会爱心人士，向武汉部分医院、区红十字会、乡镇(街道)捐献防控物资，计捐款 2 万余元，捐献口罩 1.15 万个、84 消毒液 115 桶（2.3 吨）、护目镜 3 箱（价值人民币 13000 元）等。2 月 26 日，区计生协会长钟泽英慰问鼎城区玉霞街道社区卫生服务中心卡点值守医护人员，带去慰问物资。3 月 19 日，区计生协到扶贫点村花岩溪镇茄子冲村，走访慰问受疫情影响贫困户 2 户，送去慰问物品，发放慰问金 2000 元。3 月 20 日，鼎城区计生协到石板滩镇走访慰问疫情防控一线工作人员及困难计生家庭，带去慰问品，为 1 户计生困难家庭发放慰问金 2000 元，并召开座谈会。5 月 11 日，区计生协联合鼎城区卫生健康局开展慰问“抗疫”优秀护士活动，60 余名护士代表参加活动，李元香等 7 人分享交流工作经验。区计生协为 6 名“抗疫”优秀护士发放慰问金。5 月 27 日，召开鼎城区“5·29 会员日”宣传服务活动暨计生协基层抗疫优秀工作者表彰大会，区计生协全体理事及受表彰计生协基层优秀工作者 150 人参会，表彰计生协基层抗疫优秀工作者 62 名，颁发荣誉证书并发放慰问金，5 名优秀工作者作典型发言。十美堂镇紫流村计生协秘书长郑志清获评省级“最美抗疫人”，红云街道办事处计生协秘书长张志红获评市级“最美抗疫人”。

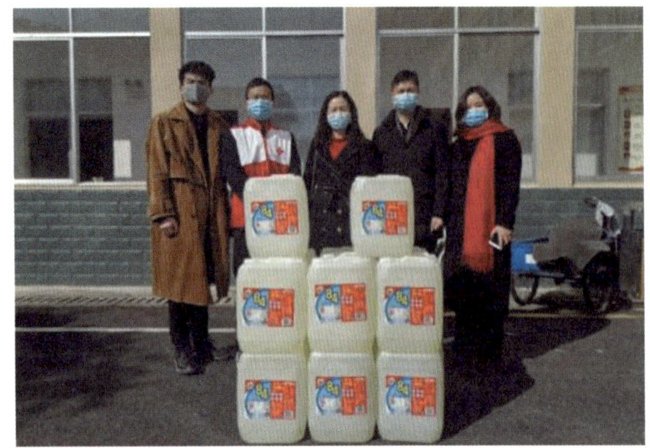

2020年2月17日,鼎城区计划生育协会常务理事刘明高、李燕向鼎城区红十字会捐赠防疫物资
（提供:韩丽芳）

脱贫攻坚。摸排建档立卡贫困计生家庭底数,指导生产生活,解决实际问题。全年,区计生协走访慰问健档立卡计生困难家庭32户,开展“一对一”结对帮扶活动。区计生协牵线搭桥,联系社会爱心人士(企业老板)与10户建档立卡计生家庭中的入学或就业对象进行结对。（韩丽芳）

2020年,鼎城区计生协走访慰问“建档立卡”贫困计生家庭活动现场（提供:韩丽芳）

疾病预防控制

【概况】 2020年,鼎城区疾控中心作为全区突发公共卫生事件应急处置主力单位,按照国家、省、市、区新冠肺炎疫情防控指挥部要求,落实“外防输入、内防反弹”常态化防控策略,按照疫情就是命令、防控就是职责要求,落实年度各项任务。鼎城区疾病预防控制中心获评湖南省抗击新冠肺炎疫情先进集体、湖南省疾控系统宣传教育先进单位、2020年度湖南省疾控系统新闻宣传先进集体、2020年度全市工作场所职业病危害因素监测项目工作先进集体。王飞获评湖南省抗击新冠肺炎疫情先进个人;张完珍获评全省食品安全风险监测工作先进个人,并获2020年常德市三八红旗手称号;张璐璐获评湖南省疾控系统新闻宣传先进个人;李明被授予常德市五一劳动奖章;顾成秀获常德市疫情防控先进个人、区最美巾帼人物等称号;张春光获常德市新冠肺炎防控一线医务人员记功奖励。

新冠肺炎疫情防控。1月20日,鼎城区疾控中心启动新型冠状病毒感染的肺炎疫情防控工作预案。1月21日,成立鼎城区疾控中心新型冠状病毒感染的肺炎疫情防控工作领导小组和现场处置机动队。1月24日,召开新冠肺炎疫情调度及工作部署会,工作人员取消休假,投入新冠肺炎疫情防控工作。抓新冠肺炎疫情监测,全年,全区确诊新冠肺炎病例数人,排除疑似病例28人,追踪核实密切接触者399人;核实处理上级交办各类协查函231人次,电子健康码申诉5人次。每天不定时登录浏览湖南省新冠肺炎疫情防控信息系统,核实处理完善相关信息,加强涉外返鼎和高中风险地区返鼎人员管理。全年,派出车辆500余车次,组织精干技术力量3000余人次参与全区新冠肺炎疫情流行病调查、消毒、核酸采样送样及区重大会议与活动疫情防控指导等工作。开展新冠肺炎防控健康教育宣传与防控知识培训,开展新冠病毒肺炎健康宣讲30场次,发放宣传资料139000余份;在中心内部及全区基层医疗单位、学校、企业进行新冠肺炎防控知识培训8期次,培训时间60余小时。开展标本采集、运转与检测,全年,采集新冠病毒核酸样本5000余份;6月15日,鼎城区疾控中心在全市县级疾控机构启动新冠病毒核酸检测工作,至年末,检测新冠肺炎核酸标本4784份。落实医学流行病学调查。组织专业人员到现场开展流行病学调查,追踪管理密切接触者排查;通过

电话流调、现场流调、走访流调、随访流调4 道关口,溯源摸排确诊病例、疑似病例、密切接触者,发现传染源,切断传播途径,保护易感人群。协助企业抓复产复工，派疾病防控专家王飞常驻常德高新区，帮助指导园区企业抓复工复产后疫情防控工作。指导学校有序复学,派出 12 名专业技术人员,配合教育主管部门,分成 6 个督导组,现场督导指导全区学校新冠肺炎疫情防控措施落实情况，确保师生安全复学。抓新冠病毒肺炎消毒工作,全年,设立集中隔离点 3 处,消毒 18 次;开展疑似病例、确诊病例、密切接触者终末消毒 40 余次;开展居民小区、单位院落、公共场所消毒,消毒面积 3 万余平方米,消毒物件 400 余件,指导复工复产复学的工厂、学校消毒。开展新冠肺炎疫情防控技术督导指导，组织基层医疗单位及区直医疗单位发热门诊、全区集中隔离点进行技术指导和督查 40 期次。成立新冠肺炎专家组,参与新冠肺炎疑难病例诊治。

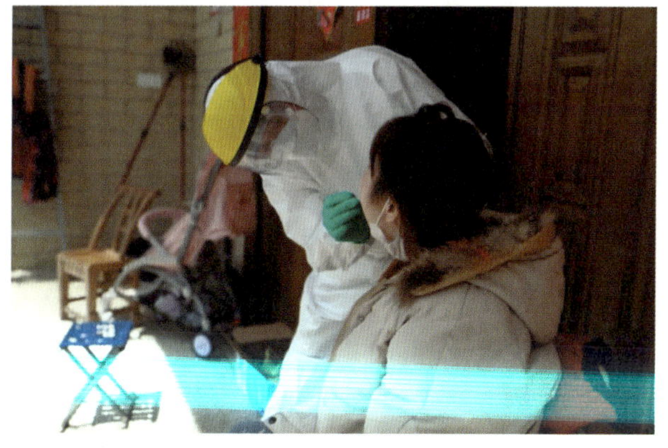

2020 年,鼎城区疾控中心工作人员为居家隔离人员进行鼻咽拭子采样 （提供:张璐璐）

传染病监测。疫情监测报告。2020 年,全区报告法定传染病 20 种，报告发病 2959 例，死亡 15 例。无甲类传染病报告；报告乙类传染病 15 种 1785 例，死亡 15 例；报告丙类传染病 5 种 1174 例,无死亡病例。传染病发病、死亡构成及顺位为乙类传染病报告病例数居前 5 位的病种依次为乙肝(637 例)、肺结核(535 例)、梅毒(413 例)、丙肝(127 例)、艾滋病(22 例),计报告 1734 例,占甲乙类传染病报告病例总数 97.14%，甲乙类传染病报告死亡 15 例,其中艾滋病死亡 14 例、狂犬病死亡 1 例。丙类传染病报告发病 5 种,发病数顺位依次为:手足口病(716 例)、流行性感冒(386 例)、流行性腮腺炎(38 例)、其他感染性腹泻病(32 例)、急性出血性结膜炎(2 例)。“传染病预警信息系统”向该区发出预警信号 178 起,87 起判定为疑似事件并启动现场调查,经现场调查 10 起为暴发流行疫情。其中,新冠肺炎预警 38 起,判定为疑似事件 32 起,暴发流行疫情 2 起;手足口病预警 28 起,判定为疑似事件 6 起,暴发流行疫情 6 起;流感预警 6 起，判定为疑似事件 2 起，暴发流行疫情 2 起;无病原学结果肺结核病例预警 33 起,判定为疑似事件 17 起,经调查 17 起均已排除;病原学阴性肺结核病例预警 28 起,判定为疑似事件 7 起,7 起均已排除；病原学阳性肺结核病例预警 15 起,判定为疑似事件 4 起,4 起均已排除;麻疹预警 20 起，判定为疑似事件 19 起,19 起均已排除;AFP 预警 5 起,均已排除疑似事件;其他感染性腹泻病例预警 3 起，均已排除疑似事件;伤寒副伤寒预警 1 起,已排除疑似事件;流腮预警 1 起,已排除疑似事件。至年末,调查处理新型冠状病毒肺炎疑似和确诊病例疫情 32 起,其中,聚集性疫情 1 起;调查处理流行性出血热散发疫情 9 起、手足口病聚集性疫情 4 起、全区中小学疑似鼻病毒感染引起的呼吸道症状聚集性疫情 20 起、流行性感冒聚集性疫情 2 起。开展重点传染病监测工作,至年末,调查处理流行性出血热散发疫情 9 起、流行性感冒聚集性疫情 2 起，每月采样送样手足口病例 5 例；调查处理手足口病聚集性疫情 4 起，计采集样品 33 份,填写手足口病普通病例调查表和聚集性调查表 38 份发送至常德市疾控中心;5 月始,进行外环境检索,5—10 月开展霍乱弧菌外环境和食品监测样 252 份,其中,水样 120 份(占 47.62%),均为阴性;水产品样 108 份(占 42.86%),均为阴性;食品样24 份(占 9.52%)均为阴性。采集送检样品 42 份;采集上送禽流感职业暴露人群血清流行病学问卷调查及血样5例。

艾滋病性病防控。完善艾滋病防治组织和网络建设，下发《鼎城区2020年艾滋病防治综合工作方案》。开展艾滋病自愿咨询检测、艾滋病疫情监测、病人随访管理、病人抗病毒治疗及网报等工作。全年，全区新增艾滋病病例68人，HIV检测176564人次，免费发放艾滋病防治宣传资料10000余份，免费发放安全套9000余份，举办艾滋病宣教课堂3次。6月，到灌溪镇开展50岁以上老年人HIV筛查工作，筛查对象3125人，发现阳性18例，其中，新发病例1例。全区累计发现艾滋病病例637人，存活艾滋病病例457人，死亡艾滋病病例180人。

结核病免费治管。全年，接诊疑似结核病病人2423人，确诊病人529例，涂阳病人260例，其中初治涂阳234例，复治涂阳26例，初治涂阴248人，结核性病胸膜炎0例，仅培阳性19例，仅分子阳2人。肺结核规则服药率95.83%，肺结核治疗管理率98.87%，转诊率95.20%，追踪到位率99%，病原学阳性率53.11%，新病原学阳性患者耐多药筛查率90.82%，高危人群耐多药筛查率97.44%。开展新入学学生结核病筛查工作，全年筛查学生14878人，发现强阳性130人，发现肺结核临床诊断病例1例，其余均要求进行规范预防性服药。

地方病和寄生虫病防控。制定《鼎城区2020年碘缺乏病监测方案》，开展碘缺乏病监测采样工作。6月1日，抽取5个乡镇防疫专干和妇幼专干进行培训，落实全区200名学生的盐碘、尿碘监测和100名孕妇的盐碘、尿碘监测采样工作。制定《鼎城区2020年水源性高碘地区监测方案》，7月，为牛鼻滩镇、韩公渡镇相关人员进行培训，落实120名学生和60名孕妇盐碘、尿碘监测，每个村检测40名学生甲状腺容积，并将检测结果录入碘缺乏病监测信息系统。抓疟疾监测工作，制定《鼎城区2020年疟疾防治监测方案》，报送发热病人血检表和血片送市疾控中心地寄科。全年应血检595人，实际血检631人，血检结果均为阴性。全年无疟疾病例报告。

国家扩大免疫规划。疫苗管理。抓疫苗接种工作，全年组织开展冷链运转12次，下发一类疫苗87867支，其中，卡介苗1180支、乙肝疫苗10620支、百白破疫苗15270支、IPV疫苗6113支、BOPV疫苗3639支、Ⅰ型Ⅲ型糖丸7600粒、白破二联疫苗3905支、A+C疫苗11445支、A群流脑疫苗2695支、麻风疫苗1630支、麻腮风疫苗8090支、乙脑疫苗10080支、甲肝疫苗5600支。下发二类疫苗148035支，其中13价肺炎疫苗1227支、23价肺炎疫苗8894支、ACYW135流脑疫苗1830支、三联疫苗955支、A+C结合疫苗2920支、HIB疫苗3619支、EV71疫苗8509支、狂犬疫苗34160支、甲肝灭活疫苗388支、9价HPV疫苗925支、4价HPV疫苗1392支、2价HPV疫苗739支、水痘疫苗10090支、流感疫苗33990支、四联疫苗854支、破伤风疫苗239支、五联疫苗767支、乙肝疫苗9589支、腮腺炎疫苗16515支。下发狂犬免疫球蛋白5380支，轮状疫苗2745支，灭活脊灰2308支。春季、秋季入学入托儿童接种证查验。春季查验220所学校及托幼机构计67967人，其中，查验92所各类学校50975名学生，128所托幼机构16992人，进行疫苗针对性传染病防控知识宣传教育及部分学生疫苗接种工作，查验率95%。为学校、托幼机构接种疫苗39837剂次，其中，流感19946剂、水痘7152剂、手足口疫苗3874剂、腮腺炎疫苗8865剂。疑似预防接种异常反应及疫苗针对疾病监测。全年，全区报告疑似预防接种异常反应43例，其中一般反应39例，异常反应4例。风疹监测项目，落实调查人群小于1岁、1—2岁、3—4岁3个年龄组样本采集任务。麻疹风疹监测，全年，报告疑似麻疹病例18例，经检测18例均已排除，48小时完整调查率100%，血标本采集率100%，4月，实验室结果报告率100%。

2020年，鼎城区疾控中心开展麻风类疫苗查漏补种督导（提供：张璐璐）

卫生监测。医疗机构消毒监测。监测全区区直医疗机构消毒效果，在常德市第四人民医院、鼎城区妇幼保健院、常德市第二中医院实施消毒监测。农村生活饮用水卫生监测。为67个城乡生活饮用水卫生监测点进行采样检测，采样检测238份，合格204份，合格率85.7%。每月开展城区生活饮用水及部分二次供水卫生监测，每月监测鼎城区自来水公司1次，每次监测出厂水1份、末梢水5份，全年监测水样72份，合格60份，合格率83.3%。配合区卫生计生综合监督执法局采样和现场检测全省双随机的11家饮用水供水单位，采样检测样品11份，检测结果通报区卫生计生综合监督执法局。食品安全风险监测项目与食源性疾病监测任务。按照食品安全风险监测项目实施方案要求，采集化学污染物和有害因素监测样品110份，落实省、市监测任务。至年末，全区21家监测医院食源性疾病网络报告卡1401例。

职业病防治。重点职业病监测与职业健康风险评估。全年职业性尘肺病病人随访调查工作接到调查任务数166人，随访尘肺病人或家属且各项信息齐全存活的94人，明确死亡63人，失访9人，帮助外地市县查找到尘肺病患者并调查到相关信息的12人。职业病危害现状调查。采取入企调查方式，调查全区12个乡镇及街道三类作业工种、正常运行的从业人员5人以上用人单位。落实全区302家被调查企业职业病危害现状调查任务，将调查情况录入“国家工作场所职业病危害因素监测系统”并上报。放射诊疗机构及非医疗机构放射性危害因素情况调查。调查40家放射诊疗机构放射工作人员职业健康检查情况；调查15家放射诊疗机构职业健康管理基本情况、放射工作人员职业健康检查情况、监测医院放射工作人员职业健康管理情况；调查4家非医疗机构放射性危害因素用人单位基本情况，将调查情况报常德市职业病防治所。用人单位工作场所职业病危害因素监测、用人单位职业病危害因素项目申报。检测28家用人单位工作场所职业病危害因素，采集总尘、呼尘样品528份，游离二氧化硅样品112份；现场检测噪声工作点66个，所有数据报国家“工作场所职业病危害因素监测系统”，为28家用人单位进行职业病危害因素项目申报或年度更新。职业健康检查个检报告审核和总结报告编写。开展职业健康检查1350人，录入职业健康检查个案“职业病及健康危害监测信息系统”1350人，录入率100%，编写职业健康检查总结报告15份。

居民建档及慢性病防治。至年末，全区建立居民健康档案649236份，建档率91.1%，接受健康管理的65岁以上常住居民107700人。管理高血压患者48063人，高血压患者健康管理率31.0%；规范管理高血压患者25704人，规范管理率53.5%。管理糖尿病患者13866人，糖尿病患者健康管理率24.8%；规范管理糖尿病患者7397人、规范管理率53.3%。管理严重精神障碍患者3724人，管理率97.77%，规范管理严重精神障碍患者3405人，规范管理率91.43%。面访率92.70%，管理人群服药率96.64%。审核死因卡4338张，修正死因数据720条，删除重卡56条。

健康教育与健康促进。开展“世界结核病日”“计划免疫日”“应急宣传”“职业病宣传周”“出生缺陷宣传日”“碘缺乏日”“无烟日”“禁毒日”“母乳喂养日”“肝炎日”“爱牙日”“艾滋病日”等卫生主题日宣传活动。在线上开展计划免疫、手足口病的防治知识、甲型流感的防治、结核病防治、艾滋病防治等健康教育讲座10次，开展新冠肺炎疫情防控，派出人员在社区、商场、车站发放新冠肺炎疫情防控知识宣传单，现场解答新冠肺炎疫情防控注意事项，制作新冠肺炎疫情防控科普视频，在网络平台滚动播放。至年末，开展健康宣讲12场次，发放宣传资料200000份，制作科普视频8个。联合鼎城区融媒体中心开展健康知识电视讲座。聘请湖南省疾控中心、中南湘雅附二医院等单位专家，录制健康知识、传染病防控知识电视讲座专题片10期，专题片在鼎城电视台播放。

2020年，鼎城区疾控中心志愿者为工友发放新冠肺炎疫情防控知识宣传单　　（提供：张璐璐）

动物致伤管理。全年，鼎城区疾控中心动物致伤门诊接待诊狂犬病暴露人员3526人次，比2019年同期增加473人次，其中，晚班接诊854人次，占24.22%。无一例接种狂犬病疫苗或被动免疫制剂后发病病例出现。

业务培训。采取网络视频会议及小范围分片区形式为全区基层公共卫生服务工作人员进行培训，全年开展新冠肺炎疫情防控、免疫规划、传染病专项防治、食源性疾病监测、饮用水监测等内容培训32期，培训基层工作人员1000余人。推行周三业务学习制，至年末，举办集中业务培训12次。

工作指导督导。至年末，组织国家公共卫生服务规范管理业务指导督导3次，开展各项疾病控制业务指导督导20余次。新冠肺炎疫情期间，区疾控中心派出6个专业组进行督导指导，规范开展预防接种工作。　　（张璐璐）

【基层卫生医疗机构核酸采样培训】 2020年12月27日，鼎城区疾控中心举办全区基层卫生医疗机构核酸采样师资培训班。培训现场演示采样人员个人防护穿戴操作，消毒步骤及鼻、咽拭子采集全过程。通过实际操作与理论知识相结合方式解释分析个人防护、标本采集、保存及运输等内容。全区各乡镇（农林场）卫生院、街道社区卫生服务中心医护人员近100人次参加。　　（张璐璐）

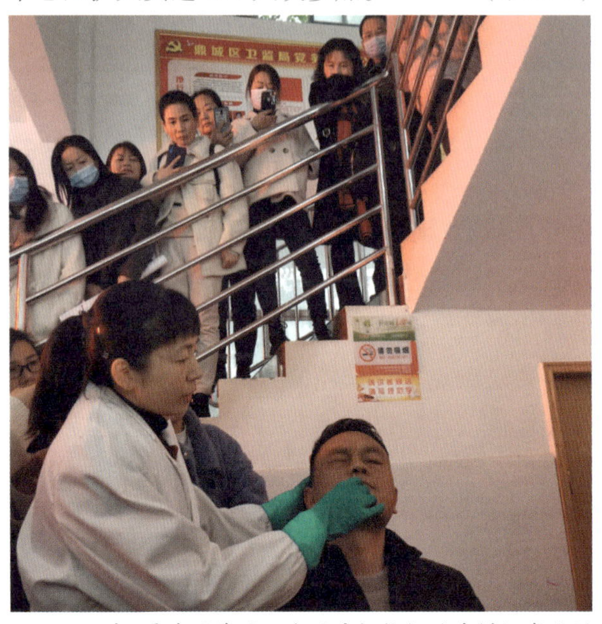

2020年，鼎城区基层卫生医疗机构核酸采样师资培训现场　　（提供：张璐璐）

妇幼保健

【概况】 2020年，常德市鼎城区妇幼保健院有工作人员217名，其中在编人员96名，临聘人员121名，退休人员38名。编制床位100张，实际开放100张。资产总额14243.17万元，其中固定资产6383.05万元，占资产总额44.81%，流动资产7860.1万元，占资产总额55.19%。固定医疗设备217台（件）。全年，总收入6531.28万元，其中业务收入5255.71万元，收治门急诊116517人次，出院4970人次，药占比17.2%，基药占比45.3%，首次剖宫产率17.63%，急危重症抢救成功率100%。农村适龄妇女“两癌”免费检查10234人次，占任务102.34%，筛查出宫颈癌6例、宫颈癌前病变80

例、乳腺癌 10 例。免费婚前医学检查 3618 对，婚检率 96.4%，检出疾病 920 人，疾病检出率 12.71%，其中指定传染病 368 例(艾滋病 1 例、梅毒确认病例 24 例)，婚孕影响者 25 例。免费孕前优生健康检查 9079 人，目标人群覆盖率 100.2%，检出风险人群 774 人，风险比例 8.5%，实验室室间质评结果合格率 100%，早孕随访率 100%，妊娠结局随访率 100%。孕产妇免费产前筛查人数 2537 人，筛查率 101.48%，目标人群覆盖率 100%，检测出产筛风险 516 例，风险比例 20.34%，高危人群干预诊断率 87.40%，妊娠结局随访率 99.03%。全年，出生活产 4469 人，产妇 4414 人，早孕建卡 4321 人，早孕建卡率 97.89%；产后访视 4336 人，产后访视率 98.23%，系统管理产妇 4294 名，孕产妇系统管理率 96.08%；筛查出高危产妇 3013 人，高危筛查率 68.26%，分级管理高危孕产妇，高危孕产妇监护管理与住院分娩率均为 100%。住院分娩活产 4468 人，非住院分娩 1 人。全区发生孕产妇死亡 2 例，孕产妇死亡率 0.4475‰。未发生新生儿破伤风。5 岁以下儿童死亡率 4.03‰；3 岁以下儿童系统管理率 92.68 %；7 岁以下儿童健康管理率 94.94 %。预防艾滋病、梅毒和乙肝母婴传播，发现 HIV 感染孕妇 1 例，梅毒感染孕产妇 35 例，乙肝感染孕产妇 100 例，均进行母婴阻断和规范化治疗。孕产妇艾滋病阳性检出率 0.023%，较 2019 年下降 0.036%；孕产妇梅毒阳性检出率 0.79%，较 2019 年上升 0.1%；孕产妇乙肝阳性检出率 2.27%，较 2019 年下降 0.13%。开展叶酸增补项目工作，发放叶酸 17616 瓶，区级叶酸服用率 97.07%，依从率 95.70 %，知晓率 94.87%。死胎死产 27 例，神经管畸形儿出生 1 例。院内出生新生儿四病筛查 1652 人次，检测率 99.94%，阳性率 0.18%；院内出生新生儿听力筛查初筛 1635 人次，复筛 50 人次，检测率 98.91%。按要求进行阳性召回、复查与追访，全年儿童保健中心预防接种门诊服务 34965 人次。评价托幼机构 33 家，其中合格机构 20 家，不合格机构 13 家，合格率 60.61%；评估托幼机构 21 家，其中合格机构 21 家，合格率 100%。幼师体检 1519 人次。开展健康宣讲 150 次，覆盖目标人群 17460 人次，发放宣传折页 30000 余份。开展高危孕产妇入户面访 450 人次，利用微信群开展线上微课堂 19 次，听课人数 4200 人次；开展视频直播课 2 次，听课人数 21000 人次，微信个性化咨询指导 10000 余次。升级改造特色门诊盆底和产后康复中心，开展中医特色项目服务，年收入 2123398 元。

（彭芳芳）

【绩效管理改革】 2020 年 11 月 9 日，鼎城区妇幼保健院正式启动绩效管理改革项目。医院与第三方未极科技(北京)有限公司合作，开展绩效管理改革，主动适应国家新医改政策，激发职工潜能，强化内部管理，促进医院科学发展。（彭芳芳）

【“医师节”下乡义诊活动】 2020 年 8 月 19 日，为庆祝医师节，弘扬中国医生“敬佑生命、救死扶伤、甘于奉献、大爱无疆”精神，鼎城区妇幼保健院组建妇幼健康服务医疗团队到长茅岭卫生院举行义诊活动，为居民提供健康服务。（彭芳芳）

2020 年 8 月 19 日，鼎城区妇幼保健院“医师节”下乡义诊活动现场（提供：彭芳芳）

【新冠肺炎疫情防控应急演练】 2020 年 10 月 20 日，鼎城区妇幼保健院开展新冠肺炎疫情防控应急演练。应急演练由副院长高璇负责指挥，医务科、护理部、院感科、检验科、产科、总务后勤科、综合办公室等部门参加。模拟一名孕 12 周孕妇因接

触相关人员后发热到医院就诊全过程，演练涵盖预检分诊、发热门诊就诊、疫情上报、闭环转运、终末消毒处置等场景。（彭芳芳）

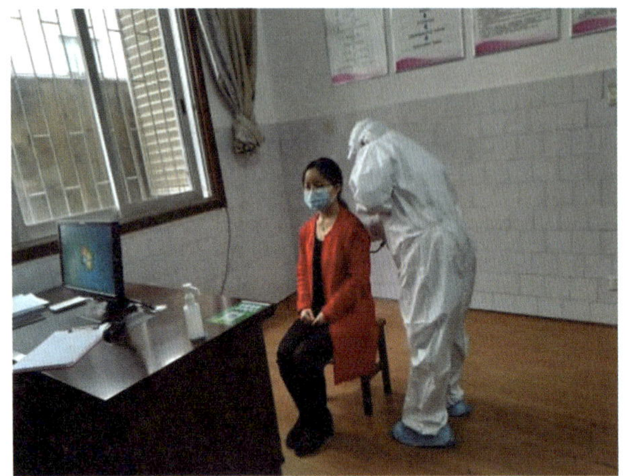

2020年10月20日，鼎城区妇幼保健院开展新冠肺炎疫情防控应急演练（提供:彭芳芳）

常德市第四人民医院

【概况】 2020年，常德市第四人民医院诊疗病人223432人次，出院40132人次，开展手术8831台次，出院者平均住院日7.4日。陈祥获评“全省抗击新冠肺炎疫情先进个人”，黄鑫被授予“常德青年五四奖章”“鼎城区五一劳动奖章”，刘开新、杨大义、谭传斌、王翔获评“常德市新冠肺炎疫情防控先进个人”，医院医疗团队获评“常德市新冠肺炎疫情防控先进集体”。

新冠肺炎疫情防控。落实省、市、区新冠肺炎疫情控指挥部要求，遏制疫情扩散蔓延，常德市第四人民医院是鼎城区新冠肺炎疫情防控定点救治医院，1月24日，医院成立疫情防控指挥部并设置工作小组12个，统一部署，开展疫情防控工作。指挥部每天召开救治工作调度会，安排部署疫情防控和医疗救治工作，落实院内工作流程，预检分诊工作、院感防控及疫情报告、现场协调指导重点科室。医院防控指挥部组织全院医务人员、预检分诊、急诊科、发热门诊、感染科、隔离病房全体医护人员进行防控知识培训和正确穿脱防护服培训，组织保洁及保安人员进行院感强化培训，通过网络组织医务人员学习最新版新型冠状病毒肺炎院感防控方案，每日推送新冠肺炎防控知识，提高新冠肺炎防控方法知晓度，利用网络平台组织全院工作人员进行网络学习与考试。严格区分感染科各类通道、各类区域，采取保安门禁管理，设立隔离病房警戒区，完善发热门诊配置，规范发热患者就诊流程，摆放醒目标识标牌，落实普通感冒和疑似新型冠状病毒感染的肺炎患者分诊，避免交叉感染。将清洁区的防护用具进行“6S”(6S即整理、整顿、清扫、清洁、素养、安全)标准化管理，规范物品摆放，避免取用混乱，为隔离医学观察患者配备“五个一”(一支体温计、一瓶消毒液、一本告知书、一个口罩、一张表格)。疫情期间，各组落实职责，全院全员进入战时状态，医务人员分批次参与桃花源机场、常德市火车站等哨点及定点隔离酒店防控。黄鑫、陈波、郑小青到常德市第二人民医院参与疫情防控工作。

2020年，常德市第四人民医院援助抗击新型冠状病毒感染的肺炎疫情出征仪式（提供:娄朝慧）

公益服务。3月2日，组织新冠肺炎救治捐款。3月20日，医院工会发动全院干部职工开展无偿献血活动，参与活动419人，献血量133400毫升，被国家卫健委、中国红十字总工会、中央军委后勤保障部卫生局联合表彰。承办湖南省医护礼仪专业委员会2020年会暨常德市护理学会护理礼仪专业委员会成立大会暨湖南省医护礼仪培训师高级研修班。

活动开展。举行“奋进新时代·激情四医人”春节联欢晚会。1月14日，医院党委联合工会为医院困难党员、困难职工、战残军人、战退军人及劳模送慰问金。召开“5·12”护士节庆祝大会暨人文护理启动仪式。开展脱贫攻坚工作,班子成员到对口扶贫帮困联点双桥坪镇大龙站社区,慰问贫困户。丰富职工业余文体活动,举办 2020 年职工冬季健身跑、四医羽毛球兴趣小组友谊交流赛、医院职工秋季拔河比赛、乒乓球比赛等。

2020 年 1 月 11 日,常德市第四人民医院春节联欢晚会现场 (提供:娄朝慧)

学科建设。实施首例三维标测系统指导下房颤 + 房扑射频消融手术、首例 IVUS 指导下处理的冠脉疾患，开展腹腔镜下根治性全胃切除 + 扩大右半结肠切除术 1 例。5 月 22 日,医院内分泌临床营养科举办糖尿病健康讲座,60 余名糖尿病患者参加听课学习。8 月 12 日,开展“中国医师节”“弘扬抗疫精神、护佑人民健康”大型义诊活动,现场救护——第一目击者行动“我是小小急救侠”培训活动。10 月 28 日,开展“普及男性健康知识、共建和谐幸福家庭”大型义诊活动。11 月 18 日,举办“改善慢阻肺生活——无论何人与何地”义诊活动。陈祥、杨毅获评“鼎城区优秀科技工作者”,13 名医疗专家获聘第六届湖南省级医学鉴定专家,医院感染团队获湖南省老年会学术年会暨 2020 年询证护理实践与科研能力提升研讨会演讲比赛二等奖,骨科团队在“2020 常德市护理学会骨科护理专业委员会成立大会”上获 2 项荣誉,院前急救团队在湖南第五届院前急救技能竞赛中获三等奖，宋钊获全国冠心病中西医结合诊疗——经典病例演讲比赛第四名。

改革发展。6 月,启动“控费用、调结构、降成本、优绩效”系列改革。8 月,医院成立 5 个成本管控小组,开展医保、药剂、设备、后勤物资、信息等周边市场询价，以最低采购价格重新与各大供应商谈判。9 月,出台《基于 RBRVS 的集成绩效评价方案》,各科室按照新绩效方案实施二级分配。11 月，分别举行新绩效方案试运行科主任和护士长推进会,实行“四级推进”“四级包保”。通过落实系列改革举措，住院人均费用下降三分之一，药占比、耗材比下降,设备、药品、信息后勤物资采购成本下调。 (娄朝慧)

常德市第二中医医院

【概况】 2020 年,常德市第二中医医院收入 1959 万元,其中业务收入 1260 万元,支出 2470 万元,亏损 511 万元。出院病人 1981 人次，门诊诊疗 11611 人次。

业务工作。新冠肺炎疫情防控工作。成立新型冠状病毒感染的肺炎疫情防治小组，制定相关预案、制度、流程,开展防控知识及技能培训、演练、考核。开设发热诊室,落实预检分诊制度,分区设立监督岗位,落实住院患者、陪护人员、工作人员及家属区进出人员管理报告。根据国家下发的诊疗方案,2 月,加大原药采购量,组织人员加班加点熬制,为全区一线防疫工作者、集中隔离观察人员及复工复产企业提供中药汤剂和原药材 21960 人份。开展核酸检测,落实各项措施,全院医护人员“零感染”。医政工作。每两周进行一次全院或大内科疑难病讨论,每月组织全院医务人员专业授课。定期组织处方点评,加强合理用药。抓执业监督,落实年度医师定期考核。组织下乡义诊 4 次,接诊近 1000 人次,发放健教、宣传资料 1000 余份,免费发放药物 10000 余元。到各乡镇敬老院送医送药，全年免费接送老人住院 800 余人次。护理工作。抓护理质量与安全管理,定期进行各类护理查房和学习培训。开展“提升主动服务意识、深化优质护理服务内涵”主题护理活动,落实责任制整体护理,规范临床护理工作。10 月,护理部组队参加

2020年度全省中医医院护理“三基”知识竞赛全市选拔赛,获团体三等奖,杨金华获个人一等奖。11月,杨金华代表常德市参加全省竞赛,获个人一等奖。王琼获评全市优秀护士。专科建设工作。9月,联合南华大学附属第一医院,引进五官科。为培养储备专科人才,派送8名医生到上级定点医院进行规范化培训。增设专家门诊,选派医疗骨干轮流坐诊,充实门诊力量。12月23日,通过湖南省中医药管理局组织的中医传承工作专项验收。

2020年,常德市第二中医医院工作人员熬制中药汤剂
(提供:粟伟丽)

管理工作。医院对照评审标准,开展复审工作,提升中医药服务功能、综合服务功能,于10月通过“二甲”复审。落实制度职责,坚持“三重一大”制度,坚持和完善院务公开。突出纪检监察职能,坚决执行中央八项规定,规范三公经费管理。开展医疗行风、医德医风自查自纠专项整治行动,完善医德医风考评长效制度。筹措资金20余万元,为在职职工发放工会消费券。实施医院现代化建设,1月,完善平安医院建设,院内监控系统并入全市雪亮工程。8月,安装协同办公系统,正式并轨进入全区网上办公。更新全院信息系统,开通网上预约挂号、内外信息互通对接等功能。9月,收回所有门面,改建作为业务用房。改造就医环境,由鼎力公司出资近400万元,改造装修门诊楼、住院楼,改造内容包括病房扩建,增添电梯、空调、厕所等基础设施;建设部分板房,调整行政办公、功能科室、后勤库房、门诊诊室等布局,扩大业务用房面积。

中心工作。抓扶贫工作,调整常驻工作队队员,改变工作方法,帮扶责任人与贫困户加强沟通,数次上门慰问,解决实际问题,提升满意度。开展全国第四次中药资源普查鼎城区普查工作,增派车辆、人手,加快工作进度,年末进入验收阶段。

(粟伟丽)

【常德市第二中医医院整体迁建工程开工】 2020年4月1日,鼎城区委召开常德高新区人民医院(常德市第二中医医院)建设工作调度会,明确建设工程由鼎力公司负责,于4月组建领导小组办公室,7月落实前期选址、设计方案,9月16日正式奠基开工。常德市第二中医医院整体迁建新址位于常德市高新区富强东路与金丹路交界西南角,占地6.53公顷。(粟伟丽)

社会生活

Social Life

2020年3月9日，鼎城区“赴深直通车”护送65名农民工集中返岗

（提供：区人社局）

人力资源和社会保障
就业服务
社会保险
工伤保险
住房保障
医疗保障工作
常德市兴隆劳务有限责任公司

人力资源和社会保障

【概况】 2020年，常德市鼎城区人力资源和社会保障局(简称区人社局)围绕抗击新型冠状病毒感染的肺炎疫情、促进就业、服务发展、维护稳定方面,抓人力资源服务工作。全区城镇新增就业5938人，占目标任务102%；增加农村劳动力转移就业5477人,占目标任务100%;城镇登记失业率3.5%以内。开展各类培训5369人,占目标任务111%。参加企业养老保险86732人、机关养老保险15594人、失业保险32312人、工伤保险49025人,城乡居民养老保险46.77万人,分别征缴基金8.23亿元、2.26亿元、957.09万元、3595万元、1.06亿元，目标任务完成率100%以上。机关事业单位养老保险参保单位243家,征缴职业年金9599万元。劳动人事争议调解率83%,劳动人事争议到期结案率、劳动保障监察举报投诉案件结案率均100%。获评省级2019年度城乡居民养老保险经办管理服务工作优秀单位，获市级2019年创业大赛创业组三等奖，获2020年省级优质职业培训项目、市级2020年创业大赛创业组二等奖，获全市人社系统业务技能练兵比武优秀组织奖等。鼎城区稳就业保用工工作被《人民日报》(3月4日13版社会:服务贴着心 踏实出家门)、中央电视台17频道(巧打时间差“共享员工”破解用工荒)、中央电视台新闻频道(4月11日新闻直播间:线上线下联动助力贫困劳动力复工就业)、《人民日报》新闻客户端、湖南卫视、《湖南日报》新闻客户端、中国劳动保障新闻网、湖南民生网、《常德日报》(3月30日头版头条:鼎城区“点对点”稳就业保用工)等媒体推介。

就业工作。精准“输出”农民工。新冠肺炎疫情期间,成立由人社、卫健、交通、交警等部门相关负责人组成的农民工返岗复工服务工作专班，摸排辖区内外出务工人员的个人信息、就业情况等,计摸排登记区外务工人员就业信息近4000条。与长沙、长三角地区、珠三角地区人社部门及用工企业对接,开通“返岗复工直通车”,分5批次将200余名工人送至长沙、深圳等地用人单位门口。联合交通、卫健等部门指导协助1500余名务工人员赴省外返岗复工。组建2支小分队到乡镇协助蓝思科技、长沙比亚迪等省重点企业招工100余人。实施企业用工服务。根据企业用工需求和人力资源状况,摸排就业意向信息,把现场招聘会开在老百姓的家门口。建立“三免费三保障”的招聘会举办机制,为参会企业免费印制招聘资料、免费提供车俩接送、免费提供工作餐。举办招聘活动。组织“春风行动”、民营企业招聘周、园区重点企业专场、贫困劳动力专场、退捕渔民专场、高校毕业生专场、“送岗下乡”、“点对点” 供需见面会等现场招聘活动26场次。邀请企业419家,提供岗位22981个,进场求职15077人次,求职登记8513人次,达成就业意向3733人次。联合微信公众号“鼎级传媒”举办线上招聘会13场次，参与单位379家，提供岗位23766个,收集线上求职简历1513份,初步达成求职意向1141人次。主动帮扶重点群体就业。宣传就业创业政策,激发重点群体就业创业的活力,拓宽居民增收渠道,深挖增收潜力,按照相关政策落实退捕渔民家庭困难对象公益性岗位托底安置。应享受退捕渔民社会保险补贴557人，其中持证专业渔民554人、兼业渔民3人。截至12月15日,已全部参保,社保补贴全部到位,落实到人的社保补贴资金1236.28万元。按照相关政策为退捕渔民家庭困难对象进行公益性岗位托底安置,牛鼻滩镇开发退捕渔民公益性岗位35个,蒿子港镇开发退捕渔民公益性岗位5个,贺家山农场开发退捕渔民公益性岗位3个。

2020年,鼎城区农民工通过“返岗复工直通车”到长沙经开区返岗就业 (提供:欧阳章俊)

2020 年 2 月 29 日，鼎城区集中开展农民工返岗就业“直通包车健康出行”活动（提供:欧阳章俊）

社会保障工作。贯彻落实阶段性减免企业社会保险费政策,全年减免各项社会保险费 9434 万元,其中养老保险费 7558 万元、工伤保险费 1488 万元、失业保险费 388 万元。推进全民参保扩面专项行动,加大宣传力度,成立专班开展数据核实,全区导入数据 177702 条,新增登记 9508 人,总参保人数 46.77 万人,2020 年城乡居民养老保险覆盖面 100%。全区 571 名退捕渔民全部参保,落实社保补贴资金 1236.28 万元,参保补贴率 100%。

人事管理工作。办理事业单位调入人员聘用手续 537 人、抽借调人员手续 181 人次、流动调配手续 145 人次，审核报批全区事业单位公开招聘工作人员方案 3 次,发布 23 家单位、333 个岗位计划（含公办高中 14 名，城区学校和农村学校 173 名)。组考事业单位招聘考试 11 场,笔试参考考生 5165 人次,面试参考考生 626 人次。培养事业单位专业技术人员队伍,新聘任高级职称 72 人、中级职称 160 人、初级职称 209 人。落实 2020 年度 120 名高级职称、217 名中级职称申报人员的资格初审及呈报工作。开展人才引进服务工作,开展“校企合作”,实行按需招生、订单培训。疫情期间,组织企业开展线上招聘活动，开展高校毕业生就业指导和跟踪服务。培养专技人才队伍,为全区专家及高层次人才落实各项服务工作。核查及上报全区享受政府津贴专家信息。

劳动维权工作。健全劳动关系监管机制。摸清全区劳动关系风险点,及时处置,避免出现不稳定因素。不定期排查企业劳动用工管理情况,进行非法用工情况、工资集体协商、特殊工时制等工作情况督查,促进企业规范劳动用工管理。加强劳动监察执法力度。组织开展人力资源市场清理整顿、劳动用工执法专项检查，落实劳动保障常态化巡查机制，缴存在建工程项目农民工工资支付保证金 2061 万元。全年,区劳动监察大队受理拖欠农民工工资问题投诉案件 38 起,涉及 257 人,金额 375.6 万元，移送公安机关 1 起，移送法院强制执行 3 起。案件数及金额比 2019 年分别下降 74%和 80%。完善基层劳动争议调解平台。按“预防为主、调解为主、深入为主”的原则,坚持法律实施与鼎城实际相结合、维权实效与企业需求相结合,规范仲裁管理体系,2020 年,仲裁院立案审理劳动人事争议案件 129 起,其中裁决结案 13 起,调解结案 107 起,其他 9 起,调解率 83%,不予受理 51 起,案件的到期结案率 100%。案外处理劳动人事争议 95 起,案外调解 95 起,接待群众咨询 1038 人次,涉案标的 1136 万元。（熊文捷）

就业服务

【概况】 2020 年，鼎城区就业服务中心被湖南省人社厅评为“湖南省产业工人定向培养基地”。

就业。全区城镇新增就业 5938 人,增加农村劳动力转移就业 5477 人,就业见习 116 人,补贴资金 30 万元。抓城镇新增就业和贫困劳动力就业信息采集和更新,通过乡镇社区劳动保障协理员、村级劳务经纪人上门入户进行就业信息核实,确保基础信息准确,系统更新及时。建设就业扶贫车间，发动乡镇劳保站开展就业扶贫车间的培育和申报,实现“一乡一车间”。建立就业扶贫车间 22 个、补贴资金 110 万元；开发就业扶贫车间岗位 623 个;吸纳贫困劳动力就业 146 人;开发“就业扶贫公益性专岗”1401 个(人社部门出资的政策性公益性岗位 83 个,补贴 118.784 万元),对于未脱贫有就业意愿人员实行 100%托底安置。申报交通补助3511人,补贴金额78.57万元;贫困劳动力一次性就业创业求职补贴3711人,补贴资金111.33万元。

培训。打造“花岩溪月嫂”“花岩溪护工”培训品牌,落实《鼎城区职业技能品牌培训方案》,制定培训措施、规范培训程序、提高培训质量、增加市场竞争能力。截至11月20日，培训花岩溪月嫂531人、花岩溪护工115人。抓企业职工技能提升培训,与高新区、全区商贸及服务型企业对接,了解企业职工职业等级现状，有针对性地开展提升培训。把握培训质量关,每期培训班采取不定期抽查3次以上,现场查看培训到课情况,审核培训内容、授课时间,核实学员身份,保证培训的真实性。参加各类培训5369人，其中岗位技能提升636人、新型学徒60人、农村转移就业劳动者技能培训3780人 (包括建档立卡贫困人员“两后生”30人)、创业培训458人,开展创业培训后续服务63人,其他人员培训372人。

创业担保贷款。接受申请创业担保贷款208户，入户调查156户，发放创业担保贷款144户3390万元（其中小微企业2家，发放贷款400万元),占全年任务130%,直接带动就业189人,间接带动就业1670人。

2020年3月3日,鼎城区创贷中心开展入户调查,帮助创业者在疫情期间稳岗就业 （提供:高姗）

创业带动就业。5月,举办第四届“中国创翼”创业创新大赛,51家企业报名参赛,经过项目筛选和资格审查32家企业入围初赛,其中湖南鼎力智慧科技有限公司等9家企业进入决赛。8月21—24日在华京大酒店主办“2020年网络主播创业训练营”,邀请知名讲师和网红主播进行授课,进行创业者新兴网络直播培训。10月17日,主办“就业扶贫行动日‘稳岗就业 决胜攻坚’创客主播走进周家店扶贫车间活动”,通过直播带货的方式提升鼎城区农副产品在全国的知名度，解决扶贫企业和贫困户产品销售难的问题,截至11月25日,一次性开办费补贴对象6家,补贴金额12万元,场地租金补贴对象2家,补贴金额1.92万元,市级示范典型9家,奖补36万元,区级奖补示范典型4家,奖补15万元。

失业保险。全年参加失业保险32312人;实际缴费单位1047家,其中事业单位173家、企业874家,实际缴费29431人;失业保险费收入957.09万元,其中事业单位缴费644.73万元,企业单位缴费312.36万元；普通企业稳岗返还91家，补贴149.24万元,稳岗人数4345人;困难企业稳岗返还2家,补贴11.09万元;为1684人(计8184人次)发放失业金1130.31万元,为4610人次发放价格临时补贴16.93万元，为7903人次发放失业补助金237.94万元。 （高 姗）

社会保险

【概况】 鼎城区社会保险服务中心是鼎城区人力资源和社会保障局下属的副科级公益一类事业单位,受鼎城区人民政府委托,主管全区基本养老保险工作。内设机构有办公室、参保登记组、基金财务组、稽核内控组、个人账户一组、个人账户二组、待遇计发一组、待遇计发二组、职业年金组、社保档案组10个部门。主要职责是参与拟定养老保险经办工作规划、服务办法,并组织实施;参与指导全区社会保险经办事务性工作。负责规定范围内的机关事业单位工作人员、城镇职工以及城乡居民养老保险经办服务工作；负责全区统筹外待遇的经办和给付工作；负责规定范围内被征地农民养老保险的经办工作。参与拟订全区基本养老保险基金的收支计划和预、决算。承担全区养老保险基金和统筹外代发资金的经办工作。负责全区机关事业单位职业年金基数申报、基金归集、经办工作。负责全区基本养老保险的参保登记工作;负责全区基本养老保险参保对象的个人账户管理、权益记录和关系转移接续工作。负责全区参保对象待遇标准的确定和给付;承担全区离退休人员的社会化服务工作。负责全区基本养老保险业务统计相关事务和养老保险信息系统运行维护工作。负责全区基本养老保险档案管理和全区公共信息查询服务。承担区人力资源和社会保障局交办的其他事项。2020年,全区企业养老保险参保人员86732人,实际缴费72174人,扩面11540人,征缴基金82314万元,完成征缴任务47868万元的172%,参保缴费率83.21%。全区城乡居保参保总人数46.77万人,新增参保28120人,缴费人员213736人,含以往年度补缴的参保缴费人数计214402人,缴费金额10584.1万元,人均缴费493元。机关事业单位养老保险参保单位243家,在职人员15594人,征缴养老保险费22577万元,征缴职业年金9599万元。全区企业离退休人员42934人,新增退休人员2143人,发放基本养老金96805万元。办理死亡终止、丧抚费结算588例,支付丧抚金3436.52万元。企业离退休人员人均养老金2002元/月,较2019年上涨115元。企业养老保险代发:该年度为10类群体10737人代发各类资金2571万元,其中,代发独生子女父母奖励金8668人,发放金额868万元;代发军转干部职级补助185人,发放金额268万元;代发老工人生活补助1人,发放资金4800元;代发退役士兵补助13人,发放金额16.63万元;代发国有企业职教幼教退休教师生活补贴7人,发放金额9.45万元;代发建国初期退休干部生活补助3人,发放金额3.24万元;代发部分事业单位人员生活补贴732人,发放金额1337.42万元;代发1953年军转干部解困金14人,发放金额8.65万元;代发伤残军人工资补差20人,发放金额27.97万元;代发工残特工军转提前退休补调1094人,发放金额31.68万元。全区城乡居保待遇领取人员13.51万人,该年度发放养老金1.81亿元,人均112元,实现100%按时足额发放。城乡居民养老保险代发:该年度代发独生子女补助金18465人次81万元;代发乡村教师补助金47497人次271.32万元;代发乡村医生补助金14417人次113.84万元;代发放映员补助金1417人次9.59万元。全区机关事业单位退休人员8748人,新增230人,减少143人,支付基本养老金48505万元,人均养老金4620元/月,较2019年度上涨260元/月。机关养老保险代发:为27名离休人员代发离休费200.4万元,为12名建国初期参加工作的退休人员发放生活补贴12.24万元,为1名事业单位退休人员遗孀发放生活补助2.1万元。2020年,鼎城区城乡居民养老保险管理中心被湖南省城乡居民社会养老保险管理中心评为年度城乡居保经办管理服务工作优秀单位。李亮被评为"2020年度全市养老保险经办机构窗口"优质服务之星"。

2020年12月,鼎城区参保人员缴纳养老保险费

(摄影:钟志峰)

基金管理。开展服刑人员稽核整改。根据人社部《关于开展服刑人员违规领取养老保险待遇问题专项整治行动的通知》(人社险中心函〔2020〕17号)文件,鼎城区有33名服刑人员疑似违规领取城乡居保待遇。经核查,其中有12名人员涉及违规领取城乡居保待遇。该中心采取措施,督导乡镇进行稽核,至年末,稽核11人,并在稽核系统反馈处理情况,剩余1人由于其已离婚,子女在外省务工,本人正服刑,暂未收回。开展业务系统数据清

理。根据省市 2019 年下发的人员数据清理名单，成立数据清理小组，抽调 4 人专门负责数据清理和完善，清理区内重复缴费 2155 条、空账户 556 条,完善参保人员基本信息 632 条。开展丧葬抚恤金稽核。根据国务院“放管服”相关要求取消死亡证明后，该中心采取土葬申领丧葬抚恤金相关措施,对比医保报销核查住院时间与死亡申报时间、生存认证时间与申报死亡时间，开展实地调查核实。全年,稽核企业职工养老保险重复缴费、终止参保及丧抚费申领材料 1266 份，其中实地稽核丧抚费申领人 95 名,书面稽核 476 份材料,未发现异常情况。开展城乡居保待遇稽核 235 人次,追回基金 6.47 万元。

职业年金管理。该中心与省中心相关部门对接,核查摸排出需要记实人员的基本信息、记实时间段、记实金额,制定年金虚账记实台账。制定年金虚账记实工作方案,优化经办流程。争取财政支持,确保资金到位。2014 年 10 月至 2020 年 12 月，全区退休财政供养人员 2086 人,所需虚账记实资金 3544.39 万元。

社会保障卡应用。贯彻落实人社部《关于在养老保险工作中全面推进社会保障卡应用的通知》,发挥社保卡便民、惠民作用,推进养老待遇使用社保卡发放工作。全区企业养老保险离退休人员待遇入卡 35960 人,入卡率 86%;机关社保待遇入卡 7781 人,入卡率 89%。城乡居保总持卡人员 41.54 万人，其中待遇人员 13.94 万人，待遇入卡人员 13.76 万人,社保卡待遇入卡率 98.7%。

政务服务优化。开通银行缴费和微信缴费功能。区域内中国银行、农业银行、工商银行、建设银行、交通银行、农村商业银行均开通灵活就业人员缴纳养老保险费功能，参保人员可使用微信小程序“农行微缴费”缴纳养老保险费。便捷养老金领取资格认证。取消养老金领取集中认证,退休人员利用手机“老来网”APP 即可认证。全年企保认证 34761 人,认证率 89%。城乡居保认证 13.29 万人,认证率 98.15%。机关社保认证 8707 人，认证率 100%。优化业务流程,精简证明材料。重新梳理并优化业务经办流程，当前所有业务均能一次性办结;取消包括生存健在证明、继承关系证明在内的多种证明材料,减少材料比例 18%。

养老保险关系转移。抽调业务能力强、思想素质好的工作人员负责养老保险关系转移接续工作；在社保大厅设置养老保险关系转移接续咨询服务窗口和咨询电话，利用招聘会等大型活动进行宣传。简化经办流程,依托国家社会保险公共服务平台,跨省转移均可网上办结。全年,办理企业养老保险关系转移 8112 人次,办理机关社保转移接续 1180 人次。

被征地农民养老保险。进行参保资格复核,要求新增项目上报资料情况登记表、参保花名册、社保资金征收情况表、征地补偿安置公告(或征地补偿协议书)、土地补偿分配明细表必须齐全,核对参保花名册纸质档和电子档。新增参保项目启动参保进行参保前调查、参保资格公示、参保资格集中审核、领导审批等步骤。为防止不符合资格人员参保,在资格审核时核对参保人员身份证、户口本信息,对于户籍信息有异动记录的人员,除正常婚迁外一律要求村或社区出具土地承包经营权证明,个别疑点较大人员进行调查核实。抓缴费补贴追缴工作，追回西站社区 1 名不符合参保资格人员缴费补贴 30493.4 元。全区符合参保资格被征地农民 35901 人,累计参保 22319 人,参保率 62%,未参人员 13582 人。全年新增参保 2085 人,续保 5315 人,征缴养老保险费 15662.6 万元,其中财政补贴 7535.7 万元。新启动征地项目 22 个,其中涉及郭家铺街道 1 个、红云街道 13 个、许家桥回族维吾尔族乡 1 个,斗姆湖街道 3 个、灌溪镇 4 个。

城乡居民养老保险全覆盖。制订《鼎城区 2020 年城乡居民基本养老保险全覆盖专项行动方案》《鼎城区 2020 年城乡居民基本养老保险宣传工作方案》,成立全覆盖领导班子和工作班子,召开全覆盖工作部署会和城乡居保全覆盖推进会。经过 3 个月筛选比对、上门确认,核实全区城乡居保全覆盖数据 300271 条，8 月末完成全覆盖数据调查摸底工作。7 月 27 日、9 月 14—18 日举办“鼎城区 2020 年度城乡居民养老保险业务培训班”和城乡居保全覆盖数据录入培训班。全年导入数据 177700 人，全覆盖新增登记 9508 人，所有全覆盖新增参保登记人员全部缴费到位，参保缴费率 100%。抓行业扶贫工作精准落实，3 月 18 日区委副书记协同区扶贫办到人社局专题调研行业扶贫和城乡居保扶贫工作，并指示，区委、区政府优先安排资金，通过数据分类核查、整理，导入系统，落实政府代缴 11189 人 111.89 万元，其中鼎城区代缴 10538 人，石门桥代缴 552 人，贺家山原种场代缴 99 人。2020 年度新增视同缴费人员 7 人，系统录入视同缴费人员 42 人。60 岁以上建档立卡未脱贫人员、低保对象、特困人员和重残人员的月基础养老金在 103 元的标准上每人每月调增 5 元。

业务培训。开创“云端培训”模式。打造“云端”居保课堂，每两月为乡镇（街道）、村（社区）工作人员开展线上培训 1 次。加强现场培训。7 月 27 日举办“鼎城区 2020 年度城乡居民养老保险业务培训班”，9 月 14—18 日，开展城乡居保专干全覆盖数据采集与导入轮训班，利用下乡时机，进行现场指导和小范围集中培训。开展跟班培训。针对新上岗的城乡居保专干开展跟班学习，至年末，已有牛鼻滩镇专干、十美堂镇专干、红云街道专干参加跟班培训。（钟志峰）

工伤保险

【概况】 2020 年，鼎城区工伤保险参保单位 1010 家，新增扩面人数 3654 人，累计参保人数 49025 人，占市交办任务数 48500 人的 101.1%；征缴工伤保险费 2062 万元，减免 1533 万元，合计 3595 万元，占任务数 3469 万元的 103.6%，其中建设项目征缴 1026 万元，建筑项目参保率 100%。工伤事故备案 547 起，工伤认定 486 人次，工伤保险待遇支出 3258 万元。其中工伤医疗待遇 881 万元，伤残待遇 1276 万元，因工亡待遇 1100 万元，累计基金结余 93 万元。鼎城区工伤保险服务中心被常德市工伤保险服务中心评为 2020 年度全市工伤保险经办工作先进单位，全市排名第一。

工伤预防。2020 年，该中心在全区行政机关、事业单位、建筑项目企业、新参保企业进行工伤预防与政策宣传培训 5 次。4—6 月，针对疫情期间特殊工伤情况，开展企事业单位工作人员在抗击疫情过程中发生的工伤情况摸底，组织医疗专家上门为各单位宣传医疗救治知识。7 月，举行全区“工伤保险杯”知识竞赛，让参保单位了解掌握工伤保险相关政策。针对矿山、建筑施工、道路桥梁施工等项目从业人员多，工伤发生率高的实际情况，组织开展工伤预防上门宣传活动和专题培训活动。9 月 28 日，为项目参保单位的项目经理及业务经办人员举办为期 1 天的专题培训。10 月 30 日，市工伤保险服务中心在高新区举办工伤预防知识宣传讲座，园区企业参加学习。11 月 26 日，组织近 200 家新参保企业进行工伤预防和业务经办培训活动，让新参保企业认识到依法参保重要性，明确企业应承担的社会责任，降低工伤事故发生率。12 月 3 日，到南方水泥企业开展工伤预防宣传和相关法律法规的业务知识培训。

2020 年，鼎城区建筑施工企业工伤保险业务培训
（提供：熊凌颖）

政策宣传。与鼎城融媒体中心合作，利用电台、电视、新媒体、户外 LED 屏等，宣传工伤保险政策，并在《常德日报》新闻报道 10 篇、民生网报道 2

篇、凤凰网报道1篇；11月25日，在义乌商城开展工伤保险政策宣传活动，在人口密集的地方设置咨询点、发放宣传资料2500余份。

征缴扩面。针对新型冠状病毒感染的肺炎疫情，鼎城区开辟医护及相关人员工伤保障绿色通道，将疫情防控一线受伤人员纳入工伤认定范围；简化工伤认定程序，对于事实清楚、材料完整的工伤申请，开启绿色通道，实行先支付、先治疗、再认定模式，提高工作效率，保障工伤待遇按时足额支付；推行网上业务办理或延期办理，减少经办场所人员流量，原始纸质资料待疫情稳定后再交至相关窗口。疫情稳定后，区工伤保险服务中心帮助企业复工、复产，组织中心干部到企业慰问，为兴隆公司、瑭桥科技、武陵水泥等企业送防护口罩10000余个，解决企业疫情防控物资短缺问题，全年为835家企业减免工伤保险费1533万元。实施农民工参保扩面工作，加强与住建部门工作联系和配合，掌握全区新项目工程情况，对于新建工程采取“项目参保、造价收费、动态实名制、一次性缴纳”等方式，督促其参保，确保建筑施工企业农民工应保尽保。全年新增47家项目参保，征缴基金1026万元。在建项目参保65家，参保农民工23874人。开展补充工伤保险试点工作，通过与人保财险鼎城支公司合作，针对全区参加工伤保险的用人单位及其职工，开展补充工伤保险试点工作，减轻企业负担，提高工伤职工待遇。

待遇管理。该中心在待遇申请、资料审核、待遇支付过程中，按照上级精神和疫情期间要求，重新进行工伤待遇申请各项流程梳理，将规范后的流程及时在网络上更新，从简从快落实疫情中各种工伤待遇。待遇股每月15日前将当月所有待遇核算制单，所有待遇支付月结清，为各参保单位和工伤职工支付待遇提供及时准确的服务。老工伤人员住院登记由手工审批更改为网上审批，老工伤人员申请当场申报、当场办理。开展工伤康复工作，联系康复评估机构上门服务，将符合康复条件的工伤职工直接转到康复医院，5月，与8家协议医疗机构续签医疗协议，新增协议医疗机构3家（常德市第二中医医院、常德市骨伤专科医院、常德市军创医院）。

基金管理。基金财务岗位配备专职人员，分设出纳、会计、基金管理负责人等不相容岗位，无越岗代办业务；制定基金财务会计操作规程，按照会计制度进行记账、核算，明确主管、记账、复核、出纳等岗位责任制，岗位之间无兼任，由会计、出纳分开保管财务印鉴与法定代表人私章；票据购买和保管由专人负责，票据领用、填开按规定登记办理；空白票据的保管与使用分离，防止开票不入账、少入账或入账不及时的问题；资金收支审批与具体业务办理分离，会计处理与业务经办、信息数据分离；基金收支按规定实行“收支两条线”和财政专户管理，收入户、支出户、财政专户存款与银行对账单及财政明细账按月核对，每月定期与财政部门对账，并编制银行与财政余额调节表，落实账账、账表、账实相符；资金收支的审批与具体业务办理分离，会计处理与业务经办、信息数据处理分离；银行预留的财务专用章、人名章、票据、电子密钥由专人保管，按规定使用印章；全年，无违规开立和使用收入户、支出户和财政专户，坚持不存在账外核算社会保险基金情况。工伤保险基金按比例存入定期、活期，杜绝将工伤保险基金用于经办人员和工作经费，杜绝截留、挤占、挪用、贪污、欺诈骗取工伤保险基金行为；成立基金监督小组，每季度按规定开展内部稽核，形成稽核报告和编制基金监督统计表进行上报；制定要情报告制度和信息公开制度。

稽核内控。合理设置岗位，执行“一事二岗二审”制度。针对内设组室采取事前、事中或者事后抽查，进行问题事项检查，规范业务流程。采取实地稽核的方式，重点稽核参保人数多、事故高发的单位，发现问题及时督促整改。开展实地稽核单位17家，工伤医疗协议医院查房143人次。

联席会议制度。10月，联合区住建局、区应急管理局、高新区住建局、高新区应急管理局、劳动监察大队等单位，成立工伤预防联席会议，明确职责，整体联动，应对突发的安全生产事故。

（熊凌颖）

住房保障

【概况】 2020年，鼎城区住房保障服务中心（原鼎城区房地产管理局）应对新型冠状病毒感染的肺炎疫情挑战，主动作为，推进棚改、老改、开发、物管、公租房建设与管理等各项工作。

棚户区改造。2020年，全区棚改计划任务1820户，超额落实148户拆迁任务、改扩翻1672户任务，达到年末开工率100%考核要求。争取上级专项资金2786万元，其中获上级专项奖励资金765万元，位列全市第一。

老旧小区改造。2020年纳入省老旧小区改造的项目13个，涉及93栋1561户。按照上级有关政策要求，鼎城区住保中心开展技术指导，进行政策宣传，推进项目开展，开工率100%，达到2020年度考核要求。

2020年，鼎城区老旧小区改造项目　（提供：代彩凤）

商品房开发。2020年，房地产固定资产投资40亿元，比2019年增长26.26%；新增商品房供应面积74.5万平方米，比2019年下降27.73%；销售商品房面积41.34万平方米，产值24.55亿元，创税3.2亿元，比2019年分别下降43.28%、41.07%、40.96%，其中销售商品房住宅3200套37.9万平方米，均价5750元/平方米。

物业管理。江南城区有物业服务小区49个，服务面积400余万平方米，服务户数3.5万户。国家发布新冠肺炎疫情一级响应后，住保中心全体工作人员取消春节假期，采取“领导包片、股长联络、人员蹲守”措施，封锁小区，并组织、提供防疫物资与生活物资，实现小区防控零风险目标，督导小区卫生秩序、居民文明程度和工作人员行为规范。按照《湖南省物业管理条例》，建立健全小区物业管理考评体系；根据金江南小区物业维修反馈情况，规范房屋维修资金使用行为；针对物业企业事中事后监管短板，建立“双随机、一公平”管理机制。

公租房建设与管理。实施于2019年结转的300套公租房建设施工，开工150套公租房建设。争取区政府重视，组织专门队伍调查摸底已建成入住公租房小区，澄清底子，找准问题，制定整改方案。全年发放租赁补贴1667户，发放金额439万元。

（代彩凤）

医疗保障工作

【概况】 鼎城区医疗保障局于2019年2月28日正式挂牌成立，由原城乡居民医保中心和城镇职工医保中心合并而成，负责全区70万名参保人员的医保管理、经办、宣传和服务工作，负责近7亿元医保基金监督及支付工作。2020年3月，区医疗保障局机关、医疗保障事务中心三定方案全部到位，明确局机关、中心人员编制，股室、组室管理人员。全局58名编制，其中局机关行政编制8名，设立一室三股三组；医疗保障事务中心全额事业编制50名。2020年，鼎城区医疗保障局获评全省基金监督管理绩效考核优秀单位、全市医疗保障经办服务工作先进单位、2019年度鼎城区综合治理工作优秀单位、2019年度鼎城区统战工作优秀单位。

基金运行。2020年，全区医保统筹基金收入63562万元，截至12月末，医保基金支出53720万元，结余9842万元。

业务开展。形成“打击欺诈骗保 维护基金安全”宣传常态。4—5月，在常德市第四人民医院组织以“五四”青年节“激情飞扬红五月 我把青春献医保”——青年志愿者“打击欺诈骗保 维护基金安全”主题宣传日活动；在鼎城区黄土店镇墟场，结合乡镇赶集，开展送政策下乡集中宣传活动，印发宣传册20000余份。各乡镇街道医疗保障经办机构和协议定点医药机构通过LED显示屏、新媒体公众号、镇村网格群等宣传医保基金监管相关政策。每日在鼎城电视台《新闻联播》之前播放公益广告“打击欺诈骗保 维护基金安全”，在鼎城广播电台（FM106.8）、“村村响”开设《医保政策问答》栏目，宣传参保缴费、待遇及报销、基金监管等内容。截至6月30日，全区城乡居民医保参保人数651395人。按照“以收定支、收支平衡，结余合理留用、超支不补”的原则，除预提基金外，住院基金打包分配给各协议医疗机构，按月结算。总额包干后既有效防范基金赤字风险，又规范医疗秩序，倒逼医疗机构调结构、控费用、挤水分，严管医疗机构住院指征把关不严、不合理检查、不合理收费、不合理用药等违纪违规行为。实行总额包干后，住院指征严格把握，住院人次明显减少；加强控费力度，均次费用减少；落实政策，减少医院成本支出。区医保局为扶贫点村牛鼻滩镇谈家河村8个未脱贫户的生活起居环境情况摸底，筹集资金4万元，为特别困难的6个未脱贫户进行生活起居环境改造，解决他们生活脏、乱、差、缺问题。中人社传媒、湖南民生网、新湖南、《常德日报》、鼎城电视台等媒体以《常德：为贫困户“绣”出“向阳花”》为题推介。

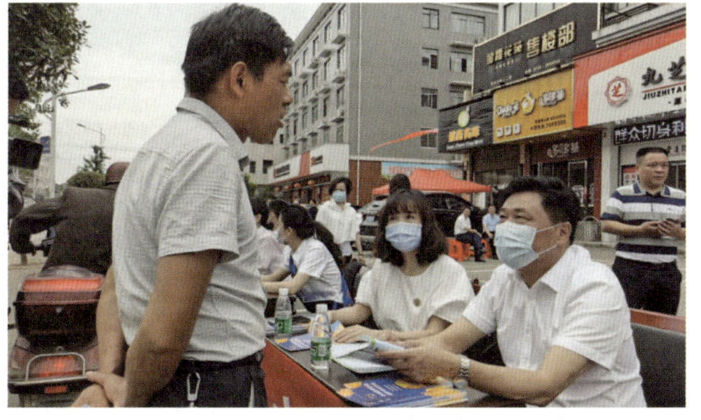

2020年“打击欺诈骗保 维护基金安全”集中宣传活动现场 （提供：郑萌）

疫情防控。向定点救治医院常德市第四人民医院预拨基金100万元备用，保障患者不因费用问题得不到及时救治，确保定点医疗机构不因医保总额预算管理规定影响救治；及时发布《鼎城区医疗保障局关于加强网上业务办理减少人员聚集的倡议书》，落实便民服务和避免交叉感染风险两不误；不定期到协议药店进行检查，了解各项紧缺药品耗材的货源、配送情况及实时价格，下发欢迎市民对疫情防控期间药品价格进行监督举报的通知。建立24小时值班联络机制，做到早发现、早报告、勤登记、勤监测，落实浙风名邸小区疫情防控包联工作；派驻联络员到湖南善德堂中药饮片有限公司指导复工复产。2月5日，中国人寿财险鼎城区支公司通过鼎城区医疗保障局向鼎城区新型冠状病毒感染的肺炎疫情防控指挥部捐赠一次性口罩3000个、免洗抑菌洗手液32瓶。28日，局党组组成5个爱心捐赠组，将医保局干部职工、部分协议保险公司和药店捐赠的爱心捐赠资金和助力春耕生产资金计8.84万元赠送给一线医护人员和扶贫点村贫困户。

健康扶贫。建立与民政、残联、扶贫等部门的信息联动机制，动态管理医保扶贫对象信息，确保贫困人口口径统一、数据一致、状态同步，做到“不在系统里，就在台账中”；核实贫困人口在外地参加医保、学生参保、参军、户口迁出、服刑外逃、失踪死亡等特殊情况，收集参保佐证材料2500份。年度内贫困人口县域内住院医疗费用按照“基本医保+大病保险+扶贫特惠保+医疗救助+医院减免+财政兜底”保障制度，综合保障后实际报销比例90%；为年度救助内农村贫困人口政策范围内个人自付住院医疗费用较高的实施医疗救助。2020年，全区“一站式”结算23760人次，发生住院医疗费用10701万元，区域内实际综合报销比例90%。落实建档立卡贫困人口、特困人员等困难群体的参保资助政策。2020年，全区建档立卡贫困人口43117人全部参保；综合资助参保67639人次，资助金额977.7万元。实行基本医保、大病保险和医疗救助“一站式服务、一窗口办理、一单制结算”。

政策享受。全年住院145024人次,其中城乡133289人次,职工11735人次;大病特药报销2373人次,其中职工442人次,居民1931人次;大病保险补偿4112人次,其中住院补偿2329人次,一站式补偿1783人次;城乡居民特门报销57572人次,职工特门报销21727人次,个人账户刷卡468593人次;普通门诊报销446114人次,高血压报销8472人次,糖尿病报销7912人次;意外伤害补偿5735人次,其中职工287人次,城乡5448人次;医疗救助563人次,公务员补助239人次。

基金监管。全区协议医疗机构86家,通过常态化稽查、专项检查、医保基金审计和上级飞行检查,织密织牢覆盖所有协议医疗机构的基金监管网。全覆盖稽查协议医疗机构86家,下发稽查通报6期、每月结算审核情况通报6期,处理违规协议医疗机构62家,曝光62家,暂停协议1家,约谈7家负责人,挽回基金损失700余万元。(郑　萌)

常德市兴隆劳务有限责任公司

【概况】 2020年,常德市兴隆劳务有限责任公司收入3.07亿元,纳税总额2244.69万元。

2020年,常德市兴隆劳务有限责任公司第六届第一次职工代表大会会场　　(提供:刘立军)

常德卷烟厂技改减员。由于常德卷烟厂烟技改搬迁、自动化程度提高,降低了劳务用工需求,2020年,常德卷烟厂减员1250名,复烤息工约半年时间。面对减员息工任务,公司党委始终坚持以职工为中心发展理念,维护大局稳定和员工切身利益,召开会议研究,征求意见,反复修改方案,并与常德卷烟厂协商谈判,争取被减员工补偿最大化,依法保障劳动者合法权益。员工情绪稳定,无一人上访。

市场拓展。抓机遇争夺社会劳务市场,发挥兴隆公司国企品牌、管理体系、员工素质、经济势力等优势,寻求与央企、大型企业集团、特殊行业联姻,拓展劳务输出,实现新的劳务用工模式,2020年与数家大型企业达成意向性协议。创办非劳务产业,与希尔顿欢朋酒店签订合同,推进学前教育项目。发展租车平台和安德保安2家全资子公司。

技能提升。发挥工会作用,履行工会教育建设职能,强技能、提素质,弘扬工匠精神,开展劳动竞赛活动,在全公司掀起“比、学、赶、超”工作热潮,公司通过微信公众号、相关媒体宣传,带动企业员工整体素质和业务技能提高。

安全保障。公司结合全国第十九个安全生产月活动,开展“消除事故隐患,筑牢安全防线”为主题的宣传,学习贯彻中共中央总书记、国家主席习近平关于安全生产重要论述,贯彻落实党中央、国务院关于安全生产重大决策部署,加强疫情防控常态化条件下安全生产和专项治理三年行动排查整治工作,树立安全发展理念、压实安全生产责任,排查安全风险隐患。全年,公司未发生一起安全事故。

脱贫攻坚、乡村振兴。公司党委按照区委统一部署,派驻专人驻村,专人负责脱贫攻坚工作,开展走访调查,送温暖、送爱心活动,注重扶贫和扶智等举措提升脱贫质量。全年,班子成员到扶贫点村——中河口镇麻河村走访调查260人次,慰问贫困户45户,慰问资金2万元,帮扶贫困户购买化肥、农药、种子资金2.6万元,扶持贫困户发展产业6户,帮助贫困户享受教育、医疗扶贫8户,支持村级基础设施建设3万元。作为草坪镇三角堆村乡村振兴后盾单位,公司党委明确专人驻村,扶持黄花菜产业,新建黄花菜基地5.33公顷,拟扩大20余公顷,支持100万元新修烤房,投资12万元添置黄花烘干设备,支持30万元修建公路。　(刘立军)

Villages and Towns & Neihbrohood

乡镇·街道·场

2020年，草坪镇放羊坪村党建文化广场　　（提供：草坪镇放羊坪村）

玉霞街道
红云街道
郭家铺街道
斗姆湖街道
蒿子港镇
中河口镇
十美堂镇
牛鼻滩镇
韩公渡镇
石公桥镇
周家店镇
镇德桥镇
双桥坪镇
灌溪镇
石板滩镇
蔡家岗镇
花岩溪镇
尧天坪镇
许家桥回族维吾尔族乡
黄土店镇
草坪镇
谢家铺镇
芦苇场

玉霞街道

【概况】 玉霞街道地处鼎城城区中心地带，辖常沅社区、鼎城社区、临江社区、迎宾社区、永安社区5个社区和家电城、金纺公司、财富广场3个市场，辖区总面积5.5平方千米。2020年，街道工业产值24568万元，工业利税2043万元，工业固定资产投资21200万元；非公有制经济产值70001万元；辖区社零餐饮业产值6583万元；规模以下样本小型企业产值7652万元；农产品加工产值4357万元。玉霞街道获评2020年度全区征兵工作先进单位、先进政协联络处，永安社区获2020年度全市城市管理工作优秀单位。

经济发展。街道成立专门的产业和招商引资工作领导小组，启动永安完美社区建设、鹤王蚊香一期建设，落实安达陶瓷、蓝天建筑、鹤王蚊香二期、花溪路以东棚改征拆，其中永安完美社区及幼儿园建设项目已竣工。入库固定资产投资15930万元，上报招商引资项目3个约3.2亿元。街道办事处以群众反映的热点问题为导向，重点解决老旧小区环境、基础设施、配套设施等，推进改造工作。2020年，争取老旧小区改造项目11个，分批进行桥南花园、公路局宿舍、国税局宿舍改造。老旧小区改造后，建立健全管理机制，成立小区业主委员会，引进物业进行市场化服务，营造示范效应，提高居民的获得感、幸福感，打造小区共建共治共享的社会治理格局。

社会事业。抓民本民生工作。发放民政待遇2911812元，确定低保对象354户555人，临时生活救助112个家庭，发放残疾人各项保障补贴及慰问金396000余元。组织近180人参加招聘会6次；城镇新增就业1105人，申报职业技能培训30人；申办小额担保贷款13人，发放贷款195万元。城乡居民养老保险参保1290人，筹资2308900元，2021年度城乡居民医保参保27061人，筹资7577080元。开展关怀关爱活动和计生特扶家庭走访关爱活动，组织已婚女性在区妇幼参加免费“两癌”筛查1269人、办理生育登记证168本，出生统计上报292人，受理独生子女父母奖励申报230人、申报新增计生特扶家庭17人(其中12个家庭户)，为计生特扶家庭申请住院护理补贴10800元。为289名移民发放生产资料补偿金68800元、生产资料补助金30800元，为困难移民发放慰问金3000元、发放物资折价11700元。改善生态环境。街道办事处结合“6·5”世界环境日、清明节、中元节禁烧禁炮等活动，利用广播、标语、宣传一条街、发放宣传资料等形式，到各社区，中小学、企事业单位宣传有关环境保护的法律、法规。加大秸秆垃圾焚烧巡查力度，24小时不间断巡查，管控大气污染防治。全年，辖区内未发现焚烧秸秆、垃圾现象。加强水上交通安全监督管理，依法处置“三无”船舶18艘。加大禁捕退捕工作力度，街道悬挂宣传横幅30余条、张贴宣传海报100余张，落实渔民审定核实工作，核实享受社保资格人员79人，社保参保率100%。提升物管水平。建立以街道、社区二级物业管理联席会议体制为主线，以区住保中心、城管、公安、规划、城建等执法部门和电力、自来水、燃气公司等专业经营单位为辅线，由街道办事处牵头，执法、专业经营单位依据各自职责共同参与物业管理纠纷的新机制。以“预防在先、疏堵结合、及时发现、有效化解”为原则，协调解决物业管理疑难问题，及时化解物业纠纷。组织召开筹备、协调、选举会议60余场次，指导6个小区完成业主委员会选举(换届)工作，另16个小区的业委会选举工作正在进行中。优化选聘物业公司2家，处理日常投诉47起、区长公开电话转办单6起、网络舆情督办单6起。规范物业管理工作，玉霞街道5个社区以入股的方式参与远鸿物业公司管理。创新城市管理。树立“抓城市管理就是抓经济、抓生产力”的观念，把整治市容市貌、规范经营秩序、强化道路管理、加强开放式小区管理作为重点，通过良好的激励制度奖优罚劣，坚持日巡查督查制度，及时制止劝阻各类违反城市管理的行为，落实智慧城管案件清零制度,不拖沓、不推诿,加大宣传力度动员“全民参与”,落实城市管理的各项工作措施。在全市评选“十佳十差”社区活动中,永安社区、鼎城社区分列第一季度和第三季度“十佳”社区。街道实施辖区内违法建筑的控制和管理,全年控违执法大队开展日常巡查600余次,拆除违法建筑面积3500余平方米,给予52起违法建筑下达停工、限拆通知书,责令停工或自行拆除。

稳定工作。抓安全生产。贯彻落实领导干部安全生产“一岗双责”,开展境内学校、幼儿园、建筑工地、道路交通、易燃易爆物品等各行业、各领域的安全监管隐患排查。制定年度工作方案和执法检查计划,明确工作目标和检查内容,做到天天有事做,周周有计划,月月有小结。办事处将干部按照网格划分,下沉到各社区。全年,开展执法检查300余次,下达整改通知书500余份。开展重大安全隐患整治工作,区安委交办消防隐患整改18起(其中2019年7起,2020年11起),已整改到位9起,3起存在监管主体争议和3起整改拒不执行的已上报区安委或相关部门,另3起在整改销号处理中。抓社会大局稳定。针对辖区内外来人口多,人员复杂且居住密集等特点,加大扫黑除恶、扫黄禁赌禁毒等工作力度。结合无上访村社建设,针对重点上访人员落实“五包一”维稳责任,针对特殊管控对象落实包保稳控责任。坚持走访慰问沟通、排查调处化解等工作措施,化解矛盾纠纷414起,化解率100%,处理重大矛盾纠纷16起。投入20余万元打造“雪亮工程”,接入探头941个,推进综治数据大平台实战化运用。推进疫情防控。落实属地责任,成立专班专人分工负责,针对辖区内涉外及涉风险地区人员,实行分类健康管理,做好跟踪服务,确保辖区内无输入病例。截至12月30日,上报健康管理人员1040人、密切接触者491人,每日摸排1669人。无一例本土病例。

基层基础。抓智慧党建平台建设。按要求完善党组织及党员信息,完善党组织按期换届提醒机制。各党支部每月上传“三会一课”“主题党日”相关会议信息1600余条。党员通过“我的常德”APP、智慧党建平台等缴纳每月党费,代街道党工委督促下级党组织向上级缴纳党费57031元。抓基层组织建设。以党支部“五化”建设为标准,规范设置社区、市场、两新党组织类型,创建验收达标率100%。落实辖区内5个社区经济审计及“两委”主要成员离任经济审计工作。落实社区党组织换届,没有发生因选举问题导致的重大群体性事件。选举产生社区党组织委员35人,其中书记5人,副书记5人,新当选的党组织书记2人,占40%,女性数20人,占57.14%;大专及以上文化程度25名,占71.43%;35岁以下的4人,占11.43%。集中接收国有企业党员组织关系107人,落实党员档案清理与规范工作,发展入党积极分子,吸收预备党员,开展预备党员转正工作。抓基层作用发挥。成立6个疫情防控党员志愿服务队,动员150名党员,坚守疫情防控一线近1000小时,累计为疫情捐款98927元。抓基层服务,推动基层公共服务(一门式)全覆盖,实现“数据多跑路、群众少跑腿”。抓基层保障,落实省委“1+5”文件,关心关爱基层干部,年休假、健康体检覆盖面100%,选送事业编制干部1人。抓党风廉政建设。把涉纪信访举报纳入街道党工委、社区党(总)支部主体责任考核和绩效评估的重要内容,创建无越级访街道。“清风连心桥”微信监督群规范运行,发布各类信息400余条,运用“互联网+监督”平台,即时公布财务运行情况。开展城市社区腐败和作风突出问题专项治理,集中整治社区干部在惠民政策执行、专项资金管理、集体“三资”管理、危旧房改造、工程建设、为民服务等方面存在的突出问题,自查中发现问题线索16条,均实行整改。突出开展作风督查10次,新冠肺炎疫情防控工作督查13次,复工复产督查9次,城市创建督查5次。 (郭 婧)

【玉霞街道“全国第七次人口普查”】 2020年,玉霞街道人普办按照上级时间节点要求开展人口普查工作。街道派出90名普查员、32名普查指导员,到辖区5个社区计337个普查小区6271栋建筑物26093个可居住单元进行普查，落实建筑物的标绘、普查小区划分、短表录入、长表抽样和审核纠错等工作。该次人口普查录入数据41085户91536人，落实长表抽样3665户，纠错1845条。

（郭 婧）

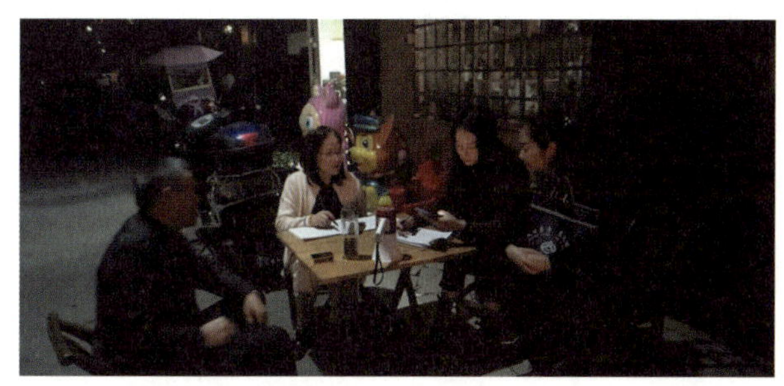

2020年，玉霞街道人普办开展数据采集工作

（提供：郭婧）

红云街道

【概况】 红云街道办事处位于工业园路以北、阳明路以西与沅江合围的区域，驻地停车场社区。总面积10.8平方千米，辖花船、德安、停车场、红云、福广、西站6个社区，总人口44605人。2020年，红云街道办事处获评全市平安建设（综治）工作先进单位，滨江大道与福广路交汇处东南角地块项目获评全市“夏日风暴”十佳项目，控违拆违工作2020年4个季度均被评为市级优秀单位。红云街道办事处获评全区征地拆迁红旗单位、全区党管武装优秀单位、全区征兵工作先进单位、全区安全工作红旗单位。

党建工作。街道党工委以增强基层党组织政治功能和组织力为重点，抓基层党建工作，抓班子队伍建设工作，抓亮点工作。推进“一门式”服务工作落实，配套街道及6个社区“一门式”服务相关设施设备，并实现通过省一体化综合平台进行“四证一卡十项”15个服务事项办理。开展社区财务清查和社区党总支书记任期经济责任审计工作，保证社区两委换届工作顺利进行。围绕“为民服务”，依托省政务一体化综合平台、智慧党建平台，全年为群众办理政务、党务事项4200余次。建立社区奖惩机制，制定《社区干部绩效考核办法》《2020年基层党建工作考核办法》，推动街道社区工作运行规范。

纪检监察工作。疫情防控期间加强办事处机关及各社区干部纪律作风情况的督导检查，发现问题及时通过督查通报、谈心谈话等方式督促落实整改，印发督查通报3期，警示谈话1人，诫勉谈话1人。落实“三位一体”“两点一群”信访工作措施，进行谈话室、信访室规范化建设，办理、回复群众信访件2起，了结率100%。根据市、区纪委统一部署，组织开展城市社区腐败和作风突出问题专项治理、项目招投标突出问题专项整治等工作，督促各社区通过自清自查排查集体“三资”管理领域、公共服务领域突出问题5个，研究落实整改措施。

项目建设。组织专门队伍维护整治街道范围内建设项目的施工环境，协调处理辖区内在建项目各类矛盾10余个，维护项目施工环境。落实征地拆迁项目19个，农拆472户，征地73.33公顷，城区老旧小区改造项目3个。

综治维稳。全年，发放宣传“扫黑除恶”专项斗争成果资料近2万份，制作永久性固定墙体标语10条。开展“三联四大”干部进网格活动，宣传“扫黑除恶”专项斗争的精神。组织专项行动取缔茶馆27家、收缴赌博工具195张、行政拘留涉赌茶馆老板16人，处罚教育32人。街道平安办、红云社区和福广社区开展平安创建平台试点建设，各项平安指数纳入市政法委平安建设平台。停车场社区、花船社区、德安社区、西站社区按市政法委平安创建平台要求达标联网。成立由班子成员、派出所所长、综治办全体工作人员、各站所负责人、社区民辅警等人组成的近50人的志愿者队伍，每日摸排、化解矛盾隐患，处理接待来访35起89人，化解矛盾48起95人。

城市创建。完善和规范“智慧城管”管理操作平台，各社区“智慧城管”平台处理各类案件10888

起。打造正汉巷、文化南巷“样板街”,清除牛皮癣900余条、粉刷墙面850平方米,制造大型喷绘300平方米、制造围挡850米,进行人机结合路面清洗2次,进行小区安全和卫生大检查,责令不符合要求的小区进行整改,指导和组织江南明珠、富华领秀公馆、鼎欣佳豪、浙风名邸、紫薇佳园小区业主委员会换届选举工作。

卫生计生。受新冠肺炎疫情的影响,街道党工委数次召开骨干、联社区干部、社区主职会议,落实市、区防控指挥部的各项指令、规定。组织街道卫生服务中心、派出所、市场监督管理所、社区、小区物业、居民为一体的联动排查网络,自2020年1月23日起,累计排查登记国内重点疫区返回人员529人,排查国(境)外返回人员57人,拨打排查电话3000余人次。出动7台巡逻车流动宣传疫情防控知识,印发疫情防控知识宣传册30000份,到开放式和集中式小区、宾馆、茶楼、KTV等场所进行人员来访登记。街道卫计中心提升服务水平和数据质量,进行重点疫区人员健康监测,开展疫苗接种和0到6岁儿童健康管理,为老年人提供健康体检监测服务,落实孕产妇全程管理服务,借力人口普查,完善居民健康档案。

社会保障。组织人员参加3场现场招聘会,联系10余家用人单位招聘,提供就业岗位200余个。全年新增就业人数1157人,失业人员再就业131人,就业困难对象再就业78人,办就业失业登记213本。落实重点优抚对象优待政策,及时足额发放重点优抚对象优待金和60周岁农村退役士兵生活补助资金,建立人员沟通平台制度。第一季度开展电话走访、慰问,在疫情期间给贫困户口罩、艾条等防疫物质。进行“回头看”大整改,核实档外低保户、五保户、重残户、重病户、边缘户,落实“一超过、两不愁、三保障”。为辖区符合政策的残疾人发放困难生活补贴与重度残疾人护理补贴,为80名残疾人进行免费上门购买服务,为50名残疾人进行免费康复服务,为2人免费配备助听器、14人免费配备轮椅、1人免费配备假肢、1人免费配备腋拐、6名视力一级残级人免费配备盲人辅具。

环境保护。建立散乱污企业及堆沙场台账并定期开展巡查整顿,联合城管等部门进行执法整治工作5次。举行“推进垃圾分类处理,共建生态文明常德”为主题的环保世纪行宣传活动。坚持骨干带队不间断巡查禁烧管控,发现、处罚辖区居民焚烧生活垃圾2起。(李丹妮)

【红云小学项目建设开工】红云小学建设项目坐落于江南城区福广路与红云路交叉口东南区域,占地面积3.12公顷,总投资约1.6亿元。学校建成后可容纳60个班额,新增2700个学位。2020年6月8日,该项目用地征拆工作启动,涉及居民30余户。(宋　源)

郭家铺街道

【概况】郭家铺街道地处江南城区南部,东西紧邻沅江,与德山接壤,辖区面积2113.9公顷,其中耕地面积844.6公顷。下辖王家铺、孔家溶、三滴水、郭家铺、三叉湖、报国、鲁易、大禾场8个社区,计105个村民小组,常住人口约4.5万人。隆腾物流园、湘西北五金机电市场、水产大市场,南方新材料科技有限公司、辰州锑品有限公司,湖南应用技术学院,鼎城融媒体中心坐落于辖区内,是鼎城区城市规划发展的重要区域,阳明湖板块城市建设中心的主战场。2020年,湖南省唯一中国计生协妇女维权项目与向日葵项目示范点落户郭家铺街道。该街道2019年、2020年连续两年获评“湖南省卫生健康基层依法办事示范窗口”,获评全市平安街道、全市平安建设优秀街道、全市建设“无上访村(社区)”优秀街道、全市安全生产和消防工作优秀单位。

疫情防控。街道党工委在1月26日召开疫情防控紧急调度会,传达上级疫情防控会议精神,部署街道防疫工作。全体干职立即返岗,下沉一线执勤。按照区防控指挥部安排,连夜组织人员设置测温卡点、准备防疫物资。利用2天时间内在三滴水社区改建完成1处湖北返乡人员隔离点。实施分类管理,以网格为单位实施物业小区、居民小组和零星散住居民动态监测。运用科学排查,利用大数据等信息化手段,进行地毯式摸排。全方位管控进出辖区人员和车辆,排查风险人员,防止潜在隐患。全年,郭家铺街道没有发生一起外来输入、本地传染案例。

基层党建。建立健全“不忘初心、牢记使命”学习教育长效机制。利用中心组学习、“三会一课”、周五主题党日活动,学习中共十九届四中、五中全会精神和习近平总书记考察湖南重要讲话精神。党员干部学在先,干在前,打通理论、政策宣传的“最后一公里”。坚持发展党员全程纪实、健全入党积极分子备案制度。安排专人负责智慧党建系统信息核查和维护,实行动态管理制度,进行全街道38个党组织、675名党员基础数据实时更新。成立政务服务中心工作机构,完善基础设施,配备专门人员,简化办事流程。当前街道可线上受理事项94项,可办结事项61项,“刷脸办”“全城通办”已应用到位,实现“一人多能、一窗多能”。建立健全社区干部个人台账,落实社区干部健康体检、年休假制度和养老保险政策。实行社区干部报酬与工作绩效挂钩,年终绩效考核奖励不低于其本人本年度月平均基本报酬。实施社区干部“123”后备人才培养计划。开展扫黑除恶专项斗争。

脱贫攻坚。街道实施建档立卡贫困户动态跟踪,实现精准退出。全年,脱贫6户12人。落实医保补贴、教育补贴、交通补贴政策。向上争取扶贫项目1个,涉及资金5万元,投入村级道路建设。筹集资金15.6万元,为7户贫困户进行房屋修缮。

污染防治。坚持不间断巡查,围绕辖区国控站点,加强工业园大气污染管控,落实秸秆、垃圾禁烧工作和国省道洒水降尘工作。通过图斑明确责任主体,加强土地污染整治,督导问题地点复绿复耕。严禁水域养殖死灰复燃,抓禁捕退捕和渔民转产安置工作。

民生安全。按照“属地管理”“谁主管,谁负责”原则,落实综治与平安建设,抓治安整治,注重信访,化解矛盾。定期组织治安巡逻,实行重点场所和区域全天候电子监控。民事矛盾纠纷调处成功率98%以上,办结区委、区政府,市长热线、信访局交办件200余件。建立网格—社区—街道三级微信群,实时更新事件、数据、信息。抓宣传教育,建立群防体系,防范和减少各种刑事和治安案件的发生。

(胡亮梓)

2020年12月,湖南省人民政府副秘书长、省信访局局长张银桥(前排中)检查郭家铺街道“无上访村”建设工作

(摄影:胡寓棋)

斗姆湖街道

【概况】 斗姆湖街道位于常德市主城区西南10千米,是常德城区的南大门,区域总面积41.6平方千米,耕地面积1766.67公顷,辖南阳、临沅、新农、斗姆湖、南垸、机场、花园、新建、红星、马桥、葛麻山11个社区,总人口4.13万人。2020年,斗姆湖街道获评全省“平安农机”示范乡镇、省示范性政协委员工作室(县区级政协委员工作室)、市“学习强国”学习平台推广使用工作先进单位、市“无上访村(社区)”工作良好街道、区党管武装先进单位。

基层党建。为无职党员设岗定责,助力乡村振兴和人居环境整治等工作。落实“三会一课”“主题党日”“双述双评”等组织生活制度,加强党员教育管理,发动党员下载注册“学习强国”APP,参与度保持在98%以上。为贫困人口100人以上的新农社区和葛麻山社区派驻工作队,开展脱贫攻坚工作。推进基层公共服务全覆盖,完善功能室设置和硬件设施,规范标识标牌和室内制度牌,公示群众办事流程。

项目建设。推进武警中队和看守所安置小区建设,小区内59户安置户全部开工建设;棚改二期及续建项目完成并通过验收,棚改三期和老旧小区改造工程开工;推进花园路提质改造、安置小区、机场南延线地块、新农储备地块和高速南出口升级改造地块等项目征拆工作;启动斗姆湖完美社区服务中心项目建设;配合区政府实施黄市港采砂及治理重点工程项目。

脱贫攻坚。落实产业扶贫24户、教育扶贫52人、健康扶贫791人,实施危房改造49户,精准脱贫19户36人。增设公益性岗位39个,发动干部购买贫困户农副产品,租赁专车送贫困户到招聘现场,组织疑似残疾人评残,增加低保兜底,保证贫困户收入稳定。组织人员进行"六类对象"入户调查,落实639户"六类对象"住房安全鉴定工作,对于查出的90户97个问题进行专题研究交办,实现"人不住危房,危房不住人"的总目标,问题整改清零。

农业生产。落实中央一号文件和省、市、区农业农村会议精神,粮食种植面积1741.35公顷,其中早稻1084.27公顷,中稻464.12公顷,晚稻1106.40公顷,旱地杂粮170.83公顷,早稻种植面积完成区里下达任务的110%。鼓励群众压单扩双,禁止抛荒,3.33公顷(50亩)以上种粮大户37户。拓展面积提总量,将耕种条件不好的田块和边角田翻耕转变为良田。检测农产品样本4800余个,超标处置率100%。组织开展动物疫病防控工作,家畜防疫701头,家禽防疫67000羽。

疫情防控。建立疫情防控网络,明确骨干包社区,街道干部包网格,网格干部包组、包户,党员联户,动员组长、入党积极分子、乡村医生、在读大学生、群众等志愿者加入。运用多形式进行全覆盖宣传,对于辖区内的居民以网格为单位进行全方位排查和零散排查,逐户逐人登记居民(动向、居家)信息表,建立"三包一"的包保责任制。成立2个督查组,分区域进行机关、社区、企业居民聚集及常态化防控情况督查。对于辖区内的高速出入口卡点和区防指指定的定点酒店进行严密管控,动员各级各方力量,保障疫情防控所需物资。

环境保护。秸秆禁烧进行早摸底、早宣传、早启动、早管控,在农作物种植初期摸清底数,社区利用废弃山塘收集秸秆或者采取粉碎的方式综合利用处理。推进河长制,开展水面清理行动,禁止在水面上游及周边新建、改建、扩建养殖场,开展水资源保护、水质水量监测,组织水域岸线登记及管理、河湖划界确权、堤防工程管理及养护等。为街道范围内26.9千米区管河流高低排河清理影响行洪的障碍物5次。清理整治街道沅水水域、内湖、沟渠,实现"四清""四无"工作目标。

综合治理。打击违法犯罪,全年,侦办刑事案件21起,刑事拘留22人,开展扫黑除恶工作,全年无1起扫黑除恶案件。推进网格化服务和无上访社区创建工作,落实群众监管、网格化服务全覆盖、矛盾纠纷不出社区和街道。投资10万元建设街道综治和马桥监控中心,已投入使用。完善"雪亮村庄"工程,新建70个监控点位,所有监控探头并入市综治中心。健全安全制度和队伍,定期开展"五大安全"排查,全年无1起较大安全生产事故发生。以街道和社区为单位分段聘请专业人士进行安全知识培训讲座,全年培训1200人次。开展农产品质量安全检测和食品药品安全检查,取缔无许可小作坊3个,提质改造小餐饮6家,查处非法加入添加剂食品店1家,全年无1起中毒事件发生。开展马路市场和交通顽瘴痼疾整治,取缔马路市场2个,规范马路市场1个,投资30余万元规范常沅路和教育街的交通标示线、完善监控抓拍设施。

文明建设。通过"市级文明单位"复核,街道开展"我们的节日"系列活动7次、文化宣传教育活动10次,植树等志愿服务活动10次、文体活动10次、道德讲堂2次,建设雷锋服务站等3个文化服务站点。开展"乡风文明行"等文明教育活动,倡导居民树立文明新风，引导破除陈规陋习，禁毒禁赌，敬老爱老。

2020 年，斗姆湖街道开展道德讲堂活动 （提供：陈思）

党风廉政建设。结合主题党日活动组织干部集中学习党纪条规，加强党性党风党纪教育，进行警示教育，贯彻落实党风廉政建设责任制和“一岗双责”制度。坚持依法决策、科学决策、民主决策，推进党务、政务、居务公开，规范便民服务管理，接受群众监督，发挥“清风连心桥”作用。落实谈心谈话制度，加强工作纪律监督检查，每季度通报考勤情况。加强财务监督，审计 11 个社区的财务，查出的问题及时进行整改。强化责任追究，查处案件 4 件，办结 4 件，接受群众来访 3 起，了结 3 起。

城市建设。争取项目和资金硬化街道辖区内各主次干道和沟渠 130 余千米，投入 20 余万元完善安置小区休闲广场及便民厕所等设施。投资 9.8 万元增建新建社区和红星社区自来水增压泵房，解决 2000 余人吃水难的问题。拆除非法建筑 2500 余平方米，推进违规占用耕地工作，确保辖区街面整洁和用地建设规范。

社会事业。清理整顿城乡低保及特困对象，享受城镇居民最低生活保障 50 户 80 人，享受农村最低生活保障 114 户 244 人，临时救济对象 216 人。城镇新增就业 700 人，新增农村劳动力转移就业 220 人，稳岗就业 74 人，促进贫困劳动力新增转移就业 15 人。支持教育、卫生事业，投入 40 余万元开展优秀教师奖励，走访慰问教师和助学走访慰问 72 人次，落实计生奖扶、健康服务和居民医、社保政策，保障居民权益。抓防汛工作，在长达 2 个多月的超长汛期工作中，沅水和高、低排河均无内涝和险情发生。落实禁止活禽交易宰杀和征兵工作，推进第七次人口普查、村民宅基地确权登记工作。 （陈　思）

【斗姆湖街道获评湖南省“平安农机”示范乡镇】 2020 年，斗姆湖街道联合鼎城农机事务中心在辖区内开展“平安农机建设”宣传教育活动，发放倡议书和宣传手册近 1000 份。在斗姆湖中心小学开展“平安农机进校园小手牵大手”活动，普及农机安全生产知识，增强中小学生自我防范和自我保护意识，号召学生当好宣传员。全年，开展农机车辆的证件、安全隐患排查 6 次，检查车辆 527 台，排查安全隐患和存在的问题 34 处，通过跟踪督办，落实隐患整改。 （陈　思）

2020 年，斗姆湖街道平安农机进校园“小手牵大手”活动 （提供：陈思）

蒿子港镇

【概况】 蒿子港镇位于常德市鼎城区北部，地处东经 111° 56′ 至 112° 8′，北纬 29° 5′ 至 19° 23′ 之间。东濒澧水与安乡县陈家咀镇隔河相望，西与西洞庭管理区接壤，南与十美堂镇相邻，北与中河口镇毗连。辖 7 个建制村、3 个社区，全镇总面积 54.63 平方千米，户籍人口 27846 人。2020 年，全镇地区生产总值 9.8 亿元，较 2019 年增长 5.2%；固定资产投资总额 6.5 亿元，较 2019 年增长 5.7%；居民人均可支配收入 1.83 万元，较 2019 年增长 6%。

三大攻坚。脱贫攻坚。结合贫困户实际情况和发展需求，为30户贫困户申请小额信贷，发放贷款150万元，用于帮助他们发展种、养殖产业，拓宽增收渠道。春季为155名贫困学子申请助学金18.8万元。组织71名贫困劳动力参加家政、育婴、电工等就业技能培训，补助7.1万元；开发公益性岗位48个，为48人解决本地就业，发放工资21.9万元。污染防治。利用村村响广播、告知书、张贴标语、网格微信群、宣传车等形式，宣传秸秆综合利用知识及有关法律法规，宣传推介先进典型、好的经验及做法，现场处置田间地头秸秆焚烧现象10起，公开曝光反面案例。抓水库的汛情、工情、雨情信息及时报送工作，进行水面清洁、设施整洁工作。落实河长制，及时调度，及时巡查，抓日常维护管理，上报资料信息，全年村镇级巡河率在100%左右。改善村容村貌，抓“三清一改”工作，确保集镇、村貌“扫干净、摆整齐、讲秩序”。抓珍珠退养，与全镇17户珍珠养殖老板分别进行面对面沟通和政策宣传，下达珍珠退养通知书，签订珍珠退养承诺书，加大退养巡查力度，全镇89.89公顷珍珠在2020年11月全部退养完成。抓禁捕流域执法，查处没收三无船舶(16艘)，处理涉渔人员5人。重新进行辖区水域内三无船舶标识登记。防范化解重大风险。控制村级债务增加，攻克信访积案。结合《安全生产月》《安全生产七进》宣传活动，到村(社)、社区、企业、学校等，开展安全生产展示教育，营造“关爱生命、关注安全”社会氛围，全年开展各类教育培训2000余人次，下发宣传资料1000余份，安全标语、警示牌110条块。结合“强制法、防事故”行动，系统制订安全生产例会、安全生产排查检查、安全生产责任及管理标准清单等规章制度和文件，开展安全生产检查72家次，到18家有安全生产责任的单位进行行政执法处罚，全年安全生产零事故。

乡村振兴。改善人居环境。动员全镇群众，开展“三清除、四清理”行动，落实农户环境卫生“月评季奖”制度，抓农户房前屋后环境卫生；组织发放农户三包责任书、村规民约告知书、开展群众月轮流评比活动，增强农户清洁卫生意识。推进“厕所革命”，改造厕所1319处。实施农村污水治理工程，健全集镇污水管网，加强生活污水源头减量和尾水回收处置。发展现代产业。推进规模养殖、特色农产品、花卉苗木、绿色瓜果蔬菜、生态农业旅游等基地建设，推进一、二、三产业融合发展。加快特色农业建设，促进农业与工业、文化旅游、生态休闲、现代物流等二、三产业融合发展。推广优质粮食品种，新增双季稻面积333.33公顷，推广高档优质稻666.67公顷；实施以邱家村、光复村为主的“稻油”项目面积266.67公顷，咸庆、长安、福美等村紫云英、油菜绿肥面积200公顷，全镇秋冬农业绿色覆盖率提高20%以上，实现冬季作物全覆盖。发展农村农业基础。推进通组公路建设，硬化自然村通水泥路路面2.8千米；推进农村集体产权改革工作，落实村集体资产清产核资工作、农村土地承包经营权确权登记颁证工作、农机购置补贴政策，推进农业生产机械化。推动招商引资。按照“引老乡、回故乡、建家乡”的发展思路，成立乡贤联谊会，建立招商引资项目信息库。完善增减挂钩工作的摸底、申报工作，把住施工过程质量关。推进污水处理设施建设。配合区有关部门，落实污水处理厂建设项目，进行选址、测绘、设计、征地、补偿等工作，年末该项目建成，并进行调试建设蒿子港棚户区改造扩改翻及配套工程。振兴街棚户区改造工程418户，2020年完成结算审计和棚改资料整理归档；锦阳街改扩翻建工程300户，年末完成工程量90%。蒿子港中心敬老院新建工程是2020年，省市为民办实事项目，总投入1300万元，年末正在施工。千吨级码头工程总投入1.2亿元，年末已基本完成主体工程。

民本民生。开展平安建设，推进网格化管理。坚持领导干部主动接访下访等制度，实行重点人群“五包一”包案政策，及时将矛盾化解在萌芽状态、问题解决在基层一线。加强民调宣传，发放平安家庭创建标准等相关资料3000余份，张贴平安宣传标语50条。开展禁毒工作，管控涉毒人员。开展扫黑除恶专项斗争，实施各项民生工程，进行就业援助和技能培训，鼓励创业带动就业，发展新增就业，开展“春风行动”，组织参与专场招聘会6次，输送劳动力45人次。健全城乡社会救助体系，开展合作医疗普及，做到特困人员和贫困户应保尽保。开展读书活动，组织学习中共十九大精神及习近平总书记重要讲话精神。开展冬春季卫生计生送健康服务活动，落实247例育龄夫妇孕前优生健康检查项目工作。

2020年，蒿子港镇教育基金举行助学金发放仪式
（提供：董洋洋）

疫情防控精准防治。成立疫情防控指挥部、领导小组，明确责任，细化分工，发挥各村（社区）动员能力，统筹全镇开展疫情防控工作。通过村村响广播、悬挂横幅、宣传栏、宣传车、通告、倡议书、微信群等方式同步宣传疫情防控，延迟取消喜宴等各类聚会聚餐活动20起，劝阻村民从简办理白喜事41起，关闭镇辖区宗教活动场所。按照包村包片的原则织牢联防联控、群防群治网络，实施镇、村、组干部多级网格管控管理，形成“横向到边、纵向到底”的管理机制，实施重点疫情发生地区返回人员的追踪、筛查、登记和管控，排查出从疫区返抵辖区人员229人。落实早发现、早报告、早隔离、早治疗措施，筑牢“外防输入、内防反弹”防线，不松懈、不麻痹、不厌战，联合排查多家企业、学校疫情安全，抓企业复工复产和学校复学复课工作。

防汛减灾。树立“防大汛，抢大险，救大灾”的工作意识，实行分片包村制度，做好应急物资储备工作，组建应急队伍，开展预案演练，提高群众防汛减灾能力。通过召开河长会、大喇叭广播、发送微信群消息、张贴宣传标语等方式宣传防汛减灾知识，帮助群众提前做好灾害防范措施，增强群众防汛减灾的安全意识。镇防指组织镇村两委干部组织人员到各村（社区）地质灾害隐患点、河流沿河低洼点、易涝点等区域进行重点巡查。制定汛期值班表，落实24小时值班、请销假、防汛责任追究制度，确保人民群众生命财产安全。成立防汛抗旱指挥所，落实防汛值班制度，落实险工险段、穿堤建筑、重点行洪渠道责任人，成立防汛救灾抢险领导小组，成立镇防指100人、垸防指60人的防汛救灾抢险小分队，开展防汛抗灾应急演练，提高防汛应急反应能力，增强应急队员、民兵干部的凝聚力、战斗力。（董洋洋）

中河口镇

【概况】 中河口镇位于常德市鼎城区东北部，总面积73平方千米，辖1个居委会、10个行政村，计115个村民小组。2020年年末，总户数7921户，其中农业户7512户；总人口3.21万人，其中外来人口195人。耕地面积4355.33公顷，其中水田面积3125.33公顷。总产值9.68亿元，增长14.5%。其中工业产值2.35亿元，增长18.9%；农业产值5.71亿元，增长19.1%。

党建工作。树立“抓好党建是最大政绩”的理念，履行第一责任人职责。提升党建质效，拓展“不忘初心、牢记使命”主题教育成果，开展建党99周年党建纪念活动，表彰“优秀党务工作者、“学习强国”学习标兵、优秀共产党员”等84人；组织机关党员、村（社区）党总支书记到湘西十八洞村等红色教育基地开展主题党日党性教育活动等。老干支部开展“飞鸽传书”“大手牵小手”结对15对。推进村（社区）两委换届工作，加强村（社区）后备干部摸底、培养与考察，选任村（居）干部36名，注重卸职村（社区）干部思想稳定工作。开展党员“微光彩”常态化活动，发布好人好事632件。优化党员干部结构，注重镇、村（社区）党员、干部“日常发现”和“实践锻炼”，确定入党积极分子数名，发展党员数名，转正党员数名，招录事业站所人员5名。推进北洲村和东北湾村(一门式)政务服务试点工作，推进“我的常德”APP注册认证，党员注册认证率89%。

2020年，中河口镇老干支部“大手牵小手”结对活动合影
(提供：张文)

农业发展。坚守农业红线，开展压单扩双，保证粮食安全，早稻集中育秧166.67公顷，双季稻种植1633.33公顷，优质稻2133.33公顷，在省道224沿线建立千亩双季稻高产示范片1个；培育种粮大户并为138户种粮大户建档；低洼田块改种莲藕333.33公顷，推广稻、虾种养800余公顷，每亩增值3000元以上，2020年，中河口镇获评市级稻虾产业发展“先进乡镇”。组织天富生态有限公司、大银水稻专业合作社、成益水稻专业合作社3个生产经营主体参与专业扶贫，直接帮扶189户，委托帮扶239户。开展营林造林，栽种苗木8万株。实施森林抚育项目，进行欧美杨割灌除草和间伐。水利设施投入600万元，疏浚渠道55千米，清淤土方总量70万立方米，投资110万元，更新改造机埠4处，管护沟渠8.3万米。7月，处置险情10余处、管涌22次，抢险队伍300余人。

三大攻坚。抓脱贫攻坚。围绕“一超过两不愁三保障”主线，突出“一保两防”工作重点，逐级逐个将问题交办到村到人，通过帮扶责任人自清自查发现问题121条，区级入户调查发现问题142条，计9大类，全部按要求整改落实，年内全镇792户2436人全部脱贫。抓环境提质。坚持人居环境卫生整治“月检查、月考核评比”常态化考核机制，改善人居环境；启动集镇污水处理场1座、污水处理站4个，架设污水收集管网6700米等，净化生活水体；开展秸秆禁烧常态化巡查，以户为单位签订秸秆禁烧承诺书15000份，实现宣传全覆盖，开展存量秸秆回收并集中处理，减少焚烧来源，处置秸秆焚烧行为100余起，罚款3200元；开展河(湖)长制巡河和珍珠退养项目。严防财务风险。开展2019年度村级财务审计、国有和集体资产清理及机关财务回头看工作，筹备防范非法集资专项活动，改善金融环境。

产业发展。打造美丽乡村示范点。以团洲村创建市级美丽乡村和中河口村创建区级美丽乡村为契机，打造示范典型。投入200万元，绿化植树2700株，改造村民健身场所250平方米，亮化美化主道3.25千米，实施村道两边清基、除草综合整治15千米及网格幸福屋场建设，改善乡风面貌。完善确权颁证后续工作。通过化解土地矛盾，颁发证书83户，增加颁证率。抓招商引资。镇招商引资小组达成意向洽谈光伏发电项目1个、意向投资农业开发项目3个。规范土地资源利用。实施城乡建设用地增减挂钩暨“空心房”整治项目，拆除“空心房”172户，开垦水田20公顷，旱地3.33公顷，新修田间道路3500米，开挖土沟4000米。

社会治理。坚持“打防结合，预防为主”，围绕经济社会的发展和社会大局稳定，抓“大防控，大调解”，扼制矛盾激发，调解各类民事纠纷56起。开展禁毒工作，做到台账资料齐全、人员管控到位、宣传措施有力。开展道路交通安全和水上交通安全常态化检查，整治交通道路顽瘴痼疾10处，取缔马路市场5处。开展消防安全工作，成立镇应急救援队，坚持日常巡逻和应急救援，定期开展检查整治，降低消防安全事故，保障群众生命财产，全年实施救援任务4次，挽救财产损失18万元。抓安全生产工作，2020年获评市级安全生产示范乡镇。

社会保障。帮扶弱势群体。发放临时救助和自然灾害救助资金200万余元，救助贫困对象2149

人；与广东“狮子会”慈善组织联谊，走访慰问百岁老人、弱势群体等46户，捐赠帮扶资金及物资5万余元。保障劳动力就业。组织全镇劳动力参加专场招聘会9场800余人，组织技能培训5场，参训300人。丰富精神生活。举办《我要上春晚》大型海选活动、定期开放电子阅览室等。重视教育教学。引资加快硬件建设，新建女生宿舍、中学三用堂、教师周转房等，改善教学条件；支持教育事业发展，用于助教助学、奖教奖学的教育基金11万元，资助优秀大学新生54人。开展卫生事业攻坚。抓日常公共卫生服务，落实新冠肺炎疫情防控，坚持科学统筹，落实防控责任，摸排疫区返镇1300余人，号召1184名党员自愿捐款12万余元，党员覆盖率100%。 （张　文）

十美堂镇

【概况】 十美堂镇位于鼎城区东北端，与汉寿、西洞庭、西湖、安乡接壤，距常德市区约60千米，由原十美堂镇、黄珠洲乡、黑山嘴乡合并组建。辖18个行政村、5个社区居委会，计1.8万户，约6.5万人，镇域面积140平方千米。东临澧水洪道外滩，5千米沙潮河斜贯镇境，盛产优质富硒水稻，产甲鱼、龙虾、黄鳝等各类水产，是鱼米之乡。国家AAA级鸟儿洲生态旅游景区、鸟儿洲国家湿地公园位于境内，有“全国‘一村一品’示范村镇、中华诗词之乡、湖南最美乡镇、湖南省农业示范点、湖南省农业产业强镇”的称号。2020年，十美堂镇农业总产值13亿元，农作物播种面积21778公顷，其中粮食播种面积13964.67公顷，粮食总产量94261吨；经济作物播种面积6480公顷。工业固定资产投资1亿元，增长6.7%。

党的建设。推进完善支部五化建设，基层公共服务（一门式）全覆盖。推进村（社）后备干部培养，“智慧党建”系统全覆盖、功能全运用。落实“三重一大”“一岗双责”，坚持民主集中集体决策，强化从严治党主体责任，抓党员干部管理。坚持党管武装，输送兵员数人，落实退役军人事务管理站和基层人民武装部达标建设，组织基干民兵整组点验，为8个家庭发放抗美援朝纪念章。坚持党管意识形态，开展中心组学习和学习强国APP使用学习，在央视和湖南新闻联播，通过《人民日报》、新湖南、红网、《常德日报》等媒体平台及时发布宣传疫情防控、复工复产、经济发展、农业生产、社会治理等相关新闻110篇。利用全镇66个微信网格群及各种宣传阵地，开展网络意识形态工作，全年未发生重大舆情事件。疫情期间党员捐款2264人次173730.34元。

脱贫攻坚。2020年，脱贫78户166人。全镇4个贫困村退出，1082户3149人贫困人口脱贫。进行脱贫质量“回头看”调查，自查自纠问题134条、APP信息平台录入反馈问题283条（贫困户138条、非贫困户145条）、区联合督查及暗访交办问题6条，均已整改完毕，问题清零。上河口千亩洲稻鳖产业扶贫“五加”模式得到市区领导的肯定，《常德日报》、人民网、新华网等媒体予以报道推广。上河口开展消费扶贫，贫困户范有财荞米收入近10万元，带动周边销售荞米53.33公顷。争取资金15万元为91名高考学子及贫困儿童实施“金秋助学”活动；筹措资金35万元，为特困群体、特困党员、贫困学子等进行救助和慰问，筹措资金45万元，救助受灾群众；落实危改92户，新增城乡转移就业495人；创业贷款审批35户，贷款金额512万元；清理整顿低保和社会保障救助家庭，年末有低保868户1652人，较2019年新增77户172人。

现代农业产业。十美堂镇获评第十批全国“一村一品”示范村镇，与省农科院对接，筹备建设全省一流油菜籽深加工生产线；市级油菜农业特色产业园项目验收成功，申报市级农业特色（甲鱼）小镇项目，支持鼎城河洲甲鱼生态产业园筹建种苗基地，湖南省河州生态甲鱼养殖有限公司获“粤港澳大湾区‘菜篮子’生产基地”称号，勇福常德香米及河州甲鱼被评为2020年常德市十大农产品品牌。早稻栽种面积4666.67公顷;检查全镇591处电排电气设备运转、机埠维护保养、附属设施安全运行等情况,整治修复险工险段、渍堤及涵闸6处,落实防汛减灾工作。成立电商平台,全镇新型经营合作主体69家,种粮大户200家,其中6家新型经营合作主体产业帮扶559户贫困户,进行全镇“两有”贫困户全覆盖,健全贫困户利益联结机制,对接芒果扶贫云超市、鼎级传媒等平台进行直播带货销售本土农特产品,助推村集体经济发展壮大,最大程度推进群众致富增收。

安全稳定。摸排上报涉黑涉恶线索28条;侦破刑案18起,刑拘16人,行政案件办结11起,行政拘留14人;打击地下六合彩1起,刑事拘留1人,破获贩毒案件4起,查处吸毒人员3人,强制戒毒3人,市级禁毒重点乡镇摘牌,2019年获评区禁毒工作先进单位;将梅某某、旷某某为首的犯罪团伙收网抓捕归案,并移送起诉。“2468”矛盾调处法在全区推介,建立健全“五联”工作机制,推进接边地区联防联调工作常态化、制度化、规范化,成功调处矛盾320件,挽回经济损失400余万元,全年未发生一起安全责任事故,社会治理指数得分排名居全市前列,群众满意度测评排名位居全市第28名。

项目建设。街道扩改翻新工程通过验收;实施集镇路口至旅游公路连接段道路白改黑700米,推进镇级平台和污水处理;落实市级乡镇财政所规范化建设达标;建设镇政府办公大楼立面改造工程,投入近300万元建设镇级平台便民服务中心;进行原黄珠洲乡政府院落资产处置;开展农村宅基地确权颁证测量工作,测量13000余户;成立行政执法大队,规范村居、集镇管理。

美丽乡村建设。开展69家企业排污许可信息登记工作,按照人居环境整治“三清理三整治四提升”要求,开展人居环境整治十大行动,改厕1292户,投放34个封闭式的钩臂桶,3个垃圾中转站投入使用,日处理垃圾100吨,实现垃圾清运一体化;推进珍珠退养、畜禽退养、封洲禁牧、湿地治理、“空心房”整治,拆房约230栋,复耕面积约20公顷;全年植树造林20万株,其中义务植树12.6万株,创森造林4.1万株,栽种绿化草皮约2万平方米,野生动物放养豪猪259头;落实河湖长制管理,清淤扫障30千米,建立河渠保洁长效机制,南干渠正在申报省级样板河。

2020年,十美堂镇零号线沟渠块石浆砌挡土墙前后对比图

(提供:刘霖)

文旅融合。发展乡村旅游,2020年全省第二届油菜花节原定于在十美堂镇举办,由于新型冠状病毒感染的肺炎疫情原因,改为网上赏花、网上办节;在十美堂中学建成校园诗廊,《鸟儿洲》刊物第三期及校园诗刊《桃李新风》发行,通过省诗词学会及中华诗词学会的验收,十美堂镇被授予“湖南省中华诗教工作先进单位”“中华诗词之乡”称号,十美堂镇中学、十美堂镇兴镇社区被评为“中华诗教先进单位”,创作录制《梦里水乡十美堂》镇歌。开展油菜育苗培管、景区图案规划布置、油菜品种对比试验、油脂加工体验馆建设、外墙彩绘及红色文化墙打造工作。

(刘　霖)

【十美堂镇同兴村被认定为全国“一村一品”示范村】 2020年11月20日,中华人民共和国农业农村部发布农产发〔2020〕7号文件,十美堂镇同兴村被认定为全国“一村一品”示范村。十美堂镇同兴村是以水稻、油菜、蔬菜、淡水养殖等产业为主的农业大村,通过转方式、调结构,推进农业供给侧结构性改革,形成生态甲鱼养殖“一村一品”产业特色产业布局。2020年,有甲鱼产业省级农业产业化龙头企业1家、甲鱼养殖专业合作社1家;有生态甲鱼养殖业观光园1个,覆盖面积21.73公顷;有甲鱼加工企业1家,带动养殖户213户,全村甲

鱼产业相关从业人员709人。甲鱼产业产品销往全国23个省(市、自治区)。 (刘 霖)

全国“一村一品”示范村认定文件 (提供:刘霖)

【“中华诗词之乡”通过验收】 2020年12月14日,中华诗词学会、湖南省诗词协会考核组到鼎城区十美堂镇,验收该镇创建“中华诗词之乡”工作。考察组一行听取了十美堂镇“中华诗词之乡”创建工作情况,实地考察鸟儿洲生态诗廊、秧田村红色文化墙、十美堂镇中学校园诗廊等地。十美堂镇重视诗词文化,镇党委政府按照“党建总揽、文化引领、文旅结合、推进发展”的思路,提出以打造乡村旅游名镇为主的“五大名镇”建设目标,把繁荣农村文化、弘扬诗词文化与文化自信、文明创建、新村建设、观光产业、乡村旅游结合,打造“文化5+”模式,推动诗词文化建设上台阶。 (刘 霖)

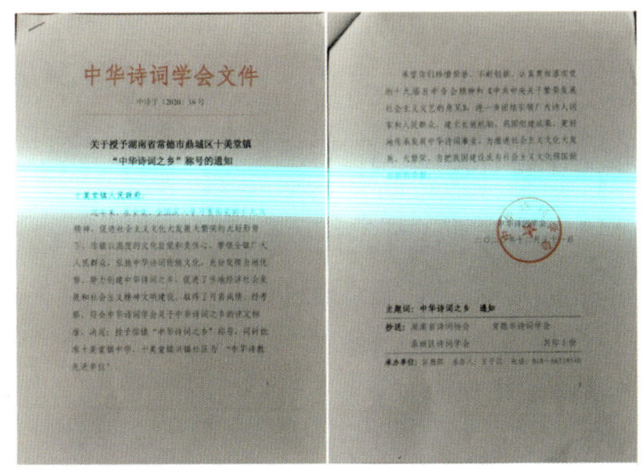

“中华诗词之乡”授予文件 (提供:刘霖)

牛鼻滩镇

【概况】 牛鼻滩镇南滨沅水,东与贺家山原种场接壤,西抵常德市芦山乡,距常德市城区15千米。全镇下辖10个行政村、2个社区,计115个村民小组。全镇总户数10386户3.83万人,其中农业户8946户。镇域总面积86.22平方千米,农业用地面积4227.27公顷,基本农田面积占耕地用地的90.7%,主要支柱产业为水稻、蔬菜、棉花、湘莲、鲜鱼等。

脱贫攻坚。2020年,牛鼻滩镇建档贫困人口660户2066人全部脱贫,发展产业扶贫,以花湖湾果园、茂春葡萄园、白云生态园为重点,推行农业龙头企业与贫困户利益联结的帮扶措施;实行家庭医生签约服务,重点人群和贫困人口签约率100%;危房改造投入资金84.2万元,惠及36户;为建档立卡贫困人口在外务工人员发放交通费补贴4.39万元,涉及218人;扶持返乡农民工创业担保贷款5人,贷款金额80万元;开展就业脱贫技能培训,惠及50人,发放补贴1.5万元。分两轮针对全镇1210户建档立卡贫困户、边缘户及档外四类(享受农村低保、分散供养五保、重病、重残)对象开展脱贫质量“回头看”工作,逐户逐项排查梳理政策落实情况。

人居环境。在社区创新推动“户长制”建设,树立由当地人管好当地的自治思路,组建户长协助社区管好周边户的环境卫生、政策宣传、调解矛盾等工作;在全镇推行“奖、管、比、做”,定期开展最美庭院、最美家庭评比。落实河(湖)长制,开展河流拦网、网箱拆除行动,开展强拆行动3次,拆除网箱80个、迷魂阵30个。推进珍珠退养,落实包保责任,建立监管台账,在规定时限内退出。实施渔民禁捕退捕工作,精准摸排,与205户渔民签订退捕协议,落实渔民的转产安置。加强秸秆禁烧责任,落实“一火三抓、一火三查(察)、一火三罚”工作原则,保证全面部署、全员参与、全力以赴。

社会福祉。开展275户471人农村低保和73户115人城镇低保人员的补差、调整工作;通过财政打卡发放农村低保保障金150.93万元,城镇低保保障金63.05万元,全年新申报农村低保105人;发放供养金136.49万元,惠及农村特困人员

272名;办理临时救助242人次,发放资金18.6万元。推进计生工作,落实计生奖励政策,发放计优奖扶及补贴194.94万元。整村推进“厕所革命”,落实2496户改厕任务。抓集中育秧和“压单扩双”等粮食生产工作,强化白洋湖村粮食基点建设,开展水稻集中育秧,确保粮食生产“红线”。

平安建设。坚持“一岗双责、党政同责”“管行业的管安全,管生产的管安全,管发展的管安全”的工作要求,加强食品药品、交通运输、烟花爆竹、消防、危险化学品等重点行业和领域的安全监管,全年开展安全生产大检查117次,出动检查人员470余人,检查单位或商铺45家,关停销号单位或企业7家,排查安全隐患80余处,隐患整改率99%。开展禁毒打击,进行社区康复(戒毒),管控率100%;社会面吸毒风险人员数人,见面率100%;按照“出所必接”要求落实强戒出所人员对接,对接率100%。落实信访“五包一”工作制度,强化各级干部开展网格走访,每月组织开展“19”平安志愿者活动,联合派出所、执法大队等职能部门到旅店、网吧等重点场所开展“黄、赌、毒”集中整治,维护社会稳定。

项目建设。投入13万元实施13条大中型渠道日常养护工作,投入140万元实施机埠与电排更新、改造、养护,改善水利工程建设。投入资金600万元,落实增减挂钩项目,农村耕地新增9.33公顷;争取上级资金300万元,在白洋湖村实施新增耕地项目,新增耕地12公顷;投入资金1800万元,在同春垸村和小河口村进行旱改水项目施工;整治空心房,投入26万余元,拆除空心房34栋,提升农村土地的实际利用率。 (宋 娜)

韩公渡镇

【概况】 韩公渡镇位于常德市鼎城区东部,东与西洞庭管理区、汉寿县罐头嘴镇接壤,南邻贺家山原种场、牛鼻滩镇,西接柳叶湖旅游度假区白鹤镇,北抵镇德桥镇、石公桥镇。冲柳高低两水穿境而过,沅、高、低三水防汛堤长52千米。全镇总面积145.3平方千米,辖17个行政村,3个居委会,8个镇属渔场,1个园艺场,总人口约5.3万人。地区生产总值3.67亿元,地方固定资产投入1.1亿元,农民人均收入9825元,耕地面积8176公顷,水面养殖面积87.8公顷。

基层党建。2020年,镇党委配合区委区政府工作,落实特养场相关人员人事划转工作,解决部分历史遗留问题。严格党员教育管理工作,督促原特养场五甲村设立党总支部,抓基层党支部“五化”工作,规范管理原特养场下辖党组织,避免出现“空壳”党支部的情况。增强组织战斗力,进行规范化支部建设,建立健全党内生活制度,坚持“三会一课”制度,发挥组织功能。开展党员发展工作,优化党员结构。抓党风廉政建设,按要求进行村(社)两委换届、软弱涣散党组织整顿转化、涉黑涉恶线索摸排。推进基层公共服务(一门式)全覆盖工作开展,整合全镇20个村(社)功能室和便民服务大厅窗口,进行党建联络员政务服务业务培训,实施村(社)干部123后备人才培养计划,提高村(社)干部服务群众能力。

疫情防控。落实区防指要求,把人民群众生命安全和身体健康放在第一位,遏制疫情蔓延势头。强化组织领导,成立“一室七组”的疫情防控指挥部,提升应急响应效率,压实压细工作责任。加强宣传引导,采取村村响广播、宣传车等方式,扩大宣传面,宣传解读政策措施,提高公众自我保护意识和能力。规范措施管理,贯彻“早发现、早报告、早隔离、早治疗”总体要求,建立村(社区)防控工作组织体系,实行网格化、地毯式管理。全年,全镇零感染。实施复工企业监测管理,保障资源供应,吸引湘安、通威集团等企业投资,在黄花湖渔场建成通100兆瓦渔光一体光伏发电项目,注重保护中小企业发展,提供良好招商环境。

脱贫攻坚。落实“一超过、两不愁、三保障”政策,定期“回头看”,理清底数,发现并解决危房改造、教育助学、医疗保障等方面的问题,逐一进行整改与清零，全镇1173户3300人精准退出贫困。争取上级扶贫部门下拨资金项目16个，计93万元，用于清沟出淤、公路硬化等，涉及10个村（社）的基础设施建设。开展小额贷款，坚持户贷户用要求，发放小额信贷73户，贷款365万元。开展"户帮户亲帮亲"，针对59户重点对象进行一对一帮扶。

生态环境。改善农村环境卫生，进行养殖污染防治。全年，义务植树造林10万株，公路大苗绿化10000米，落实国家项目造林40公顷，主干道路两旁长87千米的义务植树任务，计11万株，占全区绿化任务40%。畜禽养殖工作，利用改扩翻建项目成果，改善城镇人居环境，增强小城镇承载服务功能。落实上级要求，清除污染产业。应对全镇20个村（社）的重大疫情防疫，进行家禽养殖及牲畜养殖监控，无一例重大疫情的蔓延和漏报。进行野生动物驯养宣传、登记办理，退出珍珠养殖17户，280公顷，升级改造鱼池3处，投入资金250万元；实施水产品养殖监管，打击违规操作养殖的情况。开展畜禽养殖污染治理工作，保持新增非法养殖场的高压打击态势。实施绿化亮化3处、电力改造1处，投入资金10万元。按照国家规定实施限额采伐，落实野生动物驯养宣传、登记工作，参加全区湿地保护工作。加强村容村貌建设，加大自查力度，摸排突出环境问题情况，开展环境卫生评比，在评比中发现问题并进行整改。整治露天焚烧秸秆现象，明确奖惩措施和值班包保制度，购买无人机巡查；设立秸秆粉碎集中点，下发粉碎秸秆帮扶资金。建立健全河（湖）长制组织机构，完善各项规章制度，落实一河湖（渠、塘）一档一策台账和河湖巡查、整治及保洁台账，按照河湖长制"七无三有"工作目标，开展河湖"清四乱"专项整治回头看工作。开展河湖渠塘十大专项整治行动，投入资金近60万元，加强样板河创建工作及水环境治理工作。加强镇境内高低水和沅水流域治理工作。

农业产业。韩公渡镇是集粮、油、鱼经济作物于一体的多元化种植乡镇，推进农业供给侧结构性改革，稳定粮食生产面积，加强农业生产的跟踪服务，分时段召开生产会议、广播会，发放资料、举办培训班等。抓部办示范点的建设，有农业部示范点1个，粮食基点3个。发展高档优质稻生产，2020年，全镇集中育秧253.33公顷，配合"湘米工程"，推动产业扶贫，针对"两有"贫困户采取直接帮扶和委托帮扶，争取整合财政资金120万元，落实帮扶主体及帮扶产业，建立帮扶主体与贫困户利益联结机制。根据产业园建设要求，发展高标准农田基本建设、农作物秸秆综合利用、土壤安全性利用，产能提升项目投入建设资金2000余万元。

惠民工程。实施农田水利基本建设，投入资金1400万元、用于更新改造装机容量2560千瓦的11处镇属泵站。投入资金50万元维修与管护水渠渠道损坏部分。新增流花口水厂取水井1口，解决村民安全饮水问题。开展防汛抗旱工作，落实防汛责任制，各村建立防汛工作领导小组，明确职责，针对防汛河堤段与各村（居）负责人签订责任状，加强巡查。按时遵守值班，及时提供雨情、水情、灾情。开展"空心房"整治工作，调查摸底闲置房、危旧房、违建房和违章房，拆除"空心房"392栋，新增耕地面积约40公顷。

安全稳定。落实安全生产"一岗双责、党政同责、齐抓共管、失职追责"的责任体系，开展"两大一严"行动，开展安全生产宣传教育活动，利用网格微信群、工贸企业安全生产群等，推送微电影，讲述微故事。开展安全生产宣传进校园、进社区、进企业宣传活动，开展应急演练。升级监管阵地，安全生产信息员及时发现安全隐患、上报安全隐患。成立专业消防队伍，建立韩公渡镇专职消防队并在全镇20个村（社）建立微型消防站，每季度开展一次消防应急演练，出动应急抢险救灾3次，为群众挽回经济损失100余万元。开展扫黑除恶，打击"黄、赌、毒"现象，摸排地下六合彩线索。整改上级交办案件，开展禁毒知识宣传进校园、进社区。实施"雪亮"工程，在复杂路段安装视频监控系统42个，安装高清摄像头182个。落实创满意工作，干部普法学法考试通过率99%，处理上级交办信访事项，年终结案率100%。

民生福祉。落实低保制度，发放低保补助金，应保尽保。享受低保补助近7000人次，发放金额约130万元。完善农村五保供养制度，全镇五保户372人，供养资金按月按时发放到位，计发放供养金216万元。为残疾人办理新证、换证，维护退役军人优抚数据，临时救助近1000次。增加创业主体81个，增加各类就业621人；为创业促就业受理小额信贷申请12人次，发放贷款215万余元，新开发扶贫车间2个，解决23个贫困劳动力就业问题；城乡居民新型养老保险和城乡居民医疗保险全覆盖，全镇医疗保险参保5万余人，新农保参保1.5万余人，“两保两险”参保缴费工作被评为区级先进单位。开展国家免费孕前优生健康检查项目工作，全年优生健康随访570次，发放药品器具3450人次。开展生育登记服务，动员引导居民主动进行生育登记，提升登记服务率，全年办理生育证175本。

文化武装。结合传统节日开展“我们的节日”主题活动。参加鼎城区“我要上春晚”及第五届花岩溪帐篷节“快乐毅行”并获优秀组织奖。为20个村（社区）农家书屋增加各类书籍，为7个村申报体育健身工程。开展索县汉代城址文物保护工作，树立文明新风，宣传社会主义核心价值观。适龄青年民兵登记率100%，普通民兵由20个村（社）适龄青年组成。（金　榕）

2020年，韩公渡镇干部职工参加第五届花岩溪帐篷节

（提供：金榕）

石公桥镇

【概况】 石公桥镇距常德城区30千米，地处太阳山东麓，洞庭湖西滨，东抵西洞庭管理区，西接双桥坪镇，南临镇德桥镇，北靠周家店镇。全镇土地面积114平方千米，辖12个行政村、2个居委会、1个社区，计143个村民组。2020年年末，总户数13825户，总人口40565人。全年工农业总产值7.35亿元，其中农业总产值4.13亿元，工业总产值1.26亿元；农民人均收入9563元，增长3%。全镇农作物总播种面积16500公顷，其中粮食作物播种面积10046.67公顷，粮食总产量55236吨。新的镇综合服务平台启用，实施水利灌渠维护工程，建设王家桥村国家级现代农业产业园。

疫情防控。石公桥镇成立新型冠状病毒感染的肺炎疫情防控应急指挥部，分析研判全镇疫情联防联控工作形势，一线查漏补缺，及时协调调度，分解防控任务，细化防控措施，加强信息摸排，指导各村居、各部门联防联控工作的开展。疫情期间以村（社区）分网格逐户上门排查，复工复产后在规定时间节点内以村（社区）分网格摸排掌控外出务工人员信息1796人。

党的建设。落实党建主体责任。加强组织领导，落实党建责任制，将抓党建工作纳入重要议程，督促领导班子成员履行一岗双责，形成齐抓共管、层层落实局面。严肃党内政治生活，坚持“三会一课”“组织生活会”、主题党日等制度。落实党建重点工作任务。抓党员发展工作，坚持成熟一个发展一个，推进基层公共服务（一门式）全覆盖。贯彻落实省、市、区推动智慧党建暨基层公共服务（一门式）全覆盖工作会议精神，配置建设三兴村、园艺场社区2个一门式服务示范点。组织开展七一系列活动。按照“庄重热烈、务实节俭、突出实效”的原则，组织开展8项重点任务。由各基层单位推荐，评选石公桥镇优秀共产党员、优秀党务工作者和先进党组织，增强党员向心力，促进党员发挥先进模范作用。开展学习教育。坚持把学习党章党规和学习习近平总书记系列重要讲话精神放在突出位置，抓党内政治生活的开展，教育引导全镇党员干部树立理想信念、规矩意识、大局意识，增强党性原则、担当精神，主动开展思想政治工作，凝聚思想力量，推进党建工作落实到位。坚持“不忘初心、牢记使命”主题教育常态化，从党委班子成员到普通村干部，从党员干部到普通党员，组织党员常学常悟、真信真行。把学习贯彻习近平新时代中国特色社会主义思想贯穿“三会一课”、主题党日等组织生活的全过程。

2020 年 11 月 1 日，石公桥镇机关党支部开展主题党日活动（提供：宋人凌）

脱贫攻坚。镇党委、政府坚持将脱贫攻坚问题整改“清零”行动作为首要政治任务和头等大事，细化分工、压实责任。逐项整改销号入户走访排查出来的 221 个问题。进行“六类对象”中未参保的 277 人情况比对排查，已全部参保缴费到位。针对省扶贫办反馈 APP 录入的 59 条问题，通过数据比对、系统查询、入户核实，全部整改到位。针对住房安全保障问题，加快存量危房改造进度，排查出 134 户鉴定为 C 级 D 级和无房户，其中，58 户纳入危改，经入户核实、督导整改，全部完成危改入驻。其余 76 户通过公租房、投亲靠友、租房等方式进行保障，收集佐证材料，装订成册上交至区危改办并销号。抓新增对象保障工作，鉴定和保障新增档外低保、五保、重残户。针对鉴定为 B 级但为“视觉危房”户进行排查整治，排查出 11 户，投入 3 万元进行整改。拆除旧房，涉及 11 户，整改 9 户，未改的 2 户向住建局报备。11 月，完成脱贫攻坚迎市检和迎省检工作任务，在省检中“零扣分”。

正风肃纪。落实疫情防控责任。在疫情防控期间，镇纪委以督查的形式开展督查，针对督查中发现的问题督查通报 6 期，自查出问题 20 余个，并督促相关村（居）或人员按时整改到位。进行村级财务监督。审计 2019 年村级财务，坚持“互联网 + 监督”，每季度在互联网上阳光公开各村（居）财务。化解信访积案。针对往年遗留的 2 件信访和 2 个案件线索，镇纪委主动查办案件和化解矛盾，落实 2 件信访和 1 个案件线索，落实新增信访 1 件，全年，全镇无人员越级上访。

现代农业。制定全镇粮食生产规划、农作物生产计划，落实到村、社区，全镇早稻种植面积 4500 公顷，并通过检查验收。建立高档优质稻生产基地 1733.33 公顷，其中常德香米产业园基地 333.33 公顷，按照高档优质稻栽培技术实施，推广高档优质稻品种 5 个。以党委、政府、农技站、村支部村委会、专业合作社、科技示范户带动农户的模式，实施农业科技，发放技术资料到户，培训到人。开展“科普月”“科普周”宣传活动，现场培训 8 次，参加人员 700 余人次，各种技术咨询 1000 余人次，发放科技资料 3300 余份。发放病虫防治资料 4 期 160 余份，建立螟虫诱捕灯 140 盏，发放草地贪夜蛾防治资料 180 余份，性诱剂诱捕草地贪夜蛾灯 15 盏。贯彻《中华人民共和国动物防疫法》，抓动物防疫工作，全年免疫猪五号病 1 万余头，牛羊五号病 400 余头，小反刍兽疫 300 余头，防疫率 100%；禽流感免疫近 60 万羽，防疫率 98% 以上，全镇全年未因防疫不到位发生重大动物疫病。抓其他禁养区规模养殖场退养及珍珠退养工作，全年，重点开展一个规模养殖场退养工作，经过数次上门做工作，已关停退养；全镇 14 户珍珠养殖户，经数次逐户做工作，年末落实退养。

2020年4月15日，石公桥镇工作人员使用无人机督导春耕生产工作 （提供：宋人凌）

社会保障。计生工作。全镇全年发放一孩生育证135本、二孩生育证98本、多孩生育证5本；开展流动人口协查及管理服务600余人次。新增奖扶对象33人次，全部落实资料整理归档及上报。申报并争取到国家级计生协会“向日葵亲子小屋”项目，拟投入18万元；计生协会贫困资助2人次，申报协会保险理赔30000元，优生优育孕前随访1800人次、孕期随访400人次；药具发放5500人次。民政工作。开展低收入家庭经济状况核对工作，核对各类信息900余条，救助各类对象447人次，发放临时救助资金41.36万元。推进居家和社区养老改革试点工作，在覃家岗村建设老年幸福屋。完善留守儿童之家3家，残疾人两项补贴升至70元/月。安全稳定。落实信访领导包案，排查化解矛盾纠纷、安全隐患，推进社会治理网格综合管理和“扫黑除恶”专项斗争，推进“雪亮工程”建设，加强重点人员管理，排查出各类矛盾纠纷78起，成功调处78起，矛盾纠纷调处率100%，开展“6·19”防电信网络诈骗宣传活动数场次。城建国土。开展空心房工作，拆迁房屋246栋，总面积36000平方米，新增耕地33.33公顷。处置非法占地建板房、洗沙场、非法采砂石等行为13起。

2020年4月28日，石公桥镇领导带队进行安全生产检查 （提供：宋人凌）

生态治理。环境卫生工作。启动园艺场社区垃圾中转站，至年末，该镇有垃圾中转站2个、集中平台3处、板桶74个、80升垃圾桶6080个，配保洁员72名。组织开展农村人居环境集中检查4次。“爱卫协会”卫生费收取覆盖率均为90%以上，组织开展户与户、组与组互评30余次。改厕工作。4月，验收整改整村推进农村改厕的4个村。新建农村公厕3座。秸秆、垃圾禁烧。成立专门巡查工作班子。机关干职由党政骨干带队，组成8个巡查小组、2个机动组进行24小时全覆盖巡查。进行重点时段巡查。5月重点抓油菜、小麦等农作物秸秆禁烧工作，7月重点抓早稻秸秆禁烧工作，9至10月重点抓中稻、晚稻和棉花等农作物秸秆禁烧工作。突出重点区域抓巡查。常岳高速公路两侧各2千米及省道311两侧1千米的地带和镇村主干道为重点督导巡查区域。实行巡查工作常态化。利用宣传车和村村响广播进行日常政策宣传及火点查处情况通报，通过镇、村干部辖区内走访农户和24小时巡查，督查宣传发动落实情况及火点管控。生态环保。春季义务植树28600余株，镇生态环保办开展巡查20余次，接受处理投诉事件9起，下达整改通知书6次。落实所辖11家33个行业企业及15家91个行业企业固定污染源排污许可证的登记，落实非移动道路机械的申报编码登记工作。制止乱挖、采石事件发生，处理私采滥挖矿石案件3起。 （宋人凌）

周家店镇

【概况】 周家店镇位于常德市的东北部，距市区30千米。北与津市药山镇山水相连，南与石公桥镇抵界，东望西洞庭管理区，西邻双桥坪镇。总面积134平方千米，总户数11168户，人口34909人，其中农业户籍10044户32510人；非农户籍1124户2399人。辖樊溪、闵泉2个居委会，恒丰垸、荷花、濠口、娥公桥、大砖桥、白鹤寺、阳陂庵、团垱坪、新时堰、瓦屋垱、太平寺、武岗寨12个村，计155个村民小组。2020年，周家店镇财政收入6003.57万元，其中镇本级2866.57万元，村居3137.00万元。全年总支出5634.57万元，其中镇本级2656.58万元，村居2978.00万元。

党建工作。实施周五主题党日活动常态化，开展“不忘初心、牢记使命”主题教育，全年指导开展学习贯彻习近平新时代中国特色社会主义思想和习近平总书记在湖南考察调研期间重要讲话精神4次，开展疫情防控专题组织生活会1次。镇党委书记带头到村上党课，开展谈心谈话20余次，召开专题党委会研究党建工作重点难点10余次，开展疫情防控工作专题党委会20余次。完善村(社)党组织管理方式，按照“定人、定岗、定责、定量、定标准”的五定原则，建立建强岗位责任制度，量化考核内容22条线，计项目226条。推动一门式服务全覆盖，全镇“我的常德”APP注册2918人。改造升级乡村两级综合服务平台和便民服务大厅，配齐政务服务干部队伍和党建联络员队伍。通过定向招考公务员由村干部考取公务员1名，由站所工作人员考取公务员1名，培养村社后备干部32名。建立平安创建微信网格群79个，回复处理舆情1000余起，开展农业技术课、安全课30余场次。组建党员志愿者队伍，170名党员身穿“红马甲”，常年走村入户串乡。

精准帮扶。执行镇派驻村工作队每月考勤制度并按时上报。落实2020年春季雨露计划职业教育学生补助统计、审核、公示、上报，全镇获雨露计划专项补助学生19人，计28500元。获光伏发电收益分红92户，计27600元。依照程序和时间节点开展7月动态调整工作，落实2020年度贫困退出工作，计38户74人脱贫。开展2020年脱贫攻坚质量“回头看”APP入户调查工作，调查六类对象1222户3625人，根据APP反馈问题实行问题清零。开展就业工作，组织招聘活动数次，转移贫困劳动力就业623人，贫困人口就业率77%。5月28日，承办鼎城区就业扶贫活动系列周家店镇专场招聘会，10月17日扶贫日，承办“稳岗就业、决战攻坚”创客主播进周家店扶贫车间活动。

2020年，周家店镇创客主播直播带货，助力精准扶贫
(提供：陶檬檬)

文化建设。打造文化“一村一品”。14个村居各组建1支吹打乐队、1支广场舞队、1支拔河队、1支合唱队，创办“诗词书画”之家。挖掘传统文化。编辑《姐姐和妞妞的星空》《普天乐》，做文化引领乡村振兴大文章。抓文化传承。保护性整理、编纂《周家店吹打乐牌谱新译》《周家店民歌民谣》，并公开出版发行。举办“廉政文化一条街”“讲述红色故事、歌唱美丽祖国”等活动，全镇12000人参与活动，编辑出版《樊溪》社刊17辑和电子版《樊溪新咏》微刊。

刊物《樊溪》《樊溪新咏》 (提供：陶檬檬)

平安创建。开展扫黑除恶，发挥“四支队伍”作用。创建无上访村(镇)，推行骨干带班坐班接访，处理市长热线176条，处理信访案件11件；司法调解矛盾纠纷400余起，接待到镇上访事件32起，均予以回复。协调化解矛盾事件400余起，其中司法所、平安办、派出所等化解重大案件14起，涉及金额400余万元。抓治安安全工作，开展烟花爆竹专店安全检查227次，销毁过期产品2次，下发整改通知书33份，罚款3300元。进行涉毒人员

风险评估,强制戒毒6人。侦破刑事案件10起,刑拘23人。

民生工作。开展就业工作,组织500余名应聘者参加各类就业招聘会,新增劳动力转移315人、城镇新增就业135人、困难人员再就业52人,周家店镇被推荐为湖南省2020年充分就业乡镇。开展优抚工作,为数名60周岁以上退伍军人办理退伍补贴。开展临时救助,分3批次为155个困境家庭申请临时救助12.43万元,落实950名残疾人信息采集和录入工作,为101名重度残疾人员申请两项补助,为42名精神病患者免费发放药物。

产业发展。发展乡村旅游。打造叮叮桑葚园、黄梨观光园、纽荷尔脐橙园等乡村旅游景点,接待游客近20万人次,创收1600余万元,吸纳100余名贫困对象就业,为贫困户增加收入300余万元。培育优质稻产业。推广"常德香米"高档优质稻,种植总面积3000公顷。发展油茶产业。发展4个千亩油菜示范片,全镇油菜面积2100公顷。发展3个绿肥生产千亩示范片。至年末,全镇1000亩以上的规模油茶企业6家、全镇油茶面积2700公顷。推广"水稻+"模式。发展稻虾养殖、稻鸭养殖户,总计25家。服务养殖业。为村级防疫员培训2次;为6户生猪养殖大户进行全程跟踪服务,抓恢复生产;进行全镇存栏970头牛羊、80万羽家禽免疫。

生态环保。开展环境整治。新增7个板桶,清理垃圾750立方米。投入11785元购置垃圾桶等环卫设施、升级改造镇垃圾场。组织各村居开展拉网式整治,按照"一查、二评、三访、四问、五讲"模式,组织全镇14个村(社)进行全覆盖自查。推进"厕所革命",落实1548户改厕任务,100%完成区下达的任务。推动"大棚房"和"空心房"整治。组织专门力量调查摸底"空心房",整治12.78公顷,其中可开水田面积4.67公顷,旱地10.67公顷。开展污染防治,落实年度珍珠和符建荣养殖场退养任务。保持严肃查处秸秆焚烧行为的高压态势,镇纪委约谈相关责任人2人,派出所训诫处理12人。开展植树造林绿化荒山的活动。落实区林业局下达的各项造林任务,油茶新造166.53公顷,38个小班,油茶抚育管护132.67公顷。全民义务植树7.38万株,机关义务植树800株。

社会事业。发展基础建设。为缓解用水压力,筹集资金20万元,在梁家冲水库和三渡水水库打机井和疏通截流沟。抗旱期间,引资18万元,改造芭茅滩抗旱机埠。维修水库涵闸3处,机埠维修310千瓦,投入资金6万元,清淤、疏通渠道15000米。投入资金22万元,拆除冲柳高水河拦网、栏栅4处,升级改造样板河、田溪河。落实自然村通水泥路(10.5千米)项目建设、校车线路砍青、公路水毁抢修、4条主乡道维修养护、公路道路隐患处理。开展早孕随访、两癌筛查、妇科病普查、结对帮扶和计生特殊家庭家庭医生签约服务,覆盖率均100%。规范财政管理,保持收支平衡,风险可控。开展武装工作、农村产权制度改革工作、土地确权工作,位列全区前列。 (陶檬檬)

周家店镇八宝湖环湖公路 (提供:陶檬檬)

镇德桥镇

【概况】 镇德桥镇位于区境中北部,东连石公桥镇,西接柳叶湖旅游度假区白鹤镇,南邻韩公渡镇,北抵双桥坪镇和(原)区园艺场,距鼎城区人民政府驻地20千米，总面积43.2平方千米，辖6个行政村、3个社区居委会。2020年，全镇总户数5752户，总人口2.01万人，农用地总面积3241.2公顷，其中耕地2260公顷，林地251公顷，养殖水面540公顷。镇德桥镇创建市级安全生产工作示范乡镇，获评区级平安建设工作优秀乡镇、区级道路交通社会化管理先进单位、区级校车管理先进单位，刘家桥村获评市级无上访村，张家桥村、同心坝村、朱家桥村、水浒庙社区、财神庙社区、夹巷口社区获评区级无上访村(社区)。

党的建设。落实党管武装、党建带团建、妇建，镇德桥武装部被常德市军分区授予“基层人民武装部全面建设星级达标考核评定五星级”奖牌，镇团校被团省委确定为全市唯一一家基层团建工作示范点，获常德市“青年之家”称号，镇妇联被评为区级“三八红旗集体”称号。推动基层公共服务(一门式)全覆盖，镇政府服务中心、9个村(社区)综合服务中心均按要求规范化设置，政务服务省、市平台事项配置发布率均100%。同心坝村便民服务中心在全区率先把“燃气缴费”项目纳入村级服务事项。开展红色教育，全年接待团队80余批次4000余人次。抓党员教育，开展周五主题党日活动，组织党员干部学用“学习强国”手机软件，观看警示教育片，学习党章党规、习近平新时代中国特色社会主义思想和系列讲话精神。

疫情防控。开展新型冠状病毒感染的肺炎疫情防控工作，设置劝返点9个、体温检测点12个，镇、村(社)党员干部、医护人员、派出所干警、保洁人员、志愿者计254人参与值班值守工作，组织党员自愿捐款9.5万余元，3月，推动复工复产，向镇德桥中学捐赠防疫物资助力复学，慰问驰援湖北医护人员家属。全镇无一例疑似、确诊病例。

脱贫攻坚。开展贫困村、贫困户整体脱贫摘帽工作。实施“脱贫质量回头看”，开展自清自查，发现问题77条，集中整改销号77条；与五谷丰水稻农机专业合作社签订产业扶贫协议，提供免费种子化肥；启动公益性岗位57个、扶贫车间2个，对接茂苑花卉、佳禾蔬菜等企业用工需求，帮助13名贫困人口就业创收；承办“直播带货”2场，助力贫困户销售葡萄5000余千克；坚持“危房不住人、人不住危房”原则，实施危改12户，为18户存在漏风漏雨隐患的B级安全住房实施整修。

2020年，镇德桥镇开展“直播助农”活动，助力同心坝村贫困户销售葡萄 (提供：莫青)

乡村振兴。发展农业产业，引进上级项目资金，改善农田水利设施条件。全年机耕道整修3000余米，疏浚渠道19.5千米，整修扩容山塘12口，更新改造泵站6处。发动春耕生产，全年早稻集中育秧480公顷，双季稻种植面积3533.33公顷，优质稻种植面积1133.33公顷，国家级现代农业产业园建设和优质稻种植工作获省市好评，粮食生产、农机工作获评区级优秀单位，种粮大户雷明正获鼎城区表彰。改善人居环境，成立镇农村人居环境整治工作领导小组，出台农村人居环境整治工作方案，配套专项资金实施兑现奖惩。全年，马家吉河、同心河清淤15千米，清理堰塘57口，清理水渠69处，整治黑臭水体2处，铺设污水主管网2千米，日清运垃圾10000余千克，实行保洁常态化，落实改厕735户，验收“空心房”整治3.6公顷，开展秸秆禁烧强工作，教育处罚焚烧垃圾秸秆人员4人，通报批评包组村干部12人，开展马路市场整治、交通顽瘴痼疾整治行动10余次，实施珍珠退养，年末，退养最后一户4.67公顷珍珠养殖。助推乡风文明，参与常德市全国文明城市建设工作，推广广场舞、百团大赛等文体活动，举办“我要上春晚”镇德桥专场演出。

2020 年春耕生产现场　　（提供：莫青）

安全稳定。推进“无上访村”创建，利用网格化管理，将矛盾化解在镇村，大事不出村镇、小事不出网格。利用雪亮工程视频监控探头，协助调查处理交通事故和各类案件 10 余起；开展平安创建、民调宣讲大走访活动；开展社会治安巡逻，抓获夜间非法捕鱼人员 3 人，抓获小偷 1 人；开展打击整治“黄赌毒”专项行动，收缴麻将机 10 台，行政处罚 10 人次；开展禁毒宣传进社区、进校园、进工厂等活动，发放宣传手册 2000 余份，召开禁毒知识讲座 15 堂。全年，组织安全生产检查 4 次，开展重点行业和部门安全生产专项整治，检查餐馆、集贸市场、学校、药店、超市等 20 余次，检查加油站、加气站 13 次，整改隐患问题 22 处；开展道路交通顽瘴痼疾整治，查处各类交通违法 178 起；开展森林防火演练 2 次、防汛演练 2 次，堤段点交 2 次；支持各村（居）建成微型消防站 9 个；健全校车安全管理制度，明确责任，落实管控。

2020 年 6 月 16 日，镇德桥镇开展“安全生产月”“安全生产沅澧行”活动　　（提供：莫青）

社会事业。全年，发放特困资金 86.81 万元、特困价格临时补贴 3.79 万元，为城乡低保对象 90 户 170 人发放低保资金 60.58 万元、城乡低保价格临时补贴 4.33 万元，发放易肇事肇祸精神病人护理补助2.88 万元，补贴困难残疾对象 41 人 3.45 万元，补贴重度残疾对象 213 人 17.89 万元，为 1 名孤儿发放补助金 1 万元，为 2 名事实无人抚养儿童发放补贴 1.2 万元，发放困难残疾对象生活补贴 15.73 万元、重度残疾对象护理补贴 16.8 万元、临时救助18.2 万元。按照“应保尽保，应退尽退”要求，新增低保对象 7 人、特困对象 2 人。城乡医保、农保知晓率 100%，全年城乡居民养老保险筹资 6014 人，城乡居民医保筹资 16126 人。筹资人数均比 2019 年增加。发放特扶资金 40 人 36.06 万元、农村奖扶资金 962 人 92.35 万元、保健费 247 人 2.96 万元。开展计生协“会员活动日”“世界人口日”活动，为特扶家庭送关怀、送温暖，慰问留守贫困儿童 24 人。开展人口普查，设立普查指导员 18 名、普查员101 名，按照时间节点落实人口普查阶段性工作。

（莫青　牟志扬）

【共青团湖南省委调研镇德桥镇团的基层组织建设工作】 2020 年 9 月 1 日，共青团湖南省委副书记李志超、共青团湖南省委机关党委专职副书记钟茜芳、共青团湖南省委基层组织建设部部长邓资益一行到鼎城区镇德桥镇调研团的基层组织建设。共青团常德市委书记、党组书记魏翔，共青团常德市委副书记、党组成员吴雅倩，共青团常德市委组织部部长曾羽葳一同调研。李志超一行实地参观镇德桥镇团校，体验组织生活，了解该镇团建情况，听取基层团干部意见建议，肯定基层团组织标准化规范化建设方面的实践探索成果。鼎城区委副书记王时雨、镇德桥镇党委书记黄卫、共青团鼎城区委副书记陈峙宇陪同调研。

（莫　青）

2020年9月1日，共青团湖南省委副书记李志超（左一)为镇德桥镇授牌“基层团建工作示范点” （提供:莫青）

【鼎城区监察委员会派出镇德桥镇监察办公室揭牌成立】 2020年10月27日，常德市鼎城区监察委员会派出镇德桥镇监察办公室揭牌仪式在该镇机关大院举行，鼎城区纪委常委、监委委员鲁尤，镇德桥镇党委书记黄卫出席揭牌仪式并讲话，鼎城区纪委监委第一纪检监察室主任陈伟、镇德桥镇全体机关干部参加揭牌仪式。向乡镇派出监察办公室是深化国家监察体系改革、推进监察监督向基层延伸的重要工作部署，也是增强人民群众的信任感、厚植党执政基础的举措。

（莫　青）

【刘茂云家庭获评第二届全国文明家庭】 镇德桥镇乔家岗村刘茂云家庭在2017年获评全国最美家庭、全省文明家庭，2020年11月20日，中央精神文明建设指导委员会在北京召开全国精神文明建设表彰大会，表彰第六届全国文明城市、文明村镇、文明单位，第二届全国文明校园、文明家庭和新一届未成年人思想道德建设先进典型，刘茂云家庭获评第二届全国文明家庭。刘茂云家庭用8年时间，在农村创办公益书屋，致力于关爱留守儿童、空巢老人，为留守儿童和空巢老人构筑起精神家园。

（牟志扬）

刘茂云家庭创办的公益书屋 （提供:莫青）

双桥坪镇

【概况】 双桥坪镇总面积131.5平方千米，辖3个居委会、11个行政村，计136个村民小组。全镇总户数9604户，其中，农业户9054户；总人口34858人，其中，农业人口31549人。全年生产总值4.3亿元，粮食产量3.14万吨。山林面积4890.6公顷；耕地面积2867.5公顷，其中水田面积562.7公顷。2020年，双桥坪镇获评市级综治工作优秀乡镇、区级征兵工作先进单位。

基层党建。为进一步提升村(社)党支部书记工作水平和业务能力，加强党支部标准化、规范化建设，“两新”党组织党建工作科学化、规范化水平，贫困村党总支书记和第一书记计9人，于9月22日至24日赴区委党校进行为期3天的学习培训。

农业。2020年，全镇早稻种植面积1666.67公顷，其中集中育秧面积200公顷，晚稻种植面积1700公顷。全镇没有发生一处耕地抛荒。推广优质稻2300公顷，承担省市项目再生稻基地建设2个；油菜种植2300公顷，发展1000亩以上区及油菜生产示范片3个；推广测土配方施肥3333.33公顷；绿色防控专业化统防统治2300公顷。推广水稻新品种5个、棉花新品种2个、油菜新品种3个。开展田间学校培训工作，培训种田大户、贫困户5次，培训人员1000余人，印发技术资料2万余份。开展农产品质量安全监管工作，每月开展农产品质量巡查3次以上，检测蔬菜2000个样，瘦肉精抽检3000个样，及时将检测情况上报至区农产品质量监管平台。

林业。春季造林，油茶造林93.33公顷，义务植树1000株。幼林抚育面积73.33公顷，油茶低改86.67公顷，封山育林53.33公顷，天然林调查2000公顷。开展森林防火工作，镇域内全年全天候禁止一切野外用火，进行督查巡查，全方位开展森林防火宣传，开展扑火应急小分队和专职护林员培训工作，创新森林防火工作新举措，控制森林火灾发生。

水利。实施洞庭湖治理山塘清淤工程，清淤整修全镇83口中型和大型山塘，计投资230万元。接收区、市、省级各项监督检查，创建优质工程并得到省、市的肯定。开工群力水厂提质改造工程，改建高标准的蓄水池、过滤池，总投资350万元。落实祝家垱水厂改扩建工程，总投资28万元。改造龙丰水厂翠正安片供水管网，总投资12万元。争取区财政投入近400万元，建成群力水厂。

2020年，常德市委书记、市人大常委会主任周德睿（中）考察庆丰水库　（提供：郭少华）

综合治理。取缔环保砖厂1个，排除周边安全隐患。针对镇域内3个砖厂、2个大米厂、3个加油站、1个液化气站、2个搅拌站、1个木器加工厂，每月进行一次安全隐患大排查，对于安全责任主体不落实的企业，联合上级主管部门进行现场责任交办，取缔1个无照经营的柴油黑窝点并警示谈话。联合交警进行道路安全不定期检查，对于超载超速行为进行警示教育，督办源头企业。对于环保不达标的3个砖厂，联合环保部门进行3次关停整改。整改道路、危房安全隐患58处，发出120余份限期整改通知书。联合公安、打非大队销毁超规格和过期产品600余件，进行烟花爆竹市场整治活动，销毁烟花爆竹折价6万元。

综治维稳。实行重点信访人员“五包一”后期管理，落实特护期间安全稳定，无赴省进京信访事件发生。协调分管部门调查处理市长热线和信访平台反映的问题，将结果及时回复给信访当事人。收集“扫黑除恶”专项斗争工作的线索摸排，乡镇干部和村（社区）干部入户走访宣传发放综治民调及“扫黑除恶”资料12500份，公布举报电话，设置举报箱。制作“扫黑除恶”宣传栏15块、固定宣传标语10条、横幅15条。每月按时落实智慧平安平台特殊人群管控服务信息、矛盾纠纷调解上报办理、群众工作日接访处访信息和重点人员后期管理，完善全镇常住人口和房屋的信息，开展流动人口认领工作，每月实施雪亮工程监控巡查。

禁毒工作。全镇社区戒毒、社区康复人员管控率100%；实施社会面吸毒人员建档及风险分类评估。在辖区内开展禁种铲毒工作；6月19日，镇禁毒办配合区公安局为全镇干部职工进行吸毒检测，检测结果全部为阴性。在辖区内开展“6·26国际禁毒日”主题宣传活动，确保禁毒宣传进机关、进单位、进学校、进村社。

脱贫攻坚。实施“两不愁三保障”突出问题清零。完善贫困户基础信息。在贫困人口动态调整工作中，通过与派出所衔接打印所有贫困户户籍底卡，一一核对人员信息，确保贫困户中的人口“应纳尽纳”；针对边缘户和档外五类人员，仔细核对家庭信息、了解家庭情况，确保所有贫困群体信息准确。开展脱贫质量“回头看”工作，4月，进行全镇951户贫困户和539户档外五类户入户调查，发现各类问题116个，其中住房保障问题44个，医疗保障问题12个，残疾人保障问题13个，就业帮扶问题5个,饮水安全问题2个,其他问题40个,全部整改到位。

民政劳保。开展企业退休人员社会化管理服务工作,进行离退休人员的年审和管理工作。开展城乡居民养老保险领取人员生存认证、实现手机网上认证2577人。开展城乡居民养老保险政策的落实和征缴工作,主要是城乡居民16至60周岁参保缴费工作,完善就业登记制度,以全员就业城镇劳动力全部纳入管理为目标,分层次纳入。贫困劳动力信息核实1248人、已就业1079人、未就业128人。城镇新增就业120人、失业再就业80人,困难再就业20人。开展城乡居民医保缴费工作,建档立卡贫困人口档内人员2867人,非建档立卡低保户、五保户、重病重残户、边缘户1494人全部应保尽保。

残联工作。核实农村、城镇低保新增人员的入户调查及申报工作,新增低保20户52人,取消因条件好转不符合低保条件4户10人,给予家庭因意外困难临时救助265人,金额181000元。开展现役军人服务立功受奖摸排工作,全镇立功受奖人员10名,奖励资金31500元,为3名特殊困难退役军人申报困难救助,申请救助资金2万元。开展敬老院安全检查及相关工作的指导,5月,在敬老院开展消防演练和知识讲座,在疫情期间进行封闭式管理,无疫情发生。每月上报残疾人两补新增及退出信息,为全镇24名残疾人及时发放所需辅具、为55名精神病患者免费发放30250元药品。为100余名疑似人员办理残疾证,为符合条件人员申请两项补贴。落实高龄老人基本养老补贴的核实与申报,申报事实无抚养儿童,享受相关待遇。

卫生、计生工作。关爱特殊困难家庭,为特殊困难家庭、特扶对象等申请各类补助资金近3万元。开展生育服务登记工作,落实生育服务证登记255本、三孩证8本。为全镇1763名享受扶助人员发放打卡资金200余万元,审核上报农村计划生育家庭新增奖励扶助对象117人。

人居环境整治。清理存量垃圾,镇村干部下组到户,清捡、托运房前屋后、沟渠水塘等地垃圾。加大人居环境整治投入,新修大型垃圾收集点1个,聘请专门的垃圾清运车,每日将各村垃圾收集至基准点,统一清运至垃圾处理厂。各村投入资金购买垃圾桶、新建垃圾池、聘请保洁员负责垃圾清运和街道卫生清扫。明确保洁义务,与各家各户签订协议,规定房前屋后环境整治责任。

道路交通。常态化治理超载、超限工作,成立治超领导小组,建立进、出货台账,安排专人24小时值守。实行校车安全管理,开展校车日常检查40余次,每月召开校车驾驶员、照管员安全培训会1次,督查学校每天进行校车安全检查1次。配合进行省道313施工建设,截至年末,建设项目完工。 (郭少华)

灌溪镇

【概况】 灌溪镇地处常德市西北郊,距常德城区5千米。东界武陵区南坪街道,西邻桃源县畲田乡;南接武陵区河洑镇,北抵石板滩镇。区域面积64平方千米,其中林地1230.8公顷,耕地1627.67公顷,水面303.93公顷。辖10个行政村、2个居委会,计198个村(居)民小组。总人口35635人,其中城镇人口9468人,农业人口26167人。2020年,全镇工农业总产值409.52亿元,较2019年增长13%,其中工业产值406.9亿元,较2019年增长13%;农业产值2.62亿元,较2019年增加3%;上交国家税金9.5亿元,较2019年增长27%;农民人均纯收入21650元,较2019上年增长1969元。在年度市、区工作会议上,该镇获评市安全生产和消防工作优秀乡镇、市平安建设工作平安乡镇、市平安建设工作优秀乡镇、市人居环境整治十佳乡镇、市文明乡镇、市"春雷行动百日会战"控违拆违"十佳项目"、市"夏日风暴百日会战"控违拆违"十佳项目"、区建设"无上访村"(社区)优秀乡镇、区征地拆迁安置工作红旗单位。

项目建设。推进征拆项目32个,分别是富强东路、二中医院、御龙湾、中联恒通配套一期、沃克二期、新河水系综合治理一期、远大路、中联大道于樟树西路地块、东鼎动力、强劲地产、岗市安置小区、沃克一期、岗市安置小区污水管网、富窑路、望和啤酒、中联恒通配套二期、金丹路、兴发路、东鼎动力一期、变电站、飞龙路一期、塔铁路以北渐河路以西地块、新河水系综合治理二期、金丹路与常德大道交汇处西南角地块、飞龙路二期、五岗东路以北佳鸿机械以西地块、渐安北路、中南置地、污水管网灌溪段、标准化厂房四期、岗中渠机埠、丹溪路绿化项目。征拆房屋227户,交地108.4公顷,发放征拆资金2.69亿元;劳保站落实229户1059名失地农民养老保险参保手续。

2020年,灌溪镇项目建设现场会　（提供:刘雅琴）

城镇建设。投资3000万元用于灌溪镇浦灌大道(原国道207)基础设施改造,改善镇区面貌老旧状况;投资约540万元用于棚户区改造基础设施配套建设及强、弱电入地项目的煞尾工程;投资450万元用于生资路及和谐花园道路改造提质工程,强、弱电入地工程;投资约900万元用于西线公路“白改黑”提质改造;更换路灯36盏,新增路灯145盏,补栽绿化面积400平方米;投入10万余元用于维护镇区基础设施,更换人行道路270余平方米,维修下水道3700余米,下水道井盖28个。依法拆除存量违法建筑46起,总面积13700平方米,其中存量违法建筑5起,面积7600余平方米,全年代办审批建房110户,解决村民偏房改建80户,房屋维修加固60户。

农业农村建设。抓粮食生产。推行“压单扩双”,全镇水稻播种面积由1040公顷提高到1246.67公顷,其中优质稻面积533.33公顷。落实惠农政策。耕地地力保护补贴申报面积861.71公顷,补贴金额1593195.8元。优质稻补贴申报面积260公顷,水稻目标价格补贴面积1035.08公顷次,补贴金额402564.84元。落实政策性农业保险666.67公顷。双季稻补贴533.66公顷,补贴金额703276.4元。农机购置补贴8台套,补贴金额131510元。发展特色产业。推进茶林新造低改,进行茶林病虫害防治和日常养护。乐福村月季花种植蜜蜜小花园、中心桥村佛甲草种植基地等特色农业产业产值保持稳定。改变乡村面貌。疏通村、组渠道23条,全长16.8千米,硚闸除险3处,水库维修养护、大堤除杂5座,山塘整修加固扩容2口,维修机埠3处。富贵坪村朱家岗河灌溪河段附近植树600株,林农自发造林2.67公顷。清理河道15.6千米(其中新渐河7千米,老渐河5.6千米,汪家桥河3千米)。

安全建设。开展综合治理,预防和减少群体性事件的发生,及时协调督办重点矛盾纠纷,全年化解矛盾纠纷150起,接待来访130余批次,处理各类信访交办件23件,与重点上访人员签订息访协议;开展扫黑除恶,全镇刑事案件立案78件,破案25起,刑事拘留16人,行政案件立案100件,行政拘留18人,接处警716件;推进“雪亮工程”建设,接入监控探头321个,并全部联网接入镇综治中心,推送至区公安局和常德市视频管理云平台,全年协助公安机关破获案件3起,辅助镇、村化解矛盾纠纷12起,帮助居民解决问题28起;创建网格微信群62个,有群成员10050人,通过微信群收集和反馈各类矛盾及民生、政策咨询等问题721条。开展安全生产监管。联合多部门针对特危行业、机械加工厂、油漆店、烟花爆竹经营网点、加油站等进行专项整治,收缴非品2.3万余元,全部集中销毁;进行“三合一”及“九小场所”专项整治,排查安全隐患295起,全部整改到位;开展安全生产“强执法、防事故”行动38次,排查隐患1368起,简易处罚59起,立案12起,处罚金28600元。

2020年，灌溪镇开展消防安全进企业宣传活动 （提供：刘雅琴）

民生事业。开展脱贫攻坚，清理整顿精准扶贫对象，应进皆进、应退尽退，解决全镇368户1114名贫困人口“两不愁、三保障、一超过”问题，2020年脱贫23户52人。落实社会保障，城乡居民社保征缴4614人1956400元。落实26439名城乡居民医疗保险参保统计工作，为全镇52名慢性病患者办理“特殊病种门诊医疗就医证”，为64名残疾人发放辅助器材，为39名精神残疾人申请免费精神治疗药物，为53名残疾人申报护理和生活补贴。开展培训300余人次，提供就业信息服务180余人次。开展武装工作，进行民兵整组数人，疫情期间出动民兵开展设点守卡、入户宣传等防疫行动，兵役登记数人，登记率100%，输送兵源数人。进行基层武装部规范化建设，被常德市军分区评为“四星级”基层武装部。发展教育事业，投入教育资金100余万元，拉动高新区投入350万元，实施灌溪中学塑胶跑道建设、小学食堂翻修改扩建、小学足球场整修等工作。实行农村居民养老，采取“政府支持、以村为主、村民共建”的模式，在全镇各村居启动“老年幸福互助屋”建设。

环境治理。开展大气污染防治，农作物秸秆禁烧形成健康常态，通过“宣传+签约”“人防+技防”的工作方式开展立体式宣传活动，2次与农户、收割机手签订禁烧承诺书18000余份，累计出动巡查人员3500余人次，出动无人机巡查35架次。进行散乱污企业治理，关停一批不符合环保要求的小作坊、小工厂。为每个村居配备电子礼炮，形成全域禁炮局面。推进水域治理，在渐河、反帝河河道进行清淤除杂，清理河道15千米；投资1000余万元进行河堤维修加固，修建渐河风光带。打击电打鱼行为，整合镇政府、派出所、村居力量，查处电打鱼行为。整治人居环境，回访改厕户；坚持“村月评”“季镇评”工作方式，每季度开展人居环境整治现场会1次；推进“垃圾革命”，形成“户分类、村集中、镇中转、区清运”的垃圾处理模式，设置垃圾临时收集点1000余处，政府采购240升垃圾收集桶2000余个，为居民配发30升垃圾分类桶16000余个，实行垃圾日清日结。

2020年，灌溪镇人居环境整治观摩会 （提供：刘雅琴）

疫情防控。春节期间镇村两级干部摸排33139人，入户核查30281人，摸排覆盖率100%，无一人遗漏。全镇160余家商铺、30余家餐饮店铺、2个农贸市场80余个摊位在疫情防控期间全部依规经营，查处聚众打牌等违规现象130余起并全部劝散，确保疫情期间社会秩序稳定。镇疫情防控指挥部印发宣传资料图册30000余份，发动组织党员、在校大学生、退伍军人等志愿者参与卡点执勤等各类志愿服务活动近2500人次，储备口罩39820个、体温枪51把、酒精等消杀用品613箱，协助辖区内工厂企业采购防疫物资1010件次，全镇未发生一例确诊或疑似病例。 （刘雅琴）

2020年，灌溪镇在疫情防控期间开展志愿活动 （提供：刘雅琴）

石板滩镇

【概况】 石板滩镇位于鼎城区中北部,东经 111°64′,北纬 29°16′。东靠太阳山常德林场,西抵桃源县架桥镇,南接灌溪镇,北连蔡家岗镇,沅澧快速干线壹号大道穿境而过。因境内渐水河中有一条长约 900 米的石板河滩而得名。镇人民政府驻石板滩社区居委会,距常德市城区 12 千米,距鼎城区人民政府驻地 19 千米,距灌溪高速入口 3 千米。全镇总面积 64.50 平方千米,总人口 21792 人,辖 6 个村、4 个居委会,属常德高新技术产业开发区范围之内,是鼎城工业重镇,也是湘西北最大的花卉苗木产销基地,被称为“花木之乡”。2020 年,石板滩镇获市级文明乡镇称号,石板滩镇毛栗岗村获全国文明村镇称号,石板滩镇渐安艺术团参加市级百团大赛获优秀奖。

党的建设。坚持思想上当“真”,抓班子建设。全镇全年开展领导班子集体谈话 25 次、个别谈话 309 次,召开党委及扩大会议 50 余次,学习和贯彻落实中共十九大及十九届二中、三中、四中、五中全会精神,健全党委议事制度,坚持重大事项民主决策和集体决议。坚持部署上走“深”,落实换届工作。通过入户走访、座谈交流、民主测评等方式进行分析研判,制定“一村一策”调研台账,进行精准摸底;成立换届工作领导小组、选派 10 个督导组,参与指导各村(社区)换届选举工作,进行全程督导;镇纪委及时开通并公布村“两委”换届选举举报专线,各村设立举报信箱,24 小时受理、第一时间处理,确保监管畅通。坚持方式上求“活”,推进“一门式”服务全覆盖。全镇将新时代文明实践站点、网格化服务管理中心、供销站点、邮政网点、金融扶贫服务站、旅游咨询点等 15 个功能室进行统筹整合,打造多位一体的综合服务枢纽。5 月,石板滩镇承办全区基层公共服务(一门式)全覆盖工作现场会,全省 13 个区县市、全市 56 个乡镇现场观摩,得到一致好评。坚持内容上务“实”,落实意识形态工作。贯彻落实意识形态工作责任制,将意识形态与各项中心工作同部署、同落实、同检查、同考核,推进意识形态责任制落实落细。实行新闻舆论、宗教思想管理,掌握意识形态领导权。

疫情防控。镇党委召开党委会 8 次、全体干职会 19 次,专题研究部署疫情防控工作。各村(社)成立以干部与村医为主体的防控工作队伍,发动党员、组长、群众,成立志愿者宣传巡查小分队,层层防控。辖区内复工企业均由 1 名镇干部、1 名村干部包保,在确保做好消毒、排查工作的前提下,支持企业复工复产。全镇通过干部自查、群众普查、流动巡查的方式,阻断疫情传播途径,细化防控措施,进行外来返乡人口和重点场所监管,做到“横向到边、纵向到底”,确保防疫、生产两不误。

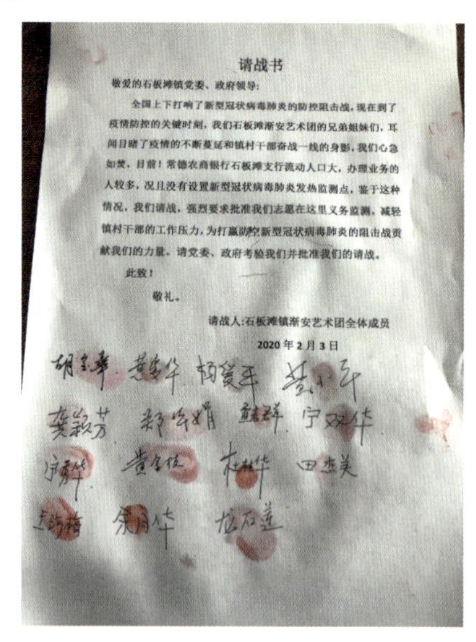

请战书

敬爱的石板滩镇党委、政府领导:

全国上下打响了新型冠状病毒肺炎的防控阻击战,现在到了疫情防控的关键时刻,我们石板滩渐安艺术团的兄弟姐妹们,耳闻目睹了疫情的不断蔓延和镇村干部奋战一线的身影,我们心急如焚,目前!常德农商银行石板滩支行流动人口大,办理业务的人较多,况且没有设置新型冠状病毒肺炎发热监测点,鉴于这种情况,我们请战,强烈要求批准我们志愿在这里义务监测,减轻镇村干部的工作压力,为打赢防控新型冠状病毒肺炎的阻击战贡献我们的力量。请党委、政府考验我们并批准我们的请战。

此致!

敬礼。

请战人:石板滩镇渐安艺术团全体成员

2020 年 2 月 3 日

2020 年 2 月 3 日,石板滩镇渐安艺术团疫情防控请战书
(摄影:胡宝华)

脱贫攻坚。完善工作机制,层层压实责任。成立石板滩镇脱贫攻坚指挥部,党政主职任指挥长,其他班子成员任副指挥长,各站所负责人为成员,形成书记镇长亲自抓、分管领导具体抓、班子成员一起抓、党员干部齐心协力抓扶贫的工作机制。全年召开脱贫攻坚专题会议 50 余次,制定方案,落实“工作队包村,干部包户”双包责任机制,压实扶贫责任。坚持问题导向,进行销号整改。落实“三走

访三签字”工作要求，党政主职遍访全镇373户贫困户，倾听贫困户的需求，摸清真实情况、找准问题根源、抓实扶贫工作。对于脱贫攻坚“回头看”反馈的71个问题，逐一进行销号整改，确保档外五类重点对象医保全覆盖，保证六类对象的住房安全、功能完善。落实精准帮扶，做到因户施策。全镇有贫困人口373户1151人，所有贫困户均达到“一超过两不愁三保障”，全部实现脱贫致富。全年，184人享受教育扶贫政策，33人次享受雨露计划职业教育补贴，4户享受危房改造政策，83户享受产业帮扶，贫困户医保参保率、贫困学生入学率均100%。根据贫困户需求，石板滩镇开设公益性岗位41个，与农商行对接配合发放贫困户金融小额信贷125万元。

矿区治理。石板滩镇坚持落实上级部门提出的意见和要求，开展生态修复治理的“回头看”工作，推进石板滩石煤矿区生态修复治理。自11月26日起，镇村全力投入生态修复治理工作，截至年末，石板滩镇关闭石煤矿区生态治理主体工程基本完工，开展后续生态修复、开发、利用等工作。实施污水处理780万立方米、土方回填450万立方米、喷浆挂壁面积2.5万立方米，1、2、3、5、6号矿坑治理工作完工。当前主要进行4号矿坑内的稀泥沥水、沉降，及矿坑回填、复绿等相关工作。在稀泥处理上，石板滩镇综合各方面专家意见，采用“打渗水井、挖渗水沟、铺设渗水管”与“真空预压排水固结”两种方法同步进行，科学修复治理石煤矿区。

2020年12月22日，石板滩石煤矿区修复治理现场
（摄影：张鹏）

项目建设。石板滩镇党委政府围绕区委区政府提出的“开放强区，产业立区”战略部署和工作要求，以项目建设为重点，细化责任分工，督促建设进度，争取各方支持，推进项目建设。全年启动项目15个，征收土地面积42.67公顷。其中监管中心、德诚建材、佳峰建材等7个项目已交地，兴隆路与邓榜路项目已落实征地补偿，新金顶建材、宏坤建材等7个项目处在评审阶段。

安全稳定。抓安全生产工作，2020年，石板滩镇未发生重大及以上安全生产事故。开展网上安全执法402件，行政处罚48件，立案处罚1件，销号整改区安委办交办的重点隐患整改企业12家。开展矛盾纠纷调处工作，完善人民调解、行政调解、司法调解三位一体的“大调解”工作体系，把矛盾化解在基层。排查处理矛盾纠纷68起，成功调处67起，调解成功率98.5%。抓信访工作，定人定责加强重点人员管控，受理来信41件、来访17件，来访解决率95%以上。开展黄赌毒专项整治行动，重点打击“黄赌毒”等聚集性违法犯罪活动，压制刑事案件和治安案件的发生。推进雪亮工程建设，配备监控网络110个，全部联网接入，进行重点场所实时和录像巡查，并及时将巡查内容录入智慧平安平台。

社会保障。开展民政救助，到全镇110户农村特困对象入户调查，确定11位全护理、13位半护理对象，为121位困难群众发放临时救助资金59500元。开展助残服务，为全镇553名残疾人进行动态更新，为疑似残疾人提供入户办证和集中办证服务，集中办理残疾证45份，发放轮椅7个、收音机31个、腋拐4个。开展就业帮扶，组织待业、失业人员参加招聘会，新增城镇就业人员159人，全镇贫困劳动力转移就业475人。 （张雅静）

【周德睿专题调研石板滩镇关闭石煤矿区生态修复治理工作】 2020年12月22日，常德市委书记、市人大常委会主任周德睿到鼎城区石板滩镇专题调研石板滩关闭石煤矿区生态修复治理工作，市区领导罗先东、尹正锡、朱金平、陈远、钟科程等陪同。一行人到枫拾治理点2号矿坑、印山治理点4号矿坑了解情况。在治理点，周德睿对2号矿坑的修复治理工作表示肯定，对正在进行稀泥处理的4号矿坑的下阶段的治理工作与相关市直部门、鼎城区主要负责人及相关专家等现场进行交流探讨。他强调，市、区两级要以更高的站位落实习近平总书记生态文明思想，进一步压实责任，高质量落实整改任务，确保问题及时清零销号。

（张雅静）

2020年12月22日，常德市委书记、市人大常委会主任周德睿（左三）调研石板滩关闭石煤矿区生态修复治理工作

（摄影：张鹏）

蔡家岗镇

【概况】 鼎城区蔡家岗镇位于常德市城区以北19千米处，总面积156平方千米，下辖13个行政村、4个社区，计169个村民小组。全镇总户数13266户，总人口42617人。耕地面积4453公顷，其中水田面积3768.6公顷，旱地面积683.8公顷，林地面积6168.4公顷。中型水库1座，小Ⅰ型水库6座、小Ⅱ型水库10座，山塘2376口。该镇西抵桃源县盘塘镇，北靠临澧县太浮镇。石长铁路、国道207（一号大道）南北穿镇而过，省道313公路横贯东西，是2016年鼎城区规划确定的四个中心镇之一。

基层组织力。抓党员发展工作，坚持成熟一个发展一个的方针，从严要求，把握入口关，保证党员数量和质量的提高。2020年从农村优秀青年、机关事业工作人员、致富带头人、“两新”组织和非公企业从业人员中吸纳党员数名，培养入党积极分子数名。发挥党员先进模范作用，在新冠肺炎疫情防控中，党员干部当先锋，打头阵，履行战役指挥员、攻城排头兵的角色，组建党员志愿者队伍17支，全镇党员志愿捐款26.6万元。

特色工作。2016年该镇引入第三方力量——“平安之星协会”开展五星级平安幸福家庭评选，探索社会治理多元化。并于2017年融入“无上访村（社）创建”工作。截至年末，协会主动或协助村（社）调解处理各类矛盾300余起，调处成功率99%；组织一星至五星平安幸福家庭评选活动966次，农户参与度100%；完成市域治理试点工作验收，召开全市各区县政法委书记和平安办主任、全区各乡镇街道党工委书记等各类人员参加的现场会4次，推广开展基层市域社会治理现代化工作创新经验，确定该镇为市无上访村（社区）建设试点单位、区警司联调工作试点单位。

镇村建设。投资700万元的集镇居民住房改扩翻建及功能结构性改造、投资900万元的集镇下水道建设完工。投入10余万元用于水毁工程的维修，山塘硬化、清淤，满足生产灌溉和防汛抗旱的需求；省道313蔡家岗地段（长岭岗集镇）竣工、通车；春樵路升级改造完成，正常运行；蔡家岗文化广场、蔡家岗信用社改造建设竣工，投入使用；实施雷公庙街道河道改造；落实文化陈列馆建设前期设计、资料收集；启动蔡家岗车站改造。

产业发展。围绕传统特色领域，优化经营环境，实现产业兴镇目标。蔡家岗镇境内以湘北水泥、隆程建材为代表的企业100余家，2020年产值5亿余元，为鼎城区获税近1亿元。推动农林产业增质增量，实现农业强镇目标，采取“企业＋合作社＋农户”模式，推动各村（社）合作社发展，全镇苗木花卉、水果产业具备规模。油茶新造166.67公顷、油茶低改633.33公顷。封山育林33.33公顷。依托“精为天”“湖南金健米业”等粮食品牌企业，宣传和鼓励农户种植高档优质稻1866.67公顷，增收近1000万元，全镇有优质农业合作社、家庭农场近50个。

实施旅游品牌计划,实现旅游富镇目标。明确市级周末优秀休闲旅游品牌定位,挖掘长岭岗风景区、北山风景区、五里溪美丽乡村等优秀休闲旅游资源,推动农户发展农家住宿、农家乐休闲等产业。

民生事业。关注就学、社会救助、社会福利、慈善公益等领域。发展教育事业,坚持育人为本,改善办学条件,提升教育质量,全镇教育水平位于全区前列,2020年,镇3所中学的一中上线录取率均高于2019年,蔡家岗中学以40.6%的一中录取率排在全区乡镇中学的第一名。开展民政工作,落实和清理城乡居民最低生活保障政策,低保户276户,年发放低保金1432800元;落实困难群众的基本生活补贴,健全和规范农村社会救济工作,及时了解各类灾情,向上争取救灾、救济的资金。完善退役军人保障和优抚政策,为优抚对象落实医疗减免和大病救助政策;落实残疾人“两项补贴”,改善他们的生活质量。开展卫计工作,落实计生奖扶政策,利用“5·29”计生协会会员活动日,走访慰问计生贫困户21户、失独家庭34户。年内申请计生特殊家庭大病护理补贴23人次,金额44800元。

脱贫攻坚。全镇建档立卡贫困户950户3018人,已脱贫906户2919人,2020年脱贫44户99人。围绕“一超过两不愁三保障”关键指标,创新工作思路,实行结对帮扶全覆盖,人人身上有担子。全镇结对帮扶干部385名(区镇村三级),每个帮扶责任人掌握帮扶贫困户家庭情况、帮扶需求、项目落实情况。发展龙头企业,助力农户脱贫。振坤农林责任有限公司参与扶贫,帮扶贫困户307户,其中直接帮扶200户,人均增收500元,委托帮扶107户,人均分红160元。147户贫困户参与运祥农业农机专业合作社,在合作社的帮助下,人均增收400元。

人居环境。组织专项整治行动,2019年至2020年,拆除境内3个墟场767户非法占地和私搭乱建的违章建筑,建立长效管理机制实行农村环境卫生治理。实施厕所革命,通过开展宣传、强化行政推动、严格督导考核等措施,全镇落实2000余户厕所改造;抓秸秆禁烧工作,加大宣传力度,使秸秆禁烧理念人人知晓;处理各类垃圾,通过新建污水处理厂、垃圾池、转运平台、人工湿地等实现垃圾无公害处理。 (谭 侦)

花岩溪镇

【概况】 花岩溪镇位于区治西南40余千米,2020年,辖12个村(社区),总面积113.8平方千米,总人口2.8万人。

党的建设。落实意识形态工作,每月定期开展党委理论中心组学习,学习中共中央总书记、国家主席习近平考察湖南时重要讲话指示精神、《习近平谈治国理政》第三卷、中共十九届五中全会精神等,形成常态化学习制度。重视党风廉政建设,履行“一岗双责”,班子成员计开展谈心谈话374次,涉及人数482人。各村(社区)“清风连心桥”微信群实行专人负责、动态管理,实行信息公示,宣传教育经常化、常态化,打通全面从严治党“最后一公里”。突出队伍力量建设,落实预备党员转正,吸收预备党员。慰问困难卸职村干部党员。疫情防控期间,提倡村(社区)党组织利用智慧党建系统召开党员主题党日活动、党员大会,召开线上视频会36场次,落实智慧党建“三会一课”、党费缴纳、机构设置工作全年无扣分,“我的常德”APP党员实名注册率97%,排名全区第一;社会实名注册4600余人,排名全区第一。发展村级集体经济,2019年湖江坪村农机专业合作社利润50余万元,被区农机局评为先进合作社,2020年合作社加大投入,扩建谷仓和烘干设备,创建利润80万元。村委会与合作社签订入股合同,村集体以扶持资金入股。推进“一门式”服务建设,按照“四个一”要求,6月,建成第一批试点村并通过验收。8月,第二批试点村通过验收。年末建成全部12个村(社区)“一门式”服务平台。开展村级“两委”换届,提前进行村级财务审计,集中整顿软弱涣散村党组织,培养村级后备干部40

余名，与村干部、党员、组长等群体进行谈心谈话，开展换届业务培训。经村(社区)党组织换届党员和群众推荐、镇党委推荐，确定候选人，初步人选提交区委组织部进行联审。推进村(居)委会换届工作，12月，推选出村(居)选举委员会并实行选民登记。

2020年6月30日，花岩溪镇领导慰问困难党员
(提供：刘巧林)

安全维稳。开展扫黑除恶工作，利用宣传牌、宣传栏、宣传车和宣传册等营造扫黑除恶专项斗争氛围，每月针对干部、党员、党小组长、村民小组长进行涉黑涉恶线索排查和警示教育，未发现相关线索。开展平安创建，2020年，整治茶馆2家，拘留1人，驱散群众赌博17起并没收赌具；每月定期开展平安创建志愿活动，全镇在册志愿者500余人；不定期开展治安巡逻87次，劝散、训诫电打鱼及疫情防控期间人员聚集600人次。开展信访维稳工作。进行无上访村建设，落实接访制度，及时回应群众诉求，重点上访人员管控率100%，特殊人员服务率、管控率100%，无一人发生失控情况。落实安全监管责任，建立机制，政府与微型企业签订安全生产目标责任书，把安全生产工作列入年度考核的内容，形成纵到底、横到边的安全生产目标管理网络。通过开展“打非治违”工作和安全隐患排查治理工作，查出各类安全隐患82处，分别下达限期整改指令书，并实行跟踪检查。重视宣传培训，7家企业7名安全管理人员参加业务培训，培训率100%，各企业分别进行从业人员上岗培训，安全教育培训率95%以上。

农业农村。抓粮食生产，遏制耕地抛荒。成立粮食生产领导小组和工作小组，通过学习强国视频会议系统进行粮食生产工作日调度。制定2020年粮食生产工作意见及粮食生产硬核20条，用于强化责任、指导工作。全镇933.33公顷早稻种植任务分解到村(社区)，落实66.67公顷早稻集中育秧任务。通过召开专题会、现场会、屋场会，派出流动宣传车，悬挂横幅、张贴标语等方式，营造抓粮食生产氛围。培育经营主体，推广农业技术。2020年，全镇有种粮大户(50亩以上)68户，流转面积1066.67公顷，流转率44%。发展高档优质稻(订单)面积800公顷。全年，组织开展技术培训5场次，受益农户430人次。加强质量监管，保障餐桌安全。农残抽样检测3800批次，合格率100%。探索试行农产品合格证管理，确定3家企业为首批农产品合格证管理试点单位，将5个规模养殖场列入重点监管。为2019年发生非洲猪瘟并采取扑杀措施的20个养殖户开展消毒杀菌及养殖恢复指导，开展国家食品安全示范城市创建。开发冬季农业，扩种油菜绿肥。落实绿肥种植面积600公顷，各村创办示范片(200亩)1个，重点打造绿肥示范片(500亩)2个，建设油菜全程机械化生产示范片(1500亩)，开展农机顽瘴痼疾集中整治、第七次全国人口普查等工作，保证人口普查质量。通过签订禁烧承诺书、悬挂禁烧横幅标语、宣传车巡逻、召开屋场会等方式，将禁烧责任落实到村、到网格、到户、到人。2020年，秸秆禁烧工作进入常态化管理，在各级督查中未发现一个火点。发展林业产业，实现春季造林200公顷，义务植树5.97万株，油茶新造66.67公顷，油茶疏密低改25.13公顷。中育林抚育160公顷。竹蝗防治率和防治效果均100%，森林病虫鼠害发生率控制在0.2%以下，开展松材线虫病的防治，清理病死松树2212株，与生态公益林护林员签订管护合同，管护面积100%。开展护林防火宣传工作，全年未发生森林火灾。采伐林木约7000立方米。建设水利基础设施，投入资金30余万元，渠道清淤55千米，维修水毁工程30余处。落实防汛抗旱岗位责任制，5座小(2)型水库均由专人负责、全班调度，保证防汛安全和农田灌溉。定期在山洪灾害易发村开展山洪地质灾害防御演练,落实河(湖)长制责任,打造样板河水溪河。为解决因水库除险工程造成的4个村(社区)群众饮水问题,制定应对方案,解决饮水问题。建设道路基础设施,硬化道路21.7千米,道路加宽9.8千米、自然村通水泥路1.8千米。养护村道公路87千米、乡道公路36千米。开展交通问题顽瘴痼疾集中整治联合执法5次,维修公路塌方点隐患路段3处,中巴车、校车运行平稳安全。发展乡村旅游,花溪湾乡村度假客栈接待游客量30余万人次,作为"花岩溪镇旅游产业扶贫基地",采取直接帮扶和委托帮扶相结合方式,为该镇贫困户分红,增收致富,实现"造血"式扶贫。青山沟度假村项目纳入2020年区重点项目,年末启动主体建筑装修及园区内、外配套设施建设,拟于2021年建成开园。建设台资企业汉樱生态产业园项目,园区种植、培育樱花32个品种50万株,栽培台湾高新果蔬20余种、栽培其他花卉13.33公顷100余种。创建美丽乡村,改善村容村貌。整治农村人居环境,该镇获评全市人居环境整治十佳乡镇;全年落实798户改厕任务,建成污水处理厂并投入使用,配套管网建设正在实施;治理黑臭水体1处,创建常德市生态文明建设示范乡镇。开展全国文明城市复检迎检工作,营造文明健康、保护环境、移风易俗宣传氛围,湖江坪村获评全国文明村。

2020年3月31日,花岩溪镇召开粮食生产工作现场会

(提供:刘巧林)

民生保障。完善社会保障体系,抓就业服务平台,采取线上线下相结合招聘形式,实现71人就业。新冠肺炎疫情期间,安排专车护送19名急需到深圳返岗劳动力外出务工。申报发放各类就业补贴近12万元,推荐60余名劳动力参加各类劳动技能培训,实现培训一人、就业一人。参加城乡医保21387人,参保率83.2%。督促指导16名因病有致贫风险的群众申报大病救助,落实7.5万余元救助资金。城乡居保缴费人数7573人,参保率90.65%,缴费金额257.5万元,占任务83.48%。向困难群众发放低保、特困等各项救助资金、补贴计600余万元。花岩溪镇有贫困户583户1743人,全年脱贫41户86人,贫困人口全面脱贫。全年改造农村危房32户,累计使用资金70余万元,向在外务工的贫困劳动力发放交通补贴14万余元,设置公益性岗位57个。为268名建档立卡贫困学生实现义务教育、学前教育、职业教育资助全覆盖。实行家庭医生签约、"扶贫特惠保"全覆盖,贫困人口医保补助50%,残疾贫困户全额代缴,贫困人口医保参保率100%。实施产业扶贫项目6个,金额97.5万元,5家产业帮扶主体与417户贫困户建立利益联结机制,每户平均增收400元,为149户"两有"贫困户开展技术培训5场次。开展新冠肺炎疫情防控工作,利用66个网格微信群,通过50余天,实现"零确诊、零传播",疫情防控工作被全区通报表彰,1124名党员自愿捐款141736元。

2020年,花岩溪镇志愿者开展新冠肺炎疫情防控工作

(提供:刘巧林)

社会事业。逆江坪中学、港二口中学教学质量排名全区前十名,改善港二口中学教学条件,新建公租房、教学楼等,硬化篮球场,安装多媒体设施。

逆江坪中学开展大型教育活动,举办朗诵比赛、校园文化艺术节、文艺会演,香港慈善家谭泽生为该校捐资助学。落实农村奖扶对象年审1384人、特扶对象年审63人、手术并发症对象年审8人。筛查农村育龄妇女“两癌”852例,4人分别获国家两癌救助资金10000元。定期举办“妈妈读书会”特色活动,提高女性自身素质与文化修养。开展“我们的节日”文化活动,举办广场舞大赛、“欢度国庆 情满中秋”主题文艺会演、“我要上春晚”乡镇初赛等各类文艺活动和竞赛活动,为5名老干部、20名“道德小富翁”举行颁奖仪式,丰富干部群众精神文化生活。开展武装工作,组建防汛应急队伍,参加鼎城区抗洪抢险工作,花岩溪镇获评“鼎城区基层人民武装部‘星级达标’建设达标单位”。 (刘巧林)

【“认领微心愿,争当圆梦人”学雷锋志愿服务主题活动】 2020年5月14—18日,花岩溪镇组织全体帮扶责任人开展“认领微心愿,争当圆梦人”学雷锋志愿服务主题活动。每名帮扶责任人根据贫困户家庭情况,确定至少1个贫困户为圆梦对象,了解其生产生活中亟须解决的小微困难,填写“微心愿”信息登记表,并由贫困户和帮扶责任人共同签字确认。帮扶责任人根据贫困户需求,通过义务劳动、自愿捐助、购赠实物、传授技能、提供信息等多种方式帮助他们圆梦,实现微心愿152个。

(刘巧林)

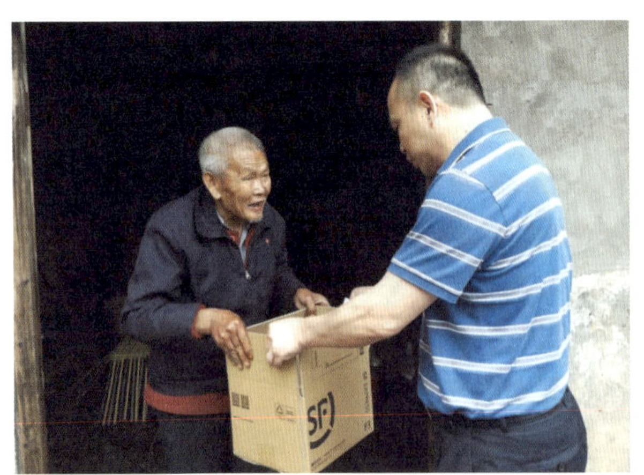

2020年5月14—18日,花岩溪镇开展“认领微心愿,争当圆梦人”学雷锋志愿服务主题活动 (提供:刘巧林)

尧天坪镇

【概况】 尧天坪镇地处常德市鼎城区西南端,属丘陵地区,东临花岩溪国家森林公园,西连桃花源旅游区。全镇总人口3.1万人,辖11个行政村、3个居委会,总面积122.88平方千米。2020年,尧天坪镇获评全省离退休干部先进集体、市级平安建设工作优秀乡镇、区级建设“无上访村(社区)”优秀乡镇、全区征兵工作先进单位、全区党管武装工作先进单位、全区安全生产和消防工作先进单位、全区林业工作先进单位、全区劳保工作先进单位、区级文明单位。

疫情防控。年初新型冠状病毒感染的肺炎疫情发生,尧天坪镇成立由党委书记任政委,镇长任指挥长的应急指挥部,并设立综合协调组、医疗救治组、疫情防控组、督查指导组等7个工作小组开展疫情防控工作,建立由镇干部、村干部、网格员、组长、党员、村医组成的六级包保责任制,保证防控措施落地、防控责任到人。按照坚定信心、同舟共济、科学防治、精准施策的要求,在全镇范围内开展防控知识宣传、人员信息摸排、重点场所消毒杀菌等工作,做到防控知识和要求人人知晓、重点人员严格管控、重点环节一个不漏,疫情防控与经济社会发展齐抓共管、统筹推进。全年未出现一例新冠肺炎确诊病例。

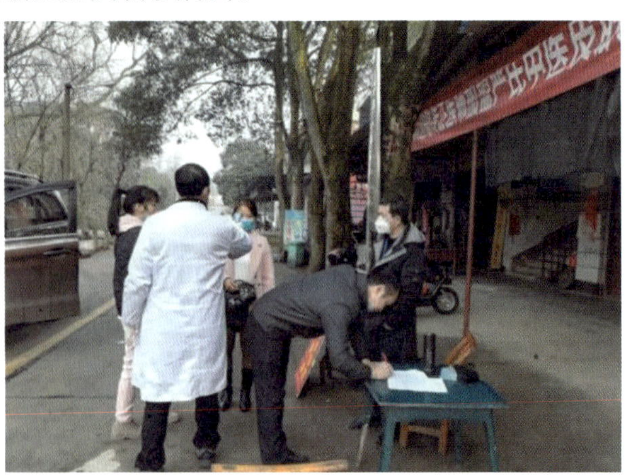

2020年2月,尧天坪镇开展体温检测、人员信息登记等疫情防控工作 (提供:田自主)

脱贫攻坚。2020年，尧天坪镇围绕“两不愁三保障”关键指标，落实产业扶贫、就业扶贫、健康扶贫、教育扶贫、危房改造、社会兜底保障等扶贫政策，推进驻村帮扶和结对帮扶，组织实施脱贫攻坚各类工程。开展脱贫质量“回头看”，党政主职调度、参与，查找脱贫攻坚领域存在的短板弱项，及时整改不符合“两不愁三保障”指标的突出问题。注重贫困人口自身发展能力提升，组织50个贫困人口进行农村实用技术培训、培训创业致富带头人5个。指导帮扶贫困劳动力就业，提供长效脱贫保障。针对有劳动能力的贫困人口开展就业推荐宣传，全镇269人享受务工交通补贴，安排公益岗位81个，帮助贫困人口就地就业。按照标准执行贫困退出程序，逐级开展脱贫复核验收，到2020年10月末，全镇贫困户814户2542人全部稳定脱贫，2个贫困村摘帽。

产业发展。尧天坪镇制定《尧天坪镇年粮食生产工作方案》，引导压单扩双，推广中稻+再生稻栽培模式，落实粮食种植面积4666.67公顷。扶持吊瓜子基地、小蜜蜂农场、稻虾养殖等特色产业，带动规模发展。引进绿旺公司在发旺桥、田坪、花园岗村规划开发集中连片200公顷油茶产业园，油茶新造20公顷，全镇油茶产量400余吨。引进兴疆牧歌生态养殖基地项目在发旺桥村落地，项目总投资2.4亿元，占地面积40.5公顷，年出栏生猪10万头，年产值2.8亿元。

2020年9月19日，兴疆牧歌生态养殖基地项目在发旺桥村举行开工奠基庆典 （提供：田自主）

环境整治。推进农村人居环境整治行动，各村（社）制定工作方案，成立爱卫协会，开展环境卫生宣传，在全镇范围内开展陈年垃圾及卫生死角大排查、大清理，督促农户搞好房前屋后卫生，每季度开展环境卫生评比。落实农村“厕所革命”工作，在2019年完成农村卫生厕所改造2514座的基础上，2020年再改造551座。建立健全镇、村两级河长制，镇、村两级河长负责水库、河道责任段的垃圾清理及障碍物清除，从根本上改善生态环境、生活环境。

稳定工作。坚持“预防为主，安全第一”的方针，强化安全生产责任意识，抓安全管理制度、措施的落实，进行安全生产宣传教育，定期针对相关企业、危险化学品、烟花爆竹、重点场所开展安全生产检查，实施安全生产专项治理，落实安全生产责任。开展综治维稳为主线、平安创建、扫黑除恶、创满意、无上访村建设等工作，执行党政骨干坐班接访制度，发挥网格化服务与管理的作用，调处各类矛盾纠纷，2020年，全镇接待来访群众157人次，化解各类矛盾纠纷109起，矛盾纠纷化解率100%，群众满意率98%以上。

文化建设。利用“中国民间文化艺术之乡”“湖南省诗词之乡”和革命老区的文化影响力，继承优秀传统，坚持文化创新，加大文化事业投入，在村（社）建立百姓大舞台和文化墙。在喜洋村和花园岗社区分别举行“非遗传承，健康生活”主题文艺演出活动和鼎城区2021“我要上春晚”尧天坪镇专场节目选拔比赛等，得到上级文化主管部门的肯定和居民群众的欢迎。收集与挖掘关于“文甲起义”和潘振武将军的资料，弘扬“将军故里”红色文化，为打造常德市爱国主义教育基地奠定基础。

2020年5月28日，尧天坪镇举行非遗文化演出活动 （提供：田自主）

民生保障。动态管理低保对象 326 户 681 人，为低保申请家庭进行家庭收入计算评估，将符合条件的农村困难家庭以户为单位纳入农村低保，不符合条件的予以清退，做到应保尽保、应退尽退。2020 年度全镇享受优抚对象 459 人，发放优抚金150 余万元，按政策调整病故对象，充实享受优抚对象，摸底上报农村籍 60 岁以上退伍老兵。全镇残疾人 822 人，发放重残护理补贴 323 人、困难残疾人生活补贴 55 人。发放残疾人辅具轮椅 26 台、腋拐 13 副、低视力配镜 2 副、视力盲杖 44 台、助听器 2 台，发放精神残疾药物 25 人。开展留守儿童和生活困难老年人慰问活动，让弱势群体感受到党委政府的温暖关怀。

教育工作。树立“支持教育就是造福子孙后代，培养人才就是创造宝贵资源”的可持续发展理念，把教育摆在民生之首，增加教育投入，净化和优化校园周边环境。11 月，对接深圳狮子会等组织的爱心人士到镇学校开展爱心助学，在 2 所中学捐赠修建运动球场和多媒体会议室，总价值 50 万元。支持传统文化进校园，形成富有特色、符合尧天坪实际的现代化教育教学体系，为全镇经济社会发展提供精神动力和智力支持。镇中学升学率居全区第一方阵，获全区教书育人目标管理先进单位，2020 年中考，尧天坪中学 21 人考入鼎城区第一中学。

党建工作。坚持用党建统揽各项工作的开展，在全镇范围内营造抓党建、学先进氛围。开展“新春佳节话党恩”活动，激发人民群众“信党、爱党、感恩党”。召开党员领导干部民主生活会，开展批评与自我批评，在红脸出汗中达到交流思想、促进团结的目的。抓智慧党建系统新平台的使用，维护各党支部党组织和党员基础信息。开展软弱涣散党组织排查，抓整改工作，结合花莲冲村的实际情况，按照“拿一套整顿方案、定一名联点领导、派一支工作队伍、配一名第一书记、选一批帮扶项目、建一个坚强班子”的“六个一”工作法要求，制定软弱涣散基层党组织整顿方案。推进基层公共服务（一门式）全覆盖工作，通过智慧党建平台引领融合“互联网＋政务服务”一体化平台，对接政务服务事项下沉，保证所有村（社区）均能提供“一门式”办理、“一站式”服务，群众办事“只跑一次、只进一门”。（田自主）

【山体滑坡地质灾害应急演练】 2020 年 4 月 30日，尧天坪镇在金峰社区开展山体滑坡地质灾害应急演练，鼎城区自然资源局地矿股股长朱飞到位指导。演练模拟金峰社区突发山体滑坡险情，部分群众因险受伤，镇指挥部迅速反应，合理指挥，国土所、安监站、水利站、卫生院、派出所等单位应急队员计 50 余人各司其职，密切配合，救出受伤群众，妥善处理滑坡现场。该次演练旨在强化应急队员的责任意识，提高实战能力，确保真正发生险情时招之即来，来之能战，战之必胜。（田自主）

2020 年 4 月 30 日，尧天坪镇山体滑坡地质灾害应急演练集合现场（提供：田自主）

【鼎城区首批易地搬迁不动产权证书在尧天坪镇颁发】 2020 年 6 月 18 日，鼎城区自然资源局在尧天坪镇颁发全区首批 11 本易地搬迁贫困户不动产权证书，该次确权登记发证费用由鼎城区人民政府承担，不向农民收取任何费用。农村房地一体确权登记发证工作的推进，为盘活农村土地资产、解决土地权属纠纷，维护土地和房屋合法权益提供保障。（田自主）

2020年6月,鼎城区首批11本易地搬迁贫困户不动产权证书在尧天坪镇颁发 (提供:田自主)

【百场安全课堂进村社活动】 2020年7月29日,尧天坪镇妇女联合会联合镇民政所、综治办、社工站、中心小学等部门开展"暑期百场安全课堂进村社"活动。活动中,社工、分管安全副校长、志愿者组成安全宣讲团,向儿童及其家长们宣传如何安全用电,夏季防溺水、防盗、防拐骗、防性侵,如何预防车祸的发生等安全知识,增强孩子们安全知识,让家长认识到孩子安全教育重要性。

(田自主)

2020年7月29日,尧天坪镇开展"暑期百场安全课堂进村社"教育活动 (提供:田自主)

许家桥回族维吾尔族乡

【概况】 许家桥回族维吾尔族乡是鼎城区唯一的少数民族乡,2015年12月,原丁家港乡合并到许家桥回族维吾尔族乡,全乡区域面积116.6平方千米,其中耕地面积4007.33公顷,林地面积426.67公顷。总人口38500余人,其中回族、维吾尔族、土家族、苗族等少数民族人口9500余人,辖行政村13个、社区居委会3个。2020年,工农业总产值9.82亿元,其中工业生产总值5.35亿元,农业生产总值4.47亿元,农民人均年收入16530元。许家桥回族维吾尔族乡被区政协评为"2020年度先进政协联络处",被区武装部评为"2020年度征兵工作先进单位",被湖南省人民政府授予"湖南省民族团结进步模范集体"称号。

农村人居环境整治。开展农村生活垃圾治理、大气污染防治,全年落实改厕任务603口。开展"讲文明、讲卫生、讲科学,树新风""洁我家园、共创文明"等系列活动,落实"门前三包",增强农民群众自我管理、文明卫生、美化环境的自觉性,改变"脏、乱、差、堵"现状。打击整治非法挖砂采石取土现象,复垦复绿9个地块23.53公顷,回应和处理生态环保信访件8起。

农业产业发展。全乡油茶面积3866.67公顷,其中油茶新造366.67公顷,油茶低改866.67公顷,2020年油茶新造86.67公顷,油茶低改353.33公顷。全乡分层次推进早稻集中育秧,减少插花,扩大示范面积;以公路沿线村(社区)作为重点区,发挥最大示范效应,全部种植双季稻。全乡水田面积3300公顷,早稻播种2520公顷,晚稻播种面积2573.33公顷,优质稻播种面积1433.33公顷,集中育秧320公顷。推进粮食生产"压单扩双",遏制农田抛荒,取消抛荒耕地地力补贴,由村集体收回经营权统一耕种或转租。

基础设施完善。8月,维修国道319许家桥墟场路段路面,12月,落实白改黑1000米,整修后路面标示线清晰,增添人行横道斑马线,实施牌南线3.5千米大修工程。乡政府投入195万元实施安饮工程建设,进行水厂改造,改善水质,解决群众用水困难。完善农业基础建设,2019年启动的优质稻高产创建项目涉及9个村,2020年实施渠系达标建设23215米、机耕道整修11459米、山塘护坡25口。

国道319许家桥墟场路段路面修整后面貌

（提供:余成慧）

空心房整治和土地确权。优化城乡建设用地布局，盘活利用存量建设用地，改善农村人居环境,统筹城乡协调发展。在确保项目工程质量和实施技术规范的前提下，落实空心房整治工作任务，拆除“空心房”57栋，整治地块120个，涉及面积11000余平方米,落实拆旧复垦工程施工任务21.53公顷,通过验收并种植作物。开展农村宅基地和集体建设用地房地一体确权登记颁证工作,按照不动产统一登记和宅基地制度改革的要求,坚持“依法依规、房地一体”“应登尽登、能发尽发”的工作原则,以“农户自愿申请、权属来源合法、产权清晰无争议、面积量算准确”为前提,逐户开展测量和权属调查、收集土地和房屋权属来源资料，形成地籍图、宗地图、房屋平面图,落实全乡16个村(社区)9655户摸底调查工作，符合颁证条件8690户,最终落宗资料齐全可直接颁发农村不动产登记证8066户。

社会事业发展。全乡2021年城乡居民医疗保险参保人数31160人,缴纳医保金872.48万元。通过公益性岗位解决贫困劳动力就业76人。低保户动态调整前306户638人，调整后增加至341户704人。五保户385人,发放补助资金231万元,全年临时救助217人次,发放救助资金12.5万元。开展人口与计划生育工作，全年奖扶对象2940人,发放奖扶资金282.24万元;特别扶助对象120人,发放扶助资金109.26元；全乡符合政策的生育率98%,出生率9.08‰。

新冠肺炎疫情防控。按照区新冠肺炎疫情防控指挥部部署,开展群防群控、联防联控。利用“村村响”广播宣传疫情资讯、科学防控措施,教育引导人民群众做好自我防护。开展摸排,落实市、区疫情防控指挥部的指令集中医学观察。集镇墟场取消赶集，明令禁止各类赈酒行为,劝退、劝延各类赈酒162起。2月,疫情稳定后,推进超市、药店、餐饮、日杂等域内1102家商业门店恢复正常营业。在复学开学前，乡疫情防控指挥部牵头组织相关部门实地检查疫情防控期间开学保障准备工作，确保学生安全就学。以外防输入、内防反弹为总目标,全乡新冠肺炎疫情防控工作形成常态化,全年无一例确诊病例。

产业扶贫。统筹规划红薯种植加工产业扶贫项目,采取加工企业+种植基地(村级集体经济组织)+贫困户方式开展帮扶。投资160余万元在杨公庵村建设红薯粉加工厂(常德助富农业开发有限公司),发动10个村开辟66.67公顷红薯种植基地(村集体经济组织经营),276户贫困户流转土地,全年530人次贫困人口参与种植基地和加工企业务工,参与经营分红。公司红薯粉丝产量约25000千克,销售额60余万元。

（于成慧）

2020年5月13日,常德市委书记、市人大常委会主任周德睿(右一)在杨公庵村红薯粉加工厂开展产业扶贫调研

（提供:余成慧）

【许家桥回族维吾尔族乡“第七次全国人口普查”】 2020年11月1日，第七次全国人口普查工作启动。许家桥回族维吾尔族乡开展前期宣传，发放《致住户一封信》10000余份，制作横幅80条，张贴宣传标语400余张，通过微信群、“村村响”广播，动员群众主动配合人口普查工作。全乡分为90个普查小区开展人口普查，该次人口普查全面摸清全乡人口总数、结构和分布等状况，为科学制定全乡发展计划、完善人口发展政策、推动高质量发展提供专业支撑。 （于成慧）

【许家桥回族维吾尔族乡抗美援朝70周年纪念章发放仪式】 2020年10月22日，在许家桥回族维吾尔族乡举行抗美援朝70周年纪念章发放仪式，为参加抗美援朝的志愿军老战士、老同志及为战争胜利做出贡献的相关人员授予“中国人民志愿军抗美援朝出国作战70周年”纪念章。鼎城区人武部政委为5名志愿军老战士代表佩戴勋章，致敬老英雄。许家桥回族维吾尔族乡计23名抗美援朝老战士获该纪念章，其中年龄最大的96岁。 （于成慧）

2020年10月22日，许家桥回族维吾尔族乡抗美援朝70周年纪念章发放仪式现场 （提供：余成慧）

【湖南省文科状元何润琪】 2020年8月3日，许家桥回族维吾尔族乡党委政府主要领导到兴旺冲村看望慰问湖南省高考文科状元何润琪，其曾在许家桥回维乡中学就读，2017年以优异成绩考入鼎城区第一中学隽新班，在2020年高考中以707分位列全省文科第一。许家桥回族维吾尔族乡党委政府高度关注教育事业的发展，中、小学校办学条件逐步改善。许家桥回维乡中学塑胶操场于2020年开工，乡财政投入14万余元，整修许家桥回维乡中学校道，保障学生出行安全。乡民政所、残联、扶贫办等部门，开展全乡义教阶段“四类”学生摸底排查，全年帮扶资助义教阶段特困家庭学生291人，资助金额34.88万元，帮助解决他们在学习生活中存在的困难和问题，送去关心和温暖。 （徐伟国）

黄土店镇

【概况】 黄土店镇总面积220平方千米，辖21个行政村、3个居委会。全镇总户数13467户，其中农业户1.32万户；总人口5.33万人，其中农业人口4.59万人，是“中国长寿之乡”，享有“擂茶之乡，醉美边城”之美誉。2020年，地区生产总值从2019年的7.83亿元增加到8.38亿元，社会固定资产投资1.2亿元，农民纯收入从2019年12695元增加到15075元。2020年，黄土店镇获评全市建设“无上访村（社区）”工作考核评估结果良好单位、全区落实党风廉政建设责任先进单位、安全生产和消防工作区级优秀单位、建设“无上访村（社区）”优秀乡镇，被中央电视台《焦点访谈》栏目、湖南卫视等主流媒体宣传推介20余次。

基层党建。全年召开10次党委会研究部署党建工作，党委书记带头上党课7次，打造党建文化墙，推行党员“一句话承诺活动”“立诺、亮诺、践诺”，镇机关老干党支部获评全市“五好”老干党支部；建成“两代表一委员”工作室，工作做法被全市现场推介。实行一村一策、重点把控，完成村（社）“两委”换届；抓党建促融合，采取“党建＋网格”模式，全镇61个党支部全部达到“五化”标准。实施“头雁”工程，5名产业发展能人担任村（社）党组织书记，47名35岁以下后备干部进入新一届村（社）“两委”干部队伍。用“加减乘除”工作法，推动“一门式”服务落地生根，56项便民服务事项实现“刷脸办”。

疫情防控。面对新冠肺炎疫情，突出党建引领，强化线上线下“双重网格管理”，81个基层党组织，1500名共产党员逆行奋战。落实高速设卡检测，在各村(社)主要路口设立防控劝导点30个，医护人员、工作人员、非输入性人员“零感染”。中央电视台《焦点访谈》栏目以“防控不松，农时不误”为题，报道黄土店镇党员带头控疫情、抓生产事迹。

脱贫攻坚。全镇906户2975名贫困人员脱贫，采取“公司+合作社+基地+贫困户”模式推进产业扶贫，形成国道207沿线优质果蔬产业带、以黄土店片区为主的油茶产业带、以沧山片区为主的生态旅游产业带、以钱家坪片区为主的竹木和林下经济发展产业带，形成“镇有主业、村有产业、户有就业”产业扶贫格局。落实扶贫政策，危房改造125户，发放改造补贴269万元；发放教育助学金64万元，惠及贫困学生546人；保障贫困户基本医疗，实施安全饮水工程全覆盖。发展产业扶贫，全镇建立合作社56家、家庭农场和大户67家，所有贫困户均与产业经营主体建立利益联结，云峰竹海、沧山景区带动100余户贫困户人均增收3000元以上，桂花湾公司发挥“扶贫车间”作用，与45户贫困户对接联营，生产、销售、配送各类农产品，贫困户人均年收入3万余元。推进就业扶贫，开发公益性岗位115个，带动115名贫困劳动力就业。为300余名在外务工贫困户申报交通补贴。

基础设施。自然村通水泥路硬化建设37千米，投入500万元进行农村电网改造，投入3300万元进行高标准农田水利设施建设，协调落实市级重点工程黄土店镇至草坪镇3.5千伏高压线建设。改变城镇面貌，实施常安街改扩翻二期项目，落实集镇内街道综合改造，建设垃圾中转站、污水处理站，绘制集镇墟场道路标线12千米、车位200个、设置监控探头120处，成立综合行政执法队，提升集镇秩序管理。实施沧山水库除险加固工程，水库灌溉功能由2800公顷提升至3333.33公顷，改善周边乡镇居民用水条件。

人居环境。落实河长制，在沧水、枉水和13座小型水库开展沿河湖卫生清理整治行动，云峰山村被湖南省提报，拟认定为国家森林乡村的行政村。清理整治农村空心房126处14.15万平方米。推行“首厕过关制”标准，改厕2223座，沧山村通过市级美丽乡村验收，常态化推进农村人居环境整治工作。开展沿国道207路肩培护工程，推进村(社)美丽庭院建设。围绕“三面五清”推进环境卫生整治，设立整治办负责日常工作，健全“一月一评比”农村人居环境整治评比机制，添置垃圾桶12000余个。

安全稳定。汛期期间，设立水库及河道公示牌46块，筹备防汛砂砾250立方米，编织袋2万余个，全区山洪地质灾害演练在该镇举办，全年未发生1起有人员伤亡的灾害。拆除原沧山兽医站、食品站、冶炼厂烟囱，取缔高速路、桥梁下木材加工厂3处，组织高危企业消防安全培训3次、消防演练6次，提高各行业安全意识和应急自救能力。落实企业安全生产主体责任，开展安全生产整治大会战百日行动，网上执法268次，联合执法检查10次，出动执法检查车50余台次、300余人次，行政处罚17起，立案1起，处罚款3300余元。开展信访维稳工作，化解积案5件。开展平安创建，每月19号组织平安创建志愿者活动。落实禁毒管控，进行涉毒人员评估、建档，社康社戒数人。推进雪亮工程建设，发挥其在社会巡查中作用，协助交警处理交通事故3起，为公安提供重要线索5条，帮助找回失联老人2人。

乡村旅游。实施云峰竹海AAA级景区提质改造工程，打造以廉洁文化为要素的茶马古道。沧山景区建成游客中心、标识标牌等基础设施建设和沧山八景、“沧浪文化”主题墙绘等核心景点，通过国家AAA级景区评审验收。2020年，在景区周边发展农家乐、擂茶馆，20余家农户发展农家乐和果蔬采摘，全年，旅游、生态产业产值近1亿元。

民生保障。发放残疾人重度护理补贴526人次、残疾助学补贴16人次、困难人群生活补贴325人次、低保政策补贴627户1279人、农村特困供养551户579人。城乡居民医保参保率95%,社保参保率100%。通过线上招聘、现场招聘等活动,为全镇800余名劳动力推荐就业岗位,累计新增转移就业162人,其中建档立卡贫困劳动力21人,申报交通补贴239人,申报扶贫车间项目1个,镇村两级为贫困家庭开发公益性岗位117个,为8家疫情期间开办的个体经营户申报创业扶持资金。召开优秀学子座谈会,为43名优秀高三毕业生发放助学奖金4.3万元。（肖　婷）

【常德市委书记、市人大常委会主任周德睿考察调研黄土店镇陡水坡村蜂糖李产业扶贫基地】 2020年5月13日,常德市委书记、市人大常委会主任周德睿带队到黄土店镇陡水坡村蜂糖李产业扶贫基地调研,了解黄土店镇脱贫攻坚工作和产业发展情况,肯定该镇推动农村土地流转、发展特色产业带动群众脱贫增收的做法。他指出,发展产业是实现脱贫的根本之策,要因地制宜培育特色产业,强化产业发展与贫困群众利益联结机制,确保群众脱贫不返贫。要开展“回头看”工作,围绕住房安全、就业就学、基本医疗保障等问题再次梳理,摸清底子,抓紧抓实各项工作,确保5月末前脱贫攻坚突出问题全面清零,确保高质量完成脱贫攻坚任务。市委常委、市委秘书长罗先东,副市长龚德汉参加调研,区委书记杨易,区人民政府区长朱金平,镇党委书记徐杰等陪同。（肖　婷）

2020年5月13日,常德市委书记、市人大常委会主任周德睿(前排左二)视察调研黄土店镇陡水坡村蜂糖李产业扶贫基地（提供:肖婷）

【常德市人大常委会党组书记、副主任余怀民带队到黄土店镇考察人大试点工作】 2020年11月30日,常德市人大常委会党组书记、副主任余怀民,副主任王先蒙、戴君耀、杨新辉、宋云文、杨易,秘书长李绍霞带领全市各区县(市)人大常委会负责人,到黄土店镇视察调研贯彻落实《湖南省乡镇人民代表大会条例》的情况。一行人视察了人大代表工作室、“两代表一委员”活动室、群众接待室、政协委员工作室等阵地,了解关于各区域的功能设置,听取关于黄土店镇民生实事人大代表票决制和人大代表履职的情况汇报。（肖　婷）

【常德市人民政府副市长汤祚国调研黄土店镇尾矿库安全防汛工作】 2020年5月13日,常德市人民政府副市长汤祚国带领市区相关部门负责人到黄土店镇调研尾矿库安全防汛工作。汤祚国一行查看常德市鼎城祥荣矿业有限公司猪娘湾、猫儿档尾矿库,听取鼎城区应急管理部门及相关企业负责人工作情况汇报,重点查看两个尾矿库安全生产运行、日常监管、值班值守、安全度汛等工作落实情况,检查废渣处理、废水排放等是否达到安全生产标准。常德市应急管理局局长张铁牛、鼎城区人民政府副区长王直华、黄土店镇党委书记徐杰等陪同。（肖　婷）

2020年5月13日,常德市人民政府副市长汤祚国(中)调研黄土店镇尾矿库安全防汛工作（提供:肖婷）

草坪镇

【概况】 草坪镇位于沅水之南，枉水之滨，在常德市城区以南10千米处，隶属常德市鼎城区，东邻石门桥镇，南接黄土店镇，西抵斗姆湖街道，北靠德山经济开发区，国道207纵贯全境，县道08线穿境而过，与桃花源机场相望，沿河而下可直抵沅水德山码头。草坪镇总面积76.6平方千米，辖8个行政村、2个居委会。粮食播种面积5366.67公顷，总产量3.35万吨，旱杂粮3000吨，高档优质稻面积2666.67公顷。2020年3月，在常德市委农村工作会议上，草坪镇被评为2019年市级乡村振兴示范片先进单位。三角堆村被评为全国乡村治理体系示范村、国家森林乡村、全省美丽乡村示范村；放羊坪村被评为国家森林乡村、全省基层党建示范点、全省精品乡村；兴隆街村被评为全国文明村、省级美丽乡村；陡惠渠村被评为国家森林乡村、市级美丽乡村。草坪乡村振兴示范片被评为全市先进示范片，排名第一。2019—2020年年末，草坪镇接待省市领导视察、全国各地学习交流团队100余批5000余人。乡村振兴“草坪模式”被中央、省、市媒体推广。

草坪镇“中国民间文化艺术之乡”牌匾 （摄影：杨国军）

党建工作。草坪镇党委按照“产业兴旺、生态宜居、乡风文明、治理有效、生活富裕”要求，坚持镇村主导、党建引领、群众参与、乡贤赞助、协会管理，利用当地人文资源发展特色产业，推进一、二、三产业融合，摸索出乡村振兴“草坪模式”。镇村主导。实行统一规划、统筹推进，聘请市、区规划设计院为村庄规划进行设计，并征求党员群众意见。主导工作推进，落实工作调度、考核、评比。主导产业发展，指导各村发展集体经济，形成“一村一品”产业格局，各村集体收入均超过10万元。三角堆村发展优质稻、黄花菜和火龙果等产业，村级集体年收入50万元。党建引领。发挥基层党组织战斗堡垒和党员先锋模范作用，2020年，三角堆村支部书记陈良凯获常德市“最美扶贫人物”称号，被评为全省劳动模范。坚持把政治标准放在首位，选优配强村支两委班子。建设村级综合服务平台，草坪智慧党建工作被中央电视台、新华社报道，放羊坪村被评为全省基层党建示范点。群众参与。坚持让农民群众当家做主，实行共建共治共享，成立乡村振兴和幸福屋场理事会，推动幸福屋场建设、设施管护、卫生保洁工作。乡贤赞助。发挥能人作用，吸纳社会资本。2018—2020年，草坪镇20余名“80后”“90后”优秀年轻人回乡创业、竞选村支两委干部，带领家乡群众致富奔小康，兴隆街村肖卓宇，创办卓宇合作社，流转土地万余亩，吸收社员500余人，为社员每亩增收300元。开展“引老乡、回故乡、建家乡”活动，为乡贤建设家乡牵线搭桥、提供平台，三角堆村闵译军，出资1000余万元修建文化广场，免费供村民休闲游玩。发动捐款，助力慈善，草坪社区杨明晓，捐款200余万元用于道路提质改造、文化广场建设、慰问困难群众；放羊坪村慈善协会，每年收到乡贤捐款20余万元。协会管理。全镇所有村(社)均组建爱卫协会、红白理事会，赈酒数量降幅80%以上。成立乡镇文联、诗社、艺术联合会等文艺组织，2018—2020年，草坪镇利用文艺协会组织创作人居环境整治、乡村振兴节目、剧本30余个，演出100余场。

草坪镇放羊坪村迎宾幸福屋场 （提供：田薇）

人居环境整治。用制定目标、动员部署、办点示范、集中整治、建立机制"五步工作法"推动人居环境整治,2次在全市作典型发言。通过整合项目、群众筹工筹劳、政府以奖代投等方式,推进改厕工作,全镇3638户厕所实施改造。全镇各类建设项目发动群众筹资筹劳3000余万元,涉及1000余户3000余人,自发拆除围墙、偏屋100余处,拆除"空心房"70余栋,让出菜园、鱼塘13.33公顷。

文化品牌建设。草坪镇是"中国民间文化艺术之乡",全年,在中央媒体上稿5篇,省、市级媒体上稿30余篇,年初开设《旗帜》专栏,连续10期报道草坪镇抗击新冠肺炎疫情事迹。丰富群众文化生活,鼎城区2021"我要上春晚"大型文化才艺竞赛活动草坪镇专场在放羊坪村开赛,全国人大代表杜美霜参与的"送戏下乡活动"到陡惠渠大舞台演出,草坪镇文联、诗社、艺术联合会等文艺组织创作《幸福屋场》等诗词、节目。完善公共文化服务体系,进行机关院落改造,兴建草坪文化展示馆、文化活动室、草坪图书馆。2020年10月,草坪镇联合工会被命名为湖南省模范职工之家。10月30日,举办草坪镇第五届民间文化艺术节暨鼎城区丰收节,以民俗文化、扶贫展销、互动表演为主要内容,创新流动舞台表演形式。

2020年10月30日,第五届民间文化艺术节暨鼎城区丰收节现场 (提供:田薇)

民生事业。推进脱贫攻坚工作。2020年11月,草坪镇完成脱贫攻坚迎省检任务,全镇建档立卡贫困户677户2068人全部脱贫。对照通过省检、市检查处出的问题,建立问题清单,逐项对账销号。开展驻村帮扶和结对帮扶工作,落实义务教育、基本医疗、住房安全和饮水安全保障政策。采取公司+合作社+贫困户的形式,发展推进产业扶贫,发展三角堆村果蔬合作社、放羊坪村优质稻合作社,带动贫困户就业,并实现脱贫。开展综治工作。2020年,草坪镇综治民调工作被评为全区先进单位。举行乡村夜话,召开开屋场会,开展民调宣传、走访活动,了解群众诉求,化解社会矛盾。坚持干部定期下访接待群众,每月5日、6日、7日为村干部下访接待日,每月15日、16日、17日为镇干部下访接待日,走访接访群众,帮助群众解决实际问题。草坪镇在10个村(社区)安装监控探头128个,全镇各网格监控探头全覆盖。利用"雪亮工程",助力公安、交警破案。提升卫计服务水平。全年,出生194人,其中政策内出生191人,政策外出生3人,政策内出生率98.45%。截至2020年11月29日,全镇1812人享受国家计划生育奖励扶助,其中2020年新增享受国家计划生育奖励扶助102人,新增特扶14人,享受独生子女保健费273人。草坪镇卫生院投入资金增添医疗仪器设备,改善医疗条件。落实老年人、糖尿病患者、高血压患者、精神病患者健康体检工作和妇女"两癌"筛查工作,开展公共卫生迎市检。开展农村食品安全整治活动,规范农村食品经营市场,全年未发生一起食品安全事故。开展教育工作。2020年,草坪镇42人被上海交通大学、同济大学、哈尔滨工业大学、中南大学等重点大学录取,创历史最佳成绩。草坪镇中学作为鼎城区唯一一所入选常德市芙蓉学校计划的学校,11月完成学校主体建设。推进社会保障。落实各项惠民政策,草坪镇城乡低保参保192户462人,全年打卡发放低保资金113万元。五保户300人,年标准打卡发放生活保障金165万元。养老服务场所先锋敬老院有孤寡老人22人,区民政局下拨维修改造资金20万元,用于整治敬老院周围环境。城乡居民养老保险参保4086人,参保金额1201800元。落实待遇人员资格认证工作、机关退休人员和企业退休人员管理服务、残联等其他工作。 (田　薇)

谢家铺镇

【概况】 谢家铺镇位于鼎城区和汉寿县交汇处，距常德市城区 20 千米，是商贸重镇、农业强镇、油茶大镇，石长铁路、长常高速、国道 319 贯穿其中。总面积 128.5 平方千米，辖 17 个行政村、2 个社区居委会，计 173 个村民小组。全镇总户数 11095 户，总人口 4.85 万人。2020 年，谢家铺镇围绕“城郊农业立镇、商贸物流活镇、油茶产业兴镇、生态环保美镇”目标，开展幸福谢家铺建设，推进发展升级，落实各项目标任务。该镇在平安建设工作考核中获评市级平安边界乡镇、区级优秀乡镇，在安全生产和消防工作考核中获评市级优秀单位，在建设“无上访村(社区)”工作考核中获市级良好乡镇称号。

基础建设。3 月，谢家铺镇按照“实施乡村振兴，打造美丽乡镇”目标，开展谢黄公路镇墟场至向家巷村段示范创建，解决公路沿线两边卫生差、乱建乱搭、交通不畅等问题。规范镇步行街市场，投入 300 余万元升级老市场，重新安装顶棚，整改其他安全设施。利用项目资金 200 余万元改造商贸步行街，改造后作为赶集市场，将原马路市场商贩吸引到步行街营业。投入 20 余万元完善国道 319 交通设备设施；推进唐家铺社区拆违工作；落实上级交办的防汛抗旱山洪地质灾害资料上报及防汛抗旱演练工作，编制 25 座水库、8 个灾害点预案编织，汛期组织劳力开展巡查 100 余次。完善河长制资料，组织各村 200 余人，进行 5 条河流清基，清捡垃圾，官桥坪村和边山铺村组织区、镇、村三级志愿者清理河道，制止河道采砂 10 余次，打造谢家铺河为镇样板河，投入资金 10 万余元。维修庙谭河坝，投入资金 20 万余元，进行启闭、闸门更新，新建机房，维修其他设施。新修小Ⅰ型、Ⅱ型杉木水库、竹窝水库、周谷冲水库溢洪道，投入资金 13.76 万元。准备防汛物资，配备编织袋 1.5 万条、防汛砂石 500 立方米、彩条布 25 条、商储物质若干。

2020 年，谢家铺镇水利站组织水库防汛抢险应急演练
（提供：谢栩宇）

集镇商贸。全镇企业单位 267 家，其中规上企业 8 家，比 2019 年增长 17 家，2020 年新落户千万级企业 5 家。一、二、三产业经济总量 8.51 亿元，增长 6810 万元，增速 8%，促进企业发展和环境保护有机融合。提质升级经营环境，增强品牌商家活力。长源大楼总面积 3200 平方米，是全区唯一的市级农贸综合体，艾莱依、闻湘月、零食旅行记、亿客隆等品牌商家经营其中。

集体经济。成立建设经济合作社 18 家，股份经济合作社 1 家，登记注册，设立对公结算账户，赋予集体经济组织市场主体地位，建立健全管理制度。各村利用当地资源招商引资，形成特色种植、特色养殖，逐步趋向一村一品。金陵桥村与湖南奇田药材有限公司合作，种植药材 3.33 公顷(白芷)，与五洲半岛农业发展有限公司合作种植食用菌 2 万包；官桥坪村与五洲半岛合作种植大棚蔬菜 1 公顷。全镇集体经济收入 204 万元，比 2019 年增长 28 万元，增速 11.6%，85%的村经营收入突破 4 万元。

农业产业。2020 年，谢家铺镇早稻专业化集中育秧秧田 9.19 公顷，抛栽大田 686.67 公顷，优质稻推广 1866.67 公顷。全镇播种面积 6873.33 公顷，其中水稻 6540 公顷（早稻 2966.67 公顷，比 2019 年增加 733.33 公顷；中稻 533.33 公顷，比 2019 年减少 466.67 公顷；晚稻 3040 公顷，比 2019 年增加 800 公顷）。保持“三定”基调不变，定主推品种，定收购企业，定保底价格，市场带着合作社走，合作社带着订单走，订单带着农户走。在完善桥头、港中核心示范园区的基础上，扩大 66.67 公顷面积，将向家巷村、鹿角坪村沿谢黄线段纳入高产创建园区，实施统一品种、统一播期、统一机插、统一机防、统一测土配方施肥、统一机收。

油茶产业。突出“一大产业，发展油茶产业”，建设“四带一园”高效油茶产业示范区，全年，油茶新造100公顷，疏密低改200公顷，后期管护733.33公顷；发展林下经济中药材33.33公顷。巩固发展申友公司高效油茶特色产业园成果，以葛藤桥村为核心区，向四周扩面延伸，云溪谷高效油茶产业园区333.33公顷，拓展民俗村文娱康养基地建设，打造观光现代农业产业园综合体。

生态环保。开展定期、不定期巡查，全年，定期巡查涉污企业10次、不定期突击检查17次，下达整改意见书28份，从源头上遏制污染源外排。配合上级主管部门调查，回复举报事件23起。打击制止非法挖沙取土行为9起，遏制非法盗采行为。落实“河（湖）长制”工作，健全责任体系网，实行管理全覆盖。管控秸秆禁烧，开展蓝天保卫战，建立镇村干部秸秆禁烧责任体系，与农户签订承诺书10000余份，开展全天候秸秆垃圾禁烧巡查。以复绿整改为难点，惩处破坏生态行为，部署非法取土场复绿工作，压实责任，落实整改任务。

社会保障。开展城乡居民养老保险征缴、扩面、提档工作，缴费人数10509人（不含补缴）；开展城乡居民养老保险待遇领取人员资格认证工作，手机认证率99%以上。审核离退休人员，落实退休人员社会化管理工作，进行机关、企事业单位离退人员500余人年审工作。实施医保全覆盖，城乡居民医疗保险缴费人数35544人，占任务数89.08%，建档立卡贫困户及档外五类人员参保率100%。落实特殊病种证的年检和申报工作；为建档立卡贫困人员开辟公益性岗位98个（其中人社局开发19个，村、社自行开发79个），开展建档立卡贫困劳动力信息核对（准确率100%）。为254名外出务工贫困劳动力发放一次性求职补贴，申报交通补贴247人（其中60岁以下的234人，60岁以上的13人）。进行优生优育宣传，全年参加优生遗传检测对象462人，人群覆盖率98%以上。实行计划生育奖扶，全年，发放独子女保健费510人，特扶对象家庭医生签约服务126人，上报奖励扶助对象91人。落实各类计生保险15万元，落实退役军人“光荣之家”荣誉牌悬挂工作。

脱贫攻坚。谢家铺有19个行政村（社），其中贫困村3个，建档立卡贫困人口922户3047人，其中脱贫872户2946人，2020年脱贫50户101人，3个贫困村全部退出。完善脱贫攻坚项目库建设，根据《鼎城区扶贫资金项目管理操作手册》，实行项目库动态调整。全镇2020脱贫攻坚初始项目41个457.55万元，进行项目库动态调整增加项目6个35万元，调减项目4个26.5万元；推进产业扶贫项目建设，发展产业扶贫项目2批8个，覆盖贫困户及边缘户461户，涉及财政专项扶贫资金138万元。结合产业发展实际，选择特色种植业作为扶贫产业，规模发展优质稻291.33公顷、食用菌33.33公顷，帮扶主体为湖南亿泽生态农业科技有限公司、下陈湾农机合作社、天和水稻合作社、农盛水稻专业合作社、联农种养专业合作社，以直接帮扶、委托帮扶为利益联结机制，项目覆盖19个村311户贫困户，重点产业扶贫项目覆盖150户贫困户及边缘户。完善金融扶贫项目，扶持扶贫小额信贷，扩大覆盖面，实现贫困人口脱贫增收，全年，小额信贷61户297万元；实施“雨露计划”扶贫培训项目，开展雨露计划宣传活动，保证每个符合申请条件学员不掉队，收集雨露计划补助名单，应补尽补。组织开展农民实用技术培训，提高贫困户生产技能。利用油茶山林资源，发展油茶产业，采取“公司（合作社）+村（社）+农户”发展模式，分步实施油茶新造、疏密低改，坚持改造与管护并重。推动公司、专业合作社、大户与贫困户签订油茶产业帮扶协议，以租赁、土地入股、技术服务和优先用工等形式建立利益联结机制，帮助贫困户解决自身发展油茶产业困境，带动周边群众就近就业，镇各中小企业结合经营发展实际，促进建档立卡贫困劳动力就业，全镇有区级认定就业扶贫车间2家。

安全稳定。推进无访村社建设,推进基层社会治理现代化建设,排查矛盾纠纷151起,化解135起,采用“警司+”联调机制,处理复杂矛盾纠纷8起。开展坐班接访和入户走访,回复回访群众来信来访130件,收转办市长热线电话140件,处理网上投诉信访4件。帮扶特殊人群家庭19个,管控特殊人员。推进扫黑除恶专项斗争,打击“黄赌毒”违法行为,取缔涉赌茶馆17个,教育训诫茶馆老板28人。提质升级“雪亮村庄”网格系统,新增监控探头41个,每个村社有监控10余个,全镇有监控223个,整体接入“云平台”。 (谢栩宇)

芦苇场

【概况】 2020年年末,鼎城区芦苇场有干部职工272人,其中在职职工123人、退休职工149人。辖7个股室、2个林业巡查队。澧水鼎城段滩洲面积2646.66公顷,其中生产面积1973.33公顷(2019年滩洲测绘)。沿线跨中河口镇、蒿子港镇、十美堂镇,长度35千米。2020年撤销6个生产分场,取消分场一级机构,分场一级正职实行分工,全员到总场打卡上班。

党建工作。芦苇场有党支部2个,党员75名,坚持问题导向,完善基层党建“三会一课”,落实党风廉政建设责任。以党建促发展,组织开展党员教育等活动,开展周五主题党日活动,组织党员展开主题讨论。活动参加率93%以上,学习笔记完成率100%,规范完整各项党建资料。通过领学文件、传达会议精神等方式,学习传达党和国家的大政方针,对于党风廉政建设等重大事项采取观看视频、理论测试等学习形式,保证学习实效。把握党员发展关,保证党员队伍的纯洁性。在中国共产党建党99周年之际,场总支书记为全场党员讲党课,分析形势,解析芦苇场发展方向。在七一前夕走访慰问退休困难党员,为党员送问候、送温暖。

综治维稳。召开扫黑除恶专题会议,制定实施工作方案,成立扫黑除恶专项斗争领导小组、综合协调组、联合指挥调度组、宣传组、情报信息组,利用微信、宣传栏等舆论宣传工具,宣传开展“扫黑除恶”专项斗争的目的和意义,动员干部职工参与。组织股室负责人召开培训会议,解读扫黑除恶专项斗争精神。在辖区主要道路和出入口张贴悬挂宣传标语、横幅3条,制作宣传栏3个、设立扫黑除恶举报箱2个,公布举报电话。突击检查辖区重点对象,摸排辖区重点人员,维护稳定社会环境。处理各类信访件,走访信访对象,电话联系信访人员,书面回复信访人处理意见书,场总支组织信访职工集中座谈,控制减少非访、集访发生。

林业生产管理。在麻河、沙河口、三角堤3个林区新造林257960株,造林面积429.93公顷;林区除草100公顷、非林地清理扫障20公顷。受国家政策影响,原森华公司租赁的1166.67公顷林地截至11月11日全部退租,根据该特殊情况,芦苇场寻找新的社会资源,将最后一期366.67公顷退租林地公开向社会转租,截至11月20日,森华公司退租林地全部发包出去,无一荒洲荒山。实施林区防火工作责任管理,2020年春、秋季,清理6个林区防火隔离带与林区公路两侧杂草,明确防火工作责任。

院落改造。投入资金70余万元,改造场部院落,新建围墙150米、篮球场1个、停车位16个,实施植树、植草等项目。 (彭群阳)

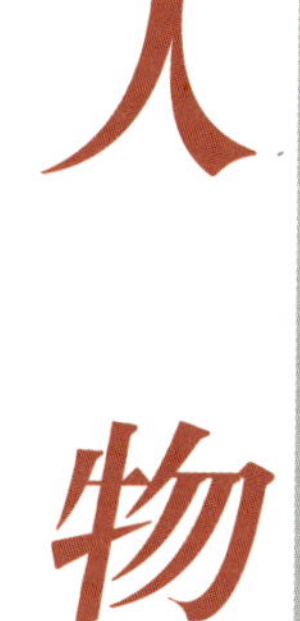

人物

Personages

2020年6月30日，鼎城区高龄党员座谈会现场　（提供：区融媒体中心）

湖南省抗击新冠肺炎疫情先进个人
省级劳动模范
常德市“五一劳动奖章”获得者
鼎城区“五一劳动奖章”获得者

湖南省抗击新冠肺炎疫情先进个人

【湖南省抗击新冠肺炎疫情先进个人陈祥】 陈祥，男，汉族，1970年8月出生，常德市第四人民医院党委书记、院长，主任医师。常德市第四人民医院系鼎城区新冠肺炎疫情救治定点医院，1月24日，接上级命令之后，陈祥立即组织召开医院党委扩大会议，研究成立医院新冠肺炎疫情防控指挥部，担任总指挥长，成立疫情防控工作小组12个，投入疫情防控战役。1月27日，组织力量将感染科楼全部腾空，用作新冠肺炎收治隔离病房。医院南北两个医疗区，分别在门诊部、急诊科设立预检分诊哨点，在住院楼设立哨点，在26个病区设立门禁，并关闭其他通道。1月8日至1月24日，安排医务人员在桃花源机场进行国际航班出入境人员医学排查；1月26日至4月30日，安排医务人员在桃花源机场进行进出港航班人员24小时医学排查。截至10月上旬，他主持召开新冠肺炎疫情防控调度会45次。在疫情防控高峰时段，他每天带领相关负责人到各哨点、病区巡查，发现问题及时解决。到感染科隔离病房，了解疑似病人救治情况，并组织全院大会诊，确保病人安全。疫情防控进入常态化之后，他带领人员排查境外及国内高、中风险地区到鼎城区人员；落实病区门禁管理及陪护探视制度；完善核酸检测工作，应检尽检、愿检尽检。至10月上旬，医院接受医学观察205人次，开展核酸检测5000余例，病人零死亡、零漏诊、院内零扩散、医务人员零感染。 （提供：胡友娟）

【湖南省抗击新冠肺炎疫情先进个人王飞】 王飞，男，汉族，1965年4月出生，鼎城区疾病预防控制中心主任助理。他从事疾病预防控制工作30余年，曾从事疾病监测、传染病防控、计划免疫、预防保健、初级卫生保健管理、食品卫生、公共场所、职业卫生监督监测、学校卫生、慢病预防控制和指导结核病防治工作，能独立开展慢性病、传染病和突发公共卫生事件的主动监测工作，开展地方病、疟疾防治与死因监测工作。每年为乡镇、社区公卫办人员开展2—3次业务知识培训，每年培训人员300余人次。在2020年新冠肺炎疫情处置中，第一时间学习掌握防控工作方案、诊疗方案、消毒技术等并进行现场培训。他带领应急机动队开展现场流行病学调查、密切接触者居家观察和现场消毒指导；参与新冠肺炎核酸检测采样，参加区人民政府组织的联合督查组，督查指导乡镇新冠肺炎疫情防控工作；指导全区100余家工厂、企业复工复产前疫情防控。培训指导学校复课、电影院复工，负责全区新冠肺炎疫情防控和疫情处置总调度。 （提供：胡友娟）

【湖南省抗击新冠肺炎疫情先进个人胡友娟】 胡友娟，女，汉族，1987年7月出生，鼎城区卫生健康局公共卫生股股长。新冠肺炎疫情发生后，她迅速投身到防控工作中，负责疫情防控和信息摸排工作。日夜处理乡镇反馈的国内重点地区人员摸排信息，指导乡镇按要求管控、通知疾控人员上门进行核酸采样、反馈核酸检测信息，通知集中隔离点接收解除密切接触人员等工作。核实、梳理统计数据并分类处理，为上级决策提供第一手准确资料。3月13日，接区疫情防控指挥部任务，公安、上级联防联控等部门反馈境外人员500余条信息需尽快核实分析，她20余小时未合眼，逐一分解核查，排除已回国人员43人，对外转交信息60余条。至2020年10月，排查国内重点人群8000余人，排查管理境外返鼎人员400余人，管理密切接触者500余人，排查电话用户20000余人。 （提供：胡友娟）

省级劳动模范

【省级劳动模范陈良凯】 陈良凯，男，汉族，1980年出生，中共党员，常德市鼎城区草坪镇三角堆村党总支书记，2019年，被中共常德市委授予优秀党务工作者称号。他带领三角堆村发展扶贫产业，该村成立农业合作社3个、农业公司1个，发展杜鹃湖红心火龙果、杜鹃湖优质稻、优质高产油茶、黄花菜4个集体产业。产业均吸纳贫困户入股,每年享受分红,仅务工工资每年20余万元。村级集体经济从无到有,2019年村级集体经济收入50万元,该村2017年实现整村脱贫。草坪镇开展乡村振兴工作后,陈良凯团结班子成员抓环境整治,在全村开展环境评比工作,建立村级爱卫协会,整治成效明显。开展"引老乡,回家乡,建家乡"活动,发动乡贤投资2000余万元,建成10000余平方米的文化休闲广场,免费投入使用。以村部为主体,环杜鹃湖组打造幸福屋场,实施全村主干道白改黑工程6000米,均进行亮化与美化。2019年,西藏自治区隆子县、湖南省邵阳市、常德市石门县及桃源县等单位100余批5000余人到村参观学习。2020年,新冠肺炎疫情期间,他主动放弃陪伴月子中的老婆与刚出生的孩子,冲在疫情最前线,以组组入户不漏一人为原则,将所有返乡人员逐一排查,与村医为湖北返乡人员上门服务,实行网格化管理、人盯人防控,全村无一例确诊或疑似病例。他分批为镇级防疫捐献医用物资折价1200余元,为村级防疫捐献物资折价3000元。（提供:丁明辉）

【省级劳动模范张明仲】 张明仲,男,汉族,1965年3月出生,本科学历,中共党员,高级工程师,常德市鼎城区江南新城建设投资开发有限公司董事长。数次获先进工作者、工作标兵等称号,立三等功2次、二等功2次,鼎城区优秀共产党员、常德市优秀共产党员、常德市劳动模范。曾经2次进入解放军信息工程大学测绘学院,学习摄影测量与遥感、航空摄影测量等专业理论知识,转业到地方后,参加各种培训,接受继续教育,连续17年被湖南省人民政府续聘为湖南省综合评标专家库评标专家。他从事城市建设维护养管工作20余年,主持和参与的市政工程项目建设,累计投资超100亿余元。常德市江南城区地处季节性河流盆地,地下水位高,为解决道路沥青抗渗裂、抗推移和温度疲劳问题,他查阅大量资料,开展数次试验,采取独创性措施,在工程基础处理方面进行研究,提出改良地质结构、夯实工程基础办法,在道路基础处理、流沙地质治理等方面积累方法,他主导的相关工程从未发生质量问题。在一次施工中,因地下水击穿污水主管网,形成网内管涌,形势危急,他第一时间钻到地下6米深的下水管内,爬行110米实地查看后提出"内撑加固、外管注浆"办法,经过7天7夜连续施工,解除重大险情,保住工程,减少直接经济损失1000余万元。（提供:丁明辉）

【省级劳动模范朱德元】 朱德元,男,汉族,1963年6月出生,湖南省桃源县人,高级技师,湖南省"桃源工"木雕非遗传承人,常德湘联木业有限公司首席木雕师,2018年湖南省"五一劳动奖章"获得者。1981年至1983年,他随父参加第一期桃花源渊明祠修复;1984至1985年,受邀参加岳麓书院修复工作;1988年,承接澧县文庙木雕修复工程;1990年至1994年,带领数十位木雕艺人及师兄弟修复桃花源古建筑及景点20余处。1999年至2002年,他主持雕刻常德市博物馆镇馆之宝"中华根",该作品荣获湖南省精神文明建设"五个一工程"奖。2003至2005年,他参与浏阳河古城和凤凰古镇木雕雕刻及古建筑群修复工作;2006年,他应邀到内蒙古自治区,主持雕刻21米长全副木雕清明上河图,并代表包头市文化部门参加同年在呼和浩特市举办的西部文化大赛。2007年至2020年年末,他受聘担任常德湘联木业首席雕刻师,负责"桃源工"木雕产品研究生产、旅游产品和文化创意产品的开发和推广。2018年,朱德元被认定为湖南省"桃源工"木雕非物质文化遗产传承人,2019年,中央电视台纪录频道拍摄并报道朱德元承传"桃源工"木雕非遗专题片。2015年10月,湘联木业成立朱德元木雕劳模工作室,累计取得实用新型专利6项,发明专利3项,科技成果转化5项。2019年,朱德元承担的"桃源工"木雕技艺传承及产业化项目,纳入常德市文广新局和科技局扶持项目,该项目为企业创造产值1000余万元,实现利税100余万元。（提供:丁明辉）

常德市"五一劳动奖章"获得者

【常德市"五一劳动奖章"获得者李敬平】 李敬平,男,汉族,1964年6月出生,中共党员,国家税务总局常德市鼎城区税务局党委书记、局长,常德市人大代表。他团结带领干部职工,履职尽责,创先争优,开展组织收入、减税降费、主题教育、机构改革等工作。经常到重点税源企业督导调研,开展收入调度与考核,2019年组织区级税收收入20.94亿元,为地方经济发展做出贡献。2019年全区减税降费3亿元,惠及全区3500余户企业、12000余户个体户,普惠面92%。他带头落实"双重"管理体制要求,以单位负责人与市人大代表双重身份,参政议政,为地方发展建言献策,参与地方建设,在基层党建、精准扶贫、扫黑除恶、抗击疫情、城市创建、绩效考核、体育健身等工作。2019年,立三等功1次、二等功1次,所在单位获得全国模范职工小家、全市"双联"困难帮扶工作先进单位、全区先进党组织、全区平安建设优秀单位。 (提供:丁明辉)

【常德市"五一劳动奖章"获得者李明】 李明,男,中共党员,1998年10月参加工作,鼎城区疾控中心检验科科长。工作期间,数次被区委区政府嘉奖,记三等功2次。他从事理化和微生物检验工作20余年,哪里有疫情,哪里就有他的身影。2003年非典、2004年禽流感、2008年手足口病、2009—2010年甲型流感,他都在防控第一线。2020年新冠肺炎疫情防控工作中,面对可能被感染危险,他每天到医院指导疑似病例标本采集与送检,密切接触者标本采集。李明夫妇两人均为医务工作者,2月15日晚,完成标本采集送检后返回单位时,年近70岁的父亲倒在屋内,遗憾地走了。回顾父亲为他付出的一生,他十分忏悔,连父亲走时的最后一面都没有见上,没有好好在父亲面前敬孝,用一天时间安排好父亲后事,又马上赶赴疫情防控第一线。 (提供:丁明辉)

【常德市"五一劳动奖章"获得者卢晓岚】 卢晓岚,男,汉族,1962年12月出生,中共党员,湖南特力液压有限公司党总支书记、总经理。曾获评"优秀共产党员""浦沅集团优秀工会干部""浦沅集团劳动模范"等。2019年,他带领员工实现产值16.5亿元,纳税8000余万元。为职工创造收入,带动了周边经济发展。他十分注重技术创新与科学研究,带领研发团队不断钻研,2011年,特力液压有限公司建立研发试验中心,实现新产品、新材料、新工艺、新结构开发以及验证试验全覆盖,进行多种实验。2019年,开发新产品260余套,积累了大缸径、长行程液压油缸设计与制造,中小吨位伸缩机构设计与制造,内置储油功能变幅油缸设计与制造经验等。2020年春节,面对新型冠状病毒感染的肺炎疫情,特力液压公司快速反应,迅速落实。2月4日,特力液压公司召开新冠肺炎疫情防控工作调度会,安排部署疫情防控工作,推进复工复产。成立以卢晓岚为组长的防控领导组,负责统一指挥调度新冠肺炎疫情防控工作。公司组织慰问活动,为防疫一线人员和员工送去水果、食品等慰问品,联系理发师为员工理发,提高员工晚餐标准,改善伙食等。 (提供:丁明辉)

【常德市"五一劳动奖章"获得者姚高峰】 姚高峰,男,汉族,1964年11月出生,中共党员,鼎城区卫校支部书记兼校长、十美堂镇上河口村第一支部书记、驻村帮扶工作队长。2018年常德市脱贫攻坚先进个人、2019年常德市"最美扶贫人"、2019年常德市优秀共产党员。姚高峰2017年6月进入上河口村开展驻村帮扶工作,始终不忘初心,正道直行,被人称为"书生书记";以多病之身顽强工作,因公致左膝半月板三度损伤后,仍拄拐而行一年半,即使住院期间,也仍然不忘工作,人称"拐杖书记""霸蛮书记"。他克服单位经济条件薄弱、资源有限等困难,以文"化缘",通过白狼传媒发布扶贫日记,引起各界关注,先后引进各类资金200余万元,用于上河口村基础设施建设、产业结构调整和民生改善。他关注留守儿童教育,建成留守儿童之家,募集设立上河口留守儿童教育基金;把产业扶贫作为内生脱贫、长期脱贫的根本来抓,成立合作社5个,发展稻鳖养殖、稻虾养殖、青蛙养殖、鳝鱼养殖、马蹄种植等生态种养面积53.33公顷;通过金融贸易扶贫、产业扶贫、慈善扶贫等方式增收,2019年全村建档立卡贫困户人均纯收入增加1000余元。2020年春季,因疫情影响,该村马蹄合作社13.33公顷400000千克马蹄滞销,他与工作队动员各方力量,发动马蹄战“疫”,取得成功,贫困户范有财1.67公顷马蹄销售一空,净赚10万元。（提供:丁明辉）

鼎城区“五一劳动奖章”获得者

【鼎城区“五一劳动奖章”获得者汤建华】 汤建华,男,1976年3月出生,大专学历,1994年12月参军入伍,1997年9月入党,1999年1月回地方工作,现任鼎城区交通运输局城区客管中队中队长。参加工作来,数次获市区表彰奖励。2020年,抗击新冠肺炎疫情工作开始后,汤建华从正月初二开始,连续工作20天,值守在斗姆湖高速公路收费站卡口,日夜轮班,每天工作10小时以上。他主动搞好工作服务和对上衔接,了解同事们需求,关心下属,帮助他们解决实际困难。2月14日晚,由于工作劳累过度,在值守过程中,风雨交加,视线模糊,汤建华被迎面而来的一辆白色小车撞成重伤,送到常德市第四人民医院抢救后脱离生命危险。（提供:丁明辉）

【鼎城区“五一劳动奖章”获得者黄鑫】 黄鑫,女,汉族,1983年3月出生,常德市第四人民医院重症医学科副主任。曾获2018年度常德市鼎城区人民政府嘉奖、2019年度常德市鼎城区人民政府嘉奖。2020年,新冠肺炎疫情期间,主动请缨,志愿到前线,援助常德市新冠肺炎定点收治医院——常德市第二人民医院新冠肺炎危重症监护病房。和家人匆匆告别后,她背上行囊奔向主战场。到达常德市新冠肺炎定点救治医院后,经过穿脱防护服、消毒隔离注意事项等岗前培训,第二天作为一线小组长正式开始患者救治工作。在省、市专家治疗小组带领指导下,全市新冠肺炎患者治愈出院。在患者逐渐减少,一线人员可以相继撤退的情况下,她作为一名普通基层医护人员,要求“疫情不除我不退”,直到全市新冠肺炎患者清零。

（提供:丁明辉）

【鼎城区“五一劳动奖章”获得者燕明星】 燕明星,男,1962年2月出生,中共党员,鼎城区玉霞街道迎宾社区党总支书记。新冠肺炎疫情发生后,他虽然腿疾未愈,但迅速返回岗位,周密部署疫情防控工作,在疫情面前,他临危不惧,奔赴一线,在小区间“逆行”。面对疫情防控严峻形势,他沉着应战,第一时间召开班子会议,传达贯彻上级指示精神,制定工作方案,将干部分成宣传组、重点对象摸排组、经营场所关停组、应急处置组、综合情况汇总组、后勤保障组等,既分工负责,又协调配合,保证防疫工作快速推进。筹集口罩、消毒液、体温测量仪等防控急需物资,解决防疫人员后顾之忧。与返乡人员“近距离接触”,随时有被感染的风险,个别干部有畏难情绪,他带头奋战在第一线,哪里有困难哪里就有他的身影,上门挨家挨户宣传摸排、逐个排查外来车辆、处理突发情况……在他的带动下,社区累计发放告知书3000余份,入户走访3389户,摸排各类重点对象62人,劝阻赈酒等各类聚会3起,关停经营门店187家。该社区疫情防控工作宣传教育到位、摸排管控到位、消杀消毒到位、包保服务到位、个人防护到位,未出现一例感染病例或疑似病例。（提供:丁明辉）

【鼎城区“五一劳动奖章”获得者冯勇】 冯勇,男,1986年参加工作,1991年3月从事公安交警工作,鼎城区公安局交警大队五中队中队长。从警30余年来,冯勇从事过事故处理、路面执勤执法等工作,是单位的业务能手。工作中,他总是想方设法解决难题保障中队辖区道路交通平安稳定。他一心扑在工作上,一周难得回家一次,长期辛苦的工作让他患上结石、高血压等疾病。2020年新冠肺炎疫情防控工作期间,冯勇主动请缨,从1月24日(大年三十)起就坚守疫情抗击第一线,在斗姆湖高速公路出入口体温检查点执勤值守30余天。他负责高速路口来往车辆人员检测监控工作,面对被感染风险,他尽职尽责、临危不惧,仔细开展防疫工作并耐心提醒车辆驾驶人减少不必要出行,劝返相关车辆,始终保持高度警惕,配合医务人员排查疫情。（提供:丁明辉）

【鼎城区“五一劳动奖章”获得者蒋冬华】 蒋冬华,男,1964年出生,草坪镇放羊坪村总支部书记、村主任。湖南省集中育秧先进个人、鼎城区优秀党务工作者、草坪镇优秀共产党员。在2020年新冠肺炎疫情防控关键时期,他发挥领头羊作用,奋战在疫情防控工作第一线,贯彻上级安排部署,开展防控工作。组织党员、群众成立志愿者队伍,合理排班、轮流值守,劝返出入车辆及人员。排查摸底全村居民,重点排查12户14人及密切接触者36人,并安排专人监管。通过村村响广播、下户发放宣传单、微信通知、横幅宣传等方式,开展疫情防控宣传预防工作。发动爱卫协会开展疫情期间防控清洁工作,整治全村卫生,清除各类垃圾,为疫情隔离和人居环境创造条件。慈善协会为防控工作发出捐款捐物倡议,疫情暴发后,收到党员、群众捐款42500元,口罩2200只,消毒液、医用酒精、手套等防疫物资。在抓防疫工作同时,抓乡村振兴建设,一方面落实春耕备耕,谋划顺心水稻种植合作社春耕工作,另一方面建设迎宾路广场。他热爱慈善事业,创办慈善协会,是经鼎城区民政局社会组织股批准,依法注册登记的湖南省第一家村办慈善协会。至2020年3月,合计募集善款27余万元,发放慈善救济款15.8万余元,结余善款11万余元,全村受益者200余人次。（提供:丁明辉）

【鼎城区“五一劳动奖章”获得者邓永平】 邓永平,男,1976年4月出生,中共党员,十美堂镇紫流村党总支书记。2020年,新冠肺炎疫情暴发,他带领全村干部、组长、党员到岗到位,冲锋在疫情防控阻击战第一线,全覆盖摸排、全方位宣传,帮助小微型企业复产复工,引导村民备耕生产,为有意愿外出务工的人员提供在外务工信息。他团结带领村支两委一班人,开展组织生活,以党建引领全局,增强班子凝聚力、战斗力,紫流村党总支被常德市评为优秀基层党组织。他按照“精准识贫、精准扶贫、精准脱贫”工作要求,开展脱贫攻坚工作。建设科技团队,引导返乡青年科学种田,开展生态富晒水稻种植、稻虾生态模式等研究,推动生态循环农业良性发展。落实结对帮扶,因户施策,因人施策。建设“美丽乡村、完美紫流”。争取项目资金近500万元,建成占地3500平方米的多功能服务平台;多方争取资金2000万元,修建一条贯穿全村的旅游公路;利用鸟儿洲湿地公园创建契机,投资600余万元为该村修建4000米人行游道,并完善游道绿化、亮化设施;争取美丽乡村等建设资金,改扩建旅游设备设施,硬化景区沟渠,亮化、硬化景区机耕道。他带领全村调整农业产业结构,引进多种种养殖生产模式,有稻虾养殖面积40余公顷,甲鱼养殖面积33.33公顷,白芨药材种植面积20余公顷,富硒油菜种植面积133.33公顷。筹资1.5万元修缮该村110千瓦和55千瓦机埠2座,实施灌、排渠长梗阻的0号线、38号线、42线及景区8组、9组地段4.5千米沟渠扫障清淤。成立红白理事会、儿童基金会、爱卫协会等组织,制定村规民约、家规家训,并开展“最美家庭”“美丽庭园”等评选活动,推进乡风文明建设。

（提供:丁明辉）

【鼎城区“五一劳动奖章”获得者陈文华】 陈文华,女,1966年出生,常德市生态环境局鼎城分局污染防治股负责人。她克服自己体弱多病、母亲久病卧床需要照顾等困难,牵头负责全区蓝天保卫战工作。在缺少人手情况下,经常放弃节假日加班加点,落实工作任务。她在环保岗位上工作近30年,在她的带领下,鼎城区环境空气质量近年改善明显,2018年对比2017年在全市11个区县市中改善幅度最大,2019年1—7月,受外来输入性污染多、内源性污染管控难、气象扩散条件差等不利因素影响,她分析研判形势,带领第三方巡查队伍查找大气污染源,督导协调责任单位进行问题整改;开展大气污染防治知识宣讲,指导相关部门蓝天保卫战工作业务;通过数据统计、分析提炼,撰写数篇环境空气质量状况及污染源分析专题报告,向领导建言献策。她代表区生态环境保护委员会起草污染防治管控方案30余份,为相关部门开展污染防治工作提供指导方案。 (提供:丁明辉)

【鼎城区"五一劳动奖章"获得者张潇】 张潇,男,汉族,湖南省娄底人,1994年1月出生,2016年6月毕业于长沙理工大学电气工程及其自动化专业并参加工作,鼎城区供电公司计量班副班长(主持日常工作),助理工程师。他在入职第二年通过装表接电理论与实操考试,获装表接电高级工技术资格。抓内部管理,多次组织班员进行技能培训,提升班组成员业务能力和综合素质。在他的带领下,计量班未发生一起投诉,未出现一次违章。2019年,获省公司一流班组推荐。除班组工作,张潇还兼任供电公司信息专责。他组织供电所相关人员培训10余次,通过落实奖罚、为指标排名落后的供电所上门培训等,实现指标排名逆转。鼎城区供电公司营销技术与支持专业于2018年11月至2019年8月在市公司综合评价排名第一。2016年,参加国网湖南省电力公司运检业务群众创新实践活动,获市公司优秀创新成果二等奖;2017年,参加湖南省电力安规竞赛;2018年,代表市公司参加国网湖南省电力公司采集运维竞赛,获团体第七名;2019年7月,参加国网常德供电公司、常德市人力资源和社会保障厅、常德市总工会联合举办的常德技能大赛·国网常德供电职工技能竞赛,获采集运维专业团体一等奖、个人一等奖;2019年11月,参加国网湖南省电力公司、湖南省人力资源和社会保障厅、湖南省总工会联合举办的低压网格客户经理综合技能竞赛,获湖南省团体一等奖,湖南省个人理论第一名。 (提供:丁明辉)

【鼎城区"五一劳动奖章"获得者黄威】 黄威,男,汉族,湖南响箭重工科技制造有限公司结构车间底架班组班长。他勤于学习,钻研专业知识,处处争做业务骨干,先后参与公司28米、31米、33米、37米、38米、48米、58米、63米等泵车底架试制,为保证48米、58米底架内置油箱合格,严格执行工艺生产纪律,夏天高温时,坚持高强钢板预热至100摄氏度后进行焊接,在油箱狭小空间中一趴就是几个小时,从不叫苦叫累。优化底架焊接顺序,采用长直焊缝压盖短焊缝接头,配合车间实现流水作业,保证油箱关键焊缝质量,确保油箱密封性。他注重抓团队建设,帮助员工解决工作、生活中困难,带领团队一起学习一起进步,得到上级部门肯定与认可。 (提供:丁明辉)

【鼎城区"五一劳动奖章"获得者魏佳】 魏佳,女,汉族,1991年9月出生,中共党员,毕业于安徽工程大学机械设计制造及其自动化专业,鼎城区蒿子港镇人民政府扶贫办主任。自2017年11月起,她从事扶贫工作,经常加班加点研究扶贫系统,理清扶贫开发系统中各项指标逻辑关系,落实上级交代任务。利用空闲时间逐村入户,摸清全镇贫困户尤其是预脱贫户情况。面对帮扶人在扶贫工作中遇到的疑问,随时做出专业解答,同时对帮扶工作中可能出现的问题,分门别类将解决方法整理成册供大家参考。她白天顶着烈日走访贫困户,深夜整理扶贫档案。面对扶贫任务,始终没有一句怨言,2018年,该镇扶贫工作在全市二类乡镇中获先进。她在2018年度绩效考核中获评优秀,2019年获评共青团鼎城区委员会"优秀青年扶贫专干"、常德市"最美扶贫人物"。 (提供:丁明辉)

重要文件

Vital Document

2020年9月2日，鼎城区办公室业务培训班开班　（提供：区融媒体中心）

中共常德市鼎城区委关于将区新型冠状病毒感染的肺炎疫情防控工作领导小组升格为区委新型冠状病毒感染的肺炎疫情防控工作领导小组的通知

中共常德市鼎城区委　常德市鼎城区人民政府关于印发《贯彻落实习近平总书记重要讲话精神统筹推进新冠肺炎疫情防控和经济社会发展工作的若干措施》的通知

中共常德市鼎城区委办公室　常德市鼎城区人民政府办公室关于印发《鼎城区 2020 年工作重点》的通知

中共常德市鼎城区委办公室　常德市鼎城区人民政府办公室关于印发《常德市鼎城区全面小康决胜年行动工作方案》的通知

中共常德市鼎城区委办公室　常德市鼎城区人民政府办公室关于成立鼎城区长江流域重点水域禁捕退捕工作领导小组的通知

中共常德市鼎城区委办公室关于印发《鼎城区监委向乡镇（街道）派出监察办公室工作方案》的通知

中共常德市鼎城区委关于将区新型冠状病毒感染的肺炎疫情防控工作领导小组升格为区委新型冠状病毒感染的肺炎疫情防控工作领导小组的通知

常鼎委〔2020〕1 号

各乡镇(场)党委、街道党工委,区直及驻区各单位党组织:

为深入贯彻落实习近平总书记重要批示指示和中央政治局常委会会议、省委常委会会议、市委常委会会议精神,切实做好我区新型冠状病毒感染的肺炎疫情防控工作,区委决定将区新型冠状病毒感染的肺炎疫情防控工作领导小组升格为区委新型冠状病毒感染的肺炎疫情防控工作领导小组。现将领导小组组成人员名单通知如下:

第一组长:

杨　易　区委书记、常德高新区党工委书记

组　　长:

朱金平　区委副书记、区人民政府区长

副 组 长:

王时雨　区委副书记

雷建国　区委常委、区委办主任

宋雨泓　区委常委、区委宣传部部长

洪振坤　区人民政府副区长、市公安局鼎城分局局长

杨　凡　区人民政府副区长(常务副组长)

王直华　区人民政府副区长

蒋宏武　区人民政府副区长

李三葆　区人民政府党组成员、区政府办主任、鼎城区第一中学党委书记

成　　员:

李勇岗　区委办常务副主任、区委外事办主任

熊照文　区政府办副主任

李政达　区委宣传部常务副部长

吕　俊　区委宣传部部务会成员

冀万喜　区发改局局长

涂华军　区教育局局长

尤明清　区科技局局长

马庆云　区工信局局长

李新民　市公安局鼎城分局常务副局长

李书跃　区民政局局长

刘　荣　区司法局局长

刘　俊　区财政局局长

肖仁华　区人社局局长

郭高文　市生态环境局鼎城分局党组书记

李友明　区交通局局长

钟兴满　区农业农村局局长

冀定辉　区商务局局长

杨　珂　区文旅广体局局长

林新忠　区卫健局局长

王成猛　区应急管理局局长

徐晓斌　区市场监管局党组书记

雷绘玻　区林业局局长

胡建新　区医保局党组书记

杨　斌　区融媒体中心主任

陈　祥　市第四人民医院院长

蔡政云　区疾控中心党总支书记、主任

王建民　区红十字会常务副会长

邓德佳　区气象局局长

领导小组下设新型冠状病毒感染的肺炎疫情防控指挥部和10个工作组,朱金平同志兼任防控指挥部指挥长,10个工作组牵头领导和组长名单如下:

1. 综合组

牵头领导:杨　凡

组　　长:林新忠

2. 疫情防控组

牵头领导:杨　凡

组　　长:林新忠

3. 医疗救治组

牵头领导:杨　凡

组　　长:林新忠

4. 市场管理和供应保障组

牵头领导:蒋宏武

组　　长:徐晓斌

5. 爱国卫生组

牵头领导:杨　凡

组　　长:林新忠

6. 宣传组

牵头领导:宋雨泓

组　　长:李政达

7. 物资保障组

牵头领导:王直华

组　　长:马庆云

8. 交通运输组

牵头领导:王直华

组　　长:李友明

9. 社会稳定组

牵头领导:洪振坤

组　　长:李新民

10. 督查指导组

牵头领导:雷建国

组　　长:李三葆　李勇岗

附件:区领导督导检查乡镇(街道、场)疫情防控工作安排

中共常德市鼎城区委

2020年1月28日

附件

区领导督导检查乡镇(街道、场)疫情防控工作安排

序号	区领导	督导检查乡镇(街道、场)
1	王时雨	黄土店镇
2	杨　君	尧天坪镇
3	韩才渊　梁正凡	蔡家岗镇
4	李卫民	十美堂镇
5	王明东	许家桥乡
6	瞿政前	红云街道
7	朱正权	斗姆湖街道
8	王少贤	灌溪镇
9	刘新远　郭罗军	双桥坪镇
10	雷建国	郭家铺街道
11	宋雨泓	花岩溪镇
12	刘运华	草坪镇
13	钟泽英	镇德桥镇
14	李湘建	韩公渡镇、特养场
15	沈国华	牛鼻滩镇
16	王志新	周家店镇
17	刘志平	芦苇场
18	王直华	谢家铺镇
19	蒋宏武	蒿子港镇
20	熊　辉	石板滩镇
21	钟科程	玉霞街道
22	罗旺甫	中河口镇
23	熊以富	花岩溪管理处
24	邬吉湘	石公桥镇

中共常德市鼎城区委　常德市鼎城区人民政府关于印发《贯彻落实习近平总书记重要讲话精神统筹推进新冠肺炎疫情防控和经济社会发展工作的若干措施》的通知

各乡镇党委、街道党工委,乡镇人民政府、街道办事处,区属农林场,区直及驻区各单位:

现将《贯彻落实习近平总书记重要讲话精神统筹推进新冠肺炎疫情防控和经济社会发展工作的若干措施》印发给你们,请认真贯彻落实。

中共常德市鼎城区委
常德市鼎城区人民政府
2020年3月5日

贯彻落实习近平总书记重要讲话精神统筹推进新冠肺炎疫情防控和经济社会发展工作的若干措施

为深入贯彻落实习近平总书记在统筹推进新冠肺炎疫情防控和经济社会发展工作部署会议上的重要讲话精神,全面落实党中央、国务院,省委、省政府和市委、市政府决策部署,统筹抓好疫情防控和经济社会发展,坚决打赢疫情防控的人民战争、总体战、阻击战,全力促进我区经济社会高质量发展,现制定如下工作措施。

一、总体要求

坚持以习近平新时代中国特色社会主义思想为指导,进一步增强“四个意识”、坚定“四个自信”、做到“两个维护”,坚决服从党中央统一指挥、统一协调、统一调度。坚持“坚定信心、同舟共济、科学防治、精准施策”总要求,统筹推进疫情防控和经济社会发展工作,确保实现决胜全面建成小康社会、决胜脱贫攻坚目标和“十三五”规划圆满收官。

二、工作重点

1. 精准实施分区分级防控。坚决抓好“外防输入”重要环节,结合我区为低风险区的实际,完善差异化的疫情防控和恢复经济社会秩序的措施。按照高新园区、江南城区、乡镇(除十美堂镇)进行划分,属地管理和单位管理结合,强化分级分区精准管控,牢牢守住“零死亡、零聚集、零感染”的底线,确保不出现一例确诊死亡病例、不发生一起聚集性疫情、不出现一例医护人员和一线工作人员感染。

2. 加强农村和社区疫情防控。继续巩固群防群控、联防联控成果,增派公安力量,与基层干部、卫健部门协同做好人员防聚集工作,实现“村社干部+公安干警+医务人员”三人小组排查全覆盖。落实重点人员一人一册、分类管控、上门观察、每日清零,对疑似病例、密切接触者当天转送、隔离。压实物业小区防控责任,做好环境清洁卫生和公用设施日常消毒。督促复业复市的各类市场主体抓好隐患排查、落实防控责任。

3. 紧盯重点人群和重点场所防控。继续紧盯“四类人员”(即重点疫区人员;外来返鼎务工人员;本地出现发烧、乏力、干咳等症状的人员;留观、密切接触人员)、“五类场所”(即小区;企业、工地现场;门店、超市、药店;车站;聚集性场所),严防出现聚集性疫情。严格实行湖北返鼎和境外来鼎人员集中隔离,加大对湖北返鼎意向人员的劝返力度,尽可能减少病源输入隐患。加强学校、养老、救助、福利院、卫生医疗等重点机构防控工作,组织开展全面排查和管控。

4. 强化医疗卫生服务。疾控机构、各乡镇(街道、场)卫生机构要积极、主动、有效做好辖区内疫情防控的技术指导工作,及时开展流行病学调查和密切接触者追踪管理,及早识别可疑病例,做到早发现、早报告、早隔离、早治疗。建立出院随访制度,防止出院人员交叉感染。进一步加强预检分诊和发热门诊管理,保持警惕、规范流程。各级各类医疗卫生机构要有序开放医疗服务,满足群众医疗服务需求。

5. 抓好防控物资保障。进一步拓宽采购渠道,强化物资调度,确保防控资源集中投向防疫一线。全力做好企业复工复产和学校开学后各类防疫物资的保障供应,兼顾社会需求,逐步增加市场投放量。着力稳定防控物资物价,严厉打击哄抬物价行为。

6. 关心爱护医务人员和一线工作人员。要强化关爱激励,全面落实《中共中央关于全面落实进一步保护关心爱护医务人员若干措施的通知》和省委、省政府及有关部门出台的关爱激励基层一线工作人员特别是医务人员的具体措施。加强医护人员个人防护,切实保障医用防护物资需求。强化人文关怀,做好心理疏导,合理安排轮班值守,保障医护人员休息和日常生活需要。提高薪酬待遇,对参加疫情防控的医务人员和防疫工作者,按相应标准及时发放临时性工作补助。

7. 加强舆论宣传引导。大力宣传习近平总书记重要指示精神和党中央决策部署,广泛报道我区疫情防控的有力举措和复工复产的良好态势。坚持每日信息发布机制,公开、透明、及时、准确回应群众关切。深入报道一线医务工作者、公安干警、基层干部、社区工作者、志愿者等的先进事迹。坚决依法处置造谣传谣等行为,持续做好科普知识宣传普及。

8. 完善公共卫生体系。以疫情防控为切入点,加强农村人居环境整治和公共卫生体系建设。深入开展爱国卫生运动,加大综合卫生监督和环境卫生专项整治力度。进一步压实农贸市场、商场超市的部门监管责任,规范活禽销售行为,落实活禽检疫制度,预防人畜共患传染病传播。加强污染防治和生态保护,开展好生活垃圾分类处理工作。

9. 有序推进复工复产。提高复工复产服务便利度,取消不合理审批。建立企业诉求快速响应机制,强化网上政务服务,提高政务服务便利度。要继续采取“点对点”等多种交通运输方式让员工尽快返岗复工。复工复产企业要严格落实疫情防控主体责任,保持生产经营场所自然通风,做好清洁消毒,实行分区作业、倒班制和分散就餐,减少员工聚集,并督促员工做好个人防护。企业在做好疫情防控的同时,要抓好安全生产,科学调度生产,把疫情对全年生产经营活动的影响降至最低。

10. 落实稳企政策。用好用足用活中央、省、市已经出台的各项扶持政策,采取分类汇编、设立咨询热线等方式,加强宣传、精准对接、及时兑现,打通政策落实“最后一公里”,帮助企业特别是中小微企业渡过难关。继续落实派驻联络员制度,及时帮助企业协调解决生产经营中的实际困难，为企业、项目复工复产提供支持和保障。

11. 加快项目建设。加快在建和新建项目建设进度，健全完善重点项目联系机制，扎实协调解决项目建设中的突出困难。密切跟踪在谈投资项目进展，推动项目尽早签约落地，确保招商引资工作不断档、不掉线。结合工作实际，抓紧实施一批公共卫生设施、老旧小区改造、物资储备、环保设施、农业农村等领域补短板项目。加大争资争项力度，加强与上级部门汇报对接，全力争取我区更多项目纳入国家规划盘子。

12. 抢抓春季农业生产。加强宣传引导，全力组织春耕生产，确保不误农时，保障夏粮丰收。鼓励农资企业和经销商提供整村、整社（合作社）统一集中送货上门服务，切实保障好龙头企业、种养大户、农业合作社等生产需求，帮助解决农产品滞销问题。加快恢复生猪生产，做好非洲猪瘟、高致病性禽流感等动物疫情防控工作。加快农田水利建设，增强农业防灾减灾能力。

13. 坚决打赢脱贫攻坚战。坚定信心决心、保持高昂热情、采取科学方法，摸清底子、明确目标、突出重点，努力补短板、补漏洞、补薄弱环节，确保脱贫攻坚工作更加精细、更加精准、更加精益求精。结合验收要求、统一工作标准，对未脱贫的872户、1894人实行销号式清单管理。建立“一把手”脱产抓脱贫攻坚的工作机制，乡镇（街道、场）、后盾单位未完成进度任务的，适时安排“一把手”脱产抓脱贫攻坚工作一个月。加快建立健全防止返贫机制，有序组织农民工返岗复工和就近就地就业，杜绝因疫返贫。

14. 切实保障基本民生。全面实施就业优先政策，针对性开展援企、稳岗、扩就业工作。保障“米袋子”“菜篮子”，扎实做好生活必需品保供调度。切实加大对困难群众的关爱帮扶力度，特别是对因疫情在家隔离的孤寡老人、困难儿童、重病重残人员等加强走访探视，及时提供必要帮助。全面加强社会面管控，依法严惩扰乱防疫秩序、市场秩序、社会秩序等违法犯罪行为，努力营造安全稳定和谐的社会环境，让广大人民群众安身安心安业。

三、加强党的领导

1. 领导干部要当先锋、打头阵。各级领导干部要靠前指挥，主动担当，积极作为，经受考验。要带头深入到疫情防控的第一线，包乡镇（街道、场）、包村（社区）、包人员密集场所，带领基层干部群众严格落实各项防控要求。要带头奋战在经济社会发展的最前沿，深入到脱贫攻坚、复工复产、重点项目、春耕备耕、民生服务等领域和环节，与基层干部群众打成一片、并肩作战。要在一线考察识别干部，将领导干部在防控一线的实际表现、突出事迹，作为选拔使用的重要依据。

2. 基层党组织和广大党员要发挥战斗堡垒和先锋模范作用。各级党组织要加强领导，走在前、作表率。乡镇（街道、场）、村（社区）党组织要切实担负起属地防控工作责任，把各项措施落实到户到人。机关企事业单位、公立医院党组织要严格落实防控措施，并立足职能积极发挥作用，要抽调更多干部下沉支援基层。“两新”党组织要发挥党建引领作用，积极推动企业疫情防控和复工复产。建立健全党组织和党员联系服务群众机制。对在抗疫一线事迹突出的入党积极分子，可火线发展入党。关爱奋战在一线的党员干部，大力表彰先进集体和先进个人。

3. 力戒形式主义、官僚主义。疫情防控期间尽量压缩减少会议、文件，提倡开短会、发短文，多采用视频会议等简而有效的会议方式，不得层层、多头要求基层重复填表报数，督查、检查、考核工作必须统筹安排，严格把关，切实为基层减负，让基层一线人员把更多精力投入到疫情防控第一线。

4. 严明工作纪律。各级纪检监察机关要坚守职责定位，精准、有效开展监督。对贯彻落实党中央和国务院决策部署打折扣的，对不服从统一指挥和调度的，对不作为、慢作为、乱作为甚至临阵脱逃的，要严肃处理；对有令不行、有禁不止、弄虚作假的行为，要严肃查处。

中共常德市鼎城区委办公室 常德市鼎城区人民政府办公室 关于印发《鼎城区2020年工作重点》的通知

常鼎办发〔2020〕2号

各乡镇党委、街道党工委，乡镇人民政府、街道办事处，区属农林场，区直及驻区各单位：

为贯彻落实中央、省委、市委和区委经济工作会议的具体举措，确保2020年区委、区政府工作目标顺利实现，特制定《鼎城区2020年工作重点》，并已经区委、区政府同意，现印发给你们，请根据职责职能制订切实可行的工作方案3月27日前报区委督查室、区政府督查室并认真贯彻落实。区委督查室、区政府督查室将定期开展督查，确保各项工作任务落地落细落实。

中共常德市鼎城区委办公室
常德市鼎城区人民政府办公室
2020年3月11日

鼎城区2020年工作重点

重点工作	项目	序号	内　容	责任领导	责任单位
新冠肺炎疫情防控	（一）疫情防控	1	坚持把人民群众生命安全和身体健康放在第一位，坚持科学防治、精准施策，牢牢守住“零死亡、零聚集、零感染”的底线，统筹做好复工复产、春耕生产等工作，坚决打赢疫情防控的人民战争、总体战、阻击战，不获全胜绝不收兵	杨　易 朱金平 洪振坤 杨　凡 王直华 蒋宏武 熊　辉	区卫健局　区疾控中心 区工信局　常德高新区 区农业农村局　区水利局
三大攻坚	（二）脱贫攻坚	2	推动农业龙头企业、农民合作社与贫困户利益联结。紧扣“两不愁三保障”要求，落实健康扶贫、教育扶贫、危房改造、就业创业、兜底扶贫等帮扶举措，加大驻村帮扶、结对帮扶力度。认真开展“回头看”，彻底排查整改省市检查反馈问题，确保全面完成脱贫攻坚任务，防止返贫、新致贫情况发生	王时雨 熊　辉	区扶贫办　区农经站 区农业农村局　区卫健局 区教育局　区住建局 区人社局　区民政局

重点工作	项目	序号	内　容	责任领导	责任单位
三大攻坚	(三)污染防治	3	坚持方向不变、力度不减,全面打赢蓝天、碧水、净土保卫战。狠抓中央生态环保督察及长江经济带、“洞庭清波”问题整改。建立蓝天保卫战常态化机制,科学精准推进大气污染防治。全面完成石板滩关闭石煤矿区生态修复工作。开展砂石资源的整治,合理开发和利用砂石资源。规范临时取土场管理,坚决打击非法盗采砂石行为	钟科程	市生态环境局鼎城分局 区自然资源局 区水利局　区林业局 石板滩石煤矿区生态修复治理办 石板滩镇 市公安局鼎城分局
		4	严格落实河(湖)长制、林长制,重点实施洞庭湖流域冲天湖水环境治理。扎实开展湿地保护修复、水源地保护、黑臭水体治理行动	熊　辉	区水利局 区发改局 区住建局 市生态环境局鼎城分局 区农业局 区林业局 鸟儿洲管理处
	(四)防范化解重大风险	5	综合施策稳步化解债务,严禁违规举债,严厉打击和处置非法集资,确保政府性债务风险、金融风险整体可控	李卫民	区债管办　区金融办 市公安局鼎城分局
		6	实行国有资产集中统一监管,进一步规范国有企业的管理。严查国资管理中的失职渎职行为	李卫民	区国资中心 区直相关单位
		7	加强政府投资项目管理,严控投资规模,严格工程概算审批,确保概算不超估算、预算不超概算、决算不超预算	李卫民	区发改局　区财政局 区审计局
		8	加快推进平台公司市场化转型,加强国有资产管理和整合利用,做强做大做优国有资本,不断提高抵御风险的能力	李卫民	区国资中心 区发改局 区财政局　区审计局 江南新城公司 阳明湖公司
项目建设	(五)招商引资	9	做实项目策划包装,大力推进产业链招商,力争引资200亿元以上,引进亿元项目20个以上、“500强”企业1–2家	李卫民 王直华 蒋宏武	区发改局　区商务局 区产业办　常德高新区 区招商促进事务中心
		10	高标准编制“十四五”规划,确保一批重大项目挤进中央、省、市规划笼子。认真落实争资争项考核办法,争取上级专项资金20亿元以上,地方专项债(含入库)10亿元以上	李卫民 王直华 蒋宏武	区发改局　区直相关单位
	(六)项目推进	11	推行项目“三制”联动机制,力争新开工亿元项目20个,新投产15个。加快推进工程机械配套产业园、超级电容新能源等项目	王直华	区产业办　区发改局 区工信局　区行政审批局 常德高新区
		12	积极向上对接,申报市重点工程9个、重大前期项目7个,提前开工项目5个	李卫民	区发改局
		13	完成双蔡线、蒿子港码头建设,启动斗姆湖高速出口提质改造	王直华	区交通局　区住建局 双桥坪镇　蔡家岗镇 鼎力公司　蒿子港镇 斗姆湖街道
		14	支持响箭重工、九申燃气、精为天主板上市	蒋宏武	区金融办　区工信局 区住建局　常德高新区
	(七)优化发展环境	15	推进“互联网+政务服务”一体化平台建设,持续深化“一件事一次办”改革,严格执行“四个一”制度,严查破坏经济发展环境行为	李卫民	区优化办 区行政审批局
		16	大力支持民营企业改革发展,全面落实减税降费政策,扎实推进“暖企行动”,切实降低用地、用工、融资等成本	王直华	区工信局 区税务局 区人社局 常德高新区

重点工作	项目	序号	内　容	责任领导	责任单位
园区发展	（八）产业聚集	17	加快建设“千亿园区、工业新城”，力争工业固定资产投资达到40亿元，新开工亿元项目18个，新投产亿元项目10个，实现技工贸总收入600亿元以上，工业总产值500亿元以上，财政总收入12亿元，高新技术产值占园区工业总产值的70%以上	杨学平 王直华	常德高新区 区工信局 区科技局
		18	围绕“三主两特”产业布局，加快构建以智能装备制造、军民融合、光电信息为主导的现代产业体系，力争新材料、生命健康等特色产业形成完善的产业链条和厚实的产业基础	杨学平 王直华	常德高新区 区产业办 区工信局
		19	推进正大科技产业园、中联建起二期等项目开工建设，中联恒通、高星物流等项目建成投产	杨学平 王直华	常德高新区 区产业办 区工信局 灌溪镇
	（九）完善功能	20	加快路网建设，实施老渐河水系治理工程，实现水电路气全面融城	杨学平 王直华	常德高新区
		21	积极推进常德保税物流中心（B型）建设，加快标准化厂房、科创大楼、生活配套园建设，启动高新区人民医院建设，实质性推动桥南工业园整体搬迁	杨学平 王直华	常德高新区 鼎力公司 区卫健局
	（十）释放效益	22	争创国家级A类科技企业孵化器，建设省科技创新资源集聚示范中心、中联恒通军民融合孵化园、正大科技孵化园等，支持中联重科、特力液压等企业申报国家和省级技术中心、重点实验室	杨学平 王直华	常德高新区 区产业办 区工信局 区科技局
		23	新增高新技术企业20家以上、“小巨人”企业5家以上	杨学平 王直华	常德高新区 区科技局 区工信局
		24	实施“百企上云”工程，推广“互联网＋先进制造”新模式	杨学平 王直华	区工信局 常德高新区
城市提质	（十一）江南城区十件实事	25	编制国土空间总体规划，江南城区规划区面积扩大到40平方公里	钟科程	区自然资源局
		26	加快推进临江新区建设，努力打造江南城区城市天际线	朱正权	区住建局
		27	加快阳明湖板块建设，完成江南大道等4条道路建设，基本完成水系一期治理，启动水系二期治理	雷建国	阳明湖公司
		28	推进桥南工业园整体搬迁	雷建国	区工信局 高新区 阳明湖公司 桥南工业园搬迁指挥部
		29	加快新城西区板块开发，完善路网等基础设施配套，适时启动市民服务中心建设	瞿政前	区住建局 江南新城公司
		30	启动沅水一桥改造，全线拉通滨江大道	瞿政前	区住建局 江南新城公司
		31	在确保质量的前提下，加快常德画墙建设	杨　君	区画墙办
		32	实施老旧小区改造	钟科程	区住建局 区住保中心 相关街道
		33	推进江南城区城市路网建设	钟科程	区住建局 区财政局 江南新城公司 阳明湖公司
		34	启动原副食城、轻纺城地块招商开发	蒋宏武	区商务局 江南新城公司
	（十二）提升城市形象	35	按照“量力而行、尽力而为”的原则，合理安排城建项目，推进江南城区26个城建项目建设，年度完成计划投资21.6亿元	钟科程	区住建局 区财政局 江南新城公司 阳明湖公司
		36	加速永安硚市政排口改造	钟科程	阳明湖公司
		37	加快实施隆阳地块二期棚改	钟科程	区棚改办 区征收办 桥南市场管委会 江南新城公司 玉霞街道

<table>
<tr><th>重点工作</th><th>项目</th><th>序号</th><th>内　容</th><th>责任领导</th><th>责任单位</th></tr>
<tr><td rowspan="3">城市提质</td><td>(十三)抓好城市管理</td><td>38</td><td>推进城市精细化管理,开展城市社区"十佳十差"评选,新增城区停车位300个以上。实施"拆围透绿"工程,加快滨江大道等道路绿化建设。实行生活垃圾分类减量。进一步规范房地产市场秩序,抓好问题楼盘处置</td><td>钟科程</td><td>区城管局 区住建局
江南新城公司
区农业农村局
区环卫中心
区住保中心
市公安局鼎城分局
区自然资源局 相关街道</td></tr>
<tr><td rowspan="2">(十四)激发城市活力</td><td>39</td><td>加快阳明湖、临江新区、新城西区等板块项目招商。推进桥南市场群、新副食城等商贸业繁荣发展,完成原德江南、水产市场招商重组</td><td>蒋宏武</td><td>区商务局
区招商促进事务中心
阳明湖公司
江南新城公司
桥南市场管委会</td></tr>
<tr><td>40</td><td>积极培育信息消费、文化消费、体育消费等新增长点,推动农筹惠、京东云、湖南巨头网络等电商平台加速发展</td><td>蒋宏武</td><td>区商务局 区文旅广体局
常德高新区</td></tr>
<tr><td rowspan="8">乡村振兴</td><td rowspan="3">(十五)农业转型升级</td><td>41</td><td>全面落实粮食安全主体责任,发展壮大高档优质稻、生态养殖、有机蔬菜等优势产业,全力打造常德香米国家现代农业产业园,扩大鼎城茶油、常德香米、精为天、河洲甲鱼等品牌影响,抓好弘富源、华茂诚信等粤港澳大湾区"菜篮子"基地建设</td><td>熊　辉</td><td>区农业农村局 区发改局
区财政局 区自然资源局
市生态环境局鼎城分局
区水利局 区产业办
区林业局
区畜牧水产事务中心
区商务局 区工信局</td></tr>
<tr><td>42</td><td>贯彻落实稳定生猪生产政策措施,巩固生猪屠宰"城乡一体化"成效</td><td>熊　辉</td><td>区农业农村局
区畜牧水产中心</td></tr>
<tr><td>43</td><td>全面完成农村集体产权制度改革,有序推进农村土地流转,促进土地适度规模经营</td><td>熊　辉</td><td>区农业农村局 区农经站</td></tr>
<tr><td rowspan="2">(十六)农村环境整治</td><td>44</td><td>推广"草坪模式",全域推进农村人居环境整治,每个乡镇打造示范片区1个以上。持续开展"三面五清"村庄清洁行动,全面完成农村改厕。大力实施秸秆(垃圾)禁烧,秸秆综合利用率达85%以上。推进城乡环境卫生清扫保洁一体化,基本实现生活垃圾无害化处理</td><td>熊　辉</td><td>区农业农村局 区城管局
区自然资源局 区住建局
区农机事务中心
区环卫中心
市生态环境局鼎城分局</td></tr>
<tr><td>45</td><td>争创省级森林城市</td><td>熊　辉</td><td>区林业局 区城管局</td></tr>
<tr><td rowspan="3">(十七)农村综合治理</td><td>46</td><td>完善基础设施建设,新建高标准农田10万亩</td><td>熊　辉</td><td>区农业农村局</td></tr>
<tr><td>47</td><td>完成镇村规划编制,全面规范农村建房,加大"空心房"拆除力度</td><td>钟科程</td><td>区自然资源局 区住建局
区农业农村局</td></tr>
<tr><td>48</td><td>升级改造乡镇农贸市场,取缔马路市场,大力整治交通问题顽瘴痼疾</td><td>王直华</td><td>区应急局 区商务局
区城管局
区交警大队 区交通局
区公路建设养护中心</td></tr>
<tr><td rowspan="6">民生改善</td><td rowspan="6">(十八)发展社会事业</td><td>49</td><td>加快教育事业发展,建立乡镇(街道)支持教育事业发展考评机制,大力整治校容校貌,持续推进师德师风建设。完成常沅小学扩建、"芙蓉学校"建设,启动红云小学、兴发小学建设,完成大班额化解工作</td><td>蒋宏武</td><td>区教育局</td></tr>
<tr><td>50</td><td>抓好公共卫生服务建设,深入推进"医共体"综合改革,提升疾控水平和医疗服务能力</td><td>杨　凡</td><td>区卫健局 区医保局</td></tr>
<tr><td>51</td><td>完成区工人文化宫、档案馆建设</td><td>雷建国
王直华</td><td>区总工会 区档案馆</td></tr>
<tr><td>52</td><td>启动省全域旅游示范区创建,实施花岩溪景区道路改造,开发3条乡村旅游精品线路,加快推进古索县城址保护开发。办好区第四届全运会</td><td>杨　凡</td><td>区文旅广体局
区全域旅游发展中心
区农业农村局
花岩溪管理处
韩公渡镇 十美堂镇</td></tr>
<tr><td>53</td><td>抓好第七次全国人口普查</td><td>李卫民</td><td>区统计局</td></tr>
<tr><td>54</td><td>推进供销社综合改革</td><td>蒋宏武</td><td>区供销社</td></tr>
</table>

重点工作	项目	序号	内　　容	责任领导	责任单位
民生改善	（十九）完善社会保障	55	全面实施全民参保计划，推进创业带动就业，力争城镇登记失业率和调查失业率控制在4.5%以内。突出抓好重点群体就业，新增城镇就业6000人以上。严厉打击拖欠农民工工资行为	李卫民	区人社局 区住建局 市公安局鼎城分局
		56	稳步提高社会救助水平和残疾人“两项补贴”标准，推进居家和社区养老服务改革、儿童之家建设	熊　辉	区民政局 区残联 区妇联
		57	加快退役军人服务保障体系建设，维护退役军人合法权益，争创“全国双拥模范城”	洪振坤	区退役军人事务局
	（二十）维护社会稳定	58	持续推进“强执法防事故”行动，大力整治“三合一”场所，彻底排查整治安全隐患	王直华	区应急局 市公安局鼎城分局 区消防大队
		59	坚决守住食品药品安全底线，完成“三小”专项整治，创建省级“食品安全示范区（县）”	蒋宏武	区市场监管局
		60	扎实推进社会治理创新，全面打赢扫黑除恶专项斗争，深入开展禁毒人民战争	朱正权 洪振坤	区委政法委 市公安局鼎城分局
		61	开展“无上访村（社区）”建设，扎实做好信访稳定工作，化解信访积案60件以上，争创省级“三无”区（县）	朱正权 洪振坤	区委政法委 区信访局 各乡镇（街道）
	(二十一)民生实事	62	完成农村道路硬化及“断头路”建设80公里、农村危桥改造6座，推进“生命安全防护工程”建设	王直华	区交通局
		63	大力实施农村饮水安全工程，提质改造乡镇、村自来水厂5座以上	熊　辉	区水利局
		64	提升乡村医疗卫生服务能力，乡镇卫生院、行政村卫生室标准化建设达标率分别达92%、97%	杨　凡	区卫健局
	(二十一)民生实事	65	推进电网建设三年行动计划，完成农网改造20个行政村以上	王直华	区供电公司
		66	新建、改扩建中小学4所、公办幼儿园3所、普惠性民办幼儿园1所	蒋宏武	区教育局
		67	继续推进农村学校建设三年行动，新建教师周转房85套、塑胶运动场5个	蒋宏武	区教育局
		68	改造整治10处农村交通事故易发多发点	洪振坤	区交警大队
		69	扩大网上办事范围，政务服务网上可办率达90%以上	李卫民	区行政审批局
		70	规范住宅小区物业管理，提升物业服务水平	钟科程	区住保中心 区住建局 相关街道

中共常德市鼎城区委办公室 常德市鼎城区人民政府办公室 关于印发《常德市鼎城区全面小康决胜年行动工作方案》的通知

常鼎办〔2020〕8号

各乡镇党委、街道党工委，乡镇人民政府、街道办事处，区属农林场，区直及驻区各单位：

《常德市鼎城区全面小康决胜年行动工作方案》已经区委、区政府同意，现印发给你们，请结合实际认真贯彻实行。

中共常德市鼎城区委办公室
常德市鼎城区人民政府办公室
2020年5月19日

常德市鼎城区全面小康决胜年行动工作方案

为深入贯彻落实省委、市委、区委关于开展全面小康决胜年行动的决策部署，确保如期全面建成小康社会，特制定本方案。

一、总体要求

以习近平新时代中国特色社会主义思想为指导，全面贯彻党的十九大和十九届二中、三中、四中全会精神，认真落实中央、省委、市委和区委经济工作会议精神，坚持稳中求进工作总基调，坚持新发展理念，坚持以人民为中心的发展思想，深入实施开放强区产业立区战略，对标对表全面建成小康社会目标，聚焦短板弱项，实施精准攻坚，坚决打赢三大攻坚战，以“全面小康决胜年”为抓手，扎实推进“一脱贫三促进六覆盖”，努力实现农村贫困人口全部脱贫，促进经济增长、促进充分就业、促进安全稳定，推动义务教育、社会保障、农村安全饮水、基层公共服务(一门式)、农村危房改造、农村通组道路全覆盖，增强人民群众的幸福感获得感安全感，确保圆满完成决胜全面建成小康社会、决战脱贫攻坚各项目标任务。

二、工作安排

（一）实现农村贫困人口全部脱贫（牵头单位：区扶贫办）

1. 工作目标：到2020年5月底，全区现行标准下农村贫困人口全部脱贫，贫困村全部出列，脱贫攻坚任务如期全面完成。

2. 重点任务：⑴保持脱贫攻坚总体政策稳定，坚持摘帽不摘责任、摘帽不摘政策、摘帽不摘帮扶、摘帽不摘监管，稳定扶贫工作队伍，强化扶贫责任落实（区扶贫办、区驻村办牵头负责）。⑵集中力量，全力以赴抓好剩余872户1894名贫困人口的脱贫，持续推进"问题清零""厘清脱贫路径"行动，组织对脱贫人口开展"回头看"，确保基本政策落实不漏一项、不落一人（区扶贫办牵头负责）。⑶对特困贫困群体落实低保、医保、养老保险、特困人员救助供养、临时救助、贫困残疾人救助等综合社会保障政策，实现应保尽保（区人社局、区民政局、区医保局、区残联牵头负责）。⑷强化产业扶贫、就业扶贫，大力实施扶业增收、政策保障、扶志扶智、基础设施、基础工作、党建促脱贫等六大提升工程，加大易地扶贫搬迁后续扶持力度（区委组织部、区发改局、区人社局、区农业农村局、区教育局、区住建局、区民政局、区卫健局、区医保局、区水利局、区扶贫办牵头负责）。⑸建立返贫监测预警机制，重点关注有致贫返贫风险的"边缘户"，将返贫人口和新发生贫困人口及时纳入帮扶（区扶贫办牵头负责）。⑹持续开展扶贫领域腐败和作风问题专项治理（区纪委区监委牵头负责）。⑺配合做好脱贫攻坚督查、普查（区扶贫办、区统计局牵头负责）。⑻研究接续推进减贫工作，建立解决相对贫困的长效机制，推进脱贫攻坚与实施乡村振兴战略有机衔接（区扶贫办、区农业农村局牵头负责）。

（二）促进经济增长（牵头单位：区发改局）

1. 工作目标：持续推动经济高质量发展，深入推进开放强区产业立区，2020年全区地区生产总值增长8%，规模工业增加值增长10%以上，地方一般公共预算收入增长8%，固定资产投资增长10%。

2. 重点任务：⑴持之以恒推进产业立区三年行动，狠抓产业项目建设，强化产业集群支撑，培育一批新的产业链条，全年产业投资增长28%以上；大力推进产业链招商，力争引资200亿元以上，新引进亿元以上项目20个以上、"500强"企业1–2家；扩大外经外贸，完善开放平台，实现进出口总额增长20%以上（区发改局、区招商促进事务中心、区科技局、区工信局、区商务局牵头负责）。⑵打好污染防治攻坚战，不折不扣完成中央、省生态环保督察及"回头看"、专项督察和"长江办"交办问题整改销号；紧扣污染防治攻坚战三年行动计划"收官"、土壤污染综合防治先行区建设验收的目标，坚决打好蓝天保卫战和碧水、净土保卫战；全面完成农村人居环境整治三年行动任务，2020年完成改厕20073个，扎实推进"三面五清"、村容村貌提升、"空心房"整治、秸秆禁烧，提升农村"颜值"（生态环境分局、区农业农村局、区乡村振兴办牵头负责）。⑶坚持创新引领，鼓励全社会加大科技研发投入，大力培育科技型中小企业，力争新培育高新技术企业20家以上，高新技术产业增加值增长18%以上（区科技局牵头负责）。⑷促进产业融合发展、全面发展，大力发展现代农业、先进制造业和现代服务业，加速推进"两化"融合、军民融合，着力培育平台经济、数字经济、创意经济、共享经济，大力推动生产性服务业向专业化和价值链高端延伸，大力促进生活性服务业向高品质和多样化升级（区发改局、区农业农村局、区商务局牵头负责）。⑸营造透明公正便捷高效的营商环境，落实减税降费政策，推进"一件事一次办"，打造放管服改革升级版，支持和引导非公有制经济发展（区发改局、区财政局、区工信局、区税务局、区行政审批局、区工商联牵头负责）。

（三）促进充分就业（牵头单位：区人社局）

1. 工作目标：2020年，新增城镇就业6000人，新增农村劳动力转移就业4800人，城镇调查失业率控制在5.5%以内，城镇登记失业率控制在4.5%以内，确保零就业家庭动态清零。

2. 重点任务：⑴落实“促就业稳就业二十条”措施，加大创业支持力度，完善就业服务体系，突出抓好高校毕业生、下岗失业人员、农民工、退役军人等重点群体就业工作。⑵落实稳岗补贴、技能提升补贴、社保降费等援企稳岗政策，完善创业担保贷款贴息和创业资金奖补政策。⑶开展职业技能提升行动，政府补贴性职业技能培训4830人，其中农村转移就业劳动者培训1500人。⑷做好返乡农民工就业创业工作，健全保障农民工工资支付长效机制。

（四）促进安全稳定（牵头单位：区委政法委）

1. 工作目标：抓好政治安全、金融安全、生产安全、交通安全、社会治安安全、食品和药品安全、网络信息安全等，杜绝较大以上事故，有效防范和坚决遏制各类生产安全事故，确保社会安全稳定。

2. 重点任务：⑴开展维护国家政治安全系列专项行动，加强政治安全风险排查预警，严格落实意识形态工作责任制（区委宣传部、区委政法委牵头负责）。⑵有效防范化解债务金融风险，严格控制隐性债务增量，积极化解隐性债务存量，禁止违法违规举债，推动融资平台公司转型发展；打击和处置非法集资，维护区域金融稳定（区财政局、区国资中心、区政府金融办牵头负责）。⑶落实安全生产责任，强化安全监管执法，深入开展事故隐患大排查大整治；综合做好森林火灾、水旱灾害、地质灾害等防灾减灾救灾工作，不断完善应急救援体系建设（区应急管理局、区水利局、区林业局、区自然资源局牵头负责）。⑷集中整治道路交通顽瘴痼疾，大力推进交通问题顽瘴痼疾专项整治行动，加大典型案例和风险隐患曝光力度（区公安分局牵头负责）。⑸健全立体化信息化社会治安防控体系，加强基层派出所建设，深化农村辅警和城区快警管理应用，全面抓好中央扫黑除恶督导问题整改，集中打击突出违法犯罪活动，推动扫黑除恶常态化长效化（区委政法委牵头负责）。⑹抓好“双安双创”工作，严防严控食品和农产品质量安全风险，确保全面完成各项指标任务（区农业农村局、区市场监管局牵头负责）。⑺实施网络内容建设工程，加快建立网络综合治理体系，抓好网络生态治理（区委网信办牵头负责）。

（五）推动义务教育全覆盖（牵头单位：区教育局）

1. 工作目标：精准落实义务教育阶段家庭经济困难学生教育资助政策，决不让一个孩子因贫辍学失学，扎实推动义务教育优质均衡发展，全面提升教育质量，着力促进教育公平，加快推进教育现代化。

2. 重点任务：⑴坚持教育优先发展，认真落实农村学校建设三年行动计划，加快中小学学位建设，实现义务教育大班额全面“清零”，推动解决全区教育“城镇挤、农村弱”的问题（区教育局牵头负责）。⑵统筹推进区域内义务教育城乡一体化发展，全面加强乡村小规模学校、乡镇寄宿制学校、义务教育阶段标准化学校建设（区教育局牵头负责）。⑶抓好教师队伍建设，树立良好师德师风，着力减轻教师负担，提高乡村教师待遇，区财政每年安排专项资金，设立乡村学校相关津贴（区教育局、区财政局、区人社局牵头负责）。⑷持续深化新高考改革，进一步提高教育教学质量（区教育局牵头负责）。⑸大力发展公办幼儿园和普惠性民办幼儿园，普惠性幼儿园覆盖率达到80%（区教育局牵头负责）。

（六）推动社会保障全覆盖（牵头单位：区民政局、区人社局、区卫健局、区医保局、区残联、区税务局）

1. 工作目标：提升基本医疗卫生服务水平，城乡居民医疗保险做到应保尽保，城乡居民养老保险实现法定人群全覆盖，稳步提高城乡低保标准和救助水平。

2. 重点任务：⑴加快乡镇卫生院、行政村卫生室标准化建设，达标率分别达到92%以上、97%以上，其中贫困村卫生室达标率必须100%；深化医药卫生体制改革，做实城区医疗集团，推进分级诊疗和现代医院管理制度建设，扎实缓解“看病难、看病贵”问题（区卫健局牵头负责）。⑵城乡居民医疗保险做到应保尽保，实现贫困人口基本医保、大病保险、医疗救助制度全覆盖；完善医保征缴工作机制，做实全面参保计划，巩固参保率；落实医疗保障待遇清单动态调整机制，配套医疗救助办法实施文件，做好基本医保、大病保险与医疗救助政策衔接，持续开展打击欺诈骗保专项行动，确保医保基金运行安全（区医保局、区税务局牵头负责）。⑶继续推进全民参保计划，扩大各类社会保险覆盖面，降低社会保险费率，推进居家和社区养老服务改革，儿童之家建设（区人社局、区医保局、区民政局牵头负责）。⑷提升城乡低保标准和补助水平，城乡低保保障标准分别达到6600元/年、4200元/年，城乡特困供养人员基本生活标准分别达到8760元/年、6000元/年；新建中心敬老院1所，新增床位数150张，新增护理床位50张；加强残疾人康复服务，实现0—6岁残疾儿童康复救助全覆盖（区民政局、区残联牵头负责）。

（七）推动农村安全饮水全覆盖（牵头单位：区水利局）

1. 工作目标：推进农村饮水安全巩固提升工程，确保农村居民能够及时取得足量够用的安全生活用水。

2. 重点任务：⑴抓好农村安全饮水项目的前期工作和组织实施，进一步巩固和提升农村自来水普及率、水质达标率（区水利局牵头负责）。⑵实施农村饮水安全提质工程，改造镇、村自来水厂5座以上，提高供水能力和保障率，改善饮用水水质，确保群众饮水安全，分期分批推进“两西”、牛鼻滩、五溪、沧山和城乡供水一体化五大片区万吨以上规模大水厂建设（区水利局牵头负责）。⑶加强农村饮用水水源保护，健全水质监测体系（区水利局、生态环境分局、区卫健局牵头负责）。

（八）推动基层公共服务（一门式）全覆盖（牵头单位：区委组织部、区民政局、区行政审批局）

1. 工作目标：全面完成村（社区）服务中心建设，设立便民服务大厅，实现所有村（社区）服务中心均能提供“一门式”办理、“一站式”服务。

2. 重点任务：⑴建好管好平台，群众办事有场所、活动有阵地；推动简政赋能，基层组织办事有手段、服务有能力；提升队伍素质，基层干部会办事、办成事。⑵持续加强智慧党建平台建设，全面完成村（社区）服务中心建设，以现代信息技术为支撑，群众办事更便捷、更优质。⑶全面加强基层建设，不断完善基层组织体系，全面推行“党建引领、互助五兴”农村基层治理模式。⑷积极推选班子坚强有力、制度建设规范、工作条件完善、治理成效显著的先进社区，争创全国全省“城乡社区治理和服务创新实验区”、全省“城区和谐社区”、“农村幸福社区”。

（九）推动农村危房改造全覆盖（牵头单位：区住建局）

1. 工作目标：全区4类重点对象（建档立卡贫困户、低保户、农村分散供养特困人员和贫困残疾人）的危房改造全部落实。

2. 重点任务：⑴做好危房改造“回头看”排查工作，及时整改消除安全隐患，确保房屋安全。⑵原有4类重点对象的新增危房，全部改造到位。⑶继续巩固动态调整4类重点对象房屋的鉴定工作及已实施过危房改造的排查工作，确保危房全部改造到位。⑷加大对危房改造补助对象、补助标准、改造方式等基本政策的宣传力度。

（十）推动农村通组道路全覆盖（牵头单位：区交通运输局）

1. 工作目标：实现“建好、管好、护好、运营好”农村公路的总目标。

2. 重点任务：抓好农村断头路建设，实现全区25户及100人以上自然村通组公路全覆盖，做好新改建道路工程竣（交）工验收，提升农村公路管护养护水平。

三、保障措施

（一）加强责任落实。建立区委、区政府统筹协调，区直部门分工协作、组织实施的工作领导机制。区委、区政府主要领导为第一责任人，相关区级领导根据分工各负其责，区直牵头单位制定实施专项工作方案，区直相关单位及乡镇(街道)协同配合，实行一项工作、一名领导、一个班子、一套方案的工作推进机制，确保全面小康决胜年行动顺利推进，取得实效。(牵头单位：区委办、区政府办)

(二)做好要素保障。创新投入机制，加大财力倾斜，强化全面小康决胜年行动相关工作资金保障。全力做好相关项目用地、用水、用气等保障工作。优化项目审批流程，加快项目审批进度。(牵头单位：区发改局、区财政局、区自然资源局)

(三)强化考核奖惩。将全面小康决胜年行动的“一脱贫三促进六覆盖”纳入绩效评估考核。对区直相关单位和乡镇(街道)在全面小康决胜年行动中推进较快、成效明显的，予以通报表扬和奖励；对推进落实不力以及弄虚作假的，进行通报批评、约谈、挂牌督办等处理。将相关单位全面小康决胜年行动方案工作推进情况纳入全区全面小康考核。(牵头单位：区委办、区政府办、区绩效办、区小康办)

(四)抓好宣传引导。制定宣传专项方案，全方位、多角度、立体式对全区全面小康决胜年行动进行宣传，激发人民群众参与全面小康决胜年行动的积极性和主动性。大力宣传全区全面建成小康社会取得的巨大成就和涌现出的先进典型。加强社会舆情监测和应对处置，形成良好舆论氛围。(牵头单位：区委宣传部、区委网信办)

中共常德市鼎城区委办公室 常德市鼎城区人民政府办公室 关于成立鼎城区长江流域重点水域禁捕退捕工作领导小组的通知

常鼎办〔2020〕10号

各乡镇党委、街道党工委,乡镇人民政府、街道办事处,区属农林场,区直及驻区各单位:

为切实加强我区长江流域重点水域水生生物保护工作,维护生物多样性,依法打击非法捕捞行为,经区委、区政府同意,决定成立鼎城区长江流域重点水域禁捕退捕工作领导小组。现将领导小组组成人员名单通知如下:

第一组长:

杨　易　区委书记、常德高新区党工委书记、市人大常委会副主任候选人

组　　长:

朱金平　区委副书记、区人民政府区长

副组长:

王时雨　区委副书记

熊　辉　区委常委、区委统战部部长、区人民政府副区长

洪振坤　区人民政府副区长、市公安局鼎城分局局长

成　　员:

舒　伟　区纪委常务副书记、区监察委副主任

钟兴满　区农业农村局局长

李书跃　区民政局局长

刘　俊　区财政局局长

肖仁华　区人社局局长

李友明　区交通运输局局长

徐晓斌　区市场监管局局长

胡建新　区医保局党组书记

李新民　市公安局鼎城分局常务副局长

张胜保　区畜牧水产事务中心主任

领导小组下设办公室,办公室设在区畜牧水产事务中心渔政站,钟兴满、张胜保兼任办公室主任。

今后领导小组组成人员工作如有变动,由相应岗位人员自然递补,并由其办公室报区委办、区政府办备案。

中共常德市鼎城区委办公室
常德市鼎城区人民政府办公室
2020年8月10日

中共常德市鼎城区委办公室关于印发《鼎城区监委向乡镇(街道)派出监察办公室工作方案》的通知

常鼎办〔2020〕13号

各乡镇(场)党委、街道党工委,区直及驻区各单位党组织:

《鼎城区监委向乡镇(街道)派出监察办公室工作方案》已经区委研究同意,现印发给你们,请结合实际认真贯彻执行。

中共常德市鼎城区委办公室
2020年10月14日

鼎城区监委向乡镇(街道)派出监察办公室工作方案

为进一步深化国家监察体制改革，推动监察工作向基层延伸,加强对乡镇(街道)行使公权力的公职人员的监督,根据《中共湖南省纪律检查委员会机关、湖南省监察委员会、中共湖南省委机构编制委员会办公室印发〈关于县(市、区)监委向乡镇(街道)派出监察办公室的指导意见〉的通知》(湘监发〔2020〕1号)精神,结合我区工作实际,制定本方案。

一、机构设置

由区监委向乡镇(街道)派出监察办公室,名称为“鼎城区监察委员会派出XX乡(镇、街道)监察办公室”,与乡镇(街道)纪(工)委合署办公。派出监察办公室向区监委负责并请示报告工作。

派出监察办公室设主任、副主任、专职干事各1名,分别由乡镇(街道)纪(工)委书记、副书记、专职纪检干事兼任。监察办公室主任、副主任和专职干事由行政编制人员担任。乡镇(街道)监察办公室主任的任免职事项由区委组织部报区委研究后办理;乡镇(街道)监察办公室副主任的任免职事项由区纪委监委研究后办理。

二、监察范围

乡镇(街道)监察办公室对乡镇(街道)管理的行使公权力的公职人员、辖区内基层群众性自治组织中从事管理的人员、经区监委授权管辖的行使公权力的公职人员以及其他有关人员进行监察。

三、监察职责

乡镇(街道)监察办公室依据区监委授权,履行监督、调查、处置职责,重点是日常监督。主要是对公职人员开展廉政教育,对其依法履职、秉公用权、廉洁从政从业以及道德操守情况进行监督检查;经区监委批准,对涉嫌贪污贿赂、滥用职权、玩忽职守、权力寻租、利益输送、徇私舞弊以及浪费国家资财等职务违法进行调查;对违法的公职人员作出政务处分决定;向监察对象所在单位提出监察建议;协助区监委开展调查工作,完成区监委交办的其他任务。

四、监察权限

乡镇(街道)监察办公室可以采取谈话、询问、查询、调取等不限制人身、财产权利的调查措施;需要采取其他调查措施的,必须报区监委同意,以区监委名义行使,或者由区监委相关内设机构组织实施,乡镇(街道)监察办公室予以配合。

五、工作要求

1. 强化组织领导。区委加强对乡镇(街道)纪检监察工作的领导,切实担负主体责任。区纪委监委牵头抓好统筹推进,着力破解工作难题,确保在10月底前所有乡镇(街道)监察办公室挂牌成立、依法履职。

2. 加强队伍建设。区纪委区监委要进一步抓实政治培训和业务培训,打造政治过硬、本领高强的乡镇(街道)纪检监察干部队伍。坚持内涵发展,整合监督力量,深入推进区乡纪检监察工作一体化,完善基层纪检监察工作网络。

3. 建立工作制度。区纪委区监委要按照《中华人民共和国监察法》和相关政策要求,结合实际进一步完善乡镇(街道)开展监察工作运行和管理制度,严格规范问题线索受理、处置方法及监督调查措施的使用,制作文书模板,建立监察权力清单、责任清单,依法开展监察工作,切实推动国家监察职能在基层落地生根,见到实效。

附录

Appendix

2020年，周家店镇民间艺术团参加常德市百团大赛决赛现场　（提供：周家店镇）

2020年度全区综合绩效评估和部分单项工作考核结果及年度考核记功人员

2020年度全区综合绩效评估和部分单项工作考核结果及年度考核记功人员

一、综合绩效评估结果

(一)优秀单位(32个)

郭家铺街道　灌溪镇
草坪镇　十美堂镇
红云街道　蒿子港镇
区工信局　区委政法委
区委办(区接待服务中心)
区委组织部
区委宣传部(区文联)
区纪委区监委(区委巡察办)
区农业农村局　区财政局
区住建局(区征收办)
区乡村振兴局　区民政局
区交警大队　民主垸
区委党校　区税务局
区公积金管理部　区政府办
市公安局鼎城分局
区委统战部(区工商联、区侨联)
区科技局　区人社局
区交通局　区人大办公室
区人大联工委　区政协办公室
区政协经济科技和外事委

(二)良好单位(54个)

斗姆湖街道　谢家铺镇
韩公渡镇　蔡家岗镇
花岩溪管理处　黄土店镇
石板滩镇　玉霞街道
区林业局　区发改局
区市场监管局　区委党史研究室
区医保局　区教育局
区法院　区城管执法局
区审计局　区检察院
区司法局　区妇联
区科协　区水利局
区档案馆　区委编办
团区委　区残联
区总工会　区疾控中心
区卫健局(区红十字会、区计生协会)
区公路养护中心　区商务局
区退役军人事务局
区信访局　区统计局
区国资中心　区行政审批服务局
区卫计监督执法局
区文旅广体局　跃进管理处
八官垸　区住保中心
区应急局(区消防大队)
桥南市场管委会　区畜牧水产事务中心
区招商促进事务中心

区环卫中心　区农机事务中心
区供电公司　区自然资源局
区人大财经委　区人大监察和司法委
区人大农业与农村委
区政协提案委
区政协文教卫体和文史委

二、单项工作考核结果

(一)基层党建工作

1. 优秀单位(8个)

蒿子港镇　灌溪镇
郭家铺街道　草坪镇
区教育局　区民政局
区自然资源局　区交警大队

2. 良好单位(18个)

花岩溪管理处　黄土店镇
蔡家岗镇　玉霞街道
花岩溪镇　红云街道
周家店镇　许家桥乡
牛鼻滩镇　区总工会
区市场监管局　区卫健局
市公安局鼎城分局
区检察院　区林业局
区财政局　区审计局
区工信局

(二)党管武装工作

1. 优秀单位(8个)

灌溪镇　郭家铺街道
蒿子港镇　尧天坪镇
红云街道　双桥坪镇
区退役军人事务局
区教育局

2. 良好单位(17个)

玉霞街道　镇德桥镇
斗姆湖街道　十美堂镇
石公桥镇　许家桥乡
蔡家岗镇　韩公渡镇
周家店镇　谢家铺镇
区发改局　区工信局
区财政局　区住建局
区交通局　市公安局鼎城分局
市四医院

(三)招商引资工作

1. 优秀单位(8个)

常德高新区　牛鼻滩镇
周家店镇　尧天坪镇
区政府办　区政协办
区商务局　区招商促进事务中心

2. 良好单位(12个)

双桥坪镇　黄土店镇
灌溪镇　草坪镇
斗姆湖街道　红云街道
区委办　区国资中心
区自然资源局　区财政局
区工信局　区发改局

(四)生态环境保护工作

1. 优秀单位(8个)

斗姆湖街道　郭家铺街道
灌溪镇　草坪镇
十美堂镇　区城管执法局
市生态环境局鼎城分局
区林业局

2. 良好单位(17个)

红云街道　玉霞街道
蒿子港镇　牛鼻滩镇
石板滩镇　黄土店镇
花岩溪镇　市公安局鼎城分局
区自然资源局　区农业农村局
区工信局　区住建局
区水利局　区交通局
区交警大队　区环卫中心
湖南应用技术学院

(五)农业农村工作

1. 优秀单位(8个)

谢家铺镇　韩公渡镇

草坪镇　镇德桥镇
区委办　区政府办
区农业农村局　区财政局
2. 良好单位(17 个)
十美堂镇　蒿子港镇
灌溪镇　牛鼻滩镇
周家店镇　黄土店镇
蔡家岗镇　区水利局
区林业局　区住建局
区交通局　区民政局
区统计局　区乡村振兴局
区畜牧水产事务中心
区农机事务中心　区农经站

(六)工业发展目标管理工作

1. 优秀单位(17 个)
石板滩镇　许家桥乡
区委办　区政府办
区委组织部　区工信局
区财政局
中联重科建筑起重机械有限责任公司
湖南特力液压有限公司
湖南常德南方水泥有限公司
常德芙蓉烟叶复烤有限责任公司
湖南武陵机械制造有限公司
湖南常德南方新材料科技有限公司
常德市鼎城武陵水泥有限公司
常德市荣程机械有限责任公司
常德市佳鸿机械有限责任公司
常德市联嘉机械有限公司
2. 良好单位(34 个)
灌溪镇　谢家铺镇
蔡家岗镇　蒿子港镇
区纪委区监委　区委统战部
区委宣传部　区税务局
区发改局　市生态环境局鼎城分局
区交通局　区应急局
区市场监管局
区招商促进事务中心
湖南响箭重工科技股份有限公司
常德迪格机械制造有限公司
精为天生态农业发展有限公司
常德市鼎城盛祥混凝土有限公司
常德瑞齐隆科技发展有限公司
常德云港生物科技有限公司
湖南瑞弘混凝土有限公司
湖南和畅(常德)食品科技有限公司
常德隆程建材科技有限公司
湖南常德牌水表制造有限公司
常德辰州锑品有限责任公司
常德市鼎城永欣机械制造有限公司
常德国力变压器有限公司
常德市天鹏混凝土有限公司
常德远大建筑工业有限公司
常德华利烟机配件有限公司
常德恒磊机械制造有限公司
佳达电缆有限公司
常德东鼎动力机械有限公司
常德市鑫鹏建材有限公司
3. 工业企业(外围乡镇)首次入规奖(7 个)
常德羽闻环保建材有限公司
常德市东悦翔石业有限公司
常德中旺环保科技有限公司
常德鑫蓝建材有限公司
常德智诚农业开发有限责任公司
常德市天地农耕发展有限公司
湖南中豪防护工程设备有限公司

(七)脱贫攻坚工作

1. 优秀单位(14 个)
黄土店镇　牛鼻滩镇
石公桥镇　郭家铺街道
区委办　区委组织部
区住建局　区教育局
区卫健局　区乡村振兴局
许家桥乡五宝山村驻村帮扶工作队

草坪镇教门冲村驻村帮扶工作队
尧天坪镇喜洋村驻村帮扶工作队
蔡家岗镇花园村驻村帮扶工作队

2. 良好单位(24个)

蒿子港镇	红云街道
谢家铺镇	灌溪镇
区政府办	区人大办
区政协办	区委统战部
区委宣传部	区委政法委
区纪委区监委	区财政局
区农业农村局	区水利局
区医保局	区发改局
区交通局	区民政局
区人社局	区残联

双桥坪镇双桥坪居委会驻村帮扶工作队
花岩溪管理处栖凤山村驻村帮扶工作队
牛鼻滩镇谈家河村驻村帮扶工作队
谢家铺镇匡家桥村驻村帮扶工作队

(八)信访维稳工作

1. 优秀单位(8个)

郭家铺街道	红云街道
蔡家岗镇	中河口镇
十美堂镇	市公安局鼎城分局
区纪委区监委	区退役军人事务局

2. 良好单位(17个)

灌溪镇	牛鼻滩镇
黄土店镇	石板滩镇
尧天坪镇	石公桥镇
周家店镇	区工信局
区教育局	区交警大队
区财政局	区公路养护中心
花岩溪管理处	桥南市场管委会
区交通局	区自然资源局
区人社局	

三、年度考核记功人员

(一)下列8人呈报市委、市政府记二等功(记大功)

李勇岗	李友明	马庆云	刘　俊
毕　涛	金　刚	杨国军	蒋　华

(二)给予下列249人记三等功(记功)

龚　辉	徐　捷	王建国	杨寅群
刘永久	段　辉	刘丽平	贵　芳
胡忠涌	尹　锋	金明娟	张媛媛
王建忠	李发贵	刘　波	王文沛
李　丰	邓应标	聂井来	陈　敏
聂　龙	左　刚	刘　军	赵　刚
代学平	黄启杰	熊宏武	胡帮伦
李　勇	陈定辉	宋友元	刘开新
李元香	王晓芳	杨银君	汪志红
石美霞	何斌华	鲁祖建	瞿　俐
薛晓文	杨　勇	陈　祥	彭　浩
罗春会	苏致红	粟小丽	祝小军
朱智龙	张作彪	黄志敏	陈　平
丁艳梅	陈付权	龙佩凤	黄晓彬
刘光胜	刘建平	曾应华	陈晓光
杨继刚	唐文孝	张春光	蔡政云
贺志勇	李长征	蔡辉武	姚竞之
顾吉华	刘凌军	郭述猛	向灵芝
彭爱娟	赵谷生	刘桂芳	龙治英
肖菊华	石启忠	龚明高	姚开红
曹景龙	陕振霞	胡　芳	盛　利
江小平	彭　杰	周锦萍	陈建华
袁烨文	杨　燕	陈　慧	宋湘华
廖崇志	刘黎明	聂誉华	张志勇
郝书琴	陈　伟	李运宏	陈伟红
丁彦文	姜　敏	文　新	徐章祥
李　莉	冯　健	姚文秀	丁精玲
刘　慧	罗小丽	李云峰	罗红英
张晓青	刘红明	钱光磊	梁　洪
童春霞	刘建军	梁少华	宋　丹
毛长华	袁传洪	吴志宏	娄明华
李平桂	陈开利	邬小玲	张晓安
陈星星	张　帆	宋占飞	陈志敏
陈运军	陈　志	王丽斌	杨　益

刘佳丽　周　芳　刘　娜　杨　凯
苏　进　潘道明　蒋冰融　曾　桢
邹华麟　张　帆　吴代锋　贺用烈
李先德　贺用森　丁敬宝　汪晓明
冀万喜　罗红英　周大庆　陈雅倩
陈　萍　刘泽敏　盛旭华　沈　毅
王　强　周建湘　曹枫菲　曾大友
蒋　斌　雷绘玻　游益坪　何林海
胡　蓉　钟定安　成绪晶　张丽霞
彭咏冰　张立松　鄢钟杰　胡容国
曾吉武　罗林元　黄　峰　孙克祥
袁大齐　朱思迈　黄仕扬　周　茜
贺延安　周元梅　张灿红　廖建湘
张泽林　李国顺　袁吉平　李　辉
袁　亮　戴　婕　潘柯百　高红波
聂君利　杨　蕾　邵国君　周　刚
郭　杰　陈吉伟　廖莉嘉　袁建新
葛辉琳　陈松清　娄欢欢　毛育林
罗晓玲　华依勤　罗朝霞　姚　军
黄新全　肖　敏　李　莉　杨万英
贾　军　朱金平　田　丽　刘唐寅
何　娟　赵长福　周星保　杨　丽
梁艳朋　周金明　许万里　龚　浩
胡　敏　杨德健　何咏岚　鲍明文
刘　华　周　毅　张玉明　舒　伟
陈必见　孙　磊　伍仕军　蔡雨芳
胡中福　周　园　麻建胜　张议文
徐建华　丁　霖　文彬彬　张　龙
谭　静

2021年是实施“十四五”规划、开启全面建设社会主义现代化国家新征程的第一年，也是中国共产党建党100周年，希望以上受表彰的单位再接再厉，再创佳绩。全区各单位要以先进为榜样，进一步坚定信心、真抓实干，凝心聚力，“弘扬扛鼎精神、打造现代江南、建设幸福鼎城”，努力推动鼎城经济社会发展再上新台阶。

中共常德市鼎城区委
常德市鼎城区人民政府
2021年6月29日

索 引

说明：

一、本索引把年鉴条目的内容用主题分析的方法，按汉语拼音字母顺序排列；第一字相同，按第二字音序排列，依次类推。

二、标引词后的阿拉伯数字表示内容所在的页码，所有表格按序号排列，以类目提取的索引用黑体字区分。

三、本年鉴的“专题”“特载”“大事记”“重要文件”“表格”“附录”“随文图片”均未作索引。